Frank Lammel

Frank Lemmel

Ragnhild Hatton

Georg I.

Ein deutscher Kurfürst
auf Englands Thron

Aus dem Englischen von Götz Pommer

Societäts-Verlag

Alle Rechte vorbehalten · Societäts-Verlag
© 1982 Frankfurter Societäts-Druckerei GmbH
First published bei Thames & Hudson, London, as George I
by Ragnhild Hatton
© 1978 Thames & Hudson Ltd, London
Umschlag: Heinrich Müller
Gesamtherstellung: Gutmann + Co., Heilbronn
Printed in Germany
ISBN 3-7973-0398-X

Inhalt

Vorwort
7

Eltern und Kindheit
11

Der Kurfürstenhut
Die Pläne des Vaters für seinen Sohn ·
Der weitere Aufstieg der Familie und Georgs Heirat ·
Der Prinzenstreit · Georgs Scheidung
29

Erfahrungszuwachs
Die Königsmarck-Legende · Georg am Ruder ·
Aussichten auf England · Der Streit über die englische Thronfolge
zwischen Georg und seiner Mutter · Erweiterung der
deutschen Horizonte · Verluste von Freunden und Gefährten
67

Die Königskrone
Die Vereinigung von Hannover und Celle ·
Georgs Haushalt nach 1698 · Der Spanische Erbfolgekrieg ·
Der Tod von Königin Anna
und das Inkrafttreten der Thronfolgeakte
98

Georg lebt sich ein
Großbritannien zur Zeit von Georgs Thronbesteigung ·
Georg und das Parteiensystem · Die königliche Hofhaltung
118

Zwei Grundsatzfragen

Der Kampf um Positionen und Profite · Förderung durch Titel ·
Die hannoveranische Thronfolge

159

Drei Krisen

Georgs I. Erscheinung · Die Jakobitischen »Fünfzehn« ·
Europäische Probleme in den Jahren 1716–1717 ·
Die Ministerkrise · Streit in der königlichen Familie

185

Die Wende 1718–1721

Zu Herzen genommene Lehren · Europäische Friedenspläne ·
Erfolg im Süden · Teilerfolg im Norden ·
Schwerpunktverlagerungen

232

Probleme und Errungenschaften des Friedens

Der Südseeschwindel · Georg – ein Gefangener seiner Minister? ·
Georg als Förderer der Künste · Unvollendete Arbeit ·
Bündnisse und Gegenbündnisse · Krieg oder Frieden?

273

Der Tod Georgs I.

Georgs letzte Reise · Die Bilanz

311

Register

341

Vorwort zur deutschen Ausgabe

Die Verfasserin ist dem Verlag und dem Übersetzer sehr dankbar für die große Sorgfalt bei der Erstellung und Betreuung dieser deutschen Ausgabe meines 1978 in Großbritannien und den Vereinigten Staaten erschienenen *George I, Elector and King*.

Es ist seltsam, daß es bis dahin nur zwei Biographien gab, die sich mit dieser bedeutenden europäischen Gestalt befaßten, beides englische Werke und beide natürlich nicht auf dem neuesten wissenschaftlichen Stand: die zweibändige von Sir Lewis Melville (1908) und die von Sir Imbert Terry (1927). Abgesehen davon, daß in den Jahren seitdem die Forschung auf Spezialgebieten wie der Architektur, Musik, Ideengeschichte und Politik eine Fülle von neuen Erkenntnissen erbracht hat, hatte ich das Glück, Zugang zu Archiven, Gemälde- und graphischen Sammlungen zu erhalten, die bis dahin noch nicht benutzt worden waren. Ich bin all denen zu Dank verpflichtet, die mir ohne Einschränkungen gestatteten, meine Forschungen zu betreiben: Ihrer Majestät Königin Elizabeth (Windsor und Buckingham-Palast), Seiner Königlichen Hoheit, dem Prince of Wales (Chevening); Seiner Königlichen Hoheit Prinz Ernst August, Herzog von Braunschweig und Lüneburg (Calenberg, Marienburg und das Depositum im Hauptstaatsarchiv Hannover); Seiner Durchlaucht Fürst Philipp Ernst von Schaumburg-Lippe (Bückeburg); Graf Andreas von Bernstorff (Gartow); Carl Graf Kielmannsegg (Sitz der Familie Kielmannsegg); und der Familie Görtz von Schlitz (Depositum im Staatsarchiv Hessen, Darmstadt). Dankbar bin ich auch dafür, Zugang zu verschiedenen Nachlässen in England erhalten zu haben: zum Nachlaß Cowper (Panshanger) im Hertford County Record Office; zum Nachlaß Portland in der Universitätsbibliothek Nottingham und zu den Tagebuchmanuskripten von Sir John Evelyn im Christ Church College in Oxford. Mit Dank vermerkt sei hier weiterhin das freundliche Entgegenkommen von Damen und Herren von Museen, Archiven und Bibliotheken in Deutschland, Großbritannien, Frankreich, den Niederlanden, Österreich und Schweden. Inwieweit ich Historikern der Gegenwart und der Vergangenheit verpflichtet bin, mag man dem Literaturverzeichnis und den Anmerkungen der englischen

Ausgabe entnehmen. Besonderen Dank schulde ich Professor Dr. Georg Schnath (Hannover) und Professor J. H. Plumb (Cambridge), die mich bei der zehnjährigen Arbeit an diesem Buch ermutigten und unterstützten.

Um eine breitere deutsche Öffentlichkeit zu erreichen, ist beschlossen worden, den wissenschaftlichen Apparat der Originalausgabe (S. 299–371), die drei Karten und zwei von den Stammtafeln entfallen zu lassen. Dies ist jedoch insofern kein großer Verlust, als der Wissenschaftler die englische Ausgabe in Staats- und Universitätsbibliotheken finden wird – und ebenso der Leser, der irgendeinem bestimmten Punkt genauer nachgehen will. Außerdem habe ich Teile der Anmerkungen, die für den deutschen Leser von Interesse sind, in den Text der deutschen Ausgabe eingefügt. Ich habe auch die Gelegenheit wahrgenommen, um einige Irrtümer und Druckfehler in der Originalausgabe zu berichtigen. Was sonst noch an Fehlern geblieben ist, habe natürlich ich zu verantworten.

London, im Mai 1982   Ragnhild Hatton

Daten, Geld und englische Adelstitel

DATEN

Der Leser wird in diesem Buch gelegentlich auf zwei Daten und auf die Abkürzung AS (Alter Stil) und NS (Neuer Stil) stoßen. Damit hat es folgende Bewandtnis: Die katholischen Länder übernahmen unverzüglich die Kalenderreform, die Papst Gregor XIII. im Jahre 1582 veranlaßt hatte; die protestantischen Länder nicht. Sie blieben beim AS, beim Julianischen Kalender, der im 17. Jahrhundert zehn und im 18. Jahrhundert elf Tage hinter dem NS, dem Gregorianischen Kalender, zurück war. Georg führte als Kurfürst den NS in Hannover ein. Ab dem 1. März 1700 verwendete man dort den NS, während England bis 1752 beim AS blieb. Die deutschen Historiker des 19. Jahrhunderts änderten Daten des 17. Jahrhunderts oft vom AS in den NS um, ohne dies dem Leser mitzuteilen, was zu einiger Verwirrung hinsichtlich der Daten von Geburten, wichtigen Schlachten und dergleichen führte. Ich habe darum beschlossen, hannoveranische Daten vor 1700 korrekt nach AS anzugeben, ab 1700 dann nach NS, englische Daten dagegen durchgehend nach AS. Einige Daten habe ich, um mögliche Mißverständnisse zu vermeiden, nach AS und nach NS angegeben.

GELD

Der deutsche Taler war zu der Zeit, von der dieses Buch handelt, soviel wert wie ⅓ Pfund Sterling. Dies in heutige Kaufkraft umzurechnen, ist fast unmöglich. Doch der Leser kann sich eine Vorstellung vom damaligen Geldeswert machen, wenn er sich vor Augen hält, daß ein Jahreseinkommen von 500 Pfund als hinreichend galt, um das Leben eines Mannes von Stand zu führen.

ENGLISCHE ADELSTITEL

Der höchste Titel des englischen Hochadels ist der eines Herzogs (Duke). Es folgt der Marquis (Gattin: Marchioness), der dem deutschen Markgrafen entspricht und auch der Höflichkeitstitel des ältesten Sohnes eines Herzogs ist. Dann kommt der Earl (Gattin: Countess), der dem deutschen Grafen entspricht; dann der Viscount (Gattin: Viscountess); und schließlich der Baron, der dem deutschen Freiherrn entspricht. Alle adligen Damen unter der Herzogin (Duchess) werden auch mit »Lady« tituliert. Nicht zum Hochadel gehören der Baronet und der Knight (Ritter). Er trägt den Titel »Sir«, seine Gattin den Titel »Lady«. Bei dem Titel des »Prince of Wales«, für den es keinen genau entsprechenden deutschen Rang gibt, wurde die englische Schreibweise beibehalten.

Eltern und Kindheit

Georgs Persönlichkeit wurde zweifellos dadurch beeinflußt, daß er der Erstgeborene liebevoller, aber ehrgeiziger Eltern war. Auch unvollendete Aufgaben spielten eine maßgebliche Rolle: Er wurde so erzogen, daß er es als seine heilige Pflicht betrachtete, diese unvollendeten Aufgaben abzuschließen, als er 1698 seinem Vater Ernst August als Kurfürst von Hannover nachfolgte. Die Herzöge von Braunschweig-Lüneburg hatten seit 1648 von der Kurwürde geträumt; damals war die Verfassung des Heiligen Römischen Reiches Deutscher Nation geändert worden. Statt der sieben Kurfürsten, die die Goldene Bulle von 1356 vorsah, gab es nun acht. Die Kurwürde war die entscheidende Trennungslinie, die die gewöhnlichen deutschen Landesherren, die Herzöge, Landgrafen und Markgrafen, vom kleinen exklusiven Kreis derer schied, die im kurfürstlichen Kollegium saßen. Die Kurfürsten bekleideten die sogenannten Erzämter, wichtige Verwaltungsämter des Reiches, und wählten den Kaiser, wenn der Inhaber dieses höchsten weltlichen Amtes in Europa gestorben war oder wenn es einem Kaiser gelang, die Kurfürsten davon zu überzeugen, daß es im Interesse des Reiches lag, noch zu seinen Lebzeiten einen Nachfolger zu bestimmen, der außer dem Kaisertitel traditionell den Titel eines Königs von Rom trug. Früher hatten die Kurfürsten für ihre Wahlentscheidung zusätzliche Ländereien oder stattliche Gelder beanspruchen können. Und sie konnten unter bestimmten günstigen Umständen auf einer »Wahlkapitulation« bestehen, die dem neuen Kaiser gewisse Bedingungen und Einschränkungen auferlegte, wie zum Beispiel 1658 bei der Wahl Leopolds I. Allerdings hatte die letzte Wahl mit wirklichen Konkurrenten 1519 stattgefunden. Und es war leichter gesagt als getan, einen Kaiser zur Einhaltung der Wahlkapitulation zu bringen, selbst wenn er in sie eingewilligt hatte.

Immer noch verbanden sich mit der Kurwürde, die durch den Kurfürstenhut symbolisiert wurde, viele Vorteile. Was Geltung und Rang betraf, kamen die Kurfürsten gleich nach dem Kaiser; ihre den anderen deutschen Landesherrn übergeordnete Stellung wurde in der internationalen Diplomatie anerkannt und in Streitfällen energisch verteidigt. Ihre traditionellen Ämter waren hoch dotiert. Als Georg 1710 zum Erzschatzmeister des Reiches ernannt wurde, erhielt er für seine Tätigkeit 48 000 Taler im Jahr. Wenn sich das kurfürstliche Kollegium in politischen Angelegenheiten einig war, konnte es Druck auf das Haus Habsburg ausüben, dessen österreichische Linie zwischen 1558 und 1740 den Kaisertitel innehatte. Und auch einzelne Kurfürsten konnten, wenn sie sich bei akuten politischen Problemen kooperativ verhielten, dem Kaiser Zugeständnisse entlocken. Dennoch galten das Prestige des Heiligen Römischen Reiches und die Mystik des Kaiseramtes viel – selbst für Kurfürsten, die um materielle Vorteile feilschten und befürchten mußten, daß die Reichsacht über sie verhängt wurde. Die Loyalität Kaiser und Reich gegenüber war ohnehin stärker geworden in den 60er und 80er Jahren des 17. Jahrhunderts. Zu dieser Zeit war die osmanische Bedrohung Mitteleuropas so groß wie nie zuvor. Und die Loyalität erstarkte besonders zwischen 1689 und 1714, als im Westen Frankreich zum Problem wurde. Deshalb erhielt in diesen Jahren die »christliche Sendung« der Habsburger im Osten und ihre »deutsche Sendung« gegen Frankreich und Schweden, die Sieger von 1648, eine neue Bedeutung. Das alles gehörte zum geistigen Klima der Zeit, das Georg ebenso beeinflußte wie andere deutsche Fürsten, obwohl er weder romantisch noch schwärmerisch veranlagt war.

Ernst Augusts Frau Sophie, Tochter des Winterkönigs und der Winterkönigin, war sich der Tatsache bewußt, daß sie die Enkelin Jakobs I. von England und die Schwester Karl Ludwigs war, des Kurfürsten von der Pfalz, der seit alters der vornehmste unter den weltlichen Kurfürsten war. Zu Beginn ihrer Ehe reagierte sie empfindlich auf den Spott, mit dem ihre Verwandten die Ambitionen des Hauses Braunschweig-Lüneburg aufnahmen. Wie, so fragte Karl Ludwig, deutlich auf das Emblem des Hauses, das Sachsenroß, anspielend, sollten vier Herzöge Platz auf einem Pferderücken finden? Und wollten die vier Brüder den Kurfürstenhut abwechselnd tragen? Sophie neigte selbst zur Ironie und nahm dies hin, ohne beleidigt zu sein. Betroffener war sie, als es möglich schien, daß ihr Mann siegreich aus dem Wettstreit um die Kurwürde hervorgehen würde. Diese Möglichkeit hatte sich nicht im mindesten abgezeichnet, als sie Ernst August, der im Rang unter ihr stand, 1685 geheiratet hatte. Sie tat es, wie sie in ihren Memoiren offen zugab, um mein eigenes »Establissement« zu haben. Damals war sie 28 Jahre, verhältnismäßig alt für eine Zeit, in der Prinzessinnen entweder jung heirateten oder gar nicht. Kindheitserfahrungen hatten sie gelehrt, wie wichtig es ist, versorgt zu sein.

Sophie wurde im Exil geboren. Ihre Eltern waren ein entthrontes Königspaar. Ihr Vater, der Kurfürst von der Pfalz, hatte nach einem Jahr Krieg das Königreich Böhmen verloren, das ihn in einer Zeit der Rebellion gegen seinen katholischen Kaiser aus dem Hause Habsburg berufen hatte. Der Spottname »Winterkönig« haftet Friedrich V. an, seit die Niederlage der Protestanten in der Schlacht am Weißen Berg die Voraussage der Habsburger bestätigte, er werde wie der Schnee den Winter nicht überdauern. Die republikanischen Niederlande gewährten ihm, seiner Gemahlin und seinen Kindern Zuflucht. Von dort aus mußte er hilflos mitansehen, wie spanische Truppen sich seiner Rheinpfalz bemächtigten und der Kaiser seine Oberpfalz und seine Kurwürde an Maximilian von Bayern gab – als Belohnung dafür, daß der Bayernherzog im Dreißigjährigen Krieg auf habsburgisch-katholischer Seite kämpfte. Im November 1632, als das Blatt sich gerade zu seinen Gunsten gewendet zu haben schien, Gustav Adolf die Rheinpfalz befreit und ihn in seinem Lager bei Frankfurt willkommen geheißen hatte, starb Friedrich unerwartet. Er hatte noch die Pfalz besucht, um sich mit seinem Bruder zu beraten (der dort Regentschaftspflichten wahrnahm), und plante militärische Aktionen in Zusammenarbeit mit den Schweden, als er plötzlich erkrankte. Doch bevor er starb, erfuhr er noch vom großen Sieg der Protestanten bei Lützen, und sein letzter Wunsch war, daß seine Gemahlin Elisabeth sich der Aufgabe widmen möge, ihren Kindern – von denen ihn zehn überlebten – wieder zu einem ihnen gemäßen Platz im Reich zu verhelfen.

Das war keine leichte Aufgabe. Gustav Adolfs Tod auf dem Schlachtfeld von Lützen zog vorübergehende Rückschläge für die Protestanten nach sich. Die Pfalz wurde erneut vom Feind besetzt, und Elisabeth mußte die Interessen des pfälzischen Herrscherhauses unter schwierigen politischen und finanziellen Umständen wahren.

Weil die Winterkönigin so sehr mit der europäischen Diplomatie beschäftigt war und außerdem ihren intellektuellen und künstlerischen Neigungen nachging, glaubte Sophie, das zwölfte und vorletzte ihrer Kinder, sie habe in ihrer Kindheit Mutterliebe entbehren müssen. Wie ihre Geschwister wurde sie, getrennt von den Eltern, in Leiden aufgezogen. Dort blieben die Kinder bis zum Mündigkeitsalter. Dann kamen die Töchter an den Hof ihrer Eltern, die Söhne bildeten sich an einer Universität oder durch Reisen fort oder dienten in der Armee eines ausländischen Herrschers. Hinter dieser Erziehung steckte ein wohldurchdachtes System. In Leiden brachte man den Kindern strenge höfische Etikette bei – als Voraussetzung für ihre weitere rechtmäßige Rolle in der Welt der Fürsten und Könige. Das ließ sich nicht in der Hauptstadt einer Republik lehren. Sie profitierten außerdem von einem Lehrplan, den ihr Vater aufgestellt hatte. Mädchen wie Jungen lernten außer den lebenden Sprachen Französisch, Deutsch, Englisch und Niederländisch auch Latein und Griechisch, setzten sich mit Theologie und Geschichte, Mathematik und Jurisprudenz auseinander. Rückblickend betrachtete Sophie ihre Jahre in Leiden als entsetzliche und unnatürliche Verbannung.

Ihr vorwurfsvolles »Unsere Mutter hat sich mehr um ihre Hunde und um ihre zahmen Affen gekümmert als um ihre Kinder« wurde oft als Beweis für Elisabeths Gleichgültigkeit als Mutter zitiert. In Wirklichkeit durfte Sophie schon früher an den Hof ihrer Mutter in Den Haag als ihre älteren Schwestern, denn 1641, nach dem Tod ihres jüngsten Bruders Gustav, wurde der Hof in Leiden aufgelöst. Wer Sophies Memoiren ganz liest – sie schrieb sie mit fünfzig Jahren – wird zu einem nachsichtigeren Urteil über ihre Mutter gelangen. Aus dem Text geht hervor, daß die Königin mit Freundlichkeit, Takt und Verständnis der schüchternen Sophie den Eintritt in den Kreis dreier selbstsicherer und sie foppender Schwestern erleichterte. Das junge Mädchen hielt sich für dünn, blaß und häßlich; sie meinte auch, womöglich schon früh sterben zu müssen. Hatte sich nicht ein Besucher, bevor er merkte, daß sie Englisch verstand, über Gustavs gutes und gesundes Aussehen ausgelassen und ihrer Mutter sein Mitleid bekundet, weil Sophie so unansehnlich und schwächlich war? Doch an diesem Hof, an dem man Intelligenz zu schätzen wußte, die Bildung förderte und die Fesseln der Frömmelei abgestreift hatte, gedieh Sophies wißbegieriger Geist. Und sie blühte auch körperlich auf. Bald nahm sie im Wettstreit mit ihren Schwestern um Aussehen und Fähigkeiten den Platz ein, der ihr ihrer Meinung nach gebührte. Elisabeth war gelehrter und ernster, Luise Hollandine künstlerisch begabter, Henriette schöner als sie. Aber Sophie wurde für ihren Witz und für ihren Geist bewundert. Ihren Hang zum Spott sah man ihr im allgemeinen nach, denn die Leute mochten sie einfach. In den Tiefen ihres Wesens schlummerte allerdings ein gewisser Mangel an Selbstvertrauen. Darum schätzte sie es, gelobt zu werden, besonders wegen ihrer Attraktivität, und erinnerte sich gern daran, egal, ob man es ihr direkt gesagt oder ob sie es zufällig mitgehört hatte. Dieser Mangel an Selbstvertrauen begleitete sie ihr Leben lang. Sie lernte jedoch, ihn in den Griff zu bekommen, indem sie sich mit gesundem Menschenverstand gebot, »die Dinge so zu nehmen, wie sie sind«. Daß Königin Elisabeth die allgemein verbreitete hohe Meinung über Sophie teilte und ihr eine große Zukunft wünschte, erweist sich daran, daß sie darauf hinarbeitete, diese Tochter mit Karl Stuart zu vermählen*. Karl Stuart war nach der Hinrichtung seines Vaters 1649 zum König der Schotten ausgerufen worden und hatte gute Aussichten – so behaupteten die Royalisten im Exil – nicht nur seinen Anspruch auf Schottland, sondern auch den auf England und Irland durchsetzen zu können. Er schien Sophie den Hof zu machen. Doch sie war tief in ihrem Stolz verletzt, als sie entdecken mußte, daß sein eigentliches Ziel nicht die Ehe mit ihr war, sondern die finan-

---

* Sophie war als einzige ihrer Töchter jünger als Karl. Aber die Wahl der Mutter hätte auch auf Henriette fallen können, die vier Jahre älter war als er. Elisabeth (geb. 1618) und Luise Hollandine (geb. 1622) waren wohl zu alt, um ernsthaft in Betracht gezogen zu werden.

zielle Hilfe Lord Cravens, der lange Zeit mit seinem Vermögen den pfälzischen Hof im Exil unterstützt hatte und Sophie besonders zugetan war. Sie beschloß, so bald wie möglich Den Haag zu verlassen. Mit einiger List erreichte sie es, daß ihr ältester Bruder Karl Ludwig ihr das Angebot machte, künftig in Heidelberg zu leben. Und mit großer Entschlossenheit räumte sie die Einwände ihrer Mutter gegen diese Pläne aus.

Die pfälzischen Prinzen hatten sich in Europa umgesehen, während ihre Schwestern in der Nähe von Königin Elisabeth geblieben waren. Zeitweise hatte es so ausgesehen, als würden sie nie zur Ruhe kommen. Die beiden ältesten, Karl Ludwig und Rupert, hatten nach dem Tod ihres Vaters das Studium an der Universität Leiden aufgegeben und Waffendienst beim Heer Heinrichs, des Prinzen von Oranien, geleistet. Von 1636 bis 1638 weilten sie zu Besuch bei ihrem Onkel, Karl I. von England. Sie bekamen genügend finanzielle Unterstützung, um sich auf militärische Wagnisse im Heiligen Römischen Reich einlassen zu können. Aber sie scheiterten beide und wurden gefangengenommen; 1640 wurden sie dann aus französischer beziehungsweise kaiserlicher Gefangenschaft entlassen. Die beiden mittleren Brüder Moritz und Eduard, die im Laufe ihrer jugendlichen Lehrjahre Frankreich besucht hatten, kehrten mit Karl Ludwig nach Den Haag zurück. Rupert und Moritz dienten Karl I. von England während des ganzen Bürgerkriegs zu Wasser wie zu Lande. Karl Ludwig dagegen blieb nach einem kurzen Aufenthalt bei seinem Onkel 1642 auf dem Kontinent, um die Verhandlungen über den Westfälischen Frieden zu verfolgen und die Rückgabe des pfälzischen Erbes – zumindest eines Teils davon – zu betreiben. Eduard ging 1645 wieder nach Paris, heiratete Anna Gonzaga, die Prinzessin von Mantua-Nevers, und konvertierte zum Katholizismus. Philipp, der jüngste der noch lebenden Söhne, hatte Eduard begleitet, um seine Ausbildung in Frankreich zu vervollkommnen. Er trat schließlich ins französische Heer ein und fiel im Kampf gegen die Spanier.

Die Familie löste sich allmählich auf. Elisabeth und Luise Hollandine suchten Zuflucht bei Verwandten aus dem Hause Brandenburg, nachdem sie Philipp bei einer Auseinandersetzung mit ihrer Mutter unterstützt hatten*. Zwischen Königin Elisabeth und ihrem ältesten Sohn kam es zu finanziellen Querelen, die dadurch, daß er die Rheinpfalz zurückerhielt, eher verschärft als gemildert wurden. All das entfremdete sie einander, wenn auch die Form gewahrt wurde. Daß die beiden älteren Schwestern in Berlin Verhandlungen über die Vermählung Henriettes mit Sigismund Rákóczi, dem Prinzen von Transsylvanien (Siebenbür-

---

* Philipp war 1646 nach Den Haag zurückzitiert worden, damit er nicht etwa Eduards Beispiel folgte und zum Katholizismus übertrat. Er mußte jedoch aus der Niederländischen Republik fliehen, nachdem er den Marquis d'Espinay erstochen hatte.

gen), führten, mißbilligte Karl Ludwig. Er meinte, der Prinz stände seiner Braut an Rang nach.

Elisabeth war mit Sophies Übersiedlung nach Heidelberg zwar nicht einverstanden, konnte aber keinen triftigen Grund finden, um sie daran zu hindern. Karl Ludwig hatte kürzlich geheiratet, und es war durchaus schicklich, daß Sophie beim Oberhaupt der Familie lebte. Sie und Henriette nannten ihn schon seit langem »Papa«. Und Elisabeths Haupteinwand, daß die Aussichten Sophies, nach England zu heiraten, dadurch verringert würden, wurde mit dem Argument entkräftet, daß etwaige Verhandlungen über eine Heirat genausogut in Heidelberg wie in Den Haag stattfinden könnten. Sophie schaffte es sogar, anderen einzureden – ihrer Mutter natürlich nicht –, daß die von ihr ausgewählten Gesellschafterinnen (zwei Engländerinnen, die Damen Carey) auf ausdrücklichen Wunsch der Königin mit ihr kämen.

Theoretisch hätte Sophie in Heidelberg glücklich sein müssen. Sie hing sehr an ihrem Bruder und stand auf gutem Fuße mit dessen illegitimen Sohn Ludwig von Rothenschild (er wurde, nachdem Karl Ludwig die Rheinpfalz zurückerhalten hatte, zum Freiherrn von Selz erhoben). Sie war entzückt von den Kindern, die Karl Ludwig mit Charlotte von Hessen-Kassel hatte (Karl, geboren 1651, und Elisabeth Charlotte, kurz Liselotte genannt, geboren 1652), und bemühte sich nach Kräften, in Frieden mit ihrer Schwägerin zu leben. Das war freilich schwierig, weil Charlotte launisch und argwöhnisch war. Es gab viel Interessantes für Sophie: der Wiederaufbau und die Renovierung der kurfürstlichen Paläste und Gärten; die Universität mit ihren Gelehrten; die vielen Gäste, darunter auch Elisabeth und Rupert, die längere Zeit blieben und mit Banketten, Bällen und Theateraufführungen unterhalten wurden; die Gelegenheit, Ludwig und Charlotte auf privaten und offiziellen Reisen innerhalb des Reiches zu begleiten. Und sie konnte sich auch selbst beschäftigen: sie las und machte Stickereien, spielte Gitarre und nahm Gesangsunterricht und unternahm lange Spaziergänge, die sie dem Reiten und Kartenspielen bei weitem vorzog. Doch in der Praxis gestalteten sich die Dinge nicht so, wie sie es erwartet hatte. Die Familienbesuche führten zu Familienkrächen, die widerwärtig waren, wenn auch der äußere Anstand gewahrt wurde. Rupert ging, nachdem ihm ein Jahresgeld ausgesetzt worden war, nach England und ließ sich dort nieder. Elisabeth bemühte sich um den Eintritt in ein protestantisches Stift. Luise Hollandine fand keinen Platz in einer protestantischen Einrichtung dieser Art, konvertierte zum Katholizismus und trat ins Kloster Maubuisson in der Nähe von Paris ein. Zwei Familienmitglieder waren seit Sophies Übersiedlung nach Heidelberg gestorben: 1651 Henriette, die ihren Prinzen ohne Karl Ludwigs Segen geheiratet hatte, und 1652 Moritz. Schlimmer war es für Sophie, daß Karl Ludwigs Ehe unter eine unerträgliche Belastung geriet. Er hatte sich in Luise von Degenfeld verliebt, eine Hofdame seiner Frau. Der Aufruhr und die Szenen, die folgten, als Charlotte klar wurde, daß er die Scheidung wollte, um sich morganatisch mit Luise zu vermählen, waren bedrückend, wenn auch gelegentlich lachhaft. Überdies unterstellte Charlotte, es bestände eine inzestuöse Beziehung zwischen Karl Ludwig und Sophie. Aufgrund all dessen war Sophie immer mehr daran gelegen, der unerfreulichen Situation durch eine Heirat zu entkommen. Ihr Stolz hinderte sie lange daran, einen Bräutigam in Erwägung zu ziehen, der kein regierender Fürst war. Aber 1656 willigte sie in Verhandlungen über eine Verlobung mit Adolf Johann von Zweibrücken ein, obwohl sie ihn besonders unattraktiv fand und obwohl er in diesem Herzogtum nur die Regentschaft für seinen Bruder, König Karl X. von Schweden, versah.

Gerettet wurde sie durch die unvermeidliche Langsamkeit der Korrespondenz über den Ehevertrag. Die Briefe gingen zwischen Heidelberg und Kriegsschauplätzen in Polen hin und her, wo Karl X. einen Feldzug durchführte. Adolf betrachtete Sophie als seine Verlobte, aber es war noch kein Vertrag unterzeichnet, als Herzog Georg Wilhelm aus dem Hause Braunschweig-Lüneburg gegen Ende des Jahres 1656 an Karl Ludwigs Hof eintraf und um Sophies Hand anhielt. Er wurde von seinem jüngsten Bruder Ernst August begleitet. Beide waren schon vor drei Jahren in Heidelberg zu Gast gewesen. Sophie hatte damals gern Duette mit Ernst August gespielt und auch seine Tanzkünste und sein gutes Aussehen bewundert (er hatte schöne Hände und schöne blaue Augen). Doch als Freier hatte sie ihn nie in Betracht gezogen. Seine einzige Aussicht war die, daß er mit Sicherheit eines Tages der nächste Fürstbischof von Osnabrück werden würde. Diese Position war aber nicht erblich*. Und darum hatte Sophie den Briefwechsel, den Ernst August mit ihr nach seiner Abreise begonnen hatte, einschlafen lassen. Als jüngster von vier Söhnen des jüngeren Zweigs der braunschweigischen Herzöge (die Linie Braunschweig-Wolfenbüttel war älter als die Linie Braunschweig-Lüneburg) war er keine gute Partie. Vielleicht hatte sein Bruder bei dem ersten Besuch Sophies Herz schneller schlagen lassen, denn er war ein Mann, zu dem sich Frauen hingezogen fühlten. Jedenfalls wurde seine Werbung 1656 begrüßt, weil er sich in einer gesicherten Position befand. Seit 1648 war er Landesherr des Herzogtums Calenberg-Göttingen, des weniger bedeutenden der beiden Herzogtümer, in die das Braunschweig-Lüneburgische Erbe kraft Herzog Georgs Testament aufgeteilt worden war. Doch es würde ihm freistehen, statt

---

* Beim Friedensschluß von 1648 war vereinbart worden, daß sich katholische und protestantische Herrscher als Fürstbischöfe abwechseln sollten. Ernst August war zwar zum Koadjutor bestimmt worden, aber es ließ sich nicht absehen, wann er dem gegenwärtigen Amtsinhaber nachfolgen würde. Laut Vertrag stand es ihm auch nicht zu, Einfluß auf die Wahl seines Nachfolgers zu nehmen.

dessen das Herzogtum Lüneburg-Grubenhagen zu übernehmen, falls sein älterer Bruder Christian Ludwig ohne männlichen Erben starb. Wenn dies geschah, würde Johann Friedrich, der dritte Sohn, das Herzogtum bekommen, das Georg Wilhelm abzutreten wünschte. Und nur wenn der unwahrscheinliche Fall einträte, daß zwei von seinen drei Brüdern ohne Söhne stürben, würde Ernst August – vorausgesetzt, er überlebte sie – Landesherr werden.

Sophie und ihr Bruder Karl Ludwig nahmen Georg Wilhelms Antrag mit Freuden an. Der Ehevertrag wurde unterzeichnet, bevor die beiden Brüder ihre Reise nach Venedig fortsetzten. Die Braunschweig-Lüneburger waren wie die Braunschweig-Wolfenbütteler oft in Italien (besonders zur Karnevalszeit) und holten sich ihre Architekten und Musiker überwiegend von dort. Die Verlobung wurde vorerst geheimgehalten, weil Georg Wilhelm hoffte, mit seinen Ständen – die ihn bereits gedrängt hatten, ans Heiraten und an Erben zu denken – ein besseres finanzielles Arrangement treffen zu können, wenn sie meinten, die Sache sei noch in der Schwebe. Doch in Italien überlegte Georg Wilhelm es sich anders. Er genoß die Freiheit, die ihm sein Junggesellendasein bescherte, und wollte sie eigentlich nicht aufgeben. Wenn er sein Wort brach, würde er die Ehre seines Hauses beflecken, aber er glaubte, einen Ausweg zu sehen. Es war ein leichtes, Ernst August zu überreden, daß er an seine Stelle als zukünftiger Bräutigam trat. Damit Ernst August für Karl Ludwig und Sophie akzeptabel wurde, schlossen die beiden Brüder einen Vertrag, der am 11./21. April 1658 unterzeichnet wurde und der besagte, daß Georg Wilhelm niemals heiraten würde. Damit erhöhte sich für Ernst August die Chance, daß ihm das eine oder andere der zwei Herzogtümer zufallen würde. Solche Abmachungen waren nichts Neues in der Familie. Der Vater der beiden Brüder, Herzog Georg, hatte davon profitiert, daß unter den sechs Söhnen von Herzog Wilhelm (der von 1559 bis 1592 regierte) ausgelost wurde, wer legal heiraten durfte und das ungeteilte Herzogtum Calenberg-Göttingen erben sollte.

Die Übereinkunft von 1658 war keine Garantie dafür, daß Ernst August einmal im Herzogtum Hannover oder im Herzogtum Lüneburg-Grubenhagen herrschen würde. (Calenberg-Göttingen wurde inoffiziell »Hannover« genannt, nachdem Herzog Georg 1636 das alte Schloß Calenberg verlassen und seine Residenz nach Hannover verlegt hatte. Lüneburg-Grubenhagen, das Herzog Georg von einem Onkel geerbt hatte, wurde der Kürze halber nach seiner Hauptstadt als »Herzogtum Celle« bezeichnet.) Doch die Übereinkunft war das Beste, was Georg Wilhelm bieten konnte. Und sie gab, da sie ja einen Bruder aus dem Rennen um das Erbe warf, den ehelich geborenen Söhnen von Ernst August eine gewisse Sicherheit.

Der hannoveranische Gesandte, der dem Heidelberger Hof den Bräutigamstausch schmackhaft machen sollte, malte die Zukunft in den rosigsten Farben. Christian Ludwig war verheiratet, hatte aber keine Nachkommen. Johann Friedrich, »der dicke Herzog«, war unverheiratet und galt als nicht fortpflanzungsfähig*. Also würden beide braunschweig-lüneburgischen Herzogtümer an Ernst August fallen. Es ist kaum anzunehmen, daß Karl Ludwig und Sophie sich von dieser Argumentation überzeugen ließen. Aber sie waren bereit, die von Georg Wilhelm vorgeschlagene Lösung zu akzeptieren. Viel mehr ließ sich für die sitzengelassene Braut nicht herausholen. Ernst August stammte aus einer alten Familie, die sich von Heinrich dem Löwen ableitete, dem mächtigsten deutschen Fürsten zu Friedrich Barbarossas Zeit, bis der Kaiser ihn in seiner Macht beschnitt und seine Territorien auf das Land zwischen Weser und Elbe begrenzte. Auch der Umstand, daß Heinrich die englische Prinzessin Mathilde geheiratet hatte, dürfte Karl Ludwig und Sophie angesprochen haben. Doch am meisten fiel die genannte Übereinkunft ins Gewicht. Das geht daraus hervor, daß Sophie deren deutschen Originaltext vollständig in ihre – französisch geschriebenen – Memoiren aufnahm. Die Übereinkunft war das Fundament für jenes erhoffte »Etablissement«. Sophies *amour-propre* war durch Georg Wilhelms Zurückweisung verletzt worden, aber man gab ihr zu verstehen – oder sie kam selbst darauf –, daß er sich in Venedig die Syphilis geholt hatte und nun »zur Ehe ungeeignet« war. Karl Ludwig tröstete sie, indem er ihr sagte, er habe Ernst August immer schon lieber gemocht als Georg Wilhelm**. Die Hochzeit fand Ende September 1658 statt. Sophies Bruder Eduard kam als Trauzeuge nach Heidelberg, und Sophies etwa zwanzig Jahre später verfaßte detaillierte Beschreibung sämtlicher Arrangements, der Gewänder, die sie trug, und der dargebotenen Belustigungen vermittelt einen lebendigen Eindruck von der Eleganz und dem guten Geschmack des pfälzischen Hofes und auch von ihrer Freude darüber, in den Ehestand einzutreten. Von der Familie ihres Mannes war niemand zugegen. Es wäre geschmacklos gewesen, wenn Georg Wilhelm sich eingefunden hätte. Und Johann Friedrich war über die Übereinkunft seiner Brüder vom April sehr verstimmt gewesen: Warum hatte man ihm nicht die Chance gegeben, zu so günstigen Bedingungen an Georg Wilhelms Stelle zu treten?

Sophie empfand keine Liebe für Ernst August, bevor sie Mann und Frau wurden. Sie hielt ihn allerdings für »liebenswürdig« und hatte be-

---

* Er heiratete schließlich doch (1688). Aus der Ehe gingen vier Töchter hervor, von denen drei das Säuglingsalter überlebten.
** Später entdeckte Sophie, daß man dies ihrem Bruder nur erzählt hatte, damit er in den Bräutigamstausch einwilligte.

schlossen, ihm eine gute Frau zu sein. Ansonsten vermutete sie, daß er ihr gleichgültig gegenüberstand und sie um des Vorteils willen heiratete, der für ihn bei seinem Handel mit Georg Wilhelm heraussprang. Sie war daher hocherfreut, als er sich als feuriger Liebhaber erwies. Sie fühlte sich auch eher geschmeichelt als behelligt dadurch, daß er eifersüchtig über sie wachte, nachdem sie in Hannover eingetroffen waren, wo sie mit Georg Wilhelm vorerst unter einem Dach wohnten, bis Osnabrück aktuell würde. Mit den vielen angeheirateten Verwandten, die sich versammelt hatten, um sie mit großen Umzügen und Festlichkeiten in Hannover zu begrüßen, kam Sophie gut zurecht. Ihre Liebe und ihre Anteilnahme aber galten von der Hochzeitsnacht an Ernst August. In ihren Augen war er ohne Fehl. Sie, die sonst so scharfsichtig war, übertrieb seine guten Seiten und ignorierte seine Schwächen. Für sie war er der Fleißigste von allen. Und wenn er von seinen Pflichten Urlaub nahm und auf lange und kostspielige Italienreisen ging, so tat er es entweder seiner Gesundheit zuliebe oder um »Geld zu sparen«, indem er die Ausgaben des Hofes in der Heimat einschränkte.

In mittleren Jahren wunderte sie sich darüber, daß sie so töricht gewesen war zu glauben, ihr Mann werde sich »für den Rest seines Lebens« körperlich zu ihr hingezogen fühlen. Ernst August war ein Galan, ein großer Bewunderer der Frauen und unfähig, seiner Gattin länger treu zu bleiben als die ersten Ehejahre. Nachdem er 1661 als Herrscher von Osnabrück unabhängig geworden war, wurden kleine Liebesabenteuer mit mehr oder weniger Tiefgang häufig. Es fiel ihm schwer, Versuchungen zu widerstehen, die ihm entweder im Kreis der Hofdamen seiner Frau oder auf Italienreisen begegneten. Zeitweise litt Sophie, trug aber Sorge dafür, daß ihre Ehe nicht ein Gleiches tat. Ernst August blieb ihr zugeneigt und war stets bereit, sie daran zu erinnern, was für eine erfreuliche Überraschung sie für ihn in der Hochzeitsnacht gewesen war. Ihre Kinder und die ehrgeizigen Bestrebungen beider für ihr Haus verbanden sie. Keines von Ernst Augusts Verhältnissen war eine ernstliche Bedrohung für Sophies Position, bis ihn in den 70er Jahren des 17. Jahrhunderts Klara Elisabeth von Meysenbug, 18 Jahre jünger als Sophie, so sehr mit Beschlag belegte, daß sie als seine *maîtresse en titre* bekannt wurde. Sie heiratete 1673 Franz Ernst Freiherrn von Platen*, den Erzieher der Söhne von Ernst August und Sophie. Klara schenkte ihrem Mann 1674 einen Sohn; ihre 1675 geborene Tochter Sophie Charlotte dagegen wurde von der Familie als Ernst Augusts Kind akzeptiert und als Halbschwester der legitimen Kinder behandelt. Als Georg I. ihr 1722 die Peerswürde verlieh, gehörte zu ihrem Wappen das des Hauses Braun-

---

* Seine Karriere als Berater von Ernst August wurde dadurch gefördert, daß er ihm in seiner Eigenschaft als Gatte keine Schwierigkeiten machte. 1689 wurde er auf Ernst Augusts Ersuchen hin zum Reichsgrafen ernannt.

schweig mit einem Schräglinksbalken. Ernst Augusts lange enge Beziehung mit Klara bereitete Sophie viel Kummer, zumal die Geliebte sich darauf verstand, die Ehefrau zu ärgern, indem sie etwa ihre Pelzsachen imitierte oder Ernst August hohe Geldsummen abschmeichelte, die nach Sophies Meinung besser »für die Familie« verwendet worden wären. Aber Sophie lernte, ihre Zunge im Zaum zu halten, und war mehr als freundlich zu Sophie Charlotte, die sie aufrichtig mochte. Sie erhielt ihre verspätete Belohnung. Nach 1694, als Ernst Augusts Gesundheitszustand sich stark verschlechterte, war sie die einzige, die er in seiner Nähe haben wollte. Klara von Platen war bestenfalls die Vierte beim Kartenspiel, zu dem ihn Sophie gelegentlich überredete*.

Die ersten Jahre ihrer Ehe waren zweifellos sehr glücklich. Sie verstanden sich gut – im Bett und außerhalb. Beide wußten sie die Intelligenz und den Geschmack ihres Partners zu schätzen. Ernst August war auf geistigem Gebiet weniger wißbegierig als seine Frau und teilte nicht ihr Interesse für Philosophie und Theologie. Er war aber der praktischere von beiden, er sorgte dafür, daß die Dinge liefen. Beide konnten sie sich für Musik und für die Oper begeistern, für Bau und Dekoration ihrer Wohnsitze, für Landschaftsgärtnerei und Wasserkünste. Sophie war der leichtfertigere und weniger objektive Teil, obwohl sie den Ruf eines kühlen Blaustrumpfs hatte. Ernst August dagegen galt als ein gegen sich selbst nachgiebiger und völlig unbedeutender Mensch, der zu Zornesausbrüchen neigte. Doch wenn man diese Ansicht vertritt, ignoriert man seinen politischen Scharfsinn und die Arbeit, die er in Osnabrück und nach 1679 auch in Hannover für Verwaltungsreformen leistete, und man berücksichtigt nicht, was aus Sophies veröffentlichten Briefen hervorgeht. Der Briefwechsel mit ihrem Bruder Karl Ludwig ist von 1658 bis 1680, dem Jahr seines Todes, erhalten, ebenso der größte Teil des Briefwechsels mit Leibniz ab 1680. Erhalten sind auch die Briefe, die sie nach 1680 an Karl Ludwigs und Luise von Degenfelds Töchter schrieb. Und erhalten ist die gesamte, 1684 beginnende Korrespondenz mit ihren Verwandten in Berlin, ihrer Tochter und ihrer Enkelin, die beide ins Haus Hohenzollern heirateten, und mit deren Gatten. Ihre Briefe an Liselotte sind verlorengegangen. Aber die von Liselotte an sie aus den Jahren 1672 bis 1714 blieben erhalten, und da die Nichte natürlich auf Sophies Briefe eingeht und sogar aus ihnen zitiert, können wir uns den fehlenden Teil der Korrespondenz recht gut vorstellen. Diese einzigartig reichhaltige Folge von Briefen gehört zu den historischen und literarischen Schätzen der zweiten Hälfte des 17. Jahrhunderts. Die Briefe verraten uns nicht alles, was wir gerne wüßten, denn Sophie war gewitzt und verschwiegen, wenn es ihr in den Kram paßte. Aber sie geben uns

---

* Sophie spielte nicht mit. Die beiden anderen waren Frau von Harling und Kammerherr Klencke.

genügend Hinweise auf ihre stark persönliche Einstellung zu Menschen und Ereignissen. Sie konnte mit Genuß hassen und hervorragend unvernünftig sein, doch im Laufe der Zeit – besonders, als sie in die Jahre kam, in denen ihre Altersgenossen wegzusterben begannen – wurde sie versöhnlicher und fühlte sich sogar mit alten Feinden verbunden. Ernst August urteilte klarer und unparteiischer, war aber von skrupelloserem Ehrgeiz als seine Frau, wenn es um die Belange seines Hauses und vor allem um die seiner eigenen Linie ging.

Sie wollten beide so bald wie möglich Kinder, um eine solche Linie zu begründen, und freuten sich sehr, als am 28. Mai 1660 der »George Louys« der Memoiren geboren wurde. Hoffnungen waren vertagt worden, und es hatte schon Momente der Verzweiflung gegeben, in denen Sophie gedacht hatte, sie sei vielleicht unfruchtbar und ihr »einziges Kind« werde Liselotte sein, die mit ihrer Gouvernante Katharine von Offeln zu ihrer Tante gekommen war, weg von der gespannten Atmosphäre am Heidelberger Hof. Anfang 1660, als Sophie mit Sicherheit wußte, daß sie schwanger war, aber eine Fehlgeburt für nicht mehr wahrscheinlich hielt, besuchte sie mit Liselotte Königin Elisabeth in Den Haag. Ernst August und Georg Wilhelm waren in Italien. Der Aufenthalt bei ihrer Mutter verlief erfreulich, aber Sophie trug Sorge dafür, so rechtzeitig nach Hannover zurückzukehren, daß sie keine durch das Rütteln der Kutsche ausgelöste Frühgeburt riskierte und daß sie ihren Mann begrüßen konnte, wenn er heimkam. Es war ihr immer eine Lust, wieder mit Ernst August vereint zu sein, auch nach kurzen Trennungen, und seine Gegenwart und sein Trost halfen ihr bei der langen und schweren Geburt. Ohne ihn, so meinte sie, hätte sie die »continuelles doleurs« der drei Tage dauernden Wehen nicht durchgestanden.

Der Junge war groß und gesund. Obwohl einige seiner Gesichtszüge (besonders, als er über die mittleren Jahre hinaus war) an seine Mutter erinnerten, geriet das Äußere insgesamt nach seinem Vater. Als ausgewachsener Mann war er allerdings kleiner als Ernst August. Die klaren blauen Augen der Braunschweiger wurden sofort bemerkt; später erkannte man auch an den wohlgeformten Händen und der langen und scharfgeschnittenen Nase die Ähnlichkeit mit dem Vater. Für Sophie war Georg »schön wie ein Engel«, und sie war froh, daß sie ihre *tendresse* wenigstens an ihn wenden konnte, als Ernst August und Georg Wilhelm das nächste Mal nach Italien reisten. Kurz nach Weihnachten 1660 wurde vereinbart, daß Sophie, die wieder schwanger war, ihren Bruder in Heidelberg besuchen sollte. Liselotte und Georg kamen mit. Sophie empfand ihren Aufenthalt in Heidelberg als durchaus erfreulich, fürchtete aber, den Herzögen von Braunschweig-Lüneburg Ungelegenheiten mit ihren Nachbarn von Hessen-Kassel zu bereiten, wenn sie Luise von Degenfeld und deren Sohn und Tochter ihre Aufwartung machte – denn Charlotte lebte noch am Hof. Doch sie brachte es mit dem ihr eigenen Taktgefühl zuwege, Karl Ludwig zufriedenzustellen, indem sie dies diskret tat. Luises Kinder fand sie »les plus jolies du monde«. Von den vierzehn Kindern, die Karl Ludwig und Luise geboren wurden – der Kurfürst machte sie zur Raugräfin, als er sich morganatisch mit ihr vermählte –, überlebten acht ihre Eltern. Um diese Kinder, fünf Söhne und drei Töchter, kümmerte sich schließlich Sophie, denn sie verloren 1677 ihre Mutter und 1680 ihren Vater. Obwohl ihr Stand in Hannover zu Schwierigkeiten mit der Rangordnung führte*, spielten die jungen Raugrafen und Raugräfinnen eine wichtige Rolle im Familienleben. Einer von ihnen, Raugraf Karl Moritz, wurde ein guter Freund von Georg.

Um Ostern 1661 trafen Ernst August und Georg Wilhelm in Heidelberg ein, um Sophie, Liselotte und Georg abzuholen. Karl Ludwig stellte ihnen zwei schön ausgestattete Schiffe für ihre Rheinfahrt nach den Niederlanden zur Verfügung. Georg sollte dort seiner Großmutter vorgeführt werden. Dies geschah in Rotterdam, wo die Winterkönigin ihre Übersiedlung nach England vorbereitete. Im Herbst 1661 bekam Georg ein Brüderchen, Friedrich August, das Anfang Oktober geboren wurde. Es folgten fast fünf Jahre, in denen Sophie kein lebendes Kind gebar. Fehl- und Totgeburten waren ihr Schicksal. Sie machte sich Vorwürfe und führte ihr Mißgeschick auf den Umstand zurück, daß sie nicht die üblichen sechs Wochen im Wochenbett zugebracht hatte, sondern schon nach vierzehn Tagen (auf Ernst Augusts Ersuchen) ins Schlafgemach ihres Mannes gekommen war. Dabei habe sie sich stark erkältet, und das wiederum habe sie geschwächt, folgerte sie. Aber sie betont ausdrücklich in ihren Memoiren, daß sie nicht widerwillig zu ihrem Mann gekommen sei, sondern mit »la plus grande joie du monde«. Ihre Kränklichkeit wurde, was immer sie auch verursacht haben mag, durch einen langen Italienaufenthalt 1664–1665 kuriert. Und ab 1666 kamen die Kinder in rascher Folge: 1666 Maximilian Wilhelm (dessen Zwillingsbruder nicht überlebte), 1668 Sophie Charlotte, 1669 Karl Philipp, 1671 Christian Heinrich und 1674 schließlich Ernst August. Zu dieser Zeit hielt man Georg – er war vierzehn – für alt genug, Pate bei seinem jüngsten Bruder zu stehen. Sophie pflegte in späteren Jahren zu sagen, das Schicksal habe ihr vielleicht zuviel Kinder beschert, aber damals dachte sie nur daran, wie für die Kinder zu sorgen sei.

Sophie war eine gute und hingebungsvolle Mutter. Weil sie sich noch

---

* Einige der Raugrafen stießen sich daran, daß sich in Hannover der Rang nach dem Amt richtete und daß Geheime Staatsräte, selbst wenn sie keine Grafen waren, den Vorrang vor ihnen hatten. Was die Raugräfinnen betraf, so wollten Ernst August und Georg nicht Klara von Platen beziehungsweise Melusine von der Schulenburg kränken, indem sie sie so behandelten, als stünden sie im Rang unter den Heidelberger Verwandten.

an ihre freudlose frühe Kindheit erinnerte, wollte sie einen Großteil ihrer Zeit an ihre Kinder wenden und sich möglichst oft selbst um sie kümmern. Die Männer und Frauen, mit denen sie in engen Kontakt kamen – besonders die, denen sie Erziehungsbefugnisse einräumte – sollten liebevoll und freundlich sein. »Übertrieben religiöse« Menschen waren Sophie ein Greuel, weil sie meinte, deren Glaubenseifer sei mit einer zu starren und strengen Haltung kleinen Kindern gegenüber verbunden. Sie hatte das Glück, daß Katharine von Offeln ihrem Haus erhalten blieb, auch nachdem Liselotte im Sommer 1663 auf Geheiß ihres Vaters – und zu aller Bedauern – in die Pfalz zurückgekehrt war. Liselotte hatte teilgehabt an der freudigen Erregung, als Ernst August im Dezember 1661 Fürstbischof von Osnabrück geworden und die Familie nach Schloß Iburg übergesiedelt war. Sophie und ihr Mann genossen die plötzlich gewonnene Unabhängigkeit. Ein neues Palais war zu planen und zu bauen, und die Reform der Verwaltung des Fürstbistums stellte für Ernst August eine echte Herausforderung dar. Sophie vermerkte mit Stolz, daß die Einkünfte, die er bezog – nicht mehr als 18 000–20 000 *écus* im Jahr – in starkem Gegensatz zu den 40 000 *écus* standen, um die sein Vorgänger »seine Untertanen geschröpft« hatte. Jetzt konnten sie ihr Hauswesen vergrößern und sich die Art von Hof schaffen, die sie wollten. Und obwohl Georg Wilhelm ein häufiger Gast war, der gern mit seinen Neffen spielte, waren die Eltern von Görgen und Gustchen – so nannte man die beiden Jungen im Familienkreis – froh darüber, die Belastungen des Lebens zu dritt los zu sein. Wenn Liselottes Gouvernante nicht Ernst Augusts Oberhofmeister Friedrich von Harling geheiratet hätte, hätte Sophie möglicherweise eine pädagogisch hochbegabte Erzieherin für ihre Kinder verloren. Frau von Harling war energisch und optimistisch und konnte Manieren und das erforderliche Maß an Disziplin lehren, ohne die Zuneigung ihrer Schützlinge zu verlieren. Zwischen der Vollendung des sechsten und des siebten Lebensjahrs wurden die Jungen dann der Obhut von Erziehern und Lehrern anvertraut. Aber während der Osnabrücker Jahre waren ja noch genügend kleinere Jungen zu erziehen, und später wurde Frau von Harling – abgesehen davon, daß ihr bis zu seiner Heirat das einzige Mädchen in der Familie (Spitzname: Figuelotte) anvertraut blieb – Sophies Oberhofmeisterin und hatte als Vorsteherin von Sophies gesamtem Hofstaat bis zu ihrem Tod 1702 einen gewissen Einfluß.

Während ihres Aufenthalts in Italien – wohin sie Ernst August und dessen Bruder Johann Friedrich nachgereist war – merkte Sophie dann, daß sie ihren Kindern (dies ihre eigenen Worte) »fast närrisch zugetan« war. Im April 1664 war sie durchaus darauf erpicht gewesen aufzubrechen, um die Reisegesellschaft einzuholen. Es handelte sich um die ersten langen Ferien, die Ernst August arrangiert hatte, seit er Fürstbischof von Osnabrück geworden war. Sophie hatte die Jungen in der Obhut von Frau von Harling in Heidelberg zurückgelassen, wo sie viel jugendliche Gesellschaft hatten: Liselotte und die Degenfeld-Kinder. Und sie hatte für hübsche Hofdamen und schöne Kleider gesorgt, um ihren Mann zu erfreuen, dem sie »gern auch zu den Antipoden gefolgt« wäre. Auf der fast ein Jahr dauernden Reise mit längeren Aufenthalten in Venedig und Rom fand sie viel Vergnügen. Die Sinnenfreudigkeit der milden Abende im Süden war unwiderstehlich, und sie und ihre Damen tanzten mit einer Begeisterung auf der Straße, die ihnen den Ruf eintrug, sie benähmen sich »è la moda franchese«. Sie war fasziniert von berühmten Sehenswürdigkeiten, Kunstsammlungen und interessanten Menschen. Sie bildete sich rasch eine Meinung über alles und jedes und frönte mit Genuß ihren Vorurteilen: daß ihr katholischer Schwager im Widerspruch zum Papst stand, gehörte zu den Höhepunkten der Reise. Aber sie vermißte ihre Kinder mehr, als sie es für möglich gehalten hatte. Sie fühlte sich betrogen, als sie erkannte, daß sie an wichtigen Phasen ihres Wachsens und Werdens keinen Anteil gehabt hatte. Zu denken, daß Georg keine Kinderkleider mehr trug, sondern seine ersten Kniehosen, und daß er bereits die ersten Tanzschritte erlernt hatte! War Katharine sicher, daß man sich genügend um Gustchen kümmerte? Die Nachricht, daß beide die Pocken gehabt hatten, versetzte sie in höchste Besorgnis. War es wirklich so glimpflich abgegangen, wie man ihr berichtet hatte? Würden die Jungen (wie sie) für immer Narben zurückbehalten? Wenn sie nach Heidelberg schrieb, machte sie kein Hehl aus ihrem Wunsch, daß ihr Mann bald den Rückweg nach Deutschland antreten sollte: Lieber sähe sie die Gesichter der Kinder als alle Kunstschätze Italiens; ihre Spiele gefielen ihr besser als die schönsten Theatervorstellungen.

Nach ihrer Rückkehr im Februar 1665 wollte Sophie nie mehr lange von ihrer Familie getrennt sein. Ihr Mann beschwerte sich einmal in einem Anfall schlechter Laune darüber, daß sie ihre Kinder mehr liebe als ihn. Aber Auseinandersetzungen über den Streitpunkt Auslandsreisen wurden allein schon dadurch auf ein geringes Maß beschränkt, weil Ernst August aufgrund seiner Pflichten und ehrgeizigen Bestrebungen etwa ein Jahrzehnt an Osnabrück gefesselt blieb[*]. Und nun fand er sich plötzlich immer mehr mit seinen Söhnen beschäftigt – zumindest von dem Zeitpunkt an, zu dem sie sich für Dinge interessierten, bei denen er sie anleiten konnte. Görgen und Gustchen begleiteten ihn bei Ausritten und bei der Jagd. Sein Erstgeborener begann, sich für militärische Dinge so zu begeistern wie er selbst. Als ältester Sohn eines ehrgeizigen Vaters

---

[*] Die einzige Italienreise in dieser Zeit machte er 1671/1672. Er und Sophie waren im September 1671 bei der Hochzeit von Karl Ludwigs Sohn und Erben in Heidelberg zugegen. Sophie – die kurz nach ihrer Ankunft in der Pfalz Christian Heinrich geboren hatte – blieb am Hof ihres Bruders, bis Ernst August im Frühling 1672 zurückkehrte und sie wieder abholte.

spielte Georg eine wichtige Rolle in Ernst Augusts Zukunftsplänen. Diese Pläne prägten Georgs Leben. Das begann schon, als er noch ganz jung war. Keinem anderen seiner Söhne widmete Ernst August soviel Zeit. Daß Georg auch seiner Mutter viel bedeutete, ist oft bestritten worden. Sie nannte Gustchen einmal einen »echten Pfälzer«, sprach dagegen vom »Braunschweiger Görgen«, und das wurde dahingehend gedeutet, daß sie Georg nicht mochte. Vermutlich nahm man an, daß ihr die Kinder, die sie an ihre pfälzische Familie erinnerten, lieber waren als die, die mehr nach der Familie ihres Mannes gerieten. Auf ähnliche Weise wurde ihr Geständnis einer der Raugräfinnen gegenüber, nachdem Karl Philipp Anfang 1690 im Kampf gefallen war, dies sei der Sohn, den sie insgeheim am meisten geliebt habe, als Beweis für die Theorie herangezogen, Georg sei kalt und gefühllos geworden, weil er in der Kindheit Mutterliebe habe entbehren müssen. Weder die eine noch die andere Hypothese wird durch die verfügbaren Quellen erhärtet. In eben dem Brief, in dem Sophie Aussehen und Charakter der beiden ältesten Jungen miteinander vergleicht, bekennt sie, daß Georg ihr Herz mehr berühre als Friedrich August. Als Kind war er so zuverlässig und lernwillig, versuchte er, so sehr zu tun, was sie ihm sagte, und ihr zu gefallen, daß er ein Beispiel gab, an das keines seiner Geschwister heranreichte: Gustchen war unartig und launisch, Maximilian geistlos, Karl Philipp verschlossen und querköpfig, Figuelotte und Christian Heinrich wollten nichts lernen, und Ernst August, das Nesthäkchen, war zwar »das einfachste von all meinen Kindern«, aber sie glaubte nicht, daß »viel an ihm« sei.

Diese und ähnliche Äußerungen waren natürlich momentane Eindrücke, die in Briefen an Verwandte weitergegeben wurden. Gewiß entwickelte sich Sophie Charlotte zu einer jungen Dame von bestechendem Intellekt; wurde aus Karl Philipp ein Charmeur, der seiner Mutter gut formulierte und informative Briefe aus dem Krieg schickte; sammelten Friedrich und Christian Bücher, die anspruchsvoller waren als die, die ihr älterer Bruder erwarb; und durchlief Georg in der Adoleszenz eine Phase grämlicher Verschlossenheit, die seine Mutter zur Verzweiflung trieb.

Doch ihre Meinung über Georgs Temperament und Charakter blieb unverändert. Und nach dem Tod ihres Mannes brachten es die Umstände mit sich, daß vor allem Georg ihr zur Seite stand. Friedrich August war gegen Ende des Jahres 1690, das bereits Karl Philipp den Tod von der Hand der Ungläubigen gebracht hatte, im Kampf gegen die Türken gefallen. Christian Heinrich starb 1702 im Krieg gegen die Franzosen und ihre bayerischen Verbündeten. Maximilian lebte im Ausland und hatte sich seiner Mutter derart entfremdet, daß er ihr nicht einmal schrieb. Und aus Ernst August war Sophie nie klug geworden – sie kam ihm auch nie näher. Sie und Georg hatten, nachdem er 1698 Kurfürst geworden war, gelegentlich Meinungsverschiedenheiten über kleinere Probleme wie Einladungen an die Raugräfinnen und über größere Probleme wie die optimale Politik in England, die Sophie ärgerten und zu sarkastischen Kommentaren in ihren Briefen veranlaßten. Aber alles in allem kamen die beiden erstaunlich gut miteinander aus. Er blieb »ihr Benjamin« – diese Bezeichnung hatte ihr Mann 1675 gebraucht, als der 15jährige Georg ihn zum ersten Mal in die Schlacht begleitete. Und sie wurde nie müde, denjenigen, die ihn für kühl und allzu ernst hielten, zu erklären, daß er auch »lustig« sein könne, daß er sich die Dinge zu Herzen nähme, tief empfände und sensibler sei, als er es sich anmerken ließe. Für sie vereinigte er in sich die besten pfälzischen und braunschweigischen Züge. Er arbeitete hart, er besaß *mérite* und *savoir faire*, und obwohl er nicht so ungezwungen war wie ihr verstorbener Bruder Karl Ludwig, erinnerte er sie an ihn, weil er so gefällig und amüsant Geschichten erzählen konnte.

Sophie wunderte sich oft darüber, daß die Kinder eines einzigen Elternpaares – »vom selben Nährboden sozusagen« – so verschieden sein konnten. Schicksalsschläge verbitterten Gustchen und führten dazu, daß er alle Besonnenheit verlor; Karl Philipp geriet in Schulden; Maximilian konnte keine Linie finden, erwies sich als völlig unverantwortlich in finanziellen Dingen, war und blieb faul; Christian Heinrich war übermäßig stolz, mochte sich aber nicht anstrengen und erwartete, daß »ihm die gebratenen Tauben in den Mund fliegen«.

Die glückliche Zeit in den 60er und 70er Jahren des 17. Jahrhunderts, in der die Familie vereint gewesen war, schien im Rückblick pfeilgeschwind vergangen zu sein: die gemeinsamen Schmausereien und Ausflüge, die Feuerwerke an Festtagen ... das eine Mal, als der fünfjährige Gustchen und der sechsjährige Görgen 1667 ihre Eltern bis Celle begleiteten ... Sophie und Ernst reisten nach Glückstadt weiter, wo sie mit der dänischen Königsfamilie zusammentrafen ... und wie sie dann bei ihrer Rückkehr Georg begrüßte, indem er eine Kompanie von sechzig »Soldaten« exerzieren ließ, lauter Kinder, Söhne von Georg Wilhelms Ministern und Offizieren – eine herrliche Überraschung, von einem liebevollen Onkel in Szene gesetzt ... oder 1671, als man die beiden Jungen für alt genug hielt, um der Suite anzugehören, die Sophie begleitete, als sie ihre Schwester Elisabeth in Herford besuchte und ihren Spaß daran hatte, beim Disputieren den fanatischen Labadie mit seiner finsteren pietistischen Weltsicht rhetorisch zu schlagen. Auch wenn diese und andere Erinnerungen von Familienzwist überlagert waren, fiel es Sophie nicht schwer, Nachsicht mit denen zu üben, die Schwierigkeiten machten. Alle Kinder seien ihr gleich lieb, pflegte sie zu sagen. Und ihre Neigung, Partei für den oder die jeweils Unterlegenen zu ergreifen, beeinträchtigte

1684/1685 und, schwerwiegender noch, 1691/1692 die Beziehung zu ihrem Mann. Daß Ernst August Krieg zu Hilfe nahm, um die Interessen seines Hauses zu fördern und dessen Macht zu mehren, fand Sophie – wie ihre Zeitgenossen auch – ganz natürlich. Sie begriff, daß die Verfassungsreform, die Einführung der Primogenitur – 1682 als Plan ausgearbeitet, 1683 vom Kaiser genehmigt und 1684 der gesamten Familie zur Kenntnis gebracht – einen wesentlichen Bestandteil dieser Interessen und Bestrebungen bildete. Aber daß zwischen ihrem Stolz und dem Ehrgeiz ihres Mannes eine Verbindung bestand, daß ihr Stolz ihn mit antrieb, scheint sie nicht erkannt zu haben. Wie Ernst August trug auch sie dazu bei, die Schicksalsschläge zu provozieren, die die Familie trafen, als der Primogeniturstreit entbrannte, als die Söhne sich gegen den Vater stellten und Georg von all seinen Brüdern bis auf einen isoliert war. Man kann sogar sagen, daß der Tod dreier von Sophies Söhnen in der Schlacht durch den Familienzwist wahrscheinlicher gemacht wurde. Die drei, die fielen, hatten sich gezwungen gesehen, in der habsburgischen Armee zu dienen. Die drei, die überlebten, dienten bei hannoveranischen Regimentern. Tapfer waren sie alle. Aber diejenigen, die sich in fremden Heeren um den Aufstieg bemühten, waren in stärkerem Maße Gefahren ausgesetzt und hatten nicht den Rückhalt von Offizieren und Soldaten, die ihrem Haus treu ergeben waren.

Der Kurfürstenhut

Ernst August erwarb 1665 das erste Stück Land, das er weitervererben konnte: die Grafschaft Diepholz. Sie fiel ihm als Belohnung für zwei Dienste zu, die er in diesem Jahr seinem Bruder Georg Wilhelm erwiesen hatte. Beide hatten damit zu tun, daß Georg Wilhelm sich heftig in eine schöne und gebildete Dame aus Frankreich verliebt hatte, in Mlle. Eléonore d'Olbreuse, eine Hugenottin. Zum ersten Mal war er ihr am Hof von Hessen-Kassel begegnet, wo sie als Hofdame von Emilie Prinzessin von Tarent, einer Tochter dieses Hauses, zu Besuch weilte. Mlle. d'Olbreuse und eine andere Hofdame, Mlle. de la Motte, wurden auf Georg Wilhelms und Ernst Augusts Empfehlung hin eingeladen, Sophies Suite für die Italienreise von 1664/1665 anzugehören. Mlle. de la Motte folgte der Einladung, Mlle. d'Olbreuse nicht. Sie ging mit der Prinzessin von Tarent nach Den Haag. Das erklärt, warum Georg Wilhelm nicht mit seinen Brüdern in den Süden reiste, sondern sich dafür entschied, den Winter 1664–1665 in den Niederlanden zu verbringen. Benachrichtigungen des Inhalts, daß sein Bruder Christian Ludwig von Celle ernstlich krank sei und ihn zu sehen wünsche, ignorierte er. Und als er vom Tod des Herzogs erfuhr, brach er nur widerstrebend nach Deutschland auf. Johann Friedrich dagegen, der die Nachricht von Christian Ludwigs Ableben auf der Rückreise von Italien erhielt, begab sich schnurstracks nach Celle und wollte das Herzogtum als sein Erbe beanspruchen, obwohl sein älterer Bruder Georg Wilhelm laut dem Testament ihres Vaters die Wahl zwischen Celle und Hannover hatte. Bei dem nun folgenden Streit ergriff Ernst August die Partei von Georg Wilhelm und stellte ihm ein Osnabrücker Regiment zur Verfügung. Die Angelegenheit wurde schließlich friedlich beigelegt, wenn auch Georg Wilhelm Grubenhagen aus dem Herzogtum Celle ausgliederte und Hannover zuschlug, damit Johann Friedrich sich fügte und Hannover akzeptierte.

Sophie schien die Grafschaft Diepholz eine üppige Belohnung für die leihweise Hergabe eines Regiments, das nicht einmal ins Gefecht gekommen war. Weniger zufrieden war sie mit dem anderen Teil von Ernst Augusts Handel mit Georg Wilhelm. Eine legale Heirat mit Eléonore d'Olbreuse war ihm durch die Übereinkunft von 1658 verwehrt. Sie stammte aus einer ehrbaren Familie, und Georg Wilhelm wollte ihr die Dinge so leicht wie möglich machen. Außerdem wünschte er, daß seine Verwandten sie akzeptierten. Er überredete Ernst August dazu, Eléonore als Hofdame nach Osnabrück einzuladen. Ernst August wiederum überredete Sophie. Als Hofdame begleitete Eléonore dann das Osnabrücker Paar nach Celle, wo sie eine »Gewissensehe« mit Georg Wilhem schloß, nachdem die Übereinkunft von 1658 bekräftigt und dahingehend erweitert worden war, daß kein Sohn aus dieser Verbindung Celle erben konnte. Man nannte sie nach einer der zwei Besitzungen, die ihr Georg Wilhelm übertrug, Mme. de Harburg (oder Harbourg); sie war finanziell wohlversorgt*, und der Herzog versprach, ihr sein ganzes Leben lang treu zu bleiben. Im September 1666 wurde ihnen eine Tochter geboren und auf den Namen Sophie Dorothea getauft. Beide Eltern liebten sie sehr und waren natürlich betrübt über ihren illegitimen Status. Da sie ein Mädchen war, stellte sie für Ernst August und Sophie keine unmittelbare Bedrohung dar, zumal es so aussah – was das Osnabrücker Paar wohl als günstige Fügung betrachtete –, als werde sie das einzige Kind bleiben. Eléonores darauffolgende Schwangerschaften endeten mit Fehl- und Totgeburten – oder sie gebar Töchter, die das Säuglingsalter nicht überlebten. Trotzdem blieb eine gewisse Beunruhigung. Man wußte, daß Eléonore auf eine legale Heirat hoffte. Und angeblich hatte sie zu Freunden gesagt, der Herzog habe ihr versprochen, das zu arrangieren, wenn sie einem Sohn das Leben schenkte. Sophie erkundigte sich bei Georg Wilhelm danach, und Georg Wilhelm versicherte ihr schriftlich, daß dem nicht so sei. Trotzdem befürchtete Sophie, mehr noch als ihr Mann, die Übereinkunft von 1658 könnte einfach vom Tisch gefegt werden; wenn schon nicht von Georg Wilhelm, dann nach seinem Tod von seinem Schwiegersohn, vorausgesetzt, Sophie Dorothea verehelichte sich. War es nicht möglich, daß die Streitkräfte und Reichtümer Celles dazu verwendet wurden, die Zukunftsaussichten von Sophies und Ernst Augusts Kindern zunichte zu machen?

Ungeachtet dieser Spannungen in der Familie blieben die beiden Brüder bei einer gemeinsamen Politik, die sich in gewissem Maße gegen Johann Friedrich richtete. Sie verübelten ihm seine Bemühungen, mit französischer Hilfe die Kurwürde für seine Linie zu erhalten, und taten, was in ihrer Macht stand, um das zu vereiteln. Georg Wilhelm trat als Freund Wilhelms von Oranien im Niederländischen Krieg, der ausgebrochen war, weil Ludwig XIV. im Jahre 1672 die Vereinigten Provinzen angegriffen hatte, früh der antifranzösischen Koalition bei. In den ersten Jahren dieses Krieges verhielt sich Ernst August abwartend. Er hatte mit

---

* Sie hatte ein Jahreseinkommen von 2000 Talern, das auf 6000 Taler erhöht werden sollte, wenn sie ihn überlebte.

Frankreich ein Neutralitätsabkommen mit zwei Jahren Laufzeit geschlossen. Die Subsidien, die ihm daraus zuflossen, ermöglichten es ihm, die Osnabrücker Armee aufzubauen. Als Österreich und Spanien sich mit den Niederlanden verbündeten und in den Krieg eintraten, verband er sich – mehr oder weniger als Privatperson – für den Feldzug von 1674 mit Georg Wilhelm. Im Dezember dieses Jahres schloß er ein Bündnis, kraft dessen er – gegen niederländische Subsidien – 6000 Soldaten für die Dauer des Krieges zur Verfügung stellte. Daher stießen 1675 Ernst Augusts Truppen zu denen von Celle. Zunächst kämpften sie bei der aus etwa 30 000 Mann bestehenden Rheinarmee unter dem Oberbefehl Georg Wilhelms, dann wurden sie nach Bremen und Verden abkommandiert und kämpften dort gegen Schweden, das dahingehend manipuliert worden war, als Verbündeter Frankreichs einen Ablenkungsangriff gegen Brandenburg vorzutragen.

Die Pläne des Vaters für seinen Sohn

Zu dieser Zeit rückten Georg und seine Zukunftsaussichten in den Mittelpunkt von Ernst Augusts Überlegungen. Georg Wilhelm machte sich die Gunst zunutze, die ihm seine antifranzösische Haltung bei Kaiser Leopold eingetragen hatte. Im Jahre 1671 hatte er Leopold dazu bewegt, Eléonore zur Reichsgräfin zu erheben. Außerdem hatte sich der Kaiser damit einverstanden erklärt, daß Sophie Dorothea, wenn sie in die Familie eines regierenden Fürsten einheiratete, das Wappen des Hauses Braunschweig-Lüneburg ohne den Schräglinksbalken führen durfte. Im April 1675 ging Georg Wilhelm noch einen Schritt weiter und ließ sich mit kaiserlichem Segen kirchlich mit Eléonore trauen. Das befreite Sophie Dorothea nachträglich vom Stigma der illegitimen Geburt und, schlimmer noch, wenn man es mit den Augen der Osnabrücker betrachtete, verlieh künftigen Söhnen den Status der Legitimität. Um Ernst Augusts und Sophies Befürchtungen gegenstandslos zu machen, bekräftigte Georg Wilhelm im Monat darauf die Übereinkunft von 1658. Sie schien jedoch gefährdet, weil gleichzeitig die Verlobung Sophie Dorotheas mit dem Sohn und Erben von Herzog Anton Ulrich von Braunschweig-Wolfenbüttel aus der angesehenen älteren Linie des Hauses bekanntgegeben wurde. Die Heirat, die ohnehin in ferner Zukunft lag (die Braut war damals erst neun Jahre alt), wurde aber bald dadurch zunichte gemacht, daß der junge Friedrich August im folgenden Jahr bei der Belagerung von Philippsburg starb.

Von da an war Ernst August entschlossen, Georg mit Sophie Dorothea zu vermählen, falls sich annehmbare Bedingungen aushandeln ließen. Das mußte sein; jeder andere Bräutigam war ein zu großes Risiko für die Zukunftsaussichten von Ernst Augusts Familie. Ernst August hatte sich in mittleren Jahren nie richtig gesund gefühlt. Er hatte Fett angesetzt und oft unter Katarrh und Husten gelitten. Und er fürchtete, er werde nicht mehr lange leben, möglicherweise auch in einer Schlacht sterben. Es schien wünschenswert, Georg nicht nur Erfahrungen im Waffendienst zu vermitteln, sondern ihn auch mit den Faktoren des politischen Glücksspiels vertraut zu machen, das zu Ernst Augusts Ziel führen konnte: zum Kurfürstenhut, jenem hermelinverbrämten, von einem goldenen Bügel überwölbten Purpurhut, der für die höchste deutsche Würde unter der des Kaisers stand und darum weitaus eindrucksvoller war als die Krone eines regierenden Herzogs von Braunschweig-Lüneburg. Nicht, daß er eine solche Krone schon besaß. Aber er oder sein Sohn würden eines der braunschweig-lüneburgischen Herzogtümer erben, wenn die Übereinkunft von 1658 beibehalten werden konnte; und zwei, wenn Johann Friedrich (der 1668 geheiratet hatte) auch weiterhin nur Töchter zeugte.

Es war ein Segen, daß Georg so gehorsam war. Seine Mutter glaubte fest, er würde auch »eine Verkrüppelte heiraten, wenn er damit dem Hause dienen könnte«. Noch günstiger war es, daß er eine Neigung zum Militärischen hatte. Nur durch geschickten Einsatz und beständige Vergrößerung seiner Streitkräfte durch Subsidienverträge konnte der Fürstbischof von Osnabrück die Position seines Hauses verbessern. Und nur, wenn die Streitkräfte gut ausgebildet und gut geführt waren, konnten die Erträge verbessert werden – sowohl das Geld zur Erhaltung und Vergrößerung der Armee als auch das Prestige. Die Armee war das Kapital, das ein Fürst in seiner Position einsetzen mußte, wenn er seine ehrgeizigen Bestrebungen verwirklichen wollte. Und so nahm Ernst August seinen Ältesten mit der eindeutigen Absicht in den Feldzug von 1685 mit, um ihn unter Kampfbedingungen zu prüfen und zu trainieren.

Georg war zu Hause gut gedrillt worden. Er war ein vorzüglicher Reiter, hatte gute Nerven und viel körperlichen Mut. Sein Verhalten in der Schlacht an der Konzer Brücke (an der Mündung der Saar in die Mosel) und bei den anschließenden Operationen, durch die die Franzosen gezwungen wurden, den wichtigen Stützpunkt Trier aufzugeben, trug ihm hohes Lob von Ernst August ein. »Dein Benjamin war Deiner würdig«, schrieb er an Sophie, »er ist mit mir durch dick und dünn gegangen.« Als Sophie 1679 Versailles besuchte, gratulierte ihr Ludwig XIV. zum Sieg von 1675 – das Osnabrücker Garderegiment hatte zwei Bataillone seines *Maison du Roi* aufgerieben. Sophie fürchtete den Krieg wegen der Gefahren, die er ihrem Mann und ihren Söhnen brachte, aber sie sonnte sich in deren Waffenruhm, wenn sie sich im Kampf auszeichneten. Trotz aller Angst fand sie, daß das Kriegshandwerk ihr Metier sei, das Metier von Mitgliedern königlicher und fürstlicher Häuser. Und sie schreckte auch nicht davor zurück, Zeitungsschreiber zu bezahlen, damit sie das Lob ihrer Söhne sangen.

Auf den vier Feldzügen, an denen er während des Niederländischen Kriegs teilnahm, reifte Georg heran und entwickelte sich zu einem tüchtigen Offizier. Im Jahre 1675 hatte Ernst August ihn stets in seiner Nähe behalten; nicht nur, um ihn zu prüfen und zu trainieren, sondern um ihn auch, soweit er es vermochte, davor zu bewahren, daß er unnötige Risiken einging. Die Tatsache, daß Georg 1676 bei der Belagerung von Maastricht unter Georg Wilhelm diente, zeugte von einem gewissen Maß väterlichen Vertrauens. 1677 und 1678 hielt man Georg dann für erfahren genug, um ihn dort einzusetzen, wo er gebraucht wurde, und um ihn mit zunehmend eigenverantwortlichen Aufgaben zu betrauen. Er lernte die Grenzgebiete am Rhein und die Niederlande kennen, schloß Freundschaften und Bekanntschaften, traf mit berühmten Befehlshabern der Verbündeten und des Feindes zusammen oder hörte von ihnen erzählen. Wenn er zwischen den Feldzügen in Osnabrück war, wurde er wie ein Erwachsener behandelt. Seine formale Ausbildung – von Platen war sein Erzieher, von dem Bussche sein Hofmeister gewesen – wurde als abgeschlossen betrachtet. Er hatte gute Französisch-, Deutsch- und Lateinkenntnisse und konnte außerdem etwas Italienisch und Niederländisch. Seine Interessen waren eher praktisch ausgerichtet, und durch seine frühe Teilnahme an Feldzügen wurden sie auf Karten, Reisebücher, Geographie, neuere Geschichte und das Studium der Kriegskunst gelenkt. Sein ganzes Leben lang hörte und las er gern Einschlägiges zu diesen Themen; auch die Bücher, die er als junger Mann kaufte, fallen in diesen Bereich. Im Krieg von 1716–1718 mußten neue Nachrichten von der türkischen Front zunächst ihm zur Einsicht vorgelegt werden, bevor sie ein anderer in die Hand bekam. Die Berichte von Diplomaten über ihre Missionen oder über die Länder, die sie besucht, und die Verhandlungen, an denen sie teilgenommen hatten, las er sehr aufmerksam.

Von 1679 an bildete sich Georg durch Unterweisung und Praxis weiter fort. In diesem Jahr starb Johann Friedrich, und Ernst August wurde Herzog von Hannover. Er begann, Georg auf sein späteres Dasein als regierender Fürst vorzubereiten. Zunächst schickte er ihn allein auf Auslandsbesuche, dann gab er ihm in den Türkenkriegen ein vollständig unabhängiges Kommando über hannoveranische Truppen, und schließlich wurden mit ihm die Probleme der Regierung und Verwaltung Hannovers diskutiert, bevor Georg in den Jahren nach 1694, als Ernst August gebrechlich wurde, aktiv daran teilhatte.

Mit dem Weggang der Erzieher und Lehrer nach 1675 wurde ihm auch sexuelle Freiheit zugestanden, allerdings erst nach einem geharnischten Streit im Herbst 1676. Es stellte sich heraus, daß Georg Figuelottes Untergouvernante geschwängert hatte. Ernst August tobte wegen der Peinlichkeiten, die daraus erwachsen konnten, denn diese Untergouvernante war vom Heidelberger Hof zu ihnen gekommen. Sophie nahm all das gelassener. Beide Eltern bekundeten allerdings Zweifel daran, daß die werdende Mutter so unschuldig sei, wie sie behauptete, und deuteten nicht eben zart an, sie sei mit ihrer Gunst recht freigiebig gewesen. Der Sohn, den sie gebar, war Georg jedoch wie aus dem Gesicht geschnitten. Karl Ludwig verwendete sich für seinen Neffen, was Ernst August milder stimmte. Und nun sagte man Georg, er könne schlafen, mit wem er wolle, solange er umsichtig genug sei, daß die Spatzen nicht seinen Namen als Vater unehelicher Kinder von den Dächern pfiffen. Das Kind wurde nicht anerkannt. Über sein weiteres Schicksal und das seiner Mutter weiß man nichts.

Es scheint, daß Georg sich diese Lehre zu Herzen genommen hat. In späteren Jahren wurde keine der illegitimen Töchter, die ihm Melusine von der Schulenburg gebar, öffentlich als sein Kind anerkannt. Und falls Damen, die in den späten 70er und frühen 80er Jahren des 17. Jahrhunderts seine Geliebten gewesen sein sollen, Kinder von ihm auf die Welt brachten, so erfuhr auch das niemand. Nicht einmal die Namen dieser Geliebten kennen wir mit Sicherheit. Eine Dame, Maria Katherine von Meysenbug – Klara von Platens jüngere Schwester – wird in der zeitgenössischen Korrespondenz freilich so oft als Georgs Gefährtin erwähnt, daß man angenommen hat, sie sei vor ihrer Heirat Georgs Geliebte gewesen. Das kann durchaus sein, denn es war üblich, daß königliche oder fürstliche Eltern ihren Söhnen, wenn sie sechzehn Jahre alt wurden, mehr oder weniger diskret zu einer vertrauenswürdigen und gesunden Sexualpartnerin verhalfen. Ludwig XIV. war sogar noch jünger, als seine Mutter eine Dame für ihn aussuchte. Es würde zu Ernst August passen, wenn er seinem Sohn die Schwester seiner eigenen Geliebten zugeführt hätte. Über Klara konnte er Mlle. von Meysenbug kontrollieren. Sie sah gut aus und hatte ein lebhaftes Wesen, war aber auch schon alt genug, um einigermaßen vernünftig zu sein (etwa fünf Jahre älter als Georg). Man konnte sich jedenfalls darauf verlassen, daß sie keine Schwierigkeiten machen würde, wenn die Zeit für Georgs Heirat reif war.

Seit dem Tod des jungen Friedrich August von Braunschweig-Wolfenbüttel schwebte Ernst August eine dynastische Verbindung durch Georg und Sophie Dorothea vor. Er hatte in dieser Sache schon etliche Male bei Georg Wilhelm vorgefühlt beziehungsweise auf Sondierungsversuche seines Bruders reagiert. Die Bedingungen, die Ernst August stellte, waren hart und lagen Georg Wilhelm schwer im Magen; besonders die Forderung, daß Osnabrück als Sicherheit für die Einhaltung der Übereinkunft von 1658 mindestens zwei Festungen Celles haben müsse. Sophie war zu diesem Zeitpunkt weniger auf die Verbindung erpicht als ihr Mann. Der Gedanke, ihr Ältester könnte eine Mesalliance eingehen, betrübte sie. Für jemanden, der sich des *bon sang* so bewußt war wie sie, war schon die Vorstellung entsetzlich, daß Sophie Dorotheas Wappen von mütterlicher Seite her ein nicht ganz makelloses fremdes Wappenschild trug. Allerdings konnte sie sich ein wenig damit trösten, daß Wilhelm von Oranien noch etwas weitaus Schlimmeres getan hatte, als er 1677 Prinzessin Maria von England geheiratet hatte: Deren Mutter war eine Nichtadlige gewesen, während Eléonore d'Olbreuse immerhin einem adligen, wenn auch nicht hochadligen, Geschlecht entstammte. Sie legte jedoch großen Wert darauf, daß für Georg auch noch andere Möglichkeiten in Betracht gezogen wurden, und berichtete ihren Briefpartnern, er sei »nicht begierig« darauf, Sophie Dorothea zu heiraten.

Nachdem 1678/1679 wieder Friede in Europa eingekehrt war, schien der Zeitdruck nachzulassen, und die Verhandlungen über die Vermählung kamen für eine ganze Weile zum Stillstand. Ernst Augusts Leben war nicht mehr ständig in Gefahr. Und nun dachten alle wieder an Auslandsreisen. Gustchen hatte an der Schlußphase des Niederländischen Kriegs teilgenommen. Die drei mittleren Söhne waren zwischen 1676 und 1678 zu verschiedenen Zeiten mit ihren Erziehern in Frankreich gewesen. Nun waren die Eltern an der Reihe. Ernst August plante für den Spätherbst 1679 einen Italienaufenthalt mit Johann Friedrich.

Die Beziehungen zwischen den beiden hatten sich verbessert, seitdem sich Johann Friedrich geweigert hatte, gegen die Truppen von Osnabrück und Celle zu kämpfen, worum ihn Ludwig XIV. während des Niederländischen Kriegs gebeten hatte. Überdies wollte Ernst August die Gelegenheit beim Schopf packen und während der gemeinsamen Reise herausfinden, was Johann Friedrich offerierte, um sich Georg als Bräutigam für eine seiner Töchter zu sichern. Da sich die Töchter alle noch im Kindesalter befanden, waren die Annäherungsversuche ganz offensichtlich dazu gedacht, Georg Wilhelm geneigter und williger zu machen. Johanns Antwort fiel jedenfalls unverbindlich aus: Er werde sich die Sache durch den Kopf gehen lassen.

Vor der Abreise der Brüder war vereinbart worden, daß Sophie mit ihrer Tochter Figuelotte nach Frankreich reisen sollte, um Luise Hollandine (mittlerweile Äbtissin von Maubuisson) und Liselotte zu besuchen (die seit 1671 mit Philipp, dem Herzog von Orléans, verheiratet war). Sie reiste inkognito und versicherte Georg Wilhelm, dies täte sie, um keine Schande über sein Haus zu bringen, indem sie sich Rangordnungsvorschriften unterwarf, die er vielleicht für demütigend hielt. Der Herzog von Celle war freilich, was die Etikette anging, ein äußerst laxer Herrscher. Sophie war diejenige, die nicht wollte, daß sie in ihrem Stolz gekränkt wurde. Als Königin Maria Theresia ihr den Saum ihres Gewands zum Kusse reichte, tat Sophie so, als hätte sie es nicht bemerkt.

Und sie amüsierte sich sehr über den Trick, mit dem Liselottes Sohn (nach 1715 Regent von Frankreich) diese Förmlichkeit umging: Er neigte sich über den Saum, küßte aber bloß seine eigene Hand. Sophies Hoffnungen, daß Figuelotte als Braut für den Dauphin in Frage käme, zerschlugen sich (Figuelotte war elf Jahre alt und mithin viel zu jung in Anbetracht des dringenden Wunsches von Ludwig XIV., so bald wie möglich die Thronfolge in der zweiten Generation zu sichern). Aber sie ebnete den Weg für einen Besuch Georgs in Versailles und hatte ansonsten viel Spaß am französischen Hof. Um sie zu ehren, taten Ludwig XIV. und Philipp ein weiteres und luden sie zu den Feierlichkeiten anläßlich der Ferntrauung der Tochter des Königs aus erster Ehe mit Karl II. von Spanien ein.

Der weitere Aufstieg der Familie und Georgs Heirat

Sophies Status erfuhr wie der ihrer Familie eine durchgreifende Änderung, als Johann Friedrich auf dem Weg nach Italien am 21. Dezember 1679 nach zweitägiger Krankheit unerwartet in Augsburg starb. Da Johann Friedrich keinen Sohn hinterließ, folgte ihm nun Ernst August – der eine andere Route nach Italien gewählt hatte und sich bereits in der Schweiz befand – als Herzog von Hannover nach. Theoretisch hätte Georg Wilhelm, wenn er gewollt hätte, Hannover für sich fordern und Celle abtreten können, aber er sah keine Veranlassung dazu. Celle brachte die besseren Einkünfte, er hatte sich ein herrliches Schloß gebaut und die Jagdreviere in der Göhrde so vervollkommnet, daß die dortige Parforcejagd als die beste Nordeuropas galt. Er hatte als Belohnung für seine Teilnahme am Niederländischen Krieg einen Streifen Land von Bremen-Verden erhalten, bevor diese Herzogtümer an Schweden zurückgegeben wurden – eine kleine, aber bedeutsame Expansion in Richtung Norden, die während Georgs Regierungszeit als Kurfürst einen Antrieb zu weiterer Expansion auf Kosten Schwedens darstellte. Ernst Augusts Worte an Sophie bei ihrer ersten Begegnung nach Johanns Tod – »Ich bin froh, daß nicht ich gestorben bin« – sind oft zitiert worden. Es wäre jedoch verkehrt, sie bloß als Beweis für gefühllose Besitzgier zu werten. Aus dem Rest von Sophies Eintrag in ihren Memoiren geht hervor, wie bekümmert und erschüttert sie beide über den ersten Todesfall im engeren Familienkreis waren – ein gewaltiger Unterschied zur unverhohlenen Freude in den Briefen von 1661, mit denen sie den langersehnten Tod des alten Fürstbischofs von Osnabrück kundgetan hatte.

Ernst Augusts Erbschaft führte die beiden Herzogtümer Hannover und Celle näher zusammen, und dies auf eine Weise, die zu Johann Friedrichs Lebzeiten nicht möglich gewesen war. Obwohl Johann im

Niederländischen Krieg nicht in den Kampf eingegriffen hatte*, hatte sich der entschieden antifranzösische Georg Wilhelm sehr daran gestoßen, daß Celle und Hannover in der europäischen Politik verschiedenen Lagern angehörten. Nun arbeiteten die Armeen beider Herzogtümer und Ernst Augusts fürstbischöfliche Truppen als *ein* Verband zusammen, und auf dem Feld der Diplomatie wurden die beiden Brüder vom selben Diplomaten vertreten. In Engensen, auf halbem Wege zwischen Hannover und Celle, fanden regelmäßig Konferenzen ihrer Minister statt, damit – nach gebührender Diskussion – die Politik der beiden Herzogtümer koordiniert werden konnte. Das war teilweise auch als Vorbereitung für die zukünftige Vereinigung von Hannover und Celle gemäß der Übereinkunft von 1658 gedacht und erwies sich als äußerst wertvoll für Georg, als dieser 1705 Celle erbte: Die Minister, Offiziere und Diplomaten waren so gut miteinander bekannt, daß die beiden Administrationen mühelos miteinander verschmolzen, obwohl sich ein paar Kämpfe um die Aufmerksamkeit des Herrschers nicht vermeiden ließen.

Ernst August behielt 1679 die Minister und Beamten seines verstorbenen Bruders bei und integrierte seine Osnabrücker Höflinge und Ratgeber in deren Reihen. Er sah keine Notwendigkeit für abrupte Veränderungen. Johann Friedrichs Katholizismus hatte seine mehrheitlich protestantischen Hannoveraner nicht beeinflußt. Und Ernst August war es ohnehin gewohnt, über katholische und protestantische Untertanen zu regieren – am Ende des Dreißigjährigen Krieges war für Osnabrück die freie Religionsausübung als unerläßliche Voraussetzung für das System der wechselweise aufeinander folgenden Herrscher beider Konfessionen vertraglich vereinbart worden. Ernst August hatte – wenn auch vergeblich – versucht, unter Berufung auf die Dienste, die er der antifranzösischen Koalition im Niederländischen Krieg erwiesen hatte, das Einverständnis des Kaisers dazu zu erhalten, daß nach ihm noch ein Mitglied seines Hauses Fürstbischof von Osnabrück werden durfte. Dafür sollten dann die beiden nächsten Bischöfe Katholiken sein. Das wäre eine Art Versicherungspolice gewesen, die Georg für den Fall, daß Ernst August vor Johann Friedrich und Georg Wilhelm starb, eine Machtbasis gegeben hätte, von der aus er seine Position hätte sichern können. Nachdem Ernst August die Herrschaft in Hannover angetreten hatte, spielte das Scheitern dieses Versuchs keine große Rolle mehr, obwohl es ihm angenehm gewesen wäre, auch einen seiner jüngeren Söhne versorgt zu wissen. Sein Familienzweig war jetzt gut etabliert. Er konnte beginnen, das Geschick und die Erfahrung der Minister zu nutzen, die er von Johann Friedrich übernommen hatte (der bekannteste von ihnen war Otto Grote, ein tüchtiger Diplomat). Und er konnte anfangen, Kapital aus dem

---

* Ludwig XIV. hatte eingesehen, in was für einer heiklen Position sich Johann befand, und ihm dafür, daß er neutral blieb, auch weiterhin Subsidien gezahlt.

guten Ruf zu schlagen, den sich seine und Georg Wilhelms Truppen im Niederländischen Krieg erworben hatten. Marlborough, der unter Turenne auf französischer Seite gekämpft hatte, war damals so beeindruckt von den Braunschweig-Lüneburgern, daß er sich im Spanischen Erbfolgekrieg ein bestimmtes Regiment erbat: die wegen ihrer grünen und roten Uniformen sogenannten Papageien. Und ein schwedischer Kommandeur, vors Kriegsgericht gestellt wegen Verlusten in Bremen-Verden, hatte zu seiner Verteidigung vorgebracht, nur der Teufel könne den Hannoveranern Paroli bieten. Dank seiner Position der Stärke konnte Ernst August es sich leisten, bei den Verhandlungen über Georgs Vermählung weniger hart zu sein. Da Hannover an Celle angrenzte, konnte er die Forderung nach Festungen in Georg Wilhelms Herzogtum fallenlassen. Und da er in Hannover wesentlich bessere Einkünfte hatte als in Osnabrück (über 100000 Taler im Jahr), brauchte er auch in seinen finanziellen Forderungen keinen solchen Druck mehr auszuüben.

Er hatte es jedoch nicht eilig. Und er hatte nichts dagegen einzuwenden, daß seine Frau andere Möglichkeiten für Georg erkundete, denn das würde Georg Wilhelm vielleicht zum Handeln bewegen. Während Georg seinen Besuch in Frankreich machte, griff Sophie einen Vorschlag ihres Bruders Rupert auf. Er hatte gemeint, die jüngere Tochter des Herzogs von York, Prinzessin Anna, sei möglicherweise eine passende Braut für den älteren Sohn des Herzogs von Hannover. Und nun reiste Georg Anfang Dezember 1680 nach England, nachdem er im Oktober der feierlichen Zeremonie beigewohnt hatte, bei der die Stände des Herzogtums Ernst August Treue gelobten. Wilhelm von Oranien, den Georg auf dem Weg nach England besuchte, war für die Verbindung mit Prinzessin Anna; das reiche Mädchen aus Celle, so äußerte er seinen Diplomaten gegenüber, sei wohl die Richtige für Gustchen. Dennoch ist sicher zuviel Wesens um Georgs Brautwerbung und die Folgen ihres vermeintlichen Scheiterns gemacht worden. Einer Lesart zufolge soll Georg eine Abneigung gegen Anna gefaßt haben, und ihre spätere Feindlichkeit gegen das Haus Hannover soll darauf zurückzuführen sein, daß sie sich gedemütigt fühlte. Nach einer anderen Lesart blitzte Georg ab und hegte darum einen lebenslangen Groll gegen England und die Engländer. Gewiß, es gab Gerüchte in London und auf dem Kontinent, die von einer unmittelbar bevorstehenden Verlobung wissen wollten. Vielleicht hatte auch Prinz Rupert aus dem Nähkästchen geplaudert – für die feine Londoner Gesellschaft schien es naheliegend, daß der junge Prinz aus dem Ausland, mütterlicherseits mit dem Haus Stuart verwandt, gekommen war, um – wie Wilhelm von Oranien anno 1677 – eine englische Braut zu freien. Aus Spekulationen in zeitgenössischen Tagebüchern und Briefen haben manche Historiker den Schluß gezogen, das Zustandekommen der Verbindung sei ernstlich betrieben worden. Dieser Schluß wird jedoch durch das uns heute zur Verfügung stehende Material nicht erhärtet. Es wird vielmehr daraus deutlich, daß Georg, von Rupert Karl II. vorgestellt, am Hof beherbergt und *en cousin* behandelt wurde, sich zwar Vorschläge anhören durfte, die man ihm machte, aber nicht befugt war, selbst welche zu machen oder durch andere für ihn machen zu lassen. Er traf mit Prinzessin Anna zusammen, jedoch von Heirat war nicht die Rede. Es ist möglich, daß Georg von seinen Eltern nicht vollständig ins Vertrauen gezogen wurde, was seinen Besuch in London anging. Nach dem Tod seines Onkels Rupert, zur Zeit der Bekanntgabe seiner Verlobung mit Sophie Dorothea, parierte er jedenfalls elegant die Frage nach der seinerzeit geplanten Vermählung mit Prinzessin Anna, die ihm Ruperts »Frau« gestellt hatte: Von derartigen Plänen habe ihm damals niemand etwas gesagt; er habe Anna charmant gefunden und hätte sich sehr geehrt gefühlt, wenn der Vorschlag zu einer Verbindung zwischen ihnen gemacht worden wäre; aber nun blicke er mit Freuden der Ehe mit seiner Celler Cousine entgegen und wünsche Prinzessin Anna, wann immer sie in den Ehestand einzutreten gedächte, den besten aller Gatten.

Es sollte festgehalten werden, daß einer der englischen Beobachter, die sich über die laut Gerücht stattfindenden Verhandlungen ausließen, bemerkte, diese seien abgebrochen worden, als Georg nach Hause gerufen wurde, um die Ehe mit einer Deutschen einzugehen, die sein Vater für ihn ausgehandelt hatte. Hier eilte der Beobachter den Ereignissen voraus oder faßte sie vielleicht rückblickend wie im Zeitraffer zusammen. Ernst August war nämlich in Italien (auf der Reise, die wegen Johann Friedrichs Tod verschoben worden war), und es war noch nichts mit Celle vereinbart worden, als Georg im März 1681 nach Hannover zurückkam. Nach Ernst Augusts Heimkehr machte man im Frühling 1682 einen Besuch in Berlin. Georg und Figuelotte begleiteten ihre Eltern, und diese Reise stand offenkundiger im Zeichen der Partnersuche. Man hoffte, daß Figuelotte am Hof der Hohenzollern Interesse wecken und einen der jüngeren Prinzen kriegen würde. Und bei dieser Gelegenheit konnte man auch gleich Prinzessin Maria inspizieren und sehen, ob sie zu Georg paßte. Sie wurde jedoch für kränklich befunden, für völlig ungeeignet, die Linie fortzuführen. Und nun begannen der Herzog und die Herzogin von Hannover ernstlich, Sophie Dorotheas wegen zu verhandeln.

Im September 1682 war dann alles geregelt. Ernst August ließ seine Forderung nach Festungen fallen und begnügte sich mit einer Mitgift von 100000 Talern (über sechs Jahre verteilt) und einem Jahresgeld von 4000 Talern für die Braut, das ihrem Mann zur Verfügung stand. Überdies hatte sich Georg in Celle aufgehalten und Gefallen an Sophie Dorothea gefunden. Die drei bisher unbekannten Briefe von Sophie an Georg

Wilhelm, in denen sie ihrer Beglückung über die Vereinigung der beiden Familien Ausdruck verleiht und von Georgs positiver Reaktion auf seine Zukünftige berichtet*, dürften eine Überraschung sein angesichts der allgemein verbreiteten Annahme, Sophie habe sich mit dieser Heirat bestenfalls abgefunden und Georg habe ihr gleichgültig gegenübergestanden. Heuchelei war Sophie nicht wesensfremd, aber diese Briefe klingen zumindest teilweise überzeugend. Sie hatte das Alter erreicht, in dem die Aussicht auf Enkel neue und beglückende Erfahrungen verspricht. Die Hoffnung, daß sie und Georg Wilhelm die Freude haben würden, »de voir germer nos enfants ensemble comme les Sedres de Lebanon«, klingt echt und macht es wahrscheinlich, daß ihr Gebet, »le grand Dieu de voloir benis son [Georgs] mariage et nous en faire goûter toute la satisfaction que nous souhaitons d'un couple si bien assorti«, aufrichtig gemeint war. Daß sie ein wenig übertreibt, könnte man allerdings vermuten, wenn sie im letzten der drei Briefe, dem vom 13./23. September, von der leidenschaftlichen Neigung schreibt, die Georg zu Sophie Dorothea gefaßt hat: Nie habe sie das bei ihm für möglich gehalten, »une si forte passion comme iay remarque en luy pour elle, ie crois qu'il seroit enrage s'il l'auroit venue entres les mains d'un autre«. Aber wenn man bedenkt, daß eine bestimmte Wendung Sophies stets falsch interpretiert worden ist, muß man sagen, daß Georg damals Sophie Dorothea gegenüber nicht direkt abgeneigt gewesen sein kann. In einem schon seit langem gedruckt vorliegenden Brief vom 10./20. September zeigt Sophie die Verlobung an und teilt ihrem Briefpartner mit, Georg sei derzeit »avec sa maîtresse«. Das hat man stets so gedeutet, als sei damit »Mätresse« im üblichen Sinn des Wortes gemeint. Und niemand ist aufgefallen, daß Sophie *maîtresse* in einem anderen Sinn gebraucht: Sie versteht darunter die Verlobte, die versprochene Braut. So schreibt sie 1671 zum Beispiel in ihren Memoiren von der dänischen Prinzessin Wilhelmine als der *maîtresse* ihres Neffen Karl von der Pfalz. Georg war, entgegen dem, was man als Beweis für seine Gleichgültigkeit, ja Verachtung seiner Braut gegenüber betrachtet hat, am 10./20. September nicht bei seiner damaligen »Mätresse«, sondern in Celle bei seiner zukünftigen Frau.

Das Scheitern der Ehe von Georg und Sophie Dorothea war deshalb auch nicht so klar abzusehen, wie man es im nachhinein behauptete. Wer freilich einen Blick auf das Horoskop wirft, das für Georg bei seiner Geburt erstellt wurde, wird wohl verblüfft sein über die Vorhersage, daß die Monate Juni und Juli 1694 im Hinblick auf sein Verhältnis zum anderen Geschlecht extrem ungünstig sein würden. Georg fand Sophie Dorothea jedenfalls attraktiv und heiratete sie nicht widerwillig. Und

---

* Bernstorffsches Archiv, AG 24, Sophie an Georg Wilhelm; ein Brief ohne Datum (der erste, aus dem hier zitiert wird) und zwei weitere zu diesem Thema vom 4./14. September und vom 13./23. September 1682.

Sophie Dorothea, sechzehn Jahre alt, als am 22. November 1682 die Hochzeit gefeiert wurde, war fasziniert vom Aufstieg in die Welt, die ihre Eltern so sehr für sie herbeigesehnt hatten. Aber sie war vermutlich zu unreif, zu verwöhnt und zu undiszipliniert, um zu erkennen, auf was sie sich da einließ. Ihre Schwiegermutter wiederum war der Meinung, daß die Anerkennung von Mme. de Harbourg als Herzogin von Celle ein vergleichsweise geringer Preis für die Vorteile sei, die sich für ihre Familie und für den Staat ergaben. Denn Georg Wilhelm trat jetzt einen Teil der Grafschaft Hoya an Hannover ab, und damit bekam man bessere Verbindungen nach Osnabrück. Sophie freute sich auch darauf, daß Figuelotte nun jugendliche Gesellschaft haben würde, und verhielt sich ihrer Schwiegertochter gegenüber – was Sophies neuere Biographen klar erkannt haben – freundlich und hilfsbereit. Ernst August war sehr von Sophie Dorothea eingenommen. Und diejenigen von Georgs Brüdern, die alt genug waren, um einen Sinn für weibliche Schönheit und Fröhlichkeit zu haben, hielten ihn für einen Glückspilz: Sophie Dorothea war die *bellissime* von Friedrich Augusts Briefen; Maximilian war ihr anhänglicher (und, wie sie manchmal fand, zu anhänglicher) Begleiter, wann immer er die Gelegenheit hatte; Karl Philipp war ihr glühender Verehrer – und durch ihn lernte sie 1689 zufällig Graf Königsmarck kennen.

Der Prinzenstreit

Die Familie war damals schon seit geraumer Zeit durch den Prinzenstreit entzweit. Der neue Herzog von Hannover, für den dank der Übereinkunft von 1658 mit Georg Wilhelm abzusehen war, daß er oder sein Sohn die braunschweig-lüneburgischen Herzogtümer wiedervereinigen würde, war fest entschlossen, die Primogenitur einzuführen – und zwar kraft eines Testaments, dem der Kaiser noch zu seinen, Ernst Augusts, Lebzeiten zustimmen sollte, damit diese Neuerung bessere Chancen hatte, seinen Tod zu überdauern. Mit den Vorbereitungen dafür begann Ernst August schon kurz nachdem er Johann Friedrichs Erbe angetreten hatte; allerdings heimlich, weil sein Endziel, die Erlangung der Kurwürde, nicht zu früh bekannt werden durfte. Man mußte auf eine Gelegenheit warten, die man dahingehend nutzen konnte, daß der Kaiser sich veranlaßt sah, Hannover zum Kurfürstentum zu erheben. Und der Kampf um die Anerkennung durch die anderen Kurfürsten konnte lang und hart werden. Aber ohne die Einführung der Primogenitur würde es wesentlich schwieriger sein, etwaige Chancen zu nutzen. Die Heirat von Georg und Sophie Dorothea war ein wichtiger Bestandteil von Ernst Augusts Plan, obwohl sie für die Einführung der Primogenitur nicht unbedingt notwendig war. Sie würde erstens in noch stärkerem Maße gewährleisten, daß Celle nach Georg Wilhelms Tod zu Hannover kam (es war kein nichthannoveranischer Schwiegersohn da, der zugunsten Sophie Dorotheas die Übereinkunft anfocht), und somit den Kaiser überzeugen helfen, daß das neue Kurfürstentum die nötige Größe und das nötige Geld haben würde, um dem Haus Habsburg nützliche Dienste leisten zu können. Zweitens würde es leichter sein, Georg Wilhelm – falls sich Ernst August noch zu dessen Lebzeiten die Chance bot – dazu zu überreden, daß er zurückstand und die Kurwürde, auf die er als der Ältere möglicherweise Anspruch erheben würde, seinem jüngsten Bruder ließ. Schließlich würde die Kurwürde eine Mehrung der Ehre und des Rangs seiner Tochter und seiner zukünftigen Enkel bedeuten. Und je besser die finanziellen Vereinbarungen in Zusammenhang mit der Vermählung waren, desto mehr würden sie zu den kostspieligen Jahren beisteuern, die bevorstanden. Ernst Augusts fünf jüngere Söhne würden für die Ländereien abgefunden werden müssen, die ihnen entgingen. Teure diplomatische Missionen und wertvolle Geschenke waren erforderlich, wenn man die Zustimmung des Kaisers zur Primogenitur und die Kurfürstenwürde haben wollte. Und es würde ein Vermögen kosten, Militärhilfe zu leisten, die so bedeutend war, daß Kaiser und Reich die Schaffung einer neunten Kurwürde für gerechtfertigt hielten.

Im Laufe des Jahres 1682 wurden die nötigen gesetzlichen Entwürfe fertiggestellt. Die Primogenitur sollte durch Ernst Augusts Testament eingeführt werden. Im Juli 1683 erteilte Kaiser Leopold seine Zustimmung, weil er für den Kampf gegen die Türken Militärhilfe brauchte. Ernst August mußte versprechen, ihm auf eigene Kosten hannoveranische Kontingente für die Feldzüge an der habsburgischen Ostgrenze zu schicken. Georg und Gustchen wurden im selben Jahr als Freiwillige nach dem belagerten Wien entsandt – sozusagen ein Unterpfand dafür, daß die hannoveranischen Truppen kommen würden.

Sophie Dorothea war schwanger, als Georg zum Feldzug von 1683 aufbrach. Mit Ruhm bedeckt kehrte er rechtzeitig zurück, um am 30. Oktober bei der Geburt ihres ersten Kindes zugegen zu sein. Es war ein Junge, der auf den Namen Georg August getauft wurde. Damit war die Erbfolge in der zweiten Generation gesichert; und nachdem im Oktober 1684 Figuelottes Hochzeit mit Friedrich, dem jüngst verwitweten Kurprinzen von Brandenburg*, gefeiert worden war und Sophie und Georg von Berlin zurückgekehrt waren, wohin sie Figuelotte begleitet hatten, meinte Ernst August, die Zeit sei reif dafür, seine Familie über

---

* Er war nicht der Bräutigam, auf den man es beim Besuch in Berlin 1682 abgesehen hatte (der war inzwischen gestorben), aber in Ernst Augusts und Sophies Sicht die bessere Wahl: Als künftiger Kurfürst konnte er Hannover dabei behilflich sein, im Reich die Anerkennung der erhofften Kurwürde zu erlangen.

die folgenschwere Veränderung zu informieren. Er plante einen Frühlingsbesuch in Italien; teils, um sich dort zu erholen, teils, um Vereinbarungen hinsichtlich der hannoveranischen Regimenter zu treffen, die er der Republik Venedig – gegen Subsidien – für den Kampf gegen die Türken schickte. Bevor er jedoch abreiste, wollte er die Einführung der Primogenitur bekanntgeben und von seiner Familie akzeptiert wissen. Weihnachten 1684 wurden Friedrich August und Maximilian Wilhelm davon unterrichtet, daß jeder Sohn, wenn er volljährig wurde, eine Einverständniserklärung zur Primogenitur unterzeichnen sollte. Dafür würde er dann, seiner Position entsprechend, ein Jahresgeld beziehen.

Friedrich August, der als zweiter Sohn auf größere Aussichten verzichten mußte als die anderen Brüder, würde die stattlichste Entschädigung erhalten. Nach dem Tod seines Vaters würde ihm möglicherweise die Grafschaft Diepholz zufallen. Sein Jahreseinkommen würde sich letztlich auf 60 000 Taler belaufen. Einstweilen würde er 12 000 Taler pro Jahr erhalten. Zum Ärger seines Vaters schlug Friedrich August dieses Angebot aus. Kein Zureden half. Er hatte sich in der Schlußphase des Niederländischen Kriegs einen gewissen Ruhm erworben und sich, wie Georg, in den Feldzügen von 1683 und 1684 gegen die Türken ausgezeichnet. Er fühlte sich seiner Rechte beraubt und in seiner Ehre verletzt: »Je me vois perdus et mal heureux toute de ma vie.« Sophies flehentliche Bitten halfen nichts. Auch ihr Versprechen, sich mit Grote dafür zu verwenden, daß das Einkommen, das Friedrich August letztlich beziehen würde, fast verdoppelt wurde, blieb ohne Wirkung. Was er in seinem wilden Schmerz wollte, waren keine Mitleidsbekundungen seines Vaters. Er wollte, daß Sophie ihm half, Ernst August umzustimmen. Aber das konnte sie nicht. Sie versuchte es auch nicht. Ihre Loyalität galt in erster Linie ihrem Mann und dessen Hausmachtpolitik. Sie konnte ihn nicht drängen, sich die Chance entgehen zu lassen, den Schaden wiedergutzumachen, den sein eigener Vater mit der Verfügung angerichtet hatte, daß die braunschweig-lüneburgischen Herzogtümer – entgegen früheren Versuchen, auf die Primogenitur hinzuarbeiten – aufgeteilt werden sollten. Als Gustchen dies erkannte, versuchte er mit Hilfe fremder Höfe, Ernst Augusts Pläne zu durchkreuzen. Er fand Rückhalt bei Anton Ulrich von Braunschweig-Wolfenbüttel, dem sehr daran gelegen war, die Einführung der Primogenitur in Hannover zu verhindern, damit Hannover nicht eines Tages Kurfürstentum wurde. Mit Hilfe der älteren Linie versuchte Gustchen seinen Vater zu zwingen, sich an das Testament von Herzog Georg zu halten – freilich vergebens.

Bald war der Bruch zwischen Vater und Sohn vollständig. Ernst August bezichtigte Friedrich August am 3./13. April 1685 von Venedig aus, er versuche, ihn zu nötigen, indem er »le pouvoir de père sur ses enfants« anfechte – und dies in Angelegenheiten, bei denen es um die Erhaltung der Familie und des Staates gehe. Im Frühling desselben Jahres beschloß Friedrich August, Waffendienst bei einem kaiserlichen Regiment zu leisten. Sein jüngerer Bruder Maximilian erhielt zur gleichen Zeit den Oberbefehl über die hannoveranischen Truppen in venezianischem Sold. Gustchen korrespondierte weiterhin mit Sophie. Und sie, die ängstlich darauf bedacht war, die Feindschaft zwischen ihrem ältesten und ihrem zweitältesten Sohn abzubauen, bestürmte Gustchen, mit Georg während des Feldzugs von 1685 zusammenzutreffen. Er tat es. Aber die Verbitterung, mit der er Georgs *bel equipage et cartiers* sein *vie de hazarre* gegenüberstellte – er war aufs Kartenspiel angewiesen, um seine miserablen Finanzen aufzubessern –, traf Sophie bis ins Mark. Karl Philipp bestand darauf, daß sein Vater ihm ein kaiserliches Regiment kaufte, und zeigte damit, daß er Gustchens Auffassung teilte, obwohl er es nicht zum offenen Bruch mit Ernst August kommen ließ.

Maximilian unterzeichnete die Primogeniturklausel im Jahre 1687, aber Ende 1690, nach Friedrich Augusts Tod in der Schlacht, brach er sein Wort: Nun war er der zweitälteste Sohn, nun hielt er die Primogenitur für ungerecht. Die Geschichte wiederholte sich. Maximilian nahm Kontakt zu Anton Ulrich auf und versuchte, weitere Verbündete zu gewinnen. Er fand mehr Sympathisanten in Hannover als Friedrich August. Zwei Mitglieder der Familie von Moltke waren an seinen Machenschaften beteiligt. Es ist ein strittiger Punkt, ob man Sophies Aktivitäten im Zusammenhang mit Maximilian als verräterisch bezeichnen kann. Ihr war vor allem daran gelegen – und das wurde noch verstärkt durch den Kummer darüber, daß Karl Philipp und Friedrich August 1690 gefallen waren –, diejenigen zu beschwichtigen, die sich enterbt fühlten. Sie versuchte es auf zwei Arten: Zum einen betonte sie, daß es notwendig sei, sich in Ernst Augusts Reform zu fügen, und riet zur Einwilligung in die gebotenen Bedingungen; zum anderen bemühte sie sich, den Empörern zu Positionen und/oder Ehen zu verhelfen, die ihnen Ehre machten. Sie befand sich 1691 und 1692 in einer heikleren Lage als 1685. Und obwohl wir sagen würden, daß ihre Aktivitäten nicht verräterisch waren, ist es erwiesen, daß Sophie, was Maximilians Kontakte zu fremden Höfen anging, nicht ganz unwissend war. Als diejenigen, die mit Maximilian kollaboriert hatten, ins Gefängnis geworfen wurden, und er selbst im Februar 1692 unter Hausarrest gestellt wurde, geriet auch sie in Verdacht.

Im Jahre 1685 hatte sie es abgelehnt, mit Ernst August nach Italien zu reisen – vor allem, weil sie sich nicht zu weit von zu Hause entfernen wollte. Figuelotte erwartete ein Kind. Sophie wollte zur Niederkunft ihrer Tochter nach Berlin reisen* und außerdem ein Auge auf Georgs und

---

* Sophie war bei der Geburt von Figuelottes erstem Sohn zugegen. Er starb im Säuglingsalter (der zweite ebenfalls). Der erste, der überlebte, war der 1688 geborene Friedrich Wilhelm.

Sophie Dorotheas Sohn haben. Der kleine Georg befand sich, wie früher sein Vater, in der Obhut von Frau von Harling, als seine Mutter nach Italien reiste, um die Sehenswürdigkeiten zu besichtigen und nach dem Feldzug von 1685 mit ihrem Mann zusammenzutreffen. Ernst August hatte Verständnis für die Beweggründe seiner Frau. Er nahm keinen Anstoß daran, daß sie ihn nicht begleiten wollte, und führte dies auch nicht darauf zurück, daß sie hinter Gustchen stand. Doch 1692 mußte sie sich gegen den Vorwurf verteidigen, mit Maximilian unter einer Decke gesteckt, von seinen Plänen gewußt zu haben. Was sie zu ihrer Verteidigung vorzubringen hatte, schrieb sie dem Geheimen Staatsrat Albrecht Philipp von dem Bussche. Und das zeigt, daß Ernst August sie so sehr verdächtigte, daß das Paar zeitweise keinerlei Kontakt hatte. Das Zerwürfnis wurde nicht publik und war auch nur von kurzer Dauer. Maximilian rettete sich – mit Georg Wilhelms Hilfe –, indem er die Primogenitur noch einmal durch seine Unterschrift anerkannte, und Ernst August ließ gelten, daß Sophie vom Ausmaß des Verrats ihres Sohnes nichts gewußt hatte.

Die Krönung ihrer gemeinsamen Hoffnungen, der Kurfürstenhut, half dann, ihre guten Beziehungen vollends wiederherzustellen. Ernst August und seine Minister, besonders Otto Grote, waren 1688 beim Ausbruch des Pfälzischen Kriegs, in dem Kaiser und Reich gegen Ludwig XIV. kämpften, geschickt vorgegangen. Frankreich hatte sich sehr darum bemüht, daß Hannover neutral blieb, und der Herzog hatte Versailles und Wien gegeneinander ausspielen können. Georg wurde als Freiwilliger entsandt, um bei der Verteidigung der Eingangspforte zum Reich mitzuhelfen; Ernst August, Maximilian und Christian Heinrich kämpften an verschiedenen Orten und zu verschiedenen Zeiten im Westen; aber die hannoveranischen Streitkräfte würden sich nur dann voll engagieren, wenn die Kurwürde dabei heraussprang.

Ernst August umwarb unterdessen die Seemächte und die deutschen Kurfürsten, schickte für die Feldzüge von 1690 und 1692 Hilfstruppen (gegen Subsidien) und versprach, daß Hannover regelrecht in den Krieg eintreten würde, wenn die Kurfürsten in die neunte Kurwürde einwilligten und sich bei Leopold dafür verwendeten. Er hatte keine Skrupel, den katholischen Kurfürsten gegenüber anzudeuten – davon wußten die protestantischen Höfe nichts –, er erwöge den Übertritt zum Katholizismus. Dies tat er in der Hoffnung, daß sie dann eher bereit seien, seine Kandidatur zu akzeptieren. Seine Truppen wurden gebraucht. Georg Wilhelm würde zustimmen, die Kurwürde, falls sie dem Haus Braunschweig-Lüneburg zufiel, gleich Ernst August zu überlassen, statt sie – was ihm lieber gewesen wäre – zunächst für sich, den älteren Bruder, zu fordern. Wilhelm III. sorgte in seiner Eigenschaft als König von England und Erbstatthalter der Niederlande für Subsidien und machte sein ganzes diplomatisches Gewicht geltend, um der Forderung nach der neunten Kurwürde Nachdruck zu verleihen. Weitere Unterstützung kam von Ernst Augusts Schwiegersohn, der seit 1688 Kurfürst von Brandenburg war und somit Einfluß auf die anderen Kurfürsten nehmen konnte. Der hart bedrängte Kaiser gab nach. Im Dezember 1692 hatte Grote die Ehre, vor Leopold knieend im Namen Ernst Augusts den Treueid als Kurfürst zu leisten. Die Vorbereitungen für Hannovers Teilnahme am nächsten Feldzug liefen an. Im März 1693 traf in Hannover ein kaiserlicher Gesandter mit dem Kurfürstenhut ein, den sich der neunte Kurfürst im Rahmen einer prächtigen Zeremonie selbst aufs Haupt setzte.

Dies war ein triumphaler Augenblick für Sophie und Ernst August. Was sie sich für ihren Hof vorgestellt, wofür sie seit 1679 gearbeitet hatten, waren keine Hirngespinste gewesen. Das Leineschloß, abweisend und finster im Vergleich zum neuerbauten Palais in Osnabrück, hatte bedeutende Verbesserungen erfahren. Alte Gebäude waren niedergerissen worden, damit Sophie freien Ausblick auf die Leine und direkten Zugang zu den Leine-Inseln hatte. Der Rittersaal war mit Bildern und Wappen welfischer Vorfahren ausgeschmückt worden. Die Familie war zwischen 1684 und 1690 für die Nachwelt porträtiert worden. Das Theater, das Johann Friedrich hatte erbauen lassen, war zu einem der größten Opernhäuser Nordeuropas umgestaltet worden – es hatte 1300 Plätze. Bei seiner Eröffnung 1689 wurde Steffanis *Enrico Leone* gegeben. Das Libretto von Mauro verherrlichte das Herrscherhaus, indem es Europa an seine Abstammung von Heinrich dem Löwen erinnerte. Leibniz, Johann Friedrichs Bibliothekar und intellektuelles Faktotum, war beauftragt worden, die *Historia Domus* zu schreiben. Es ging langsam voran, obwohl Angehörige des diplomatischen Dienstes mit Recherchen betraut wurden. Beyrie in London sollte zum Beispiel im Tower alte Aufzeichnungen durchgehen – vielleicht stieß er dabei auf Materialien über die Vermählung Mathildes mit Heinrich dem Löwen. Im weiteren Verlauf wurden Sophie und Leibniz gut miteinander bekannt. Sophie war immer gern in Gesellschaft von Gelehrten gewesen. In Heidelberg war Spanheim ihr Freund und Ratgeber gewesen, in Hannover schätzte sie neben Leibniz ganz besonders Gerard Wolter Molanus, den Rektor des berühmten säkularisierten Klosters Loccum. Sie hatte es gern, wenn ihre Kinder an Disputen über Religion und Philosophie teilnahmen, und hoffte, daß sie eines Tages ihre toleranten und ökumenischen Ansichten teilen würden. Mit großer Freude berichtete sie Leibniz, daß ihr Ältester ihrer Meinung nach Molanus rhetorisch geschlagen habe. Georg, das betonte sie, sei ebenso Materialist (d. h. Rationalist) wie sie selbst; und ihr Kommentar, Figuelotte habe bis jetzt noch »keine Religion«, ist wohlbekannt. In Sophies Ehevertrag war festgelegt, daß sie das Recht hatte, »privat« die Religion auszuüben, in der sie erzogen war, den Calvinismus. Doch sie fand, es spiele keine Rolle, ob jemand Lutheraner, Calvinist oder Katholik sei.

Sophies und Ernst Augusts religiöse Toleranz gab ihrem Hofe etwas Kosmopolitisches. In Osnabrück hatten sie katholische Italiener als Architekten und Gärtner, Komponisten und Musiker, Maler und Dichter beschäftigt; andere, oft mit denen verwandt, die bereits in ihren Diensten standen, wurden von Johann Friedrich übernommen. Mehrere hatten geistliche Titel und Ämter: Mauro war Abbé, Steffani war Bischof. Im Zusammenhang mit den diplomatischen Verhandlungen über die Kurwürde erklärte sich Ernst August damit einverstanden, daß in Hannover eine katholische Kirche gebaut wurde. Zu Georgs Regierungszeit als Kurfürst entstand eine Kirche für die Hugenotten, die sich vor allem nach Johann Friedrichs Tod in Hannover niedergelassen hatten und deren Gemeinde etwa tausend Seelen zählte. Auch für die deutschen Calvinisten wurde eine Kirche gebaut.

Mehrere Hugenotten standen in Hofdiensten. Der berühmteste von ihnen war zu Ernst Augusts Regierungszeit der Landschaftsgärtner Martin Charbonnier, der in Osnabrück für Sophie gearbeitet hatte und 1682 nach Hannover berufen wurde; und zu Georgs Regierungszeit der Maler La Fontaine, Sohn eines Hugenotten, der mit dem Hoftheater zu tun hatte. Charbonnier und nach ihm sein Sohn wirkten in großem Umfang in Herrenhausen. Diese Sommerresidenz hatte Johann Friedrich erbauen lassen, vorher hatte dort eine Jagdhütte von Herzog Georg gestanden. Quirini, Ernst Augusts Architekt aus Osnabrücker Tagen, hatte das Schloß erweitert und verschönert. Die Orangenbäume aus Osnabrück wurden nach Herrenhausen gebracht. Im Ausland erwarb man seltene Gewächse und exotische Sträucher. Skulpturen des niederländischen Künstlers Pieter von Empthusen (aus weiß getünchtem Sandstein, weil das nördliche Klima für Marmor ungünstig war) wurden aufgestellt; Kaskaden, Grotten und Fontänen wurden neu geschaffen oder ausgebaut. Grüne Kabinette mit »Wänden« aus gestutzten Hainbuchen und Linden, zum Himmel hin offen, nahmen Gestalt an. Und zwischen 1689 und 1692 entstand das Gartentheater, ein Freilichttheater, in dem heute noch gespielt wird.

In Herrenhausen weilte der Hof alljährlich von Mai bis Oktober. Er zog sich jedoch auch in diesen Monaten nicht völlig aus der Hauptstadt zurück. Der Sonntagsgottesdienst in Hannover war obligatorisch für die Mitglieder der herzoglichen Familie und für die Höflinge und Minister, die sich in der Nähe von Herrenhausen Sommersitze gebaut hatten. Oft hielt sich der Hof nicht nur am Sonntag, sondern auch am Samstag in Hannover auf. Auf diese Weise konnte man Kontakt zu den Beamten und Ministern halten, die die Woche über in Hannover geblieben waren und deren Landsitze – auf denen sie zumindest einen Teil des Sommers zu verbringen hofften – in größerer Entfernung lagen. Und auf diese Weise blieb die herzogliche Familie auch bei der Stadtbevölkerung populär.

Für ihre Popularität sorgte überdies der Karneval, den Ernst August nach venezianischem Vorbild eingeführt hatte, um vor dem Umzug nach Herrenhausen ein wenig Schwung ins Leben zu bringen. Verwandte von Ernst August und Sophie und ausländische Diplomaten und Besucher kamen von fern und nah. Für die Geschäftsleute war die Karnevalszeit immer recht einträglich. Zu einigen Veranstaltungen des Hofes hatten auch Nichtadlige Zutritt. Man konnte die Maskeraden, Aufführungen aus dem Reich der Mythologie und Umzüge unter verschiedenen Aspekten betrachten. Für einige war es einfach nur amüsant, die herzogliche Familie und deren Verwandtschaft, als Götter und Göttinnen verkleidet, in raffinierten und aufwendigen lebenden Bildern zu sehen; andere meinten, daß gerade durch diese Maskeraden das regierende Haus verherrlicht wurde; und die Kenner konnten sich an den ausgezeichneten Darbietungen von Sängern, Schauspielern und Musikern erfreuen.

Georgs Scheidung

Der Karneval von 1693 fiel besonders prächtig aus, denn man wollte die Erlangung der Kurwürde angemessen feiern. Er begann unmittelbar nach der Zeremonie im Rittersaal, bei der – wie bei allen darauffolgenden öffentlichen und privaten Veranstaltungen – Ernst Augusts und Sophies Kinder und sämtliche Mitglieder ihrer beiden Familien, die die neunte Kurwürde billigten, entweder selbst zugegen oder durch Repräsentanten vertreten waren. Georg, jetzt Kurprinz, nahm mit seiner Frau, der Kurprinzessin, einen wichtigen Platz ein, ebenso ihre Kinder: der neunjährige Georg August und die fast sechsjährige Sophie Dorothea, die nach ihrer Mutter benannt und die Frucht jenes Treffens mit Georg in Italien war. Die Ehe war nicht mehr glücklich. Im Jahre 1683 hatte Sophie Dorothea ihren Mann ein Stück begleitet, als er sich aufgemacht hatte, um bei der Verteidigung Wiens mitzuhelfen, und sie hatte sich – so ihr Hofjunker Hans Kaspar von Bothmer – nach seiner Rückkehr gesehnt. Aber 1686 war sie nach der Aussage ihrer Hofdame Eleonore von dem Knesebeck ihm gegenüber gleichgültig geworden. Ob dies Georgs Schuld war oder ob es an ihr selber lag, ist schwer zu sagen. Ihr Mann, der sich der Pflichten seinem Haus gegenüber bewußt und von den Aufgaben in Anspruch genommen war, die er 1684 und 1685 als Befehlshaber der in den Kampf gegen die Türken entsandten hannoveranischen Streitkräfte zu versehen hatte, war die meiste Zeit des Jahres fort. Und Sophie Dorothea besaß kein so reiches Innenleben, daß sie sich nicht gelangweilt hätte. Mit Figuelotte und Sophie wurde sie nie richtig warm, weil sie ganz andere Anschauungen und Interessen hatte. In mittleren Jahren übernahm sie Sophies Angewohnheit, Stuhlsitze zu besticken, und fand es entspannend und beruhigend, aber als junge Frau kam ihr ihre Schwiegermutter verknöchert und langweilig vor, und Figuelotte hielt sie für einen an »Äußerlichkeiten« desinteressierten Blaustrumpf. Figuelotte und Sophie wiederum meinten, sie sei undiszipliniert, kümmere sich allzu wenig um die Etikette und um gute Manieren, die ihnen selbstverständlich waren, und lege eine törichte Oberflächlichkeit an den Tag mit ihrem ständigen Bestreben, sich so anzuziehen, daß Gräfin von Platen, über deren privilegierte Stellung bei Hof sie sich ärgerte, ausgestochen oder zumindest in den Schatten gestellt wurde. Das Betragen ihrer Schwiegertochter störte Sophie derart, daß sie sich, als Figuelotte im Alter von fünfzehn Jahren nach Berlin ging, mit dem Gedanken tröstete, sie sei jetzt nicht mehr in Gefahr, durch Sophie Dorotheas schlechtes Beispiel verdorben zu werden. Aurora von Königsmarck traf 1693 eine scharfsinnige Unterscheidung zwischen den beiden Schwägerinnen, die zu beobachten sie in diesem Jahr bei Feierlichkeiten und Karnevalslustbarkeiten reichlich Gelegenheit hatte. Figuelotte bezeichnete sie als »beauté charmante«, Sophie Dorothea als »beauté tyrannique«.

Sophie Dorotheas Gelangweiltsein vom Leben in Hannover und von Georg machte sich in Wutausbrüchen und Szenen Luft. Aber es war Georg, der zuerst außerhalb der Ehe Trost suchte. Melusine von der Schulenburg (getauft auf den Namen Ehrengard Melusine, aber immer unter ihrem zweiten Namen bekannt, wie ihre Briefunterschriften und die Verwendung dieses Namens in ihrem Testament zeigen) war 1690 Hoffräulein bei Georgs Mutter geworden. Georgs Geliebte wurde sie spätestens 1691, denn beider erste Tochter kam im Januar 1692 zur Welt. Im Jahre 1690 begann auch Sophie Dorotheas heimlicher Briefwechsel mit dem schwedischen Grafen Philipp Christoph von Königsmarck, seit 1689 Oberst bei der hannoveranischen Armee. Ein Liebespaar wurden sie allerdings nicht vor 1692. Die allgemeinen Umstände spielten eine Rolle bei der Entstehung der neuen Bindungen Georgs und seiner Frau, aber auch die familiären Beziehungen. Melusine kam aus einer berühmten altmärkischen Familie, die ihre Vorfahren bis ins 13. Jahrhundert zurückverfolgen konnte. Ihre Linie war schon seit langem in der – seit 1648 zum Staat der Hohenzollern gehörenden – Gegend um Magdeburg ansässig, hatte dort Besitzungen und bekleidete dort Ämter. Ihr ältester Bruder Johann Matthias (der spätere Feldmarschall) stand beim Haus Braunschweig-Wolfenbüttel in Diensten – deshalb und aufgrund der Verbindungen zu Brandenburg wußte man Melusine am hannoveranischen Hof zu schätzen. Für Sophie Dorothea wiederum stellte Königsmarck eine Verbindung zu Celle dar. Eine seiner Schwestern war mit einem schwedischen Grafen verheiratet, der bei den Streitkräften ihres Vaters Waffendienst leistete und ihr wohlbekannt war. Und Königsmarck konnte sie daran erinnern, daß er vor ihrem Weggang nach Hannover Gast am Hof ihrer Eltern gewesen war. Sie fühlte sich angezogen von seiner Fröhlichkeit und seinem guten Aussehen. Vor allem aber schmeichelte ihr seine Aufmerksamkeit gerade zu einer Zeit, da sich ihr Mann allmählich von ihr abwandte. Auch wenn sie diese Entwicklung durch ihre Gleichgültigkeit selbst mit herbeigeführt hatte, war es für einen Menschen von ihrem Temperament und ihrer Schönheit bitter zu erfahren, daß ihr Mann einer Hofdame Beachtung schenkte, die zwar ein wenig jünger war als sie, aber in Aussehen und Rang nicht an sie heranreichte.

Melusine war groß und dünn; so groß und dünn jedenfalls, daß Georgs Mutter, verärgert über die Komplikationen, die diese Liebesaffäre in ihr Leben brachte, sie als *malkin* (Hopfenstange oder Vogelscheuche) bezeichnete. Und in England nannte man sie dann nach 1714 »Maibaum« im Gegensatz zu dem »Elefanten«, Georgs Halbschwester Sophie Charlotte von Kielmannsegg, die inzwischen eine recht matronenhafte Figur hatte. Das einzige aus Melusines* Jugend bekannte Porträt – ein Brustbild – zeigte ein äußerst attraktives, wenn auch scheues Gesicht. Aber im Vergleich mit der zierlichen und entzückend drallen Sophie Dorothea mag sie durchaus etwas Linkisches und Unbeholfenes gehabt haben, das davon herrührte, daß sie sich bewußt war, größer als die meisten Frauen und gewiß größer als Georg zu sein. Im Wesen war sie völlig anders als Sophie Dorothea. Sie war nachgiebig und geduldig, was Georg als Wohltat empfunden haben dürfte, denn seine Frau hatte ein reizbares und stürmisches Temperament. Melusine versuchte zu gefallen und zu besänftigen, sie teilte seine Interessen an der Musik und am Theater, sie beobachtete ihn und seine Launen und lernte, mit ihm umzugehen. Daß sie Georg nach 1714 nützlich war, geht deutlich daraus hervor, wie sie initiativ wurde, um sich mit englischen Damen zu befreunden, von denen bekannt war, daß sie Einfluß auf ihre in hohen Positionen befindlichen Männer hatten. Es zeigt sich auch daran, daß Georg sie zu einer Art Anlaufstelle werden ließ – einer Anlaufstelle für Minister in Angelegenheiten, mit denen sie nicht direkt an ihn herantreten wollten. Ihre Liebe zu Georg wurde weder von seiner noch ihrer Familie je in Zweifel gezogen. Daß sie ihm innig zugeneigt war, geht aus den Briefen von Georgs Mutter, Georgs jüngstem Bruder und Melusines ältestem Bruder hervor. Und es geht deutlich aus dem Abschnitt ihrer Memoiren hervor, den Georgs preußische Enkelin Wilhelmine der Dame widmete, die sie

---

* Melusine wurde 1667 geboren und war somit sieben Jahre jünger als Georg, nicht – wie die englische Geschichtsschreibung behauptet – ein Jahr älter. In späteren Jahren nahm sie zu, wie ein seit kurzem verfügbares Porträt zeigt, auf dem sie in Dreiviertelfigur abgebildet ist.

als morganatische Frau ihres Großvaters zu akzeptieren gelernt hatte. Wilhelmines Charakterisierung, Melusine sei ein Mensch »ohne Laster und ohne Tugenden« gewesen, stammt zwangsläufig aus zweiter Hand, ist von ihrer Mutter – Georgs Tochter – übernommen, die oft in Hannover zu Besuch war und sich Melusine gegenüber freundlich verhielt – und sich auch, wie die britischen Minister, zeitweise ihrer bediente, um herauszufinden, wie man am besten dieses oder jenes Thema beim Kurfürsten und König zur Sprache bringen konnte. Und sie ist übernommen von den vielen Hofleuten, Männern wie Frauen, die mit verschiedenen Aufträgen zwischen Hannover und Berlin hin- und herreisten. Auf jeden Fall ist diese Charakterisierung seltsam unvollständig. Daß Melusine freundlich war, steht zweifelsfrei fest. Die Gräfin zu Schaumburg-Lippe, die in Hannover und in England mit ihr Umgang hatte und sie gut kannte, pries ihr Bestreben, »alles an Gutem zu tun, das sie vermag«, aber Melusine war nicht nur sanft und milde, wie es aufgrund dieser beiden Äußerungen scheinen mag. Sie war intelligent und gebildet, wenn auch nicht so gescheit wie Georgs Mutter und Georgs Schwester. Die französische Orthographie beherrschte sie fast perfekt, jedenfalls wesentlich besser als Georgs Schwiegertochter Caroline, und sie schrieb auch ein recht gutes Englisch. Sie konnte rasch das Wesentliche eines Menschen erfassen und amüsierte Georg mit aus Papier geschnittenen Figuren von Ministern und anderen Leuten bei Hof, die sie manchmal karikaturistisch übersteigerte. Sie war gewitzt oder wurde es mit zunehmender Erfahrung, und wenn sie es für nötig hielt, waren ihre Briefe durchaus nicht ohne Spitzen. Im Jahre 1720 ließ sie Aislabie, wenn auch höflich, wissen, daß er ihrer Meinung nach ihre Anteile an der Südseegesellschaft schlecht verwalte; und 1730 bat sie Robert Walpole etwas barsch, er möge ihr, da sie »es nötig hätte«, die gesamte Summe überweisen, die der verstorbene König ihr hinterlassen hatte und die er treuhänderisch für sie verwahrte.

Doch vor 1714 – und besonders vor Georgs Scheidung im Jahre 1694 – war ihre Position weniger gesichert. Melusines und Georgs Verbindung entstammten drei Töchter: 1692 wurde (Anna) Luise geboren, 1693 (Petronella) Melusine, die wie ihre Mutter stets ihren zweiten Vornamen verwendete, und 1701 (Margarethe) Gertrud, die im Familienkreis Trudchen oder Trutjen hieß. Sie sah so gut aus, daß die hannoveranischen Höflinge in England sie »die schöne Gertrud« nannten. Auch die älteste Tochter hielt man für eine Schönheit. Über die mittlere berichten uns die Quellen, daß sie hübsch war und beherzt genug, Georg gegenüber ihre Meinung freimütig zu äußern, wenn sie nicht mit ihm übereinstimmte – und dies selbst bei politischen Angelegenheiten. Daß die Töchter schon zu Georgs engerem Familienkreis gehörten, bevor sie mit Melusine nach England kamen, geht klar aus den Briefen hervor, die

Georgs jüngster Bruder Ernst August zwischen 1703 und 1726 an einen Freund schrieb. Nach 1707 erwähnt er sie etliche Male: Luise geht mit Melusine in die Oper; die junge Melusine wird Hoffräulein bei der verwitweten Kurfürstin; Trutjen liest in Pyrmont – sie ist sechs Jahre alt – mit dem Ernst einer Erwachsenen Georg aus der Zeitung vor; mit zwölf darf sie, die immer Georgs Liebling war, mit ihm auf die Jagd in die Göhrde; sie ist ein richtiger Wildfang und möchte gern Soldat werden, wenn sie groß ist.

Doch keine der Töchter wurde je legitimiert oder auch nur öffentlich anerkannt. Die beiden ersten wurden als Kinder von Melusines Schwester Margarethe Gertrud, die mit Friedrich Achaz, einem Verwandten der Schulenburgs, verheiratet war, ins Taufregister eingetragen. Und die jüngste Tochter wurde, da Margarethe Gertrud anno 1701 nicht mehr am Leben war, als Kind einer anderen Schwester Melusines ins Taufregister eingetragen – als Tochter Sophie Julianes und ihres Gatten Rabe Christoph von Oeynhausen. Alle drei galten als Melusines Nichten. Im Falle der beiden jüngeren Mädchen gibt es freilich direkte zeitgenössische Querverweise auf Gerüchte, daß sie Georgs und Melusines gemeinsame Kinder seien. Und was die älteste betrifft, zeigen einige Wendungen in Ernst Augusts oben erwähnten Briefen, daß er Melusine nicht zu Luises »Tanten« rechnete. In neuerer Zeit sind deutsche Historiker »mit an Sicherheit grenzender Wahrscheinlichkeit« zu dem Schluß gekommen, daß die Mädchen Georgs und Melusines gemeinsame Kinder waren. Sie folgerten das aus einer Reihe von Fakten – etwa aus Melusines finanzieller Unterstützung der vermeintlichen Eltern, aus dem Umzug der Mädchen nach England (1714) und aus den Titeln, die Georg ihnen verlieh, beziehungsweise aus den Ehen, die er für sie arrangierte. Dieser Schluß wird erhärtet, wenn man Ernst Augusts Brief analysiert. Und er wird zwingend durch Melusines Testament – erstmals von mir untersucht – von 1743. Zu dieser Zeit war Trudchen schon lange tot; aber Luise und die junge Melusine waren noch am Leben. Im Testament werden die Erben mit ihrem Verwandtschaftsgrad aufgeführt: die eine Schwester, die sie noch hatte, ihre vielen Nichten und Neffen werden alle einzeln genannt. Bei Luise, der Gräfin von Delitz, und Melusine, der verwitweten Gräfin von Chesterfield, stehen dagegen vor den für sie verfügten finanziellen Zuwendungen nur ihre formellen Titel. Wir wissen, daß die Herzogin von Kendal (unter diesem Titel war Melusine nach 1719 in England bekannt) regelmäßig zur Kirche ging, zumindest in späteren Jahren. Und die fromme Einleitung zu ihrem Testament ist weniger klischeehaft als die üblichen Vorsprüche zu Testamenten jener Zeit. Es scheint daher, daß sie sich aufgrund des feierlichen Anlasses außerstande sah, die Lüge zu verewigen, die ihr die Umstände aufgenötigt hatten. Ob die Töchter erfuhren, wer ihre Eltern wirklich waren, läßt sich nicht mit Sicherheit sagen. Der Umstand, daß sowohl die Gräfin von Delitz (1773) als auch die verwitwete Gräfin von Chesterfield (1778) testamentarisch den Wunsch äußerten, wie die Herzogin von Kendal in der Familiengruft in der Kirche an der South Audley Street beigesetzt zu werden*, legt allerdings die Vermutung nahe, daß man es ihnen mitgeteilt hatte. Dafür sprechen auch die leicht versteckten Andeutungen in den Briefen von Gertruds Schwiegermutter, der Gräfin zu Schaumburg-Lippe, daß Georg der Vater ihrer Schwiegertochter sei. Es gibt aber auch etwas, das dagegen spricht: Luise verfügt in ihrem Testament über einen Geldbetrag, den sie von einem Schulenburg-»Bruder« geerbt hat (wenn sie hätte bloßlegen wollen, wer wirklich ihre Eltern waren, hätte sie »Cousin« schreiben müssen). Aber das tat sie vielleicht nur der Schicklichkeit wegen.

Daß Georg es unterließ, die Töchter, die er mit Melusine hatte, zu legitimieren oder auch nur öffentlich anzuerkennen, ist auf den ersten Blick verwunderlich. Anerkannte illegitime Kinder waren in Fürstenhäusern nichts Ungewöhnliches. Sie hatten das Recht, das Wappen ihres Vaters zu führen – allerdings mit dem Schräglinksbalken. Beispiele für anerkannte illegitime Kinder aus dem braunschweig-pfälzischen Kreis sind der weiter oben erwähnte Sohn Karl Ludwigs, der sehr geliebt wurde, und Buccolini (in Deutschland unter dem Namen Buccow bekannt), der Sohn von Herzog Georg Wilhelm aus einer Verbindung vor der mit Eléonore. An ihm, so erinnerte sich Sophie Dorothea, entzündete sich die schlimmste Auseinandersetzung, die sie je zwischen ihren Eltern erlebt hatte. Wenn ein illegitimes Kind legitimiert wurde – wie etwa Sophie Dorothea –, verbesserte sich seine Position erheblich. Die Legitimierung führte dazu, daß es von der jeweiligen fürstlichen oder königlichen Familie voll akzeptiert wurde. Man wußte wohl, welchen Einfluß die Kinder Ludwigs XIV. mit der La Vallière und Mme. de Montespan in Versailles ausübten. Und in fast unmittelbarer Nachbarschaft – vom hannoveranischen Standpunkt aus betrachtet – hatte man als Beispiel Moritz, den Sohn von Aurora von Königsmarck (eine von Philipp Christophs Schwestern) und August von Sachsen-Polen. Moritz war schon vor seiner Legitimierung freundlich an Georgs Hof empfangen worden, weil Melusines Bruder Johann Matthias sein Militärgouverneur war. Doch als er im sechzehnten Lebensjahr dann legitimiert wurde und den Titel eines Grafen von Sachsen erhielt, war seine soziale Stellung in ganz Europa gesichert. Der hannoveranische Hof legte ein lebhaftes Interesse an

---

* (Petronella) Melusine verfügte in ihrem Testament, daß die Gruft nach ihrer Beisetzung versiegelt werden sollte, denn sie und ihre ältere Schwester, beide kinderlos, waren die Letzten der Linie in England. Die jüngste Tochter, 1721 mit Graf Albrecht Wolfgang zu Schaumburg-Lippe vermählt und – zu Georgs und Melusines großem Kummer – 1726 gestorben, hatte zwei Söhne. Der ältere starb unverheiratet vor seinem Vater; der jüngere, der 1748 die Herrschaft über die Grafschaft übernahm, starb 1777 ohne männliche Nachkommen.

unehelich geborenen, aber legitimierten Verwandten an den Tag – Georg entdeckte sie, als er während des Pfälzischen Kriegs in den Niederlanden kämpfte. Morganatische Ehen mit Müttern von illegitimen Kindern, die legitimiert worden waren oder bald legitimiert wurden, waren oft sehr glücklich, so etwa Karl Ludwigs Verbindung mit Luise von Degenfeld (deren Söhne und Töchter zu Raugrafen beziehungsweise Raugräfinnen erhoben wurden). Aber die von der Erbfolge ausgeschlossenen Kinder waren zeitweise natürlich neidisch auf die legitimen Erben von Titel und Krone.

Für Georg stellten sich der Anerkennung oder Legitimierung der Töchter, die er mit Melusine hatte, etliche Hindernisse in den Weg. Die beiden älteren wurden vor Georgs Scheidung geboren, und Georgs Vater verlangte, zumindest für die Zeit seines Lebens, Diskretion. Und die Scheidung selbst gab (wie wir sehen werden) zu einiger Besorgnis Anlaß: Kein Skandal sollte die neu gewonnene, aber noch nicht allgemein akzeptierte Kurwürde besudeln. Nachdem der Kurfürstenstatus dann gesichert war – was 1708 und 1713/14 in zwei Phasen geschah –, hätte es zu allerhand Ungelegenheiten und Peinlichkeiten geführt, wenn Georg sich als Vater der Mädchen bekannt hätte, die seit geraumer Zeit als Melusines Nichten galten. Und in England hätte die öffentliche Anerkennung und/oder Legitimierung nach 1714 es mit sich gebracht, daß alte Geschichten wieder ans Licht gezerrt worden wären: Königsmarcks Verschwinden und Sophie Dorotheas Gefangenschaft. Der Umstand, daß es Mädchen waren, machte die ganze Angelegenheit zu einem weniger schwerwiegenden Problem. Töchter brauchten nicht – wie Söhne – für sich in der Welt zu bestehen; sie würden heiraten oder, falls sie unverheiratet blieben, ein behütetes Leben im Kreis der Familie führen.

Ob Sophie Dorothea wußte, daß (Anna) Luise und (Petronella) Melusine die Töchter von Melusine waren, läßt sich nicht ergründen. Doch daß Georg sich in wachsendem Maße zur Hofdame seiner Mutter hingezogen fühlte – die man »La Schulenburg« oder »die Schulenburgin« nannte –, war in Hofkreisen allgemein bekannt: Königsmarck bezeichnete Melusine in seinen Briefen an Sophie Dorothea als Georgs Geliebte, und Sophie Dorothea sagte im Gespräch, ihr Mann mache sich aus ihr so wenig wie sie sich aus ihm. Er machte sich jedoch einiges aus den geltenden Anstandsregeln und aus seinem guten Ruf. Es war damals üblich, daß regierende Fürsten auf der Tugendhaftigkeit ihrer Gattinnen bestanden: Wie sollte sonst die Nachkommenschaft, die ganze Linie rein erhalten bleiben, ohne daß sich uneheliche Kinder unter diejenigen mischten, denen das Erbfolgerecht tatsächlich zustand? Diese Ansicht leitete sich letztlich von der Auffassung ab, daß der Herrscher von Gott auserwählt sei. Doch sie wurde auch von Menschen vertreten, die solche religiösen Gedankengänge nicht akzeptierten: Das ganze System geriet durcheinander, wenn ein Herrscher sich nicht sicher sein konnte, daß sein Erbe tatsächlich die Frucht seiner Lenden war.

Wenn Sophie Dorothea diskret gewesen wäre oder sich mit einem Bewunderer der preziösen und manirierten Art zufriedengegeben hätte, die für elegante Damen statthaft war, wäre ihr ihre Tragödie vielleicht erspart geblieben. Aber sie wurde von ihren Gefühlen überwältigt. Anfangs dachte sie unbeschwert, sie könnte ihren Flirt mit Königsmarck in Grenzen halten. Sie erlaubte ihm, daß er ihr schrieb (sein erster Brief datiert vom Juli 1690), antwortete aber nicht auf seine Briefe. Dann erklärte sie sich mit heimlichen Begegnungen einverstanden und förderte diese sogar, als er am Ende des Feldzugs von 1690 nach Hannover kam. Sein glühendes, poetisches Temperament stand in ausgeprägtem Gegensatz zu Georgs sachlichem und nüchternem Wesen. Er trat schneidig und überzeugend auf, er konnte schwärmerisch anbetend und doch herrisch sein, und er war eher sinnlich als vernünftig. Seine Eifersucht auf Georg wirkte berauschend. Sophie Dorothea begann, ihm zu schreiben, wenn er nicht in Hannover war.

Etwa die Hälfte des Briefwechsels zwischen ihr und Königsmarck ist erhalten geblieben. Sie hatten die Angewohnheit, ungefähr alle sechs Monate ihre Briefe zur sicheren Verwahrung an Philipps Schwester Aurora zu schicken. Nach deren Tod erhielt Philipps und Auroras ältere Schwester Amalia Wilhelmine, die mit dem in Celler Diensten stehenden Graf Lewenhaupt verheiratet war, die Briefe. Bis zum 19. Jahrhundert blieben sie im Besitz der Familie Lewenhaupt in Schweden. Dann wurden sie der Bibliothek der Universität Lund als Schenkung überlassen und der Wissenschaft zugänglich gemacht. Die Briefe, die in dieser Schenkung fehlten, tauchten in Preußens königlichen Archiven auf. Königin Luise Ulrike von Schweden hatte sie 1754 ihrem Bruder Friedrich II. geschickt, der eigenhändig »Lettres d'Amour de la Duchesse D'allen au Conte Königsmarc« auf die Mappe schrieb. Andere Teile der Korrespondenz sind wohl verlorengegangen. Die Briefe aus der zweiten Hälfte des Jahres 1693 und aus der ersten Hälfte des Jahres 1694 wurden Königsmarcks Sekretär nach dem Verschwinden des Grafen in Verwahrung gegeben. Aber wir wissen nicht, wo sie nach den 20er Jahren des 18. Jahrhunderts geblieben sind – damals wurden sie nacheinander und vergeblich Georg und Sophie Dorothea zum Kauf angeboten. Die Briefe, die in Hannover abgefangen und die, die 1694 in Sophie Dorotheas Gemächern gefunden wurden (in Vorhänge eingenäht oder zuunterst in Behältnissen für Spielkarten versteckt), sind verschwunden. Vielleicht wurden sie von Georg II. vernichtet.

Anhand der erhalten gebliebenen Briefe können wir verfolgen, wie sich der Ton zwischen Sophie Dorothea und Königsmarck mit der Entwicklung ihrer Beziehung wandelt. Die gegenseitige Zuneigung riß sie ganz offensichtlich hin. Ab März 1692 – das zeigen die Briefe deutlich – waren sie auch im physischen Sinne ein Paar. Die Briefe beweisen uns außerdem, daß sie einander liebten und nicht mehr leben konnten, ohne für eine gemeinsame Zukunft zu planen, in der ihre Liebe nicht mehr geheimgehalten werden mußte. Da Sophie Dorothea bis zu ihrem Tod behauptete, sie sei ihrem Mann nicht untreu gewesen (als Äußerstes gab sie lange nach der Scheidung zu, sie habe ihn vielleicht »gekränkt«), und ihr Kammerfräulein Eleonore von dem Knesebeck bezeugte, zwischen ihrer Herrin und Königsmarck habe es nur »amitié et conversation familiale« gegeben, erregten die Briefe bei ihrer Veröffentlichung ein ziemliches Aufsehen. Historisch ist es bedeutungslos, ob Sophie Dorothea Ehebruch beging oder nicht (was Historiker nicht daran gehindert hat, Partei zu ergreifen – meistens für Sophie Dorothea*). Die Scheidung von Georg erfolgte, wie wir noch sehen werden, auf *ihren* Wunsch: Sie verweigerte das Zusammenleben und die Wiederherstellung der ehelichen Rechte. Die Briefe helfen uns allerdings zu verstehen, wie und warum die Liebesaffäre von Georgs Frau mit Königsmarck eine Staatsaffäre wurde.

Über ihr Verhältnis wurde von Anfang an geredet. Wenn sie am selben Ort waren – sei es Hannover, sei es Celle – mußten sie zuviel Leute ins Vertrauen ziehen, als daß eine vollständige Geheimhaltung möglich gewesen wäre. Sie verrieten sich durch vereinbarte Zeichen und durch ihre Blicke; Zettel, die Eleonore von dem Knesebeck für Königsmarck in dessen Hut oder Handschuhen hinterließ, konnten entdeckt werden; und Königsmarcks Bediente waren nicht immer achtsam und verschwiegen. In Zeiten der Trennung – und sie waren öfter getrennt als vereint, auch wenn sich Königsmarck ohne Erlaubnis vom Feldzug von 1692 absetzte und es fertigbrachte, die längste Zeit des Feldzugs von 1693 in Hannover zu bleiben – machte allein schon der Umfang ihrer Korrespondenz sie verwundbar. Ganz abgesehen davon, daß sie das Bedürfnis hatten, einander zu schreiben, um die Entfernung zu überbrücken, die zwischen ihnen lag, erforderten auch die Vorbereitungen für ihre heimli-

---

* Ich möchte Liebenden der Vergangenheit natürlich nicht nachspionieren, doch um der historischen Genauigkeit willen soll hier festgehalten werden, daß die Korrespondenz zwischen Sophie Dorothea und Königsmarck keinen Zweifel daran läßt, daß sie Geschlechtsverkehr miteinander hatten. Die folgenden Zitate stammen aus Briefen, die ab März 1692 geschrieben wurden: Er sendet ihrer *bocqua sensa dente* tausend Küsse; er hofft, daß er bei seiner Rückkehr keine Wache vor dem Gefängnis finden wird *une prison qui attend votre prisonnier avec bien de l'impatience*, das für ihn immer offen sein wird, aber *fermée pour toute la terre*; er spricht verächtlich von den *minces* und *médiocres plaisiers électoraux*, sie sind nichts im Vergleich mit den *unsrigen;* er wird den Verstand verlieren, wenn Sophie Dorothea so leidenschaftlich wie mit ihm *monter à cheval*: er erinnert sich an die Glückseligkeit in ihren Augen *à me voir mourir sous eux* und ihren Ausruf *Mon scher Königs, je – faison le ensamble!*, und er wiederum fügt hinzu: *Ah, si je pouvay baiser ses petis milieux qui m'a donné de plaisir!* Auch Sophie Dorotheas Briefe zeugen von leidenschaftlichen Gefühlen, sie sind allerdings nicht so direkt wie die ihres Liebhabers.

chen Begegnungen einiges an Briefen und Benachrichtigungen. Philipps Schwestern und sein Schwager waren ihnen eine große Hilfe, ebenso Eleonore von dem Knesebeck. Oft mußten sie sich aber auch auf weniger achtsame Zwischenträger verlassen. Daran, daß sie heimliche Begegnungen arrangierten, kann man ablesen, welches Risiko sie auf sich nahmen. Es kam ihnen jedoch auch entgegen, daß Sophie Dorotheas Verwandte in Hannover und Celle vollauf von politischen Problemen in Anspruch genommen waren: von den Feldzügen im Westen, von Maximilians Verschwörung, von der Erlangung der Kurwürde und vom Angriff der Dänen auf Ratzeburg (1693), nach dem auch Celle in Furcht vor einem Angriff lebte.

Zur Beendigung ihres Verhältnisses wurden beide gemahnt: Sophie Dorothea von ihrer Mutter, von Sophie und von Figuelotte, wenn sie zu Besuch in Hannover war; Philipp von Georgs Brüdern, von seinen Offizierskollegen und vom Oberbefehlshaber der hannoveranischen Armee, Feldmarschall von Podewils. Das Paar versuchte zu bluffen und log. Philipp gab Podewils sein Ehrenwort, daß an all diesen Gerüchten nichts sei. Dadurch gewannen sie etwas Zeit. Ernst August war so besorgt, daß er Aurora von Königsmarck daran hinderte, Hannover zu besuchen. Und Philipp erhielt einige Male einen Wink mit dem Zaunpfahl, er möge am besten anderswo in Dienste treten. Man versuchte, Sophie nicht aus dem Kreis der Familie ihres Mannes herauszulassen, wenn er auf Feldzügen war, damit sie weniger Gelegenheit hatte, sich mit Philipp zu treffen. Aber sie vereitelte das mit allen möglichen Tricks. Einer ihrer liebsten war es, sich darüber zu beklagen, daß ihr Schwager Maximilian in Linsburg und Herrenhausen zu nah bei ihren Räumlichkeiten einquartiert sei, um sich anständig zu betragen, während ihr Mann fort war. Auch Krankheiten simulierte sie gern. Und sie schaffte es außerdem, daß ihre Eltern darum baten, man möge sie für ein Weilchen zu ihnen nach Celle kommen lassen – dort fühle sie sich freier. Georg mußte um der guten Beziehungen Hannovers zum Herzog von Celle willen sein Einverständnis zu diesen Besuchen geben. In Briefen legte er allerdings seiner Frau nahe, ihren Aufenthalt möglichst kurz zu gestalten – ohne Erfolg. Wenn Georg auf Feldzügen war, schrieb er ihr regelmäßig. Als Sophie Dorothea ihren Geliebten einmal ärgern wollte, betonte sie, daß ihr Mann ihr häufiger schriebe als er. Das eine Fragment, das uns erhalten geblieben ist (weil Sophie Dorothea es in einem Brief an Philipp zitiert), bezieht sich mit trockener Ironie darauf, daß sie Maximilian als Vorwand genommen hat, um das Haus seiner Eltern zu verlassen: Georg beglückwünscht sie, daß sie »eine wahre Lucrezia« sei, bei der seine Ehre »wohl aufgehoben« sei. In Verbindung mit anderen Bruchstücken aus Georgs Briefen, die Sophie Dorothea an Philipp weiterleitet, kann man dies als Warnung an seine Frau interpretieren. So unterrichtet er sie zum

Beispiel von den Spielschulden, die Königsmarck bei früheren Feldzügen in Flandern gemacht hat, und deutet an, dies sei vielleicht ein Grund dafür, daß er 1693 dort nicht habe dienen wollen.

Das Paar nahm die Warnungen durchaus zur Kenntnis, obwohl Sophie Dorothea sie Eleonore von dem Knesebeck gegenüber herunterspielte. Verhaftung und Einkerkerung beider und Tod für Königsmarck – das wird eines der häufig wiederkehrenden Themen ihrer Korrespondenz. Die beiden anderen Themen sind heftige Eifersucht, weil die oder der Geliebte womöglich anderen ihre beziehungsweise seine Gunst schenkt*, und die Pläne und Ränke für ein neues Leben zu zweit. Und hier war das Geld der wunde Punkt. Philipp hatte ein stattliches Vermögen durchgebracht, weil er spielte und überdies ein starkes Geltungsbedürfnis hatte: Er hielt sich als Junggeselle neunundzwanzig Bediente. Der Durchschnitt lag, selbst in den Haushalten bedeutender hannoveranischer Minister, bei zwanzig Bedienten. Und obwohl Philipp Aussichten auf eine Erbschaft hatte, war seine derzeitige Finanzlage desolat. Sophie Dorothea sah in ihrem Ehevertrag nach und mußte unangenehm überrascht feststellen, daß sie nichts hatte, was sie ihr Eigen nennen konnte. Sie bemühte sich darum, von ihren Eltern ein Einkommen zu erhalten, über das sie frei verfügen konnte. Wofür sie es brauchte, behielt sie für sich. Aber sie hatte keinen Erfolg mit ihren Bemühungen. Celles Konflikt mit Dänemark hatte zur Folge, daß alle Bareinkünfte ihres Vaters der Armee zuflossen. Sophie Dorotheas Mutter konnte nur über ihren Schmuck verfügen und wollte keinen Ärger mit ihrem Mann riskieren, indem sie ihn verkaufte, wenn dafür keine ersichtliche Notwendigkeit bestand. Sie wußte, daß Sophie Dorothea nicht mehr mit Georg verheiratet sein mochte, aber sie billigte das ebenso wenig wie ihr Mann. Beide Eltern versuchten nach Kräften, ihre Tochter umzustimmen. Im Jahre 1694, nach dem Regierungsantritt Augusts von Sachsen**, reiste Königsmarck nach Dresden, um eine Spielschuld von 30 000 Talern einzufordern, die der neue Kurfürst noch vom Feldzug in den Niederlanden anno 1691 her bei ihm hatte. August, der knapp bei Kasse war, weil das Begräbnis des verstorbenen Kurfürsten bezahlt werden mußte, bot seinem Freund stattdessen ein sächsisches Regiment an. Königsmarck akzeptierte das und hatte damit eine gewisse finanzielle Sicherheit.

Am hannoveranischen Hof befürchtete man nun eine Entführung. Da

* Obwohl Philipp es haßte, an Georgs *monter à cheval* (ein Euphemismus für den Geschlechtsverkehr) mit Sophie Dorothea zu denken, riet er ihr dringend, die Umarmungen ihres Gatten über sich ergehen zu lassen, damit ihre Verbindung nicht aufflog. Seine Eifersucht wurde noch gesteigert durch Gerüchte, daß sie mit anderen liebäugelte. Sie wiederum wurde wütend, wenn sie erfuhr, daß er bei Gesellschaften gewesen war oder selbst welche gegeben hatte, bei denen Damen zugegen waren, konnte sich aber nicht verkneifen, ihn zu ärgern, indem sie so tat, als sei sie von einem ihrer anderen Bewunderer gefesselt.
** Als Kurfürst hieß er eigentlich Friedrich August I., aber er ist so sehr unter dem Namen August II. (seit 1697 König von Polen) bekannt, daß es pedantisch wäre, ihn anders zu nennen.

Königsmarck dank seiner Stellung als Kommandeur eines sächsischen Regiments eine gewisse Freiheit hatte, würde er es womöglich arrangieren können, daß Sophie Dorothea nach Sachsen oder noch weiter floh. Oder er würde sie vielleicht – was noch schlimmer war – dazu überreden, daß sie bei Anton Ulrich von Braunschweig-Wolfenbüttel Zuflucht suchte. Viel würde davon abhängen, wie er sich verhielt, wenn er zurückkehrte, um sein Kommando abzugeben und die Kasse seines Regiments in Ordnung zu bringen. Und viel würde davon abhängen, wie Sophie Dorothea auf seine Anwesenheit reagierte. Wenn die beiden zur Besinnung gekommen waren – schön und gut; wenn nicht, war es Zeit für strengere Maßnahmen. Sophie Dorothea hatte einen Teil des Sommers 1694 bei ihren Eltern verbracht. Sie kehrte aber nach Hannover zurück, bevor Königsmarck wiederkam. Georg war nach Berlin gereist, um seine Schwester zu besuchen und um mit seinem Schwager die politische Lage zu erörtern. Es läßt sich nicht feststellen, ob diese Reise von Georgs Eltern so arrangiert wurde, daß sie zeitlich mit Königsmarcks mutmaßlicher Rückkehr zusammenfiel. Jedenfalls erfüllte sie, ob zufällig oder nicht, den Zweck, Georg in einer Phase von Hannover fernzuhalten, in der sich möglicherweise heikle Probleme stellen würden. Es ist bezeichnend, daß Georg über die Ereignisse, die auf die Nacht des 1./11. Juli 1694 folgten, mehrere Wochen lang nicht informiert war. Was Sophie in einem Brief an eine der Raugräfinnen schreibt – »Georg ist inzwischen bei seiner Schwester in Berlin und weiß nichts von dem, was sich hier zugetragen hat« – klingt zu glatt. Es ist verbürgt, daß Georg vor seiner Abreise Sophie damit gedroht hatte, sich an ihren Vater zu wenden, wenn sich ihr Verhalten nicht besserte, um eine eheliche Trennung zu erwirken.

In Darstellungen, denen teils zeitgenössische Liebesromane, teils absichtlich irreführende Berichte zugrunde liegen, die die hannoveranische und Celler Obrigkeit in Umlauf brachte (ohne, wie wir weiter unten sehen werden, Königsmarck zu erwähnen), wird angenommen, daß das Paar plante, nach Philipps Rückkehr aus Hannover zu fliehen. Wir wissen heute, daß dem nicht so war. Königsmarck mußte zu seinem sächsischen Regiment, das am Rhein stand. Er hatte seinen Bedienten Anweisung gegeben, daß alles für seine Abreise am 5./15. Juli vorbereitet sein sollte. Ganz abgesehen davon hatte er nicht das Geld, um Sophie Dorothea einen Lebensstil zu ermöglichen, der für sie akzeptabel war. Was das Schicksal der Liebenden besiegelte, war beider Verhalten nach der Rückkehr Königsmarcks nach Hannover. Er mied jede Gesellschaft, machte keine Besuche, gab sein Kommando nicht ab und regelte auch nicht die Angelegenheiten seines Regiments.

Das rief zusammen mit Sophie Dorotheas Benehmen bei ihrer Rückkehr aus Celle höchste Besorgnis hervor: Sie war nicht in Herrenhausen gewesen, wo die Kurfürstin sie erwartete, sondern fuhr direkt nach

Hannover, wo sie sich in ihre Gemächer einschloß und Krankheit vorschützte. Die beiden Verdächtigen wurden streng überwacht. Ernst August residierte – entgegen seiner Gewohnheit – mitten im Sommer im Leineschloß. In der Nacht des 1./11. Juli wurde Königsmarck beim Betreten des Schlosses beobachtet. Er ging in Richtung der Gemächer von Sophie Dorothea. Ob er dorthin gelangte, wissen wir nicht genau. Nach der Aussage von Eleonore von dem Knesebeck (und Graf Platen drohte ihr mit der Folter, damit sie die Wahrheit sagte) betrat er sie nicht.

Daß er in dieser Nacht getötet wurde, steht zweifelsfrei fest. Doch wir wissen nicht, ob der Mord zufällig erfolgte oder geplant war. Vielleicht war nur Königsmarcks Festnahme beabsichtigt. Allerdings ist es wahrscheinlicher, daß er meuchlings ermordet wurde. Informationen zufolge, die Anton Ulrich von Wolfenbüttel erhielt und an den dänischen Diplomaten Otto Mencken weiterleitete, waren vier Höflinge an dem Mord beteiligt. Der Name des Mannes, der Königsmarck den Todesstoß versetzt hatte, wurde mit Montalban angegeben. Obwohl die Nachrichtenquellen des Herzogs von Wolfenbüttel ausnehmend gut waren, würde man seine Version kaum als die wahrscheinlichste Erklärung von Königsmarcks Verschwinden akzeptieren, hätte nicht Professor Schnath herausgefunden, daß für Don Nicolò Montalbano (gewöhnlich Montalban genannt), den Italiener, der während der Arbeiten am neuen Palais in Osnabrück die Zuneigung der Familie gewonnen hatte, kurz nach dem 1./11. Juli ein Betrag von 100 000 Talern aus Ernst Augusts Privatschatulle ausgesetzt wurde. Eine wahrhaft fürstliche Belohnung, wenn man sich vor Augen hält, daß Montalban ein Jahreseinkommen von 200 und der höchstbezahlte hannoveranische Minister ein Jahreseinkommen von 1500 Talern hatte. Und wofür wurde er belohnt? Man wird wohl zwangsläufig schließen müssen, daß es sowohl eine Bezahlung für seine Dienste am 1./11. Juli als auch ein Schweigegeld war: Die Summe sollte in Vierteljahresraten an ihn ausbezahlt werden. Die anderen Höflinge, die in Menckens Bericht Erwähnung finden, waren dem Haus ebenfalls treu ergeben: von Stubenvol war ein aus der Pfalz gebürtiger Kammerjunker, der eine natürliche Tochter von Ernst August geheiratet hatte; von Klencke war Ernst Augusts Oberkammerjunker, und Freiherr von Eltz war der Hofmeister des jungen Georg August. Bei allen vieren konnte man annehmen, daß sie entschlossen handeln würden, um der neuen Kurwürde die Besudelung durch eine skandalöse Entführung zu ersparen*. Die Identifizierung von Nicolò Montalban durch Schnath (es

---

* Wie Schnath bemerkt, war es in Anbetracht von Königsmarcks Kommando bei der hannoveranischen Armee wahrscheinlicher, daß für einen Meuchelmord Höflinge gedungen wurden und nicht Offiziere oder Soldaten. Montalban starb 1696. Stubenvol verließ Hannover. Eltz und Klencke blieben in hannoveranischen Diensten. Wir werden Eltz noch ein paarmal begegnen – er wurde später mit diplomatischen Missionen betraut und stieg schließlich zum Minister auf.

gab mehrere Montalbans am hannoveranischen Hof) macht auch die übrigen Informationen von Anton Ulrich ziemlich glaubwürdig – die Namen der anderen am Mord beteiligten Höflinge und die Art und Weise, auf die man Königsmarcks Leichnam verschwinden ließ: Er soll in einem mit Steinen beschwerten Sack in der Leine versenkt worden sein.

Nachdem der Mord geschehen war, ging alles weitere rasch vonstatten. Sophie Dorothea wurde in ihre Gemächer gesperrt. Bei der Durchsuchung der Gemächer entdeckte man Briefe von Königsmarck. Eleonore von dem Knesebeck wollte fort; ein Schwager von ihr war bereit, ihr die Flucht zu ermöglichen; aber ihre Herrin überredete sie zum Bleiben. »Wenn Ihr flieht«, sagte Sophie Dorothea, als sie ihr weinend um den Hals fiel, »würde man mir für coupabel machen; wenn Ihr aber bleibt, könnt Ihr meine Unschuld beschwören und, sobald Ihr frei seid, Eures Weges nach Wolfenbüttel gehen.« Dieser Ratschlag zeigt, daß Sophie Dorothea wußte, wo sie und diejenigen, die auf ihrer Seite standen, Zuflucht finden konnten. Eleonore wurde im Laufe der Ereignisse in Haft genommen. Ernst August und Georg Wilhelm, mit der Korrespondenz seiner Tochter mit Königsmarck konfrontiert, kamen überein, daß eine Scheidung in die Wege geleitet werden mußte. Dabei mußte Königsmarcks Name verschwiegen und das Augenmerk ausschließlich auf Sophie Dorotheas Weigerung gelenkt werden, mit Georg zusammenzuleben. Sie wurde ins Herzogtum Celle verbracht, nach Ahlden. Die wenigen ausländischen Diplomaten, die überhaupt etwas erfuhren, machte man glauben, sie sei auf der Flucht von Hannover nach Bruchhausen aufgegriffen worden, wo sie sich der Gnade ihrer Eltern habe anvertrauen wollen. Sophie Dorothea wußte anfangs nichts von Königsmarcks Schicksal und meinte, die Scheidung werde ihr den Weg in die Freiheit und zur dauernden Verbindung mit ihm öffnen. Darum war sie geradezu versessen darauf, geschieden zu werden, und lehnte alle Versöhnungsversuche ab, um die sich der aus erfahrenen hannoveranischen und Celler Juristen bestehende Gerichtshof ehrlich und zu wiederholten Malen bemühte. Am 28. Dezember 1694 (AS) wurde die Ehe aufgelöst. Sophie Dorothea wurde als dem schuldigen Teil die Wiederverheiratung untersagt, Georg hingegen wurde sie ausdrücklich gestattet. Kraft einer privaten Übereinkunft zwischen Ernst August und Georg Wilhelm, der sogenannten *Acte de disgrâce,* wurde vereinbart, daß Sophie Dorothea von ihrem Vater in verhältnismäßig strenger Gefangenschaft gehalten werden sollte. Er würde ihr ein angemessenes Jahreseinkommen aussetzen[*], während Georg ihre Mitgift zum Nutzen der gemeinsamen Kinder einbehalten sollte. Erst als Sophie Dorothea nach dem Scheidungspro-

---

[*] 8000 Taler, die nach dem Tod ihres Vaters auf 12 000 und nach ihrem Eintritt ins einundvierzigste Lebensjahr auf 18 000 Taler erhöht werden sollten.

zeß, der in Hannover stattfand, wieder in Ahlden und praktisch gefangen war, wurde ihr klar, daß man ihr keinen Zugang zu ihren Kindern gewähren würde, daß ihr Vater sie nicht sehen wollte und daß ihr Kontakt zur Außenwelt drastisch eingeschränkt sein würde.
Königsmarcks Verschwinden erregte Aufsehen. August von Sachsen, die Familie Königsmarck und insbesondere die unermüdliche Aurora von Königsmarck stellten gründliche Nachforschungen an, was dem hannoveranischen Hof äußerst peinlich war. Eleonore von dem Knesebeck war auf der Festung Scharzfels eingekerkert worden; angeblich, weil sie mitgeholfen hatte, »Georg die Zuneigung ihrer Herrin abspenstig zu machen«, in Wirklichkeit, damit sie nichts verraten konnte. Sophie, die sonst so fleißig Briefe schrieb, legte eine Schreibpause von noch nie dagewesener Länge ein. Als sie dann wieder zur Feder griff, versicherte sie ihren Verwandten, daß in Hannover nichts über Königsmarcks Verbleib bekannt sei. Und was Sophie Dorothea betraf, so war die Kurfürstin der Meinung, daß Eheleute besser getrennt sein sollten, wenn eine Frau nicht mit ihrem Mann zusammenleben wollte. Braunschweig-lüneburgische Diplomaten, die Informationen über Königsmarcks Schicksal zu bekommen versuchten, um der Wißbegierde der Höfe Genüge zu tun, bei denen sie akkreditiert waren, hatten bei ihren Vorgesetzten in Hannover und Celle kein Glück: Es gäbe nichts zu sagen.

Die englische antihannoveranische Propaganda nach 1714 legte Sophie Dorotheas Gefangenschaft (die für sehr viel härter gehalten wurde, als sie war) Georg I. zur Last. Man nahm an, daß er auf der Scheidung bestanden hatte und daß er für Königsmarcks Verschwinden verantwortlich war, ob dieser nun ermordet und unter Dielenbrettern im Leineschloß versteckt oder in eine Nische eingemauert worden war oder ob man ihn – wie andere wieder erzählten – außer Landes hatte fliehen lassen. Solche Vermutungen nehmen nicht wunder angesichts des verschwörerischen Schweigens, das 1694 begann und bis zur Mitte des 19. Jahrhunderts fortdauerte. Selbst die Akten des Scheidungsprozesses wurden vernichtet (wie man annimmt, auf Anordnung Georgs II.) und erst auf Ersuchen des Herzogs von Cambridge 1826 aus detaillierten Aufzeichnungen, die sich damals einer der Richter gemacht hatte, rekonstruiert.

Warum Sophie Dorothea gefangen blieb, ist nicht schwer zu ergründen und reichlich in der diplomatischen Korrespondenz aus dieser Zeit dokumentiert. Zwischen 1694 und 1708 war das Schicksal der neunten Kurwürde in der Schwebe, und Sophie Dorothea rückte in den Mittelpunkt eines Gespinsts von diplomatischen Intrigen; Dänemark und Wolfenbüttel blieben Hannover bis 1700 beziehungsweise 1706 feindlich gesinnt; Sachsen und Brandenburg beteiligten sich an der Propaganda gegen die neunte Kurwürde, wann immer es Spannungen zwischen Dresden und Hannover oder zwischen Berlin und Hannover gab. Frankreich wurde sehr gefürchtet. Heute weiß man allerdings, daß Ludwig XIV. – obwohl er bis 1714 gegen die neunte Kurwürde war – sich nicht auf Intrigen einlassen wollte. Er war zwar bereit, Sophie Dorothea in Frankreich aufzunehmen, wenn sie zum Katholizismus übertrat, aber er lehnte es ab, sich aktiv an Fluchtvorbereitungen zu beteiligen. Auch die Bemühungen der Herzogin von Celle, Wilhelm III. und Königin Anna für Sophie Dorotheas Sache zu gewinnen und auf diese Weise eine Entfremdung zwischen England und Hannover herbeizuführen, blieben wirkungslos. Man kann sagen, daß 1708, als Hannover ins kurfürstliche Kollegium aufgenommen wurde, die unmittelbare Gefahr ausgestanden war. Doch als sich Georg nach 1715 in seiner Eigenschaft als Kurfürst am Nordischen Krieg beteiligte, wurden erneut Pläne geschmiedet, wie man Sophie Dorothea bei einem politischen Konterschlag im Reich und in Britannien einsetzen konnte. Der Jakobitismus stellte die Verbindung her. Jakobitische Agenten versuchten, die Affäre Königsmarck wieder ins allgemeine Bewußtsein zu rufen, damit sich Karl XII. von Schweden mit Britannien überwarf. Und noch im Jahre 1718 bemühten sich drei Herren aus Schottland darum, in Ahlden vorsprechen zu dürfen, um Sophie Dorothea als der »Königin von Großbritannien« ihren Gruß zu entbieten.

Unter den obwaltenden Umständen blieb Georg fest. Doch er war nicht rachsüchtig. Im Jahre 1698 gab er Georg Wilhelm schriftlich das Versprechen, daß Sophie Dorotheas Gefangenschaft nach dessen Tod nicht verschärft und ihre finanzielle Versorgung nicht angetastet werden sollte. Er schickte ihr gute Berater in Geldangelegenheiten und erlaubte ihr, sämtliche Gewinne zu behalten, die die Güter abwarfen, die sie 1705 von Georg Wilhelm geerbt hatte. Zur Zeit ihres Todes belief sich ihr Vermögen auf 277 000 Taler; der Wert ihres Silbers und ihrer Schmucksachen wurde auf 15 528 beziehungsweise 23 774 Taler geschätzt. Georg lockerte die Zensur ihrer Korrespondenz und erleichterte ihr den Empfang von Besuchern. Er gestattete Georg Wilhelm Besuche in Ahlden (was in der Übereinkunft von 1694 untersagt worden war). Es fand freilich – aus Gründen, die nichts mit Georg I. zu tun hatten – kein solcher Besuch statt. Außerdem erlaubte Georg der verwitweten Herzogin von Celle, von ihrem Alterssitz in Lüneburg ins Celler Schloß überzusiedeln, damit sie bequemer nach Ahlden reisen konnte –, denn sie besuchte ihre Tochter oft und meistens für längere Zeit. Er war im Zwiespalt, als Sophie Dorothea 1698 ihm, dem neuen Kurfürsten, eine Bittschrift sandte, mit der sie um ihre Freilassung ersuchte, aber die politischen Gefahren, die damit verbunden gewesen wären, geboten ihm, das Ersuchen abschlägig zu bescheiden.

Die Lage änderte sich jedoch nach 1715 mit der Vereitelung der Überfälle und Komplotte der Jakobiten. Als 1725 die junge Sophie Dorothea, inzwischen Königin von Preußen, vor ihrem Besuch in Hannover vom Repräsentanten ihrer Mutter, dem Grafen Bar, darum ersucht wurde, deren Freilassung zu erwirken, schienen die Aussichten gut zu sein. Aber sie mußte zu ihrem großen Kummer entdecken, daß eine Amnestie, wie sie sie im Sinn hatte – und ihr Vater auch, dessen war sie sicher –, in Ahlden nicht akzeptiert wurde. Ihre Mutter, Georgs geschiedene Frau, wollte keine Begnadigung, sondern eine Aufhebung des Urteils von 1694. Auf diese Weise sollte deutlich werden, daß sie ungerecht behandelt worden war. Ein Ausgleich für das von ihr erlittene Unrecht sei um ihrer *gloire* willen unerläßlich, schrieb sie an ihre Tochter. Und wenn ihr dieser Ausgleich nicht geboten würde, zöge sie es vor, sich auf »die Pläne vertrauter Freunde« zu verlassen und auf diesem Weg ihre Freiheit zu erlangen. Das klang recht verdächtig. Wer waren diese »vertrauten Freunde«, wenn nicht Jakobiten? Die Tochter teilte der Mutter mit, sie wage es nicht, »auch bloß über die Begnadigung« zu sprechen, bevor das Projekt, das ihr und ihrem Mann vorschwebte – eine Doppelhochzeit zwischen zwei von ihren und zwei von ihres Bruders Kindern – gesichert sei.

Nach ihrer dramatischen Flucht aus der Festung Scharzfels wandte sich Eleonore von dem Knesebeck, bitter enttäuscht über Sophie Dorotheas Gleichgültigkeit, gegen ihre vormalige Herrin, »die hohe Beträge für Gewänder und Luxusartikel verschwendete und ihre Versprechen dem Menschen gegenüber vergaß, der alles für sie aufs Spiel gesetzt hatte«. Im Jahre 1710, als sie nach Mitteln suchte, mit denen sie Sophie Dorothea dazu bewegen konnte, sie finanziell zu unterstützen, pries sie Georgs Großmütigkeit: Er habe sich geweigert, denen sein Ohr zu leihen, die ihm ihren Aufenthaltsort verraten wollten, damit sie erneut festgenommen werden konnte. Und sie drohte an, nach Hannover zu gehen, um sich dem Kurfürsten und Mlle. von der Schulenburg, »meiner guten Freundin«, zu Füßen zu werfen. Sie erhielt keine Antwort. Eleonore von dem Knesebeck versuchte denn auch nicht ihr Glück in Hannover. Und als sie in einem Brief an Sophie Dorotheas Pfarrer »alles sagte«, beschränkten sich ihre Vorwürfe auf die Undankbarkeit und die gebrochenen Versprechen ihrer vormaligen Herrin. Sophie Dorothea war wohl schlau genug, um bewußt mit einzukalkulieren, daß Eleonore sich hüten würde, sie des Ehebruchs zu bezichtigen. Denn dann hätte diese vor der Welt als eine Frau dagestanden, die 1694 einen Meineid geschworen hatte. Es ist aber auch möglich, daß Sophie Dorothea – wie Georg – die Vergangenheit begraben wollte. Alles, was das Jahr 1694 ins Bewußtsein zurückrief, wurde vermieden. So lehnte sie zum Beispiel das Angebot von Königsmarcks schwedischen Verwandten ab, diejenigen von ihren Briefen käuflich zu erwerben, die in den Besitz der Familie gelangt waren.

Für Georg I. und seine Kinder war die Scheidung ein Thema, über das man nicht sprach. Georg »erstarrte«, wenn Sophie Dorothea auch nur erwähnt wurde. Angeblich versuchte Georg August als kleiner Junge, mit seiner Mutter in Kontakt zu kommen, und angeblich hängte er gleich nach dem Tod seines Vaters ihr Bildnis in seinem Hause auf. Seine vermutlich geänderte Haltung ihr gegenüber zur Zeit seiner eigenen Regierung ist darauf zurückgeführt worden, daß er nach 1727 ein Dokument aus den hannoveranischen Archiven las, das ihn von ihrem Ehebruch überzeugte. Hervey schreibt in seinen Erinnerungen, daß Georg II., wenn er im Gespräch Ablenkung suchte, gern und ausführlich von seiner Vergangenheit und der Beziehung zu seinem Vater sprach, aber kein einziges Mal seine Mutter erwähnte.

Georg hätte sich nach kontinentaleuropäischem Gesetz legal wieder verheiraten können, wenn er gewollt hätte. Und wie wir gesehen haben, stellt seine Enkelin Wilhelmine in ihren Memoiren fest, daß Melusine von der Schulenburg morganatisch mit Georg vermählt war, vermutlich ähnlich wie Mme. de Maintenon mit Ludwig XIV. Die freundliche Korrespondenz, die Kaiserin Elisabeth Christine – eine braunschweigische Verwandte von Georg – mit Melusine führte, und die Tatsache, daß Kaiser Karl VI. sie 1722 zur Reichsfürstin* erhob, scheinen ebenfalls auf eine morganatische Ehe hinzudeuten. Und erhärtet wird dies vielleicht auch durch Robert Walpoles Bemerkung, die Herzogin von Kendal sei ebenso »Königin von England, wie es je eine andere war«. Abschließend würden wir sagen, daß das englische Kirchenrecht, das eine Wiederverheiratung bei Lebzeiten der geschiedenen Gattin ausschloß, Georg I. vor wie nach 1714 davon abhielt, die Verbindung zu legalisieren.

Ob legal verheiratet oder nicht – Georg baute jedenfalls eine stabile und dauerhafte Beziehung mit der Schulenburgin auf, aus der ihm die Freude erwuchs, Töchter und schließlich auch (durch Gertrud) Enkel zu haben. Das gab ihm während seines Lebens nach 1694 eine emotionale Ausgeglichenheit, die auch das Glück steigerte, das ihm die Enkel seiner legitimen Abkömmlinge bereiteten, die Kinder von Georg August und Caroline. Dieser Trost, aus nächster Nähe zu erleben, daß es weiterging mit dem Leben auf Erden, blieb Sophie Dorothea versagt, die auf beklemmende Weise in ihrer Bewegungsfreiheit eingeschränkt war. Sie hatte einen eigenen Hofstaat und einen nicht eben ärmlichen Lebensstil – teure Gewänder nach der neuesten Mode, eine gute Küche und gute Weine. An den Wänden hingen 81 Porträts von Blutsverwandten und angeheirateter Verwandtschaft, darunter auch eines von Georg I. Sie

---

* Seit Oktober 1715 war sie bereits Reichsgräfin, und der Kaiser hatte auch die Brüder und Schwestern von Johann Matthias von der Schulenburg in den Grafenstand erhoben.

durfte mit der Kutsche ausfahren – wie weit, war allerdings festgelegt, und sie stand dabei unter Beobachtung. Doch wenn sie zu Fuß ging, durfte sie den Schloßhof von Ahlden nicht verlassen. Sie war wirklich einsam, Georg war es nicht.

Aber die Scheidung hatte auch ihn gezeichnet. Wir wissen aus einem seiner Briefe an Georg Wilhelm, daß er den Inhalt einiger Briefe Sophie Dorotheas an Königsmarck kannte, die im Juli 1694 abgefangen oder sichergestellt worden waren. Daher ist es auch wahrscheinlich, daß er Sätze las, bei denen selbst der unsensibelste Mensch zusammenzucken würde: Sätze, in denen die Rede war vom glühenden Wunsch seiner Frau, er möge den Tod in der Schlacht finden, oder von der geringen Meinung, die sie von ihm als Liebhaber hatte, wenn sie ihn mit Philipp Christoph verglich.

Politisch hatte Sophie Dorothea, obwohl sie beim Intrigieren gegen die neunte Kur passiver war als Friedrich August und Maximilian, mehr potentielle Macht als beide. Allein ihr stattliches Vermögen machte sie zum verlockenden Objekt fremder Machenschaften deutscher wie jakobitischer Provenienz. Durch die Beziehung mit Sophie Dorothea lernte Georg, wie gefährlich es war, belastende Briefe aufzubewahren; außerdem wurde nach 1694 seine Angst vor Rebellionen durch die Intrigen verstärkt, in die er mehr oder minder willentlich verstrickt war. Er wurde sich stärker als zuvor der Pflichten gegenüber der Kur bewußt, die er als Erstgeborener hatte, der bereits Gewonnenes absichern und die Ziele erreichen mußte, die ihm seine Eltern gesteckt hatten.

Erfahrungszuwachs

Die Königsmarck-Legende

Obwohl Georg keinen Finger rührte, um seine Frau vor Scheidung und Gefangenschaft zu bewahren, kann ihm die Ermordung Königsmarcks nicht zur Last gelegt werden. Seine Anwesenheit in Berlin ist unvereinbar mit Geschichten des Inhalts, er habe seine Frau und ihren Geliebten in flagranti erwischt und Königsmarck in Gegenwart von Sophie Dorothea umgebracht. Ernst August dagegen muß vor oder unmittelbar nach dem Tod des Grafen Helfershelfer gewesen sein. Der Überlieferung nach wird eine prominente Rolle in der Verschwörung, Königsmarck zu ermorden, der Gräfin Platen zugeschrieben. Was für die ganze Affäre gilt, gilt auch hier: Die wenigen bekannten Tatsachen wurden mit sensationellen Details ausgeschmückt. Wir wissen, daß Eleonore von dem Knesebeck befürchtete, die Gräfin könnte Wind von der geheimen Korrespondenz des Paars bekommen und Krach schlagen. Wir wissen auch, daß Sophie Dorothea dachte, nachdem man ihr mitgeteilt hatte, Philipp sei spurlos verschwunden, daß ihn die Gräfin gefangen hielt. »Je tremble«, schrieb sie in einem kurzen, undatierten Brief an einen hannoveranischen Minister, dem sie vertraute, »si C[omte] K[önigsmarck] est entre les mains de la dame que vous savez, que cela ne fasse tort a sa vie«.

Die Befürchtungen der beiden Damen sind in Anbetracht der Umstände verständlich und erklärbar. Sie wußten, daß ihr Verhalten vom Kurfürsten stark mißbilligt werden würde; sie konnten sich noch gut an die Inhaftierung Maximilians und an die Hinrichtung seines maßgeblichen Komplizen erinnern*; und es war ihnen bekannt, daß Klara von Platen Einfluß auf Ernst August hatte. Das allgemeine Wissen um diesen Einfluß und Gerüchte über erhebliche Spannungen zwischen Sophie Dorothea und der Mätresse ihres Schwiegervaters – angeblich hatte diese einmal Philipp Christoph verführt –, bilden mit die Grundlage von Ge-

---

* Otto Friedrich von Moltke, Ernst Augusts Oberjägermeister für Göttingen und Grubenhagen, war im Juli 1692 exekutiert worden. Sein Cousin, Oberstleutnant Joachim von Moltke, der Adjutant Maximilians, wurde ebenfalls zum Tod verurteilt, aber dann zu lebenslänglichem Exil begnadigt, da er Ernst August nicht den Treueid geschworen hatte.

schichten, die, wiewohl interessant als Ingredienzien volkstümlicher Legendenbildung, hier eigentlich nicht erwähnt zu werden brauchten, wenn sie nicht immer noch in neueren britischen Büchern, die sich auch mit Georg I. befassen, wiederholt würden: Gräfin Platen ist eifersüchtig, weil Königsmarck ihr Bett verlassen hat, um das von Sophie Dorothea aufzusuchen, beschließt ihn zu töten, dingt ein paar Offiziere, die ihn im Leineschloß abfangen sollen, tritt ihm noch mit dem Absatz ins Gesicht, als er sterbend am Boden liegt; Ernst August erfährt von der Tat erst, nachdem alles vorbei ist.

Diese und etliche andere Geschichten leiten sich her aus zeitgenössischen Abhandlungen über das Leben und Sterben Königsmarcks, die handschriftlich oder gedruckt zirkulierten und mit denen der anonyme Verfasser der *Histoire secrette de la duchesse d'Hanovre* (1732 veröffentlicht, später etliche Male neu aufgelegt und übersetzt) sein Gebräu würzte. Seine wichtigste Quelle, der siebte Band von Herzog Anton Ulrichs *Römischer Octavia,* war so diskret, daß sie auf Königsmarcks Ermordung nicht einmal anspielte. In der ersten Fassung (1707) endet das Buch damit, daß *Aquilius* von sich aus den Hof verläßt, um den guten Ruf der Geliebten zu retten. In der zweiten Fassung (1722) kehrt *Petilius Cerealis* (ein deutlicheres Pseudonym für Königsmarck) zurück, um die Geliebte aus ungerechter Gefangenschaft zu befreien, und verschwindet dann edel aus ihrem Leben. In beiden Fassungen sind die Liebenden unschuldig, ist die Romanze auf einen ritterlichen Ton gestimmt.

Daß die überlieferte Rolle der Gräfin Platen unwahrscheinlich ist, bedarf keiner ausführlichen Behandlung. Jedem, der einigermaßen mit dem historischen Hintergrund der Affäre vertraut ist, wird die Königsmarck-Legende schon durch ihren Mangel an politischen Inhalten suspekt. Und wenn man das Ganze auf rein persönlicher Ebene betrachtet, mutet es unwahrscheinlich an, daß die Gräfin es riskiert hätte, sich Ernst Augusts Gunst durch eine Liebelei mit Königsmarck zu verscherzen. Allerdings hat sie ihn vielleicht, bevor die totale Unfähigkeit des jungen Mannes, sein Geld zusammenzuhalten, bekannt war, als Bräutigam für die Tochter, die sie mit Ernst August hatte, in Betracht gezogen. Völlig unglaubhaft ist, daß sie die Ermordung Königsmarcks in die Wege leitete, ohne vorher die Zustimmung des Kurfürsten einzuholen. Ernst August übte nämlich ein strenges Regiment über seine Umgebung aus. Es ist jedoch wahrscheinlich, daß Ernst August, als eine Entführung zu drohen schien, mit ihr über mögliche Gegenmaßnahmen sprach, und daß sie daher vielleicht in etwaige Mordpläne eingeweiht war. Daß man alle Verantwortung der Gräfin zuschob und damit Ernst Augusts Unschuld beweisen wollte, deutet aber auch möglicherweise auf eine von oben veranlaßte Version hin, die die Aufmerksamkeit von der Person des Kurfürsten ablenken sollte.

Es sollte aber erwähnt werden, daß Anton Ulrich von Wolfenbüttel, als er seine romantische Erzählung schrieb, mehr von der Affäre Königsmarck wußte als jeder andere außerhalb von Ernst Augusts engstem Kreis bei Hofe. Er hatte hervorragende Nachrichtenquellen in Hannover. Wir haben bereits gesehen, daß der dänische Diplomat Mencken durch ihn erfuhr, daß Montalban Königsmarcks Mörder war. Anton Ulrich stand auf gutem Fuß mit Sophie Dorotheas Mutter, korrespondierte mit ihr und hatte somit indirekten Kontakt zur »Prinzessin von Ahlden«. Auf sein Schloß in Braunschweig floh Eleonore von dem Knesebeck, nachdem ihr im November 1696 die Flucht aus Scharzfels gelungen war; und in sein Herzogtum kehrte sie im Januar 1698 zurück, nachdem sie, seinem Rat folgend und mit seiner Hilfe, in Wien ein gewisses Maß an kaiserlichem Schutz erlangt hatte. Verbittert über die Einkerkerung, die sie für ungerecht hielt und die gewiß ungesetzlich war, gab Eleonore von dem Knesebeck eine Menge Geschichten zum Besten, um den hannoveranischen Hof anzuschwärzen, »choses si extravagantes et exécrables«, daß Mencken sich sträubte, sie zu Papier zu bringen. Es ist durchaus möglich, daß ihr der Herzog nicht alle abgenommen hat. Aber er machte auch keinen Gebrauch von den Informationen, die er für glaubwürdig hielt, obwohl er diplomatisch äußerst aktiv gegen die neunte Kurwürde agierte. Seine formelle Aussöhnung mit Georg im Jahre 1706 könnte eine Erklärung dafür sein. Doch es ist wahrscheinlicher, daß er es für unvereinbar mit seiner *gloire* erachtete, irgendeinen Zweig des Hauses Braunschweig an den Pranger zu stellen – sei es auch indirekt und versteckt in einem Roman.

Eleonore von dem Knesebeck trug mit Sicherheit zur Entstehung der Königsmarck-Legende bei. Was sie in Wolfenbüttel und vermutlich auch in Wien erzählte, sickerte langsam durch; ebenso das, was Diplomaten nach Hause berichteten. Ihre Überzeugung, sie habe Königsmarck im Gefängnis in einer Zelle unter der ihren singen hören, gab dem Gerücht, daß er vielleicht noch am Leben sei, neue Nahrung. Und der Dreck, mit dem sie die Familie Platen bewarf, insbesondere die Gräfin, blieb haften. Es ist jedoch unwahrscheinlich, daß dieser Rufmordversuch als lautere Wahrheit in die »Überlieferung« eingegangen wäre, wenn er nicht etwas mehr befriedigt hätte als bloß obszöne Neugier. Die volkstümliche Legendenbildung leistet dem Neid und dem Voyeurismus Vorschub, gewiß; aber Gerüchte können auch Ausdruck der Empörung darüber sein, daß Männer und Frauen, die politische und gesellschaftliche Macht besitzen, sich über die Moralgesetze erheben, deren Befolgung sie von ihren Untergebenen erwarten. Und wenn der Verdacht besteht, daß Verbrechen oder Vergehen unbestraft geblieben sind, kann man immer wieder die Tendenz feststellen, in das, was später geschieht, die gerechte Strafe hinein zu interpretieren. Der Legende wird sozusagen eine Fortsetzung angefügt, in der der Schurke seinen wohlverdienten Lohn empfängt.

Gräfin Platen und Ernst August bilden da keine Ausnahme. Im Frühling 1695, ein paar Monate nach dem Abschluß von Sophie Dorotheas Scheidungsprozeß, begann sich der Gesundheitszustand des Kurfürsten zu verschlechtern. Man versuchte zwar, ihn mit verschiedenen Kuren zu heilen, aber er siechte dahin und starb Ende Januar 1698. Es wurde behauptet, daß er an Syphilis litt, die er sich bei der Gräfin Platen geholt hätte, an derselben Krankheit, an der sie zwei Jahre später gestorben sein soll. Der einzige Beweis für diese Theorie von der »gerechten Strafe« sind wohl Geschichten, die überwiegend auf Eleonore von dem Knesebeck zurückgehen, Geschichten von Liebesaffären der Gräfin mit verschiedenen jüngeren Männern, Königsmarck eingeschlossen, und Geschichten von Orgien, die sie angeblich auf Linden veranstaltete, dem Platenschen Landsitz in der Nähe von Hannover. Ein neuerer Autor hat nach Einholung von medizinischem Rat Ernst Augusts Krankheit als »Nervenschwäche« diagnostiziert – vermutlich anhand der Symptome, die die Kurfürstin in ihren Briefen schildert: Sophie ist zwar sicher, daß die Gräfin Platen einen Schlaganfall hatte, schreibt aber die Krankheit ihres Mannes zeitweise »seinen Nerven« zu. Als medizinischer Laie ist man geneigt, angesichts von Ernst Augusts Korpulenz im höheren Lebensalter aus den Symptomen (Sprach- und Bewegungsstörungen) auf eine Reihe kleinerer Schlaganfälle zu schließen, die zu einer partiellen Lähmung führten. Es ist aber auch möglich, daß die mit der Affäre Königsmarck einhergehenden Belastungen an der Entstehung der Krankheit beteiligt waren und daß die Mißhelligkeiten, die auf Eleonore von dem Knesebecks Flucht aus Scharzfels folgten, zur Verschlechterung seines Gesundheitszustands beitrugen. Sophies Verweis auf die Nerven ihres Mannes scheint, wenn man einen rätselhaften Kommentar von ihr dazunimmt, den sie 1694, kurz nach Königsmarcks Verschwinden, von sich gab*, eher die eben genannte Interpretation nahezulegen als irgendeine unspezifische »Nervenschwäche«. Trotzdem kann man nur vermuten, daß Ernst Augusts Krankheit eine psychosomatische Komponente hatte. Nach dem, was wir über ihn und sein Verhalten im allgemeinen wissen, dürfte es ihm nicht schwer gefallen sein, die Ermordung Königsmarcks zu rationalisieren, indem er sie als im Sinn der Staatsräson unerläßlich betrachtete – oder aber als ein etwas irreguläres Duell, zu dem ein Offizier, der formaljuristisch noch in hannoveranischen Diensten stand, gefordert worden und bei dem er umgekommen war. Daß er meinte, er habe Eleonore von dem Knesebeck mit vollem Recht einkerkern lassen, erweist sich an der letzten Order, die er am 16. November

---

* In einem Brief an die Raugräfin Luise schreibt sie, daß »wir wissen, was die Uhr geschlagen hat« – obwohl behauptet wurde, daß Königsmarck verschwunden war.

1697 unterzeichnete: Ihr zufolge sollte sie erneut in Haft, wenn sie auf hannoveranischem Territorium aufgegriffen wurde; und es erweist sich an dem Bestreben, sie auf dem Weg nach Wien abfangen zu lassen. Zu dieser Zeit hatte Ernst August die alltäglichen Regierungsgeschäfte einschließlich des Unterzeichnens von Urkunden bereits an Georg übergeben. Die Hoffnung, daß durch einen Kuraufenthalt in Wiesbaden seine Gesundheit wiederhergestellt würde, hatte sich zerschlagen. Nun suchte man auch nicht mehr von nah und fern medizinischen Rat, den man bisher eifrig befolgt hatte, obwohl Sophie kein großes Zutrauen zur Weisheit der Ärzte hatte. Es war Ernst August peinlich, daß es ihm Schwierigkeiten machte, artikuliert zu sprechen, und im letzten Jahr seines Lebens duldete er außer Sophie niemanden um sich. Sie las ihm vor oder saß mit ihrer Handarbeit tagaus, tagein bei ihm. Selten konnte sie sich zu kurzen Spaziergängen in den Garten flüchten; höchstens dann, wenn er eingedöst war, oder bei dem inoffiziellen Besuch von Zar Peter von Rußland im Jahre 1697. Im Herbst 1697 war der Kurfürst dann so schwach, daß der Hof nicht wie üblich von Herrenhausen nach Hannover umziehen konnte, und in Herrenhausen starb er auch. Die erschöpfte Sophie empfand so etwas wie Erleichterung. Was sie aber in Erinnerung behalten wollte, war nicht der kranke Ernst August; diszipliniert wie immer gedachte sie der Zeiten, da ihr Mann noch »er selbst gewesen« war.

Georg am Ruder

Wegen der Krankheit seines Vaters war Georg 1695 nicht an die Front gegangen. Er blieb auch den restlichen Feldzügen des Pfälzischen Krieges fern. Sein Platz war in Hannover, und er bestimmte in wachsendem Maße die gesamte Politik des Kurfürstentums. Die Innenpolitik war größtenteils eine reine Routineangelegenheit. Hier standen Georg erfahrene Minister und Verwaltungsbeamte zur Seite.

Anders verhielt es sich mit der Außenpolitik. Grote, der wichtigste von Ernst Augusts Ratgebern, war bereits 1693 gestorben, und überdies lagen auf diesem Feld unerwartete Ereignisse und die Notwendigkeit, rasche Entscheidungen zu treffen, in der Natur der Dinge. Im Februar 1696 schien Gefahr zu drohen: Aus abgefangener Korrespondenz ging hervor, daß James Cresset, der in Hannover akkreditierte Repräsentant Wilhelms III., gemeinsam mit der Herzogin von Celle Intrigen spann, deren Ziel es war, Ernst August und Georg in einen Streit mit seinem Herrn zu verwickeln. Der Plan der Verschwörer erscheint uns vielleicht harmlos. Der Herzog von Celle hatte Vorkehrungen getroffen, Wilhelm III. im Sommer 1696 in den Niederlanden zu besuchen. Die Herzogin wollte, daß er seinen alten Freund dazu bewegte, sich in Hannover für Sophie Dorothea zu verwenden: Konnte sie nicht freigelassen werden? Oder konnte man ihr nicht wenigstens gestatten, daß sie in Celle bei ihren Eltern lebte? Cresset unterstützte diesen Wunsch, wozu ihn vielleicht seine Frau überredet hatte, die mit der Herzogin verwandt war. Doch Sophie Dorothea freizulassen, lief, vom hannoveranischen Standpunkt aus betrachtet, darauf hinaus, daß man Wolfenbüttel und Dänemark und allen anderen Feinden des neunten Kurfürstentums in die Hände arbeitete. Und wenn ein Keil zwischen den Statthalter und König und den Kurfürsten getrieben wurde, konnte das fatale Folgen haben, denn man betrachtete in diesen kritischen Jahren Wohlwollen auf diplomatischem Gebiet und finanzielle Unterstützung (in Form von Subsidien) als unerläßlich für das Überleben des Kurfürstentums. Daß Wilhelm III. die Bemühungen Eleonores für schädlich hielt, geht deutlich aus seiner Erklärung im Jahre 1701 hervor, sie habe ihm seit 1694 brieflich und in eigener Person dermaßen zugesetzt, um Sophie Dorotheas willen Druck auf Hannover auszuüben, daß er genötigt gewesen sei, ihr die weitere Erwähnung dieses Themas zu verbieten. Wilhelm tat das jedoch nicht aus altruistischen Gründen. Er wollte nicht Gefahr laufen, daß Hannover Anstoß nahm und ihm im Notfall keine Regimenter schickte. Das war der Hauptgrund dafür, daß die hannoveranische Gegenmaßnahme vom Mai 1696 – die Mission von Friedrich Wilhelm Freiherr von Görtz bei Wilhelm III., kaum daß er, aus England kommend, auf dem Kontinent eingetroffen war – so schnell zum Erfolg führte. Görtz erklärte, warum Cresset in Hannover zur *persona non grata* geworden war; Wilhelm versicherte ihm, er habe nicht im mindesten die Absicht, sich in Ernst Augusts Familienangelegenheiten einzumischen, und verschaffte Cresset diskret einen anderen Posten.

Bernstorff, Georg Wilhelms Kanzler, war Hannover schon seit langem – und trotz der gegenteiligen Bemühungen der Herzogin – dabei behilflich, den Herzog zur Einhaltung der Abmachung zu bestimmen, die zur Zeit von Sophie Dorotheas Scheidung getroffen worden war. Daß er über dieses Thema auch mit Wilhelm III. sprach, ist fast wahrscheinlich. Im August 1696 reiste er nämlich seinem Herrn in die Niederlande voraus und ersuchte um ein Gespräch mit dem König und Statthalter. Man könnte sagen, daß Bernstorffs Karriere wie die anderer Celler Minister mit dem Werdegang des neunten Kurfürstentums verbunden war: Nach dem Tod Georg Wilhelms, der bereits über siebzig war, würde Celle zu Hannover kommen. Bernstorff hatte überdies ehrgeizige Pläne für das Kurfürstentum, nach denen Hannover-Celle eine wichtige Rolle in Norddeutschland spielen sollte. Er war ein geschickter Diplomat, beschäftigte sich intensiv mit außenpolitischen Problemen, führte eine weitläufige Korrespondenz (darunter auch mit dem Earl of

Portland, einem Vertrauten von Wilhelm III.) und war dabei, ein Netz von Informanten und Agenten aufzubauen.

Daß Georg die Gefahr für sein Haus ernst nahm und nicht nur brav den Richtlinien seines Vaters oder denen der Minister seines Vaters und seines Onkels folgte, erhellt daraus, daß er 1698, als er Kurfürst geworden war, Görtz mit einer ähnlichen Mission betraute wie 1696. Im Herbst 1698 besuchte Wilhelm III. Celle, um dort zu jagen, und Georg, in großer Sorge wegen der Überredungskünste der Herzogin, schickte Görtz, damit er Wilhelm – bevor dieser in Celle eintraf – in Bruchhausen abfing. Görtz sollte betonen, daß der Statthalter und König seinem alten Freund keinen Gefallen tat, wenn er es zuließ, daß der ehrenwerte Herzog sein Wort brach. Und 1701, als Georg Wilhelm erneut Wilhelm III. in den Niederlanden besuchte, diesmal begleitet von Georg August, dem Kurprinzen, fiel die Aufgabe, den König vor den Machenschaften der Herzogin zu warnen, Philipp Adam Freiherr von Eltz zu, dem Erzieher des jungen Prinzen.

Aussichten auf England

Zur Zeit von Georgs rein persönlichen Initiativen im September 1698 und im September 1701 stand mehr auf dem Spiel als nur die Kurwürde: Es winkte die Aussicht auf die englische Krone. Lange war es üblich zu behaupten, daß Georg kein Interesse am englischen Thron hatte. Einige wenige Fachleute haben aber erkannt, daß der Kurfürst nach dem Tod von Prinzessin Annas Erben, dem Herzog von Gloucester, im Juli 1700 mehr mit diesem Thron rechnete und begieriger auf ihn war, als er die Welt wissen lassen wollte. Es gibt auch einen sicheren Beweis dafür, daß Georg bereits 1698, zur selben Zeit, da er Wilhelm III. durch einen Emissär vor der Herzogin von Celle warnte, eben diese über andere Kanäle dringend bat, Wilhelm an die Ansprüche seiner Mutter, seiner selbst und seines Sohnes im Rahmen der protestantischen Thronfolge zu erinnern; und darauf zu drängen, daß sie öffentlich als in dieser Thronfolge stehend genannt wurden. Die Herzogin von Celle, die wahrscheinlich nichts von Görtz' Mission ahnte, tat es gerne und hätte vermutlich auch nicht anders gehandelt, wenn sie von der Mission und deren Ziel gewußt hätte. Sie war ehrgeizig für ihren Enkel und hoffte ganz offensichtlich, daß er eines Tages zugunsten von Sophie Dorothea intervenieren konnte. Der hannoveranische Hof führte Klage darüber, daß Eléonore bei ihren Besuchen in Hannover und bei Georg Augusts Besuchen in Celle Ärger verursachte, indem sie zu ihrem Enkel allzu unverblümt von der mißlichen Lage seiner Mutter sprach. Und als die Herzogin im September 1702 Königin Anna um Hilfe anflehte, damit Sophie Dorothea freikam, führte sie auch als Argument an, die *condition présente* ihrer Tochter sei der Mutter eines zukünftigen Königs von England nicht gemäß. Die neunte Kur und die Aussichten auf England waren auch durch Mitglieder der Linie des Hauses Braunschweig gefährdet, der Georg selbst angehörte. Unmittelbar nach Ernst Augusts Tod schwenkte Maximilian wieder auf seine Position von 1691 und 1692 um und zog seine Zustimmung zur Primogenitur erneut zurück. Christian Heinrich bezog eine ähnliche Position. Von den beiden Treubrüchen nahm sich Georg den Maximilians mehr zu Herzen; er glaubte hartnäckig, Christian Heinrich habe den älteren Bruder dazu verleitet und nicht umgekehrt. Christian konspirierte nie mit fremden Höfen gegen Georg, Maximilian schon – und wieder mit Hilfe Wolfenbüttels. Bis Georg Hannover in die Große Allianz von 1701 einbringen konnte und erneut Militärhilfe für die Kur garantiert bekam, falls diese notwendig war, waren Maximilians Verhandlungen mehr als lästig. Sophie tat ihr Bestes, um die Brüder mit Georg zu versöhnen. Sie argumentierte dabei ähnlich wie in den früheren Phasen des Prinzenstreits, appellierte an beider Pflichtgefühl ihrem Haus gegenüber und versprach ihnen finanzielle Unterstützung, wenn sie sich fügten. Bei Christian verfing all das nicht, bei Maximilian hatte sie einen Teilerfolg: Er weigerte sich, in Hannover zu wohnen oder es auch nur zu besuchen, wollte aber von der Agitation gegen die Primogenitur ablassen, wenn er die 12 000 Taler Jahresgeld bekam, die Ernst August für ihn ausgesetzt hatte. Charakteristischerweise schalt Sophie ihren Sohn dafür, daß er sich nicht zu einer Zeit mit Georg arrangiert hatte, als seine Kontakte zu fremden Höfen in Hannover Besorgnis erregt hatten und er eine höhere Apanage hätte fordern können.

Maximilians Übertritt zum Katholizismus, der nach der Schlichtung des Konflikts erfolgte, hatte Auswirkungen auf die Thronfolgeaussichten und war ein Streitpunkt bei den Verhandlungen zwischen England und Hannover. Sophie begriff Maximilians Konversion nie – wahrscheinlich weil sie sie zu emotionell betrachtete, und erkannte nicht, daß sie zum Teil von der Hoffnung auf eine Karriere in der kaiserlichen Armee getragen war. Sie entwickelte einen ungeheuren Haß auf den Jesuitenorden, dem sie nicht nur die Schuld an der Konversion gab, sondern auch an Maximilians Fernbleiben von Hannover, und daran, daß Maximilian ihr immer seltener und schließlich überhaupt nicht mehr schrieb. Schließlich wurde sie so giftig, wenn sie in ihrer Korrespondenz auf die Jesuiten zu sprechen kam, daß Liselotte sich genötigt fühlte, ihre Tante an deren Anteil beim Übertritt ihrer Nichte zum Katholizismus zu erinnern: Hatte nicht Sophie die Vorteile betont, die dabei für Liselotte herausspringen würden? Schon das bloße Gerücht, Maximilian sei Katholik geworden, genügte, um diejenigen in England und in der Niederländischen Republik verzweifelt zu stimmen, die dafür waren, daß Hannover die englische Thronfolge antrat. Und als man dann munkelte, auch Christian sei Katholik geworden, wurde die Lage bedenklich. Im September 1701, d. h. in dem Jahr, in dem im Juni der *Act of Settlement* die Thronfolge zugunsten Sophies und ihrer protestantischen Nachkommen geregelt hatte, fragte Wilhlem III. Eltz gezielt, ob an den Gerüchten über die beiden Brüder etwas Wahres sei. Eltz mußte zugeben, er sei zwar sicher, daß Christian kein Katholik sei, könne es aber von Maximilian nicht mit derselben Bestimmtheit behaupten. Die Zusicherung im Falle Christians war ein gewisser Trost. Der Abfall zweier von Georgs Brüdern vom Protestantismus hätte denjenigen einen Angriffspunkt gegeben, die die Glaubwürdigkeit der Thronfolge mit dem Argument untergraben wollten, daß Georg nur einen Sohn hatte und der noch verbleibende Bruder, Ernst August, wohl kaum heiraten würde*. Hannoveranische und Celler Diplomaten berichteten von Den Haag und London aus nach Hause, wie sehr das Gerede über Maximilians Übertritt zum Katholizismus der *gloire* des Hauses geschadet habe: Das Haus müsse sich jetzt nicht nur protestantisch zeigen, sondern als Verfechter des Protestantismus auftreten.

Auch Sophie konnte den Ministern und Diplomaten, die den Blick auf die Thronfolgeaussichten gerichtet hatten, Probleme bereiten, und nicht nur ihnen, sondern auch Georg. Mutter und Sohn waren sich einig darin, nicht allzu begierig nach der englischen Krone erscheinen zu wollen. Ihr ging es dabei um die Schicklichkeit. Bei Georg jedoch, obwohl auch ihm am guten Eindruck gelegen war, war es vor allem schlaue Berechnung und die Gewohnheit, sich nicht in die Karten schauen zu lassen, bis er die Zeit für gekommen hielt, sie auszuspielen.

Zu Ernst Augusts Lebzeiten hatte es Sophie natürlich weitgehend freigestanden, mit englischen Angelegenheiten so zu verfahren, wie sie es für richtig hielt. Und als Georg dann Kurfürst wurde, wollte er sie aus Respekt nicht durch eine zu strenge Kontrolle verärgern. Im allgemeinen konnte er seine Ziele über die Aktivitäten und über die Korrespondenz seiner Mutter erreichen. Erst im Juni 1706 wurde es notwendig, daß er ihr entgegentrat und ihr befahl, von Schritten Abstand zu nehmen, die er als schädlich für das Haus und seine, Georgs, Politik erachtete. Aber schon vorher hatten Sophies Handlungsweise und ihre sehr persönlichen und manchmal etwas unüberlegten Formulierungen zu Verdruß geführt. Die schlimmste Krise hatte es im Oktober 1700 gegeben. Damals besuchte sie mit ihrer Tochter, der Kurfürstin von Brandenburg, Wilhelm III. im Het-Loo-Palais. Sie war sich der politischen Bedeutung ihrer Gespräche mit dem Statthalter und König und mit einflußreichen

---

* Liselotte war der Ansicht, er fühle sich »zu keinem der beiden Geschlechter hingezogen« – so ein Fall sei ihr selten untergekommen. Einige Historiker haben allerdings aus Ernst Augusts Briefen an einen Offizierskollegen geschlossen, daß er homosexuell gewesen sei.

Niederländern bewußt: Durch den Tod des Herzogs von Gloucester im Juli war hinsichtlich der Thronfolge eine neue Lage eingetreten. Doch was sie sagte und was sie noch kurz vor ihrer Ankunft an Stepney, den britischen Repräsentanten in Den Haag, geschrieben hatte, versetzte die hannoveranischen Diplomaten und Minister in Unruhe. Warum behauptete sie, die englische Krone sei Georg gleichgültig? Selbst wenn dem so wäre, hätte es nicht ausgeplaudert werden dürfen; denn allein die Aussicht darauf, daß der Kurfürst einen Platz in der englischen Thronfolge erhielt, würde die Position des Kurfürstentums in dieser Zeit heikler und wichtiger Verhandlungen stärken. Kein Wunder, daß Wilhelm an andere Kandidaten zu denken begann (hatte Sophie das nicht geradezu provoziert?) und daß man jetzt meinte, der Sohn der Kurfürstin von Brandenburg hätte bessere Chancen als sein Onkel. Sophies Brief an Stepney, der auf beiden Seiten des Kanals weithin bekannt wurde, richtete mehr Schaden an als ihre gesprochenen Worte. Es war weder richtig noch politisch klug zu betonen, daß Georg in Hannover »uneingeschränkt« sei und daß seine Persönlichkeitsentwicklung bereits abgeschlossen sein würde, wenn für ihn die Zeit käme, den englischen Thron zu besteigen – im Gegensatz zum Sohn Jakobs II. (den sie als den *Prince of Wales* bezeichnete), der jung und eifrig genug sei, um zu der Art Herrscher herangebildet zu werden, die sich die meisten Engländer wünschten. Ganz abgesehen von dem unerquicklichen Bild, das sie von Georg zeichnete, wurde ihre faktische Empfehlung von Jakob Eduard Stuart als mangelnder Abscheu vor dem Katholizismus interpretiert – der junge Stuart war katholisch erzogen –, und daß sie ihn als »Prince of Wales« bezeichnete, war nicht nach dem Geschmack der Whigs.

Man sollte Sophies Verhalten aber nicht als Ausdruck von Böswilligkeit Georg gegenüber betrachten. Ebensowenig wollte sie Ärger verursachen. Sophie hatte die Reise nach Den Haag unternommen, um die Thronfolge zu sichern. Sie wollte jedoch weder gierig erscheinen, noch wollte sie, daß es so aussah, als ließe sie die Ansprüche von Jakobs II. Sohn außer acht. Sie hatte sich geärgert, als die erste diplomatische Offensive in London[*] zwischen Herbst 1688 und Februar 1689 fehlgeschlagen war und sie in der *Bill of Rights and Succession* nicht als die nächste protestantische Erbin nach Maria und Anna und – da diese kinderlos waren – den Kindern aus einer hypothetischen zweiten Ehe Wilhelms III. genannt wurde. Wilhelms Entschuldigung, das würde Prinzessin Anna und ihren Mann zu einer Zeit, da das Paar ein Kind erwartete, unnötig kränken, besänftigte Sophie nur teilweise. Schließlich waren Anna und ihrem Mann schon sechs Kinder gestorben – wieso erwartete

---

[*] Durch den Braunschweiger Agenten Guillaume Beyrïe und den Osnabrücker Geheimrat Johann von der Reck, der eigens zu diesem Zweck nach London geschickt wurde. Ab April 1689 übernahm der Celler Diplomat Ludwig Justus Sinold, genannt von Schütz, die Mission.

man dann, daß das siebte überlebte? Aber dem im Juli 1689 geborenen und zum Herzog von Gloucester ernannten Wilhelm schien mehr Glück beschieden zu sein als den anderen Kindern. Offiziell betrachtete man jetzt das Thronfolgeproblem als weniger dringend. Sophie hatte nichts gegen den kleinen Herzog und wünschte Wilhelm III. für seine einsamen Jahre als Witwer aufrichtig Freude an dem Jungen, doch sie hatte genügend Briefpartner in England, um über Gloucesters nicht allzu gute Gesundheit informiert zu sein: zum Beispiel Margareth Hughes, die »Witwe« ihres Bruders Rupert, und die Raugräfin Caroline, die mit einem der Offiziere verheiratet war, die Wilhelms Vertraute waren, mit Meinhard von Schomberg, Herzog von Leinster. Sie und andere erinnerten Sophie immer wieder an ihre Aussichten. Auch die Engländer und Engländerinnen, die Hannover besuchten, erinnerten sie daran, sei es aus Höflichkeit oder in der Hoffnung auf eine sofortige oder zukünftige Anstellung, ebenso die Diplomaten, die entweder beim Kurfürsten akkreditiert waren oder auf der Durchreise bei ihm vorsprachen und Sophie gern Informationen über die hannoveranische Politik entlockt hätten.

Selbst wenn Gloucester das Erwachsenenalter nicht erreichte, war es immer noch möglich, daß einer der 45 Katholiken, die ursprünglich in der Erbfolge vor Sophie und ihren Nachkommen rangierten, zum Protestantismus übertrat, um in den Genuß des britischen Erbes zu kommen. Daß jemand aus dem pfälzischen Hause* das tat, war nicht sehr wahrscheinlich. Aber was war mit dem Prinzen von Savoyen, dessen Großmutter Henriette war, die Tochter Karls I.? Sophie fühlte sich ihren Verwandten aus dem Hause Stuart verpflichtet, und das erklärt auch zu einem guten Teil den Vorschlag, den sie häufig in ihrem Briefwechsel mit Liselotte machte und im Herbst 1700 in ihrem Brief an Stepney Wilhelm III. und einem größeren Publikum unterbreitete: Daß der »Prince of Wales« für England vielleicht eher ein annehmbarer Kandidat sei als sie und ihre Kinder. Sie hatte Wilhelm und Maria gegenüber nie ein Hehl aus ihrer Sympathie für ihren im Exil lebenden Cousin Jakob II. gemacht und auch nie mit ihrer Überzeugung hinterm Berg gehalten, daß Jakob Eduard Stuart kein untergeschobenes Kind sei. Wenn er älter und freier von elterlicher Kontrolle war, so argumentierte sie, lag es durchaus im Bereich des Möglichen, daß er zum Protestantismus übertrat, um König von England und Schottland zu werden. Andere griffen diese Idee auf und gaben Jakob II. zu verstehen, daß Wilhelm möglicherweise Jakob Eduard zum auf Anna folgenden Thronerben einsetzen würde – unter der Bedingung, daß der Junge nach England geschickt und im protestantischen Glauben aufgezogen wurde. Jakob II. wollte Bemühungen

---

* Liselotte, das einzige noch lebende Kind des Kurfürsten Karl Ludwig von der Pfalz; Anna und Benedikta, die Töchter des Kurprinzen Eduard von der Pfalz aus der Ehe mit Anna Gonzaga.

in dieser Richtung nicht dulden, und im Juni 1701 wurde der *Act of Settlement* beschlossen, der Sophie und ihre protestantischen Nachkommen als Thronfolger benannte, damit den englischen und europäischen Spekulationen über die Thronfolge ein Ende gesetzt war. Sophie hatte sich einzureden versucht, daß sie weder Neid noch Bedauern empfinden würde, wenn Jakob Eduard ihr vorgezogen wurde; aber ihre helle Empörung im September 1701, als Ludwig XIV. nach Jakobs II. Tod Jakob Eduard als Jakob III. anerkannte, beweist, daß sie einer Selbsttäuschung erlegen war. Das zeigt auch die übergroße Freude, die sie empfand (obwohl die Etikette natürlich gewahrt blieb), als sie namentlich in der Thronfolgeakte genannt wurde. Und das beweist der große Empfang, den sie der englischen Gesandtschaft bereitete, die im August 1701 in Hannover eintraf, um ihr eine Ausfertigung der Thronfolgeakte zu überreichen und um Georg den Hosenbandorden zu überbringen. Was sie damals dachte, geht deutlich aus ihrer Korrespondenz mit Leibniz hervor. Sie wollte königlich handeln und ließ sich zu atypischer Verschwendung hinreißen. Die Mathilden-Medaille, die sie zu diesem Anlaß prägen ließ, zeigte auf der einen Seite ihr Profil und auf der andern das der englischen Frau Heinrichs des Löwen. Und sie stürzte sich – ganz abgesehen von den Lustbarkeiten und Geschenken, die Georg in seiner Eigenschaft als Kurfürst bot – in hohe Unkosten für die Abschiedsgeschenke für Lord Macclesfield und sein Gefolge.

Durch Wilhelms III. Tod im März 1702 wurde Sophie unmittelbare Erbin von Königin Anna. Von da an hoffte sie auf eine regelmäßige, vom Parlament ausgesetzte Summe. Und sie scheute sich nicht zu insinuieren, ja darauf zu dringen, daß ihr diese Summe bewilligt wurde. Der Grund, den sie angab – eine solche geldliche Zuwendung würde ihre Position als Princess of Wales bestätigen –, war durchaus zutreffend. Aber sie hatte auch noch einen privaten Grund, den sie nur den Raugräfinnen mitteilte. Sie stand nach dem Tod ihres Mannes finanziell nicht schlecht da; doch ihr Einkommen reichte nicht aus, um Maximilian und Christian zu finanzieren. Maximilian, stets leichtsinnig in Geldangelegenheiten, geriet immer wieder in Schulden, sooft sie ihm auch aushalf. Es blieb weniger für Christian übrig, als ihr lieb gewesen wäre, und wenn sie Geld vom Parlament erhielt, wollte sie ihm ein großes Gut kaufen. Dieses Vorhaben wurde gegenstandslos, als Christian 1703 im Krieg fiel. Doch auch wenn er den Feldzug überlebt hätte, hätte Sophie die Privatpension abgelehnt, die ihr Königin Anna schließlich und endlich im Mai 1714 anbot: Die Anerkennung war ihr ebenso wichtig wie das Geld.

Man kann sich kaum des Eindrucks erwehren (mehr als ein Eindruck ist es freilich nicht), daß die Todesfälle in der Familie, besonders Figelottes Tod während ihres Besuchs in Hannover 1705, dazu führten, daß Sophies Gedanken noch mehr um die Thronfolge in England kreisten.

Theoretisch war sie der Ansicht – die sie auch verbreitete –, sie sei zu alt, den Thron zu besteigen oder auch nur in naher Zukunft nach England zu reisen. Kurz nach Verabschiedung der Thronfolgeakte hatte sie, getreu ihrer Neigung zur Ironie, die komische Seite hervorgehoben: Man stelle sich einen feierlichen Zug vor, in dem sie, im einundsiebzigsten Lebensjahr, hinter den »Kindern« Wilhelm und Anna einherschritt! Ihr häufig wiederholtes: »Ich bin in einem Alter, in dem ich mich rüsten muß, vor meinen Schöpfer zu treten, statt meine Gedanken nach einer irdischen Krone zu wenden«, war aufrichtig gemeint, aber unbewußt lag die Betonung wohl auf dem *muß* (oder dem *sollte*, das manchmal an dessen Stelle gesetzt wurde). Jedenfalls war sie so gesund und vital, daß Engländer, die den kurfürstlichen Hof besuchten, geneigt waren, von ihrem Alter mindestens zehn Jahre abzustreichen. Sie brauchte ein Betätigungsfeld für ihre Energie. Sie mußte das Gefühl haben, daß sie Georg und seinem Sohn »nützlich« war. Sie sehnte sich nach Aktivitäten, die sie so forderten, daß sie darüber ihre Sorgen vergaß. Vielleicht wurde sie bis zu einem gewissen Grad auch durch Vorhaltungen angetrieben, die der neue englische Resident Howe und seine Frau Ruperta, die Tochter von Sophies verstorbenem Bruder und Margaret Hughes, dem hannoveranischen Hof machten, Vorhaltungen hinsichtlich der »Gleichgültigkeit gegen die Thronfolge«. Und gestützt, ja sogar gedrängt, wurde sie gewiß von Leibniz, der, wenn überhaupt, weniger von der praktischen Politik verstand als Sophie.

Der Streit über die englische Thronfolge zwischen Georg und seiner Mutter

Von 1705 an befaßte sich die verwitwete Kurfürstin dergestalt mit der Thronfolgepolitik, daß sie und Leibniz auf Kollisionskurs mit Georg, dem Kurfürsten, gerieten. Sophie wollte nicht Gegenstand des englischen Parteienstreits zwischen Whigs und Tories werden; doch das ließ sich angesichts ihres Engagements in der Thronfolgefrage und ihres letztlichen Nichtbegreifens der – zumindest oberflächlich betrachtet – verwirrenden Politik zu Königin Annas Regierungszeit nicht vermeiden. Für Sophie war es sehr verwirrend, daß ihre Reaktion auf einen Brief des Erzbischofs von Canterbury (sie meinte, trotz ihres fortgeschrittenen Alters wolle sie gern nach England kommen, »wenn ihre Freunde es wünschten«) im November 1705 einen Antrag der Tories im Unterhaus zur Folge hatte – des Inhalts, daß sie eingeladen werden sollte, nach London zu kommen –, der bei der Abstimmung dann von den Whigs abgelehnt wurde. Sie sah nicht die Schädlichkeit der Versuche der Tories, den Whigs zuvorzukommen, und sie erkannte nicht die Gedankengänge, die hinter den gleichzeitigen Maßnahmen der Whigs zur Sicherung der Thronfolge standen, etwa hinter dem Regentschafts- und dem Naturalisierungsgesetz. Auch scheint Sophie nicht begriffen zu haben, warum Königin Anna, deren Leben hektisch genug war in den Jahren des heftigen Parteienstreits und der strapazierten Geldmittel zur Deckung der aus dem Spanischen Erbfolgekrieg erwachsenden Kosten, entschlossen war, sich keinen separaten hannoveranischen Hof in England aufhalsen zu lassen. Sophie nahm an, daß Annas Widerstand rein persönlich bedingt war, und stieß sich an der Kritik, die ihr durch Marlborough übermittelt wurde: Wie konnte es die Jüngere wagen, sie zurechtzuweisen?

Anna jedoch erinnerte sich noch gut an die Zeit während Wilhelms III. Herrschaft, in der sie selbst Mittelpunkt eines oppositionellen Hofes gewesen war. Der Hof von Saint-Germain war bereits eine Sammelstelle der Unzufriedenen, und noch so ein Hof in London selbst – sei es für die verwitwete Kurfürstin Sophie oder für den Kurprinzen Georg August – war mehr, als sie und ihre »Manager« verkraften konnten. Gewiß gab es auch einen rein persönlichen Grund. Einen von den Hannoveranern bei Hofe zu haben, pflegte Anna zu sagen, liefe darauf hinaus, daß sie genötigt sei, »jeden Tag, der ihr noch vom Leben bliebe, ihren Sarg zu betrachten«. Abgesehen von diesem emotionalen Aspekt kann man behaupten, daß Königin Anna aufgrund ihrer Erfahrungen einen gesunden Instinkt bewies. Georg I. und Georg II. hatten jedenfalls Schwierigkeiten, mit solchen oppositionellen Höfen in einer Phase fertig zu werden, in der die miteinander im Streit liegenden Parteien – wobei es mehr, wenn auch nicht ausschließlich, um Macht und Ämter ging als zu Königin Annas Regierungszeit – einen Prince of Wales, der in England residierte, auf ihre Seite ziehen und sich seiner bedienen konnten. Umgekehrt verstand Sophie nicht den Sinn des Regentschaftsgesetzes, das Interimsmaßnahmen für die Zeit zwischen Königin Annas Tod und der Ankunft ihrer hannoveranischen Nachfolger in England festlegte. Und auch das Gesetz, das sie und die in unmittelbarer Thronfolge stehenden Mitglieder ihrer Familie zu naturalisierten Briten machte, leuchtete ihr nicht ein. Reichte nicht schon die Thronfolgeakte, und war es nicht der nächstliegende Schritt, einen Hannoveraner an Ort und Stelle zu haben?

Georg dagegen hatte genügend Erfahrung, um zu erfassen, um welches Problem es bei der entscheidenden Sitzungsperiode von 1705/06 ging.

Die Thronfolgeakte hatte es Wilhelms Nachfolger untersagt, nicht aus England Gebürtige in Staatsämtern zu beschäftigen oder ihnen englische Belohnungen zu geben, Ländereien und Titel eingeschlossen. Diese Einschränkung hatte ihre Wurzeln in Neidgefühlen und in der Verärgerung darüber, daß Wilhelm seine aus den Niederlanden gebürtigen Ratgeber so sehr begünstigt hatte. Doch dafür brachte das Regentschaftsgesetz eine Entschädigung: Erstens verfügte es, daß das Parlament (falls es nicht tagte) automatisch zusammengerufen wurde, wenn Königin Anna starb; zweitens sollte ein aus in England geborenen Untertanen bestehender Regentschaftsrat, dessen Mehrheit vom hannoveranischen Erben berufen wurde, das Land regieren, bis der Erbe – sei es Sophie, sei es Georg – in England eintraf. Das half ein Problem zu lösen, auf das die neueste und maßgeblichste Untersuchung der britischen Politik zur Zeit von Königin Annas Regierung aufmerksam gemacht hat: Die Thronfolgeakte hatte zwar die Thronfolge festgelegt, aber wie sollte sie in der Praxis gesichert werden? Mit dem Regentschaftsgesetz hatte man nun ein geeignetes Mittel. Durch eine spätere Änderung (die die Zahl der Ratsmitglieder, die der hannoveranische Erbe berief, vergrößerte; die übrigen waren – wie zuvor – die Inhaber der wichtigsten Staatsämter zur Zeit des Todes der Königin*) verschob sich das Gewicht noch mehr zu Gunsten Hannovers. Gleichzeitig bedeutete das Naturalisierungsgesetz für die hannoveranische Familie, daß man später keine Einwände gegen sie als »Ausländer« erheben konnte.

Was jedoch nicht beachtet wurde, ist die Tatsache, daß das Naturalisierungsgesetz die Position des übernächsten Erben stärkte: Georg, nun naturalisierter Engländer, konnte sich sicherer fühlen, wenn er gegen die Thronfolgepolitik seiner Mutter intervenierte. Eine solche Intervention erwies sich 1706 als notwendig. Sie führte im Juni dieses Jahres zu einer Krise in der Beziehung zwischen Mutter und Sohn. Sophie billigte stillschweigend eine gut gemeinte, aber törichte List von Leibniz: In den ersten Monaten des Jahres 1706 wurde ein Pamphlet, das die Whigs kritisierte, weil sie den Tory-Antrag, Sophie einzuladen, abgelehnt hatten, nach London geschmuggelt und in weiten Kreisen verteilt. Verfaßt hatte es Leibniz. Das Pamphlet, gedruckt in der Niederländischen Republik, war jedoch in Form eines Briefes gehalten, den Sir Rowland Gwynne unterzeichnet hatte, ein Engländer, der um diese Zeit Hannover besuchte. Das Parlament tadelte das Pamphlet: Es sei »skandalös, verleumderisch, falsch und böswillig« und darauf angelegt, »ein Mißverständnis zwischen Ihrer Majestät und Prinzessin Sophie herbeizuführen«. Vielleicht war Sophie über Details des Inhalts und der Herstellung des Pamphlets nicht informiert, aber Leibniz muß durch ihre grundsätzliche Unterstützung ermutigt worden sein, ein solches Risiko einzugehen. In ihrer privaten Korrespondenz schrieb Sophie, sie könne »nichts Falsches« an diesem Pamphlet finden, und ihre Weigerung, Kritik an Sir Rowland zu üben, schockierte die meisten Beobachter in England und in

---

* Der Erzbischof von Canterbury, der Lordkanzler, der Erste Lord der Schatzkammer, der Präsident des Geheimen Staatsrats, der Lordsiegelbewahrer, der Erste Lord der Admiralität und der Lordoberrichter.

Hannover. Georg beschloß, ein Machtwort zu sprechen. Er wollte jedoch nicht, daß die Feierlichkeiten im März 1706 beeinträchtigt wurden, als Lord Halifax mit einer großen Gesandtschaft nach Hannover kam, um Sophie das Regentschafts- und das Naturalisierungsgesetz zu überreichen und Georg August den Hosenbandorden zu überbringen und ihn im Namen von Königin Anna zum Baron Tewkesbury, Viscount Tallerton, Earl of Milford Haven und Herzog von Cambridge zu ernennen. Bald danach machte er jedoch seiner Mutter und Leibniz klar, daß sie in Sachen Thronfolge nicht ohne seine Befugnis handeln dürften. Außerdem befahl er Schütz, dem hannoveranischen Diplomaten in London, sich von dem Pamphlet zu distanzieren. Und Sir Rowland verbot er, wieder nach Hannover zu kommen. Ende Juni war die Krise ausgestanden. Von nun an koordinierte Sophie ihre Thronfolgepolitik mit der ihres Sohnes.

Erweiterung der deutschen Horizonte

Um diese Zeit hatte sich Georgs Position in Deutschland gefestigt. Sein Onkel Georg Wilhelm war 1705 gestorben. Celle war mit Hannover vereinigt worden, und Georg war nun Landesherr eines verhältnismäßig wichtigen deutschen Staates. Schon zur Regierungszeit seines Vaters hatte Hannover, was die Einkünfte betraf, Celle eingeholt. Und es verfügte über mehr Bewaffnete als sein Nachbar. Celle war jedoch größer und kompakter als Hannover und hatte mehr Einwohner. Außerdem hatte Georg Wilhelm während seiner Regierungszeit territoriale Neuerwerbungen gemacht, die Zeitgenossen zu der Vorhersage veranlaßten, die braunschweig-lüneburgischen Herzöge würden eines Tages sämtliche Besitzungen in Norddeutschland wiedererlangen, die ihr Ahnherr Heinrich der Löwe gehabt hatte.

Georg stand, wie sein Onkel, in gutem Ruf, weil er mit den Seemächten energisch verfuhr. Georgs Vater dagegen, obwohl er ein weitaus tüchtigerer Herrscher war als sein Bruder, galt zu Recht als ziemlich verschlagener Opportunist. Wilhelm III. hatte ihm nie voll vertraut, während Georg Wilhelm der »beste und treueste Freund« des Statthalters und Königs war. Auf der europäischen Szene hatten sich Georgs Vater und Georgs Onkel allerdings gegenseitig ergänzt. Georg Wilhelm war recht impulsiv und risikofreudig und dazu bereit gewesen, seine militärischen Mittel ohne allzu langes Überlegen einzusetzen. Ernst August hatte sich immer Zeit gelassen, um die Vor- und Nachteile gegeneinander abzuwägen. Aber am Ende hatte er immer seinem älteren Bruder zur Seite gestanden und mitgeholfen, aus dessen Abenteuern Erfolge zu machen. Georg Wilhelm hatte den größeren Weitblick und Optimismus an den Tag gelegt, als er 1688 Wilhelm III. bei dessen Landung in England Rückendeckung gab, indem er Celler Truppen als Ersatz für die Regimenter, die Wilhelm mitgenommen hatte, nach den Niederlanden schickte. Er hatte die größere Entschlossenheit und das größere Ungestüm gezeigt, als er 1689 nach dem Tod des Landesherrn rasch Sachsen-Lauenburg besetzte, damit ihm kein anderer deutscher Fürst zuvorkommen konnte. Und er hatte im Sommer 1693 die größere Unbekümmertheit und Gelassenheit an den Tag gelegt, als er die Herausforderung Christians V. von Dänemark und Norwegen annahm, der das von Celle befestigte Ratzeburg belagerte, um seinen Anspruch auf Sachsen-Lauenburg – zumindest einen Teil davon – geltend zu machen. Der dänische König besaß eine der größten Armeen Europas. Wenn er gewollt hätte, hätte er Georg Wilhelms Truppen aus Sachsen-Lauenburg verjagen und in Celle einfallen können. Aber Georg Wilhelm wurde durch Ernst Augusts Militärhilfe und durch diplomatischen Druck von seiten Wilhelms III. gerettet. Christian V. willigte in die braunschweigische Besatzung ein – unter der Voraussetzung, daß die Befestigungen von Ratzeburg (die er bereits durch Beschießung zerstört hatte) nicht wiederhergestellt wurden. Und wegen des Kriegs gegen Ludwig XIV. akzeptierten es Kaiser und Reich, daß braunschweigische Truppen Sachsen-Lauenburg mit Ausnahme von Land Hadeln sequestrierten*.

Das war ein wichtiger territorialer Zugewinn, der jährlich 46 000 Taler abwarf, davon waren 18 000 Taler Zölle vom Schiffsverkehr auf der Elbe. Nach 1698 wurde es Georgs Aufgabe, die Sequestration in eine Besitzung zu verwandeln. Er und Georg Wilhelm machten große Schritte in diese Richtung während der Verhandlungen über ihren Beitritt zur antifranzösischen Großen Allianz von 1701. Georg erlebte es zwar nicht mehr, daß der Kaiser Hadeln an Hannover abtrat, aber die Vereinigung Sachsen-Lauenburgs mit Hannover kam zur Zeit seiner Regierung zustande und trug in hohem Maße dazu bei, die Position Harburgs zu sichern, des Celler Hafens, der in Georgs Wirtschaftsplanung nach 1714 eine so bedeutende Rolle spielen sollte.

In Norddeutschland waren Georg Wilhelm und Ernst August führend unter den Fürsten, die Dänemark und Schweden als „Fremde" im Reich betrachteten, deren Macht beschnitten, möglichst sogar beendet werden sollte. Seit Georg das Vertrauen seines Vaters und seines Onkels genoß, war die braunschweigische Position bestimmt durch die Hoffnung auf territoriale Zugewinne auf Kosten einer der beiden skandinavischen Mächte. Abgeschwächt wurde dies durch die Entschlossenheit, jederzeit, falls nötig, eine Barriere gegen die expansionistischere der beiden Mächte zu errichten. Während des Niederländischen Kriegs

---

* Hadeln wurde vom Kaiser sequestriert, aber 1731 an Hannover abgetreten.

(1672–1678) hatte man, da Schweden 1675 auf Seiten Frankreichs in den Krieg eingetreten war, gehofft, den größten Teil der Herzogtümer Bremen und Verden zu erhalten. Die Belohnung fiel jedoch kärglich aus (ein schmaler Streifen Land für Celle), weil Ludwig XIV. bei den Friedensverhandlungen Karl XI. so engagiert unterstützte. Nach dem Friedensschluß war der König von Schweden mit Reformen im eigenen Land beschäftigt und erklärte, Schweden sei auf keine territorialen Zugewinne aus. Damit schien der König von Dänemark größere Chancen zu haben, sich Hamburgs oder Lübecks (oder beider Hansestädte) zu bemächtigen. Und er konnte auch die Herzöge von Holstein-Gottorp unterwerfen, deren Bündnis mit Schweden möglichen Feinden eine Hintertür zum dänischen Territorium geöffnet hatte. Für Schweden hielt man einen solchen Zugang von seinen deutschen Besitzungen aus (Bremen und Verden im Westen, Wismar und Schwedisch-Pommern im Osten) für eine Voraussetzung, sich den Besitz der dänischen und norwegischen Provinzen auf der Skandinavischen Halbinsel zu sichern, die es Dänemark-Norwegen in den 40er und 50er Jahren des 17. Jahrhunderts abgerungen hatte*. Doch für die braunschweigischen Herzöge war das Hauptmotiv dafür, bei der Unterstützung Schleswig-Gottorps gemeinsame Sache mit Schweden zu machen, die Überzeugung, daß es notwendig sei, den König von Dänemark daran zu hindern, noch mehr Macht innerhalb des Reiches zu erlangen, wo er bereits Oldenburg und Delmenhorst besaß. In den 80er Jahren des 17. Jahrhunderts bildeten daher Ernst August, Georg Wilhelm und die Herzöge von Braunschweig-Wolfenbüttel (Rudolf August und sein Mitregent Anton Ulrich) das stärkste Bollwerk gegen die expansionistische dänische Politik. Karl XI. konzentrierte sich in dieser Zeit auf Maßnahmen im eigenen Land, auf die Schaffung einer Armee, die gewaltig genug, und eines Verteidigungssystems von Festungen, das stark genug war, um Schweden die Großmachtstellung zu erhalten. Es war den Braunschweigern zu verdanken, daß 1686 Christians V. Anschläge auf Hamburg vereitelt wurden. Sie argumentierten auch, daß sie als »Wachhunde des Reiches« in Sachsen-Lauenburg einmarschieren müßten, damit Dänemark es nicht besetzen konnte. Mit diesem Argument gewannen sie Leopolds I. Zustimmung zur Sequestration von 1689. Und in den 80er und 90er Jahren des 17. Jahrhunderts erklärten sie sich zur Verteidigung des *jus armorum* der Herzöge von Holstein-Gottorp bereit, damit das Land, das diese Herzöge allein oder gemeinsam mit den Königen von Dänemark-Norwegen besaßen, nicht als »Barriere« im Süden der Halbinsel Jütland verloren ging.

---

* Bohuslän, Halland, Schonen und Blekinge am Skagerrak, am Kattegat, am Sund und an der Ostsee; weiter nördlich, direkt an Norwegen angrenzend, Jämtland und Harjedalen.

Es ist interessant und überdies wichtig, wenn wir Georgs Erbe von Vaters und Onkels Seite betrachten, daß Ernst August in den 80er Jahren des 17. Jahrhunderts einen Alternativplan zu einer Barriere gegen Dänemark entwickelte. Die Lösung, die ihm vorschwebte, stand im Einklang mit den Ideen der frühen Aufklärung, die um ein System zur Verhinderung erneuter kostspieliger Kriege kreisten. Dies sollte jetzt durch einen friedlichen Austausch von Territorien bewerkstelligt werden.

Ernst Augusts voll ausgearbeiteter Austauschplan auf der Basis des »Äquivalenzprinzips« ist meines Wissens der früheste seiner Art, wenn auch das Barrierekonzept als solches in den 70er und 80er Jahren des 17. Jahrhunderts in Europa stark im Gespräch war. Die über Holstein und Schleswig verstreuten herzoglichen Besitzungen, insbesondere die Territorien, die gemeinsames Eigentum von König und Herzog waren, würden mit Gewißheit in der Zukunft genau so viel Anlaß zu Ärger geben wie in der Vergangenheit. Daß Schleswig außerhalb und Holstein innerhalb der Reichsgrenzen lag, bedeutete eine zusätzliche Komplikation. Der König von Dänemark besaß seine Ländereien in Holstein in seiner Eigenschaft als Herzog von Holstein und war in dieser Funktion – ebenso wie der Herzog von Holstein-Gottorp – der kaiserlichen Jurisdiktion unterworfen. War es nicht zweckdienlich, durch einen vernünftigen Gebietsaustausch Konflikte zu vermeiden? Ernst August stellte sich vor, daß Herzog Christian Albrecht König Christian V. Ländereien in Schleswig und Holstein (bis auf einen kleinen, aber strategisch wichtigen Zipfel in Ostholstein) abtrat, wofür er dann Oldenburg und Delmenhorst bekommen sollte. Dieser Plan fand keinen Anklang in Schweden (er hätte die Art von militärischen Operationen, die General Torstenson in den 40er und Karl X. in den 50er Jahren des 17. Jahrhunderts durchgeführt hatten, wesentlich erschwert). Und Herzog Christian Albrecht wollte kein Risiko eingehen: Was war, wenn er seine unbestrittenen Rechte aufgab und dann mit seinem neuen Staat weniger gesichert dastand? Trotzdem sollten Historiker, die sich mit Georg I. beschäftigen, diesen Plan nicht ignorieren. Denn hier beginnt die Tradition, auf der er, Bernstorff und Stanhope ihre Diplomatie nach 1714 im gesamteuropäischen Rahmen aufbauten.

Es ist für Ernst August wie für Georg gleichermaßen typisch, daß – nachdem der Austauschplan zur Lösung des holstein-gottorpschen Problems gescheitert war – Braunschweigs Entschlossenheit, die existierende Barriere aufrecht zu erhalten, zu einer starken Unterstützung Christian Albrechts (und seines Sohnes und Nachfolgers, des Herzogs Friedrich IV.) führte, bis Hannover nach 1709 in den Nordischen Krieg hineingezogen wurde. Die Erwägung, als Belohnung für den Kampf gegen Dänemark im Namen der guten Sache – der Barriere – territoriale Zugewinne machen zu können, spielte durchaus eine Rolle (Oldenburg,

Delmenhorst, die Festung Rendsburg und die Stadt Glückstadt, günstig an strategisch und wirtschaftlich wichtigen Wasserstraßen gelegen, waren im Gespräch); dies wurde jedoch in der Öffentlichkeit nicht zugegeben. Aber das Wichtigste war doch die Aufrechterhaltung der Barriere selbst. In den beiden Krisen von 1688/1689 und 1699/1700 war Braunschweig bereit und willens, gegen Dänemark zu kämpfen, damit der Herzog (beim ersten Mal Christian Albrecht, beim zweitenmal Friedrich IV.) sein durch den dänischen König besetztes Land zurückbekam und wieder in seine Rechte eingesetzt wurde, etwa ins *ius armorum*, das dem Herzog durch frühere Verträge bestätigt worden war (insbesondere durch den Vertrag von 1675, den auch Dänemark unterzeichnet hatte). 1688/1689 hatte Hannover 9000, Celle 3250 und Wolfenbüttel 1000 Mann marschbereit an der holsteinischen Grenze stehen. Dazu kam eine schwedische Armee von 8000 Soldaten. Dieser Druck bewirkte zusammen mit der Diplomatie Wilhelms III. die Wiedereinsetzung des Herzogs in seine Besitzungen und seine Rechte durch den Altonaer Vergleich vom Juni 1689, für den die Seemächte und die braunschweigischen Herzöge garantierten. Als die zweite Krise ausbrach, war die Zusammenarbeit der Braunschweiger durch die Schaffung der neunten Kur im Jahre 1692 beeinträchtigt worden; 1698 war Georg seinem Vater Ernst August als Kurfürst nachgefolgt. Georg übernahm den Oberbefehl über die Armee der Garantiemächte von Altona – niederländische, schwedische, hannoveranische und Celler Kontingente –, die in Holstein einmarschierte. Außerdem landeten die Schweden, abgeschirmt oder vielleicht auch assistiert von einer englisch-niederländischen Flotte, die etwas außerhalb des Sundes lag, auf Seeland. Und auf diese Weise kam im August 1700 der Friede von Traventhal zustande: Herzog Friedrich, seit 1698 im Exil in Schweden, aber nun bei der Armee der Garantiemächte, wurde wieder in seine Besitzungen und in seine Rechte eingesetzt.

Von Juni 1688 an durfte Georg manchmal bei den Audienzen dabei sein, zu denen sein Vater allmorgentlich seine wichtigsten Minister empfing – diejenigen, die den »Geheimrat« bildeten. Das waren damals Platen und Grote, beide seit 1682 gleichermaßen einflußreich und mit Innen- und Außenpolitik befaßt; Ludolf Hugo, der Rechtsexperte, der sich um die formaljuristische Seite von Primogenitur und Kurwürde kümmerte; Albrecht Philipp von dem Bussche, der aus einer alten Osnabrücker Familie stammte, früher Erzieher von Ernst Augusts Söhnen gewesen war und bei den Privatangelegenheiten des Hauses besonderes Vertrauen genoß; und schließlich – als Neuzugang von 1695 – der aus Hessen gebürtige Friedrich Wilhelm von Görtz, früher in holstein-gottorpischen Diensten, der oft mit diplomatischen Missionen und in zunehmendem

Maße auch mit der Verantwortung für Finanzangelegenheiten betraut wurde. An den eigentlichen Sitzungen des Geheimrats nahm Ernst August nicht teil. Seine Minister trafen von sich aus zusammen und erstatteten ihm, wenn sie Probleme diskutiert und geklärt hatten, bei Audienzen (oder schriftlich, wenn er abwesend war) Bericht. Es ist nicht bekannt, ob und in welchem Umfang Georg Zugang zum Kabinett seines Vaters hatte; dazu besaß nur Ernst August den Schlüssel, dort verwahrte er seine privaten Papiere und dort arbeiteten seine Sekretäre. Aber es ist unwahrscheinlich, daß Georg vor der Erkrankung seines Vaters in diesem Privatgemach ein- und ausgehen durfte. Einzelne Minister wurden zu vertraulichen Gesprächen von Ernst August ins Kabinett geladen; hier wurden Depeschen ausgefertigt und unterzeichnet; und die Position des maßgeblichen Privatsekretärs, des 1688 zum Geheimen Kammer- und Kriegssekretär ernannten Johann Hattorf, unterstützt von zwei Helfern, einem für Zivil- und einem für Militärangelegenheiten, war wichtig und gut dotiert. An dieser Stelle muß noch vermerkt werden, daß der Mitarbeiterstab des Kabinetts keine formale Beziehung zum Geheimrat hatte – ein Umstand, der es Georg erleichterte, 1714 die Deutsche Kanzlei mit nach London zu nehmen und die Verfügungsgewalt über die Militärangelegenheiten der hannoveranischen Kriegskanzlei in der Hand zu behalten.

In den Jahren, in denen Georg sein Handwerk erlernte, waren die Audienzen, in denen der Kurfürst den Geheimrat empfing und an denen er teilnahm, die beste Schule. Hier begegnete er Männern, auf deren Rat sein Vater sich verließ. Einige von ihnen, nämlich Platen und Grote, und nach Grotes Tod im Jahre 1693 Görtz, bildeten die Verbindung zwischen dem Geheimrat und den sogenannten »Hauskonferenzen«, die Hannover und Celle gemeinsam abhielten und zu denen Georg Wilhelm stets Bernstorff und machmal auch andere von seinen Ministern entsandte. Die Herzöge von Celle und Hannover trafen sich häufig und hatten viele Unterredungen, ihre Politik jedoch wurde im Detail bei diesen Ministerkonferenzen ausgearbeitet, bei denen die Herrscher nicht zugegen waren. Da die wichtigsten hannoveranischen Minister, die Mitglieder des Geheimrats oft mit diplomatischen Missionen betraut wurden, bei denen sie Vorrang vor den akkreditierten Repräsentanten hatten, erfuhr Georg bei den Audienzen, zumal nach 1694, als er nicht mehr aktiv im Pfälzischen Krieg diente, vieles über die maßgeblichen europäischen Höfe, über Wien, Paris, Berlin, Dresden, Den Haag und London, Stockholm und Kopenhagen. Doch er war schon vorher gut informiert gewesen, da Verhandlungen meist in der Jahreszeit stattfanden, in der keine Feldzüge geführt wurden.

Georg nahm aber nicht nur an diesen Audienzen teil, sondern begleitete seinen Vater auch mehrmals bei Besuchen in Berlin, die weniger gesellschaftliche als diplomatische Funktion hatten. Er nahm außerdem regelmäßig an den Jagden der Braunschweig-Lüneburger teil, ob Ernst August in Linsburg der Gastgeber war oder – was häufiger vorkam – ob die Hannoveraner als Gäste Georg Wilhelms in der Göhrde oder in Ebstorf bei Hamburg auf Rotwild pirschten.

Georg genoß also in hohem Maße das Vertrauen seines Vaters und erfuhr aus zweiter, wenn nicht sogar erster Hand die schwierigen Probleme der Jahre 1688 bis 1692, in denen Ernst August Ludwig XIV. und Kaiser Leopold gegeneinander ausspielte. Georg stand in dem Ruf, weniger »profranzösisch« zu sein als sein Vater. Darum hat er es vielleicht bedauert, daß die Notwendigkeit, die hannoveranische Armee zu einer Zeit zu erhalten, in der die Assignationen (Zahlungen, die der Kaiser den deutschen Staaten auferlegte, die keine eigenen Streitkräfte hatten) in Norddeutschland versiegten, Ernst August im November 1690 dazu trieb, einen Neutralitäts- und Subsidienvertrag mit Frankreich zu schließen*. Solche Verträge waren in der damaligen Großmachtdiplomatie – besonders in der französischen – gang und gäbe. Frankreichs Feinden standen damit für die kommenden Feldzüge des Pfälzischen Kriegs keine hannoveranischen Truppen zur Verfügung (der Vertrag sollte vier Jahre Laufzeit haben). Und es bestand die Möglichkeit, daß sich in Deutschland eine »dritte Partei« mit Hannover als Keimzelle formierte, die Ludwig XIV. helfen konnte, einen Vergleichsfrieden zustandezubringen. Nachdem Ernst August dank der Position der Stärke, die ihm seine Armee gab, sein wirkliches Ziel erreicht hatte (den Vertrag vom März 1692, mit dem ihm Leopold verbindlich den Kurfürstenhut zusagte), ließ er Ludwig von seinem Entschluß wissen, mit Frankreich zu brechen. Im Sommer desselben Jahres trat er auf alliierter Seite wieder in den Krieg ein. Außerdem hatte er sich dem Kaiser gegenüber verpflichtet, auf eigene Kosten etwa 6000 Mann nach Ungarn zu schicken, 500 000 Gulden (was ungefähr 333 333 Talern entsprach) für die Kriegskasse des Kaisers zu stiften und im spanischen Erbfolgestreit für Leopolds Sache einzutreten.

Von diesem Zeitpunkt an war das Schicksal der neunten Kur unauflöslich mit den Geschicken der ersten (1689) und der zweiten (1701) Großen Allianz gegen Frankreich verbunden. Und damit war auch der Weg, den Georg zwischen 1698 und 1714 um der englischen Thronfolge und um der Kur willen zu gehen hatte, deutlich vorgezeichnet. Weil sie nun nicht mehr die Freiheit der Wahl hatten, erwiesen sich die Bedingungen, die Georg und sein Onkel Georg Wilhelm zwischen 1701 und 1702 bei

---

* Kraft dieses Vertrages zahlte Ludwig XIV. pro Monat 400 000 Taler Subsidien an Ernst August. Dazu kamen weitere 360 000 Taler im Monat, mit denen Rückstände aus der Regierungszeit Johann Friedrichs beglichen wurden. Der Herzog hielt dafür 13 000 Mann in Kampfbereitschaft und blieb gleichzeitig im Pfälzischen Krieg neutral.

Verhandlungen über die Bereitstellung von Hilfstruppen für den Spanischen Erbfolgekrieg aushandelten, als enttäuschend. Daß die Lehren der Jahre 1688 bis 1692 bei Georg trotzdem auf fruchtbaren Boden gefallen waren, zeigt sich an vielem: an seinem Beharren, seine Truppen jeweils nur von Feldzug zu Feldzug bereitzustellen, obwohl er der zweiten Großen Allianz für die Dauer des gesamten Krieges beigetreten war (so konnte er die Chancen nutzen, die sich möglicherweise aufgrund wechselnder Umstände boten); daran, wie er nach 1715, als er in seiner Eigenschaft als König von Großbritannien über größere Mittel verfügte, behutsam, aber mit einer Härte vorging, die an die Skrupellosigkeit Ernst Augusts heranreichte; und an der Ausdauer, mit der er sich um den Erfolg bemühte und ihn schließlich auch sicherte.

Wie sehr Georg auf Ernst Augusts Beispiel achtete, kann man weniger anhand des vorliegenden dokumentarischen Materials aus der Zeit seiner Lehrjahre zeigen (wir haben keine Protokolle von den Sitzungen des hannoveranischen Geheimrats), als vielmehr anhand seiner Erklärungen und Taten aus der Zeit, in der er selbst Macht ausübte. Er hielt sich nicht sklavisch an das Beispiel seines Vaters; aber er hatte über die Lehren aus Ernst Augusts Regierungszeit nachgedacht und wandte das, was er gelernt hatte, auf die Situationen an, mit denen er selbst konfrontiert war. Man kann durchaus folgern, daß seine etwas zynische Beurteilung »dritter Parteien« in Kriegszeiten seinen Ursprung in dem Wissen darum hatte, wie gründlich Ludwig XIV. von seinem Vater hinters Licht geführt worden war. Und ähnliche Erfahrungen lagen wohl seinem Zweifel an der Wirksamkeit von Geschenken und Jahresgeldern auf dem Gebiet der Außenpolitik zugrunde. Die hohen Gratifikationen, die Frankreich an die hannoveranischen Minister gezahlt hatte, schienen im Rückblick ebenso wenig gefruchtet zu haben wie die, die Ernst August an Leopolds Ratgeber zahlte: Ausschlaggebend war letzten Endes die Bereitschaft, seine Streitkräfte einzusetzen. Die Wesensähnlichkeit und die Ähnlichkeit der Umstände, aber auch das erinnerte Beispiel erklären die typische Abneigung Ernst Augusts und Georgs, sich allzu schnell festzulegen, ebenso wie ihre typische Fähigkeit, das Letzte aus den Gelegenheiten herauszuholen, die sich ihnen boten. Georg hatte die Chance dazu allerdings erst nach seiner Thronbesteigung. Und selbst hier finden wir eine verblüffende Entsprechung zwischen Vater und Sohn: Wie der Fürstbischof von Osnabrück, nachdem er Herzog von Hannover geworden war, eine bedeutende Rolle in Deutschland spielen konnte, so konnte Georg, nachdem er König von Großbritannien geworden war, eine bedeutende Rolle in Europa spielen.

Georg profitierte nach dem Januar 1698 auch von der engen Zusammenarbeit mit seinem Onkel Georg Wilhelm, die in gewissem Maße eine zweite Lehrzeit für ihn war. Sie zeigte ihm, wieviel gewonnen werden konnte, wenn man mit den Seemächten zusammenarbeitete. Wilhelm III. vertraute Georg Wilhelm so sehr, daß er und dessen wichtigster Ratgeber, Bernstorff, die ersten waren (abgesehen von Heinsius und dem Earl of Portland), die in vollem Umfang über die Verhandlungen mit Ludwig XIV. über den Teilungsvertrag von 1698 informiert wurden. Robethon, einer der vielen aus Frankreich geflüchteten Hugenotten und ein Protegé Bernstorffs, trat 1698 als Privatsekretär Portlands in Wilhelms Dienste. Das geschah während einer Mission Portlands in Versailles, wo er auf Ludwigs XIV. Angebot, einen Kompromiß in der spanischen Erbfolgefrage auszuarbeiten, eingehen sollte – in der Hoffnung, einen neuen europäischen Krieg verhindern zu können. Robethon schickte Bernstorff Nachrichten; aber die direkte Kommunikation (die 1698 auf höchster Ebene während Wilhelms III. Besuch in Celle angeknüpft wurde) lief, wie das Bernstorffsche Archiv beweist, über Ludwig Sinold von Schütz, Bernstorffs Schwager, der Celle und Hannover bei Wilhelm vertrat und im selben Rhythmus wie der Statthalter und König zwischen London und Den Haag hin- und herpendelte.

Die Braunschweig-Lüneburger stellten sich mit ihrem ganzen diplomatischen und militärischen Gewicht hinter den Plan zur Teilung Spaniens. Sie hofften zuversichtlich, daß Ludwig XIV. als Belohnung für ihren Beitritt zum zweiten Teilungsvertrag (der durch den Tod des Kurprinzen von Bayern, dem im ersten Teilungsvertrag eine Schlüsselrolle zugedacht gewesen war, notwendig wurde) die neunte Kur anerkennen würde. Diese Hoffnungen zerschlugen sich jedoch im November 1700, als im Testament Karls II. von Spanien Ludwigs Enkel, der Herzog von Anjou, zum Erben von Spaniens ausgedehnten Besitzungen in Europa und von Spaniens riesigem Reich in Übersee bestimmt wurde – vorausgesetzt, er erklärte sich bereit, die Teilung zu verhindern. Da Ludwig XIV. sich berechtigterweise nicht sicher war, ob die Seemächte Kaiser Leopold den zweiten Teilungsvertrag aufzwingen wollten, akzeptierte er das Testament. Theoretisch hielt man dem Kaiser die Tür zum Beitritt zum zweiten Teilungsvertrag offen, durch den sein zweiter Sohn, Erzherzog Karl, Herrscher über Spanien, die Spanischen Niederlande und Neuspanien geworden wäre. Aber in Wirklichkeit wußte man, daß der Kaiser absolut dagegen war, daß irgendein Teil von Spaniens Besitzungen in Italien an jemanden außerhalb des Hauses der österreichischen Habsburger ging (er wollte auch nicht, daß Frankreich diese Gebiete für Austauschaktionen verwendete, zu denen es bereits unterschriebene Verträge gab oder über die noch verhandelt wurde)*. Die Seemächte waren gleichermaßen unerbittlich: Wenn Ludwig XIV. nicht im Namen

---

* Mailand sollte gegen Lothringen ausgetauscht werden; Verhandlungen über den Austausch von Neapel und Sizilien gegen Victor Amadeus' norditalienischen Staat Piemont-Savoyen waren im Gange.

seines Enkels erhebliche Konzessionen hinsichtlich des Handels mit dem spanischen Reich machte und überdies frühere französische Eroberungen in den Spanischen Niederlanden zurückgab, die als Pufferstaat oder als „Barriere" zwischen der Niederländischen Republik und Frankreich dienen sollten, würde es Krieg geben.

Dieser Krieg brach in zwei Phasen aus: Leopold I. marschierte 1701, von Wilhelm III. ermutigt, in Italien ein. Die Seemächte erklärten Frankreich – allerdings erst 1702, nach Wilhelms Tod – den Krieg, obwohl der Entschluß schon zuvor gefaßt worden war. Diese Verzögerung entstand dadurch, daß Wilhelm England erst einmal von der Notwendigkeit des Krieges überzeugen mußte (was ihm wesentlich leichter fiel, nachdem Ludwig XIV. im September 1701 Jakob III. anerkannt hatte). Außerdem mußten die deutschen Fürsten aktiviert werden, von denen viele lieber neutral geblieben wären, weil sie das Ganze als rein habsburgisches Problem betrachteten. Unter diesen Umständen hätten die Braunschweig-Lüneburger, wie in der Vergangenheit schon einmal, eigentlich eine gute Verhandlungsposition haben müssen: etwa, indem sie ihren Beitritt zur antifranzösischen Koalition davon abhängig machten, daß die Große Allianz sich dazu verpflichtete, Ludwig XIV. zur Anerkennung der neunten Kur zu zwingen. Doch die Wirklichkeit sah anders aus. Allein der Umstand, daß sich die Seemächte Georgs und Georg Wilhelms sicher waren, arbeitete gegen sie, ebenso Leopolds Gewißheit, daß er mit englisch-niederländischer Hilfe rechnen konnte – denn das zog automatisch auch Hilfe von seiten des Kurfürsten und seines Onkels nach sich.

Paradoxerweise minderte ein bedeutender Vorteil, den die braunschweig-Lüneburger im Sommer 1702 in Zusammenarbeit mit Schweden und den Seemächten erlangt hatten, die Zahlungen, die die Seemächte im Spanischen Erbfolgekrieg für die Braunschweig-lüneburgischen Truppen leisten wollten. Die Könige von Dänemark hatten den Altonaer Vergleich, durch den der Herzog von Holstein-Gottorp wieder in seine Besitzungen und Rechte eingesetzt wurde, nicht länger akzeptiert, als sie sich dazu gezwungen sahen. Zwischen 1698 und 1699 hatte sich eine antischwedische Koalition gebildet, deren treibende Kraft zunächst Christian V. war, und dann, nach seinem Tod, sein Sohn Friedrich IV. Für das Jahr 1700 waren koordinierte Angriffe auf Schweden geplant: Dänemark würde die Territorien des Herzogs von Holstein-Gottorp besetzen und in Schonen landen; August von Sachsen-Polen würde in seiner Eigenschaft als Kurfürst (und mit dem stillschweigenden Einverständnis einiger seiner polnischen Ratgeber) in Schwedisch-Livland eindringen; und Zar Peter hatte sich dazu verpflichtet, in Schwedisch-Ingrien einzumarschieren, sobald er einen Waffenstillstand mit den Türken ausgehandelt hatte.

Wilhelm III. und Heinsius, die durch ihren geheimen Nachrichtendienst in Dänemark wußten, was bevorstand, beschlossen, den Krieg nicht auf das Reich übergreifen zu lassen. Denn Unruhe im Reich hätte Ludwig XIV. vielleicht ermutigt, bei den Verhandlungen über die Teilung Spaniens eine starrere Haltung einzunehmen. Der Konflikt zwischen Friedrich IV. und dem Herzog von Holstein-Gottorp war bereits allgemein bekannt, bevor die Dänen in Holstein einmarschierten. Karl XII. von Schweden und seine Minister waren bereit, für die Aktivierung der Garantiemächte von Altona einen hohen Preis zu bezahlen: Wenn Schweden insofern den Vertrag von Ryswijk garantierte, als dieser sich mit den Interessen der Seemächte befaßte, hieß das nicht nur, daß Schweden die Politik der Neutralität und des Ausgleichs aufgeben mußte, die es während des Pfälzischen Kriegs betrieben hatte. Außerdem verpflichtete sich Karl XII. damit auch, die Spanischen Niederlande gegen französische Übergriffe zu verteidigen und für die protestantische Thronfolge in England zu kämpfen, falls Ludwig XIV. die Sache der Stuarts zu der seinen machte. Da Schweden die neunte Kur bereits anerkannt hatte, gab es nichts, was Karl XII. den Braunschweig-Lüneburgern hätte anbieten können. Georg war jedoch durchaus willens und sogar eifrig bedacht darauf, seinen und Georg Wilhelms Verpflichtungen gemäß dem Altonaer Vergleich nachzukommen. Er hoffte nämlich, daß der König von Dänemark beim Friedensschluß genötigt sein würde, die neunte Kur anzuerkennen. Dies geschah dann auch im Vertrag von Traventhal. Es war ein echter Erfolg für Hannover, denn Dänemark-Norwegen war nach Frankreich die größte Militärmacht (und diplomatisch aktiver als Frankreich), die gegen die Kurwürde für Hannover gewesen war.

Trotzdem wirkte sich der Vertrag von Traventhal ungünstig auf die braunschweig-lüneburgischen Interessen aus. Um sicherzustellen, daß Friedrich IV. nicht sein Wort brach und wieder zu Schwedens Feinden stieß, fühlten sich die Seemächte nämlich genötigt, möglichst viel dänische Soldaten in englisch-niederländische Dienste zu nehmen. Außerdem bot August von Sachsen-Polen (nach seiner ersten Niederlage gegen Karl XII. im Herbst 1700) den Seemächten einen Teil seiner Armee an. Daher konnten sich die Seemächte braunschweig-lüneburgische Streitkräfte billig für den Spanischen Erbfolgekrieg sichern. Georg und Georg Wilhelm wurden dermaßen im Preis gedrückt, daß die Subsidien nicht ausreichten, um die Kosten für die Regimenter in alliierten Diensten zu decken. Das Militärbudget von Hannover und Celle konnte nur dadurch ausgeglichen werden, daß die Offiziere und Mannschaften weniger Sold erhielten, als sie ihre Winterquartiere bezogen.

Doch von dieser finanziellen Enttäuschung hob sich ein beachtlicher politischer Erfolg ab. Es war Georg und Georg Wilhelm zu Ohren gekommen, daß Anton Ulrich von Wolfenbüttel das Herzogtum Celle erobern wollte, sobald die braunschweig-lüneburgischen Armeen ausgerückt waren, um am Rhein und in den Niederlanden zu dienen. Anton Ulrich hatte seine Armee mit Hilfe französischer Subsidien aufgebaut und sein Projekt Ludwig XIV. vorteilhaft dargestellt: Jede Maßnahme, die die Macht der antihannoveranischen Staaten in Deutschland mehre, nütze Frankreich und schade der Großen Allianz. In Wirklichkeit ging es Anton Ulrich, der seinen älteren Bruder und Mitregenten Rudolf August nicht voll ins Vertrauen gezogen hatte, vor allem darum, Georg das Herzogtum Celle wegzunehmen. Wenn er, Anton Ulrich, dieses Herzogtum erobert hatte, konnte man die Übereinkünfte, die Georg zum Nachfolger Georg Wilhelms bestimmten, als null und nichtig betrachten. Zur Rechtfertigung seines Schrittes wollte Anton Ulrich das Argument vorbringen, daß die ältere Linie des Hauses Braunschweig auch ein älteres Recht auf das Herzogtum habe.

Georg fand, es drohe wirklich Gefahr. Wilhelm III. und Leopold sahen das ein. Beide stimmten, nachdem sich diplomatischer Druck auf Rudolf August als fruchtlos erwiesen hatte, einem Präventivschlag hannoveranischer und celler Truppen zu, durch den Anton Ulrich dazu gezwungen werden sollte, von seiner profranzösischen Haltung abzurücken. Man hielt diese Operation völlig zutreffend für die wesentliche Vorbedingung, daß sich die Alliierten braunschweig-lüneburgische Truppen für den Krieg gegen Ludwig XIV. sichern konnten.

Die diplomatischen und militärischen Vorbereitungen für das Unternehmen, das in der Nacht vom 19. auf den 20. März 1702 stattfinden sollte, bezeichnen einen entscheidenden Abschnitt in Georgs Schulung als Befehlshaber und Politiker. Den Einmarsch in Wolfenbüttel (des nötigen Überraschungselements wegen in einer mondhellen Nacht) zeitlich mit dem Begriff der Belagerung von Kaiserswerth durch die Alliierten zu koordinieren, war nicht einfach. Doch der Kurfürst von Hannover bewies Reife in seinem Verständnis für die Schwierigkeiten der Alliierten und in seiner Entschlossenheit, seine und seines Onkels Pläne in den Gesamtplan einzufügen. Die Marschwege und die Maßnahmen zur Vermeidung von Blutvergießen und Widerstand von seiten der Bevölkerung Wolfenbüttels mußten gut und gründlich vorbereitet werden. Die wichtigsten Befehle für seine Truppen schrieb Georg selbst: Die Streitkräfte sollten beim Vormarsch jeden Kirchturm besetzen, damit keine Glocke geläutet, kein Alarm gegeben werden konnte; den Soldaten sollte eingeschärft werden, daß jeder Diebstahl auf Wolfenbütteler Gebiet, und sei es auch nur ein Huhn, mit dem Tod bestraft wurde; es war streng verboten, irgendwelche Besitztümer von Anton Ulrich zu beschädigen, und sein geliebtes Schloß Salzdahlum mußte unter besonderen Schutz gestellt werden.

Die Operation glückte. Auf beiden Seiten gab es nur wenig Tote. Anton Ulrich ging vorübergehend ins Exil. Rudolf August beendete die Allianz Wolfenbüttels mit Frankreich. Georg bestand klugerweise nicht darauf, daß Wolfenbüttel die neunte Kur anerkannte. Er wollte durch solch einen »Egoismus« nicht vom offiziellen Charakter der gemeinsamen Aktion Hannovers und Celles ablenken: Kaiserlichem Gebot gehorsam, hatte man einen Schlußpunkt unter die profranzösische Politik Anton Ulrichs gesetzt.

Die Beziehungen zwischen den beiden Linien des Hauses Braunschweig wurden nach der Operation von 1702 sogar besser. Der Einmarsch hatte, gerade weil er ein Schock war, die Wolfenbütteler Herzöge zu einer realistischen Einschätzung ihrer Lage gebracht; und nachdem der erste Ärger verflogen war, waren sie beeindruckt von dem Gefühl für Takt und Maß, das Georg und Georg Wilhelm an den Tag gelegt hatten. Anton Ulrich kehrte zurück, und nachdem er (nach Rudolf Augusts Tod im Jahre 1704) Alleinherrscher geworden war, erkannte er die Vereinigung Celles mit Hannover von 1705 an. 1706 trat er in einen Schlichtungsvertrag mit Hannover ein, kraft dessen er auch die neunte Kur anerkannte. Die beiden Höfe statteten einander wieder freundliche Besuche ab. Daß Georg keinen Groll gegen die Wolfenbütteler Linie des Hauses hegte, werden wir deutlich sehen, wenn wir uns mit seinem Testament von 1716 befassen.

Die Braunschweig-Lüneburger erreichten 1702 aber nicht nur ihr Hauptziel, die Sicherung von Celle, sondern sie profitierten auch davon, daß England und die Niederlande sie als Besitzer von Sachsen-Lauenburg anerkannten. Wolfenbüttels Beteiligung an der Sequestration – die im Namen des Gesamthauses erfolgt war – wurde von den Seemächten für gegenstandslos gehalten. Dagegen wollten sie den Anspruch Hannovers und Celles unterstützen, was in Anbetracht von Georg Wilhelms hohem Alter Georg zugute kam.

Doch die braunschweig-lüneburgischen Hoffnungen, nach Ausbruch des Spanischen Erbfolgekriegs bei den Alliierten bessere Zahlungsbedingungen für ihre Truppen aushandeln zu können, wurden enttäuscht. Der Tod Wilhelms III. – der König und Statthalter starb während der Aktion gegen Wolfenbüttel – spielte dabei vielleicht eine gewisse Rolle. Königin Anna ließ Georg und Georg Wilhelm zwar sofort wissen, daß sie sich strikt an alle Verpflichtungen halten würde, die Wilhelm eingegangen war, hatte aber in John Churchill, dem Earl of Marlborough, einen harten Unterhändler. Er argumentierte – und die Niederländer pflichteten ihm bei –, daß Georg, den man als verantwortlich für seine eigene sowie für seines Onkels Außenpolitik betrachtete, finanzielle Opfer für die »gemeinsame Sache« akzeptieren müsse, da er vom Eintreten der Alliierten für die protestantische Thronfolge in England, Schottland und Irland profitieren werde. Sophie von Hannover, Königin Annas Erbin, war alt. Es galt als wahrscheinlich, daß Georg eines Tages den britischen Thron besteigen würde, und die Alliierten – so die Schlußfolgerung – kämpften ebenso für Georgs Zukunft wie für ihre eigene. Obwohl Georgs Hauptmotiv zu dieser Zeit die Sorge um die Verteidigung des Reiches gegen Frankreich war, akzeptierte er die Argumente der Alliierten: Er ging bei den alljährlichen Verhandlungen über die Kontrakte nie so weit, daß es innerhalb der Großen Allianz zu Mißstimmungen kam.

Verluste von Freunden und Gefährten

Georg Wilhelm war so gesund und munter geblieben, wie man es bei einem Mann über achtzig eigentlich kaum erwarten konnte. Er ging immer noch gern auf die Jagd. Und obwohl er in letzter Zeit in der Innen- und Außenpolitik weniger aktiv gewesen war, schien er so unverwüstlich zu sein, daß sein Tod im Jahre 1705 ein Schock war. Laut Sophie ging Georg der Verlust seines Onkels sehr zu Herzen. Er hatte ihn von frühester Kindheit an oft gesehen. Ihre gemeinsamen Interessen, die Politik wie die Jagd, hatten sie fest verbunden, besonders nach dem Tod von Georgs Vater und dem Tod oder Abfall seiner Brüder. Seit dieser Zeit hatte Georg zu Hause männliche Gesellschaft ziemlich entbehren müssen. Freilich folgte Ernst August, der jünste von Sophies Söhnen, dem ältesten »wie ein Hund«. Georg war vom Feldzug von 1688 an für Ernst Augusts militärische Ausbildung verantwortlich gewesen. Und Ernst Augusts Briefe aus den Jahren 1703 bis 1714 zeigen, daß er meistens dort war, wo Georg sich aufhielt, sei es in Hannover, Herrenhausen, Pyrmont oder in der Göhrde. Doch er konnte nicht den Verwandten ersetzen, den Georg am liebsten mochte, den 1702 verstorbenen Raugrafen Karl Moritz. Im Gegensatz zu den älteren Raugrafen nahm Karl Moritz keinen Anstoß an der Rangordnung in Hannover. Während seine Brüder Hannover verließen, um anderen Fürsten zu dienen, gehörte er bei Hofe sozusagen zum Inventar. Daß er heimlich trank, trieb Sophie zur Verzweiflung. Aber er war auch geistreich und belesen, und die Unterhaltung mit ihm war eine von Georgs Freuden*.

Der Hof in Hannover war recht enthaltsam. Über die Mäßigkeit im Genuß von Spirituosen, Wein und Bier ließen sich sämtliche Besucher aus, ebenso über die guten Manieren. Karl Moritz hatte selten, wenn überhaupt, Gelegenheit, sich an der kurfürstlichen Tafel zu betrinken,

---

* Entgegen dem, was für gewöhnlich behauptet wird, unterhielt sich Georg auch gern mit Leibniz: siehe Sophies Brief vom 17. März 1711 an Georgs Tochter, daß ihr Vater nicht glücklich ist über Leibniz' häufige Abwesenheit von Hannover, »denn er liebt seine Unterhaltung«.

und es wurde auch sehr darauf geachtet, ihn nicht in Versuchung zu führen. Es war jedoch unmöglich, seine Trunksucht zu kontrollieren. Irgendwie, indem er Bedienten um den Bart ging oder sie terrorisierte, gelang es ihm immer, Flaschen in seine Gemächer schmuggeln zu lassen. Und er starb zwar an »einer Art von Schlagfluß«, aber es ist kaum daran zu zweifeln, daß die eigentliche Todesursache der Alkohol war. Sophie war nicht in Herrenhausen, als Karl Moritz erkrankte. Georg schilderte ihr brieflich den Tod seines Freundes. Bis zum letzten Tag seines Lebens war der Raugraf überzeugt gewesen, daß er sich wieder erholen würde. Dann überkam ihn plötzlich eine Todesahnung. Um ihn zu trösten, ließ der Kurfürst einen Geistlichen an sein Bett rufen. Aber das war kein Erfolg. Karl Moritz wollte sich nicht von der Religion trösten lassen. Georgs Stolz auf den Stoizismus seines Freundes ist aus seinem Bericht klar herauszulesen. Der Raugraf »schwieg stille«, als er aufgefordert wurde, seine Sünden zu bereuen. Die Frage, ob er den Tod fürchte, beantwortete er mit einem knappen »Nein«. Und als der Geistliche eindringlich sagte: »›Mais Raugrave sy vous vennes deven [devant] la fasse du Seigneur que dirés vous‹, il repondit sechement, ›je dirés rien‹.«

Georg vermißte Karl Moritz und trauerte um ihn: »Comme j'ay eue d'amitié pour luy il m'est encore sy present.« Ein noch schwerer empfundener Verlust war der Tod von Georgs Schwester Sophie Charlotte, Figuelotte, deren häufige Besuche in Hannover nach ihrer Heirat mit einem Hohenzollern ihrer Mutter und ihrem ältesten Bruder das Leben versüßt hatten. Sie starb 1705 nach kurzer Krankheit in Herrenhausen, und da Sophie selbst krank und ans Bett gefesselt war – zu krank, als daß ihr die Ärzte erlaubt hätten, von ihrer Tochter Abschied zu nehmen –, blieb Georg bis zuletzt bei Figuelotte. Er bewunderte den Stoizismus, mit dem auch seine Schwester den Tod annahm, und er bewunderte es, wie sie die ihr angetragenen Tröstungen der Religion zurückwies. Georg glaubte, wie viele Soldaten, daß das Fatum bestimmt, wann man in diese Welt eintritt und wann man sie wieder verläßt. Und wie viele Soldaten war er der Meinung, daß es besser sei, ganz plötzlich zu sterben als von wehklagenden Verwandten und unfähigen Ärzten umgeben – eine Auffassung, die er übrigens mit seiner Mutter teilte. Doch der Kummer über den Verlust von Figuelotte ließ ihn fast die Nerven verlieren. Viele Jahre später erinnerte sich sein Diener Mehemet daran, wie sein Herr, wütend über die scheinbare Sinnlosigkeit des Todes seiner noch jungen und lebensvollen Schwester, fünf Tage und Nächte lang in seinem Zimmer hin- und hergegangen war, geistesabwesend gegen die untere Wandtäfelung trat (»wie es seine Gewohnheit war, wenn er aufgebracht war«), sich zu fassen versuchte, Nahrung und Gesellschaft verweigerte. Georg Wilhelms Tod war zwar betrüblich gewesen, aber man konnte sich leichter damit abfinden. Wenn Georg es sich recht überlegte, mußte er zu dem

Schluß kommen, daß seinem Onkel weitaus mehr vergönnt gewesen war als die biblischen siebzig Jahre. Ein Ausgleich war auch das Wissen um den Fortbestand des Hauses. Georg August hatte 1705 die gescheite und bezaubernde Caroline von Ansbach geheiratet, und 1707 wurde der erste Enkel geboren (getauft auf den Namen Friedrich Ludwig, in England jedoch immer Frederick Louis genannt), ein Kind, an dem Georg besonders hing.

Die Königskrone

Die Vereinigung von Hannover und Celle

Georg stand jetzt auf eigenen Füßen und trug die alleinige Verantwortung. Schwierige Aufgaben lagen vor ihm. Aber es boten sich auch verlockende Chancen. Die Möglichkeit, Celle und Hannover in stärkerem Maße miteinander zu verbinden, als es die rein dynastische Vereinigung erforderte, lag im Bereich dessen, was er vermochte, und dies war auch das erste Ziel, das er sich setzte.

Seit er Kurfürst war, hatte Georg natürlich einen besseren Einblick in die Verwaltung und in die Finanzen Hannovers bekommen als vorher in seiner Zeit als Kurprinz. In den 80er Jahren des 17. Jahrhunderts hatten Ernst August und seine Ratgeber in Zusammenarbeit mit den Ständen von Calenberg und Göttingen das Steuersystem umgestaltet (die Stände von Grubenhagen mußten dann nach kürzeren Konsultationen nachziehen). Zu Johann Friedrichs Zeit war nur Grundbesitz besteuert worden. Nun wurde die Steuer größtenteils auf eine Reihe von wichtigen Konsumgütern umgelegt, wodurch es dem Herzog möglich wurde, Stadt und Land gleichermaßen zu besteuern. Der Versuch, eine Salzsteuer einzuführen, konnte nicht durchgesetzt werden. Ziemlich hoch besteuert wurden dagegen Bier und Malz, Tabak, Getreide, Mehl und Brot, Schlachtvieh und Fleisch in Metzgereien. Kleidung und Luxusartikel waren praktisch steuerfrei. Die Städte, die früher nur ein Sechstel des Steueraufkommens bestritten hatten, trugen nun ein Drittel dazu bei. Der Hochadel, die Ritterschaft und der Klerus hatten es – wie in anderen Ländern Kontinentaleuropas – geschafft, sich ein gewisses Maß an Steuerfreiheit zu sichern, wurden aber durch verschiedene Mittel, etwa das *Don gratuit* und Anleihen, die fast Zwangsanleihen waren, gezwungen, das Ihre zum Steueraufkommen beizutragen.

Was dem Herzog von Hannover über die Stände an Einkünften zufloß, wurde für den Unterhalt der Armee verwendet. Daß dies nötig war, sah man voll und ganz ein in einem Staat, in dem die Erinnerung an die Einfälle und Besatzungen während des Dreißigjährigen Kriegs noch lebendig war. Diejenigen Gelder aus der Besteuerung von Konsumgütern, die über das geschätzte Aufkommen hinausgingen, wurden in eine Sonderkasse für unvorhergesehene Ausgaben einbezahlt. Daß die Stände über diese zu den herzoglichen Einkünften beitragende Steuer unterrichtet und an ihrer Erhebung beteiligt waren, bereitete Georg auf die Kontrolle vor, die das Parlament in Großbritannien über das Budget ausübte. Aber Ernst August und sein Sohn waren nicht so total wie Wilhelm III., Königin Anna und später auch Georg I. selbst von dem Geld abhängig, das das Parlament bewilligte. Neben der Staatskasse hatte Hannover eine Kammerkasse für die Einkünfte aus den herzoglichen Gütern und aus den staatlichen Anteilen an den Bergwerken im Harz*. Aus der Kammerkasse wurden staatliche Aufwendungen, der Unterhalt des Hofes, die Kosten für die inländische Verwaltung und für den diplomatischen Dienst sowie die Ausgaben bestritten, die dem Herzogtum aus seiner Beziehung zum Reich erwuchsen. Der Landesherr fühlte sich allerdings befugt, mit dieser Kasse recht frei zu schalten und zu walten. Die herzoglichen Privateinkünfte aus persönlichen Investitionen im Bergbau und in Wertpapieren wanderten wiederum in eine andere Kasse, in die Schatullkasse, und wurden für private Zwecke verwendet. Die Rechnungen der Staatskasse wurden gut aufgehoben und sind uns erhalten geblieben; die der Schatullkasse nicht, obwohl sich Ernst August in seinem Testament auf sie bezieht. Während der Regierungszeit Ernst Augusts flossen auch die Subsidien von ausländischen Mächten in diese Kasse. Es ist klar, daß es – zumindest zur Zeit von Ernst Augusts Regierung – an der Tagesordnung war, Geld aus der einen Kasse für die andere zu entnehmen. Aus Professor Schnaths Untersuchung der Budgets in den Jahren nach 1688 (als das neue System eingeführt war und funktionierte) kann man ersehen, daß die Budgets sich zwar theoretisch ausglichen, daß aber praktisch erheblich geborgt wurde, um die außer der Reihe anfallenden Kosten im Zusammenhang mit der Erlangung der Kurwürde decken und den Unterhalt von Truppen in Ungarn – für die es keine Subsidien gab – während der Feldzüge von 1692 und 1693 bestreiten zu können. Bei diesen Transaktionen spielte der jüdische Hoffinanzier Elieser Lefmann Berens-Cohen, der weitverzweigte Verbindungen in Europa hatte – etwa in Wien, Prag, Amsterdam und Hamburg –, eine besonders wichtige Rolle. Daß er dabei reich wurde, erweist sich an seinem schönen Haus in der Neustadt und an der Synagoge, die er dort bauen ließ.

Nach 1705 wurde das Steuer- und Finanzsystem Hannovers auf Celle

---

* Die Bergwerke von Clausthal, Andreasberg und Altenau gehörten Hannover allein, die von Zellerfeld, Wildemann, Lautenthal, Grund und Gittelde waren gemeinsamer Besitz von Hannover und Wolfenbüttel, ebenso die Goslarer Bergwerke (am wichtigsten: der Rammelsberg bei Goslar). Ein französischer Diplomat (Rousseau de Chamoy) schätzte 1679 den Anteil Hannovers am Bergbau im Harz auf vier Siebtel, den Wolfenbüttels auf drei Siebtel. Nach 1679 beutete Ernst August auch die im Oberharz gelegenen Bergwerke von Osterode und Herzberg aus.

ausgedehnt. Auch die Verwaltung wurde vereinheitlicht. Bernstorff ging nach Hannover. Er hatte den Ehrgeiz, Kanzler zu werden, wenn Platen, der achtzehn Jahre älter war als er und nicht annähernd so tüchtig, aus diesem Amt schied. Weipart Ludwig von Fabrice, ein hervorragender Rechtsexperte, blieb in Celle. Georg machte Celle zum Sitz des höchsten Gerichtshofs der vereinigten Herzogtümer, des Oberappellationsgerichts, und ernannte Fabrice zu dessen Präsidenten. Die celler Stände blieben bestehen und hatten die gleichen Rechte wie die von Calenberg-Göttingen. Doch die soziale Verschmelzung von Celle und Hannover ging rasch und reibungslos voran.

Die Vereinigung als solche führte zu gewissen Einsparungen in der Verwaltung, die der Bevölkerung zugute kamen: Die Last, die das gemeine Volk in beiden Herzogtümern zu tragen hatte, war nach 1705 leichter als zuvor. Und für diejenigen, die im zivilen oder im militärischen Bereich in Amt und Würden waren, brachte die Vereinigung von 1705 bessere Karriereaussichten, zumal es Georg aufgrund seines Platzes in der englischen Thronfolge bestimmt war, eine bedeutendere Rolle auf der europäischen Bühne zu spielen als Georg Wilhelm in den letzten Jahren seiner Regierung. Anlässe zu Spannungen gab es kaum. Der neuere Beamtenadel in beiden Herzogtümern hatte, wie anderswo in Europa auch, begonnen, in den älteren Feudaladel mit großem Grundbesitz einzuheiraten. Die jüngeren Mitglieder der alten Adelsfamilien strebten in wachsendem Maße Stellungen bei Hofe und in der Verwaltung an. Lampes Behauptung, daß sich das hannoveranische »Stadtpatriziat« während Ernst Augusts und Georgs Regierungszeit herausbildete, ist größtenteils zutreffend. Man sollte allerdings nicht vergessen, daß die neueren Familien, schon bevor ihnen die kaiserlichen Titel Reichsfreiherr oder Reichsgraf verliehen wurden, eifrig Land erworben hatten und daß die jüngeren Söhne des alten Feudaladels, die in die Stadt gegangen waren, sich sehr darum bemühten, ihre Verbindungen zum Familiengut oder zu den Familiengütern, die kraft Fideikommiß ihren älteren Brüdern zugefallen waren, nicht abreißen zu lassen. Sie besuchten diese Güter, wenn es ihnen ihre Pflichten gestatteten, und halfen den Familienmitgliedern, die in so ernstliche finanzielle Schwierigkeiten geraten waren, daß das Erbvermögen gefährdet schien.

Ein gutes Beispiel für die erste Kategorie ist Andreas Gottlieb von Bernstorff, wenn er auch wesentlich erfolgreicher war als der Durchschnitt. Er stammte aus einer namhaften Familie, die ihre Ursprünge in Mecklenburg hatte. Der frühe Tod seines Vaters, eines Administrators in Ratzeburg, führte dazu, daß er ganz und gar auf seine Beamtenkarriere angewiesen war. Er arbeitete ungeheuer hart, war außerordentlich ehrgeizig und investierte alles Geld, das er von seinem Gehalt und von seinen vielen Nebeneinkünften als Kanzler von Celle abzweigen konnte, in Land. Im Jahre 1694 erwarb er von Georg Wilhelm Gartow und Umgebung – ein Kauf, durch den er später in Auseinandersetzungen mit dem König von Preußen verwickelt wurde* –, und er legte sich genügend Grund und Boden in Mecklenburg zu, um als Mitglied von dessen Ritterschaft mit Zar Peter in Konflikt zu geraten. Beide Streitfälle hatten (wie wir noch sehen werden) einigen Einfluß auf seine spätere politische Haltung.

Als Beispiel für die zweite Kategorie, für die Söhne des Landadels, die an Fürstenhöfe oder in die Stadt gingen, könnte man die Familie von der Schulenburg nennen. Der unverheiratete älteste Sohn, Johann Matthias, und seine Schwester Melusine gaben mehr Geld aus, als sie es sich eigentlich leisten konnten, um die Schulden ihres Bruders Daniel Bodo zu bezahlen (er hatte Schulden gemacht, weil er versessen war auf teure alchimistische Experimente). Er war der mutmaßliche Erbe, und seine Geschwister wollten nicht, daß er möglicherweise der Besitzungen der Familie verlustig ging; und in Emden, auf dem mütterlichen Gut, verbrachte Friedrich Wilhelm, ihr Halbbruder in Georgs Diensten, 1718 und 1719, als der König und Kurfürst Hannover besuchte, jeweils einen kurzen Urlaub.

Die genannten Familien demonstrieren uns, daß Georg sich seine Minister und Höflinge nicht bloß aus Braunschweig-Lüneburg holte: Die Schulenburgs stammten – wie bereits erwähnt – aus der Altmark und die Bernstorffs aus Mecklenburg. Einige Familien, etwa die von Hattorfs und die von Reiches, kamen aus Braunschweig-Lüneburg. Als quasi braunschweig-lüneburgisch betrachtete man auch die alte Osnabrücker Familie von dem Bussche – dies wegen der Verbindung des regierenden Hauses zum Bistum Osnabrück. Doch ansonsten betraute Georg (wie vor ihm sein Vater) Männer aus vielen anderen Staaten mit Staatsämtern und Posten bei Hofe. Wir wollen jedoch festhalten, daß die meisten dieser Männer norddeutsche oder rheinländische Protestanten waren. Außerdem beschäftigte Georg im Gegensatz zu seinem Vater nur sehr wenige Diplomaten, die keine Deutschen waren. Das Treueband war der für das Haus geleistete Dienst. Dazu kam noch eine Art sekundäre Loyalität Kaiser und Reich gegenüber, manchmal auch ein spezifisches Interesse für die Belange der protestantischen Staaten innerhalb der norddeutschen Kreise**. Ein noch wichtigeres Kriterium war Erfah-

---

* Dabei ging es um einen schon seit langer Zeit bestehenden Konflikt, der seinen Ursprung darin hatte, daß die Hohenzollern als frühere Großmeister einen höheren Rechtsanspruch auf Gartow und Umgebung für sich geltend machten. Im Jahre 1687 enteignete Georg Wilhelm die damaligen Eigentümer (die Familie von Bülow), weil man sie, die den Rechtsanspruch der Hohenzollern unterstützten, der Felonie für schuldig befunden hatte.
** Hannover war in zwei von diesen Kreisen vertreten: im Westfälischen und im Niedersächsischen. Celle gehörte zum Niedersächsischen Kreis, mit Ausnahme der Grafschaften Hoya und Diepholz, die im Westfälischen Kreis waren.

rung. Der aus Hessen gebürtige Friedrich Wilhelm von Görtz zum Beispiel hatte ein hohes Amt in Holstein innegehabt, bevor er 1686 in hannoveranische Dienste trat.

Es gab natürlich eine gewisse dynastische Nachfolge innerhalb der Familien, deren Mitglieder Minister- oder Kabinettsämter bekleideten. Bernstorff wurde die Karriere – obwohl alle seine Tüchtigkeit und seine harte Arbeit anerkannten – dadurch erleichtert, daß er die Tochter des Celler Kanzlers Johann Helwig Sinold Freiherr von Schütz heiratete. Zwei von Schütz' Söhnen wurden schon vor 1705 mit gemeinsamen diplomatischen Missionen Celles und Hannovers betraut; und als der eine von ihnen (Ludwig Justus), der beim britischen Hof akkreditiert war, 1710 starb, trat sein Neffe Georg Wilhelm (der Sohn von Salentin Justus) an seine Stelle. Ein jüngeres Mitglied der Familie wurde 1712 Kammerjunker (und später Kammerherr) bei Georg und ging mit ihm nach England. Otto Grotes Sohn Thomas wurde 1712 Minister, starb aber im Jahr darauf. Johann von Hattorf, der wichtige Kabinettsämter bekleidete (er war Geheimsekretär und Kriegssekretär zugleich), kam 1714 zu dem Schluß, daß er zu alt dafür sei, nach England zu gehen; doch sein Sohn Johann Philipp wurde Georgs Kabinettsekretär und behielt diesen Posten, solange Georg lebte. Thomas Eberhard von Ilten, der Sohn des hannoveranischen Ministers Jobst Hermann, wurde Kriegsrat und ging 1715 zu Georg nach England. Zwei Mitglieder der Familie von Reiche, Jobst (der sich bereits in Hannover bewährt hatte) und sein Sohn Andreas, arbeiteten bei der Deutschen Kanzlei in London und blieben auch nach Georgs Tod im Amt. Wenn jüngere Männer einen Posten bekamen – wie etwa Friedrich Wilhelm von der Schulenburg und Friedrich Ernst von Fabrice –, spielte der familiäre Hintergrund ebenso eine Rolle wie Ausbildung und Erfahrung. Doch entscheidend fürs Weiterkommen im zivilen wie im militärischen Bereich waren die Verdienste, die sich jemand erworben hatte. Man konnte seinen Weg auch ohne direkten familiären Einfluß machen. Die Karriere von Hans Kaspar von Bothmer ist ein gutes Beispiel dafür. Er begann als Diplomat, war Höfling (Hofjunker bei Sophie Dorothea), wurde mit immer wichtigeren diplomatischen Missionen betraut und zählte nach 1714 zu den hannoveranischen Ministern in London, denen Georg am meisten vertraute. Er war geistig weniger frei als Bernstorff, aber von größerem gesellschaftlichem Ehrgeiz. Bernstorff wollte sich 1715 nicht zum Reichsgrafen erheben lassen und gab sich mit dem Titel eines Reichsfreiherrn zufrieden. Bothmer hingegen fand, daß seine Laufbahn durch die Ernennung zum Reichsgrafen gekrönt wurde und verfügte sogar testamentarisch, daß sein Erbe, ein Neffe von ihm, die in Deutschland nicht übliche Sitte einführen sollte, den Grafentitel dem Familienoberhaupt vorzubehalten, während die jüngeren Söhne nur den Freiherrntitel führten.

Wegen der Aussichten auf die englische Thronfolge wurde Wert darauf gelegt, daß die Minister und Diplomaten Protestanten waren. Wenn ein hoher Hofbeamter zum Katholizismus konvertierte, erwartete man von ihm den Rücktritt. Ausnahmen machte man bei Künstlern, mochten sie auch – wie Quirini – offizielle Titel wie den eines Hofbaumeisters tragen. Die aus der Regierungszeit Johann Friedrichs und Ernst Augusts überkommene Tradition, sich an Italien zu orientieren, wurde beibehalten. Daneben wurde in wachsendem Maße der Einfluß von Hugenotten wirksam, der schon unter Georgs Vater begonnen hatte. Ein Beispiel dafür ist der Architekt Rémy de la Fosse, der ab 1705 in Göhrde wirkte. Georg beschäftigte einige italienische Künstler – der angesehenste von ihnen war der Maler Tommaso Giusti, der Herrenhausen und Göhrde ausschmückte –, und noch an Georgs englischem Hof waren Mitglieder der Familie Quirini willkommen. Ein Beispiel dafür ist die Gastfreundschaft, die der König einem jungen Diplomaten dieses Namens erwies, der nach 1714 die Republik Venedig in London vertrat.

Trotzdem bezeichnet die Ernennung von Georg Friedrich Händel zum Kapellmeister in Hannover, die 1710 nach Steffanis Ausscheiden erfolgte, eine Umschichtung zu einer mehr nördlich-protestantischen Orientierung, was wohl einiges mit Georgs Aussichten in England zu tun hatte. Es verdient auch festgehalten zu werden, daß der Kurfürst seine Gärtner zwar nach wie vor nach Frankreich schickte, daß er aber 1705 die Tapisserien, Möbel und Kunstgegenstände, die er für die Renovierung von Herrenhausen haben wollte, in der Niederländischen Republik bestellte: Dank der vielen hugenottischen Künstler, die in den nördlichen Niederlanden ansässig geworden waren, war französisches Künstlertum auch für diejenigen verfügbar, die das Frankreich Ludwigs XIV. nicht durch Einkäufe bereichern wollten.

Daß Georg hugenottische Künstler und Handwerker protegierte, verband ihn mit dem Herzogtum Celle, dessen Hof seit Georg Wilhelms Vermählung mit Eléonore d'Olbreuse ein Zufluchtsort für französische Protestanten gewesen war. Wichtiger für das Herzogtum Celle war Georgs großes Interesse an Göhrde. Hier ließ er sich an dem Ort, wo Georg Wilhelms Jagdhütte gestanden hatte, ein kleines Schloß nach seinem Geschmack bauen – mit Stallungen, aber auch mit einem Theater, das Stücke und Ballettvorstellungen zur Aufführung brachte. In der Umgebung ließ es sich gut jagen, die Gäste hatten es bequem und wurden großzügig bewirtet. Britische Unterstaatssekretäre schüttelten den Kopf über die Verschwendung, die ihr Herrscher trieb, und äußerten 1723 Erleichterung darüber, daß er die Kosten für 60 Gäste und 300 Pferde aus seiner hannoveranischen Privatschatulle bestritt. Wie Unterstaatssekretär Tilson schätzte, kostete es Georg 3000 Taler pro Tag, »en Roy« zu leben. Es waren immerhin – Bediente und das Gefolge seiner Gäste eingeschlossen – 1100 Menschen unterzubringen und zu verköstigen. Dieses Jahr war allerdings insofern eine Ausnahme, als die äußerst freigiebige Gastfreundschaft von diplomatischen Erwägungen diktiert wurde. Die Zahl der Gäste, die nicht der Familie angehörten, war normalerweise kleiner. An Gastfreundschaft ließ man es allerdings nie mangeln. Georgs Vorliebe für Schloß Göhrde ist – ganz abgesehen von den guten Jagdmöglichkeiten in der Umgebung – vielleicht auch ein wenig darauf zurückzuführen, daß es mehr »sein« und Melusines Schloß war als Herrenhausen, das Ernst August mitsamt den umliegenden Dörfern Sophie vermacht hatte.

GEORGS HAUSHALT NACH 1698

Georg hatte jedoch auch begonnen, Herrenhausen seinen Stempel aufzudrücken. Schon 1699 übertrug Sophie die ihr testamentarisch vermachten Einkünfte zur Instandhaltung des Schlosses unter der Bedingung an Georg, daß er sich um alle Ausgaben im Zusammenhang mit dem Schloß und dessen Gärten kümmerte. Das war der Beginn einer geglückten Erweiterung von Herrenhausen, die in der Hauptsache 1708 abgeschlossen war, aber noch bis zu Georgs Tod fortgeführt wurde. Die prachtvolle Galerie mit ihrem im Erdgeschoß gelegenen großen Raum für sommerliche Feste wurde ausgeschmückt und mit 28 Bronzebüsten römischer Kaiser auf Marmorsockeln verschönert. Ein Orangengarten wurde angelegt. Im Jahre 1705 kamen Bäume aus Celle dazu, später wurden die Bestände noch durch Ankäufe vermehrt. Und 1720 waren es dann so viele Orangenbäume, daß sie nicht mehr den Winter über in der Galerie untergebracht werden konnten und eine neue Orangerie gebaut wurde. Die Wasserkünste wurden verbessert; 1720 wurde die »Große Fontäne« vollendet. Kanäle wurden gegraben und Gondeln angeschafft. Große Vasen wurden in Auftrag gegeben und dekorativ placiert. Und die schöne Allee von Herrenhausen mit ihren mehr als 1300 Lindenbäumen wurde angelegt*.

In Göhrde – und bis zu einem gewissen Grad auch im Leineschloß und in Herrenhausen – trat Melusine nach 1698 unverhohlen als Georgs Hausfrau auf. Sie hatte den Vorrang vor allen anderen Damen bei Hofe mit Ausnahme der verwitweten Kurfürstin und zu Besuch weilender ge-

---

* Mit der Galerie und der Orangerie sollte ursprünglich offenbar ein völliger Umbau von Herrenhausen beginnen. Schon 1689 hatte Johann Friedrich Wachter ein dreidimensionales »Modell zum Herrenhausischen Bauwesen« angefertigt. Der Spanische Erbfolgekrieg und Georgs Übersiedlung nach England machten durchgreifenden baulichen Veränderungen ein Ende.

krönter Häupter. Sophie hielt sich für gewöhnlich in ihrer eigenen, prächtig ausgeschmückten Suite im ersten Stock des Galeriegebäudes auf, speiste allerdings oft mit Georg. In größere Nähe zu Melusine geriet sie bei Besuchen in Göhrde, aber sie gestattete sich in ihrer Korrespondenz keine Beschwerden, höchstens die Bemerkung, daß Mlle. von der Schulenburg »kaum noch zu *ihren* Hofdamen gezählt werden« könne. Sie verübelte jedoch Georg die strikte Kontrolle – selbst als er während des Spanischen Erbfolgekriegs mit der Armee im Feld war – der Zuweisung von Räumlichkeiten in Herrenhausen, damit die Raugräfinnen Melusine nicht den Rang ablaufen konnten. Sophies Trick, den Raugräfinnen, wenn sie zu Besuch kamen, Staatszimmer zu geben, wurde höflich, aber entschlossen gekontert: Sie sollten nicht auf diese Weise in der Rangordnung eine Stufe höher steigen können.

Die Position von Georgs Halbschwester Sophie Charlotte von Platen, die 1701 mit Johann Adolf von Kielmannsegg vermählt wurde, führte hin und wieder zu Problemen. Sie soll Anstoß bei Georg August erregt haben, und Ernst August hatte Mühe, zwischen den beiden zu vermitteln. Vielleicht haben wir hier den Anfang des gespannten Verhältnisses zwischen Sophie Charlotte und Caroline zu suchen, das nach 1714 so offenkundig wurde, daß englische Damen sich gegenseitig davor warnten, die eine vor der anderen zu loben; und englische Politiker versuchten, die eine oder die andere als Informationsträgerin zu nutzen, und hofften, über sie Einfluß auf Georg I. nehmen zu können. Johann Adolf von Kielmannsegg interessierte sich wie Georg für die Oper und überhaupt für Musik und war in mancher Hinsicht typisch für die jüngere Generation von Bediensteten, die Georg in seinen Haushalt holte. Er erhielt in Hannover den Posten eines Vize-Oberstallmeisters, zog 1714 mit seiner Familie nach England um und hatte, obwohl er nie offiziell zum englischen Oberstallmeister ernannt wurde, vom Herbst 1714 bis zu seinem Tod (drei Jahre später) fast alle Privilegien – wenn auch nicht das Gehalt – dieses Postens. Von der noch jüngeren Generation wollen wir hier Melusines Halbbruder Friedrich Wilhelm nennen, dessen Studien im Ausland Georg gefördert hatte und den er während des Spanischen Erbfolgekriegs mit einer Mission bei »Karl III.« betraute, bevor er ihn offiziell in seinen Haushalt nach England holte. Und nennen wollen wir auch Friedrich Ernst von Fabrice, den Sohn des bereits erwähnten Juristen, den Georg zunächst als holstein-gottorpischen Diplomaten beobachtete, bevor er ihn als halboffiziellen Diplomaten in seine Dienste nahm und ihm 1719 einen Posten bei Hofe verschaffte. Persönlich warteten Georg zwei Türken auf, Mehemet und Mustafa, deren Position durchaus gesichert war, obwohl sie Leibdiener ohne politischen Einfluß waren und blieben. Entgegen einer populären Lesart hatte Georg weder den einen noch den anderen als Gefangenen von seinen Feldzügen in Ungarn mitgebracht: Anscheinend hat die englische Geschichtsschreibung sie mit einem Türken im Knabenalter verwechselt, den Georg gefangennahm und heim zu seiner Mutter schickte. Mehemet wurde von einem Georg unterstehenden Offizier nach Hannover gebracht. Mustafa wurde – nachdem er eine Weile im Dienst des schwedischen Offiziers gestanden hatte, der ihn gefangennahm – an Georg weitergereicht. Von den beiden, die dermaßen zum festen Inventar von Georgs englischem Hof gehörten, daß sie auf den Wandgemälden im Kensington-Palast abgebildet sind, hatte Mehemet die verantwortungsvollere Position inne. Er kümmerte sich von 1699 bis zu seinem Tod im Jahre 1726 um Georgs private Buchführung, um die Schatullkasse. Der Nachname »von Königstreu«, den er annahm, als er 1716 geadelt wurde, war wohl von ihm selbst gewählt (denn Eigenwerbung war Georg zuwider) und verrät uns, wie er zu seinem Herrn stand.

Der Spanische Erbfolgekrieg

Vor wie nach 1705 war die Außenpolitik für Georg von höchster Wichtigkeit. Er zeigte Interesse für die Strategie und Taktik des Spanischen Erbfolgekriegs und beobachtete aufmerksam die englische Politik und Hannovers Beziehungen zu Kaiser und Reich. Er kannte die Grenzgebiete am Rhein ebensogut wie die niederländischen Schlachtfelder; das erklärt einen Plan, den er, gemeinsam mit seinem Onkel Georg Wilhelm, in der Anfangsphase des Kriegs entwickelte: Deutsche Truppen, von ihren Landesherrn finanziert oder im Sold der Seemächte, sollten massiv am Mittel- und Oberrhein aufmarschieren. Mit Varianten dieses Plans beschäftigte er sich oft. Als nach den französischen Siegen von 1702 offenbar wurde, daß das Reich in Gefahr war, gehörte er zu denen, die dringend zu einem von Marlborough und Prinz Eugen geleiteten Feldzug in Bayern rieten. Es ist viel darüber diskutiert worden, wer der »Urheber« des Feldzugs von 1704 war, der zur Schlacht bei Höchstädt führte. Neuere englische Historiker sind geneigt, zumindest einen Teil des Ruhmes, der früher ausschließlich Marlborough galt, dem habsburgischen Diplomaten Wratislaw zu lassen, der Marlborough dazu überredete, sich nach Süden zu wenden. Doch hinter Wratislaw können wir Männer erkennen, die am Rhein militärische Erfahrungen gesammelt hatten – insbesondere Georg. Dokumente im Bernstorffschen Archiv zeigen, daß er einen solchen Feldzug dringend empfahl – als einzigen Weg, um Leopold, bedrängt vom Ungarnaufstand im Osten und vom französischen Vormarsch im Westen, aus seiner mißlichen Lage zu befreien.

Sophie war stolz auf die erfolgreiche Intervention ihres Sohnes in der Holstein-Gottorp-Krise von 1700 und hoffte, daß der Spanische Erbfolgekrieg ihm Gelegenheit geben würde, seinen Ruhm zu vermehren. War es nicht möglich, daß er zum Führer der antifranzösischen Koalition gemacht wurde und eine ebensolche Stellung einnahm wie Wilhelm III.? Einige Niederländer schlugen ihn als Oberbefehlshaber der Armee der Vereinigten Provinzen vor: Er hatte ihrer Meinung nach alle Qualitäten eines »großen Feldherrn«. Träume dieser Art waren freilich unrealistisch. Hannover konnte in keiner Weise Kriegskosten tragen, die mit denen der Seemächte vergleichbar waren. Diejenigen, die zahlten, wollten auch bestimmen, und 1705, als Georg Celle erbte und mehr Geld zur Verfügung hatte, hatten Marlborough und Prinz Eugen weitaus mehr Erfahrung und mehr Ehrgeiz in der Führung großer Truppenverbände als Georg. Sie wollten ihren Weg machen und hatten nicht die Absicht, es zuzulassen, daß der Kurfürst von Hannover eine Position erhielt, die sie in ihrem Streben nach Ruhm und nach des Ruhmes Lohn einschränken konnte. Das erklärt auch zum Teil, warum sich Georgs Hoffnungen auf ein unabhängiges Kommando über einen Teil der Armee der Alliierten zerschlugen. Nach 1705 war er bereit, ansehnliche Truppenverbände auf eigene Kosten zur Verfügung zu stellen, damit die französischen Brückenköpfe am Mittel- und Oberrhein überrannt werden konnten. Aber man nahm ihn nicht ernst. Zeitweise hintergingen ihn die Oberbefehlshaber der Alliierten sogar im Interesse der Strategie, auf die sie sich geeinigt hatten.

Abgesehen von Marlboroughs und Prinz Eugens Befürchtungen, daß Georgs Rang zu Problemen führen würde – könnte er nicht vielleicht versuchen, ihnen seine Ideen aufzunötigen? Der Kurfürst, der auch ein wenig unter dem Vertrauensmangel der englisch-niederländischen Führung hinsichtlich des Kaisers Bereitschaft litt, hatte in erster Linie an das Reich zu denken. Leopold hatte den Blick auf Italien gerichtet; hauptsächlich auf Italien wollte er, sobald er Streitkräfte aus Ungarn abziehen konnte, die habsburgischen Kriegsanstrengungen konzentrieren. Man erwartete sich mehr von Joseph I. (der 1705 Leopold nachfolgte), aber der Reichsarmee mangelte es auch weiterhin an Soldaten. Ihr Kommandeur, Markgraf Ludwig von Baden, war bekanntermaßen unzufrieden damit, wie Prinz Eugen, stets auf die Interessen des Hauses Habsburg bedacht, die Initiative an sich riß. Marlborough wiederum war damit zufrieden, nach dem erfolgreichen Bayernfeldzug von 1704 den Krieg im Reich ruhen zu lassen, kämpfte in den Niederlanden und hoffte, den Durchbruch nach Frankreich zu schaffen.

Die deutschen Fürsten jedoch hatten eigene Kriegsziele. Als nach 1704 die Gebiete der zwei Kurfürsten, die sich auf Ludwigs XIV. Seite geschlagen hatten, Bayern und Köln, von den Alliierten besetzt wurden, regten sich bei einigen deutschen Fürsten Gelüste nach Territorialgewinn, obwohl man sich im klaren darüber war, daß der Kaiser den Löwenanteil von Bayern für sich fordern würde. Einig waren sich alle, daß das Elsaß und möglichst auch die Franche-Comté (die ehemalige Freigrafschaft Burgund, die, obwohl vor 1678 spanischer Besitz, einmal zu den Kreisen des Reiches gehört hatte) für Deutschland als Barriere gegen Frankreich zurückgewonnen werden sollten. Das Haus Habsburg war sehr für solche Rückeroberungen, aus denen sich seine »deutsche Sendung« konstituierte. Aber es meinte, dies könnte auch am Verhandlungstisch geschehen, solange der Kaiser dafür sorgte, daß mit Hilfe der englisch-niederländischen Flotte alle italienischen Besitzungen Spaniens erobert wurden. Ganz ähnlich argumentierte Marlborough: Spanien könne Philipp V. entrissen werden, wenn Frankreich in den Niederlanden besiegt würde. Die Hofburg und Whitehall hatten nichts gegen Ablenkungsmanöver am Mittel- und Oberrhein; zeitweise verwendeten sie sich sogar dafür. Doch da ihre Finanzen durch den Kampf an den anderen Fronten schon bis aufs äußerste strapaziert waren, betrachteten sie solche Ablenkungsmanöver als nicht so wichtige Glückssache: Wenn sie gelangen, war es recht; wenn sie nicht gelangen, war auch nicht viel verloren.

Diese Einstellung erbitterte natürlich den Reichsfeldmarschall, dessen Stellvertreter Thüngen (dem der Marschall in zunehmendem Maße die undankbare Aufgabe überließ, die Reichsarmee zu führen) und alle *honnêtes gens* im Reich. Als der Markgraf im Januar 1707 starb, war es nicht einfach, einen Nachfolger zu finden. Der Reichstag sprach sich einstimmig für Prinz Eugen aus, um Dampf hinter die »deutsche Sendung« des Hauses Habsburg zu machen. Aber Joseph wollte seinen besten Feldherrn nicht entbehren: 1707 war das Jahr der Belagerung Toulons durch die Alliierten und der Eroberung Neapels durch Österreich.

Der 1707 in Deutschland stattfindende Feldzug gab Anlaß zu großer Besorgnis. An der ganzen recht unzulänglich verteidigten Westgrenze drohten Einfälle von seiten der Franzosen. Der neue Reichsfeldmarschall, der Markgraf von Brandenburg-Bayreuth, zeigte wenig oder gar keine Initiative. Georgs Ruf – er befehligte ein hannoveranisches Kontingent und hatte einen Abschnitt an der Westfront unter sich – nahm 1707 einen großen Aufschwung: Man pries ihn allgemein als »Retter des Reiches«. Heute wissen wir, daß der Rückzug des französischen Kommandeurs Villars auf das linke Rheinufer im Juli 1707 weniger auf Georgs Heldentaten als auf die Gefahr zurückzuführen war, die Frankreich durch den österreichisch-savoyardischen Marsch auf Toulon drohte. Doch der Glanz, der jetzt den Namen des Kurfürsten von Hannover umstrahlte, erklärt, warum er dazu gedrängt wurde, für den Rest des Feldzugs den Marschallstab des Reichs zu nehmen, und warum er sich damit einverstanden erklärte. Er war sich vollauf der Schwierigkeiten bewußt, mit denen seine Vorgänger konfrontiert waren, hoffte aber, Wien und den Reichstag, was Gelder und Bereitstellung von Soldaten anging, festnageln und etwas aus diesem Kommando machen zu können. Mit dem Reichstag hatte er wenig Probleme. Der Reichstag versprach ihm Gelder und Soldaten, und Georg legte große Energie und Findigkeit an den Tag, um sicherzustellen, daß diese Versprechen auch gehalten wurden.

Im April 1708 wurden in Hannover die Pläne für den bevorstehenden Feldzug mit Marlborough und Prinz Eugen koordiniert: Das Gros der Streitkräfte sollte an der Rhein- und Moselfront konzentriert werden; Georg und Eugen würden unabhängig voneinander zwei getrennte Armeen befehligen; Marlborough würde sich mit seinen englisch-niederländischen Truppen defensiv verhalten, um Frankreich in den Niederlanden zu binden. Die Aussicht auf offensives Handeln war Georg wichtiger als der Titel Reichsfeldmarschall. Und so war denn auch seine Enttäuschung groß, als ihm später im Jahr dämmerte, daß Marlborough und Prinz Eugen ihn absichtlich hintergangen hatten. Sie hatten schon lange vor dem April 1708 heimlich miteinander vereinbart, daß die Niederlande der Schwerpunkt des Einsatzes der Alliierten sein sollten. Während des Feldzugs würden sie sich »vertrauliche« Briefe schicken, die auch Georg zu Gesicht bekam. Sie würden so tun, als sei plötzlich eine Notlage entstanden, die es erforderlich machte, daß Eugens Moselarmee zu der von Marlborough stieß. Sonst war in dieses Geheimnis nur noch – und nur in groben Zügen – Kaiser Joseph eingeweiht. Wie Marlborough und Eugen hielt er es für richtig und wichtig, Georg zu hintergehen, damit die Franzosen dazu verleitet wurden, das Gros ihrer Streitkräfte am Rhein und an der Mosel zu konzentrieren. Nur so konnten Marlborough und Eugen den Versuch wagen, Ludwigs XIV. befestigte Linien zu durchbrechen und ins französische Kernland vorzudringen. »Es ist mir nicht lieb, daß ich den Kurfürsten täuschen muß«, schrieb Marlborough. Der Historiker wird seine und Eugens Motive verstehen: Sie wollten sich die Kontrolle nicht aus der Hand nehmen lassen, und sie glaubten nicht recht an die Leistungsfähigkeit der Reichsarmee. Trotzdem kommt man zu dem Schluß, daß sie vermutlich besser daran getan hätten, den Kurfürst ins Vertrauen zu ziehen. Nach dem verfügbaren Material zu schließen – und vor allem nach dem Umstand, daß Georg den beiden Feldherrn nicht grollte, als er später mit ihnen zusammenarbeitete –, hätte er sein Einverständnis dazu gegeben. So aber wurden die Geldmittel des Reiches buchstäblich zum Fenster hinausgeworfen.

Der Feldzug von 1709 erwies sich, was die Reichsarmee anging, als ebenso frustrierend. Überdies schadete er Georgs gutem Ruf. Wieder wirkte der Kurfürst beim Reichstag wahre Wunder: Er bekam – vor allem von den Hansestädten – verbindlich Geld zugesagt. Er arbeitete einen Plan aus, der, obwohl es diesmal nur um ein Ablenkungsmanöver ging, einen echten Beitrag zu den Kriegsanstrengungen der Alliierten darstellen konnte. Außerdem sorgte er dafür, daß die Seemächte und Prinz Eugen diesen Plan als Teil einer Strategie akzeptierten, die Unruhen in Frankreich schüren und somit den Alliierten Durchbrüche an mehreren Fronten erleichtern sollte. Daß die Alliierten hofften, den Kamisardenaufstand in den Cevennen zur Schwächung Ludwigs XIV. nutzen zu können, weiß man. Weniger bekannt ist die »Besançon-Affäre«. Schon seit langem waren Verhandlungen mit unzufriedenen französischen Untertanen in der Franche-Comté im Gange. Man nahm an, daß maßgebliche Männer, wenn die Reichsarmee dort 1709 in voller Stärke einmarschierte, gemeinsame Sache mit Ludwigs Feinden machen oder ihnen zumindest bei der Besetzung der Provinz Steine aus dem Weg räumen und ihnen somit bei der Errichtung der westlichen Barriere gegen Frankreich helfen würden. Schweizer, die mit dem Reich sympathisierten, hatten eine Marschroute für die Reichsarmee vorgeschlagen, die zum Teil durch schweizerisches Gebiet führte. Man hielt es für wahrscheinlich, daß die Operation erfolgreich verlaufen würde.

Habsburgische Maßnahmen durchkreuzten jedoch Georgs Plan. Kaiser Joseph nahm das Geld von den Hansestädten für seine eigene Armee, um die für ihn vorrangigen Ziele seines Hauses zu erreichen. Und nun gaben auch andere deutsche Fürsten keine Geldzuwendungen, Truppen und Quartiere. Die Folge war, daß der Reichsfeldmarschall seinen Feldzug mit zu wenig Soldaten begann, als daß er wirklich hätte initiativ werden können. Er vermochte nicht einmal die Niederlage Mercys bei Rumersheim zu rächen, wo dieser General, einer von Georgs Kommandeuren, während eines Erkundungsmanövers überraschend von den Franzosen angegriffen worden war. Ob es Georg gelungen wäre, wenn man ihm freie Hand gelassen hätte, weiß man nicht. Es ist aber unwahrscheinlich. Französische Spitzel hatten Wind von dem Invasionsplan bekommen. Einige der Schlüsselpersonen in der Franche-Comté wurden verhaftet. Georg tadelte Mercy nie – Mercy war ein tapferer Offizier; aber er ließ seine Vertrauten wissen, daß Mercy ohne sein Wissen gehandelt hatte. Verantwortlich gemacht für die Niederlage wurde jedoch Georg; nicht von den deutschen Fürsten, die genau wußten, mit welchen Problemen sich jeder Reichsfeldmarschall herumschlagen mußte, aber von anderen Kommandeuren der Alliierten, die einen Sündenbock suchten. Die jakobitische Propaganda insinuierte später sogar, Georg sei in eigener Person bei Rumersheim geschlagen worden.

Georg hatte genug. Unter den gegebenen Umständen war es unmöglich, die Reichsarmee wirklich sinnvoll einzusetzen. Er gab den Marschallstab zurück und tat nie wieder aktiv Dienst. Immerhin hatte Hannover 1708 einen bedeutenden Erfolg errungen, was teils an dem Ruhm lag, der Georg während des Feldzugs von 1707 zugewachsen war, teils an seinem Geschick, die Chance, die sich bot, zu nutzen, als der Reichstag ihn dringend gebeten hatte, das Kommando über die Reichsarmee zu übernehmen. Da ihn alle Kurfürsten, die katholischen wie die protestantischen, als Reichsfeldmarschall haben wollten, konnte sein Ansinnen, man möge Hannover endlich ins kurfürstliche Kollegium aufnehmen, nicht zurückgewiesen werden. Ab 1708 gehörte die neunte Kur diesem Kollegium an; und als Georg 1710 das Amt des Erzschatzmeisters zugeteilt bekam, konnte er das Gefühl haben, daß er Ernst Augusts Werk vollendet hatte.

Der Tod von Königin Anna
und das Inkrafttreten der Thronfolgeakte

Nach den Enttäuschungen der Feldzüge von 1708 und 1709 konzentrierte sich Georg auf die englische Thronfolge. Seit der Krise von 1705/06 hatte er die Zügel der hannoveranischen Politik nicht aus der Hand gegeben. Sehr aufmerksam verfolgte er die Verhandlungen über die Vereinigung Englands und Schottlands, denn ihm war klar, daß nur eine solche Vereinigung die Nachfolge seines Hauses in Schottland gewährleisten konnte. Unter den englischen Mitgliedern der Kommission, die die Vereinigung aushandelte, waren die Freunde Hannovers in der Mehrheit. Der Sekretär der Kommission erstattete Georg regelmäßig Bericht und wurde später reich belohnt. Georg war sehr zufrieden mit dem englisch-niederländischen Barriere- und Thronfolgetraktat von 1709, der niederländische Militärhilfe für den Fall versprach, daß die hannoveranische Sache gefährdet schien. Der Mann, der diesen Vertrag ausgehandelt hatte, der zu den Whigs gehörende Townshend, wurde für eine spätere Beförderung vorgemerkt.

Georg war jedoch nicht nur passiver Beobachter. Er achtete sehr darauf, daß es zu keinen Einmischungen kam, die seinem Haus schaden konnten: Man sagte James Scott – der in Sophies Diensten gestanden hatte und 1707 einen Privatbesuch in England machte –, er sei in Hannover *persona non grata*, weil er mit seiner Privatdiplomatie, Sophie nach England einladen zu lassen, der Diplomatie des Kurfürsten entgegenarbeite.

Die entscheidenden Aktionen Georgs fanden statt, nachdem Königin Anna Marlborough und Godolphin fallengelassen und Harley zu ihrem wichtigsten »Manager« gemacht hatte. Was den Kurfürsten zum Handeln veranlaßte, war zunächst weniger der Glaube, daß Anna und ihre Minister den Thronprätendenten Jakob holen würden (obwohl man das in weiten Teilen Europas munkelte und auch Sophie befürchtete, dies sei der Grund für den Regierungswechsel in England), als seine Besorgnis über den englischen Separatfrieden. Georg war überzeugt davon, daß Marlborough und Godolphin die Sache Hannovers und des Reiches am besten verträten, und protestierte gegen die Absetzung des Feldherrn, der in Kontinentaleuropa zur Symbolfigur für die englischen Kriegsanstrengungen geworden war. Der Kurfürst teilte den Unmut von Britanniens Verbündeten darüber, daß sie mit der »Zurückhaltungsorder« an Ormonde vom Mai 1712 (die es diesem Kommandeur verbot, gegen die französischen Armeen einzuschreiten) im Stich gelassen worden waren. Und er war genauso empört wie die anderen Alliierten, als sich herausstellte, daß Villars, Ludwigs XIV. General, heimlich von der Order informiert worden war und dadurch die Möglichkeit hatte, die verbleibenden Feinde Frankreichs bei Denain einzuschließen. Wie etliche andere deutsche Fürsten, die Subsidienverträge mit Königin Anna hatten, rückte Georg von der englischen Regierung ab und führte den Kampf gegen Ludwig XIV. auf eigene Kosten weiter; dabei unterstützte ihn die Niederländische Republik. Ihre Loyalität gegenüber Kaiser und Reich machte es ihnen zur Pflicht, die Stellung zu halten, als Ormondes britische Regimenter das Schlachtfeld verließen. Sie hofften, daß ihre demonstrative Haltung nicht ohne Wirkung auf Harley (inzwischen Earl of Oxford)* und St. John bleiben und sie vielleicht von der Schließung eines Separatfriedens abbringen würde. Natürlich hatte das auch etwas mit den Eigeninteressen der deutschen Fürsten zu tun: Da die Friedensverhandlungen nur zwischen Britannien und Frankreich geführt wurden, ließen sich spezifisch niederländische, deutsche und habsburgische Ziele nur verwirklichen, wenn sie auch in Königin Annas Pläne paßten. Sie ärgerten sich darüber, daß sie nicht konsultiert wurden. Die Niederländer und die Deutschen, die genauso kriegsmüde waren wie die Briten, fanden es empörend, daß die Große Allianz nach so vielen Jahren gemeinsamer Bemühungen auseinanderbrach. Sie erkannten, daß die anderen Alliierten es nicht mehr lange vermeiden konnten, sich mit Ludwig zu einigen, der jetzt aus einer Position der Stärke verhandeln konnte.

Doch letztlich kam Georg bei den Friedensverhandlungen von 1713–1714 nicht schlecht weg. Königin Annas neues Ministerium lehnte den mit den Niederländern geschlossenen Barrieretraktat von 1709 ab; der 1713 ausgehandelte Vertrag enthielt jedoch nach wie vor eine niederländische Garantie für die protestantische Erbfolge. Und überdies erkannte Ludwig XIV. in dem 1714 mit dem Reich geschlossenen Vertrag die neunte Kur an. Die deutsche Barriere kam nicht zustande, aber das kümmerte Hannover weniger als die weiter westlich gelegenen deut-

---

* Harley war 1711 zum Earl of Oxford ernannt worden; St. John mußte bis zum Juli 1712 auf den minder hohen Titel eines Viscount Bolingbroke warten.

schen Staaten, und Georg war zu dieser Zeit (wie wir noch sehen werden) mehr an den Entwicklungen in Norddeutschland als an denen im Westen und Süden des Reiches interessiert.

Trotzdem protestierte Georg entschiedener gegen Britanniens Separatfrieden, als es Anna und ihren Ministern lieb war. Er tat es aus verschiedenen Gründen. Da er in der Thronfolge stand, wollte er eine klare Position beziehen. Als Soldat fand er, Britanniens Ehre sei durch den Abfall von den Alliierten befleckt, und er wollte nicht, daß sein Ruf Schaden nahm, weil es so aussah, als verziehe er dies. Er dürfte kaum erwartet haben, daß seine Aktion Annas Ministern Einhalt gebieten würde. Aber es war immerhin wichtig, ein Warnsignal zu geben, damit es nicht noch schlimmer kam. Wir wissen heute, daß Königin Anna keine Jakobitin war und daß weder Oxford noch St. John nach dem März 1714 ernsthaft meinten, Jakob Eduard Stuart habe Aussichten, ihr nachzufolgen. Bis dahin hatten sie vorsichtige Versprechen gemacht (immer mit der Maßgabe, daß Jakob zum Anglikanismus werde übertreten müssen, auch wenn er in tiefster Seele Katholik bliebe), und zwar über den französischen Außenminister Torcy, der in Saint-Germain geschickt die Forderung nach einem öffentlichen Glaubenswechsel verschwieg, bis der englisch-französische Friede gesichert war. Zu ihren Versprechen wurden die englischen Minister zweifellos in hohem Maße durch den Wunsch nach Frieden mit Frankreich bewogen: Wenn sie die Hoffnung weckten, daß sie sich für Jakob verwenden würden, hielten sie Ludwig XIV. davon ab, die Niederländer in die Verhandlungen mit einzubeziehen und konnten ihn auf einen Vertrag festlegen, der für die Briten vorteilhafter war als für die Franzosen. Außerdem wollten Oxford und St. John sich rückversichern. Mit dem Ausscheiden aus der Großen Allianz würden sie bei Georg unweigerlich Anstoß erregen, und wer wußte schon, was die Zukunft brachte? Wenn Jakob zum Anglikanismus übertrat, würde er vielen Briten lieber sein als die achtzigjährige Sophie und ihr deutscher Sohn. Die Verhandlungen, bei denen Jakob als Thronfolger im Gespräch war – Oxford spielte dabei eine größere Rolle als St. John (inzwischen Viscount Bolingbroke) –, blieben nicht geheim: In Den Haag und in Hannover glaubte man, das britische Kabinett schmiede ein Komplott zur Vereitelung der Thronfolge des Hauses Hannover. Man glaubte es auch noch, als Jakob im März 1714 erklärte, er verspräche zwar, sich nicht in die Glaubensangelegenheiten seiner anglikanischen Untertanen einzumischen, werde seinen Glauben aber niemals ändern – und damit aus Oxford und Bolingbroke wieder gute Hannoveraner gemacht hatte.

Königin Annas schwere Erkrankung um die Jahreswende 1713/1714 führte in Britannien wie im übrigen Europa in wachsendem Maße zu Spekulationen über ihren Nachfolger. Der Umstand, daß sie in der

Thronrede vom 2. März die hannoveranische Thronfolge nicht erwähnte, wurde von Bothmer, der als Georgs Botschafter in Den Haag und London oft in England war, für ein schlechtes Omen gehalten. Und Georg, der jetzt eher freie Hand hatte, weil der Kaiser nach einem enttäuschenden Feldzug mit Ludwig XIV. Frieden geschlossen hatte, fand, daß die Zeit zum Handeln gekommen sei. Marlborough und seine Frau hatten England verlassen; sie hofften, den habsburgisch-französischen Friedensschluß, der Folgen für Marlborough in seiner Eigenschaft als Fürst von Mindelheim hatte*, hinauszögern zu können. Georg richtete es ein, daß Marlborough von Hannover bevollmächtigt wurde, die Thronfolge zu verteidigen, falls Jakob nach Königin Annas Tod in England eindrang. Dazu konnten die in den südlichen Niederlanden als Teil der englisch-niederländischen Kondominiumsstreitkräfte stationierten britischen Truppen eingesetzt und, wenn nötig, durch niederländische und deutsche Regimenter verstärkt werden. Gleichzeitig wurden mit den Whigs und den hannoverfreundlichen Tories in England Maßnahmen abgesprochen. Um ihnen ein Druckmittel in die Hand zu geben, gestattete es Georg, daß sich der junge Schütz in Sophies Namen am 12./23. April 1714 erkundigte, »ob für den Kurprinzen in seiner Eigenschaft als Herzog von Cambridge nicht ein Erlaß der Königin ergehen sollte, der es ihm ermöglicht, seinen Sitz im Oberhaus einzunehmen«. 1706 war Georg gegen den Wunsch Sophies gewesen, daß Georg August nach England ging. Nun fielen Notwendigkeit und günstige Gelegenheit zusammen: Ein offizielles (wenngleich behutsam formuliertes) Ansinnen würde Klarheit in der Thronfolgefrage bringen oder zumindest den Whigs und den hannoverfreundlichen Tories helfen, Maßnahmen entgegenzuarbeiten, die, wie sie befürchteten, zu Jakobs Gunsten ergriffen werden sollten. Oxford geriet dadurch in Verlegenheit. Der Geheime Staatsrat konnte keine gesetzliche Grundlage finden, die es ermöglicht hätte, den Erlaß zu verweigern. Er erging demnach; doch um zu zeigen, daß die Königin ungehalten war, bekam Schütz Hausverbot bei Hofe. Oxfords Stellung war untergraben: Er hatte Anna nicht davor bewahren können, daß ein Hannoveraner nach England kam. Bolingbroke, der dafür gewesen war, den Erlaß zu verweigern, stieg in ihrer Gunst.

Georg war jedoch klug genug, seinen Sohn – Sophies, Carolines und Leibniz' Bitten zum Trotz – nicht nach England zu schicken. Er akzeptierte die scharfe Kritik, die die Königin in Briefen an seine Mutter und an seinen Sohn vorbrachte, und enthob Schütz seines Postens**. Es war

---

* Die Wiedereinsetzung der Kurfürsten von Köln und Bayern in ihre Besitzungen und Rechte, die Ludwig XIV. beim Frieden von Rastatt (März 1714) erreichte, bedeutete, daß Marlborough die Herrschergewalt über Mindelheim in Bayern verlor (obwohl ihm der Fürstentitel blieb).
** Englische Historiker haben deswegen angenommen, daß Sophie ohne Wissen ihres Sohnes handelte. G. E. Gregg hat in seiner Dissertation, die sich auf neues Material über Hannover stützt, nachgewiesen, daß der Kurfürst Mitwisser und Mitbeteiligter war.

auch nicht mehr nötig, daß sein Sohn tatsächlich nach England ging, denn Georg hatte seinen Anhängern in England das Druckmittel in die Hand geben können, das sie haben wollten: Im Juni 1714 setzten die Whigs mit Hilfe der hannoverfreundlichen Tories im Parlament die Aussetzung einer Belohnung für die Ergreifung des »vorgeblichen Prince of Wales« durch.

Letzte Hand an Georgs Vorbereitungen wurde nach dem Tod Sophies am 8. Juni gelegt. Der verwitweten Kurfürstin war, wie sie es sich gewünscht hatte, ein rasches Ende vergönnt. Nachdem sie sich bei einem Spaziergang in den Gärten von Herrenhausen beeilt hatte, um Schutz vor einem plötzlichen Regenguß zu finden, fühlte sie sich schwach; sie starb in den Armen der Gräfin Johanne Sophie zu Schaumburg-Lippe, einer ihrer Hofdamen – wir werden ihr auch später noch begegnen. Ob Sophies Tod dadurch beschleunigt wurde, daß sie sich über Königin Annas kritische Briefe aufregte (wie es oft behauptet worden ist), läßt sich nicht sagen. Dem verfügbaren Material zufolge war sie nur zeitweise verärgert oder aufgebracht und hatte sich dann bald wieder im Griff. Ihre letzte politische Handlung bestand darin, Abschriften von den Briefen an sie und an ihren Enkel machen zu lassen; sie wurden an Marlborough geschickt, der sie publizieren lassen sollte. Es paßt nicht ins Bild, daß sie das zu dieser Zeit getan hätte, ohne Georg zu konsultieren. Und es ist unwahrscheinlich, daß Marlborough Vorkehrungen für die Veröffentlichung getroffen hätte (das tat er nämlich), wenn er geglaubt hätte, der Kurfürst sei dagegen.

Nach dem Tod seiner Mutter war Georg der direkte Erbe von Königin Anna. Als solcher konnte er die Liste der von Hannover bestimmten Mitglieder des Regentschaftsrats revidieren, was er auch tat. Die Bedeutung der Namen auf dieser Liste, aus der in etwa hervorgeht, welche Art von Regierung Georg in Britannien zustande zu bringen hoffte, werden wir im nächsten Kapitel diskutieren. Hier muß hervorgehoben werden, daß in der letzten Krise an Annas Sterbebett – trotz Georgs sorgfältigen Vorbereitungen – alles davon abhing, wie Annas Minister ihre Macht gebrauchten.

Die dramatischen Ereignisse sind bekannt: Am 27. Juli/7. August entließ die Königin Oxford aus dem Amt des Ersten Lords der Schatzkammer. Wie die meisten ihrer verbleibenden Minister wollte sie nicht, daß Bolingbroke den Oberbefehl erhielt. Man war sich einig, daß die Schatzkammer kommissarisch verwaltet werden sollte. Die Diskussionen über die Zusammensetzung der Kommission dauerten eine ganze Weile. Bolingbroke sah sich bereits als Regierungschef. Seine Freunde gratulierten ihm. Er begann, Vorkehrungen für die Entsendung eines eigenen Emissärs nach Hannover zu treffen, der Georg versichern sollte, daß er, Bolingbroke, fest entschlossen sei, die hannoveranische Thronfolge zu fördern. Anna, die wahrhaft todmüde war, äußerte ihrem Arzt gegenüber den Wunsch, Georg kommen zu lassen, damit er ihr die Last der Verantwortung abnehmen könne. Die Standarddarstellungen berichten, daß die entscheidende Maßnahme – die Sicherung des Schatzmeisterstabs für den Herzog von Shrewsbury – Bothmers Werk war; demnach arbeitete er mit den Herzögen von Somerset und Argyll zusammen, die unaufgefordert in den Kensington-Palast kamen, in eine Sitzung des Geheimen Staatsrats hineinplatzten und gemeinsam mit Shrewsbury die Kontrolle an sich rissen. Professor Snyder vergleicht neues Material – das Tagebuch des Generalpostmeisters Sir John Evelyn, zu dessen angeheirateten Verwandten der Lordkanzler, Simon Viscount Harcourt, gehörte – mit Bothmers *Diarium* vom 30. Juli/10. August. Das Ergebnis zeigt, daß dem nicht so war: Die entscheidende Rolle spielte der Lordkanzler. Nachdem die Ärzte der Königin Harcourt mitgeteilt hatten, Anna habe nur noch ein paar Stunden zu leben, rief er die Lords der Kommission* und die Mitglieder des Geheimen Staatsrats zusammen, die bereits in Kensington waren, und schlug ihnen vor, daß der Geheime Staatsrat der Königin empfehlen solle, Shrewsbury zum Ersten Lord der Schatzkammer zu machen. Sobald Anna nach ihrem Schlaganfall »wieder zu sich gekommen« war und die Menschen um sich herum wahrnehmen konnte (wenn sie auch nicht fähig war, mehr als Zustimmung oder Ablehnung zu bekunden), trat eine aus Harcourt, Buckingham (Präsident des Geheimen Staatsrats), Bolton (vormals Oberhofmeister), Dartmouth (Lordsiegelbewahrer) und Bolingbroke (Staatssekretär) bestehende Delegation an sie heran, um ihr die Empfehlung vorzutragen. Die Königin erklärte sich durch ein Nicken einverstanden. Harcourt führte ihre Hand, damit sie dem Herzog von Shrewsbury den Amtsstab überreichen konnte. Bothmer, den die Herzöge von Somerset und Argyll um 12 Uhr mittags holten, muß zu spät im Kensington-Palast eingetroffen sein, um auf dieses Ereignis Einfluß zu nehmen. Somerset war durch eine um 11 Uhr 30 ergangene Botschaft mobilisiert worden, die ihm seine Frau, eine Hofdame der Königin, aus dem Kensington-Palast geschickt hatte: Dartmouth und Bolton baten ihn zu kommen. Er beschloß aus eigener Machtbefugnis, Argyll und Bothmer mitzunehmen. Somerset und Argyll trafen erst nach Shrewsburys Ernennung bei der Staatsratssitzung ein. Harcourt traf die notwendigen Vorbereitungen für Shrewsburys Bestallungsurkunde, brachte sie nach Kensington, damit die Königin sie unterzeichnete (oder billige), und sorgte dafür, daß sie registriert wurde. Erst danach, am Abend, konnte Shrewsbury seinen Amtseid als Erster Lord der Schatzkammer leisten.

Am 1. August starb Königin Anna. Die Liste mit den Mitgliedern des

---

* Mit dieser Bezeichnung sind die wichtigsten Minister gemeint, d. h. diejenigen, die dem Kabinett angehören, wenn sie ohne das gekrönte Staatsoberhaupt zusammentreffen.

Regentschaftsrats wurde geöffnet. Wer von den Ratsmitgliedern in London war, wurde benachrichtigt und vereidigt. Schon kurz nach ein Uhr wurde Georg ohne Zwischenfälle mit der üblichen Heroldzeremonie zum König ausgerufen. Die Proklamation, die hundertsiebenundzwanzig Unterschriften trug, entsprach der traditionellen Form (zu der der britische Anspruch auf Frankreich gehörte) und lautete folgendermaßen:

Wir, die geistlichen und weltlichen Lords des Oberhauses, tun hiermit mit Hilfe der Lords des Geheimen Staatsrates Ihrer verblichenen Majestät, zahlreicher anderer namhafter und hochgestellter Herren, des Oberbürgermeisters, des Stadtrates und der Bürger von London einstimmig und im Einklang von Mund und Herzen kund und zu wissen, daß der erhabene und mächtige Fürst Georg, Kurfürst von Braunschweig-Lüneburg, nun durch den Tod unserer Monarchin seligen Angedenkens unser gesetz- und rechtmäßiger Lehnsherr, Georg von Gottes Gnaden König von Großbritannien, Frankreich und Irland geworden ist.

Georg lebt sich ein

GROSSBRITANNIEN ZUR ZEIT VON GEORGS THRONBESTEIGUNG

Das Großbritannien, dessen Herrscher Georg am 1./12. August 1714 wurde, war seit 1688 eine der europäischen Großmächte und eng mit dem Kontinent verbunden. Trotzdem war es – wie einige Invasionsversuche derer, die für die Wiedereinsetzung Jakobs II. und (nach 1701) »Jakobs III.« waren, gezeigt hatten – durch seine Insellage hinreichend geschützt, um unverwundbar zu sein, solange die protestantische Revolution von der Mehrheit seiner Bewohner unterstützt wurde. Wilhelms III. Entschluß, England zum Schiedsrichter Europas zu machen, war zunächst nicht sehr populär gewesen. Doch im Laufe der Kriege gegen Ludwig XIV. zwischen 1689 und 1713 war diese Rolle akzeptiert und sogar anerkannt worden. Marlboroughs Siege von 1704 bis 1708 machten sie schmackhafter. Und konsolidiert wurde sie durch die zielstrebige Rücksichtslosigkeit, mit der Oxford und Bolingbroke zwischen 1710 und 1713 die europäischen Angelegenheiten regelten, ohne Britanniens Verbündete zu konsultieren. Die nationale Selbstsicherheit nahm in verblüffendem Maße zu. Die führenden Männer in Königin Annas letztem Ministerium zeigten Europa, daß England sich frei fühlte, Frieden mit Frankreich zu schließen, wann immer es wollte, und daß es »keinen Vermittler nötig« habe.

Dieses Verhalten spiegelte nicht nur den Stolz auf Großbritanniens Kriegsanstrengungen wider, sondern auch den Stolz auf die geschickte Verwendung der Geldmittel zur Finanzierung zweier langer Kriege. Wilhelm III. war dem Schatzamt ein strenger Zuchtmeister gewesen. Er und seine Schüler, aus Frankreich geflüchtete Protestanten und in den Niederlanden ausgebildete Bankiers, hatten die »finanzielle Revolution« zustande gebracht, die es Britannien ermöglichte, große Flotten auszurüsten und sich stattliche Armeen zu leisten (die in der Mehrheit aus ausländischen Hilfstruppen bestanden) – und das mit weniger Belastungen, als sie dem Frankreich Ludwigs XIV. auferlegt waren. Der Erfolg dieser finanziellen Revolution war so groß, daß Oxford (obwohl Wilhelm sich zeitweise genötigt gesehen hatte, mit der Abdankung zu drohen und zu verkünden, er werde sich »nach Ostindien zurückziehen«, wenn kein Geld käme) verhältnismäßig wenig Schwierigkeiten hatte, Geld zu beschaffen; auch dann nicht, als die Bank von England gegen seine Politik war. Dank der Hilfe tory-freundlicher Finanzleute im In- und Ausland (John Drummond, der in der Niederländischen Republik ansässige Großkaufmann und Bankier, ist ein gutes Beispiel für die letzteren) und der Gründung der Südseegesellschaft im Jahre 1711 konnte er die von 1710 bis 1712 dauernde Krise überstehen.

Die Tories plädierten dafür, sich auf die überseeische Expansion, auf Eroberungen in Westindien und auf dem nord- und südamerikanischen Kontinent zu konzentrieren und sich aus dem Landkrieg in Europa zurückzuziehen. Die Whigs meinten, daß Vorteile in Übersee am leichtesten zu gewinnen seien, wenn man die Feldzüge in Europa weiter betriebe, bis fremde Soldaten vor den Stadttoren von Paris und Madrid stünden. Beide Parteien waren sich in einem einig: daß es vor allen Dingen wichtig sei, Gelder bereitzustellen – als unerläßliche Kriegsmittel. Zwischen 1688 und 1714 stieg die Staatsverschuldung von etwa sechs auf über vierzig Millionen Pfund. Aber damit konnte die Nation ohne Zweifel fertigwerden, wenn auch manche Tories – besonders die aus dem grundbesitzenden niederen Adel – murrten, die Grundsteuer brächte sie an den Bettelstab, während die Finanziers in London immer reicher würden. Einige Angehörige des niederen Adels und viele freie Bauern wurden in der Tat durch die Lasten ruiniert, die ihnen zugemutet wurden, doch insgesamt hatten die Kriege eher die herrschenden gesellschaftlichen Gruppierungen bereichert. Fremde Besucher in England staunten über die vielen Schlösser inmitten herrlich angelegter Parks, die in den Jahren unmittelbar nach den Kriegen von begüterten Männern in Stadt und Land gebaut oder umgebaut worden waren.

Britannien hatte auch nach der Vereinigung mit Schottland (oder Nordbritannien, wie es nach 1707 oft genannt wurde) im Vergleich zu Frankreich und dem Herrschaftsgebiet der österreichischen Habsburger wenig Einwohner. Dagegen hatte es beträchtliche Geldmittel. Britanniens achteinhalb Millionen Einwohner waren nicht eben beeindruckend*, aber sein Handel brachte hohe Erträge dank seiner günstigen geographischen Lage als Inselreich, seinem Kolonialbesitz, seinen Handelsposten in Übersee und, mehr noch, dank seiner geschickten Manipulation der Schiffahrtsgesetze, die britischen Schiffen und britischen Bürgern den Vorrang gaben und Monopole einräumten, wann und wo man es für nötig erachtete. Die Kriege gegen Frankreich waren ein Anstoß zur Gründung aller möglichen Manufakturen gewesen. Städte wie Manchester und Birmingham blühten auf. Obwohl der Binnenmarkt

---

* Sechs Millionen in England und Wales, eineinhalb in Irland und eine Million in Schottland.

wichtiger war, nahmen auch die Exporte zu, und bei den Exportartikeln herrschte nun ein größeres Angebot als vor den Kriegen. Damals hatte Britannien in erster Linie Wollstoff ausgeführt. Der 1713 mit Spanien abgeschlossene Sklavenkontrakt führte zu einer raschen Entwicklung der Hafenstädte im Westen (hier ist besonders Bristol zu nennen). Sie und London zogen ihren Vorteil aus der zunehmend wichtigeren Rolle Britanniens als Umschlagplatz für außereuropäische Produkte – insbesondere Tabak, Kaffee, Zucker und Tee. Dublin, nach London die größte Stadt des Königreiches, blühte und gedieh. Irland hatte sich zum Fleischexporteur entwickelt (eine Folge der restriktiven englischen Gesetze, die es verboten, irisches Vieh in England zu mästen). Norwich war immer noch die zweitgrößte Stadt Englands; aber die Ostküste verlor, verglichen mit der Landesmitte und mit dem Westen, ihre Bedeutung. Newcastle war noch wichtig wegen des Binnenhandels mit Kohle, die auf dem Seeweg nach London transportiert wurde; und auch die Häfen an der Ost- und Südküste, die über Marinewerften verfügten, behielten aufgrund der starken Bindung der Nation an ihre Flotte ihre Bedeutung.

In den beiden Kammern des Parlaments – besonders im Unterhaus – besaß Britannien ein empfindliches Barometer für wirtschaftlichen Druck. Die Geschäfts- und Finanzwelt übte einen starken Einfluß aus. Der vernünftige englisch-französische Handelsvertrag, den Bolingbroke 1713 unterzeichnete, wurde nicht ratifiziert. Das lag zum Teil an der politisch motivierten Feindseligkeit Frankreich gegenüber, die sich noch nicht gelegt hatte. Doch die Ratifizierung scheiterte vor allem am Widerstand derer, die in den langen Jahren, in denen die Einfuhr von französischen Weinen verboten gewesen war, von der Monopolstellung der portugiesischen Weine profitiert hatten. Man setzte große Hoffnungen auf die Wiederaufnahme des Handels mit Altspanien und auf die Klausel im *asiento*, die einen begrenzten Handel mit Neuspanien gestattete. Daß dieser Handel theoretisch auf eine Schiffsladung britischer Produkte im Jahr beschränkt war, wurde von optimistischen Großkaufleuten und Spekulanten nicht allzu ernst genommen. Sie rechneten mit expandierenden Handelsbeziehungen zu den amerikanischen Untertanen Philipps V.: britische Ware gegen spanisches Gold und Silber. Während des Spanischen Erbfolgekriegs hatte das von den Portugiesen in Brasilien entdeckte Gold größtenteils seinen Weg nach Britannien gefunden; aber der Appetit der westeuropäischen Mächte auf Edelmetalle war unersättlich. Sie brauchten Geld, um den Schiffsbedarf aus dem Ostseeraum bezahlen zu können, der für die Ausstattung ihrer Flotten unerläßlich war, und um die Seiden- und Baumwollstoffe und Porzellanwaren aus dem Fernen Osten kaufen zu können, die in Europa derart in Mode waren, daß sie fast zu den Notwendigkeiten des täglichen Lebens gehörten. Der

Einfluß derer, die mit Spanien und dem spanischen Reich handelten (entweder über spanische Kaufleute in Kastilien oder vermittels des halblegalen Schmuggels, der sich aus der Klausel im *asiento* mit der einen Schiffsladung im Jahr entwickelte), war daher im Parlament erheblich. Und hier wird wieder ein gewisser Konkurrenzkampf mit Frankreich deutlich: Ludwig XIV. hatte 1701 den *asiento* von einer portugiesischen Gesellschaft gekauft und die französische Vorherrschaft im Handel mit Neuspanien angestrebt; nun war Britannien an der Reihe.

Diese Zuversicht in Handelsdingen beruhte letzten Endes auf der Überzeugung, daß Britannien den anderen europäischen Mächten finanziell und damit auch militärisch überlegen sei – überlegen vor allem hinsichtlich seiner Flotte. Die französische Kriegführung mit Kaperschiffen hatte die britische Schiffahrt zwischen 1704 und 1709 hart getroffen. Aber Britannien hatte trotzdem seinen Flottenbau fortgeführt, damit die für den Ostsee- und für den Atlantikhandel notwendigen Geleitzüge zusammengestellt werden konnten. Und darum besaß es, als der Friede kam, eine größere Kriegsflotte als Frankreich, das gezwungen gewesen war, sich auf die Vergrößerung seiner Landstreitkräfte zu konzentrieren. Man war sich im klaren darüber, daß Spanien unter den Bourbonen seine Flotte wiederaufbauen wollte, damit das kastilische Monopol des Handels mit Neuspanien aufrechterhalten werden konnte; aber das würde Zeit brauchen. Die Niederländische Republik – früher eine ernstzunehmende Rivalin im Ostsee- und Fernosthandel – war so ausgeblutet vom Krieg, daß sie nicht mit Britanniens Flottenbau mitzuhalten vermochte. Und obwohl die wirtschaftliche Prosperität der Republik bis tief ins 18. Jahrhundert hinein fortdauerte, konnte sie keine aggressive Wirtschaftspolitik verfolgen. Was die Besitzungen der österreichischen Habsburger anging, deren Herrscher seit 1711 Kaiser Karl VI. war*, so wußten die Briten, daß er sie mehr brauchte als sie ihn. Er wollte seinen Anspruch auf die gesamten Besitzungen der spanischen Habsburger eigentlich nicht aufgeben. Aber früher oder später – dessen waren sich die Briten gewiß – würde er zur Vernunft kommen; denn hinsichtlich der Sicherheit des Teils von diesen Besitzungen, der dem Haus Österreich durch die Friedensverträge von 1713/1714 garantiert worden war – die Südlichen Niederlande, das Herzogtum Mailand, das Königreich Neapel mitsamt den toskanischen Häfen, den sogenannten *presidii*, und Sardinien – war er von ihrer Seemacht abhängig. Schließlich war es mehr als wahrscheinlich, daß das Spanien der Bourbonen einige – oder auch alle – seiner früheren italienischen Besitzungen zurückerobern wollte, denn es bestand kein Friedensvertrag zwischen Philipp V. und Karl VI.

---

* Es wurden schon so lange habsburgische Kaiser gewählt, daß Ludwig XIV. glaubte, das österreichische Haus Habsburg habe einen Erbanspruch auf den Kaisertitel.

Britannien hatte bereits bewiesen, wie mühelos es Truppen nach den südlichen Niederlanden transportieren konnte; und die britischen Kriegsgewinne auf Kosten Spaniens – Menorca und Gibraltar – ermöglichten der britischen Flotte eine wirksame Kontrolle über das westliche Mittelmeer. Österreich hatte praktisch keine Flotte, wenn Karl VI. und seine spanisch-italienischen Ratgeber auch hofften, eine aufbauen zu können, sobald es die Finanzen erlaubten. Karl VI. brauchte überdies britische Kredite, zumindest war er auf die Zahlung der Subsidienrückstände aus dem letzten Krieg angewiesen. Das habsburgische Österreich konnte trotz seiner Größe und seiner Einwohnerzahl noch nicht mit dem Organisationsniveau des britischen Verwaltungsapparats und der britischen Finanzen mithalten.

Daß Britannien kleiner war als Frankreich mit seinen zwanzig Millionen Einwohnern und Österreich mit seinen zehn Millionen, machte es leichter regierbar: Man konnte rascher landesweit handeln und eine bessere Kontrolle ausüben als im (theoretisch) zentralistischer regierten Staat Ludwigs XIV. und im geographisch etwas zerstückelten Herrschaftsgebiet Karls VI. Das britische Steuersystem war von größerer sozialer Gerechtigkeit und gereichte der Bevölkerung darum weniger zum Ärgernis. Alle Grundbesitzer, Adlige wie Nichtadlige, mußten Grundsteuern bezahlen. Die britische Methode, dem Fiskus durch indirekte Steuern Geld zukommen zu lassen, war ungemein flexibel und konnte entsprechend den jeweiligen wirtschaftlichen und politischen Erfordernissen geändert werden. Der soziale Zusammenhalt war trotz der Kluft zwischen Armen und Reichen stärker, weil die Söhne des Adels dem Gesetz nach Nichtadlige waren, wenn auch die ältesten Söhne des Hochadels Höflichkeitstitel führten. Das einzige gesetzliche Privileg, das dem Hochadel verblieben war, war das Recht, das Oberhaus als Gerichtshof anzurufen und seinen Fall von seinesgleichen verhandeln zu lassen. Der älteste Sohn (der trotz seines Höflichkeitstitels zu Lebzeiten seines Vaters ins Unterhaus gewählt werden konnte) erbte den Titel seines Vaters. Doch die übrigen Kinder gehörten, anders als in Kontinentaleuropa, nicht dem erblichen Adelsstand an und mußten sich, auf Talent und Glück angewiesen, ihren eigenen Platz in der Gesellschaft suchen. Die Erhebung in den Adelsstand war mindestens so schwierig (oder so einfach) wie in Kontinentaleuropa und erfolgte aus ähnlichen Gründen: Man mußte dem Herrscher große Dienste erwiesen oder genügend Geld haben – sei es selbstverdientes, ererbtes oder durch Heirat mit einer reichen Erbin erworbenes –, um dem Stil und den Verpflichtungen eines grundbesitzenden Edelmanns gemäß leben zu können. Für gewöhnlich waren die englischen Hochadligen nicht weniger stolz als ihre Standesgenossen in Kontinentaleuropa. Sie waren jedoch im allgemeinen vermögender und politisch einflußreicher als diese, denn sie konnten auch ohne Ministeramt und ohne hohen Posten bei Hofe durch die Grafschaftswahlen zum Unterhaus Druck ausüben.

Es gab in England außerdem noch eine soziale Zwischenstufe, die aus denen bestand, die sich die Ritterwürde erworben hatte. Als Ritter gehörte man nicht dem Hochadel an und konnte darum auch nicht Mitglied des Oberhauses werden, hatte jedoch das Recht, sich ins Unterhaus wählen zu lassen. Aber ein Ritter führte den begehrten Titel »Sir«, und seine Gattin wurde mit »Lady« angeredet. Für die Regierung ließen sich auf diese Weise Verdienste belohnen, ohne daß der Hochadel vergrößert wurde; für die Nichtadligen war damit die soziale Mobilität erleichtert. Jeder gebildete und ehrgeizige Mensch hielt es für durchaus möglich, daß er zum Ritter geschlagen wurde und daß sein Sohn (wenn nicht er selbst) nach noch höheren Ehren trachten konnte. Man war sich darüber im klaren, daß dies Vater und Sohn durch die Wahl ins Unterhaus erleichtert wurde; es war ein so sicherer Weg zur Ausübung von Einfluß, daß man ihn höher einschätzte als den des Dienstes bei Hofe, in der Verwaltung, der Armee oder bei der Flotte. Höflinge und Beamte, die weiterkommen wollten, Offiziere, die befördert werden wollten – sie alle strebten nach einem Sitz im Unterhaus. Das Bestehen des Unterhauses und die 1694 eingeführte dreijährige Parlamentsperiode war für die britischen Nichtadligen ein Anlaß zum Nationalstolz. Das Gleichgewicht, das es in die Verfassung brachte – es hielt nicht nur den Herrscher, sondern auch das mächtige Oberhaus in Schach –, wurde von Intellektuellen im Ausland sehr bewundert. »Wie preisen wir Ihr Unterhaus«, schrieb Leibniz begeistert an einen Briefpartner in England, »wie perfekt ist Ihre Verfassung und wie sehr im Einklang mit den Geboten der Vernunft!«

Leibniz' Begeisterung darf uns nicht (zusammen mit der stets gegenwärtigen Versuchung, die Geschichte allzusehr von der Gegenwart her zu interpretieren) für die Tatsache blind machen, daß das Oberhaus zur Zeit von Georgs Thronbesteigung wirklich sehr mächtig war. Hier saßen, bis auf einige Ausnahmen, die wichtigsten Minister; entweder waren sie zum Zeitpunkt ihrer Berufung bereits Peers, oder sie wurden kurz darauf in den höheren Adelsstand erhoben. Die Erzbischöfe und Bischöfe der Anglikanischen Kirche gehörten kraft ihres Amtes dazu. Das Oberhaus war sehr viel kleiner als das Unterhaus – es hatte damals etwa 200 bis 250 Mitglieder (das Unterhaus dagegen um die 480) –, aber hier waren in der Regierungszeit Wilhelms III. und Königin Annas die großen Streitfragen entschieden worden. Das Niveau der Debatten war hoch und ebenso der Anteil der aktiven Mitglieder, was sich dadurch erklären läßt, daß viele Peers Staats- oder Hofämter bekleideten und daß sie ehrgeizige Gegner hatten, die diejenigen, die einflußreiche oder profitable Posten hatten, herausfordern wollten und an ihre Stelle zu treten hofften. Zwischen 1702 und 1714 war die Regierung durch das Oberhaus oft vor Gesetzesvorlagen bewahrt worden, die das Unterhaus bereits verabschiedet hatte, weil sie als nachteilig für die Regierung betrachtet wurden. Bei zwei Gelegenheiten hatten es Annas Minister für so notwendig befunden, das Oberhaus unter Kontrolle zu halten, daß sie die Königin gezwungen hatten, eine ganze Reihe Männer in den höheren Adelsstand zu erheben*. Wie wir sehen werden, veränderte sich die Beziehung zwischen den beiden Kammern zu Georgs Regierungszeit ganz erheblich. Doch es war und blieb auch dann noch sehr wichtig, mit den weltlichen und geistlichen Mitgliedern des Oberhauses auszukommen.

Wohin Britannien auch schaute: Die Gegenwart sah recht angenehm und die Zukunft vielversprechend aus. Die Vereinigung mit Schottland hatte, obwohl sie aus politischen Gründen erfolgt war, einen potentiellen wirtschaftlichen Rivalen ausgeschaltet und eine Lücke im Bereich der nationalen Sicherheit geschlossen. Von nun an wurde der nicht unerhebliche merkantile und expansionistische Impetus der Schotten für die britische Gemeinschaft nutzbar gemacht. Der Integration diente auch die Vereinbarung, daß sechzehn schottische Peers – gewählt vom gesamten schottischen Hochadel – im Oberhaus sitzen sollten. Fünfundvierzig Sitze wurden den Repräsentanten der schottischen Wahlkreise im Unterhaus zugeteilt. Schottische Adlige und Nichtadlige kamen gleichermaßen für jedes Amt und für jeden Titel in Betracht, die der Herrscher Großbritanniens verleihen konnte. Ein Minister für Schottland wurde ernannt, der sich um spezifisch schottische Angelegenheiten kümmern sollte. Doch das erwies sich als Interimsmaßnahme. Georg I. beschloß 1724, den Posten im Interesse der Integration wieder abzuschaffen. Die Integration Irlands war abgesichert durch dynastische Verbindungen, und die Vereinigung von Schottland und England im Jahre 1707 hatte keine Diskussionen darüber zur Folge, ob Veränderungen in Irland wünschenswert seien oder nicht. Das irische Parlament bestand weiterhin und hatte eine beträchtliche Autonomie; es gab eine irische staatskirchliche Verfassung, einen separaten irischen Hochadel und eine irische Zivilliste zum Ausgleich der Kosten, die dem König beim Regieren des Landes erwuchsen. Doch die Anwesenheit eines von England bestimmten Vizekönigs, das Recht der Zentralregierung, Gesetze zu überprüfen, die das irische Parlament verabschiedet hatte, und die Skrupellosigkeit, mit der das englische Unterhaus Gesetze machte, die die irischen Handelsinteressen empfindlich trafen, wenn sie in Konflikt mit denen Englands gerieten, ließen keinen Zweifel daran, welches Land die Kon-

---

* Im Jahre 1704 wurden vier Tories in den höheren Adelsstand erhoben, damit das Gleichgewicht mit den Whigs wiederhergestellt war; und im Jahre 1711 wurden binnen dreier Tage (29.–31. Dezember) zwölf neue Peers ernannt, um den Widerstand der Whigs gegen die Friedensinitiativen des Ministeriums zu brechen.

trolle ausübte. Theoretisch scheint es nur gerecht zu sein, daß die irischen Katholiken im irischen Parlament nicht vertreten waren, daß die irische Kirche eine rein protestantische (anglikanische) war und daß kein irischer Katholik ein Staatsamt innehaben konnte. Schließlich ging es den englischen und schottischen Katholiken nicht anders. Aber da es in Irland weitaus mehr Katholiken gab als im übrigen Königreich, war auch die Ungerechtigkeit größer; sie war nur durch die Gefahr zu erklären, die seit der Zeit Elisabeths I. etliche britische Regierungen bedroht hatte: Daß nämlich irische Katholiken mit Englands katholischen Feinden im Ausland zusammenarbeiteten, mit Spanien und dann mit Frankreich.

Wilhelm III., der nicht bigott war, hatte aus politischen Gründen versucht, die Härte der Unterwerfung Irlands durch England zu mildern. Als Verbündeter katholischer Mächte, insbesondere des Hauses Habsburg – des spanischen sowie des österreichischen Zweigs – hatte er »keine religiöse Verfolgung« versprochen, nachdem die Armee Jakobs II. (von Ludwig XIV. mit Schiffen, Soldaten und Geld unterstützt) im Jahre 1692 besiegt worden war. Es gab kein Blutbad wie unter früheren Herrschern, sondern die Reste von Jakobs Armee konnten wählen, ob sie sich Wilhelm III. unterwerfen oder ins Exil nach Frankreich gehen wollten. Fast alle (etwa 12 000) Soldaten entschieden sich dafür, Irland zu verlassen. Mehrere Jahre lang dienten diese Regimenter als eigene Einheiten, die Jakob II. den Fahneneid geschworen hatten, bei der französischen Armee. Dann aber wurden sie vollständig in Ludwigs Streitkräfte eingegliedert, wenn sie auch einen gewissen Nationalcharakter behielten und Zulauf von schottischen Jakobiten bekamen, die in Kontinentaleuropa Zuflucht suchten, weil sie die Vereinigung von 1707 ablehnten. Eine beträchtliche Anzahl von Iren und Schotten ließ sich in den westlichen Hafenstädten Frankreichs nieder, in denen die Abwanderung der Hugenotten in den 70er und 80er Jahren des 17. Jahrhunderts im Handels- und Schiffahrtswesen Lücken gerissen hatte, die gefüllt werden mußten. Nach 1713 traten irische und schottische Soldaten (manchmal ganze Kompanien) in den Dienst anderer katholischer Monarchen, besonders in den Philipps V. von Spanien. Der exilierte Hof Jakobs II. und (nach 1701) »Jakobs III.« konnte nur einen Teil der schottischen, irischen und englischen Katholiken aufnehmen, die ihre Dienste anboten. Etliche wurden als Spione und Agitatoren eingesetzt, die heimlich in Britannien arbeiteten und offener an fremden Höfen, die, wie kurz auch immer, gegen die Politik derer waren, die von den Jakobiten nach 1688 als Thronräuber angesehen wurden. An diesen Höfen fanden sie oft die Unterstützung von Emigranten, die mit der Sache der Stuarts sympathisierten, Karriere gemacht und Kontakt zu einflußreichen Hofkreisen bekommen hatten – hierbei handelte es sich in erster Linie um Ärzte, Marineoffiziere und Finanziers.

Vom Standpunkt der Zentralregierung in London aus betrachtet, war der Exodus irischer, schottischer und selbst englischer Jakobiten ein Segen, obwohl man sich der jakobitischen Machenschaften im Ausland durchaus bewußt war. Diese Auswanderungswelle entfernte die aufsässigen Elemente und festigte den Zusammenhalt derer, die blieben. Hilfreich dabei war der ausgezeichnete Ruf der irischen und schottischen Regimenter, die während der Kriege gegen Ludwig XIV. für Britannien gekämpft hatten. In gewissem Sinne waren alle drei Königreiche auch stolz auf den mächtigen Staat, der aus dem Frieden von Utrecht hervorging. Die Handelsposten in Ostindien waren nicht vermehrt worden. Aber in Westindien war die französische Insel St. Christopher britisch geworden und hatte den neuen Namen St. Kitts erhalten, und außerdem hatte Ludwig XIV. Neuschottland und Neufundland sowie französische Siedlungen im Bereich der Hudson-Bai an Königin Anna abgetreten. Frankreich hatte jedoch weiterhin das Recht, an der Dorschfischerei vor der neufundländischen Küste zu partizipieren. Außerdem hatte es das Privileg, die Fänge vor dem Transport nach Europa zu Stockfisch und Klippfisch zu verarbeiten. Man war überdies ziemlich besorgt, daß die vom St. Lorenz-Strom ausgehende Erforschung des Landes durch die Franzosen, die in Richtung des Golfs von Mexiko vorangetrieben wurde, die Ausdehnung des britischen Kolonialbesitzes über den Allegheny hinaus verhindern würde.

Frankreich war in der Tat die Unbekannte in der Gleichung. Man hatte einen gesunden Respekt vor Ludwigs Königreich – nicht nur seiner Aktivitäten in Übersee wegen. Frankreichs große Flexibilität in Europa hatte die Prophezeiungen aus Kriegszeiten Lügen gestraft: daß nämlich Britannien dem »christlichen Türken« den »völligen Ruin« bescheren werde. Engländer, die in den Jahren unmittelbar nach dem Frieden von Utrecht Kontinentaleuropa bereisten, staunten über Frankreichs Prosperität und erkannten im nachhinein, wie fragwürdig die englische Kriegspropaganda gewesen war. Etlichen Politikern in London, Tories und Whigs, wurde klar, daß Englands Beziehung zu Frankreich neu definiert werden mußte. War Zusammenarbeit nicht vernünftiger als Feindschaft? Erste Schritte in diese Richtung hatte bereits Bolingbroke zur Zeit von Königin Annas Tod getan. Und kurz nach Georgs I. Thronbesteigung sahen sich auch die Whigs – und der König – mit dem Problem konfrontiert. Der Gedanke an eine solche Zusammenarbeit war eng verbunden mit den Plänen, die schwarze Wolke zu verscheuchen, die auch nach den Friedensschlüssen von Utrecht, Rastatt und Baden den europäischen Horizont verdunkelte: der Nordische Krieg, der schon seit 1700 tobte. Durch die Verpflichtung, Ludwig XIV. Widerstand zu leisten, war Großbritannien seit 1702 ein echter Einfluß im Ostseeraum versagt geblieben. Die Tories wollten – wenn auch im Rahmen ihrer Auffassung, daß Karl XII. ein Held sei, den das Glück nach 1709 verlassen habe und der darum Opfer akzeptieren müsse – auf Schwedens Seite intervenieren, damit Zar Peter von Rußland im Norden nicht allzu mächtig wurde. Daher bemühten sie sich im Sommer 1714 um niederländische und französische Unterstützung. Sie glaubten fest, daß das europäische Gleichgewicht, wo immer Britannien es erhalten wollte, gewahrt bleiben würde. Schon als Königin Anna erkrankte, wurde ein Geschwader ausgerüstet, das angeblich nur den britischen Handel schützen sollte. Nach ihrem Tod wurde es dazu abkommandiert, Georg I. in sein Königreich zu geleiten. Es ging nicht an, ohne Absprache mit dem neuen Monarchen über die Flotte zu verfügen.

Georg und das Parteiensystem

Im Jahre 1714 wurde Georg I. Herrscher eines zukunftsorientierten, selbstsicheren Volkes mit ehrgeizigen Bestrebungen in der Innen- und Außenpolitik. Aber er erbte auch die Probleme der Herrscher, die dieses Volk regierten. Es stand im Ruf der Wankelmütigkeit seit den Bürgerkriegen der 40er und der Unterwerfung unter Cromwells Protektorat in den 50er Jahren des 17. Jahrhunderts, seit der Wiedereinsetzung der Stuarts anno 1660 und der Revolte gegen Jakob II. anno 1688. Das radikale Element in der Ideologie der Whigs war auf dem Kontinent weithin bekannt geworden; etliche meinten, mit dem Jahr 1688 sei die Monarchie, wenn schon nicht durch Wahl zu vergeben, so doch total abhängig vom Parlament geworden. Republikanische Prinzipien tauchten sowohl in aristokratischer als auch in demokratischer Ausprägung auf. Einige meinten, die Nation könne, wenn sie auch noch nicht imstande sei, eine republikanische Verfassung zu verdauen, allmählich doch das Prinzip akzeptieren, daß der König »an die Luft gesetzt« werden konnte – will heißen, daß er als abgedankter Monarch betrachtet wurde, wie es Jakob II. geschehen war –, wenn er sich nicht den Diktaten des Oberhauses fügte. Andere pflichteten dem bei, allerdings mit dem entscheidenden Vorbehalt, daß die Macht nicht vom Oberhaus, sondern vom Unterhaus ausgehen sollte. Georg akzeptierte weder die eine noch die andere Auffassung der Whigs. Er legte Wert darauf, bekanntzumachen, daß er als Herrscher kraft »erblichen Rechts« nach Britannien kam – das Recht galt »nur für katholische Mitglieder des Hauses Stuart« nicht mehr. Diese Erklärung sollte etwaigen Interpretationen der Whigs – des Inhalts, das Parlament habe ihm das Königreich gegeben – einen Riegel vorschieben. Gleichzeitig sollte sie die Whigs davon überzeugen, daß er kein Usurpator war. Die Tory-Partei hatte für Georg auch Nachteile, obwohl sie den traditionellen Wert des Hoheitsrechts der Krone hochhielt. Ganz abgesehen von ihrem Abrücken von der Großen Allianz, das keineswegs vergessen war, wurde sie zu sehr mit der Anglikanischen Kirche und deren Intoleranz gegenüber protestantischen Dissentern identifiziert, als daß einem kontinentaleuropäischen Herrscher der frühen Aufklärung wohl dabei sein konnte.

Deshalb schloß sich Georg auch denen an, die darauf drangen, daß die Parteien in Schach gehalten werden sollten, ganz gleich, ob die Trennungslinie (etwa in Krisenzeiten, wenn es um prinzipielle Fragen ging) zwischen Whigs und Tories oder (in ruhigeren Phasen) zwischen »Hof« und »Land« verlief, oder auch, wie die Kontinentaleuropäer es zu formulieren pflegten, zwischen starken und schwachen Regierungen. Daß Georg starken Regierungen den Vorzug gab, erhellt aus einem Vorschlag, den er 1717 machte: Er wollte die britische Erbfolge dahingehend verändern, daß männliche Erben den Vorrang vor weiblichen hatten. Das sieht so aus, als ob er Ludwigs XIV. Behauptung akzeptierte, England sei zur Regierungszeit Königin Annas praktisch eine Republik gewesen. Im Jahre 1714 hoffte und erwartete Georg, einen gemäßigten Kurs steuern zu können, unabhängig von Extremisten, seien es Whigs oder Tories. Kurz, er hoffte, mit einer »Königspartei« regieren zu können – in dem Sinne, in dem Schulenburg diesen Begriff zwischen 1717 und 1720 gebrauchte.

Georgs Regentenliste*, die Liste der Mitglieder der Übergangsregierung bis zu seiner Ankunft in Britannien, ist bislang nur unter dem Aspekt der Parteizugehörigkeit analysiert worden: dreizehn Whigs, vier hannoverfreundliche Tories und ein »Parteiloser«. Eine solche Einteilung ist zwar nützlich, genügt aber nicht für unsere Zwecke. Über fünf Mitglieder des Regentschaftsrates hatte Georg keine Kontrolle, sie hatten ihre Ämter bereits in Königin Annas letztem Ministerium bekleidet. Und die übrigen Regenten waren berufen worden, weil sie sich gegen Oxfords und Bolingbrokes Verrat an Britanniens Alliierten gesträubt hatten, um die Vereinigung Schottlands mit England aufrechtzuerhalten, weil sie auf dem einen oder anderen Gebiet der Verwaltung Spezialisten waren oder starken Einfluß in einer Kammer oder in beiden Kammern des Parlaments ausübten und weil sie als »Männer des Hofes« galten, die es als ihre Pflicht betrachteten, im nationalen Interesse zu wirken – und zwar so, wie es die Krone sah. Es war niemand vertreten, der extremistische Auffassungen hegte, auch niemand, dessen Machtstreben man für zu groß hielt, obwohl das Element der Belohnung für geleistete Dienste natürlich eine Rolle spielte. Die Mitglieder des Regentschaftsra-

---

* Es existierten drei Abschriften davon. Eine war beim Erzbischof von Canterbury hinterlegt, eine beim Lordkanzler und eine bei Bothmer, Georgs Repräsentanten in Britannien. Bei der Sitzung des Geheimen Staatsrats am Vormittag des 1./12. August, einem Sonntag, wurden die Siegel aufgebrochen und die Namen bekanntgegeben.

tes waren in alphabetischer Reihenfolge (abgesehen von Charles Talbot, Herzog von Shrewsbury, der aufgrund seiner Ernennung zum Ersten Lord der Schatzkammer kurz vor Königin Annas Tod ebenfalls *Ex-officio*-Regent wurde): Montague Bertie, Earl of Abingdon, der eine Tory-Gruppe im Unterhaus kontrollierte und heftig gegen den Handelsvertrag mit Frankreich opponiert hatte; Arthur Annesley, Earl of Anglesey, ein Tory mit starken Bindungen an die Anglikanische Kirche, der sich dennoch bei den Debatten über die Friedensverhandlungen in den Jahren 1711–1713 den Standpunkt der Whigs zu eigen gemacht hatte; John Campbell, Herzog von Argyll, ein Offizier, der in Schottland einflußreich und Georg als ein Mann bekannt war, der die Auffassung vertrat, daß der Thronfolge der Stuarts mit Waffengewalt Widerstand geleistet werden müsse; Charles Powlet, Herzog von Bolton, und Charles Howard, Earl of Carlisle, beide bedeutende Patronatsherren von Wahlbezirken, die man als Whigs mit Bindungen an den Hof klassifizieren könnte, nachdem sie eher Verbündete oder Juniorpartner als regelrechte Mitglieder des Whig-Klüngels im Spanischen Erbfolgekrieg gewesen waren; William Cowper, ein erfahrener Administrator (1705–1707 Großsiegelbewahrer, 1707–1710 Lordkanzler), einer der besten Sprecher im Oberhaus und im wesentlichen aufrichtig und gemäßigt, obwohl er – wie wir noch sehen werden – von nicht so großer religiöser Toleranz war wie Georg; William Cavendish, Herzog von Devonshire, der während der Zeit des Ministeriums Oxford/Bolingbroke gemeinsam mit Cowper hauptsächlich für das geschickte Taktieren der Whigs verantwortlich gewesen war; Charles Montagu, Lord Halifax, der schon seit langem Verbindungen zu Hannover hatte und – wenn auch eitel und aufgeblasen – ein glänzender Redner im Oberhaus mit nützlichen Beziehungen zur Londoner Geschäftswelt war; Henry Grey, Herzog von Kent, der gegen Britanniens Separatfrieden mit Frankreich opponiert hatte, obwohl er eigentlich und unbedingt ein Mann des Hofes war, der fand, daß »der Friede des Gemütes« besser sei als die Beteiligung an »Zwistigkeiten mit den Schurken und Narren über Kirche und Staat«; James Graham, Herzog von Montrose, zwischen 1703 und 1713 Siegelbewahrer in Schottland, der die Zusammenarbeit zwischen den Whigs und den schottischen Unionisten gefördert hatte; Daniel Finch, Earl of Nottingham, ein hannoverfreundlicher Tory während seiner ganzen langen Ministerlaufbahn, der 1711 aus Königin Annas Ministerium ausgeschieden war; Edward Russell, Earl of Orford, der zwischen 1709 und 1711 Erster Lord der Admiralität gewesen war und daher Einfluß auf Angehörige der Admiralität und Leute von der Marine und überdies auf seine Verwandten im Unterhaus hatte; Thomas Herbert, Earl of Pembroke, der ebenfalls in der Admiralität Erfahrungen gesammelt hatte; John Ker, Herzog von Roxburghe, der sich stark für die

Thronfolge des Hauses Hannover und das Verbleiben Schottlands in der Union mit England engagiert hatte; Richard Lumley, Earl of Scarborough, der als »unabhängiger Whig« eingestuft worden ist; Charles Seymour, Herzog von Somerset, ein Gardeoffizier und bedeutender Magnat, der zahlreiche Sitze im Unterhaus kontrollierte und Schottland während der Unruhen um die Malzsteuer daran gehindert hatte, aus der Union auszubrechen*; Charles Viscount Townshend, der den englisch-niederländischen Barrieretraktat von 1709 ausgehandelt und damit eine Arbeit geleistet hatte, die Georg als äußerst wichtig für die Sache Hannovers betrachtete.

Shrewsbury hatte sich die Nominierung auf Georgs Liste verdient, weil er stets gemäßigte Schritte unterstützt hatte und bei Parlamentsdebatten dem Haus Hannover gegenüber loyal gewesen war. Er war einer der »Manager« von Königin Anna gewesen, pflegte sein Licht nicht unter den Scheffel zu stellen und dürfte die Auszeichnung, sowohl nominierter als auch *Ex-officio*-Regent zu sein, genossen haben. Daß er dem Ministerium Oxford/Bolingbroke angehört hatte (seit 1710 als Haushofmeister und nach 1713 als Vizekönig von Irland), machte ihn für Georg als Vermittler zwischen den nominierten und den *Ex-officio*-Regenten besonders nützlich.

Es erregte einige Verwunderung, daß weder Marlborough noch sein Schwiegersohn Sunderland unter den Regenten waren. Die Vermutung lag nahe, daß Georg einen Groll gegen Marlborough hegte, weil dieser ihn 1708 hintergangen hatte, oder daß er – wie oft behauptet wurde – dem Herzog wegen seiner Korrespondenz mit dem Hof von Saint-Germain mißtraute. Aber dem widerspricht Georgs erste Maßnahme als König (am 6./17. August, nachdem ihm der Tod von Königin Anna förmlich angezeigt worden war): Er entließ Ormonde und ernannte Marlborough wieder zum Oberbefehlshaber der britischen Armee. Georg vertraute völlig darauf, daß der Herzog bereit war, die Thronfolge des Hauses Hannover zu verteidigen, falls Jakob Eduard Stuart die Proklamation vom 1./12. August anfocht. Aber möglicherweise hatte er Bedenken, Marlborough – und dessen Frau – politische Macht zu geben. Daß Sunderland nicht zu den Regenten gehörte, war sicher eine wohlüberlegte Entscheidung. Er hatte den Ruf eines radikalen, ehrgeizigen Parteimannes und heimlichen Republikaners. Sunderland bekam in Georgs erstem Ministerium einen unwichtigen Posten. Doch der König war weiterhin argwöhnisch gegen ihn. Und als er nach der Krise von 1716/1717 Sunderland mit einem hohen politischen Amt betrauen mußte, blieb diesem noch zwei Jahre der Posten bei Hofe versagt, den er am meisten begehrte, der des Oberkammerherrn, der leichten Zugang zum

---

* Als die englische Malzsteuer 1713 auch in Schottland eingeführt wurde, hatte es Unruhen gegeben, in denen auch Stimmen laut wurden, die die Aufhebung der Vereinigung mit England forderten.

König hatte. Nachdem Sunderland einen Platz im engeren Kreis des Kabinetts erlangt hatte, fand ihn einer seiner Schützlinge interessanterweise eher zu gemäßigten Schritten geneigt: »Er ist in jüngster Zeit sehr von dem Ungestüm abgekommen, das er im letzten Ministerium gezeigt hat.«

Von den *Ex-officio*-Regenten blieben außer Shrewsbury nur zwei im Amt. Tenison, der Erzbischof von Canterbury, der seit langem mit dem Haus Hannover in Briefwechsel stand, hatte sich vom Ministerium Oxford/Bolingbroke distanziert und sich nach 1711 praktisch im Lambeth-Palast isoliert. Daß er nach dem 1./12. August 1714 wieder aktiv wurde, schien ein gutes Zeichen zu sein. Es schien, als könne man mit einer toleranten und gemäßigten Anglikanischen Kirche rechnen. Doch Tenison starb 1715, und sein Nachfolger, William Wake, dachte zwar ökumenisch, was Europa anging, schätzte aber die dominante Stellung der Anglikanischen Kirche in Britannien. Thomas Parker, seit 1710 Lordoberrichter, wurde von Georg im Amt bestätigt, obwohl man der Meinung war, daß es dem Herrscher bei der Thronbesteigung freistände, die gesetzliche Bestimmung, die während der Regierungszeit Wilhelms III. allen Richtern bei guter Amtsführung das Verbleiben im Amt garantierte, zu ignorieren. Parker war ein tüchtiger Mann, bereit, sich hinter den König zu stellen, und wurde 1718 zum Lordkanzler und 1721 zum Earl of Macclesfield ernannt.

Die anderen *Ex-officio*-Regenten fanden keinen Platz in Georgs erster Regierung: Harcourt, der Lordkanzler, wurde von Cowper abgelöst; Buckingham, der Präsident des Geheimen Staatsrates, von Nottingham; Dartmouth, der Lordsiegelbewahrer, von Wharton; Strafford, Erster Lord der Admiralität, von Orford. Vier der neuen Männer hatten als Regenten auf Georgs Liste gestanden; der fünfte, Wharton, hatte sich mit aller Entschiedenheit gegen den Separatfrieden ausgesprochen.

Es fehlte Georg nicht an Rat über die Männer, die er nach seiner Ankunft in England beschäftigen sollte. Und er wußte auch, welche Politik man von ihm erwartete. Er erhielt erbetene und unerbetene Denkschriften über die derzeitige Lage bei den Parteien, über Tagesprobleme und über die Frage, wer zu belohnen und wer zu bestrafen sei. Der Überlieferung nach haben Bothmer und Robethon »alles« entschieden, weil der König angeblich weder etwas von englischen Angelegenheiten verstand noch sich dafür interessierte. In Wirklichkeit hatte Georg sich schon seit langem mit den anstehenden Problemen auseinandergesetzt und sich über die Persönlichkeiten informiert, die als Minister in Frage kamen. Für diese Informationen waren Engländer wichtiger als Hannoveraner. Im Hauptstaatsarchiv Hannover finden sich Briefe von Cowper und Nottingham. Und Bernstorff verwahrte sorgfältig eine nicht datierte und nicht signierte Schrift über »La méthode dont s'est servir le dernier ministère pour faire casher le premier et se mettre eux mesmes dans la favour de la Reine«. Über Bernstorff wurde Cowper einer von Georgs wichtigsten Beratern. Auf die freundschaftlichen Beziehungen bauend, die zwischen seinem Schwager Ludwig Justus von Schütz (dem verstorbenen hannoveranischen Gesandten am englischen Hof) und den Cowpers bestanden hatten, begann Bernstorff einen Briefwechsel mit Lady Cowper, nachdem die Nachricht von Königin Annas Tod in Hannover eingetroffen war. So konnte er dem König vor und nach der Übersiedlung nach England die Empfehlung der Cowpers übermitteln. Aber Georg hörte auch auf Wilhelm von Görtz und Weipart Ludwig von Fabrice, die Freunde und Kontaktpersonen in nichtjakobitischen Torykreisen hatten. Und da die beiden Minister den König nach England begleiteten und mehrere Monate dort blieben, war Cowpers *Impartial History of Parties* in der von seiner Frau besorgten französischen Übersetzung nicht das einzige Plädoyer, das Georg studierte: Auch die Tories hatten ihre Fürsprecher und Propagandisten.

Die Whigs konnten jedoch Fürsprecher im Ausland gewinnen, die den Tories versagt blieben. Sie wußten, daß Georg über Den Hag nach England reisen würde, und drängten niederländische Minister dazu, sich bei ihm für »vertrauenswürdige Whigs« in sämtlichen Ämtern zu verwenden. Georg wollte nur drei Tage in der Republik bleiben, aber widrige Winde hielten ihn dort vom 16. bis zum 27. September fest. In dieser Zeit traf er mit niederländischen Politikern zusammen und diskutierte mit Bernstorff und Görtz, die bereits am 11. September in den Niederlanden eingetroffen waren, über ihre Gespräche mit Heinsius, dem *Raadpensionaris,* mit Slingelandt, dem Sekretär des Staatsrats, und mit Duyvenvoorde, dem Schwiegersohn Portlands, der in englischen Angelegenheiten recht bewandert war und sich auch mit dem englischen Adel gut auskannte.

Georgs Erklärung, daß er seine Berater nicht danach aussuchen werde, ob sie Whig oder Tory seien, sondern vielmehr nach den Verdiensten des jeweiligen Mannes, machte Heinsius immerhin so vorsichtig, daß er bloß Whigs empfahl, die er als »Freunde der Niederländer« betrachtete, und sich auf die Ämter konzentrierte, die Einfluß auf die britische Außenpolitik hatten. Die für die Innenpolitik zuständigen Minister – der Lordkanzler, der Lordoberrichter, der Erste Lord der Schatzkammer und der Lordsiegelbewahrer – gehörten alle der wichtigen kleinen Gruppe der Berater des Königs an, die man als das eigentliche Kabinett bezeichnete. Es traf an einem bestimmten Tag in der Woche mit dem Monarchen zusammen (wenn er es wünschte, auch zu anderen Zeiten) und bereitete das, was besprochen werden sollte, bei den »Sitzungen der Lords der Kommission« vor. Zu dieser Gruppe, von Historikern oft als »das innere Kabinett« bezeichnet, gehörten außerdem die beiden Spezialisten für die Außenpolitik, die Staatssekretäre. Und auf diese beiden Posten konzentrierte sich das Interesse von Heinsius und anderen Niederländern, die die guten Beziehungen zu Britannien wiederherstellen wollten, die unter Königin Annas Regierung mehr oder weniger eingeschlafen waren. Bis zur Reform von 1782, die das Außen- und Innenministerium schuf, waren die beiden Staatssekretäre* für einige innere Angelegenheiten zuständig (die teils nach geographischen und teils nach Sachgebieten aufgeteilt waren); doch hauptsächlich befaßten sie sich mit auswärtigen Angelegenheiten, die ebenfalls nach geographischen Gesichtspunkten aufgeteilt waren. Der »Sekretär für den Süden« kümmerte sich um die Beziehungen zu Frankreich, Spanien, Portugal, die italienischen Staaten (mit Ausnahme des Kirchenstaates) und das Osmanische Reich. Der »Sekretär für den Norden« war für Dänemark–Norwegen, Schweden, Polen, Rußland, die deutschen Staaten und die Niederländische Republik zuständig. Der ranghöhere der beiden Sekretäre, d. h. derjenige, der zuerst ernannt worden war, wählte (oder wechselte) hin und wieder das Amt – das hing davon ab, wie dringlich die jeweiligen Probleme in Nord- und Südeuropa waren. Er hatte auch einigen Einfluß auf die Wahl seines Kollegen, denn obwohl in der Außenpolitik der Herrscher das letzte Wort hatte, war es wichtig, daß die beiden Sekretäre gut miteinander auskamen.

In der Niederländischen Republik herrschte große Freude, als Georg in Den Haag ankündigte, daß er Townshend zum ersten Sekretär machen wollte. Townshend war der Schöpfer des Vertrages von 1709, kraft dessen die Niederländer die protestantische Thronfolge gemäß der Thronfolgeakte von 1701 garantiert hatten, wofür sie wiederum eine Garantie für eine Reihe von »Barriereplätzen« in den Südlichen Niederlanden erhielten. Die Barriereplätze sollten einen ersten Schutzwall gegen Frankreich bilden und mit Truppen aus den Nördlichen Niederlanden belegt sein. Für sie aufkommen sollte der künftige Herrscher dieses Teils der Niederlande, der – nach dem Sieg von Ramillies im Jahre 1706 – von einem englisch-niederländischen Kondominium regiert wurde, bis der genannte Herrscher international anerkannt und imstande war, seine Abmachungen mit den Seemächten zu treffen. Königin Annas letztes Ministerium hatte befürchtet, daß die Niederländer sich diese »Barriere« kommerziell zunutze machen könnten, und 1713 eine Änderung des Barrieretraktes erzwungen, die eine drastische Verringerung der Zahl der Barriereplätze vorsah. Townshends Nominierung ließ die Niederländer zuversichtlich hoffen, daß er – da es im Norden weiterhin gärte und Georg sich für den Nordischen Krieg interessierte – Sekretär für den Norden werden würde. Außerdem hofften sie, daß sie durch ihn wenig-

---

* Seit der Vereinigung mit Schottland gab es auch einen Sekretär für Schottland, der jedoch nichts mit der Außenpolitik zu tun hatte. Das Amt wurde 1724 wieder abgeschafft.

stens ein paar von den »verlorenen« Barriereplätzen wiederbekommen würden, wenn sie sich mit dem designierten Landesherrn der Südlichen Niederlande, Kaiser Karl VI., in seiner Eigenschaft als österreichisch-habsburgischer Herrscher über die Barriere geeinigt hatten. Er hatte erst vor kurzem (im Mai 1714) Frieden mit Ludwig XIV. geschlossen, und man konnte nicht erwarten, daß er über die Barriere verhandelte, bevor am Ende des Kongresses von Baden (im Schweizer Kanton Aargau) der Friede zwischen Frankreich und dem deutschen Reich unterzeichnet war.

Es interessierte die Niederländer auch, wer Sekretär für den Süden wurde – man konnte annehmen, daß Townshend darauf einen gewissen Einfluß hatte. Georg hatte bereits von Hannover aus Bolingbrokes Entlassung und die Versiegelung seiner Papiere verfügt. Aber auch sein Nachfolger würde sich mit dem Problem auseinandersetzen müssen, das ihm und dem französischen Außenminister Torcy Kopfzerbrechen bereitet hatte: Es gab keinen regelrechten Friedensvertrag zwischen Karl VI. als habsburgischem Herrscher und Philipp V. von Spanien. Theoretisch befanden sich die Monarchen nach wie vor im Kriegszustand, wenn auch der Neutralitätsvertrag für Italien (1713) zumindest vorübergehend die Feindseligkeiten zwischen Spanien und Österreich in diesen umstrittenen Gebieten beendet hatte. Bolingbroke hatte sich – gemeinsam mit Torcy und Victor Amadeus von Savoyen-Sizilien – vorgestellt, daß Karl VI., was Spanien betraf, »zur Vernunft gebracht« werden sollte, wenigstens so weit, daß er Philipp V. anerkannte. Außerdem sollte dafür gesorgt werden, daß er den Frieden in Italien nicht brach. Zu diesem Ende wollten England und Frankreich sich dezidiert hinter Victor Amadeus stellen: Sein Königstitel sollte ebenso bestätigt werden wie die Bedingungen seines Vertrags von 1703 mit der Großen Allianz hinsichtlich der Landgewinne Savoyens im Herzogtum Mailand. Als Königin Anna starb, hatte man noch keine Lösung gefunden. Doch es kann kaum Zweifel daran bestehen, daß Bolingbrokes Plan zur »Vervollkommnung des Systems von Utrecht« die Gedanken seines Nachfolgers Stanhope und auch die von Georg beeinflußte, obwohl der im Herbst 1716 initiierte »Friedensplan für den Süden« durch Stanhopes persönliche Kenntnis Spaniens und durch Georgs I. Beziehungen zum Regenten von Frankreich modifiziert wurde.

Der Überlieferung nach verdankte Stanhope seine Ernennung zum zweiten Sekretär einer Empfehlung Townshends. Diese wiederum soll ursprünglich von Horatio Walpole gekommen sein, Roberts jüngerem Bruder, der in Spanien für Stanhope und später in Den Haag als Sekretär für Townshend gearbeitet hatte. Das ist nicht unwahrscheinlich, aber wir wissen aus zeitgenössischen Quellen, daß Stanhopes Name Georg bereits bekannt war und daß er (mit Cadogan und Argyll) dem geheimen

Triumvirat angehören sollte, dem in den letzten Jahren von Königin Annas Regierung die eventuelle Planung für die Verteidigung der Thronfolge des Hauses Hannover mit Waffengewalt oblag, solange Marlborough sich noch in Kontinentaleuropa aufhielt. Überdies war Stanhope einer der wenigen Engländer, die Kontinentaleuropa gut kannten. Er hatte dort mit seinem Vater, einem Diplomaten, einen Großteil seiner Jugendjahre verbracht. Und er hatte als Militärbefehlshaber in Spanien Verhandlungen mit den Niederländern und den Portugiesen geführt, vor allem aber mit »Karl III.« von Spanien und dessen Beratern zu der Zeit, als Karl VI. von Österreich der Kandidat der Alliierten für die spanische Krone gewesen war. Da der junge Schulenburg ebenfalls bei »Karl III.« akkreditiert gewesen war, ist es durchaus möglich, daß Georg sich einigermaßen unabhängig ein Urteil über Stanhope gebildet hatte.

Georg hatte einen eigenen Draht zur Hofburg Karls VI., weil er und einige seiner Berater aus Hannover mit der verwitweten Kaiserin Wilhelmine (der Tochter seines verstorbenen Onkels Johann Friedrich) und mit der Kaiserin Elisabeth korrespondierten – sie war eine jüngere Verwandte aus dem Hause Braunschweig. Doch nach 1714 war ihm sehr daran gelegen, daß ihm Engländer mit einem Gespür für europäische Probleme und Gegebenheiten zur Seite standen.

Es gelang Georg zwar, zwei Staatssekretäre zu ernennen, die sich in kontinentaleuropäischen Angelegenheiten auskannten, aber seine Pläne, eine gemischte »ausgewogene« Regierung aus Whigs und Tories zu bilden, gediehen weniger gut. Für Bolingbroke und Oxford hatte der König keine Verwendung. Man hielt sie der Förderung des Thronprätendenten für schuldig und urteilte ihr getrenntes Herantreten an Hannover als Finte. Heute wissen wir, daß sie es ehrlich meinten, nachdem sie beide erkannt hatten, daß Jakob Eduard Stuart nicht dazu bewegt werden konnte, zum Protestantismus – und sei es auch nur als bloße Geste – überzutreten. Oxford war bei den Alliierten, die sich durch die separaten englisch-französischen Verhandlungen nach 1710 verraten gefühlt hatten, der unbeliebtere von den beiden. Bolingbroke war aufrichtig, und die alliierten Diplomaten wußten bei ihm, woran sie waren; sie hatten auch Hochachtung vor seiner Intelligenz und seinem logischen Denken. Oxford dagegen war ihnen verhaßt, nachdem sie gemerkt hatten, daß die verbindlichen, beruhigenden Worte, die er ihnen sagte, Betrügereien beschönigten oder beschönigen sollten. Wenn er in die Enge getrieben wurde, leugnete er feige jegliche Verantwortung. Niederländische, hannoveranische und österreichische Diplomaten hatten diese demütigende Erfahrung gemacht; ebenso Heinsius, der brieflich und über Emissäre versucht hatte, durch Zusammenarbeit mit Oxford zu einem Kompromißfrieden zu gelangen; ebenso Prinz Eugen bei seinem Besuch in London anno 1712. Das unterschiedliche Verhalten Georgs und seiner Berater den beiden ehemaligen Ministern gegenüber ist aufschlußreich. Bolingbroke konnte sich ein gewisses Maß an Respekt erhalten und durfte sogar nach England zurückkehren, nachdem er zwischen 1715 und 1716 dem Prätendenten gedient hatte. Oxford wurde öffentlich angeklagt, und obwohl das Verfahren schließlich wegen eines Streits zwischen dem Oberhaus und dem Unterhaus (zu der Zeit, da Robert Walpole in der Opposition war) eingestellt wurde, verzieh man ihm nicht. Der König gab dem Unterhaus jedenfalls 1717 die Chance, das Verfahren weiter zu betreiben, und war sehr erleichtert, als Oxford 1718 beschloß, sich aufs Land zurückzuziehen und die politische Bühne zu verlassen.

Georg hoffte, für sein erstes Ministerium gemäßigte Tories gewinnen zu können. Er bot William Bromley, einem ehemaligen Sprecher des Unterhauses, der neben Bolingbroke Staatssekretär gewesen war, einen Posten an, ebenso Sir Thomas Hanmer, dem Sprecher des abtretenden Unterhauses. Beide lehnten ab und begründeten es mit Loyalität ihrer Partei gegenüber: Zufrieden wären sie erst dann, wenn die Hälfte der Posten an Tories ginge. Ihrer Meinung nach wollten sich etliche Whigs – besonders die jüngeren, die in Regierungsämter berufen wurden – an den Tories rächen und hatten kein Verständnis für die Hoffnungen des Königs.

Sie stimmten aber mit dem König überein, als es um die Besetzung besonders heikler Posten mit Whigs ging. Simon Harcourt, der Lordkanzler, mußte aus dem Amt scheiden, weil die Kanzlerschaft so wichtig und ein neuer Anwärter in Gestalt von William Cowper zur Hand war. Ebenso wurde Harcourts angeheirateter Verwandter, der Generalpostmeister Sir John Evelyn, zumindest zeitweise in die Wüste geschickt, weil sein Posten von größter Bedeutung für den in- und ausländischen Nachrichtendienst der Staatssekretäre war. Daß Bromley und Hanmer auch dann noch unnachgiebig blieben, als man ihnen sagte, die hannoverfreundlichen Tories bekämen weitere Posten, wenn auch zunächst nicht so hochrangige, bewahrte die Whigs vor einem »ausgewogenen« Ministerium. Sie stießen sich sogar daran, daß das wichtige Amt des Präsidenten des Geheimen Staatsrats an Nottingham ging, den sie nicht als »loyalen Parteimann« betrachteten, und waren nicht eher zufrieden, als bis sie ihn aus dem Amt gejagt hatten.

Durch den Tod der weniger rachsüchtigen Whigs Halifax und Wharton im ersten Jahr von Georgs Herrschaft kamen fähige, aber noch ungestümere und weniger anpassungsfähige jüngere Männer an die Spitze: Im August 1715 wurde Sunderland, bis dahin Vizekönig von Irland, Lordsiegelbewahrer, und im Oktober desselben Jahres wurde der Generalzahlmeister Robert Walpole Erster Lord der Schatzkammer. Zu dieser Zeit tobte bereits der Parteienstreit. Bei den Wahlen zum neuen Parlament, das im März 1715 zusammentrat, hatten die Whigs eine Mehrheit von etwa 150 Sitzen bekommen. Die auf Rache sinnenden Minister fühlten sich jetzt ermutigt, gegen Oxford, Bolingbroke und Ormonde eine öffentliche Anklage wegen Hochverrat und gegen Strafford eine öffentliche Anklage wegen Kapitalverbrechen und Amtsmißbrauch einzuleiten. Diese Vorgänge trugen dazu bei, daß sich Jakob Eduard Stuart im September 1715 entschloß, gegen die Thronfolge des Hauses Hannover vorzugehen.

Es ist sinnlos, darüber zu spekulieren, ob die Krisen, die Georg zwischen 1715 und 1718 an der Heimatfront bedrängten, hätten abgewendet werden können, wenn er ein ausgewogeneres Ministerium zustandegebracht hätte. Theoretisch hätten die Whigs vielleicht kein solches Übergewicht bekommen, wenn Bromley und Hanmer die ihnen angebotenen Posten angenommen hätten. Aber in der Praxis waren die Trennung in Parteien und die Loyalität der eigenen Partei gegenüber stärker, als Georg es erwartet hatte. Die Zusammenarbeit zwischen den hannoverfreundlichen Tories und den Whigs hatte eigentlich schon aufgehört, bevor Georg in seinem Königreich eintraf. Er war realistisch genug, das zu akzeptieren. Doch soweit es die Umstände zuließen, versuchte er während seiner Regierungszeit immer wieder, auf Ministerien hinzuarbeiten, die seiner Idealvorstellung entsprachen. Die erste Krise während seiner Herrschaft, der Jakobitenaufstand von 1715/1716, klammerte die Tory-Partei als Lieferantin von Ministern aus. Georg modifizierte die Idee eines ausgewogenen gemischten Ministeriums dahingehend, daß er verschiedene Gruppen aus dem großen Kreis derer, die als Whigs bezeichnet wurden, trotz persönlicher Rivalitäten und verschiedener Auffassungen über den besten Weg zum erwünschten Ziel unter seiner Leitung zusammenarbeiten ließ. Leider provozierte Georgs fester Wille, die königliche Außenpolitik so zu gestalten, daß sie dem Hause Hannover nützte, zu einem Großteil die zweite Krise – die von 1716/1717 –, bei der die Minister sich dermaßen erregten, daß die ursprünglichen Probleme rasch in Vergessenheit gerieten und der König gezwungen wurde zu ernten, was er nicht hatte säen wollen: die Entlassung von Townshend und den Rücktritt von Robert Walpole. Die dritte Krise, die in einem gewissen Zusammenhang mit der zweiten stand, drehte sich um Georgs Erben. Sie brach Anfang 1718 aus und dauerte zwei Jahre. In diesen Jahren schlossen sich die Whigs (in der Opposition) dem Prince of Wales an, um immer wieder wirkungsvolle Angriffe gegen die »Königspartei« vorzutragen. Georg ließ sich all das eine Lehre sein und ging nach 1720 recht geschickt und insgesamt erfolgreich mit seinem Sohn und seinen Ministern um.

DES KÖNIGS ENGLISCH

Auch in den frühen, turbulenteren Jahren von Georgs Herrschaft bestand das Leben in Britannien nicht nur aus Krisen. Der König hatte Melusine und ihre drei Töchter mit nach England genommen und im St. James's-Palast untergebracht. Sie erkundeten den Park, besuchten Kensington und seine Gärten und planten bereits im Oktober 1715 bauliche Verbesserungen von Hampton Court. Georg August, nun Prince of Wales, wurde ebenfalls in St. James's untergebracht, mit Caroline und ihren gemeinsamen Töchtern: der 1709 geborenen Anna, der 1711 geborenen Amalie und der 1713 geborenen Caroline. Ihr Sohn Friedrich, 1714 sieben Jahre alt, blieb in Hannover bei seinen Erziehern. Für ihn war ein pädagogisches Programm vorgesehen, das sein Großonkel Ernst August überwachte und das Georg entworfen hatte. Es ging nicht an, daß Friedrich nichts vom Kurfürstentum Hannover wußte. Und es war durchaus möglich, daß die Hannoveraner sich im Stich gelassen fühlten, wenn die gesamte Familie nach London übersiedelte. Das höfische Leben in Hannover ging weiter wie bisher. Man zog im Sommer nach Herrenhausen um und erfreute sich an Konzerten, Theateraufführungen und allerlei Belustigungen. Georg hoffte, sein Kurfürstentum besuchen zu können, wenn sich die Möglichkeit dazu bot – ähnlich wie Wilhelm III. die Niederlande und Celle besucht hatte. Es dürfte Georg jedoch nicht entgangen sein, daß Wilhelm seine Anwesenheit auf dem Kontinent mit den Feldzügen des Pfälzischen Krieges rechtfertigen konnte. Und er wußte natürlich, daß Annas Nachfolger aufgrund einer Zusatzklausel zur Thronfolgeakte das Parlament um Erlaubnis bitten mußte, wenn er ins Ausland reisen wollte. Es war ihm klar, daß England von nun an seine Heimat sein würde, und er richtete sich entsprechend ein. Da er gern auf die Jagd ging und gern ausfuhr, nimmt es nicht wunder, daß zu seiner ständigen Begleitung Kielmannsegg gehörte, sein Oberstallmeister aus Hannover, und daß Kielmannseggs Frau, Georgs Halbschwester Sophie Charlotte, und die Kinder des Paars bald nach England kommen sollten*.

Der Prince und die Princess of Wales nahmen an der Krönungszeremonie am 20./31. Oktober teil. Georg trug die Krone, die für Königin Anna angefertigt worden war. Die alte Stuart-Krone hatte Jakob II. mitgenommen und, so glaubte man allgemein, bei der Kanalüberquerung verloren. Die Krone von Königin Maria, der ersten Gemahlin Wilhelms III., wurde für Georg August umgearbeitet. Es war lange her, daß

---

* Das Gerücht – das immer noch in Büchern über diese Zeit als Tatsache hingestellt wird –, Sophie Charlotte sei ihrer Schulden wegen gezwungen gewesen, auf dem Kontinent zu bleiben, ist unhaltbar. Sie konnte nicht so früh wie ihr Mann nach England kommen, weil sie den Umzug organisieren mußte. Um die Kosten für den Umzug zu decken, nahm sie allerdings einen Kredit auf (der binnen fünf Jahren abbezahlt wurde).

ein Prince of Wales an der Krönungszeremonie teilgenommen hatte, und man hatte nicht die Zeit, eine eigene Krone für ihn machen zu lassen. Unmittelbar nach der Krönung gab Georg eine neue Königskrone in Auftrag. Juwelen von Annas Krone kamen auf die neue, leichtere Krone, die etwas mehr als eineinhalb Pfund wog. Die vergoldeten Metallteile der alten, über ein Kilo schweren Krone wurden für den Materialwert verkauft.

Der Prince of Wales wurde ähnlich in die Staatsgeschäfte eingeführt wie Georg von seinem Vater. Er war bei Sitzungen des Kabinetts und des Geheimen Staatsrats dabei. Doch er hatte nicht teil an den Geheimnissen des Arbeitszimmers, in dem der König einzelne Minister, Höflinge, Bittsteller und ausländische Diplomaten in Audienz empfing – eine weitere Analogie zu Georgs eigenen Lehrjahren in Hannover. Königin Anna hatte ebenfalls solche Unterredungen in ihrem Arbeitszimmer geführt, aber bei Georg scheinen sie häufiger gewesen zu sein, besonders nach 1717. Den feinen, aber deutlichen Unterschied, der zwischen König und Erben gemacht wurde, kann man aus den Bruchstücken ersehen, die uns von Cowpers Tagebuch erhalten geblieben sind. Cowper berichtet von der Privataudienz bei Georg in St. James's nach seiner Ernennung zum Lordkanzler: Der Prince of Wales empfing ihn in einem Vorzimmer, und dann sprach er allein mit dem König in dessen Arbeitszimmer.

Früher wurde immer behauptet, Georg hätte wegen seiner Schwierigkeiten, sich mit seinen Ministern zu verständigen, nie an Sitzungen des Kabinetts teilgenommen. Professor Plumb hat jedoch gezeigt, daß der König mindestens bis zum April 1717 Rat mit seinen wichtigsten Ministern hielt, wobei seine geringen Kenntnisse im gesprochenen Englisch kein ernstliches Problem darstellten. Es machte nur etwas zusätzliche Arbeit: Papiere, die ihm vorgelegt werden sollten, mußten ins Französische übersetzt werden. Plumb hat außerdem vermutet, daß sich der Übergang zu einem anderen System – der König traf nicht mehr mit seinem inneren Kabinett, sondern nur noch mit seinem Premierminister zusammen – über eine längere Phase hinzog. Autoren nach Plumb haben die Zeitbestimmung »April 1717« irrtümlicherweise als letztes Datum interpretiert, an dem Georg sein inneres Kabinett konsultierte, und dies mit den Spannungen erklärt, die sich zwischen dem König und seinem Erben entwickelten: Ohne den Prince of Wales als »Dolmetscher« bei den Sitzungen habe Georg nicht weitergewußt und sei daher den Weg des geringsten Widerstandes gegangen.

Meine eigenen Forschungen haben ergeben, daß Georg während seiner ganzen Regierungszeit Kabinettssitzungen abhielt und daß sich der Prince of Wales – in dem Bestreben, unabhängige Macht zu erlangen – im Herbst 1717 von diesen Sitzungen und von denen des Geheimen Staatsrats absentierte. Schulenburg schreibt, daß 1718/1719 der Donnerstag der festgesetzte Tag für die Kabinettssitzungen des Königs in Hampton Court ist; Carteret schreibt 1723 von einer solchen Sitzung, bei der eine bestimmte Sache dem König unterbreitet und von ihm entschieden worden ist.

Georgs Englischkenntnisse waren zwar nicht umfassend, aber auch nicht so gering (oder gar nicht vorhanden), wie man geglaubt hat. Schmeichelei mag im Spiel gewesen sein, als 1707 ein Untertan von Königin Anna, »der Hannover gut kannte«, Georg auf englisch schrieb und betonte, er nähme sich diese Freiheit, weil er wisse, daß der Kurfürst diese Sprache beherrsche. Oxford war etwas zurückhaltender, als er 1710 den Gebrauch seiner Muttersprache in einem Brief an Georg damit begründete, daß der Kurfürst – davon sei er überzeugt – »ein englisches Herz« habe. Doch es gibt mehrere unbestreitbare Hinweise darauf, daß Georg Englisch verstand und sich auch gelegentlich in Wort und Schrift auf englisch äußerte. Cowper bemerkt in Zusammenhang mit der bereits erwähnten Audienz vom Oktober 1714, daß der Prince of Wales sich in Französisch und Englisch mit ihm unterhielt und daß der König, obwohl Cowper Englisch sprach, ihm auf Französisch antwortete. Und es ist verbürgt, daß Georg I. sein erstes Parlament mit einem kurzen englischen Satz eröffnete: »My Lords and Gentlemen, I have ordered my Lord Chancellor to declare to you, in my name, the causes of calling this Parliament.« (Meine Lords, meine Herren, ich habe meinem Lordkanzler befohlen, Ihnen in meinem Namen die Gründe für die Einberufung dieses Parlaments zu erklären.) Natürlich ist es möglich, daß Georg diesen Satz mechanisch auswendig lernte; aber es gibt Beweise dafür, daß er englische Wendungen einstreute, wenn er Französisch sprach, daß er in Unterhaltungen nach 1720 komplette englische Sätze sprach und daß er sogar eine auf englisch geschriebene Aufzeichnung mit einer englischen Randbemerkung versah.

Lady Cowper zitiert in den frühen Partien ihres Tagebuchs aus Georgs Regierungszeit die Bemerkungen des Königs stets auf französisch. Doch 1720 zeichnet sie auch einen englischen Satz auf, der – wie mir scheint – authentisch sein muß, weil er einen falschen Plural enthält, ein Fehler, den Deutsche damals häufig machten und auch heute noch machen. Gegenstand von Lady Cowpers Gespräch mit dem König war der Wiedereintritt von Townshend und Walpole in das Ministerium, und der etwas verdrießliche Satz lautet folgendermaßen: »What did they go away for? It was their own *faults**.« (Warum sind sie gegangen? Es war ihre eigene Schuld.)

---

* Statt *fault*. (Hervorhebung d. Verf.) Daß man diese Art von falscher Pluralbildung im damaligen England durchaus kannte, erweist sich an einer – vermutlich apokryphen – Geschichte von 1715/16, aus einer Zeit also, da jakobitische Unruhen herrschten und die Hannoveraner in London recht unpopulär waren; man sagte ihnen nach, sie bereicherten sich auf Englands Kosten. Melusine und Sophie Charlotte fuhren mit der Kutsche aus. Die Kutsche wurde von einer recht unfreundli-

Daß Georg geschriebenes Englisch verstand, erhellt daraus, daß Mehemet nach 1714 bei den privaten Rechnungsbelegen des Königs, die, wie er wußte, von diesem sorgfältig geprüft wurden, in zunehmendem Maße englische Ausdrücke und Wendungen gebrauchte und englisches Material – handschriftlich und gedruckt – ohne Übersetzung beilegte. Und daß Georg gesprochenes Englisch verstand, geht daraus hervor, daß er sich regelmäßig englische Theaterstücke anschaute. Die Shakespeare-Aufführungen, die er in Hampton Court veranstaltete, sind vielleicht kein zwingender Beweis. Anders verhält es sich mit Schulenburgs Bericht vom April 1717 (auf dem Höhepunkt der dritten Krise), daß der König neugierig darauf sei, in einem bestimmten Stück einen bestimmten Schauspieler zu hören, der inzwischen zwar alt sei, aber »fort renomé quie ne jouait pour faire Sa cour au Roy, etant Whig outré«.

Es scheint auch erwiesen zu sein, daß Georg, zumindest nach Stanhopes Tod, nicht verlangte, daß Memoranden seiner britischen Minister für ihn auf französisch abgefaßt sein sollten. Im *Public Record Office* findet sich ein englischer Brief von Townshend aus dem Jahre 1723, auf den Georg eigenhändig geschrieben hat: »I agree with you in everything contain'd in this letter, and desire you to communicate your opinion either to the Duke of Newcastle or H. Walpole, that the instructions to the Ambassadors may be sent according to your opinion. GR.« (Ich stimme mit Ihnen in allem überein, was in diesem Brief enthalten ist, und bitte Sie, Ihre Meinung entweder dem Herzog von Newcastle oder H. Walpole mitzuteilen, damit, Ihrer Meinung entsprechend, die Weisungen an die Botschafter gesandt werden können. G[eorg] R[ex].)

Es nimmt jedoch nicht wunder, daß Georg sich lieber des Französischen bediente. Das Französische war die Sprache der feinen Gesellschaft Europas, die Sprache, mit der er aufgewachsen war und die er, zusammen mit Deutsch, im Briefwechsel mit seiner Mutter verwendete (die ihre Memoiren auf französisch schrieb). Deutsche Höflinge und Diplomaten bedienten sich oft des Französischen. Schulenburg korrespondierte mit Görtz zum Beispiel auf französisch – hin und wieder verwendete er eine lateinische Redensart oder ein deutsches Sprichwort. Fabrice schrieb seine Memoiren auf französisch.

Daß Georg das Englische sparsam verwendet, mag etwas mit Schüchternheit zu tun haben. Es ist aber auch möglich, daß er besorgt war um seine Würde als König und um die Würde der Sprache seines Königreichs. Sophie, die verwitwete Kurfürstin von Hannover, hatte sich

chen Menge aufgehalten. Eine der Damen lehnte sich aus dem Fenster und fragte in freundlichem Ton: »Good people, why do you plague us so? We have only come for your own goods.« Die »guten Leute« waren nicht um eine Antwort verlegen: »Yes, and for our *chattels* too.« (Die Pointe dieser Anekdote ist unübersetzbar, aber leicht zu verstehen: Der falsche Plural – goods statt good – legte die Assoziation zu der englischen Wendung – »goods and chattels« nahe, die dem deutschen »Hab und Gut« entspricht.)

darum gekümmert, daß die jüngeren Mitglieder der Familie nach 1701 Englischunterricht erhielten (sie sieht allerdings diskret davon ab, ihre eigenen Söhne in diesem Zusammenhang zu erwähnen). Georg August sprach ziemlich fließend Englisch; er hatte jedoch einen starken deutschen Akzent, über den man sich oft lustig machte, weil er so stolz auf sein Englisch war. Die Princess of Wales sprach fließend Englisch, vermied es aber, Englisch zu schreiben und setzte in zunehmendem Maße dafür ihre Töchter als Sekretärinnen ein. Alles in allem konnten die Damen bei Hofe am besten Englisch, obwohl auch Bothmer für sein gutes Englisch gelobt wurde. Melusine und Sophie Charlotte erhielten englische Briefe und schrieben hin und wieder Briefe auf englisch; ihre Töchter wuchsen wie die des Prince und der Princess of Wales dreisprachig auf – sie lernten Französisch, Deutsch und Englisch. Die Gräfin zu Schaumburg-Lippe beherrschte das Englische so perfekt, daß ihr Briefwechsel mit Königin Carolines Hofdamen nach ihrem Rückgang nach Deutschland bei Herausgebern des 19. Jahrhunderts Staunen und Bewunderung erregte. Im Jahre 1727 schrieb sie in einem Brief aus Twickenham voll Stolz, daß ihre (und Georgs) Enkel nun im Alter von fünf beziehungsweise drei Jahren alle drei Sprachen lesen und verstehen könnten.

Die königliche Hofhaltung

Zu Georgs Hof gehörten nach den ersten ein, zwei Jahren wenig Deutsche. Doch daß überhaupt welche da waren, wurde von Engländern oft als kränkend empfunden und führte in Krisenzeiten zu gegenseitigem Mißtrauen. Selbst ein so vernünftiger und ausgeglichener Mensch wie die Gräfin zu Schaumburg-Lippe war erbittert und beinahe rasend, wenn sie die Szenen bei den Entbindungen der Princess of Wales beschrieb: Warum mußten die englischen Ärzte – im Gegensatz zu den deutschen – schon Instrumente verwenden, bevor die Wehen eingesetzt hatten? Kein Wunder, daß die Folge ihres Eingreifens ein totgeborener Sohn war oder einer, der nicht lange lebte.

Die Hauptbeschwerde der Engländer über den König war die, daß er zu eigenbrötlerisch sei und mit seinen englischen Kammerherrn nie so vertrauten Umgang pflege wie mit seinen deutschen Dienern. Die englischen Paläste waren so angelegt, daß eine räumliche Distanz zwischen Herrscher und Untertan bestand, wobei das Privileg des Zugangs zum König von den relativ öffentlichen Räumen bis zu den Privatgemächern graduell abgestuft war; doch Georg entzog das »Allerheiligste«, sein Schlafgemach, selbst denjenigen, die das traditionelle Recht für sich beanspruchten, dem König aufzuwarten, wo immer er sich in seinem Palast aufhielt. Im Audienzsaal empfing er Höflinge und Persönlichkeiten des öffentlichen Lebens, in seinem Arbeitszimmer – wenn er wollte – Minister, Beamte und ausländische Diplomaten; aber sein Schlafgemach wurde von Mehemet und Mustafa in einer Weise abgeschirmt, die wider alle Gewohnheit und geradezu verwirrend war. Georg hatte bereits als Kurfürst versucht, unnötigen Wirbel und auffällige Pracht zu vermeiden. Er hatte es zum Beispiel untersagt, daß er bei der Rückkehr von den Feldzügen des Spanischen Erbfolgekriegs mit Pauken und Trompeten begrüßt wurde. Gegen die Kosten und das traditionelle Zeremoniell im Zusammenhang mit der Kaiserkrönung 1711 hatte er allerdings nichts einzuwenden. Er hatte hart gearbeitet und er hatte es geschafft, sein Privatleben vor der Außenwelt abzuschirmen. Beides war ihm zur Gewohnheit geworden, und er wollte weder die eine noch die andere aufgeben. Er stand für die notwendigen Zeremonien zur Verfügung, wünschte jedoch Botschaften und andere Dokumente in Ruhe zu lesen und verließ daher seine Privatgemächer meistens erst kurz vor Mittag. Seine Minister, die englischen wie die deutschen, sah er am liebsten zu festgesetzten und im voraus vereinbarten Zeiten – eine Ausnahme machte er natürlich, wenn unvorhergesehene Ereignisse eintraten. Er mochte körperliche Bewegung gern, und wenn man nicht jagen konnte, unternahm er am späten Nachmittag – während der Sommermonate am Abend – lange Spaziergänge. Pläne für Verbesserungen an den königlichen Palästen und Gärten – bis nach 1720 war das Geld freilich knapp – waren für ihn sehr erholsam. Er speiste zwar häufig mit seinen »Herren« und mit Gästen zu Mittag, nahm das Nachtmahl aber mit Mitgliedern seines engeren Kreises ein, mit Melusine und ihren Töchtern, mit seinem deutschen Kammerjunker und anderen vertrauten Freunden. Beim Nachtmahl ging es zwanglos zu. Fabrice hat uns den üblichen Ablauf geschildert. Mehrere kleine Tische wurden gedeckt. Die Diener zogen sich zurück, nachdem sie die Speisen aufgetragen hatten, jeder bediente sich selbst. Gesprochen wurde über vieles. Fabrice und Schulenburg haben uns ein paar Themen genannt, über die man sich beim Nachtmahl unterhielt: Vorgänge im Parlament, militärische und diplomatische Ereignisse in Europa, Neuigkeiten von Familienmitgliedern und Bekannten, leicht anrüchiger, von fremden Höfen zugetragener Klatsch. Schulenburg legte Wert darauf, die Geschichten aufzuzeichnen, die Georg selber beisteuerte. Eine typische Geschichte handelte von einem Soldaten und von einem Freisassen, die irgendwie bei Hof bekannt geworden war und Georgs Aufmerksamkeit erregt hatte. Ein Soldat wollte mit einem Freisassen in einem Wirtshaus auf das Wohl des Königs trinken. Der Freisasse lehnte das ab – seine Sympathie gehöre den Stuarts. Er sagte aber, sie könnten ja durch Würfeln entscheiden: Wenn der Soldat gewänne, werde der Freisasse auf das Wohl des Königs trinken; wenn der Freisasse

143

gewänne, sei ihm der Soldat sein Leben schuldig. Das Glück war dem Freisassen hold. Die beiden Männer gingen nach draußen in die Nacht. Der Soldat wollte sein Wort halten und protestierte nicht, als der Freisasse nach einer Axt griff und sich an sein Werk als Scharfrichter machte. Nur die unerwartete Ankunft anderer Reisender rettete dem Soldaten das Leben. Der König war hin- und hergerissen zwischen Respekt vor der Hartnäckigkeit der beiden Männer und Verwunderung darüber, daß sie es mit der Loyalität so genau nahmen.

Beim Nachtmahl plante man auch Ausflüge und Lustbarkeiten. Georg besuchte gern die Häuser seiner Minister und Höflinge, wenn sie nicht allzu weit entfernt waren. Er hatte seine Freude an der Anlage von Gärten, an Architektur und an Museen, besonders an Gemäldesammlungen. Er ging regelmäßig ins Theater, in die Oper und in Konzerte, meistens mit Melusine und einer oder mehreren ihrer »Nichten«. Auch die Maskenfeste, die der aus der Schweiz gebürtige Impresario Heidegger arrangierte, sprachen ihn an: Sie erinnerten ihn an den Karneval in Hannover. Die lebhafteren Gesellschaften überließ er jedoch lieber seinem Sohn und seiner Schwiegertochter. In den Jahren der Entfremdung von ihnen – zwischen 1718 und 1720 – trug er freilich die Last, in Hampton Court, St. James's und Kensington alleiniger Gastgeber zu sein. Die Empfänge zu seinem Geburtstag waren immer prächtig, und er war sehr stolz auf die zunehmenden Fertigkeiten seiner Enkelinnen in der Musik und im Tanz, die sie bei diesen wie bei privateren, mehr familiären Anlässen vorführten. Für ihre musikalische Ausbildung war Händel verantwortlich; an ihrer tänzerischen Ausbildung hatten die Gräfin von Portland, nach 1718 Gouvernante der Prinzessinnen, und die Gräfin zu Schaumburg-Lippe besonders regen Anteil. Die jahreszeitlich bedingten Umzüge von St. James's zum Kensington-Palast, wo man normalerweise die Frühlingsmonate verbrachte, und nach Hampton Court, der Sommerresidenz, gingen mit einem gewissen Zeremoniell einher. Das galt besonders für den Umzug nach Hampton Court: Auf dem ganzen Weg wurden die Kirchenglocken geläutet, wofür es dann verblüffend üppige Geldgeschenke gab – wie es scheint, in festgesetzter Staffelung. Die Glocken wurden auch geläutet, wenn Georg längere Fahrten unternahm, um Adelige auf ihren Landsitzen zu besuchen oder um – selten – die Rennen in Newmarket zu sehen. Und sie läuteten, wenn er von London nach Hannover und zurück reiste auf dem Weg zur beziehungsweise von der Küste. Bei all diesen Anlässen wurde er von seinem größeren Familienkreis begleitet.

Der Umstand, daß der König und seine nächste Umgebung eigentlich Fremde waren, gab – zusammen mit Georgs Zurückhaltung hinsichtlich seines Privatlebens – zu Spekulationen und Gerüchten Anlaß. Die Schulenburgin und Sophie Charlotte von Kielmannsegg fuhren oft in einer

Kutsche, und deswegen erzählte man sich wohl, sie seien beide Georgs Mätressen. Daß Georg und Charlotte blutsverwandt waren, war in England nicht unbekannt. Lady Cowper notiert in ihrem Tagebuch, daß es ihr gesagt worden ist; und nachdem Sophie Charlotte 1721 zur Gräfin von Leinster (Irland) und 1722 zur Gräfin von Darlington (England) ernannt worden war, müssen etliche Beamte gemerkt haben, daß Georg sie in den Urkunden, die diese Ehrungen anzeigten, als *consanguineam nostram* (unsere Blutsverwandte) bezeichnete und daß in ihrem braunschweigischen Wappenschild der verkürzte Schräglinksbalken der unehelichen Geburt auftauchte. Es gibt natürlich keinen Grund dafür, warum eine Halbschwester nicht die Mätresse ihres Halbbruders sein sollte. Der Wirbel, der im frühen 19. Jahrhundert um Inzestskandale gemacht wurde, erklärt vielleicht zu einem Teil, warum Sophie Charlotte bis in unsere Zeit als Georgs Mätresse bezeichnet wurde (obwohl einige Historiker angenommen haben, daß der Inzest damals aufgrund des königlichen Beispiels im 18. Jahrhundert sozusagen »schick« geworden war). Doch Sophie Charlotte war ihrem Gatten außerordentlich zugeneigt, und Inzest wurde Georg von niemandem, der mit dem königlichen Kreis in engerer Verbindung stand, zur Last gelegt. Wir wollen an dieser Stelle vermerken, daß Georgs Mutter im Jahre 1701 einem Briefpartner gegenüber die Gerüchte bestritt, nach denen die damals noch ledige Sophie Charlotte von Platen Georgs Mätresse sei. Sophie hob hervor, *sie wisse mit Sicherheit, daß dem nicht so sei* – weiter konnte sie wohl in Anbetracht der Blutsverwandtschaft zwischen ihrem Sohn und dessen Halbschwester schriftlich nicht gehen. Andere waren da weniger zimperlich. Liselotte und Wilhelmine sprachen offener in ihren Briefen und Memoiren. In England wurde der von einem Zuckerbäcker des königlichen Haushalts stammende, verschleierte Hinweis auf eine physische Beziehung zwischen Georg und Sophie Charlotte von Beamten als skandalös betrachtet, die andererseits nichts dabei fanden, daß allgemein getratscht wurde, Melusine sei die Mätresse des Königs. Sie empfahlen dringend die Bestrafung dieses Mannes, aber Georg, der ihn für einen guten Pastetenbäcker hielt, fand, es genüge, ihn zu entlassen.

Der Klatsch – der teilweise aus der Unkenntnis der Familienverhältnisse herrührte – schrieb dem König noch einige andere Mätressen zu. Zu seinen Lebzeiten rechnete man die junge Gräfin Platen, Sophie Charlottes Schwägerin, oft zu Georgs Mätressen (das taten auch Historiker in späterer Zeit); man glaubte, er habe sie nur deswegen nicht nach London geholt, weil sie katholisch war. Sie übte unbestreitbar am Hof in Hannover einigen Einfluß aus, und da sie gegenüber der Schulenburgin eine gewisse Animosität an den Tag legte, nährten englische Minister, die sich für die Sache der einen oder der anderen einsetzten, diese Gerüchte oder schenkten ihnen vielleicht auch Glauben. Der Umstand, daß Georg be-

145

reit war, für die Mitgift ihrer Tochter aufzukommen, wurde als Beweis dafür gewertet, daß diese Tochter von ihm war. Der Ruf ihres Mannes in Hannover ist jedoch eine hinreichende Erklärung; und wenn man (in Anbetracht der Gesamtsituation) Vermutungen riskieren will, wäre es vernünftiger anzunehmen, daß Georg glaubte, Sophie Charlottes Bruder sei ein Sohn seines Vaters. Fast am Ende von Georgs Leben soll eine Miss Brett seine Gunst gewonnen haben. Man nahm an, daß sie an Melusines Stelle getreten wäre, wenn der König nicht gestorben wäre. Doch die einzige Grundlage für diese Behauptung ist ein Disput zwischen dieser jungen Dame und den Töchtern der Princess of Wales über die Unterbringung in St. James's, von dem Horace Walpole in seinen Erinnerungen berichtet und der kaum die Bedeutung rechtfertigt, die man hineininterpretiert hat. Noch seltsamer* ist die Behauptung, die Hervey nach Georgs Tod vorbrachte, daß nämlich die Gräfin Luise von Delitz die Mätresse dreier Mitglieder der königlichen Familie gewesen sei: die Georgs I., die Georgs II. und die Friedrichs, des Prince of Wales, während seiner Zeit in Hannover. Tatsache ist nur, daß sie während Georgs II. Besuch in Hannover 1735 in Herrenhausen einquartiert war und ihre Gemächer wegen einer Auseinandersetzung im Jahre 1736 räumen mußte. Wenn man ganz prosaisch die Verwandtschafts- und Freundschaftsbande analysiert, so ist das zwar weniger prickelnd, führt aber zu Ergebnissen, die besser zu der nüchternen, gewissenhaften und kontrollierten Lebensweise passen, die Georg schon früh gewählt hatte. Es scheint, daß er Melusine treu war und ein glückliches Familienleben mit ihr, ihren Töchtern und seinen Enkelinnen, den Töchtern des Prince und der Princess of Wales, führte. Die Enkelinnen waren »seine Augäpfel«, Melusines Töchter seine und Melusines ständige Begleiterinnen im Konzert und in der Oper, ebenso bei Maskenfesten und Bällen, beim Nachtmahl und bei Ausfahrten. Englische Kommentatoren sprechen für gewöhnlich nur von zwei Nichten der Schulenburgin. Das ist wohl damit zu erklären, daß Gertrud, die jüngste, anno 1714 erst dreizehn war und zunächst nicht in die Oper und ins Konzert durfte, und daß Luise, als Gertrud alt genug war, um sich der Gesellschaft anzuschließen, schon einen unabhängigeren Lebensstil entwickelt hatte.

Georg mochte Trudchen – die schöne Gertrud – besonders gern; sie war nicht nur schön, sondern auch von heiterem Wesen, und als Melusine zu kränkeln begann, begleitete ihre jüngste Tochter den König bei seinen Ausfahrten. Als sie zwanzig Jahre alt war, vermählte er sie mit Graf Albrecht Wolfgang zu Schaumburg-Lippe und freute sich über ihr Glück und über ihre zwei Söhne. Gertruds Mann und dessen Bruder wa-

---

* Seltsam insofern, als Hervey erkannte, daß Luise die Schwester der jungen Melusine war, aber überhaupt nicht gemerkt zu haben scheint, in welchem Verhältnis zur Schulenburgin beide wirklich standen.

ren, weil sich ihre Eltern einander entfremdet hatten, in England aufgewachsen und hatten im Ausland studiert. Im Jahre 1720 war Albrecht in Georgs Dienste getreten und hatte den Kurfürsten und König bei dessen Besuch in Hannover begleitet. Seine Mutter, die Gräfin zu Schaumburg-Lippe, machte in ihren Briefen kaum ein Hehl daraus, daß sie wußte, daß Gertrud Georgs Tochter war: Sie hätte es ihrem ältesten Sohn (der 1728 die Grafschaft Schaumburg-Lippe erben sollte, kaum erlaubt, ein Mädchen zu heiraten, das bloß eine Hofdame war, mochte sie auch die Tochter der Schwester der Herzogin von Kendal sein, wenn die »besonderen Umstände« nicht gewesen wären: Der König übernimmt, was Mitgift und Aussteuer der Braut angeht, den Part des Vaters; der König freut sich dermaßen über den ersten Jungen, der 1722 geboren und auf den Namen Georg August Wilhelm getauft wird, und kümmert sich auch so um ihn, »als sei es ein Kind der königlichen Familie«; der König will unbedingt, daß dieser Junge und sein 1724 geborener Bruder* von La Fontaine gemalt werden. Noch bezeichnender (wenn es auch in den Briefen der Gräfin nicht erwähnt wird) ist der Umstand, daß Georg im Ehevertrag von 1721 versprach, die Übernahme Schaumburg-Lippes durch Albrecht Wolfgang zu unterstützen und daß er und seine Nachfolger aus dem Hause Hannover Schaumburg-Lippe gegen jeden Angreifer verteidigen würden. Es war ein furchtbarer Kummer für den jungen Gatten und für Georg, als Trudchen 1726 an Tuberkulose starb, obwohl man etwa zwei Jahre lang versucht hatte, sie zu retten, und obwohl sie Kurorte und Spezialisten auf dem Kontinent aufgesucht hatte.

Melusine fühlte sich besonders ihrer zweiten Tochter verbunden, die für gewöhnlich »die junge Melusine« hieß, bis 1733 ledig blieb und meistens mit ihrer Mutter zusammen war. Vielleicht kam sie mit ihrer ältesten Tochter Luise auch weniger gut zurecht. Sicher ist jedenfalls, daß Georg, als er 1723 über eine der Kassen in Hannover eine Zahlungsanweisung an »die Schwester von Lady Walsingham« ergehen ließ, darum ersuchte, daß dies »ohne Wissen der Herzogin von Kendal getan werde«. Anno 1726 schenkte er Luise ein schönes kleines Palais in Herrenhausen, das nach ihr »Delitzsches Palais«** genannt wurde, vermutlich, damit sie, wenn nötig, ein Refugium hatte. Vielleicht brachte Melusine weniger Toleranz für Luises Lebensstil auf als Georg. Luise war geist-

---

* Georg August Wilhelm starb in jungen Jahren, als er in Leiden studierte, bei einem Duell, wie Gerüchte wissen wollten. Sein jüngerer Bruder zeichnete sich im Siebenjährigen Krieg als Verbündeter Britanniens aus. Sein Interesse für Militärangelegenheiten (er war von Pombal mit der Neuorganisierung der portugiesischen Armee betraut worden und schrieb Abhandlungen über die Kriegskunst. Die Festung, die er als Graf von Schaumburg-Lippe bauen ließ, steht heute noch) und sein aktiv förderndes Engagement für die Musik erinnern an Georg I., ebenso die »hannoveranischen« Hände, die schon auf seinen Kinderbildnissen auffallen.

** Es heißt heute Fürstenhaus und dient als Museum, in dem Gemälde, Gobelins und Möbel aus dem Familienbesitz des Hauses Hannover ausgestellt sind, anhand derer man einen Einblick in die Geschichte dieses Hauses gewinnen kann.

reich und schön. Ein unbekannter Leser eines Briefes, der jetzt im *Public Record Office* verwahrt und in dem sie namentlich erwähnt wird, hat in einer Randbemerkung ihre angenehme Persönlichkeit gewürdigt. Doch aus Ernst Augusts Briefen geht deutlich hervor, daß sie eigenwillig war; und laut Hervey hatte sie nicht nur »tausend Liebhaber«, sondern wurde schließlich geschieden, weil ihr Mann sie in flagranti ertappt hatte. Sie war früh vermählt worden und hatte in die Familie Bussche-Ippenburg eingeheiratet. Mit Sicherheit weiß man aber nur, daß Georg vor 1714 Vorkehrungen für ihre Scheidung traf und daß er es – zu der Zeit, da die junge Melusine einen englischen Titel erhielt – für sie arrangierte, daß sie den Titel einer Reichsgräfin von Delitz bekam. Die Schulenburgin hatte ganz offensichtlich strenge Maßstäbe. Sie mißbilligte die Spielleidenschaft von Philip Dormer Stanhope, dem vierten Earl of Chesterfield, der die junge Melusine heiratete, so sehr, daß er Angst davor hatte, seine Verluste beim Kartenspiel während eines Besuches in Bath zu gestehen: Er gab vor, überhaupt nicht gespielt zu haben.

In Familien sind Spannungen immer unvermeidlich. Doch was Georgs unmittelbare Umgebung angeht, wissen wir nur, daß Sophie Charlotte Melusine den Titel einer Herzogin neidete, während sie mit dem einer Gräfin vorliebnehmen mußte. Als sie in Hannover war, tat sie sich mit ihrer Schwägerin, der Gräfin Platen, zusammen, um eine gegen die Schulenburgin gerichtete Clique zu bilden; und Melusine hatte 1723 soviel Verdruß, daß sie Townshend gestand, ihretwegen könne die Sitzungsperiode des Parlaments nächsten Sommer gern so lange dauern, daß sie vor einem weiteren Besuch des Kurfürstentums verschont bliebe. Georgs Hohenzollern-Enkelin Wilhelmine berichtet in ihren Memoiren von dieser Rivalität, wobei sie, wie ihre Mutter, Partei für die Schulenburgin ergreift. Der Druck, den Sophie Charlotte und die Gräfin Platen ausübten, damit der zukünftige Schwiegervater der Tochter der Gräfin Platen – er war Franzose – in den Rang eines *duc et pair* erhoben wurde, brachte Georg 1723/1724 in große Verlegenheit. Seine Diplomaten wurden in die Geschichte verwickelt; es entstand eine peinliche Situation, weil er das Gefühl haben mußte, sich in innerfranzösische Angelegenheiten eingemischt zu haben; und sein Ruf nahm Schaden, als er versuchte, sich aus dieser Situation herauszulavieren.

Doch abgesehen von den Besuchen in Hannover nach 1719 war häusliche Harmonie eher die Regel als die Ausnahme. Die Princess of Wales und Melusine kamen gut miteinander aus, und dadurch wurde Sophie Charlotte (die nicht gerade ein Liebling der Princess of Wales war) in Schach gehalten. Georg hatte immer ein gutes Verhältnis zu seiner Halbschwester. Aus seinen privaten Rechnungsbelegen geht hervor, daß sie, solange sie lebte, die Aufgabe hatte, Geschenke für Georgs Tochter, die Königin von Preußen, auszuwählen. Georgs »besonderes Interesse« für ihre Söhne ist in der Urkunde festgehalten, mit denen ihnen Karl VI. im Jahre 1723 den Reichsgrafentitel verlieh. Sophie Charlotte war bei den Engländerinnen, die Zugang zum engeren Kreis des Königs hatten, beliebter als Melusine. Sie war gesellig, belesen, eine gute Unterhalterin und hatte einen hervorragenden Geschmack. Melusine war in Gesellschaft zurückhaltender, aber politisch einflußreich, ein nützlicher »Eisbrecher«, wenn es um Themen ging, die die Minister Georg unterbreiten wollten – besonders, was Einzelpersonen und Beförderungen betraf. Melusine speiste mit englischen Politikern und maßgeblichen ausländischen Diplomaten und war nach 1723 – so diskret, wie es ihr möglich war – in die Auseinandersetzungen zwischen Georgs britischen Ministern verwickelt.

Daß Melusine und diejenigen ihrer Töchter, die Georg überlebten, sich ans Leben in England gewöhnt hatten, geht daraus hervor, daß sie nach 1727 in England blieben. Die Herzogin von Kendal verkaufte ihr Gut in Holstein, das sie nach 1720 erworben hatte, und ließ sich in Twickenham nieder. Die Gräfin von Delitz veräußerte das Delitzsche Palais und kaufte ein Haus in Paddington. Sophie Charlotte blieb nach dem Tod ihres Mannes (1717) in England, ebenso eine ihrer Töchter, die einen Engländer heiratete, während ihre Söhne in Deutschland Karriere machten.

Es ist interessant, Vermutungen darüber anzustellen, warum sie in England blieben. Nachforschungen legen freilich die Annahme nahe, daß die Damen sich nur deshalb in England niederließen, weil sie zur erweiterten königlichen Familie gehörten. Sie hatten alle, so die Gräfin zu Schaumburg-Lippe, »bittere Tränen« geweint, als sie Hannover verließen. Doch nach dem 1./12. August 1714 war ihr Schicksal wie das Georgs mit England verknüpft. Und der Umstand, daß sie nach ihrer Naturalisierung irische und englische Titel erhielten, verband sie mit Georgs Königreich.

Für die Mehrheit der Hannoveraner, die mit Georg nach England gingen, war die Zeit dort begrenzt. Am kürzesten blieben die Höflinge und Diener, die Georg nur so lange brauchte, bis er einen englischen Hof und Haushalt hatte. Der König und Kurfürst sollte, Hannover zur Zierde, mit großer Pracht in England eintreffen; und dies hatte die Zusammensetzung des Gefolges beeinflußt, das 1714 mit oder kurz nach Georg ankam. Es bestand aus etwa siebzig Personen. Minister und hohe Staats- und Hofbeamte gehörten ebenso dazu wie Ärzte, Apotheker, Schneider, Trompeter und das Personal für eine komplette Küche. Doch die meisten von ihnen kehrten 1715 und 1716 heim. Nach 1716 hatte Georg in England nie mehr als fünfundzwanzig hannoveranische Bediente.

In England blieben diejenigen, die Geschäfte zu versehen hatten: alle wichtigen Kanzleibeamten; ein paar Höflinge in Schlüsselpositionen, wie etwa Hardenberg und Kielmannsegg und (aus emotionalen Gründen) der Generaladjutant Hammerstein, der Georg 1693 bei Neerwinden das Leben gerettet hatte; die Leibdiener Mehemet und Mustafa; zwei Pagen und ein paar Kammerherren, unter denen Melusines Halbbruder Friedrich Wilhelm zwischen 1717 und 1720 und Fabrice ab 1719 eine privilegierte Stellung einnahmen; ein, zwei Mediziner und gelegentlich ein Hofmaler aus Hannover. Es gab auch einen Hofzwerg, Christian Ulrich Jorry, der Georgs Gäste beim Abendessen unterhielt und auf den Wandgemälden im Kensington-Palast abgebildet ist. Ein deutscher Edelmann hatte ihn dem König geschenkt, aber er scheint kein Gehalt aus einer der Kassen in Hannover bezogen zu haben, wenn auch der König für seine Kleider aufkam.

Es sollte vermerkt werden, daß einige vom Personal, das für Georgs leibliches Wohl sorgte, blieben: sechs Köche und drei Bäcker und Konditoren. Georg aß gern, setzte aber im höheren Lebensalter nicht, wie allgemein angenommen wird, viel Fett an. Wie die meisten Deutschen der damaligen Zeit, die im Ausland lebten – Liselotte von der Pfalz ist hier besonders hervorzuheben –, hatte er eine Schwäche für die typischen Gerichte seiner Heimat. Doch im Gegensatz zu Liselotte, die, wenn sie deutsche Wurst und Schinken haben wollte, auf Geschenke angewiesen war, konnte Georg bestellen, was er wünschte. Obst, das er sehr gern mochte, war in England kein Problem. Die in Hampton Court gezogenen Trauben lobte er allerdings nie so überschwenglich wie die von Herrenhausen. Gelegentlich wurden ihm aus Hannover Ananas, Orangen, Bananen, Trüffel und Würste geschickt; und wenn er in England Besuche machte, ließ Melusine seine Gastgeber wissen, am liebsten sei ihm »le Pain plus noir«, das Schwarzbrot nach deutscher Art. Es gab Wild in Hülle und Fülle; Georg und sein Sohn schossen Hasen, Fasane, Rebhühner, Waldschnepfen und gelegentlich auch Rotwild. Rotwild – besonders Rothirsche und Rehböcke – war allerdings sehr viel seltener als in Hannover; zumindest bis die Verbesserungen, die Georg in Windsor und Walpole in Richmond vornehmen ließ, in den 20er Jahren des 18. Jahrhunderts Ergebnisse zeitigten. Bei seinen Besuchen in Deutschland freute sich der König darum ganz besonders an der Jagd auf Hochwild. Keiler zu jagen wie in seiner Jugend und in seinen frühen Mannesjahren hatte er freilich nicht oft Gelegenheit: Die Sitzungsperiode des englischen Parlaments begann vor der Jagdzeit. Georg fand auch Geschmack am englischen Bier und entwickelte eine ausgeprägte Vorliebe für bestimmte Biere, die ihm in adligen Haushalten vorgesetzt wurden. Schulenburg berichtete 1717, der König sei des Lobes voll für Lord Onslows »Freisassen«- oder »Wahl«-Bier (»noch besser als das von Cholmondeley«), gibt aber seinem Briefpartner zu verstehen, daß der König in seinen Gaumenfreuden recht unbeständig ist: »Je crois que cette préference ne durera guerres et changera à la première que d'autres Luy offriroit.« Von den seltenen Delikatessen, die Georg zum Geschenk gemacht wurden, schätzte er besonders die Trüffel, mit denen der französische Staatsmann Dubois die königliche Tafel bereicherte, als er 1718 anläßlich der Verhandlungen über die Quadrupelallianz in London war. Später, so Schulenburg, waren Trüffel beim Abendessen »mehr oder minder gewöhnliche Kost«.

Bei der Besetzung der Posten seiner Hofhaltung in England – insgesamt etwa 950 – legte Georg zwei Besonderheiten und eine klare politische Linie an den Tag. Bis 1719 ernannte er keinen Oberkammerherrn (dann freilich ließ ihm seine zunehmende Abhängigkeit von Sunderland keine andere Wahl), weil er es vermeiden wollte, daß ein englischer Höfling praktisch unbegrenzt Zugang zu ihm hatte. Das Amt des Oberstallmeisters gab er mit Rücksicht auf seine Halbschwester in kommisarische Verwaltung: Es sollte nicht so aussehen, als stände irgendein Engländer, der für die königlichen Stallungen verantwortlich war, über ihrem Mann, dem hannoveranischen Oberstallmeister. Wir möchten hier jedoch festhalten, daß Kielmannsegg nicht aus englischen Mitteln bezahlt wurde und daß die Einsparung im Etat für die englische Hofhaltung real war – das Geld wurde nicht (wie Zeitgenossen glaubten) an den einen oder anderen hannoveranischen Günstling des Königs weitergeleitet. Die klare politische Linie kann man an den Neuernennungen beziehungsweise Bestätigungen im Amt ersehen, die Georg vornahm, als die nach dem Tod eines Königs übliche »Schonzeit« um war. Veränderungen gab es vor allem in den höheren Rängen. Georg besetzte sie mit Männern aus Familien, die den Krieg in Europa stark unterstützt hatten: mit Marlboroughs Schwiegersöhnen, Godolphins Verwandten, mit Cadogan und dessen Schützlingen. Eine Belohnung für geleistete Dienste kann man auch in den Berufungen auf Posten im Haushalt des Prince of Wales sehen, zum Beispiel in der Argylls, die für sein Engagement für das Haus Hannover vor 1714 erfolgte. Die meisten Höflinge hatten einigen politischen Einfluß – entweder über einen Regierungsposten oder weil sie dem Oberhaus oder dem Unterhaus angehörten. Wir wollen hier noch darauf hinweisen, daß diejenigen mit den höchsten Hofämtern (wenn der König nicht unter starkem Druck von seiten seiner Minister stand) betraut wurden, die sich als politisch wenig ehrgeizig erwiesen hatten. Nach Sunderlands Tod im April 1722 wartete Georg ein ganzes Jahr, bis er einen neuen Oberkammerherrn ernannte, und dann fiel seine Wahl auf einen anderen Schwiegersohn Marlboroughs, auf Francis Earl of Godolphin, der die Ehre und den Nutzen zu schätzen wußte, die mit diesem Posten verbunden waren, aber keinen politischen Druck auf den König ausübte.

Das prestigeträchtigste Hofamt war das des Großkämmerers. Alle vier Inhaber dieses Amtes zu Georgs Regierungszeit waren Herzöge. Auf Shrewsbury folgte 1715 Bolton, 1717 übernahm Newcastle den Posten, 1724 Grafton. Der Großkämmerer hatte den gesamten Haushalt mit Ausnahme des Wirtschaftsteils unter sich (etwa 600 Personen), er war für das Hofzeremoniell im weitesten Sinne verantwortlich, arrangierte Gesellschaften und Empfänge für ausländische Diplomaten, teilte in den königlichen Palästen Räumlichkeiten zu und sorgte für die Instandhaltung und Verschönerung von Gebäuden. Er und sein Mitarbeiterstab erließen Befehle und schlichteten Auseinandersetzungen, wobei die Machtbefugnisse natürlich delegiert wurden: an die Garderobenverwaltung, die Juwelenkammer, die königlichen Kuriere usw.

Dem König am nächsten waren theoretisch seine englischen Kammerherren, traditionellerweise elf an der Zahl. Georg erhöhte diese Zahl zwischen 1719 und 1720 auf siebzehn*. Wenn Georgs Privatgemächer den Kammerherren auch verschlossen blieben (entgegen früheren Gepflogenheiten und entgegen der Gewohnheit des Prince of Wales), so waren die Kammerherren doch bei öffentlichen Anlässen seine Begleiter aus dem Adelsstand, seine *seigneurs,* wie es in der französischen Hofsprache hieß. Sie warteten ihm turnusmäßig auf, sobald er aus seinen Privatgemächern auftauchte, geleiteten Bittsteller und andere Besucher an die Tür des Arbeitszimmers, speisten mit ihm, wenn er »öffentlich« speiste, und gingen hin und wieder – besonders in Hampton Court – mit ihm spazieren. Der Umstand, daß einige von ihnen neben ihren Pflichten als Kammerherren auch noch die eines Beamten versahen und daß andere – wie etwa Charles Hamilton Douglas, Earl of Selkirk – Höflinge mit langer Erfahrung waren, machte sie, jeden auf seine Weise, nützlich für Georg, der es schätzte, wenn sich das Gespräch um spezifische Probleme drehte. Der Oberkammerherr war, technisch gesehen, nur der Chef der Kammerherren, doch da er vom Großkämmerer unabhängig war (was Wilhelm III. eingeführt hatte), war er der zweitwichtigste Hofbeamte.

Am dekorativsten waren bei Hofe die *Gentlemen-pensioners* (Leibgardisten von Adel), die *Sergeants-at-arms,* die *Yeomen of the guard,* die Musiker und die *Watermen* (sie hatten die Aufgabe, das Galaboot des Königs zu rudern). Die *Gentlemen-pensioners* oder *Gentlemen-at-arms* waren im 16. Jahrhundert als Leibwache des Königs aufgestellt worden und brachten mit ihren karminroten Uniformen, goldenen Tressen und Litzen Glanz und Farbe ins Bild. Als Waffen trugen sie Äxte. Am Sonntag versammelten sich ein Offizier und zwanzig *Gentlemen* im Audienz-

---

* Im Jahre 1714 waren die Herzöge von Grafton, Kent und Richmond, die Earls of Lincoln, Manchester, Orrery, Selkirk und Stair sowie Lord Carteret zu Kammerherren ernannt worden; 1719 kamen der Marquis von Lindsay und die Earls of Bridgewater, Holderness und Warwick dazu, 1720 der Herzog von Queensberry und Lord Hardy.

saal, um den König zur Schloßkapelle zu geleiten, wobei sie direkt hinter ihm marschierten. Am Geburtstag des Königs und an bestimmten Festtagen wie Ostern und Weihnachten zog die gesamte, aus drei Offizieren und fünfzig *Gentlemen* bestehende Garde auf. Zwei *Sergeants-at-arms* (insgesamt acht, die paarweise jeweils ein Vierteljahr Dienst taten) fungierten an den Sonntagen beim Gang zur Kapelle und bei festlichen Prozessionen als Szepterträger. Die sozial unter ihnen stehenden *Yeomen of the guard* hatten weniger zeremonielle Pflichten zu erfüllen als vielmehr im ersten der öffentlichen Räume und auf dem oberen Treppenabsatz eines jeden Palastes, in dem der König weilte, Wache zu halten. Das waren bis zu vierzig unter der Leitung eines Unteroffiziers. Zwei *Yeomen* schliefen nachts in der Wachstube, und wenn der König den Bereich des Palastes verließ, wurde aus der gesamten Garde – hundert Mann, befehligt von einem Hauptmann, einem Leutnant und vier Unteroffizieren – eine Eskorte gebildet. Das Hofzeremoniell umrahmten vierundzwanzig Musiker und ein *Master of Musick*. Dazu kamen noch der *Sergeanttrumpeter* mit seinen zwölf Trompetern, der Kesselpauker, die vier Tambourmajore und die sechs Oboisten. Für uns gehören Georgs Musiker und Händels Wassermusik gewissermaßen zusammen. Daß der König sich mit Händel – der vor dem 1./12. August 1714 aus Hannover »desertiert« und nach England gegangen war, obwohl er noch im Sold des Kurfürsten stand – aussöhnte, weil diese Musik so schön war und von der *King's Musick* so großartig dargeboten wurde, als Georg mit seinem Galaboot und Begleitbooten über die Themse fuhr, entspricht nicht ganz der Wahrheit: Händel war schon längst »vergeben« worden, bevor er die Wassermusik komponierte.

Verbunden mit dem Hofzeremoniell waren auch der Dekan, die achtundvierzig Geistlichen und die Herren und Knaben des Chors der königlichen Hofkapelle, der Oberhofmaler und der Emailmaler, der Verwahrer der Gemälde, der Waffenmeister, der Hofdichter, der zum Geburtstag des Königs, zum neuen Jahr und zu anderen festlichen Anlässen Oden schrieb, der Schrift- und Buchmaler, der Siegelschneider und noch eine ganze Reihe Leute mit klangvollen Titeln. Sie und die für den König zuständigen Ärzte, Wundärzte und Apotheker (daneben gab es auch Ärzte für den Rest des Hofes), der Kräuter- und Blumenstreuer, der Mann, der mathematische Instrumente baute, der Dechiffrierer, der Spielkartenmacher, der Drucker, der Rattentöter, der Maulwurfsfänger, der Löwenwärter im Tower, der Orgelstimmer, der Aufseher des Tennisplatzes, der Cembalobauer, der Kürschner und der Schokolademacher, der Büchsen- und der Handschuhmacher und viele, viele andere unterstanden dem Großkämmerer.

Der Vorsteher eines »Ablegers« der Kammerämter, der Garderoben-Intendant, galt als ziemlich privilegiert – besonders weil die Herzogin von Marlborough in dieser Position bei Königin Anna Einfluß ausgeübt hatte. Zu Georgs Regierungszeit war dieser Posten fast ein Ruheposten, teils weil William Earl Cadogan, der das Amt bis 1721 innehatte, anderweitig beschäftigt war (erst in Schottland während des Aufstandes von 1715/1716, dann mit diplomatischen Missionen in Europa); teils weil Georg sich seine Hüte, Perücken und Gewänder von Mehemet besorgen und durch ihn bezahlen ließ, wie man aus den Schatull-Quittungen für die von Schneidern, Hutmachern, Stickern, Spitzen- und Hemdenherstellern gelieferten Artikel ersehen kann.

Dem Oberhofmeister* (Lord Steward) unterstand der Wirtschaftsteil mit seinen fast dreihundert Bediensteten. Wie der Großkämmerer war er von hohem Stand. Er und seine Assistenten – der Schatzmeister (treasurer), der Haushofmeister (comptroller) und der Geldverwalter (cofferer) – bildeten das *board of the green cloth*. Dieses Kollegium schloß Verträge mit Lieferanten von Lebensmitteln, Getränken, Brennstoffen und Kerzen ab und hatte eine Fülle von Einrichtungen im Wirtschaftstrakt unter sich: die Gewürzkammer, die Vorratsverwaltung, die Konditorei, die Abbrüherei, das Geflügelhaus, die Geschirrkammer, die Speisekammer, die Küche, den Weinkeller, den Holzplatz, das Backhaus, die Wäschekammer, die Getränkekammer usw. Wenn bei Hofe eine »öffentliche Tafel« vorgesehen war – das heißt, wenn der König nicht privat speiste, sondern Mitglieder seines Hofes, seines Ministeriums und andere Gäste geladen hatte –, dann nannte man das eine *table of the green cloth*. Wenn der König Anweisung gab, daß keine solche Tafel abgehalten werden sollte (wie zum Beispiel 1716 während seines Aufenthalts in Hannover), wurde der Geldbeutel seiner maßgeblichen Minister strapaziert, die sich verpflichtet fühlten, an den beiden »öffentlichen« Tagen in der Woche, an denen Besucher, Diplomaten und Leute, die geschäftlich bei Hofe zu tun hatten, nach Hampton Court kamen (wo der Prince of Wales seinen Vater vertrat), auf eigene Kosten Tafeln dieser Art zu veranstalten.

Die Stallungen bildeten wie an jedem europäischen Hof einen wichtigen Teil der Hofhaltung, auch wenn das Amt des Oberstallmeisters – wie zu Georgs Regierungszeit – kommissarisch verwaltet wurde. Georg brauchte in England zwar nicht so viele Pferde, Kutschen, Rollwagen, Reitknechte und Fuhrleute wie zu der Zeit, da er als Kurfürst zu Feldzügen aufgebrochen war, aber die Liste der Stall- und Straßenmeister, Kutscher, Postreiter, Stallknechte, Sattler und Hufschmiede war trotzdem recht stattlich. Und die *equerries* (im Dienst des königlichen Haushalts stehenden Herren zu Pferde) und Ehrenpagen, die abwechselnd das Privileg hatten, den König bei seinen Ausritten oder auf die Jagd zu beglei-

---

* Zu Georgs Regierungszeit waren nacheinander die Herzöge von Devonshire, Kent, Argyll und Dorset Oberhofmeister.

ten, schätzten das mit ihrem Amt verbundene Prestige, obwohl sie kein Geld dafür bekamen.

Die Kosten für die Hofhaltung waren enorm und verschlangen ein Drittel der Zivilliste Georgs I., die pro Jahr 700 000 Pfund betrug – etwa 15 Prozent des britischen Staatshaushalts. Nur eine Kategorie von Höflingen diente gratis und ehrenhalber: die *gentlemen of the privy chamber**. Ihre Pflichten waren gering. Sie mußten nur bei großen feierlichen Anlässen zugegen sein. Die Posten waren aber sehr begehrt, weil sie – wie alle Hofämter – mit der Befreiung von verschiedenen Pflichten wie dem Dienst bei der Miliz und dem Dienst als Geschworener verbunden waren. Vom Standpunkt des Königs aus betrachtet, ermöglichten sie die Anerkennung einer Person ohne Geldausgaben. Georg erhöhte 1723 die Zahl dieser Kämmerer auf fünfundsechzig (zu Königin Annas Regierungszeit waren es achtundvierzig gewesen). Einem ähnlichen Zweck, der Belohnung geleisteter Dienste, diente die Erneuerung des Bath-Ordens 1725.

Es erwies sich als äußerst schwierig, die Ausgaben für die Hofhaltung einzuschränken, besonders die Ausgaben, die mit der Bewirtschaftung des Hofes verbunden waren. Georg, der von Hannover her an regelmäßige Eingänge und vernünftige Haushaltsführung gewohnt war, tat, was er konnte. Es gelang ihm, eine gewisse Rationalisierung durchzusetzen, aber nennenswerte Einsparungen erreichte er nicht. Es ist symptomatisch für sein Interesse an den Verträgen und Rechnungen, überhaupt an der technischen Seite der »Betriebsführung«, daß er versuchte, Revisoren zu ernennen, die als erfahrene Leute galten und ihm gegenüber loyal waren. Zunächst bat er James Brydges, der unter Königin Anna Generalzahlmeister gewesen war, den Posten zu übernehmen. Brydges war inzwischen so reich, daß er es nicht nötig hatte, mit irgendeinem Amt Geld zu verdienen. Zuvor hatte er sehr davon profitiert, daß in England Buchprüfungen spät und selten erfolgten, denn das ermöglichte Amtsinhabern, sich zu bereichern, indem sie mit Staatsgeldern spekulierten. Er hatte in seiner Jugend einige Jahre in Wolfenbüttel und Hannover verbracht, sprach fließend Deutsch und stand auf gutem Fuß mit allen Hannoveranern bei Hofe und in der Deutschen Kanzlei. Doch er nahm den Posten nicht an. Er wollte sich nicht an ein Amt und an Amtspflichten binden, sondern die Früchte seines Vermögens genießen, wollte sich auf seinem Gut Canons einen schönen Landsitz bauen und ihn geschmackvoll ausstatten und Konzerte mit seinen eigenen Musikern planen. Georg ernannte darum Hugh Boscawen, Godolphins Neffen, zum Haushofmeister. Er war ein redlicher Mann, der – wie Schulenburgs

---

* Die bezahlten Türhüter und Diener des Empfangszimmers hatten wie die der Wachstube und des – gelegentlich auch als Salon bezeichneten – Audienzsaals ganz bestimmte Pflichten: Sie öffneten die Türen, sorgten dafür, daß die Räume beheizt waren, daß neue Kerzen aufgesteckt wurden usw.

Briefe zeigen – Georgs Vertrauen genoß und 1717, wenn er es gewollt hätte, ein hohes Regierungsamt hätte bekleiden können.

Doch das System der Nebenverdienste, ja des absichtlichen Schwindels, war im Laufe der Jahrhunderte gewachsen und inzwischen so eingefahren und verwickelt, daß es sich weder entwirren noch in vernünftigen Grenzen halten ließ. Wenn Georg zwischen 1715 und 1718 nicht mit einer Krise nach der anderen zu kämpfen gehabt hätte, hätte er vielleicht versucht, reinen Tisch zu machen. Daß ihn das Ganze störte und irritierte, ersieht man an seiner ironischen Überraschung darüber, daß er ohne die Erlaubnis eines seiner eigenen Beamten keinen Karpfen aus dem Teich im Park von St. James's nehmen durfte. Und selbst wenn er diese Erlaubnis bekam, mußte er dafür, daß er »seinen Karpfen aus seinem Teich in seinem Park« nahm, einen Batzen Geld bezahlen.

Georgs Einkommen war die sogenannte Zivilliste, die aus den »erblichen Revenuen der Krone« (Zölle, Verbrauchssteuern und Postgebühren) gespeist und ihm vom Parlament bewilligt wurde. Mit dieser Summe hatte er sämtliche Kosten für die Zivilverwaltung und die königliche Hofhaltung zu bestreiten, nicht aber die für die Armee und für die Flotte. Die Ausgaben für Armee und Flotte wurden alljährlich vom Parlament bewilligt, damit dem Souverän in der Außenpolitik Grenzen gesetzt waren. Somit lag die Kontrolle darüber, ob der Herrscher Krieg führen konnte, größtenteils in der Hand des Ober- und Unterhauses. Der Monarch kam also für die Gehälter der Richter, Minister und Beamten auf, für die Ausgaben des diplomatischen Dienstes und des geheimen Nachrichtendienstes, für den Hofstaat und die Instandhaltung sämtlicher Paläste einschließlich des Westminster-Palasts, in dem die beiden Kammern des Parlaments untergebracht waren. Alle Pensionen, seien sie nach oder vor 1714 fällig geworden, wurden ebenfalls aus der Zivilliste finanziert.

Das Einkommen aus den genannten Quellen war bis zu Georgs Regierungsantritt weit unter den Schätzungen geblieben, zumal während des Pfälzischen Kriegs und des Spanischen Erfolgekriegs Geldbewilligungen aus der Zivilliste für die Kriegsanstrengungen eher die Regel als die Ausnahme gewesen waren. Im Jahre 1713 bestand für die Zivilliste ein Zahlungsrückstand von fast einer Million Pfund. In der Euphorie darüber, daß die Thronübernahme durch das Haus Hannover friedlich verlaufen war, beglich das Parlament im Mai 1715 diese Schuld und garantierte Georg I. pro Jahr eine Summe von 700000 Pfund mit der Maßgabe, daß 100000 Pfund an den Prince of Wales abgezweigt wurden. Diese Vereinbarung widerlegt im übrigen die Behauptung, Georg habe seinen Sohn schon vor 1714 »gehaßt«: Damals wäre es ihm ein leichtes gewesen, Georg August ökonomisch von sich abhängig zu machen. Als 1717 der

Konflikt zwischen ihnen ausbrach, bedauerte er, daß er nicht so klug gewesen war, Vorsichtsmaßnahmen in dieser Richtung zu treffen. Im Jahre 1715 beschloß das Parlament auch, daß etwaige Überschüsse aus den genannten Revenuen in einen Sammelfonds einzuzahlen seien. Der Fonds wuchs in den friedlichen Jahren nach 1714 ziemlich rasch. Theoretisch hatte man damit eine Reserve. Doch in der Praxis überstiegen Georgs Gesamtausgaben nicht nur die 700 000 Pfund, sondern der Sammelfonds wurde zunächst zur Abzahlung der Staatsverschuldung angegriffen und später von englischen Ministern geplündert, die die Grundsteuer nicht erhöhen wollten.

In Georgs Rechnungsführung wurde eine klare Abgrenzung zwischen den Kosten für die Zivilverwaltung und die Pensionen und den Aufwendungen für die königliche Hofhaltung getroffen. Vergleiche zwischen den Ausgaben für Pensionen zu Königin Annas und zu Georgs Regierungszeit sind uns im Königlichen Archiv in Windsor erhalten geblieben, und im Britischen Museum habe ich eine detaillierte Übersicht über sämtliche Auslagen der königlichen Privatschatulle und die Aufwendungen für den geheimen Nachrichtendienst entdeckt, die die Jahre 1721–1725 umfaßt und mit dem Vermerk »dem Parlament vorzulegen« versehen ist.

Möglicherweise geht die getrennte Rechnungsführung auf 1718 zurück. In diesem Jahr wurden die neuen Schulden hinsichtlich der Zivilliste von einem parlamentarischen Ausschuß untersucht und die Ausgaben für die königliche Hofhaltung gründlich überprüft. Man entdeckte, daß Melusine und Sophie Charlotte für ihre Privatgemächer Wein und Bier sowie Heizmaterial, Kerzen und Möbel aus der königlichen Küche oder von der Garderobenverwaltung bezogen hatten. Ein gleiches hatten der Prince und die Princess of Wales getan, bis sie sich Anfang 1718 von Georgs Hof abgesetzt hatten. Und ein paar hannoveranische Höflinge hatten ebenfalls etwas außerhalb der Legalität auf Kosten der königlichen Hofhaltung gelebt. Ihnen wurden die Privilegien entzogen oder stark beschnitten. Was *La Schulenburg* und *La Kielmannsegg* anging, so erklärte sich Georg damit einverstanden, ihnen statt Naturalien festgesetzte Geldsummen zu geben (3000 Pfund für Essen, Trinken und dergleichen und 1000 Pfund für das, was sie aus der Garderobenverwaltung brauchten), damit die für die beiden Damen anfallenden Kosten ordnungsgemäß veranschlagt werden konnten. Melusine durfte jedoch nach wie vor aus der bisherigen Quelle Heizmaterial und Kerzen beziehen, weil Georg sein Abendessen gewohnheitsmäßig in ihren Gemächern einnahm.

Der Ausschuß versäumte es, gegen die weitaus zahlreicheren und größeren Nebeneinkünfte und Betrügereien (die erst durch die radikalen Reformen der Jahre nach 1780 beseitigt wurden) der englischen Mitglieder des Haushalts anzugehen; doch was ans Licht gekommen war, trug zur Verfestigung der Vorstellung von begehrlichen Hannoveranern bei, die »die Engländer aussogen« – Georgs Damen und seine kurfürstlichen Höflinge und Minister, die ihren Wohnsitz in England hatten. Durch diese Klage, die schon zu Beginn von Georgs Herrschaft laut geworden war, wurde eine Grundsatzfrage der britischen Politik aufgeworfen. Sie hatte auch einigen Einfluß darauf, daß Georg sich damit beschäftigte, wie die Personalunion zwischen Hannover und Britannien am besten aufzulösen sei.

Zwei Grundsatzfragen

DER KAMPF UM POSITIONEN UND PROFITE

Der Vorwurf, die Hannoveraner seien lüstern nach britischem Geld gewesen, ist bis zum heutigen Tag nicht verstummt. Mehrere Tatsachen müssen dabei berücksichtigt werden.

Georgs kurfürstliche Höflinge und Minister, ja selbst Melusine und Sophie Charlotte, waren nach 1714 in keiner einfachen Lage. Sie alle hatten Verbindlichkeiten in Deutschland: Güter oder Häuser, die instandgehalten, und Verwandte, die finanziell unterstützt werden mußten; und das ohne die Vergütungen, die den meisten von ihnen – in Grenzen – im Kurfürstentum Hannover zur Verfügung gestanden hatten. Die Übersiedlung nach London war mit einem Rückgang der Einnahmen verbunden. Außerdem fand man dort alles viermal so teuer wie zu Hause. Die maßgeblichen Minister hatten nach 1698 wenig über ihre Gehälter und Vergütungen hinaus verdienen können – im Gegensatz zur Regierungszeit von Ernst August, in der von Platen und Otto Grote aufgrund der internationalen Lage ein Vielfaches ihres offiziellen Gehalts einnahmen –, solange Ludwig XIV. mit Gratifikationen freigiebig war und ihnen auch aus Deutschland Zuwendungen zuflossen. Bernstorff hatte sich schon vor der Vereinigung von Celle und Hannover im Jahre 1705 ein Vermögen erworben. Seinen Reichtum verdankte er freilich größtenteils den üppigen Belohnungen von Herzog Georg Wilhelm für die ihm geleisteten Dienste und nicht Gratifikationen aus dem Ausland.

Als Georg Kurfürst wurde, kamen magere Zeiten; und nach 1714 suchten die Hannoveraner in England, auch die redlichsten unter ihnen – wie Görtz und Bernstorff –, nach Mitteln und Wegen, sich entweder in ihren Ausgaben einzuschränken oder ihr Einkommen zu maximieren. Görtz hoffte für die Dauer seines Aufenthalts auf ein Haus, für das die britische Krone aufkam, und war überrascht, als Sir John Vanbrugh vom Königlichen Schloßbauamt ihm mitteilte, der König könne keines vergeben: Die englischen Minister müßten ihre Häuser aus der eigenen Tasche bezahlen. Bezeichnender ist, daß Brydges, der seinem Vater gern den Titel eines Earl verschafft hätte*, herausfand, daß Melusine, Sophie Charlotte, Bernstorff, Bothmer und Kreienberg (der vor 1714 Bothmers Assistent in der Londoner Botschaft gewesen war) bereit waren, ihm für Geldgeschenke den Erfolg seines Anliegens zuzusichern. Seine Rechnungsbelege, jetzt in der Huntington-Bibliothek in den Vereinigten Staaten, zeigten, daß er zwischen August 1715 und Februar 1720 an Sophie Charlotte 9545 Pfund, an die Schulenburgin 9500 Pfund, an Bernstorff 2909 Pfund, an Bothmer 1350 Pfund und an Kreienberg 750 Pfund gab.

Ob man diese Summen als »Schmiergelder« im modernen Sinn betrachten soll, ist fraglich. Der Kauf von Ämtern und der Anwartschaft auf Ämter gehörte in einer Zeit, in der Pensionen und sonstige Altersversorgungen eine Seltenheit waren, zum sozialen System Europas. In England wurden Hofposten gegen Geld weitergereicht, ebenso Kommandos bei der Armee. Und Stimmenkauf war etwas durchaus Normales. Zahlreiche kleinere Posten wurden vom Oberkanzlisten des Unterhauses und von etlichen Beamten auf lokaler wie auf zentraler Ebene verkauft. In Frankreich waren die Höflinge Ludwigs XIV. »Kommissionsagenten«, die Dienstleistungen verkauften: Sie sorgten dafür, daß man bei Hofe eingeführt wurde, leiteten Bittschriften weiter, halfen bei der Beschaffung von Posten, Titeln, Privilegien und Subventionen. Es gelang Brydges, Verwandten kleinere Ämter zu vermitteln: Sein Bruder wurde Dekan von Carlisle, sein Sohn erhielt die Anwartschaft auf den Posten eines Kanzlisten beim Kanzleigericht. Seine Geldgeschenke an Bernstorff und Bothmer waren ihm vielleicht dabei behilflich. Wir wissen, daß er Robethon 400 Guineen – bar oder in Lotterielosen – dafür anbot, daß ein Freund von ihm die Anwartschaft auf einen Posten im Salzamt bekam. Wir wissen aber nicht, ob Robethon darauf einging. Jedenfalls war das Gebotene angesichts von Brydges' Vermögen und den üblichen Preisen für Ämter und Positionen eine geringfügige Summe: Nach eigenem Eingeständnis verkaufte Sarah Herzogin von Marlborough den Posten eines Pagen der Geheimtreppe am Hof der Königin Anna für 400 Pfund.

Zu Georgs I. Regierungszeit war kein wichtiger Hofposten käuflich. Aus den uns verfügbaren Quellen geht außerdem hervor, daß die Tendenz beim Ämterkauf überhaupt rückläufig war. Daß Georg alle Stellengesuche, die die Armee betrafen, persönlich überprüfte, ist bekannt. Doch auch wenn es um Hof- oder Verwaltungsämter ging, mußten seine hannoveranischen und seine britischen Berater die Meinung des Königs berücksichtigen: Ihn interessierte nicht nur die Eignung des jeweiligen

---

* Der Vater starb, bevor er zum Earl of Carnarvon eingesetzt worden war. Doch da der Titel verliehen worden war, bestimmte man, daß Brydges ihn erben sollte. Er wurde später zum Herzog von Chandos ernannt.

Kandidaten für den Posten und der Einfluß seiner Förderer, sondern auch die politische Vergangenheit des Mannes und seiner Familie. Peter Wentworth, der Bruder des Earl of Strafford, erhielt die Auskunft, daß er sich »noch eine Weile gedulden« müsse, als er, unterstützt vom Herzog von Shrewsbury und von Friedrich Wilhelm von Görtz, um Beförderung nachsuchte. Weiter als bis zum *equerry* brachte er es erst zur Regierungszeit Georgs II. Der Earl of Strafford bekam überhaupt kein Amt mehr. Er hätte gerne eines gehabt, und der stolze Mann demütigte sich so weit, daß er Görtz bat – für den Fall, daß derzeit umlaufende Gerüchte dem König zu Ohren kämen – , Georg I. zu versichern, er habe an Ormondes Geburtstag nicht auf dessen Wohl getrunken. Der Hinweis von Friedrich Wilhelm von der Schulenburg, daß es vernünftig wäre, Strafford einen weniger wichtigen Posten zu geben, um ihn zufriedenzustellen oder ihn zumindest enger an das Haus Hannover zu binden, verfing ebenfalls nicht. Selbst Männer mit einwandfreiem Vorleben mußten warten. Thomas Burnet, Sohn von Bischof Burnet und Verfasser prohannoveranischer Schriften vor und nach Georgs I. Thronbesteigung, bemühte sich ab September 1714 eifrig um einen Posten. Doch erst im Mai 1719 wurde er zum Konsul in Lissabon ernannt. Man muß allerdings gerechterweise hinzufügen, daß diese Belohnung seine Erwartungen übertraf. Umgekehrt waren andere, die 1714 an die Luft gesetzt worden waren und sich mehr oder weniger damit abgefunden hatten, nicht mehr in Amt und Würden zu sein, angenehm überrascht, als sie 1721, nach Stanhopes Tod, wieder gefragt waren. Damals hatte Sunderland eine Weile großen Einfluß auf die Berufungen durch den König. Zu den Männern, die wieder einen Posten bekamen, gehörte auch Sir John Evelyn. Er wurde Zollkommissar. Das mit viel Verantwortung verbundene Amt des Generalpostmeisters erhielt er freilich nicht zurück; für Georg hatte die Sorge um wichtige Institutionen des Staates Vorrang vor den Empfehlungen seiner Minister.

Es gibt keinen handfesten Beweis dafür, daß außer Brydges auch noch andere Geld für ähnliche Zwecke aufwendeten wie er. Allerdings muß betont werden, daß – ganz abgesehen vom allgemeinen Gerede über die Zahlung von Schmiergeldern an den »alten Baron« (wie Bernstorff oft genannt wurde), an Bothmer und Robethon und an »die Deutschen« überhaupt – wichtige und verantwortungsbewußte britische Minister wie Townshend, Robert Walpole und Craggs vermuteten und sogar aussprachen, daß Georgs hannoveranische Minister sich die Taschen mit Geldgeschenken füllten, die sie dafür entgegennahmen, daß sie dem König Kandidaten für britische Posten empfahlen. Diese Vorwürfe können nicht einfach als gegenstandslos abgetan werden.

Im Jahre 1716, als Georg in Hannover war, beklagte sich Townshend bei Stanhope darüber, daß sich Bothmer und Robethon in die Ämterbesetzung in Schottland einmischten. Bothmer habe »jeden Tag ein neues infames Projekt, um an Geld zu kommen, und nichts anderes im Sinn, als sich ein ungeheures Vermögen zu erwerben«. Und 1717 verbreitete Townshend in London die Geschichte, Robethon habe kurz nach Georgs Thronbesteigung mehrere Minister um 40000 Pfund gebeten, die zwischen Bernstorff (20000 Pfund), Bothmer (10000 Pfund), Schütz und ihm selbst (je 5000 Pfund) aufgeteilt werden sollten. Als Craggs 1719 das Gerücht hörte, Görtz werde möglicherweise nach London zurückkehren, befürchtete er, Görtz wolle sich »wieder die Tasche füllen«, und bezichtigte Georgs gesamtes hannoveranisches Gefolge der unersättlichen Gier: »Ich habe beobachtet, daß nach Personen und Umständen kein Unterschied gemacht wird. Ob Jakobiten, Tories oder Papisten, ob auf der Börse oder in der Kirche, zu Wasser oder zu Lande, während der Sitzungsperiode oder in den Parlamentsferien – gegen nichts wird etwas eingewandt, vorausgesetzt, es gibt Geld.«

Es trifft natürlich zu, daß die beiden Staatssekretäre dies zu Zeiten schrieben, in denen sie befürchteten, ihre politischen Feinde würden durch finanzielle Mauscheleien mit den Hannoveranern die Oberhand gewinnen. Und darunter litten dann, von ihrem Standpunkt aus betrachtet, »Ruf, Einfluß und Stellung« des Königs. Craggs' Brief ist sicher ein wenig übertrieben und Townshends Behauptung, Bothmer werde erst dann »zufrieden sein, wenn Kabinett und Schatzamt in Händen sind, die seine Habsucht befriedigen«, ist nicht ohne eine gewisse Gehässigkeit.

Doch daß ihnen daran gelegen war, daß das Recht der Besetzung britischer Ämter in britischen Händen blieb, war ganz natürlich, denn dieses Recht stellte einen Teil der politischen Macht dar; und Georg stieß mit seiner Erwiderung Robert Walpole gegenüber, er sei sicher, die britischen Minister erhielten *douceurs* für ihre Empfehlungen, auf taube Ohren. Und selbst wenn die Vorwürfe übertrieben waren, stellte sich hier eine Grundsatzfrage, denn man betrachtete jedes Eingreifen hannoveranischer Minister und Höflinge in britische Angelegenheiten als unvereinbar mit der Thronfolgeakte. Sie bestimmte nämlich – ihre Schöpfer erinnerten sich nur zu gut an die Belohnung von Wilhelms III. niederländischen Günstlingen mit Ländereien, Titeln und politischem Einfluß (hier sind vor allem Portland und Albemarle zu nennen, aber auch prominente Armeeoffiziere) –, daß der künftige Monarch niemandem Ländereien oder Ämter geben durfte, der nicht aus Britannien gebürtig war; und selbst ein naturalisierter Untertan konnte königliche Spenden nur aus dessen Privatschatulle empfangen. Daß ein kurfürstlicher Minister oder Höfling Georgs sich über die Thronfolgeakte hinwegsetzte, indem er seine Vertrautheit mit dem König dazu benutzte, ihm auch nur einen Menschen für einen britischen Posten zu empfehlen, wurde als Verletzung der Rechte gewertet, die den aus Britannien gebürtigen Untertanen vorbehalten waren, als Affront, als Versuch, britische Untertanen um das ihnen Zustehende zu prellen, und überdies als politische Gefahr. Das erklärt auch den fast hysterischen Unterton in den oben zitierten Briefen. Die Entrüstung galt nicht dem Umstand, daß Empfehlungen für ein Amt mit Geld vergütet wurden. Walpole, Townshend, Craggs und alle anderen britischen Politiker der damaligen Zeit hielten das für ein ganz normales Verfahren, um Anhänger und Befürworter zu gewinnen, und bedienten sich seiner ohne Skrupel. Aber sie wollten, daß die mit diesem Verfahren verbundene Macht in den Händen britischer Minister blieb. Die weniger hochrangigen Beamten teilten die Meinung ihrer Vorgesetzten. Als 1723 bekannt wurde, daß Bothmer sich ein Gut in Mecklenburg gekauft hatte, spekulierte der Mitarbeiterstab von Townshend und Carteret darüber, wieviel er dafür bezahlt hatte. Die Schätzungen bewegten sich zwischen 20000 und 36000 Pfund. Doch alle nahmen an, daß Bothmer das Geld dafür auf Kosten der Briten verdient hatte, und ärgerten sich ungeheuer darüber. Und von deutscher Seite verlautete – wenn auch von Fabrice, der Bernstorff und Bothmer nicht wohlgesinnt war – er, Fabrice, habe nicht die Absicht, dem Beispiel derjenigen von Georgs hannoveranischen Ministern zu folgen, die ihren Ruf in England ruiniert hätten, indem sie sich an Ernennungen durch den König bereichert hätten; er wolle nicht wie sie Haß auf sich laden; er hoffe, eines Tages naturalisierter Brite zu werden, und sei sich im klaren darüber, daß er bei Georgs britischen Ministern und Beratern Rückhalt brauche.

Daß die »deutschen Minister« nicht soviel Profit gemacht hatten, wie ihre britischen Kollegen glaubten, kann man aus mehreren Tatsachen ableiten: Bernstorff und Görtz hatten sich ihr Vermögen schon vor 1714 erworben; Bothmer und Robethon führten in London ein relativ bescheidenes Leben. Aus ihren Testamenten geht nicht hervor, daß sie sehr reich gewesen wären. Robethon betont, daß er beim Südseeschwindel ziemlich viel Geld verloren hat, und bedauert, daß er seiner Frau nur ein Jahresgeld von 66 Pfund hinterlassen kann, dazu die Zinsen aus einem Betrag von 1200 Pfund, den ihm ein Onkel in Frankreich vererbt hat. Seine sonstige Hinterlassenschaft, die an seinen Schwiegersohn und an den Sohn eines Cousins von ihm ging, der nach dem Tod seiner Frau sein »Universalerbe« werden sollte, belief sich auf 1500 Pfund. Das Gut Elmenhorst in Mecklenburg gehörte Bothmer und einem Neffen gemeinsam. Doch da die gesamten Einkünfte aus diesem Gut zu seinen Lebzeiten Bothmer zuflossen, ist es wahrscheinlich, daß er auch für den ganzen Kaufpreis aufgekommen war. Seinen Anteil schätzte er auf 100000 Taler. Er traf Vorkehrungen dafür, daß seine Frau und seine Tochter gemeinsam ein regelmäßiges Einkommen bezogen, das vier Prozent von dieser Summe betrug und zu bestimmten Zeiten des Jahres ausbezahlt werden sollte. Nach dem Tod ihrer Mutter erhielt die Tochter die ganzen Zinsen. Wenn die Einkünfte, die Elmenhorst abwarf, für diese Summe nicht ausreichten, sollte das Gut mit einer Hypothek belastet werden. Bothmer verfügte außerdem, daß seine damals verwitwete Tochter von der Rückzahlung der 6000 Taler profitieren sollte, die er einem seiner Brüder geliehen hatte. Er wünschte, daß sie in einem lutherischen oder calvinistischen Landesteil Deutschlands ein Gut erwarb und daraus ein Fideikommiß für ihre männlichen Nachkommen machte. Da der Neffe der einzige war, der weiterhin den Namen Bothmer und den Freiherrentitel führte, wurde ihm die gesamte bewegliche Habe in Elmenhorst hinterlassen. Der Grund und Boden wiederum sollte nach dem Erstgeburtsrecht vererbt werden. Es bestand also ein erheblicher Unterschied zwischen Bothmer und Robethon hinsichtlich dessen, was sie ihrer Familie hinterließen. Doch ansonsten sind die testamentarischen Verfügungen, die sie trafen, sehr ähnlich.

Beide wollten ein einfaches Begräbnis (wenn Bothmer auch darum ersuchte, daß sein Leichnam nach Deutschland überführt wurde); beide vermachten den Armen oder Hospitälern ihrer Wahl etwas; beide hinterließen Tafelbesteck, Medaillen, Linnen, Bücher und Manuskripte, über die ihre Angehörigen verfügen konnten – wir wissen allerdings nur, was Bothmers Tafelbesteck wert war: 300 Taler.

Fürsorge für die Hinterbliebenen spricht auch aus dem Testament von Sophie Charlotte Gräfin von Darlington. Sie war seit 1717 Witwe und somit lange allein für die vier Söhne (der älteste starb vor ihr) und die beiden Töchter aus ihrer Ehe mit Kielmannsegg verantwortlich gewesen. Was die Zukunft hinsichtlich des Standes der Söhne anging, so hatte Georg dafür gesorgt, daß sie zu Grafen ernannt wurden – ihr verstorbener Vater war nur Freiherr gewesen. Als Sophie Charlotte krank wurde, verkaufte sie für 8000 Taler ihren Landsitz in Hannover und ließ die erlesene Ausstattung der »Fantaisie« einlagern. In ihrem Testament verfügte sie, daß all ihre Möbel, Gemälde, Bücher, kleinen Kunstgegenstände und Schmucksachen verkauft werden sollten. Der Erlös sollte an ihre Nachkommen gehen*. In London galt Sophie Charlotte als Verschwenderin. Es hieß, sie habe binnen kurzer Zeit die 40000 Pfund durchgebracht, die ihre Mutter ihr hinterlassen hätte. Es scheint jedoch, daß Sophie Charlotte von Klara von Platen hauptsächlich Schmuck erbte. Dieser Schmuck war gewiß wertvoll, auch wenn sein Wert nicht dem obigen Betrag entsprach, den Lady Mary Wortley Montagu angegeben hat; aber »durchgebracht« wurde er nicht, denn er bildete einen Teil der Habe, die nach ihrem Tod verkauft wurde. Das Erbe ihres Vaters war ein Fideikommiß: Sie konnte nicht direkt an das Kapital heran, das treuhände-

---

* Er betrug 51 000 Taler. Das Meiste, etwa 22 000 Taler, brachte der Schmuck. Sophie Charlottes ältester überlebender Sohn, Georg Ludwig, kaufte mehrere Stücke zum Veräußerungspreis zurück. Sie sind bis zum heutigen Tag im Besitz der Familie Kielmannsegg geblieben.

risch für sie verwaltet wurde. Obwohl Sophie Charlotte freigiebig und spontan war, führte sie regelmäßig Buch. Wir wissen bereits, daß sie 1714 für den Umzug ihrer Familie nach England einen Kredit auf das von Platensche Fideikommiß aufnehmen mußte und daß sie ihn in Raten abbezahlte. Solange ihr Mann lebte und sein Gehalt als hannoveranischer Vize-Oberstallmeister bezog, wohnte das Paar recht prunkvoll in Räumlichkeiten, die Georg I. zur Verfügung gestellt hatte. Ein großer Teil der Möbel und der Wandbehänge stammte aus der königlichen Garderobenverwaltung. Als Witwe erhielt Sophie Charlotte vom König eine Pension in Höhe von 2000 Pfund. Sie zog in ein Haus in der Great George Street (in der Nähe des Hanover Square) um. Zu ihrem Haushalt gehörten ein Butler, ein Koch, ein Pförtner, zwei Sänftenträger, vier Lakaien und acht weibliche Bedienstete – nach den Maßstäben der damaligen Zeit nicht besonders viel Personal, wenn man die Zahl ihrer Kinder und ihr Verwandtschaftsverhältnis zu Georg bedenkt. Aus ihren Rechnungsbüchern geht hervor, daß sie mehrere Lose der Staatslotterie kaufte und einen Gewinn von 10000 Pfund verzeichnen konnte. Man hat vermutet, daß sie mit diesem Geld ihre Südseegesellschaft-Aktien erwarb. Daß das falsch ist, geht aus einer Aussage hervor, die bei der Untersuchung des Südseeschwindels gemacht wurde. Danach erhielt Sophie Charlotte unter der Hand Aktien im Wert von 15000 Pfund als Geschenk. Ebenso viel hatte die Herzogin von Kendal bekommen. Geschehen war dies in der Erwartung, daß »die Damen Georgs I.« sich beim König für die Südseegesellschaft verwenden, der Öffentlichkeit ihr Vertrauen auf die Zukunft der Gesellschaft demonstrieren und dadurch weitere Investoren anlocken würden.

Aber damit wird Sophie Charlottes Eintrag von 10000 Pfund Lotteriegewinn etwas suspekt. Diese Summe scheint eher jenen 9545 Pfund zu entsprechen, die der Herzog von Chandos in seinem Rechnungsbuch von 1720 als Zahlung an die Gräfin von Darlington aufführt – dafür, daß sie bei Georg ein gutes Wort für ihn eingelegt und ihm zur 1719 erfolgten Verleihung des Herzogtitels verholfen hatte. Doch selbst wenn Sophie Charlottes Lotterielos einen Gewinn von 10000 Pfund brachte (und sie das Geldgeschenk von Chandos nicht eintrug), bestätigt die Tatsache, daß ihre Aktienbeteiligung an der Südseegesellschaft auf der Liste ihrer Habe mit 15000 Pfund notiert wird, die bei der Untersuchung des Südseeschwindels gemachte Aussage hinsichtlich der Summe, die sie erhielt. Der Chronist der Familie Kielmannsegg irrt sich, wenn er meint, Sophie Charlotte sei dafür belohnt worden, daß sie Ruhe bewahrte, als der Schwindel auflog. Er behauptet, dank der Weigerung, ihre Aktien zu verkaufen, sei der Wert ihres Anteils an der umorganisierten Gesellschaft bis zum Zeitpunkt ihres Todes im Mai 1725 von 10000 auf 15000 Pfund gestiegen. In Wirklichkeit waren ihre Aktien stark im Wert gesunken, obwohl das Fideikommiß letztlich davon profitierte, weil sie ein Geschenk gewesen waren.

Die Herzogin von Kendal und ihre beiden jüngeren Töchter konnten während des Schwindels ebenfalls nicht den erwarteten Gewinn machen. Doch auch ihnen brachte die langsame Wertsteigerung der Aktien nach Überwindung der Krise der Gesellschaft einen eindeutigen Profit aus der *douceur*. Was Geldgeschenke angeht, ist im Fall der älteren Melusine außer den Südseegesellschafts-Aktien nur nachgewiesen, daß sie 1720 vom Herzog von Chandos 9500 Pfund erhielt. Sie waren als Belohnung für denselben Dienst hinsichtlich seines Titels gedacht, den ihm auch Sophie Charlotte erwiesen hatte. Die Summe war ein wenig höher, als sei sich Chandos ihres unterschiedlichen Verhältnisses zum König bewußt gewesen. Gerüchtweise verlautete, Melusine habe auch noch andere Geldgeschenke erhalten. Sie und die junge Melusine sollen 1717 angeblich etwas dafür bekommen haben, daß sie dem Herzog von Newcastle zum Hosenbandorden verhalfen, und 12000 Pfund unter sich aufgeteilt haben, als der Herzog von Kent wenig später die gleiche Ehrung empfing. Es heißt auch, Melusine habe 11000 Pfund eingestrichen, nachdem sie 1725 Georg I. dazu überredet habe, Bolingbroke nach England zurückkehren zu lassen. Das ist möglich, obwohl es auch genug politische Gründe gibt, die Georgs Handlungsweise erklären. Allerdings stößt man, was Geldgeschenke betrifft, kaum einmal auf handfeste Beweise.

Gewiß brauchte Melusine nach 1714 Geld. Sie unterstützte finanziell ihren Bruder (den mit den alchimistischen Experimenten), ebenso ihre beiden Schwager, die dem Papier nach die Väter ihrer Töchter von Georg waren. Anscheinend machte sie sich ein wenig Sorgen über ihre finanzielle Zukunft, falls Georg vor ihr starb. In einem etwas rätselhaften Brief von ihrem Bruder, dem Feldmarschall, geschrieben nach Georgs Tod, heißt es, Melusine sei selber daran schuld, wenn sie jetzt nicht »sorgenfrei« sei; sie habe ja nie auf den Rat ihrer Familie hören wollen und nur das getan, was sie für richtig gehalten habe. Melusine hat also wohl ihre Stellung an Georgs Hof nicht dazu verwendet, sich ein Vermögen zu schaffen. Und das paßt auch besser zu dem Bild von Melusine, wie es uns von Georgs Familie überliefert ist, als die Beschreibung der geldgierigen Rafferin, die sich durch die englische Memoirenliteratur zieht.

Auf jeden Fall war Georg Melusines wichtigste finanzielle Stütze. Die Pension, die er ihr zahlte, wurde von einem kaiserlichen Diplomaten, der gute Kontakte zu den hannoveranischen Ministern des Königs hatte, auf 7500 Pfund im Jahr geschätzt. Georg linderte ihre Zukunftsängste, indem er ihr 1722 ein Patent zur Prägung von irischen Münzen übertrug, das sie mit einem Gewinn von 10000 Pfund an den Unternehmer William Wood verkaufen konnte. Zu dieser Zeit hatte sie bereits einen Aktienanteil von 10 000 Pfund an der Bank von England. Und 1720 kaufte sie ein Gut in Holstein, das sie nach dem Tod des Königs mit Gewinn veräußerte. Georg machte sich Gedanken über Melusines Finanzlage; da sie den größten Teil ihres Kapitals in jenes Gut investiert hatte, würde sie vielleicht – für den Fall, daß sie ihn überlebte – verfügbares Geld brauchen. Im Jahre 1723 machte er daher ein Testament, das Robert Walpole als Zeuge unterschrieb und in dem er ihr 22 986 Pfund, 2 Schillinge und 2 Pence hinterließ*. Aus anderen Quellen wissen wir, daß er sie detailliert darüber informierte. Da in diesem Testament – das erst vor kurzem im Britischen Museum entdeckt wurde – nur Melusine erwähnt wird, ist eine bestimmte Behauptung von Hervey mit Skepsis zu beurteilen. Sie lautet dahingehend, daß Georg II. ein Testament seines Vaters unterdrückt habe, in dem Georg I. der mittleren Tochter, der jungen Melusine, 20 000 Pfund hinterließ; doch habe der Mann, den sie 1733 heiratete, der Earl of Chesterfield, Georg II. eben diese Summe als Preis dafür abnehmen können, daß er über andere Aspekte des Testaments Stillschweigen bewahrte. Es ist jedoch möglich, daß die Herzogin von Kendal, als sie 1730 von Robert Walpole das Geld forderte und erhielt, das er treuhänderisch für sie verwaltete – theoretisch £ 12 986, 2 s., 2 d., die aber mit Dividenden nur £ 6993, 1 s., 1 d. einbrachten –, dies im Zusammenhang mit Verhandlungen über die Heirat der jungen Melusine tat: Diskret wie immer, teilte sie Walpole lediglich mit, sie brauche das Geld »für einen besonderen Zweck«. Wahrscheinlicher ist allerdings, daß sie das Geld brauchte, um Kendal House in Twickenham, wo sie für den Rest ihres Lebens wohnte, kaufen oder bauen zu können. Sie starb 1743. Ihre Haupterbin war die junge Melusine, seit 1733 Gräfin von Chesterfield. Bedacht wurden aber auch Melusines ältere Schwester, die Gräfin Delitz, und Neffen und Nichten auf Schulenburgscher Seite. Ihre größte mildtätige Gabe – 1000 Pfund – ging an eine Missionsgesellschaft in Afrika. Die Summen, die sie ihren Neffen und Nichten vermachte, waren ziemlich bescheiden (jeweils 300 Pfund); und die recht sittenstrenge Haltung, die Melusine im höheren Lebensalter einnahm (wir haben sie bereits in ihrer Abneigung gegen Glücksspiele mit hohem Einsatz wahrnehmen können), zeigt sich auch darin, daß sie einem ihrer Neffen nichts vererbte und dazu erklärte, sie unterließe dies, weil er eine Frau geheiratet habe, die seinen Eltern nicht genehm gewesen sei. Als die verwitwete Gräfin von Chesterfield 1778 ihr Testament abfaßte, hielt sie fest, daß von der Erbmasse der Herzogin von Kendal noch 17 164 Pfund da seien. Insgesamt kann man wohl zu dem Schluß kommen, daß die

---

* Bestehend aus den Südseegesellschaftsaktien im Wert von 10 000 Pfund, die Georg I. persönlicher Besitz waren, und aus weiteren Südseegesellschafts-Aktien im Wert von £ 12 986, 2 s., 2 d., die am Tag vor der Unterzeichnung des Testaments an Robert Walpole transferiert worden waren, damit er sie für die Herzogin von Kendal treuhänderisch verwaltete.

Schulenburgin kein solches Vermögen anhäufte, wie es Gerüchte zu ihren Lebzeiten wissen wollten. Die Testamente, die ich untersuchen konnte, folgen alle einem ähnlichen Schema: Bedacht werden Verwandte, besonders diejenigen, die Rang und Namen der Familie weiterführen und Verantwortung für deren Grundbesitz übernehmen sollen; bedacht werden Bedienstete, auch solche, die früher in Anstellung waren; und bedacht werden – in bescheidenerem Umfang – wohltätige Institutionen. Daß die Familie und ihr Fortbestehen die wichtigste Rolle spielten, erhellt aus den Vorkehrungen, die diejenigen Hannoveraner trafen, die das Unglück hatten, all ihre Söhne und Enkelsöhne in der männlichen Linie zu überleben: Im Falle Bernstorffs hieß das, daß seine Güter und sein Vermögen als Fideikommiß an die männlichen Nachkommen einer Tochter vererbt wurden, die glücklicherweise einen entfernten Verwandten geheiratet hatte, der ebenfalls den Namen Bernstorff trug.

Daß »die Hannoveraner England aussogen«, scheint daher stark übertrieben. Gewiß hatte Georg I. Verständnis für diejenigen von seinen Hannoveranern, die nicht nur die üblichen Höflichkeitsgeschenke annahmen (die sie wiederum genauso ihren englischen Freunden und Bekannten machten), sondern auch Geldgeschenke, die ihnen gemacht wurden, damit sie Einfluß auf den König nahmen. Es bestand also die Intention zu bestechen und wahrscheinlich auch die Tendenz, Schenkungen geheimzuhalten, die man als Bestechungsversuche werten konnte (wie der möglicherweise falsche Eintrag in Sophie Charlottes Rechnungsbüchern). Georgs bereits zitierte Bemerkung gegenüber Robert Walpole läßt schließen, daß der König *au courant* war. Und das nahm nach der damaligen Denkweise den Geldgeschenken den Geruch von Verrat.

Die Geldgeschenke, die nachweislich für die Verleihung von Titeln und Einsetzungen in minder wichtige Ämter gemacht wurden, waren von Georgs Standpunkt aus betrachtet, politisch harmlos, da sie sich im Einklang mit seiner Politik der Belohnung geleisteter Dienste befanden: Brydges war während des Spanischen Erbfolgekriegs Generalzahlmeister gewesen und hatte, im Gegensatz zu den Tories, die nach ihm kamen, die hannoveranischen Hilfstruppen stets pünktlich bezahlt. Darum war Georg der Ansicht, daß Brydges und dessen Familie eine Belohnung verdient hatten, und stieß sich nicht daran, daß seine hannoveranischen Minister von der Großzügigkeit eines so reichen britischen Untertanen profitierten. Und falls Melusine, wie es hieß, Geldgeschenke dafür angenommen hatte, daß sie den Herzögen von Newcastle und Kent den Weg zur Verleihung des Hosenbandordens ebnete, bewegte sie sich immer noch im Rahmen von Georgs Belohnungskonzept: Kent war, wenn auch ein »mediokrer Kopf«, so doch ein zuverlässiger Whig, der während Königin Annas Regierungszeit gute Dienste geleistet hatte*, Newcastle war ein brauchbarer Whig der jüngeren Generation, und beide waren Höflinge, denen das blaue Ordensband größeren Glanz verleihen würde. Falls Melusine tatsächlich Bolingbroke gegen Geld zur Rückkehr aus dem Exil verhalf, kann auch hier ein gewisses Einverständnis zwischen ihr und dem König mit im Spiel gewesen sein, denn Georg wollte Bolingbroke zu diesem Zeitpunkt in seiner »Partei« haben.

Daß Georg in den Anfangsjahren seiner Regierung, wenn nicht das Bedürfnis, so doch den Wunsch hatte, sein privates Einkommen aus britischen Quellen zu vermehren, kann man aus Briefen im Bernstorffschen Archiv ableiten. Beim Frieden von Utrecht hatte Ludwig XIV. die Karibikinsel St. Christopher (die ein Zankapfel zwischen Frankreich und England gewesen war) abgetreten. Sie wurde in St. Kitts umbenannt. Über Bernstorff ließ Georg Erkundigungen einziehen, ob er das Recht hatte, von gewissen Landverkäufen dort zu profitieren. Das scheint Robert Walpole schockiert zu haben: Nur wenn der König öffentlich ankündigte, daß er dieses Geld für ein Projekt verwenden wolle, das Wohlgefallen bei der Nation fände – etwa für den Wiederaufbau des Whitehall-Palasts –, habe er Aussicht darauf, mit seinem Ansinnen durchzudringen. Da Georg mit dem Nordischen Krieg beschäftigt war, ließ er die Sache fallen. Die Zeit des Palastbaus in London war noch nicht gekommen, und er hatte mit dem Geld von St. Kitts (wenn es ihm zugeflossen wäre) offensichtlich anderes vorgehabt. Vielleicht war ihm das Ganze eine Lehre. Es verdient festgehalten zu werden, daß er, obwohl seine Damen Südseegesellschafts-Aktien als *douceurs* erhielten, seine Aktien vollständig und bar bezahlte.

Förderung durch Titel

Georg war zwar nach der Meinung seiner britischen Minister nicht streng genug mit den Hannoveranern, die mit Empfehlungen für britische Posten und Titel nach britischem Geld trachteten, aber sie lobten ihn dafür, daß er sich peinlich genau an die Vorschriften hielt, die ihm die Vergabe von britischen Posten und Titeln an Hannoveraner untersagten. In den erblichen höheren Adelsstand wurden nur ehelich geborene männliche Angehörige des Hauses Hannover erhoben: Georgs jüngster Bruder Ernst August wurde 1716 zum Herzog von York ernannt; sein Enkel Friedrich erhielt im Alter von elf Jahren den Titel eines Herzogs von Gloucester.

Für die Damen des Königs wurde ein Kompromiß gefunden – die Peerswürde nach der Naturalisierung – aber nur auf Lebenszeit. Melusi-

---

* Es soll hier das Gerücht vermerkt werden, daß Kent zum Haushofmeister ernannt wurde, weil er der Herzogin von Marlborough ein Schmiergeld von 10 000 Pfund gezahlt hatte.

ne, die bereits 1716 naturalisiert wurde, erhielt im selben Jahr den irischen Adelstitel einer Gräfin von Munster und 1719 den englischen Adelstitel einer Herzogin von Kendal (dieser Titel hatte seit dem Tod von Jakobs II. Sohn, der ihn getragen hatte, geruht). Im Jahre 1722 wurde die junge Melusine zur Gräfin von Walsingham ernannt. Ihre ältere Schwester Luise erhielt keinen englischen Titel, wurde aber im selben Jahr zur Reichsgräfin aus eigenem Recht erhoben (»von Delitz« hieß sie nach einem Besitztum der Familie Schulenburg). Trudchen war noch zu jung, um auf ähnliche Weise geehrt zu werden; sie erhielt 1721 durch ihre Heirat mit dem Erben des regierenden Grafen zu Schaumburg-Lippe Hochadelsrang. Georgs Halbschwester Sophie Charlotte mußte sich nach dem Tod ihres Mannes darauf verlassen, daß Georg für ihre Söhne den Reichsgrafentitel erwirkte. Sie selbst wurde naturalisierte Britin, bevor sie 1721 zur Gräfin von Leinster und im Juli 1722 zur Gräfin von Darlington ernannt wurde. Ihre jüngere Tochter Caroline wurde zur selben Zeit naturalisiert wie sie; ihre ältere Tochter, die ebenfalls Sophie Charlotte hieß, war 1719 durch ihre Heirat mit Emanuel Scrope Viscount Howe Britin geworden.

Und das waren auch schon alle, die Georg mit britischen Titeln ehrte: nur die Mitglieder seiner Familie oder diejenigen, die als solche betrachtet wurden. Interessanterweise erörterten aber Townshend und Robert Walpole im Jahre 1723, ob Sophie Charlottes Schwägerin, die Frau von Ernst August Graf von Platen, auf Lebenszeit die englische Peerswürde verliehen bekommen könnte. Townshend betonte, Georg habe nie gesagt, daß er dies erwöge. Der Staatssekretär gestand sogar, er sei nicht sicher, ob der König dafür oder dagegen sei. Er hatte nur die Idee gehabt, daß er und Robert Walpole, wenn es legal möglich war, den Titel für die Gräfin Platen als Köder verwenden könnten, um Sophie Charlotte von ihrer Freundschaft mit Carteret abzubringen, den sie beide als Rivalen um die Gunst des Königs fürchteten. Die Tatsache, daß die Gräfin katholisch war (was Townshend in seinem Eifer übersehen hatte), setzte diesem Plan ein Ende, wenn auch nicht der Rivalität Carteret gegenüber.

Die Hannoveranische Thronfolge

Georg I. begann sich zu seiner Regierungszeit als König überraschend früh mit dem zu beschäftigen, was wir als die hannoveranische Thronfolge bezeichnen könnten, will heißen, mit der Abschaffung der Personalunion zwischen Britannien und Hannover. Bereits im Februar 1716 faßte er ein Testament ab, in dem er die Auflösung der Personalunion verfügte. Daß dies keine Augenblickslaune war, erweist sich daran, daß er das Problem mit hannoveranischen und britischen Beratern – einschließlich Rechtsexperten – durchsprach. Es erweist sich außerdem an einem Nachtrag zum Testament aus dem Jahre 1720. Und überdies brachte er das Thema bei demjenigen zur Sprache, den es am meisten betraf, bei seinem Enkel Friedrich. Er bemühte sich auch eifrig um die Mitwirkung des Kaisers. Und schließlich hinterlegte er je eine von ihm und von Zeugen unterschriebene Ausfertigung des Testaments in Britannien, in Wien und in Wolfenbüttel.

Es gibt mehrere Gründe dafür, warum er diese Maßnahme traf. Der nächstliegende war die jakobitische Bedrohung, wie sie sich in den »Fünfzehn« verkörperte. Als erfahrener Soldat zweifelte Georg nicht daran, daß Jakob Eduards Invasionen – ebenso wie eventuell nachfolgende Invasionen – scheitern würde. Doch er argumentierte folgendermaßen: Solange es die Personalunion zwischen Britannien und Hannover gab, würde der Gegensatz Stuart-Hannover zumindest andeutungsweise bestehen bleiben, würden Britanniens Feinde vielleicht auch versuchen, dem Stuart-Prätendenten mit Geld, Waffen, Soldaten und Schiffen zu helfen. Wenn dagegen die Personalunion zwischen Kurfürstentum und Königreich aufgelöst werden konnte, würden die Klagen darüber, daß die hannoveranische Linie »ausländisch« sei, verstummen. Der Prätendent und seine Nachkommen würden mit der Zeit keine Unterstützung mehr finden. Und das Land würde Frieden haben.

Zweitens ging es Georg um Hannover und die Hannoveraner. Die Familientrennungen brachten Probleme mit sich, manchmal auch Kummer, den er aus nächster Nähe miterlebte. Er hatte selbst den Abschiedsschmerz erfahren und sorgte dafür, daß die Klausel in der Thronfolgeakte von 1701, die es dem Monarchen verbot, das Königreich ohne ausdrückliche Genehmigung des Parlaments zu verlassen, bereits 1715 aufgehoben wurde. Er wollte Hannover oft besuchen, Heimatluft atmen, vertraute Gesichter und Orte sehen, seiner Gesundheit zuliebe in Pyrmont Kuren machen, jagen, die Entwicklung seines Enkels Friedrich beobachten und mit seiner Tochter, der Königin von Preußen, zusammentreffen, wie er ihr in einem Brief schrieb.

Georg konnte Deutschland dann freilich nur fünfmal besuchen (1716, 1719, 1720, 1723 und 1725), und bei vier Besuchen sah er Sophie Dorothea, einmal – in Berlin – auch seine preußischen Enkel, darunter Wilhelmine und den zukünftigen Friedrich den Großen. Der Prince und die Princess of Wales und ihre kleineren Kinder begleiteten Georg nie bei seinen Besuchen auf dem Kontinent, weil durch ihre gleichzeitige Abwesenheit schwerwiegende Verfassungsprobleme entstanden wären. Für die britischen Minister war es schon ein Alptraum, daß der König überhaupt außer Landes ging und meistens so spät zurückkehrte, daß das Parlament wieder und wieder vertagt werden mußte, wenn Politik, Lustbarkeiten oder auch nur widrige Winde ihn in den Niederlanden festhielten. Melusine gehörte stets zur königlichen Reisegesellschaft, ebenso ihre Töchter und auch Sophie Charlotte, als sie verwitwet war. Einige der in London wohnenden hannoveranischen Minister und Höflinge begleiteten den König. Doch es blieb mindestens einer – meistens Bothmer – zurück, damit sich jemand um die hannoveranischen Belange kümmerte. Georgs Leibarzt und ein anglikanischer Hofgeistlicher gehörten bei jedem Besuch zu Georgs Gefolge. Auch einzelne britische Höflinge kamen mit, sofern es ihnen und Georg behagte. Es war wichtig, daß mindestens ein britischer Staatssekretär mit von der Partie war, denn während Georgs I. Aufenthalten auf dem Kontinent wurden auch diplomatische Geschäfte abgewickelt. In Zeiten, zu denen zwischen den britischen Ministern ein gespanntes Verhältnis bestand, begleiteten zwei Mitglieder des inneren Kabinetts den König nach Hannover.

Georg und seine hannoveranische Umgebung waren natürlich enttäuscht, wenn kein Besuch auf dem Kontinent möglich war. Im Jahre 1715 war es aufgrund der Meldungen von der bevorstehenden Invasion des Prätendenten undenkbar, daß der König, und sei es auch nur für kurze Zeit, Britannien verließ. Und im Sommer 1716, als Georg beschloß, nach Hannover zu reisen, tat er dies gegen die schweren Bedenken seiner britischen Minister, die es nicht für klug hielten, so bald nach der Niederschlagung der jakobitischen Rebellion die Reise anzutreten. In den Jahren 1717 und 1718* war die Lage in Britannien so ernst, daß Georg sich damit abfand, nicht nach Hannover zu reisen, obwohl in diesen Jahren seine Anwesenheit auf dem Kontinent wichtigen diplomatischen Verhandlungen förderlich gewesen wäre. Einige der Hannoveraner in Georgs Umgebung waren überzeugt davon, daß der König ein hohes gesundheitliches Risiko auf sich nahm, als er in diesen Jahren in England blieb. Im Frühling 1719 hielt man es dann für medizinisch dringend geboten, daß Georg möglichst bald eine Kur in Pyrmont machte. Ende Mai reiste er bereits aus England ab. Wieder waren die meisten seiner britischen Minister dagegen, obwohl Stanhope es für vorteilhaft hielt, wenn der König sich selbst mit seinem launischen Schwiegersohn, Friedrich Wilhelm I. von Preußen, beraten und ihn nun, nach dem Tod Karls XII. von Schweden, für die Mitarbeit am Friedensplan für den Norden gewinnen konnte.

Nachdem Georg seine Kur gemacht hatte, lenkte er seine Aufmerksamkeit auf die Rolle Preußens innerhalb des Friedensplans für den Norden. Der Erfolg war nicht leicht zu erringen. Bernstorff blieb argwöhnisch, was Preußens Ziele anging, und Friedrich Wilhelm I. befand

---

* Die Nachteile für Georg wurden jedoch ausgeglichen durch die Bereitschaft des französischen Politikers Dubois, sich längere Zeit in England aufzuhalten (etwa ein halbes Jahr mit nur einer Unterbrechung) sowie durch kürzere Besuche hochrangiger Diplomaten aus anderen Ländern, für die der Friedensplan für den Süden eine Rolle spielte.

sich in einer schwierigen Lage – er wurde von Georg in seiner Eigenschaft als Kurfürst und als König von Britannien umworben, hatte aber Angst vor Zar Peters Reaktion auf jedwede Zusammenarbeit zwischen Preußen und Georg I. Die Unschlüssigkeit des preußischen Königs hielt Georg länger als geplant auf dem Kontinent fest: Es war bereits Mitte November, als Friedrich Wilhelm und Sophie Dorothea in Herrenhausen eintrafen und damit zu verstehen gaben, daß die schon unterzeichneten Verträge zwischen Preußen und Hannover und zwischen England und Preußen erfüllt werden würden.

Aus politischen und persönlichen Gründen wollte Georg auf seinen Reisen gerne so lange wie möglich in Hannover bleiben. Die Fahrt über den Kanal, geleitet von Schiffen der britischen Flotte, wurde oft durch furchtbare Stürme erschwert. Im Jahre 1726 wurden die Schiffe zerstreut, und in ganz Britannien lief das Gerücht um, der König sei auf See umgekommen. Es herrschte allgemeine Erleichterung, als bekannt wurde, daß sein Schiff sicher im Hafen von Rye angelangt war. Eine weitere Verzögerung trat dadurch ein, daß erst Kutschen losgeschickt werden mußten, die über verschneite Straßen – es war Januar – zu diesem unerwarteten Landungsplatz fuhren. Das bescheidene Haus, in dem der König während seines Aufenthalts in Rye logierte, kann man heute noch sehen. Zeitgenössische Blätter machten viel Wesens darum, daß die Besitzer des Hauses ihr Schlafzimmer für Georg räumten und daß Georg dafür Pate bei dem Kind stand, das die Frau seines Gastgebers während seines Aufenthalts in Rye gebar: Der Junge wurde nach ihm benannt und erhielt 100 Guineen als Taufgeschenk.

Im Jahre 1720 drang Georg am leichtesten mit seinen Reiseplänen durch. Stanhope saß fest im Sattel, und es lag ihm ebenso viel daran wie dem König, daß im Sinne Britanniens und Hannovers Einfluß auf die noch laufenden Verhandlungen zur Beendigung des Nordischen Krieges genommen wurde. Überdies garantierte die Aussöhnung des Prince of Wales mit seinem Vater im Februar 1720 Ruhe im Lande. Das tat auch der Wiedereintritt Townshends und Robert Walpoles in Georgs Regierung. Daher konnte Sunderland den König und Stanhope begleiten.

Dieser Sommeraufenthalt in Deutschland war besonders heiter, und Georg war, nach den Berichten, die Liselotte aus Hannover erhielt, so »lustig«, daß sie kaum glauben konnte, daß dies derselbe Mensch war, den sie bei seinem Besuch in Frankreich in jungen Jahren als *froid* und *sérieux* empfunden hatte. Ernst August, seit 1716 Fürstbischof von Osnabrück, kam zu Georg nach Göhrde, ebenso der junge Friedrich von Hannover und Prinz Wilhelm von Hessen, der Bruder von König Friedrich I. von Schweden[*]. Als Friedrich Wilhelm von Preußen mit seinen

---

[*] Seine Frau Ulrike Eleonore war 1718 ihrem Bruder Karl XII. auf den Thron nachgefolgt, hatte aber 1720 zugunsten ihres Gatten Friedrich von Hessen abgedankt.

Ministern und Höflingen eintraf, mußte Georg etwa siebenhundert Menschen verpflegen (seine Gäste, deren Gefolge und Dienerschaft sowie seine eigenen Leute) und die Futter- und sonstigen Kosten für über 1000 Pferde tragen, die man für Transportzwecke, zum Ausreiten und für die Jagd brauchte. Das Wetter war schön, und es spielte sich eine gewisse Routine ein: Um acht Uhr morgens trafen sich die königlichen und fürstlichen Gäste und die wichtigsten Minister, Höflinge und Offiziere im Vorzimmer des Königs, um heiße Schokolade zu trinken, bevor sie auf die Jagd nach Rotwild, Füchsen und Hasen gingen. Das Mittagessen wurde im großen Saal serviert – an drei großen Tischen für die von hohem Rang und Amt und an sechs kleineren Tischen in angrenzenden Räumen für diejenigen, die, so Fabrice, »sich nicht getrauten, mit Mitgliedern von Königshäusern zu speisen.« Einige der zwanzig Damen (Georgs gewohnte weibliche Begleitung wurde durch Damen vom kurfürstlichen Hof verstärkt, unter ihnen eine von Melusines Schwestern) gingen mit auf die Jagd – Trudchen besonders gern. Am Nachmittag kamen alle Damen auf ihre Kosten: Dann begaben sich Höflinge und Offiziere in Melusines Gemächer, um Kaffee zu trinken, zu klatschen und zu flirten. Und am Abend fanden Konzerte, Theateraufführungen und Bälle statt. Mindestens eine Romanze war im Aufblühen begriffen: Der ältere Schaumburg-Lippe-Sohn war mit von der Partie und muß bei der schönen Gertrud und bei Georg Anklang gefunden haben, denn im Oktober 1721 wurde Trudchens Hochzeit mit Albrecht Wolfgang gefeiert.

Die Nachmittage – und oft auch die Abende – waren für die Herrscher und ihre Minister mit Arbeit angefüllt. Ihre Sekretäre und andere zuverlässige Mitglieder ihres Stabes waren schon seit den frühen Morgenstunden geschäftig gewesen, hatten Teile von eingegangenen Depeschen entschlüsselt und Teile von abgehenden Instruktionen verschlüsselt, Vertragsklauseln aufgesetzt und Abschriften von Dokumenten gemacht.

Ähnlich ging es, wenn auch mit weniger offiziellen Gästen, in Herrenhausen zu. Es wurden Bälle und andere Lustbarkeiten veranstaltet. Doch das Unbehagen über die Affären der Südseegesellschaft übertrug sich in wachsendem Maße bis nach Hannover, erfaßte britische und hannoveranische Minister, auch Georg und Melusine, und machte es erforderlich, daß man aus privaten Gründen und auch aus Gründen der Staatsräson möglichst rasch nach England zurückkehrte. Deshalb war es für den König und seine Minister besonders ärgerlich, daß widrige Winde sie elf Tage lang im niederländischen Hafen Helvoetsluys festhielten. Doch Fabrice schildert (obwohl auch er sich seiner Verluste wegen Sorgen machte) die Mittags- und Abendmahlzeiten des Königs während der Wartezeit, an denen von britischer Seite Stanhope, Sunderland und der Earl of Stair und von hannoveranischer Seite Hardenberg, Ilten und er selbst sowie Sophie Charlotte und Melusine samt den beiden jüngeren Töchtern teilnahmen, als zumindest äußerlich vergnügt.

In den nächsten zwei Jahren konnte Georg nicht nach Hannover reisen: 1721 war die Krise im Zusammenhang mit dem Südseeschwindel noch nicht überwunden, auch hatte sich die Regierung nach Stanhopes Tod noch nicht wieder ganz konsolidiert. Und 1722 nahmen die britischen Minister das sogenannte Atterbury-Komplott – einen Invasionsplan, mit dem sich die Jakobiten die allgemeine Empörung über die Direktoren der Südseegesellschaft und über Georgs Regierung zunutze machen wollten – so ernst, daß sie mehr oder weniger ein Veto gegen einen Auslandsaufenthalt des Königs einlegten. Einigen Glauben schenkte man auch der Nachricht, daß sich Stuart-Anhänger verschworen hätten, Georg auf der Reise nach Hannover zu ermorden.

Doch 1723 hielt sich der König dann wieder längere Zeit in Deutschland auf. Diesmal besuchte er nicht nur Hannover, sondern auch Preußen. Die beiden britischen Staatssekretäre Townshend und Carteret begleiteten ihn mitsamt ihren Unterstaatssekretären und ihrem sonstigen Beamtenstab. Zwischen der Gruppe um Townshend und Walpole im Ministerium und Carteret, der nach Sunderlands Tod im Jahre 1722 die Reste der Stanhope/Sunderland-Gruppe um sich geschart hatte, waren Spannungen entstanden. Mehr ins Gewicht fiel jedoch, daß die Gegenwart beider Sekretäre das Vorherrschen britischer Belange bei Georg I. außenpolitischen Verhandlungen demonstrierte. Nach 1719 hatten sich für Georg (worauf wir noch zurückkommen werden) die Prioritäten hinsichtlich seines Kurfürstentums und seines Königreiches verschoben.

Beim Besuch von 1723 suchte man die üblichen Stationen auf: Pyrmont, Herrenhausen, Göhrde und schließlich Hannover. In Göhrde fanden sich viele Gäste ein, die üppig bewirtet wurden. Wieder arbeiteten der König und seine Minister hart. Aber sie gingen auch häufig auf die Jagd. Zum Besuch am Hof von Sophie Dorothea und Friedrich Wilhelm fuhr Georg, wie er es gerne tat, mit seiner eigenen leichten Kalesche, vor die starke Pferde gespannt waren, die bei jedem Relais gewechselt wurden. Am 9. Oktober (NS), dem ersten Tag seines Aufenthalts in Charlottenburg, erlitt er bei dem zu seiner Begrüßung veranstalteten Fest einen Ohnmachtsanfall. Man hat ihn als leichten Schlaganfall betrachtet – vielleicht weil der König 1727 an einem Schlaganfall starb. Jedenfalls dauerte Georgs Unpäßlichkeit nicht lange. Es machte ihm Freude, seine preußischen Enkelkinder zu sehen und über ihre Zukunft zu sprechen. Im Prinzip hatte er nichts gegen die Doppelhochzeit einzuwenden, die Sophie Dorothea schon seit langem vorschwebte: Sie wollte ihre Tochter Wilhelmine mit Friedrich von Hannover und ihren Sohn Friedrich mit einer Tochter des Prince of Wales verheiraten, möglichst mit der ältesten. Allerdings fand der König, daß die Cousins und Cousinen für eine öffentliche Bekanntgabe dieser zukünftigen Verbindungen noch zu jung seien.

Vielleicht jagte Georgs Ohnmachtsanfall Melusine einen großen Schreck ein. Daß sie sich heimlich mit Townshend zusammentat, um im Jahre 1724 einen Besuch in Hannover zu hintertreiben, hatte möglicherweise andere Gründe als die Unstimmigkeiten mit Sophie Charlotte und der Platen-Clique. Sie könnte sich um Georgs Gesundheit gesorgt und gefürchtet haben, daß die Reise und die damit verbundenen Festlichkeiten zu ermüdend für ihn seien. Doch ernstlich krank wurde 1724 dann Melusine, während Georg bei seinem Besuch in Hannover 1725 so gesund und vital war und auf der Jagd drei bis vier Stunden im Sattel saß, daß britische Beamte, die Whitehall Bericht erstatteten, beeindruckt waren.

Für den Rest von Georgs Regierungszeit bürgerte es sich ein, daß er alle zwei Jahre Hannover besuchte. Weder Georg noch sein kurfürstliches Gefolge in Britannien drangen 1724 und 1726 auf eine Deutschlandreise. Umgekehrt gab es 1725 und 1727 schwerwiegende politische Gründe dafür, daß britische Minister, denen die Außenpolitik am Herzen lag, dem König zuredeten, nach Deutschland zu reisen. 1725 machte es das Entstehen zweier entgegengesetzter politischer Bündnissysteme erforderlich, daß Whitehall sozusagen nach Hannover umzog. 1726 war die diplomatische Szene so wenig stabil, daß es den Ministern lieber war, daß Georg in Britannien blieb. Die spanische Blockade und die geplante Belagerung von Gibraltar lenkten ihre Gedanken auf defensive und möglicherweise auch offensive Vorkehrungen seitens der Armee und der Flotte. Im Sommer 1727 war die Kriegsgefahr vorüber – was mehr Georg und seiner Zusammenarbeit mit Robert Walpole und französischen Politikern zu verdanken war als dem kampflustigen Townshend. Überdies war man sich einig, daß Georgs Wunsch, dem von Preußen vorgeschlagenen Doppelhochzeitsprojekt eine endgültige Form zu geben, britischen Interessen dienlich sei. Am 15. Juni (NS) verließ die große Reisegesellschaft, in der üblichen Zusammensetzung und auf mehrere Schiffe verteilt, die britische Küste. Townshend und seine Beamten blieben kurz zu einem politischen Meinungsaustausch in Den Haag, während Georg nach Hannover vorauseilte. Unterwegs erlitt er einen Schlaganfall. Kaum bei Bewußtsein, wurde er ins fürstbischöfliche Palais nach Osnabrück gebracht, wo er in der Nacht vom 21. auf den 22. Juni starb.

Bei seinen fünf Besuchen in Hannover nahm Georg auch Einblick in die Angelegenheiten des Kurfürstentums. Und dabei fiel für die hannoveranischen Minister und Beamten, die er ja nur selten sah, soviel Arbeit an, daß sie das Gefühl hatten, sie kämen »nicht zum Verschnaufen«, solange der König und Kurfürst da war. Georg ließ die Zügel jedoch auch

Georgs Großeltern, Friedrich V. von der Pfalz, der „Winterkönig", mit seiner Frau Elisabeth Stuart und 10 Kindern im holländischen Exil, im Hintergrund Heidelberg. Sophie, die Mutter Georgs ist noch nicht geboren. Kupferstich ca. 1628

Die glorreiche Dynastie: Ernst August (2. v. links) und Sophie (im Muschelwagen) mit ihren Kindern. Gemälde von Franz Beeldemaker, 1680–85

Georgs Vater, Ernst August Herzog zu Braunschweig-Lüneburg, gemalt von Jacob Ferdinand Voet um 1670

Georgs Mutter Sophie, Prinzessin von der Pfalz, mit den berühmten Hannover-Perlen, als sie ihren Sohn erwartete, gemalt von Adriaen Hanneman

Georg als junger Mann, 1680/81 von Kneller porträtiert, als er das erste Mal England besuchte und von einer möglichen Heirat mit Anna, der späteren englischen Königin die Rede war

Das Leineschloß in Hannover mit der ehem. Minoritenkirche und dem Collegiengebäude. Historisierende Lithographie von W. Kretschmer um 1850

Schloß und Großer Garten in Herrenhausen. Kuperstich 1714

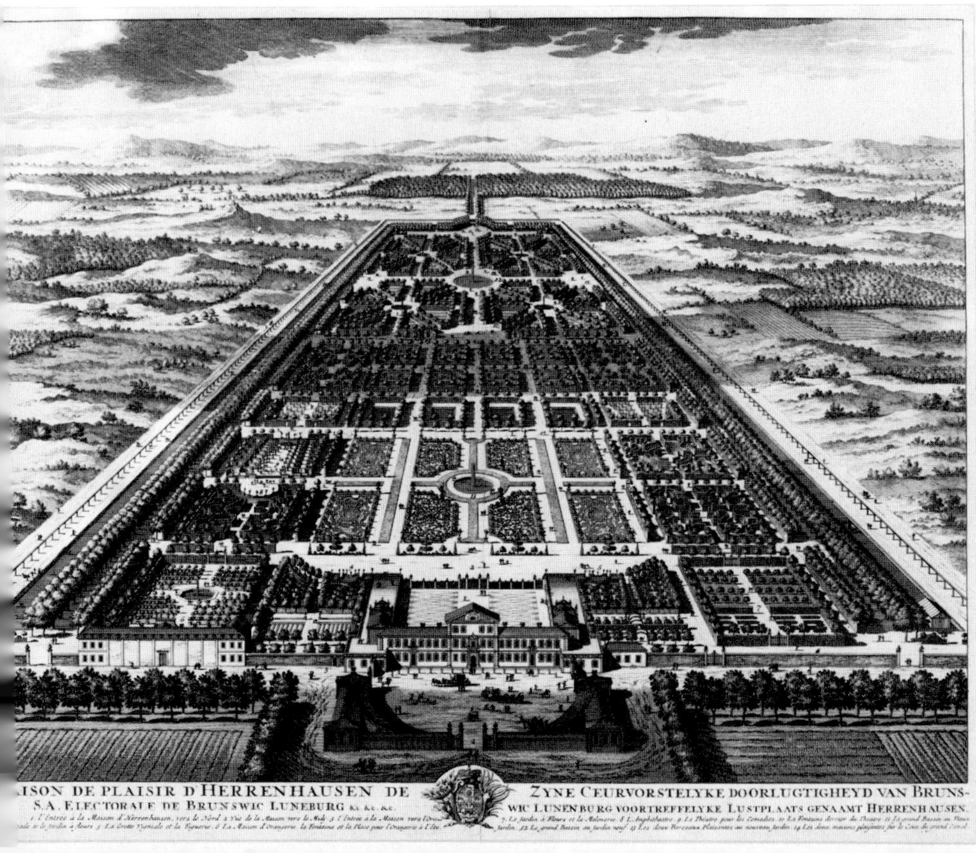

Georg als Kurfürst von Hannover. Kupferstich von J. à Montalègre, 1708/14

Georgs Gattin Sophie Dorothea mit ihren Kindern Georg August und Sophie Dorothea. Ölgemälde von Jacques Vaillant

Graf Philipp Christoph von Königsmarck

Ehrengard Melusine von der Schulenburg

Georg Wilhelm von Celle,
Georgs Onkel, nach dessen Tod
1705 das Fürstentum Lüneburg
an Hannover fiel. Statue in der
Stadtkirche Celle

Anna Königin von England
1702–1714, gemalt von G. Kneller

Wilhelm III. von Oranien, Statthalter
der Niederlande, König von England
1689–1702, ein enger politischer
Verbündeter Georgs

Georg als Feldmarschall des Heiligen
Römischen Reiches Deutscher Nation
nach 1701

Die silberne Krönungsmedaille mit dem
Porträt Georgs und dem Sachsen-Roß

Dienerschaft beim Mahl nach der Jagd
Ergänzung zur sog. Herzberger
Jagdtapete, gemalt von Jens Petersen
1707

Die Krone wurde von Georg in Auftrag gegeben und während seiner Regierung benutzt. Zeichnung von J. Grisoni um 1718

Caroline von Ansbach-Bayreuth, Georgs Schwiegertochter. Porträt aus der Werkstatt von C. Jervas um 1727

Georgs Sohn Georg August, der spätere Georg II., mit seinem Sohn Friedrich Ludwig. Aus dem Gemälde „Das goldene Zeitalter" von J. Thornhill

Die Krönungsprozession vor dem St. James Palast am 20. September 1714. Kupferstich von A. Allard

Medaille des Thronprätendenten Jakob Eduard Stuart, zur Geburt seines Sohnes Karl Eduard. Auf der Rückseite die Ansicht Londons um 1721 und das Sachsen-Roß im Kampf mit dem englischen Einhorn

Ein von William Kent ausgestatteter Saal im Kensington-Palast in London

„Die schöne Gertrud", Georgs und Melusines jüngste Tochter, Gattin von Albrecht Wolfgang zu Schaumburg-Lippe, und ihre Söhne Georg August und Friedrich Ernst Wilhelm. Porträts von G. W. Lafontaine

Die sechs jüngeren Kinder des Prinzen und der Prinzessin von Wales: Anna, Amalia, Caroline, Wilhelm August, Maria und Luisa

Georgs preußische Enkelkinder Wilhelmine und Friedrich. Georgs Tochter, die preußische Königin Sophie Dorothea, schenkte das Gemälde ihrem Vater

Georg, gemalt von G. Kneller

William Cowper, Gemälde von G. Kneller, um 1722

Charles Viscount Townshend. Gemälde nach G. Kneller, 1715–1720

James Stanhope. Statue von W. Kent

Robert Walpole. Gemälde von J. Wootton

Georg. Farbstich von J. LeBlon, um 1730

Georg als römischer Imperator. Statue von L. Delvaux

Sarg Georgs, heute im Mausoleum von Herrenhausen

nicht schleifen, wenn er in Britannien war. Alle Fäden der Außenpolitik liefen in seiner Hand zusammen. Bei der Armee konnte niemand ohne Rücksprache mit ihm befördert werden. Ausgaben, die die knapp bemessene Summe von 50 Talern überstiegen, mußten von ihm genehmigt werden. Ebenso verhielt es sich mit Gesuchen um Pensionen oder sonstige finanzielle Beihilfen wie etwa eine Mitgift, die es der Tochter eines ehemaligen Beamten erlaubte, in ein protestantisches Stift einzutreten. Bei Routineangelegenheiten verließ sich Georg auf seinen Kammerpräsidenten Görtz, der ein großer Finanzexperte war. Görtz galt als mustergültig unbestechlich. Trotzdem befürchtete er, daß sich die räumliche Distanz zum König und Kurfürsten ungünstig für ihn auswirken könnte. In seiner Korrespondenz mit dem jungen Schulenburg taucht häufig die Bitte auf, er oder Melusine sollten beim König ein gutes Wort für ihn einlegen. Diese Bitte brachte Görtz immer dann vor, wenn er argwöhnte, Bernstorff in London oder seine Feinde in Hannover versuchten, böses Blut zu machen, wenn er in Prozesse verwickelt war, oder seine Autorität zu untergraben, indem sie Ernennungen innerhalb der Kammer direkt mit dem König und Kurfürsten aushandelten. Görtz war für eine schwedenfreundliche Außenpolitik und hatte damit einen weiteren Grund zur Sorge: Konnte Bernstorff sich diesen Umstand zunutze machen, um ihn in Ungnade zu bringen? Wieder und wieder mußte Schulenburg betonen, daß Görtz derjenige Minister sei, dem Seine Majestät, was die hannoveranische Innenpolitik beträfe, am meisten vertraue. Und Schulenburg versicherte ihm überdies, Georg werde seine außenpolitischen Vorstellungen respektieren, solange er die Außenpolitik des Königs und Kurfürsten nicht zu obstruieren versuche.

Daß das Getrenntsein seiner hannoveranischen Minister mehr Anlaß zu Mißverständnissen und Eifersüchteleien gab, war für Georg ein zusätzlicher Anstoß, die hannoveranische Thronfolge zu erwägen. Ein weiterer Anstoß war der (mehr oder weniger starke) Argwohn und Groll, den seine britischen Minister gegen Bernstorff, Bothmer und Robethon hegten. Von diesen dreien war Robethon der am wenigsten wichtige und einflußreiche Mann. Ihn als Georgs Privatsekretär zu bezeichnen, ist etwas irreführend. Sein offizieller Titel war der eines Botschaftssekretärs, und als solcher war er mit der Abfassung von Depeschen betraut, die an hannoveranische Diplomaten gingen. Untersuchungen haben ergeben, daß Weisungen, die er in entscheidenden Momenten des Nordischen Kriegs erteilte, auch britische Angelegenheiten berührten. Doch er handelte nicht unabhängig. Was er schrieb, schrieb er auf Bernstorffs Geheiß. Und was Bernstorff ihm sagte, kam letztlich von Georg, der sich in den Anfangsjahren seiner Regierung nicht scheute, seine Stellung als König für seine Vorhaben als Kurfürst auszunutzen. Georg mißtraute Robethon immer mehr. Robethon stand in dem Ruf,

177

eine Plaudertasche und unbesonnen zu sein. 1718 wurde er ins Gebet genommen (und erhielt, so Schulenburg, eine strenge Gardinenpredigt), weil er das Gerücht verbreitet hatte, der König habe die Absicht, seinen Enkel Friedrich nach England zu holen. Das berührte eine von Georgs empfindlichen Stellen. Britische Berater, insbesondere Bischöfe, hatten dem König nahegelegt, daß Friedrich nach Oxford oder nach Cambridge kommen sollte, um dort auf seine zukünftige Rolle als Monarch vorbereitet zu werden. Für Georg war es jedoch von entscheidender Wichtigkeit, daß Friedrich in Hannover blieb: Er sollte die Loyalität dem Herrscherhaus gegenüber am Leben erhalten, um ihn sollte sich der Widerstand sammeln, falls Hannover von Feinden überfallen wurde – was, solange der Nordische Krieg andauerte, nicht unwahrscheinlich war.

Die Briten der damaligen Zeit überschätzten zwar Robethons Bedeutung, täuschten sich aber nicht, wenn sie Bernstorff einen größeren Einfluß auf Georg zuschrieben als Bothmer (der wie Bernstorff Geheimer Rat war). Man schätzte Bothmer wegen seiner reichen Erfahrung auf diplomatischem Gebiet. Doch er war und blieb eher ein Berater als ein persönlichkeitsstarker Minister, der seinem Herrn widersprach, wenn er anderer Meinung war als er. Bernstorff dagegen hatte sehr entschiedene Ansichten und scheute sich nicht, sie dem König gegenüber mit Nachdruck zu vertreten. Es wäre jedoch ein Irrtum zu glauben, daß er Georgs Außenpolitik – sei es die als Kurfürst, sei es die als König – bestimmte. Aus etlichen Quellen geht hervor, daß Georg mehrere britische und hannoveranische Untertanen um ihre Meinung bat und dann selbst das letzte Wort sprach. Es trifft auch nicht zu, daß Bernstorff im Sommer 1719 (nachdem Stanhope über ihn gesiegt hatte) »in Ungnade fiel« und daß er danach nie wieder den Fuß auf englischen Boden setzte. Er war 1720 in England, und sein Einfluß auf Georg war, wie man meinte, »so groß wie eh und je.« Aber er war schon alt und wollte die Jahre, die ihm noch blieben, in Gartow verbringen. Nach dem Besuch des Königs in Hannover im Jahre 1720 ging er nicht nach London zurück. Von da an blieb er mit den Geschäften der deutschen Kanzlei in London durch seine Korrespondenz mit Bothmer in Kontakt und mit auswärtigen Angelegenheiten im allgemeinen durch Briefe von und Begegnungen mit hannoveranischen und britischen Diplomaten. Und als Georgs Ratgeber war er immerhin noch so präsent, daß Townshend 1723 eine Kampagne in Gang setzte, die den Ausschluß Bernstorffs von jeglicher Beteiligung an der Politik Georgs als König von Großbritannien zum Ziel hatte. Und Townshend, Robert Walpole und Newcastle verbuchten es als großen Erfolg, daß Georg im selben Jahr seinen Hofmarschall Christian Ulrich von Hardenberg an Bernstorffs Stelle zum Geheimen Rat ernannte.

Der Groll und die Furcht mehrerer aufeinanderfolgender britischer

Minister, die Georgs hannoveranische Berater zu spüren bekamen, konnten ihn nur in seinem Wunsch bestärken, die Personalunion zwischen Kurfürstentum und Königreich aufzulösen. Es verdient festgehalten zu werden, daß das Kodizill von 1720, das das Testament von 1716 bekräftigte, nach dem Kampf zwischen Stanhope und Bernstorff (1719) unterzeichnet wurde. Georg hatte sich in wachsendem Maße den britischen Standpunkt zu eigen gemacht. Aber es schien, als wollten ihm seine britischen Minister das nicht glauben, sondern mißtrauisch sein und bleiben: Stanhopes Unnachgiebigkeit Bernstorff gegenüber wurde sozusagen wiederholt und noch gesteigert, als Townshend 1723 prahlerisch verkündete, er habe den König zu dem Versprechen gezwungen, daß er kein die britische Außenpolitik betreffendes Dokument unterzeichnen werde, wenn er, Townshend, nicht mit dabei sei.

Aber wie sollte die Auflösung der Personalunion durchgeführt werden? Georg hatte keine Angst vor drastischen Veränderungen. Im Jahre 1700 hatte er den hannoveranischen Kalender mit einem Schlag reformiert: Statt des julianischen Kalenders führte er den gregorianischen ein, indem er nach dem 18. Februar elf Tage in Abzug brachte. Bei seiner Thronbesteigung machte er Schluß mit der Sitte, zur Heilung von Skrofulose seine Hand aufzulegen (wie vorher schon Wilhelm III. – Königin Anna hatte die Sitte allerdings wieder eingeführt); und das nicht, weil er sich (wie behauptet wurde) als Usurpator empfand, der dazu kein Recht hatte, sondern weil er im Einklang mit den Ideen der frühen Aufklärung stand und diesen Brauch für abergläubisch hielt. In seinem politischen Denken war er ein Anhänger Pufendorfs und bewunderte dessen Konzept vom Gemeinwohl als höchstem Gesetz. Der Umstand, daß Pufendorfs Übersetzer Georg die deutsche Fassung von *De officio hominis et civis* widmete, ist kein Beweis dafür; aber dieser Schluß wird gerechtfertigt durch die Bandbreite von Georgs Tischgesprächen und durch die Tatsache, daß er mehrere Gelehrte unterstützte, die Pufendorfs Ideen vertraten.

Es überrascht daher nicht, daß Georg rationalistisch an das Problem heranging, mit dem er konfrontiert war. Er war sich im klaren darüber, daß sich gewaltige Hindernisse vor ihm auftürmen würden und daß die Lösung nicht schon in naher Zukunft verwirklicht werden konnte. Er hatte nur einen Sohn und von diesem Sohn bisher nur einen Enkel – Friedrich*. Georg erinnerte sich an die Wunden, die der Prinzenstreit seinen Eltern, seinen Brüdern und ihm selbst geschlagen hatte, und wollte niemanden um die Erwartungen bringen, auf die er ein Recht hatte. Georg August und Friedrich waren beide mit der Zukunftsper-

---

* Der zweite Sohn des Prince und der Princess of Wales, der das Säuglingsalter überlebte, Wilhelm August, wurde 1721 geboren.

spektive aufgewachsen, König von Großbritannien und Kurfürst von Hannover zu werden. Um beides durften sie nicht gebracht werden. So verfügte Georg für den Fall, daß wenn Friedrich mehr als einen Sohn haben sollte, der erstgeborene die Königskrone und der zweite den Kurfürstenhut erben sollte. Wenn Friedrich nur einen Sohn haben sollte, sollte dieser Sohn König von Großbritannien werden. Das Kurfürstentum dagegen sollte dem braunschweig-wolfenbütteler Zweig des Hauses Braunschweig zufallen.

Klugheit und Reife dieser Lösung sind bemerkenswert: Wenn es das Schicksal so wollte, sollten die Braunschweig-Lüneburger in Hannover weiterregieren; wenn nicht, wollte Georg sich nicht am Feind der Jahre 1692 bis 1706 rächen – er griff vielmehr auf die weitaus ältere Einheit des Gesamthauses zurück. Noch bedeutsamer ist die Priorität für Großbritannien. Mit der Billigung der Thronfolgeakte hatte das Haus Hannover eine Verantwortung für die protestantische Thronfolge übernommen, vor der es sich nach Georgs Auffassung nicht drücken durfte. Er war nicht besonders religiös, aber er hielt es für »eine Ehrensache«, diese Thronfolge für ihn und seine Nachkommen aufrechtzuerhalten. Georg war überdies sicher, daß sein Testament Hannover zum Nutzen gereichen würde. Das Kurfürstentum hatte in erheblichem Maße davon profitiert, daß er König von Großbritannien war und die Macht Großbritanniens hinter sich hatte: Die Bedingungen, auf die er sich 1715 mit Schwedens Feinden geeinigt hatte, lassen sich nur durch die Mittel erklären, über die er als Monarch verfügen konnte und die er geschickt und skrupellos einsetzte, um Bremen und Verden für Hannover zu sichern. Welcher Zweig des Gesamthauses Hannover auch erbte, wenn sein Testament wirksam wurde – der Ruhm war ihm gewiß. Er war der Kurfürst, der die braunschweigischen Ambitionen verwirklicht hatte: die Expansion in Norddeutschland.

Georg erwartete keine Schwierigkeiten von den hannoveranischen Beratern, die er ins Vertrauen zog – Bernstorff zum Beispiel stimmte mit ihm überein – , und auch nicht von Friedrich, wenn der Junge alt genug war, um das Ganze mit ihm zu besprechen. Daß Georg dies tat und daß er das Einverständnis seines Enkels zum Testament erhielt, erweist sich daran, daß Friedrich im Jahre 1751, als er im Sterben lag, seinem ältesten Sohn* die Wünsche seines Großvaters offenbarte und ihn dringend bat, in Übereinstimmung mit dem Testament Georgs I. zu handeln. Georg schickte – für den Fall, daß Friedrich nur einen Sohn hatte – eine Ausfertigung des Testaments nach Wolfenbüttel, damit die Wolfenbütteler ihren Anspruch geltend machen konnten. Wenn Georg seine Pflichten Hannover gegenüber nicht vernachlässigen wollte, war es von größter

---

* Georg, geboren 1738; Friedrich hatte noch vier jüngere Söhne, von denen drei das Erwachsenenalter erreichten.

Wichtigkeit, daß er die Zustimmung des Kaisers zur Abweichung von der Primogenitur erhielt, ohne die Kurwürde opfern zu müssen. Um diese Zustimmung bemühte sich Georg nach 1719. Und obwohl es in Wien lange Diskussionen über die Legalität von Georgs Ansinnen an den Kaiser gab, ließ der Druck, den der König von Großbritannien bei den politischen Verhandlungen der 20er Jahre des 18. Jahrhunderts auf Karl VI. ausüben konnte, auf Erfolg hoffen. Der Kaiser und seine vertrautesten Ratgeber sagten (wenn sie sich auch etwas vorsichtig ausdrückten) ihre Zustimmung zu, und die Hofburg erhielt ebenfalls eine Ausfertigung von Georgs I. Testament. Die dritte Ausfertigung wurde beim Erzbischof von Canterbury hinterlegt.

Georg I. unterbreitete seinen Plan auch seinen britischen Ministern und Rechtsberatern, fand damit aber weniger Anklang, als er erwartet hatte. Die Minister hatten sich rasch an die Verbindung mit Hannover gewöhnt. Sie hatte einige Vorteile und versprach für den britischen Handel mit dem Kontinent nützlich zu sein. Ganz davon abgesehen, befürchteten sie in erster Linie, daß das Testament, wenn sein Inhalt bekannt wurde, auf das Parlament und auf die Bevölkerung beunruhigend wirken könnte: War es nicht möglich, daß die Jakobiten oder nichtjakobitische politische Gegner der Regierung böses Blut machten? Sie wollten den König nicht kränken, legten sich auf keine endgültige Aussage fest und verwiesen ihn an die Juristen. Im Jahre 1719 legte Georg einem Ausschuß von Rechtsexperten unter dem Vorsitz von Macclesfield, dem Lordkanzler, zwei Anträge vor. Im ersten äußerte er den Wunsch, daß in der britischen Thronfolge die Männer Vorrang vor den Frauen haben sollten. Hier blockte der Ausschuß nicht ab. Der König hatte nicht darum ersucht, die Frauen von der Thronfolge auszuschließen. Wenn kein männlicher Erbe da war, sollte eine Königin regieren. Der Ausschuß war der Meinung, dies »ließe sich einrichten, wenn es der König so wolle«. Doch der zweite Antrag, das Testament, das Georg 1716 aufgesetzt hatte, verstörte die Ausschußmitglieder zutiefst. Sie meinten, daß die Auflösung der Personalunion unweigerlich ein Interregnum nach sich zöge. Sofortige Thronfolge war das englische Prinzip, getreu der Formel: »Der König ist tot, es lebe der König!« Sie argumentierten, daß ein Erbe sich nicht ohne Schaden für den Königstitel seines Kurfürstentitels begeben könnte, weil die mit diesem Verzicht verbundenen Formalitäten ein Interregnum zur Folge haben würden, sei es auch noch so kurz, und die britische Nation »ein Interregnum verabscheue«. Und selbst wenn sich dieses Problem auf irgendeine Weise umgehen ließ – welche Garantie hatte man dann dafür, daß der Herrscher sich an das Versprechen hielt, das er abgegeben hatte, um gemäß Georgs I. Testament König zu werden, und nicht eines Tages doch das Kurfürstentum für sich beanspruchte, ja Krieg begann, um sich an die Stelle seines jüngeren Bruders zu setzen? Und wie konnte der zweite Sohn, der mit Zustimmung seines älteren Bruders Hannover geerbt hatte, daran gehindert werden, daß er nach dem Tod dieses Bruders wieder seinen Anspruch auf die britische Thronfolge geltend machte? In beiden Fällen würde eine unsichere Lage entstehen. Die Juristen kamen zu dem Schluß, daß die Auflösung der Personalunion mit solchen Risiken für Großbritannien verbunden war, daß die protestantische Thronfolge gefährdet wurde.

Daß diese pessimistische Einschätzung Georg nicht von seinem Plan abbrachte, zeigt, wie sehr ihm an der Auflösung der Personalunion zum Wohl des Königreichs wie des Kurfürstentums gelegen war. Die Entwicklung in Europa zwischen 1716 und 1720 (in diesem Jahr unterzeichnete er das Kodizill, das sein Testament bekräftigte) verstärkte seine Entschlossenheit, alles zu tun, was in seiner Macht stand, um zu der geplanten Auflösung zu gelangen: Bremen und Verden waren Hannover sicher, und spezifisch britische und europäische Belange diktierten ihm und seinen Ministern eine Politik, die hannoveranische Angelegenheiten fast ausschloß. Nach 1720 verstärkte sich diese Tendenz noch – so sehr, daß ein hannoveranischer Minister, wenn auch vertraulich, an einen Kollegen schrieb: »Hannover wird bald eine Provinz von Großbritannien sein, so, wie Irland es jetzt ist«. Georg war sich dessen durchaus bewußt. Bei seinem wichtigsten Versuch, die Probleme zu lösen, auf die der Macclesfield-Ausschuß hingewiesen hatte, mußte er auf Wien warten. Wenn der Kaiser und die zuständigen Institutionen des Reiches sich damit einverstanden erklärten, die Kur auf den *zweiten* Urenkel aus seiner Linie zu übertragen, konnte die Auflösung der Personalunion gefahrlos vonstatten gehen. Prestige und Macht des Reiches würden die Sicherheit des neuen Kurfürsten garantieren. Und das Wissen um die Einverständniserklärung des Kaisers mußte es dem *ersten* Urenkel eigentlich ermöglichen, die Thronfolge in Großbritannien ohne das Interregnum anzutreten, das die englischen Rechtsexperten befürchteten.

Es ergab sich aber noch eine zweite Lösung, die, vom britischen Standpunkt aus betrachtet, praktischer war und – wenn auch mit Vorbehalten – Georgs Zustimmung fand. Der König muß mit seinem Sohn und Erben über sein Testament gesprochen haben, denn der Prince und die Princess of Wales schlugen, als es so aussah, als werde ihr 1721 geborener Sohn Wilhelm August zur Freude seiner Eltern und seines Großvaters das Säuglingsalter überleben*, eine Revision des Testaments vor: Wilhelm August, in England geboren und aufgewachsen, sollte seinem Vater als König nachfolgen; sein älterer Bruder Friedrich sollte sich mit der Kurwürde bescheiden. Georg erkannte die Vorteile dieses Plans. Erstens würde damit der jakobitischen Bedrohung ein rascheres Ende ge-

---

* Caroline bekam im November 1716 einen Sohn, der eine Totgeburt war, und der im Oktober 1717 geborene Georg Wilhelm starb im Februar 1718.

setzt sein als mit den Bestimmungen seines Testaments; zweitens würde schneller ein vollständig unabhängiges Kurfürstentum geschaffen werden; drittens würde es im Reich keine Schwierigkeiten geben, weil die Primogenitur in Hannover fortbestand. Georg stimmte zu, allerdings nur unter der Bedingung, daß Friedrich diese Lösung ganz und gar freiwillig akzeptierte: Er wollte Friedrich nicht durch testamentarische Verfügung um sein Erstgeburtsrecht bringen. Es ist bezeichnend, daß Georg seinem Testament nach der Geburt von Wilhelm August kein weiteres Kodizill hinzufügte. Wir haben keinen Beweis dafür, daß der König die geplante Revision mit Friedrich besprach. Wahrscheinlich wartete er darauf, daß Georg August und Caroline das taten, wenn ihr Sohn älter war.

Vor diesem Hintergrund – und vielleicht auch vor dem des unerwarteten Todes Georgs I. – müssen wir Georgs II. Unterdrückung des Testaments seines Vaters im Jahre 1727 sehen. Er nahm das Dokument, das ihm der Erzbischof von Canterbury bei der ersten Sitzung mit dem Geheimen Staatsrat aushändigte, an sich, ohne die Mitglieder des Staatsrats, wie es üblich war, von dessen Inhalt zu unterrichten; das ist hinreichend dokumentiert. Weniger bekannt sind Georgs II. erfolgreiche Bemühungen, an die in Wien und Braunschweig hinterlegten Ausfertigungen von Georgs I. Testament heranzukommen. Daß Georg II. zwei Söhne hatte, verhalf ihm zu einer besseren Verhandlungsposition, als er sich mit Karl VI. und dem jungen Herzog von Braunschweig-Wolfenbüttel* ins Einvernehmen setzte. Er überredete den Kaiser dazu, ihm die in der Hofburg hinterlegte Ausfertigung zu geben und bot ihm dafür politische Konzessionen an. Und den jungen Herzog von Braunschweig-Wolfenbüttel, den die Schulden drückten, die sein Vater hinterlassen hatte, entschädigte er finanziell für die Herausgabe der für Wolfenbüttel bestimmten Ausfertigung. Beide Ausfertigungen wanderten ins Archiv in Hannover, und anhand dieses Archivs haben Historiker des 20. Jahrhunderts rekonstruieren können, was mit Georgs I. Testament von 1716 und dem Kodizill von 1720 geschah.

Dem Plan Georgs I., die Personalunion aufzulösen, stand also nicht nur die britische Angst vor einem etwaigen Interregnum, sondern auch die Abneigung seines Sohnes gegen das Testament entgegen. Wenn Friedrich länger gelebt hätte als sein Vater Georg II. oder zumindest schon älter gewesen wäre als zwölf Jahre, hätte Georgs I. Testament vielleicht zu der von ihm vorgesehenen Zeit Früchte getragen.

Was uns hier interessiert, ist freilich weniger als Schicksal von Georgs Testament als vielmehr das Licht, das es auf seine Persönlichkeit und auf die Art und Weise wirft, auf die er Probleme rational zu lösen versuchte.

---

* Anton Ulrich war im März 1714 gestorben. Seine Nachfolge hatte sein ältester überlebender Sohn, August Wilhelm (1662–1731), angetreten.

Einzelheiten aus seinem Testament wurden schon zu seinen Lebzeiten bekannt, aber nach seinem Tod verzerrt dargestellt und deshalb falsch interpretiert oder mißverstanden. Das erklärt auch, warum in englischen geschichtlichen Werken bis in unsere Zeit hinein behauptet wird, Georg I. habe – aus Haß gegen seinen Sohn – Georg August um die Königskrone bringen wollen. Nichts geht mehr an der Wahrheit vorbei. Georg I. hatte sich in Britannien etabliert und akzeptiert, daß der Hauptanspruch auf das Haus Hannover Britannien gebührte. Daß Macht und Glanz des Königreichs, verglichen mit dem Kurfürstentum, größer waren, spielte zweifellos eine gewisse Rolle bei seinen Überlegungen. Doch daß ihm an der Gerechtigkeit, an der Billigkeit und an der rationalen Lösung politischer Probleme gelegen war, kann man jeder Zeile seines Testaments entnehmen. Was sich nicht darin findet, ist Haß gegen irgendjemanden.

Drei Krisen

Georgs I. Erscheinung

Georg beeindruckte seine neuen Untertanen weder durch sein Aussehen noch durch sein majestätisches Auftreten. Er war ziemlich klein *(de taille mediocre)*, hatte sich aber durch Reiten und durch tägliche Spaziergänge, die lang genug waren, um seine Begleiter zu ermüden, die Figur seiner Jugend bewahrt, die ein französischer Diplomat anno 1684 als *fine et aisée* beschrieb. Georg hatte ausgesprochen schöne Hände mit ungewöhnlich langen Fingern. Seine Augen – vom harten »Porzellanblau« des Hauses Hannover – waren eindrucksvoll trotz der Tränensäcke, die sich seit seinem sechsten Lebensjahrzehnt deutlich ausgeprägt hatten. Sein Mund war wohlgeformt, im Kinn hatte er ein Grübchen. Das Auffälligste an seinem Gesicht war die lange spitze Nase, die er von Ernst August geerbt hatte (sie war nicht dick oder übermäßig fleischig, wie man oft angenommen hat) und die im Profil gut wirkte, wie man an Medaillen und an dem interessanten Porträt in Seitenansicht ersehen kann, das Kneller gemalt hat und das sich im Besitz der Familie Kielmannsegg befindet*. Den lebensechtesten Eindruck von Georgs Aussehen in seinen ersten Jahren als König vermitteln uns dieses Porträt und eine Statue des Königs in römischer Kleidung, die aus dem Jahre 1717 stammt und von dem flämischen Bildhauer Delvaux gefertigt wurde. Diese große Statue war für das Staatsarchiv bestimmt. Sie wurde 1954 wiederentdeckt und steht heute in dem Korridor, der zum Museum des Public Record Office in London führt. Figur und Gesicht sind, wie üblich bei einem heroischen Standbild, etwas idealisiert. Doch man erkennt deutlich die Züge, wie sie in den zeitgenössischen Quellen geschildert werden; und der Umstand, daß Georg keine Perücke trägt, stellt einen unmittelbaren Bezug zum heutigen Betrachter her, der die Form des Kopfes sehen kann**. Das

---

* Eine Kopie davon – »aus dem Atelier Knellers« – hängt in der *National Portrait Gallery* in London.
** Möglicherweise war dieses Werk das Vorbild für Gesicht und Figur der Reiterstandbilder, die es von Georg gab. Mindestens zwei von ihnen sind erhalten geblieben: Eines befindet sich auf dem Gelände der Stowe-Schule in Buckinghamshire; das andere (ursprünglich in Dublin errichtet und von einer Müllkippe gerettet) steht vor dem Barber Institute of Fine Arts in Birmingham.

Porträt von Kneller, das man wohl als Skizze oder Studie bezeichnen würde, hätte Sophie Charlotte es nicht mit dem herrlichen geschnitzten Rahmen einfassen lassen, in dem es sich heute noch befindet, verrät uns sehr viel mehr von der Person des Königs. Es ist lebendiger als die offiziellen Porträts und hält das etwas ironische Lächeln fest, das zu dem Charakter paßt, den er in seinen mittleren Jahren entwickelt hatte. Es drückt Entschlossenheit und Ehrgeiz, aber auch Reife und Toleranz aus.

Einige der offiziellen Porträts – und selbst die Kopien davon – sind gut und gefällig gemalt. Der Kneller in der Cholmondeley-Sammlung gibt Georgs wache Intelligenz wieder, betont werden aber auch seine wohlgeformten Fußknöchel und seine schönen Hände. Persönlicher gehalten ist trotz allen königlichen Prunks ein großes Porträt von Georg, das jetzt im Osnabrücker Rathaus hängt und ihn mit offenem und vertrauensvollem Gesichtsausdruck zeigt. Da dieses Gemälde eine Leihgabe der Familie Bar ist und zwei von deren Mitgliedern nach 1694 die höchsten Posten am privaten Hof der Prinzessin von Ahlden innehatten, stammt es möglicherweise aus der Sammlung von Sophie Dorothea: Wir haben schriftliche Beweise dafür, daß zu ihrer Sammlung auch Porträts von Georg als König von Großbritannien gehörten. Georg in seinen Prunk- oder Krönungsgewändern scheint nichts von seiner Persönlichkeit preisgeben zu wollen. Die offiziellen Porträts wirken auf den Betrachter steif und hölzern, selbst wenn man bedenkt, daß er sich beim Modellstehen keine Blöße geben wollte. Bei den vielen Porträts, die ihn zu Pferd zeigen – ein gutes Beispiel ist das schöne Gemälde in der Gorhambury-Sammlung –, steht ihm die Pose als solche besser zu Gesicht; und man hat den Eindruck, daß unter der Reitkleidung, die einfach im Schnitt, aber aus bestem Material ist, ein Körper steckt und nicht nur eine Kleiderpuppe. Die späteren Porträts verhehlen alle nicht, daß Georgs Wangen und Kinn im sechsten Lebensjahrzehnt schlaff wurden. In dieser Hinsicht geriet er nach seiner Mutter. Doch während bei Sophie (so sehr sie auch die Verheerungen des Alters beklagte, wenn sie in den Spiegel schaute) die Lebendigkeit der Bilder, die sie in späteren Jahren darstellen, nicht beeinträchtigt ist, trägt das Alter in Georgs Fall zu einer gewissen Stumpfheit des Ausdrucks bei.

Aus den Jahren vor 1714 sind relativ wenige Porträts von Georg erhalten. Doch es besteht eine verblüffende Ähnlichkeit zwischen dem Bildnis des jungen Georg, das in Herrenhausen im Museum hängt, und dem letzten Porträt, das sich heute in der Sammlung von Königin Elizabeth II. befindet und zwischen 1725 und 1727 von La Fontaine gemalt wurde, dem Sohn eines aus Frankreich geflüchteten Hugenotten, der sich in Hannover niedergelassen hatte. La Fontaine war von Georg nach London eingeladen worden, um ihn und andere Angehörige seiner Familie, einschließlich der beiden Söhne der schönen Gertrud, zu malen. Auch hier ist eine gewisse Scheuheit zu sehen und ebenso die Freundlichkeit: Im Kind ist eindeutig schon der spätere Mann zu erkennen. Übrigens macht La Fontaines Porträt es sehr zweifelhaft, daß ein anonymes Gemälde in der Königlichen Sammlung, das einen älteren, sehr feisten Herrn zeigt und als Bildnis Georgs I. gilt, tatsächlich Georg I. darstellt.

Die vielen Kupferstiche aus den Jahren vor und nach 1714 sind, was die Persönlichkeit Georgs angeht, weniger erhellend. Aber sie sind interessant aufgrund des Propagandawerts, den sie einmal hatten, und veranschaulichen in reichem Maße die Symbolik der damaligen Zeit. Wir finden den gutaussehenden Georg als Kriegshelden seiner frühen Feldzüge; wir finden den *Retter des Reiches* aus den Jahren des Spanischen Erbfolgekriegs; wir sehen ihn als Erzschatzmeister des Reiches; wir sehen ihn mit dem Hosenbandorden und mit allen Insignien der Macht – dem Kurfürstenhut, dem Marschallstab, mit Krone, Reichsapfel und Szepter des Monarchen. Einige von diesen Stichen sind sehr fein gearbeitet, andere fast primitiv. Manche Kupferstecher haben Teile von älteren Einfassungen oder gar von anderen Figuren verwendet: Ich habe Kupferstiche gesehen, auf denen das Wappenschild nicht das von Georg ist; auf denen sein Kopf auf irgend einen Körper gesetzt wurde, der nicht zum Kopf paßt. Und ich habe sogar einen Stich gefunden, auf dem er widersinnigerweise mit Bändern geschmückte, hochelegante Stiefel trägt, die sich auf einem anderen Stich an den schlanken Beinen eines frühen Stuart-Königs finden. Kaum einer von diesen Stichen verrät uns viel über Georgs Persönlichkeit. Hin und wieder sehen wir allerdings die – vermutlich zu Propagandazwecken dargestellte – Festigkeit und Entschlossenheit, die er, wie wir aus anderen Quellen wissen, in politischen Angelegenheiten besaß.

Da Georg auf sämtlichen Porträts, die uns erhalten geblieben sind, eine (meistens dunkelbraune) Perücke trägt, müssen wir Sophie dankbar sein, daß sie uns über seine Haarfarbe informiert hat. Im Säuglings- und Kindesalter war er blond, später, vor 1676, färbte sich sein Haar dann dunkel. Man fand, daß der illegitime Sohn, den er damals zeugte, ihm mitsamt dem »schwarzen Haar« so ähnlich sei, daß an seiner Vaterschaft kein Zweifel bestehen könne. Georgs Haut, auf den Feldzügen von der Sonne verbrannt und von Wind und Wetter gegerbt, war zu jener Zeit so dunkel geworden, daß er, wie seine Mutter meinte, »für einen Spanier gelten könnte«, und dieser Teint blieb ihm, wenn auch etwas aufgehellt, weil er gern an der frischen Luft war und die körperliche Bewegung liebte.

Die schriftlichen Beschreibungen von Menschen, die ihn 1714 und in den Jahren unmittelbar danach beobachteten, aber nicht gut kannten, verstärken den Eindruck seines steifen Auftretens in der Öffentlichkeit; eine Maske, die Lady Mary Wortley Montagu zu der Annahme verleitete, er sei ein Einfaltspinsel. Ihre Beurteilung ist von so manchem britischen Historiker ohne Berücksichtigung von anderem Beweismaterial pauschal übernommen worden. Die leicht zugänglichen gedruckten Memoiren und Briefe der damaligen Zeit sind für die Vermittlung der Atmosphäre der Vergangenheit von unschätzbarem Wert; aber sie sind auch voller Fallstricke, über die der Unvorsichtige leicht stolpert, und eher Beispiele für Legendenbildung als sichere historische Quellen. Doch selbst Lady Mary, die Georg nicht gut kannte, führt Beispiele für seinen Witz und seine Schlagfertigkeit an. Und Lady Cowper, die den König öfter aus nächster Nähe beobachten konnte, spricht von der besonderen Art seiner Bemerkungen, die, wenn es sich nicht bloß um Komplimente handelte, von einer Ironie gefärbt waren, die an seine Mutter erinnerte. Wie die meisten Männer und viele Frauen der damaligen Zeit fand Georg Gefallen an zotigen Scherzen und an Doppeldeutigkeiten. Zotige Scherze finden sich schon in den 80er Jahren des 17. Jahrhunderts in seiner Korrespondenz mit dem hannoveranischen Staatsmann von Ilten. Ein Beispiel für seine Tendenz zu Doppeldeutigkeiten ist seine (von Schulenburg überlieferte) Bemerkung einem Höfling gegenüber, der 1717 dem König seine Frau vorstellte und im Gespräch ausschließlich das Lob der irischen Pferde sang. Georg meinte, wenn der Höfling »connoissoit aussi bien en chevaux qu'en femmes il ne pourroit manquer d'etre bien monté«.

Doch was diejenigen außerhalb des Kreises der Vertrauten sahen, war eine recht unlebendige Maske der Pflichttreue. Georg war keine glanzvolle Gestalt. Seine Thronbesteigung war von manchen mit Jubel begrüßt worden, besonders von den Dissentern, die hofften, daß er der Verfolgung, die sie unter der Regierung von Königin Anna erlitten hatte, ein Ende machen würde. Als sich Dissenter-Priester Georg bei seiner Ankunft in ihrem nüchternen Schwarz vorstellten, soll er – oder jemand aus seinem hannoveranischen Gefolge – gefragt haben, warum sie Trauer trügen. Sie antworteten, der Anlaß sei die Beerdigung der Schisma-Akte und sie freuten sich, daß Georg gekommen sei, um sie endgültig zu begraben. Der starke Eindruck der Erhabenheit und die Ehrfurcht vor dem Mythos, der den Herrscher selbst im Zeitalter der frühen Aufklärung noch umgab, erklären die Jubelrufe, mit denen Georg 1714 bei seiner Ankunft in London begrüßt wurde. In Wirklichkeit hielt sich die Mehrheit der Briten mit ihrem Urteil zurück. Die Zeiten hatten sich geändert seit der Restauration, als Karl II. alle gebildeten und sozial privilegierten Gesellschaftsschichten an den Hof zog, während das gemeine Volk vom Zeremoniell und von den Skandalen bei Hofe fasziniert war. Georg besuchte die britischen Magnaten mehr oder weniger als Privatperson. Und er besuchte lieber öffentliche Theatervorstellungen, Opernabende und Konzerte, als daß er den Hof zum Mittelpunkt solcher Veranstaltungen gemacht hätte. Seine Kriegstaten, die ihm am meisten zum Ruhm gereichten, sprachen ein kriegsmüdes Land nicht sonderlich an. Und Georg, der sehr darauf bedacht war, die Friedensschlüsse von 1713/1714 zu akzeptieren (und sei es auch nur, damit er im Nordischen Krieg freie Hand hatte), war nicht der Mann, der in Erinnerungen schwelgte. In einigen der Flugschriften, die das Haus Hannover verherrlichten, war von den Diensten die Rede, die Georg in den Kriegen gegen die Türken und gegen Ludwig XIV. geleistet hatte; diesen Glanz sprachen ihm jakobitische Pamphlete wieder ab, indem sie ihn verunglimpften und ihm Mercys Niederlage bei Rumersheim in die Schuhe schoben: Der »Sultan« (eine leicht zu durchschauende Bezeichnung für Georg) habe damals eine Schlappe erlitten, die seine *gloire* für immer beeinträchtigt habe. Georg hatte zwar zur Planung des Feldzugs von 1704 beigetragen, und Marlborough hatte den kämpferischen Einsatz des hannoveranischen Kontingents in der Schlacht bei Höchstädt gelobt, aber die Briten waren zu starrköpfig, um den Anteil fremder – niederländischer, deutscher und dänischer – Truppen an Ruhmestaten zu würdigen, die sie allein für sich beanspruchten, obwohl die britischen Regimenter nur einen kleinen Teil des Ganzen gebildet hatten. Die Verdienste Georgs und seiner Hannoveraner machten also keinen besonderen Eindruck, zumal der Kurfürst nie so spektakulär hervorgetreten war wie Marlborough und Prinz Eugen.

Die Jakobitischen »Fünfzehn«

Als Georgs erstes Ministerium damit begonnen hatte, seinen überwältigenden Sieg bei den Wahlen vom März 1715 zur Bestrafung der Tories auf landesweiter und lokaler Ebene zu nutzen, stellte sich heraus, daß der junge Jakob Eduard Stuart eine geradezu magnetische Anziehungskraft hatte. Er war nie auf die Probe gestellt worden und darum ohne Makel. Er sah gut aus und war angeblich tapfer. Nach dem Scheitern des Invasionsversuchs von 1708 hatte er auf französischer Seite gekämpft. Der Glanz der Tradition gehörte ihm, vom Trinkspruch: »Auf den [aus Britannien gebürtigen] König jenseits des Meers« bis zur ergebenen Treue vieler Schotten, die ihn als den rechtmäßigen König von Schottland betrachteten. Während die Whigs torystische Friedenrichter, Bürgermeister und Verwaltungsleute in die Wüste schickten, auch weniger wichtige Posten mit ihren eigenen Leuten besetzten und ihre Absicht zu erkennen gaben, mit den öffentlichen Anklagen, die sie gegen Oxford, Bolingbroke, Ormonde und Strafford erhoben, Rache zu üben, nahm allmählich das Bild eines alternativen Königs Gestalt an. Es kam zu Kontakten mit Saint-Germain, wo sich Jakobs Mutter aufhielt, und mit

Lothringen, wo Jakob selbst lebte. Und es regte sich die Hoffnung, daß Invasionspläne gelängen, die bereits ausgearbeitet waren, deren Verwirklichung aber bislang nicht möglich gewesen zu sein schien. Jakob hatte mit der offiziellen Unterstützung Ludwigs XIV. gerechnet – vergebens, wie er 1714 und Anfang 1715 einsehen mußte. Ludwig XIV. wollte den Vertrag von Utrecht einhalten, hatte Jakob aber zu verstehen gegeben, daß er bereit sei, ihm heimlich zu helfen, wenn er einen wichtigen Verbündeten beibringen könne. Sowohl Ludwig als auch die Jakobiten traten an Karl XII. heran, der nach seiner dramatischen Rückkehr aus der Türkei im Oktober 1714 in Stralsund belagert wurde. Wenn Jakob die protestantische Schwester Karls XII. zur Braut gewinnen konnte – so überlegten die Jakobiten –, hatte er bessere Chancen, in Britannien allgemein akzeptiert zu werden. Wenn Karl XII. mit seiner schwedischen Armee (die nicht zu unterschätzen war, obwohl sie das Glück seit 1709 verlassen zu haben schien) Rache an Georg I. nahm, der in seiner Eigenschaft als Kurfürst von Hannover mit Schweden im Krieg lag – so überlegte Ludwig XIV. –, würde Jakob die Militärhilfe bekommen, die er brauchte, um Georg sein Königreich zu entreißen.

Aber beide Überlegungen waren falsch. Karl hatte nicht die Absicht, Georg I. in dessen Eigenschaft als König von Großbritannien in den Nordischen Krieg hineinzuziehen, und begründete seine Weigerung, »Jakob III.« zu helfen, mit dem Versprechen, das er Königin Anna 1712 gegeben hatte: den Jakobiten keinen Beistand zu leisten. Und was die Heirat anging, so kam überhaupt nicht die Frage, daß sich eine lutherische schwedische Prinzessin, die Thronerbin war, mit einem Katholiken vermählte, solange Karl keine Kinder hatte. Ludwig XIV. zog aus alledem die richtigen Schlüsse und untersagte es James Fitzjames Herzog von Berwick (der ein unehelicher Halbbruder von Jakob III. und Marschall von Frankreich war), sich den Jakobiten zur Verfügung zu stellen. Das Äußerste, zu dem sich Ludwig bereitfand, war, seinem Enkel, Philipp V. von Spanien, nahezulegen, daß er Jakob etwas von dem Geld gab oder lieh, das man aus Neuspanien erwartete. Er selber drückte ein Auge zu, als Jakob mit Hilfe seiner Anhänger in französischen Häfen ein paar Schiffe anheuerte und Waffen kaufte. Diese begrenzten Aktivitäten paßten in seine Politik. Noch wußte man nicht, ob Georg I. und die Whigs sich an die Vereinbarungen von Utrecht halten würden. Und zu einer Zeit, in der das Gerücht von einer *grande liaison* zwischen den Briten, den Niederländern und dem Kaiser umlief, konnte Ludwig nur daran gelegen sein, daß in Britannien Unruhe geschürt wurde.

Georgs britische Minister waren sich nicht darüber im klaren gewesen, daß sie eine jakobitische Invasion provozierten. Ihnen war es darum gegangen, ihre maßgeblichen Gegner im Parlament mundtot zu machen und ihre Wahlversprechen einzulösen. Über Bolingbrokes Flucht im April 1715 waren sie eher erfreut: Sie konnte als Beweis für seine Schuld gewertet werden; außerdem würden durch sie in der Folge auch noch andere angeschwärzt werden. Doch ihre öffentlichen Anklagen *(impeachments)** schürten die Flammen der Unruhe und viele, die nicht daran gedacht hatten, sich offen zu empören, wurden dadurch dazu gebracht: Die Whigs zeigten überdeutlich, daß sie ihre Drohung, die Männer zu bestrafen, die zur Regierungszeit der verstorbenen Königin mit »heimlichen Praktiken« den Prätendenten unterstützt hatten, verwirklichen wollten. Andere sympathisierten zwar nicht mit den Rebellen, stießen sich aber an der Unversöhnlichkeit der Whigs und bezweifelten, daß sich Hochverrat, Amtsmißbrauch oder auch nur kleinere Delikte beweisen ließen. Die Waffen der Rache, geschmiedet vor allem von Robert Walpole, der sich noch schmerzlich an seine Einkerkerung im Tower erinnerte, schienen sich gegen die Regierung Georgs I. zu kehren.

Daß Bolingbroke den Posten eines Staatssekretärs Jakobs III. annahm, hatte insofern Folgen für die Whigs, als sich Jakob damit der Dienste eines hochintelligenten und hochbegabten Mannes versichern konnte, der weitaus besser über die Lage in der Heimat unterrichtet war als die Jakobiten, die sich schon längere Zeit im Exil befanden, und der außerdem in England einen guten Ruf genoß. Ab Mitte Juli, als die ersten verläßlichen Informationen von Lord Stair über die Invasionspläne des Prätendenten eintrafen (Stair war britischer Botschafter in Paris und verfügte über ausgezeichnete Nachrichtenverbindungen), schien Bolingbroke im Ausland eine größere Gefahr zu sein als in Britannien. Und nun traf man ernstlich Vorbereitungen dafür, den bevorstehenden Angriff zurückzuschlagen.

Ormondes Flucht im August 1715 – er verlor die Nerven – erwies sich als wahrer Segen für die Whigs. Seit März hatte er den Prätendenten unterstützt und Aufstände im Süden und Westen von England und Wales geplant, in Gebieten, in denen er großen Einfluß besaß. Durch seinen überstürzten Weggang (er befürchtete seine Verhaftung) hatten die englischen Jakobiten eine Führerfigur verloren und Jakob III. war nun allzu abhängig von einem Aufstand in Schottland. Die Langsamkeit des Nachrichtenverkehrs mit Schottland stellte eine zusätzliche Schwierigkeit für die Verschwörer dar. John Earl of Mar, der Führer der schottischen Jakobiten, sah sich außerstande, der aus Frankreich ergangenen Weisung Ormondes Folge zu leisten, seine Revolte zu verschieben, um sie zeitlich mit dem Versuch Ormondes abzustimmen, im Oktober ei-

---

* Öffentlich angeklagt wurden beim *impeachment* Minister und höhere Staatsbeamte wegen Kapitalverbrechen wie Hochverrat und wegen Amtsmißbrauch. Der *impeachment*-Prozeß fand vor dem Oberhaus statt, eingebracht wurde die Anklage vom Unterhaus an das Oberhaus.

nen Aufstand in Devon zu organisieren, während Jakob irgendwo an der Südküste Englands landen sollte: Am 6./17. September zog Mar in Schottland die jakobitische Fahne auf. Ormonde konnte Jakob auch nicht dazu überreden, einen Appell ans Volk zu richten, der, wie Ormonde – der gerade aus Britannien gekommen war – sicher glaubte, die Massen mobilisieren und von ihrer »bedrückenden Unterwerfung unter Hannover« abbringen würde. Sein Rat wurde – wie der Bolingbrokes – entweder ignoriert oder zu spät befolgt. Ormondes Bemühungen, in Devon einen Aufstand zu organisieren (er versuchte es im Oktober und im Dezember), blieben erfolglos. Und als Jakob, nachdem er die Idee aufgegeben hatte, in England zu landen, im Dezember in Schottland zu Mar stieß, waren die Erfolgsaussichten so gering, daß er im Februar 1716 wieder die Segel setzte und nach Frankreich zurückkehrte, um seine Anhänger vor der Vernichtung zu bewahren.

Die Gefahr der jakobitischen Rebellion war jedoch größer, als es dieser knappe Überblick erkennen läß. Daß Ormonde für den Rest seines Lebens Jakob die Treue hielt und daß Oxford im Tower sowie nach seiner Freilassung die Jakobiten unterstützte und für sie arbeitete, nimmt nicht wunder. Doch daß Marlborough und Shrewsbury sich 1715/1716 rückversicherten, indem sie dem Prätendenten Geld zukommen ließen, zeigt, wie ernst diese Krise war.

Das beweist uns auch Georgs I. Entschluß, die Generalstaaten nach Ormondes Flucht um die 6000 Soldaten zu ersuchen, die ihm nach dem Barrieretraktat zur Verfügung standen. Er tat das widerwillig, denn – ganz abgesehen von den damit verbundenen Kosten – ermöglichte dies den niederländischen Staatsmännern, unerwünschten Druck auf laufende Verhandlungen auszuüben. Seit Georgs Thronbesteigung verhandelte man über einen »Barrierevertrag«* zwischen den Seemächten und Karl VI., damit das englisch-niederländische Kondominium über die südlichen Niederlande beendigt werden und der Kaiser die – nunmehr österreichischen – Niederlande in Besitz nehmen konnte, und zwar zu Bedingungen, die alle Parteien zufriedenstellten. Georg, dem klar war, daß er für seine Nordpolitik Rückhalt beim Kaiser brauchte, hatte die Niederländer bis dahin in ihren Forderungen gebremst. Nun war er gezwungen, sich in stärkerem Maße hinter die Republik zu stellen, als er es beabsichtigt hatte. Er brauchte die Einwilligung der Niederländer, um die britischen Regimenter, die in Ostende und Nieuwpoort (auf Kondominiumsgebiet) in Garnison lagen, nach England zurückzuholen, und um die 6000 niederländischen Soldaten bald in Marsch setzen zu können. Er bot an, für diese Soldaten Geld zu zahlen (obwohl man den

---

* Das heißt, um einen Vertrag, kraft dessen die südlichen Niederlande als Barriere gegen Frankreich dienten, wobei mehrere strategisch wichtige »Barriereplätze« niederländische Garnisonen bekommen sollten, für die Österreich die Kosten trug.

Vertrag auch so auslegen konnte, daß die Republik die Kosten für sie tragen mußte), und zwar vom Tag, an dem sie sich einschifften, bis zu dem Tag, an dem sie den Fuß wieder auf niederländischen Boden setzten – ein großzügiges Angebot, das über die Bedingungen des Vertrags von 1713 hinausging und in krassem Gegensatz zu der Feilscherei der Seemächte stand, die er 1701/1702 erlebt hatte, als es um die Bezahlung seiner kurfürstlichen Truppen gegangen war. Weitere Ausgaben fielen durch den Kauf von 10 000 Musketen und Bajonetten aus dem Arsenal der Provinz Holland an. Die Niederländer waren durchaus bereit, die erbetenen 6000 Soldaten zu stellen; daß man sie als »Retter« Britanniens bezeichnete, war Balsam nach der Verunglimpfung der Republik zur Zeit Königin Annas. Doch sie hüteten sich, die Soldaten vor dem 16. November loszuschicken, dem Tag nach der Unterzeichnung des Barrierevertrags; und obwohl dieser Vertrag ihren Erwartungen nicht entsprach, waren seine Bedingungen doch wesentlich günstiger als die, die sie hätten akzeptieren müssen, wenn Georg nicht ihre Regimenter zur Niederschlagung der jakobitischen Rebellion gebraucht hätte. Bevor der Monat um war, befanden sich die niederländischen Soldaten auf dem Marsch nach Norden. Allein schon die Gegenwart eines so großen Kontingents gut ausgebildeter Soldaten half mit, den Aufstand niederzuschlagen, obwohl die Niederländer an keinem größeren Gefecht beteiligt waren.

Georg und seine Minister waren inzwischen in inneren Angelegenheiten tätig gewesen. Die Habeas-Corpus-Akte wurde für sechs Monate außer Kraft gesetzt. Bekannte Jakobiten wurden verhaftet. Waffen und Pferde von Katholiken, die man der Illoyalität verdächtigte, wurden beschlagnahmt. Das stehende Heer wurde verdoppelt. Städte wie Oxford und Bath, die als jakobitenfreundlich galten, wurden mit Truppen belegt. Ein starkes Flottengeschwader unter Admiral Byng lief aus, um den Kanal zu überwachen und um den Prätendenten abzufangen. Und Argyll, der – Belohnung für seine hannoverfreundliche Haltung von 1714 – dem Haushalt des Prince of Wales angehörte, wurde mit einer kleinen Streitmacht nach Schottland geschickt, damit er Mar in Schach hielt, bis die Niederländer eintrafen. Der jakobitische Vorstoß im Süden wurde (wie sich an Ormondes fehlgeschlagenen Bemühungen im Oktober und im Dezember erweist) durch die Maßnahmen der Regierung verhindert. Doch im Nordosten Englands scharte sich ein stattliches Kontingent um Thomas Forster, ein Mitglied des Unterhauses, und um die jakobitischen Lords Derwentwater und Widdrington. Zwar konnten sie Newcastle nicht im Handstreich nehmen, aber zu ihnen stießen Tiefländer unter den schottischen Lords Kenmuir, Nithsdale, Carnwath und Wintoun, sowie ein Trupp Hochländer, den Mar geschickt hatte. Da diese – fast 5000 Mann starke – Streitmacht im Tiefland nichts erreichte, marschierte sie nach Nordwesten in der Hoffnung, Cumberland, Westmorland und Lancashire für Jakob III. zu erobern, sich möglichst auch noch den Hafen Liverpool zu sichern und sich mit den walisischen Jakobiten verbinden zu können. Am 13. November wurde sie bei Preston in Lancashire von einer viel kleineren, aber disziplinierteren Armee unter der Führung zweier erfahrener Generäle (Wills und Carpenter), die Stanhope nach Norden geschickt hatte, angegriffen und besiegt: 1600 Soldaten des Rebellenheeres und sieben englische und schottische Lords wurden gefangengenommen; der Rest zerstreute sich.

Am selben Tag kämpfte Mar, dessen Pläne zur Eroberung von Edinburgh gescheitert waren, in der Schlacht von Sheriffmuir mit etwa 10 000 Mann gegen Argyll und seine 3300 Soldaten. Die Schlacht endete unentschieden, konnte aber insofern als Sieg für die Regierung verbucht werden, als Mar sich nach Perth zurückzog und dort untätig auf die Ankunft Jakobs III. wartete. Seine ursprüngliche Streitmacht war von 1300 auf 10 000 Mann angewachsen, und er hoffte – wenn Jakob III. mit Waffen und Geld eintraf – auf einen letztendlichen Erfolg. Doch Jakob kam zu spät und brachte zu wenig Waffen und zu wenig Geld mit, denn zu diesem Zeitpunkt (am 22. Dezember) war Argylls Streitmacht bereits durch die 6000 niederländischen Soldaten verstärkt worden. Aus Mitgefühl für seine Landsleute und weil er überzeugt war, daß das Ganze »sich verlaufen« würde, wenn man sie in Ruhe ließ, ging Argyll nicht zum Angriff über. Das weckte beim Ministerium Argwohn gegen ihn. Cadogan, der nach Unterzeichnung des Barrierevertrags vom 15. November vom Kontinent nach England zurückgekehrt war, wollte nur zu gern seine Fähigkeiten unter Beweis stellen. Im Februar schickte Stanhope ihn nach Norden. Er sollte Argyll als Oberbefehlshaber ablösen. Bei seiner Ankunft in Schottland mußte Cadogan entdecken, daß der Prätendent, Mar und dessen Bruder James Keith sich bereits nach Frankreich eingeschifft hatten. Er konnte nur noch dem Rest von Mars Streitkräften nachsetzen, die (wie Argyll vorausgesagt hatte) rasch nach Hause strebten, um entweder eines Tages erneut zu kämpfen oder um die »Fünfzehn« zu vergessen. Erleichtert zog Georg sein geheimes Ersuchen an die Niederländer zurück, zur eventuellen Verstärkung weitere 3000 Soldaten bereitzustellen.

Jakob III. hatte auf die Schotten keinen guten Eindruck gemacht. Seine angekündigte Krönung – sie war für den 23. Januar auf Schloß Scone geplant – hatte nicht stattgefunden. Er hatte seine Anhänger nicht begeistern können: »Wenn er von uns enttäuscht war, so waren wir es doppelt und dreifach von ihm.« Georg und sein Ministerium ließen den Besiegten gegenüber Großmut walten. Das hatten sie vor allem Georg zu verdanken. Er übte einen mäßigenden Einfluß auf diejenigen aus – insbesondere auf Robert Walpole –, die Rache nehmen wollten. Cadogan seinerseits ließ viele Schotten aus dem Gefängnis entkommen. Einige, die bei Preston gefangengenommen worden waren, darunter auch Forster, konnten aus englischer Haft fliehen. Von den an der Schlacht bei Preston und an den Scharmützeln in Schottland Beteiligten wurden 700 vor Gericht gestellt und dazu verurteilt, als Bedienstete auf westindischen Plantagen zu arbeiten. Die sieben bei Preston gefangengenommenen Lords wurden zum Tode verurteilt, aber nur zwei, Kenmuir und Derwentwater (der einzige Engländer unter ihnen), wurden hingerichtet. Zwei – Nithsdale und Wintoun – entkamen. Carnwath, Nairne und Widdrington wurden gemäß der 1717 verabschiedeten Gnadenakte (Act of Grace) auf freien Fuß gesetzt. An den Maßstäben der damaligen Zeit gemessen, war diese Milde*, »beispiellos und sicherlich klug und diplomatisch«. Walpole hatte sich sehr darum bemüht, daß alle sieben Lords hingerichtet wurden, und brachte einen diesbezüglichen Antrag im Unterhaus durch (wenn auch nur mit einer bescheidenen Mehrheit von sieben Stimmen). Doch das Oberhaus plädierte aus Klassensolidarität und aus Unbehagen darüber, daß sieben mit dem Tod bestraft werden sollten, wo doch so viele des Aufruhrs schuldig waren, für Milde und ersuchte den König darum, »denen Gnade zu erweisen, die sie seinem Urteil nach verdienten«. Und damit konnte sich Georg darüber hinwegsetzen, wie die Whigs die Klausel in der Thronfolgeakte interpretierten, die bestimmte, »daß bei einer öffentlichen Anklage durch das englische Unterhaus keine Begnadigung unter dem Siegel der Krone statthaft sei«. Er bestätigte die Todesurteile gegen drei der Lords (einer davon war Nithsdale). Die übrigen begnadigte er.

Der Preis, den er den Whigs dafür bezahlen mußte, war die Entlassung Nottinghams aus dem Amt des Lordsiegelbewahrers. Außerdem verloren dessen Verwandte ihre Posten. Shrewsbury war bereits zurückgetreten. Daß Georg diejenigen opfern mußte, die – wie Nottingham und Shrewsbury – den Whigs seit seiner Thronbesteigung ein Dorn im Auge gewesen waren, schränkte ihn in seiner Handlungsfreiheit ein. Aber es war ein unvermeidliches Zugeständnis, wenn er sich das Vertrauen der Minister, die bei der Niederschlagung des Aufstands am aktivsten gewesen waren, erhalten wollte.

Auch in London, wo die jakobitische Agitation begonnen hatte, als Oxford seine Haftstrafe im Tower antreten mußte, plädierte Georg für Milde. Am 23. April, dem Jahrestag der Krönung von Königin Anna – der gleichzeitig Sankt-Georgs-Tag war, der Tag des englischen Schutzpatrons –, zogen Menschen durch die Straßen und riefen »Gott segne die Königin« und »Hochkirche«. Und am 28. Mai, an Georgs Geburtstag,

---

* Man beachte auch Georgs Entscheidung, daß 20 000 Pfund von den Einkünften aus den verwirkten Gütern der Jakobiten für Schulen im schottischen Hochland verwendet werden sollten. Der Rest sollte zur Reduzierung der Staatsverschuldung Britanniens dienen.

war »Hochkirche und Ormonde« die Parole der Jakobiten, die die Glockenstränge mindestens einer Kirche durchschnitten, um das Glockenläuten, eine traditionelle Huldigung, zu verhindern, und die den Abend damit verbrachten, Fenster einzuwerfen, die zu Ehren des Königs illuminiert waren. Diese und ähnliche Zwischenfälle wünschte Georg zu ignorieren. Seiner etwas nervösen hannoveranischen Umgebung erklärte er, Strafen würden die allgemeine Unruhe nur verschlimmern. Daß Mar die Fahne Jakobs III. aufzog, hatte jedoch auch Auswirkungen auf London. Ab November 1715 kam es dort sporadisch zu Massenschlägereien zwischen »Jacks« und »Loyalisten«, besonders an den Tagen, die eine politische Bedeutung hatten: Am Geburtstag des Prince of Wales schritten die »Jacks« zum Angriff; an den Jahrestagen der Thronbesteigung von Karl II., Jakob II. und Königin Anna führten die Feiern schließlich zu Überfällen auf Gastwirtschaften, die als Hochburgen der »Loyalisten« galten. Eine Weile konnten die »Jacks« unbehelligt ihr Unwesen treiben, selbst wenn sie 500 waren. Doch schließlich waren gesetzestreue Bürger des Plünderns, Brandschatzens und Terrorisierens müde, das regelmäßig mit solchen Anlässen einherging, und forderten das Einschreiten der Obrigkeit. Nach einem Überfall auf »Read's Mughouse« in einer Seitenstraße der Fleet Street wurden im Juli 1716 fünf »Jacks« verhaftet. Sie wurden vor Gericht gestellt, zum Tode verurteilt und gehenkt. Das machte der jakobitischen Agitation in London abrupt ein Ende. Man sollte sich allerdings klar machen, daß dies erst geraume Zeit nach der Niederschlagung des Aufstands im Norden war. Der Aufstand hatte mannigfache und bedeutende Auswirkungen. Er stärkte, wie wir gesehen haben, die Position der Whigs innerhalb der Regierung. Und er lenkte Georgs I. Gedanken auf das Testament, das er im Februar 1716 abfaßte und zu dessen Zielen es gehörte, den Stuarts die Behauptung unmöglich zu machen, daß das Haus Hannover eine »ausländische« Dynastie sei und bleibe und aufgrund der Personalunion mit dem Kurfürstentum unannehmbar sei. Wenn man nach seinem Tod und nach der Bekanntgabe seines Testaments (vielleicht auch schon früher, sofern es ihm gelang, sich das Einverständnis des Kaisers und des britischen Parlaments zu sichern) wußte, daß die Personalunion beendet werden würde, würden Jakob Eduard Stuart und dessen Nachkommen* wahrscheinlich keine Bürgerkriege mehr anfachen, die Georg als »ruinös« für Britannien betrachtete. Georg war beeindruckt von der Zurückhaltung, die sich erst Ludwig XIV. auferlegte und dann Philipp von Orléans, der Sohn von Georgs Cousine Liselotte von der Pfalz, der für den noch zu jungen König Ludwig XV. die Regentschaft führte. Durch diese Zurückhaltung ließ er sich wiederum in seiner Außenpolitik beeinflussen.

---

* Jakob heiratete 1719. Im Jahre 1720 wurde sein Sohn Karl (der junge Prätendent) geboren.

Wie seine britischen Minister stieß sich Georg daran, wie die Franzosen versuchten, die Klausel im Vertrag von Utrecht zu umgehen, die ihnen die Zerstörung des Hafens von Dünkirchen gebot; sie bauten Kanäle und befestigten das in der Nähe von Dünkirchen gelegene Mardyk. Was sie auch an sophistischen Erklärungen vorbrachten, um dies zu beschönigen, so meinte Georg, in Wirklichkeit machten sie einem ein X für ein U vor. Doch er war beeindruckt davon, daß der Regent von Frankreich, der vor Ludwigs XIV. Tod versprochen hatte, dem Prätendenten keine Hilfe zu leisten, sich an sein Wort hielt, als er an der Macht war. Und würde der Regent nicht versucht sein, Jakobs III. Sache zu der seinen zu machen, wenn Georg jetzt seine ausgestreckte Hand zurückwies? Frankreichs Weigerung 1715/16, den Prätendenten zu unterstützten, machte es also möglich, ja unumgänglich für Georg, über Mardyk und andere Probleme zu verhandeln – beispielsweise über die Entfernung Jakob Eduard Stuarts aus Frankreich*.

Europäische Probleme in den Jahren 1716–1717

Seit dem Tod Ludwigs XIV. hatten die niederländischen Verbündeten Georg zugeredet, Vertrauen zum guten Willen Frankreichs zu haben, und die Notwendigkeit von Verhandlungen mit Frankreich betont. Ludwig XIV. hatte die Republik von dem Moment an umworben, da die Generalstaaten ihren Frieden mit Frankreich unterzeichnet hatten (1713), aber etliche niederländische Politiker – insbesondere der *Raadpensionaris* Heinsius – hatten es für das beste gehalten, vor Georgs I. Thronbesteigung keine entscheidenden Schritte zu unternehmen. Und sie hatten es für klug erachtet, möglichst keinen Druck auf ihn auszuüben, bis der Barrierevertrag zwischen den Seemächten und dem Kaiser unterzeichnet war. Am liebsten wäre den Niederländern eine von Frankreich, den Seemächten und dem Kaiser garantierte Neutralität der südlichen Niederlande gewesen, wie es Frankreich vorgeschlagen hatte. Doch als sie entdeckten, daß Karl VI. nicht bereit war, sich darauf einzulassen, betrieben sie das, was als *Simul-et-semel*-Politik bekannt wurde: Die Seemächte und Frankreich sollten einen Rechte und Besitzungen betreffenden, gegenseitigen Garantievertrag unterzeichnen, und gleichzeitig sollten die Seemächte einen ähnlichen Vertrag mit dem Kaiser abschließen. Die Niederländer – motiviert durch die Notwendigkeit, die Republik aus dem europäischen Kriegsgeschehen herauszuhalten – konzentrierten sich in ihren Bemühungen also auf die Bestätigung der Verträge von Utrecht und Rastatt in der nach dem Tod von Anna und Lud-

---

* Nachdem der Herzog von Lothringen ihm nach seiner Rückkehr aus Schottland keine Zuflucht mehr gewährt hatte, hielt sich Jakob an verschiedenen Orten in Frankreich auf und versuchte von dort aus, anderswo Asyl zu finden.

wigs XIV. veränderten Welt. Traditionellerweise erforderte der Tod eines Monarchen die Erneuerung von Verträgen, damit die in ihnen enthaltenen Garantien wirksam blieben. Wenn die *Simul-et-semel*-Politik Erfolg hatte, würde der Regent von Frankreich die protestantische Erbfolge garantieren müssen. Und Karl VI. würde genötigt sein, das Versprechen zu wiederholen, den Status quo in Italien nicht anzutasten.

Die Bemühungen der Niederländer trugen insofern Früchte, als sie zwischen Ende März und Anfang Mai 1716 Georg und den Regenten einander näherbrachten: Zu dieser Zeit vermittelte ein niederländischer Botschafter in Sondermission in London, Arent Baron van Wassenaer, Sieur de Duyvenvoorde, zwischen dem französischen Gesandten Iberville und den britischen Ministern, in erster Linie Townshend, indem er Botschaften von der einen Seite an die andere überbrachte. Duyvenvoorde drängte Townshend dazu, die Sache mit Georg I. zu besprechen, und entlockte den Briten dadurch die Bedingungen für die Allianz zwischen den Seemächten und Frankreich: Sie mußte defensiv sein, die französische und die protestantische Erbfolge gleichermaßen garantieren, ebenso die Besitzungen aller drei Vertragsparteien gemäß dem Vertrag von Utrecht; der Prätendent mußte sich an einen Ort »jenseits der Alpen« begeben; französische und britische Kommissare sollten berufen werden, die die Zerstörung der Kanäle und Befestigungen von Mardyk überwachten, damit der neue Hafen nicht anstelle des jetzt unbefestigten Dünkirchener Hafens als Basis für gegen Britannien gerichtete Aktionen von Kriegs- und Kaperschiffen dienen konnte. Daß die Niederländer ihre Verhandlungen mit dem Regenten auf der Grundlage dieser Forderungen vorantrieben und nicht genügend auf die Warnung der britischen Minister achteten, daß Georg I. den Vertrag mit dem Kaiser vor dem mit Frankreich abschließen wollte, interessiert uns hier weniger als ein Argument gegen die Allianz mit Frankreich, das Townshend gegenüber Duyvenvoorde in der Anfangsphase ihrer Gespräche vorbrachte. Der Sekretär meinte, es sei noch jahrelang ein großes stehendes Heer nötig, um dem Prätendenten und dessen Anhängern keine Chance zu geben. Wenn nun Georg einen Vertrag mit Frankreich schlösse, könne die Opposition im Parlament mit Erfolg dahingehend argumentieren, daß dieses Heer nicht mehr nötig sei; und somit sei die Allianz mit dem Regenten von Nachteil für die britische Regierung.

Hier liegt der Schlüssel zu einem der mehreren Mißverständnisse, zu denen es während der Deutschlandreise des Königs (von Ende Juli 1716 bis Mitte Januar 1717) zwischen Townshend und Walpole einerseits und dem von Stanhope und Sunderland unterstützten Georg andererseits kam. Die beiden Minister, die in Britannien blieben, wurden verdächtigt, die Allianz mit Frankreich zu verzögern. Und diese Allianz wurde, nachdem der Vertrag mit dem Kaiser am 5. Juni unterzeichnet worden war, aus verschiedenen Gründen für Georg in seiner Eigenschaft als König und als Kurfürst sehr dringlich. Stanhope, der mit dem König reiste und sowohl in Den Haag als auch in Hannover mit dem Repräsentanten des Regenten, dem Abbé Dubois, die Details der Verhandlungen regelte, schlug dasselbe Tempo an wie Georg. Townshend und Walpole hinkten hinterher, und jede Verzögerung – ob zufällig oder nicht – bei der Erteilung der nötigen Vollmachten in korrekter Form für den Vertrag zwischen Britannien und Frankreich (der am 9. Oktober von Stanhope und Dubois in Hannover unterzeichnet wurde, formell allerdings erst am 28. November von Dubois und Cadogan in Den Haag) wurde von Georg als bewußte Opposition ihm gegenüber und als Unterwerfung unter Townshends und Walpoles Auffassung von der parlamentarischen Führung oder unter die Niederländische Republik oder unter beide interpretiert. Georg, der darauf brannte, sein Bündnissystem zu vervollständigen, war entschlossen, den Niederländern jeden wirklichen Einfluß auf seine Verhandlungen zu verweigern. Ihn störte auch nicht das zeitraubende Unterfangen, Beschlüsse von den verschiedenen Provinzen der Republik verabschiedet zu bekommen. Die Erfahrung hatte gezeigt, daß die niederländischen Politiker, wenn sie rasch handeln wollten (wie im Falle der für Britannien zum Kampf gegen die »Fünfzehn« bereitgestellten Soldaten), auch Mittel und Wege fanden, dies zu tun. Aber sie hatten deutlich gezeigt, daß ihr Ziel – die Aufrechterhaltung des Status quo aus den Friedensverträgen von 1713/1714 – Georg in seiner Politik als Kurfürst einschränkten. Townshend, Robert Walpole und dessen Bruder Horatio (Townshends Unterstaatssekretär) legten Wert darauf, in größtmöglichem Einklang mit der Niederländischen Republik zu bleiben. Dahinter stand in erster Linie die Absicht, sicherzustellen, daß die Republik dieselben vertraglichen Verpflichtungen hatte wie Britannien und nicht etwa als neutrale Macht während eines Krieges, in den Britannien verwickelt wurde, vom Handel profitieren konnte. Doch sie schätzten auch die englisch-niederländische Freundschaft als Bestandteil des »alten Systems«, des Systems der Großen Allianzen zur Zeit der Kriege gegen Ludwig XIV., als die Seemächte und der Kaiser eng zusammengearbeitet hatten.

Die Wiederherstellung des alten Systems, besonders aber die Beilegung des Bruchs mit dem Kaiser, zu dem es 1712 gekommen war, als Leibniz in Wien für Karl VI. Pamphlete gegen die Tory-Regierung geschrieben hatte (so gehässig wie die Swifts über das Verhalten der Niederländer und der anderen Verbündeten Britanniens), war in der ersten Hälfte des Jahres 1716 ein gemeinsames Ziel von Georg und seinen britischen und hannoveranischen Ministern gewesen. Der erste Schritt war einfach. Am 6./17. Februar 1716 wurde in London ein Vertrag zwischen Britannien und den Niederlanden unterzeichnet. Der Form nach war er eine schlichte Erneuerung des Bündnisses, aber auch eine Erneuerung der Garantieerklärungen für die protestantische Erbfolge und die territorialen Vereinbarungen des Vertrags von Utrecht. Der geplante zweite Schritt der britischen Minister, den Kaiser zum Beitritt zu diesem Bündnis zu bewegen, erwies sich als unmöglich. Das war unvereinbar mit Karls VI. Stolz und unvereinbar mit seinen Ambitionen in Italien: Er meinte, Anlaß zum Groll zu haben, weil man ihn, wie er es formulierte, Siziliens beraubt und ihn genötigt hatte, stattdessen Sardinien zu akzeptieren. Überdies paßte dieser zweite Schritt auch Georg und seinen hannoveranischen Ministern nicht ins Konzept. Ihnen war sehr daran gelegen, daß dem Kaiser ein Hintertürchen zur Verwirklichung seiner Ziele in Italien offen blieb – vorausgesetzt, er hatte Verständnis für Hannovers Expansionsziele innerhalb des Reichs. Letztlich wollte man eine kaiserliche Investitur Hannovers in die erneut besetzten schwedischen Provinzen Bremen und Verden erreichen, aber auch die Billigung der Teilnahme des Kurfürsten am Nordischen Krieg war schon willkommen – als Unterpfand für die zu erwartende Investitur.

Hier ist ein weiterer Punkt innerhalb des Komplexes von Problemen, der 1716/1717 zu einer Krise zwischen dem König und der Gruppe um Townshend und Walpole führte. Townshend war ebenso sehr wie die Niederländer darauf bedacht, Komplikationen in Italien zu vermeiden. In dem Vertragsentwurf, den er und andere britische Minister im Januar 1716 dem Grafen Otto Christoph von Volkra, Sonderbotschafter Karls VI. in London, vorlegten, fehlten die ominösen *Prétensions et Titres*, für die der Kaiser eine Garantie gefordert hatte. Das Beharren der Republik auf ihrer *Simul-et-semel*-Politik gab dem König und den Hannoveranern jedoch die Chance, die Kontrolle zu übernehmen. Beide Ministergruppen waren sich einig darüber, daß sie nicht auf die Niederländer warten konnten und daß eine separate Allianz zwischen Britannien und dem Kaiser zustandekommen mußte, bevor der König zu seinem Sommerbesuch in Hannover aufbrach. Der König trieb die Sache selbst voran: Am 30. Mai befahl er Townshend, an Volkra heranzutreten; am 2. Juni war man sich einig geworden, und am 5. Juni wurde der Vertrag unterzeichnet, dessen Bedingungen für Karl VI. günstiger waren als für Georg I. Georg schloß diesen Vertrag nur in seiner Eigenschaft als König von Großbritannien, aber es ist bezeichnend, daß zur Gruppe, die den Vertrag mit Volkra und Hoffmann aushandelte, neben Townshend, Stanhope und Marlborough auch Bernstorff und Bothmer gehörten. Und es ist bezeichnend, daß die britischen Minister nur widerstrebend eine Garantie für *Honor, dignitas et iura* des Kaisers sowie für seine Besitzungen in den Vertrag aufgenommen hatten. Vom hannoveranischen Standpunkt aus betrachtet, ließ dies Raum für eine künftige Unterstützung von Karls VI. Ambitionen in Italien, wenn er dafür Georgs Ziele als Kurfürst förderte. Townshend dagegen betrachtete den Vertrag als hundertprozentige Absicherung gegen Verwicklungen in Italien, denn die Garantie für die »Ehre, Würde und Rechte« des Kaisers war in eben der Klausel enthalten, die den defensiven Charakter des Abkommens betonte. Seine freimütig geäußerte Interpretation konnte sich gegen die Absichten Georgs als Kurfürst auswirken. Und damit wurde er ein minder wertvoller Staatssekretär als Stanhope, dessen Einstellung der Außenpolitik seines Herrn gegenüber flexibler war. Bereits im September 1716 diskutierte Stanhope mit Georg und dessen hannoveranischen Ministern über Mittel und Wege zu einer Lösung der italienischen Probleme, der der Kaiser zustimmen konnte, ohne einen europäischen Krieg zu provozieren: Man entwarf bei dieser Gelegenheit in groben Umrissen das, was später als Friedensplan für den Süden bekannt wurde. Doch der entscheidende Grund dafür, daß Townshends und Walpoles Position untergraben wurde, waren die raschen und unerwarteten Entwicklungen im Ostseeraum während des Sommers und Herbstes 1716. Alles geschah derartig schnell, daß die britischen Minister, die zu Hause geblieben waren und mit ihren eigenen Problemen beschäftigt waren, völlig überrascht wurden und auch außerstande waren, den Reaktionen des Königs auf diese Ereignisse zu folgen. Und Georg, dessen Politik als Kurfürst – dank dem Trumpf der britischen Flotte, den er in der Hand hatte – während des Feldzugs von 1715 bestens gediehen war, war auf das Dilemma des Feldzugs von 1716 nicht gefaßt und wurde, wie seine deutschen Minister, entsprechend nervös.

Bevor Georg den englischen Thron bestiegen hatte, hatte er Maßnahmen getroffen, die ihn früher oder später in Konflikt mit Schweden bringen mußten. Karls XII. Niederlage bei Poltawa im Sommer 1709 und sein anschließender, ursprünglich unbeabsichtigter Aufenthalt in der Türkei bis zum Herbst 1714 bedeuteten, daß Schwedens deutsche Provinzen aufgeteilt werden würden. Obwohl Hannover seit den 80er Jahren des 17. Jahrhunderts ein zuverlässiger Verbündeter Schwedens war, bestand daneben – wie wir gesehen haben – die ältere Tradition der Expansion auf Kosten Schwedens. Es wäre den fundamentalsten Prinzipien der braunschweigischen Politik zuwidergelaufen, wenn man zugelassen hätte, daß Dänemark die Herzogtümer Bremen und Verden als seinen Anteil an der Kriegsbeute an sich nahm: Wenn Dänemark diese Herzogtümer besaß, hatte es das Kurfürstentum in der Zange. Georg wartete ab, solange es ging, und lavierte zwischen der schwedenfreundlichen Partei unter der Führung von Görtz und der expansionistischen Partei unter der Führung von Bernstorff. Er bot dem schwedischen Staatsrat, der Geld für Schiffe und Truppen brauchte, die Karl XII. verlangte, einen stattlichen Kredit an – unter der Bedingung, daß man ihm erlaubte, Bremen und Verden für die Dauer von fünfundzwanzig Jahren zu besetzen. Der Staatsrat war versucht, das Angebot anzunehmen. Aber Karl XII. legte von der Türkei aus sein Veto ein: Fünfundzwanzig Jahre bargen die Gefahr einer Abtretung auf immer in sich. Von da an gewann in Hannover die antischwedische Partei die Oberhand. Georg hätte durchaus auch schon früher zur Tat schreiten können, wenn das Gros seiner Truppen nicht im Spanischen Erbfolgekrieg eingesetzt gewesen wäre. Und so konnte er 1712, als Friedrich IV. von Dänemark das Herzogtum Bremen besetzte, nichts weiter tun, als hannoveranische Truppen in das kleinere Herzogtum Verden einmarschieren zu lassen, freilich nicht ohne eine gütliche Regelung mit dem dortigen schwedischen Kommandeur: Der Kurfürst verpflichtete sich schriftlich, seine Truppen abzuziehen, sobald die Dänen Bremen räumten. Im Jahre 1713, beim Kongreß von Braunschweig, den der Kaiser in der Absicht einberufen hatte, zwischen Karl XII. und dessen Feinden zu vermitteln, legte Georg (ohne Wissen der schwedenfreundlichen Partei in Hannover) seine Bedingungen für den Beitritt zur antischwedischen Koalition fest: Bevor er Schweden den Krieg erklärte, sollten seine Truppen Bremen und Verden besetzen, und er mußte die Garantie haben, daß beide Herzogtümer beim Friedensschluß in den Besitz Hannovers übergingen. Georg dürfte kaum erwartet haben, daß man seinen hohen Forderungen nachkam. Aber zu diesem Zeitpunkt genügte es ihm klarzustellen, welchen Preis er verlangte.

Daß der Kurfürst König von Großbritannien wurde – anläßlich der Krönung wurde übrigens eine schöne Gedenkmünze mit einer Darstellung des Sachsenrosses geprägt, das mit den Hinterbeinen in Hannover steht und mit den Vorderbeinen nach Südengland ausgreift –, verschob die Gewichte zu Georgs Gunsten. Die nördlichen Verbündeten* brauchten dringend die direkte oder indirekte Hilfe der britischen Flotte. Georgs Schwiegersohn, Friedrich Wilhelm I. von Preußen, der sich im Juni 1714 durch einen Vertrag mit Zar Peter an Schwedens Feinde gebunden hatte, fungierte als Mittelsmann. Schon im November 1714 kamen er und Georg überein, gemeinsam auf eine Verteilung von Schwedens Provinzen im Reich hinzuarbeiten, die ihnen ins Konzept paßte und der »deutschen Sendung« des Kaisers dienlich war, die es gebot, die Sieger von 1648 aus Deutschland zu vertreiben: Frankreich im Südwesten und Schweden im Norden. Zwischen April und Oktober 1715 wurde eine Reihe von separaten Vertägen abgeschlossen: zwischen Preußen und Hannover, zwischen Dänemark und Hannover, zwischen Preußen und Dänemark, zwischen Rußland und Hannover. Der entscheidende Vertrag für Georg war der vom 2. Mai 1715 zwischen ihm in seiner Eigenschaft als Kurfürst und Friedrich IV.: Georg erklärte sich

---

* Friedrich IV. von Dänemark-Norwegen, August von Sachsen-Polen und Zar Peter von Rußland.

damit einverstanden, daß Dänemark sich die Besitzungen des Herzogs von Holstein-Gottorp in Schleswig einverleibte; dafür wurde Bremen gegen eine Zahlung von 300000 Talern Hannover übergeben und Dänemark leistete Hannover Garantie für den Dauerbesitz von Bremen und Verden. Binnen vierzehn Tagen nach Einmarsch seiner Truppen in Bremen würde Georgs Kriegserklärung an Schweden ergehen. Georg verpflichtete sich überdies, hannoveranische Soldaten für die Belagerung von Wismar bereitzustellen und Dänemark ab Mai 1716 – falls der Krieg mit Schweden bis dahin noch nicht beendet war – für die Dauer eines Jahres Subsidien zu zahlen (50000 Taler pro Quartal). Die anderen Verträge gewährleisteten, daß Dänemark einen weiter östlich gelegenen Teil von Schwedens Besitzungen in Deutschland erhielt, und zwar Pommern samt Stralsund und Rügen bis zur Peene; daß Preußen das jenseits der Peene gelegene Pommern bekommen würde; und daß Zar Peter die Ostseeprovinzen, die er von Schweden erobert hatte, behalten durfte. Allerdings gaben einige Alliierte Garantieerklärungen für Karelien, Ingrien, Estland und Livland ab, während andere, darunter auch Georg, für Livland nicht garantierten. Sämtliche Vertragsparteien gaben Hannover Garantieerklärungen für Bremen und Verden.

Die eigentliche Grundlage der mit Georg in seiner Eigenschaft als Kurfürst getroffenen Übereinkünfte wurde in keinem der obigen Verträge erwähnt; aber in den diplomatischen Dokumenten aus der damaligen Zeit finden sich reichlich Beweise dafür, daß Georg mit seinem »königlichen Wort« versprochen hatte, daß die britische Flotte 1715 bei der Eroberung Pommerns mithelfen würde. Es galt überdies als abgemacht, daß Georg auch in den Jahren danach Hilfsaktionen von seiten der britischen Flotte arrangieren würde – bis Schweden genötigt war, in die Bedingungen der Verträge einzuwilligen, die er als Kurfürst unterzeichnet hatte. Es ist viel darüber diskutiert worden, ob Georg sich an sein Wort hielt. Einige Historiker haben behauptet, er habe die britische Verfassung mit Füßen getreten, um rein hannoveranische Ziele zu verwirklichen. Andere Historiker haben gemeint, die britische Flotte habe ihre Ostseefahrten nur um britischer Belange willen unternommen und sei nie für hannoveranische Zwecke eingesetzt worden; Georg habe seine Verbündeten mit zungenfertigen Versprechen überlistet. In der letzten Zeit sind alle relevanten Archive von skandinavischen, deutschen, russischen, amerikanischen und britischen Gelehrten gesichtet worden. Ihre Untersuchungen zeigen, daß die obigen Auffassungen zu simpel sind, daß Georgs Verhalten schwarzweiß gemalt wurde und daß dies nicht den Tatsachen entspricht. Die britischen und die hannoveranischen Interessen deckten sich teilweise. Angesichts des Schiffsbedarfs, den Britannien benötigte, und angesichts von Karls XII. im Februar 1715 ergangenen Anweisung zu kapern, war es wichtig, daß britische Handelsschiffe auf dem Weg zu den russischen Ostseehäfen Geleitschutz bekamen. Die Geschwader waren jedoch nicht, wie manchmal behauptet wurde, größer, als es für den Geleitschutz erforderlich war. Überdies waren die meisten von Georgs britischen Ministern der Ansicht, daß die Anwesenheit britischer Kriegsschiffe in der Ostsee Schweden davon abhalten würde, gemeinsame Sache mit dem Prätendenten zu machen. Wir wissen heute, daß Karl XII. sich nie dazu verpflichtet hatte, Jakob Eduard Stuart mit Soldaten oder mit Schiffen zu unterstützen, aber er ließ Georg gern in dem Glauben, daß er dies eventuell tun würde: Obwohl sich seine Überfälle auf Norwegen in den Jahren 1716 und 1718 gegen Friedrich IV. von Dänemark-Norwegen richteten, verfolgte er damit nebenbei das Ziel, daß sich britische Kriegsschiffe für die Verteidigung Schottlands bereithielten, was möglicherweise zur Folge hatte, daß weniger Kriegsschiffe in die Ostsee entsandt wurden. Es sollte auch berücksichtigt werden, daß Georg, als er in seiner Eigenschaft als Kurfürst mit Schweden Frieden schloß, sehr darauf achtete, seinen britischen Untertanen kommerzielle Vorteile zu verschaffen.

Andererseits ist es völlig klar, daß Georg sich der britischen Flotte bediente, um spezifisch hannoveranische Belange zu fördern, und daß die britischen Minister bei Georgs Zusammenarbeit mit den Verbündeten seines Kurfürstentums ein Auge zudrückten. Eins ihrer wichtigsten Anliegen war es, daß die Niederländer, die ebenfalls Kriegsschiffe als Geleitschutz für ihre Handelsschiffe in die Ostsee entsandten, dies im Einvernehmen mit den Briten taten oder zumindest zu tun schienen. Das sollte die Minister einerseits vor der Kritik des Parlaments bewahren und andererseits gewährleisten, daß die Niederländer den Briten hinsichtlich des Handels nicht ein Schnippchen schlagen konnten. Um dieses Ziel zu erreichen (vollständig gelang es nie zwischen 1715 und 1719), gebrauchten die britischen Minister – 1715 und 1716 Townshend eingeschlossen – Ausflüchte, verhandelten doppelzüngig und logen gelegentlich. Sie gaben auch Versprechen, die sie und Georg später brachen. Zum Beispiel versprach Stanhope 1718 dafür, daß der niederländische Kommandeur den Handelsschiffen beider Nationen Geleitschutz in der Ostsee gab – was es Admiral Norris ermöglichte, die Dänen mit all seinen Kriegsschiffen zu unterstützen –, daß die Republik an allen Handelsvorteilen partizipieren sollte, die Georg beim Friedensvertrag mit Schweden für Britannien herausholen konnte. Als es dann soweit war, bekamen die Niederländer doch nichts ab. Der König und die Minister rechtfertigten ihr Verhalten mit der »Selbstsucht« und »Unvernunft« der Niederländer in vergangenen und gegenwärtigen Angelegenheiten des Ostseeraums wie des übrigen Europa.

Die britischen Minister Georgs I. hatten also die größten Schwierigkeiten damit, die Niederländer bei der Stange zu halten. Und Georg selbst hatte erhebliche Probleme, den Verbündeten seines Kurfürstentums seine heikle Lage begreiflich zu machen. Das kritischste Jahr für Georg war 1715, als Karl XII. von den Dänen, Preußen und Sachsen in Stralsund belagert wurde und der Einsatz der britischen Flotte von größter Wichtigkeit war, damit – in Zusammenarbeit mit der dänischen Flotte – verhindert werden konnte, daß Pommern von Schweden aus Verstärkung und Nachschub erhielt.

Wir versprechen dem König von Preußen (schrieb Georg in diesem Jahr), *daß das besagte Geschwader* [d.h. die in die Ostsee entsandten britischen Schiffe] *bei den gegen Schweden gerichteten Operationen in Pommern in jeder Weise sekundieren wird, und hoffen, daß Seine preußische Majestät Unserm Worte Glauben schenkt, daß dieses Versprechen ohne Fehl erfüllt wird. Wir konnten aber kein schriftliches Versprechen geben, da die Bereitstellung des Geschwaders Uns als König betrifft, und Wir, wenn Wir ein schriftliches Versprechen machten, Uns nicht unserer deutschen Minister bedienen könnten, sondern die Angelegenheit zu Händen Unserer englischen Minister geben müßten.*

Dieses bekannte Zitat gibt uns einen Hinweis auf die Lösung, die man fand, und erklärt überdies, warum Historiker, die sich bloß auf britische Quellen stützen, annehmen, daß lediglich britische Interessen verfolgt wurden.Die britischen Kommandeure bekamen zweierlei Befehle: Schriftliche, die einer Überprüfung standhielten, und mündliche, die den Sinn so scheinbar harmloser Worte und Wendungen wie »Prisen« und »die Schweden in ihre Häfen zurückjagen, damit die britischen Handelsschiffe nicht angegriffen werden« dahingehend erweiterten, daß man einen Zusammenhang mit den »anderen Zielen« des Königs konstruieren konnte; oder es wurde auf weitere Instruktionen verwiesen, die der König demnächst ergehen lassen würde. Diese Instruktionen wurden normalerweise mündlich durch Georgs hannoveranische Diplomaten in Kopenhagen oder schriftlich durch einen seiner deutschen Minister übermittelt, manchmal auch von einem britischen Minister oder Diplomaten, der zur vollständigen Zusammenarbeit mit Georg in seiner Eigenschaft als Kurfürst bereit war.

Aus Platzgründen* kann hier nicht detailliert geschildert werden, auf welche Weise zunächst das ganze Geschwader unter Admiral Norris – ohne die Handelsschiffe zu vernachlässigen, denen es Geleitschutz gab – und dann die acht Kriegsschiffe, die Norris unter einem »verschwiegenen Offizier, keinem Flaggoffizier« zur dänischen Flotte abzukommandieren hatte, zum Erfolg der antischwedischen Koalition beitrugen. Die acht Schiffe unter Kapitän Hopson, die Ende September und im Oktober zum Einsatz kamen, spielten bei der Eroberung von Rügen eine ent-

---

* Ich habe das auch bereits in meinem Buch *Charles XII of Sweden* getan.

scheidende Rolle. Hier soll die Feststellung genügen, daß Friedrich IV., der Bremen nicht aus der Hand geben wollte, bevor er substantielle Hilfe von der britischen Flotte erhalten hatte, dieses Herzogtum am 4./15. Oktober Hannover überließ. Am selben Tag erklärte Georg in seiner Eigenschaft als Kurfürst Schweden den Krieg. Und am 2. November stieß das erste hannoveranische Kontingent zu den Dänen und Preußen, die Wismar belagerten.

Der Krieg mußte jedoch weitergeführt werden. Georg und seine hannoveranischen Minister hatten gehofft, daß impulsives Handeln von seiten Karls XII. zu einer Seeschlacht führen würde, an der sich die Briten als Verteidiger ihrer Handelsschiffe beteiligen konnten. Aber der schwedische König wollte sich keine zusätzlichen Feinde machen und hatte angeordnet, daß eine solche Seeschlacht zu vermeiden sei. Außerdem fuhr die schwedische Flotte, die zu spät kam, um Stralsund zu entsetzen, nach Wismar weiter und landete dort Soldaten, Lebensmittel und Munition. Und im Dezember entkam Karl XII. aus Stralsund und übernahm persönlich das Kommando über die schwedischen Kriegsanstrengungen auf der Halbinsel. Für 1716 planten die nördlichen Verbündeten daher eine Invasion in Schonen. Auf diese Weise sollte Karl XII. gezwungen werden, um Frieden zu ihren Bedingungen zu bitten. Friedrich IV. und Zar Peter waren bereit, die erforderliche Kavallerie und Infanterie zu stellen, Preußen half mit ein paar Transportschiffen aus, und Georg versprach, die britische Flotte so einzusetzen, daß die zum Erfolg nötige Überlegenheit auf See gewährleistet war.

Townshend, dessen Verhalten während der Zeit des Feldzuges von 1715 Georg keinen Anlaß zur Klage gegeben hatte, trieb auch in der Anfangsphase des Feldzugs von 1716 keine Obstruktion. Daß Karl XII. im Februar 1716 in Norwegen eingedrungen war und sich bis zum Spätsommer dort halten konnte, führte zu Spekulationen darüber, ob er Jakob Eduard Stuart Hilfe nach Schottland schicken würde – entweder von Göteborg oder, falls er so weit vorstieß, von Westnorwegen aus. Townshend, dem die Pannen peinlich waren, die ihm 1715 bei den Niederländern unterlaufen waren, überließ die Verhandlungen mit den dänischen und russischen Gesandtschaften, die im Frühling 1716 nach London kamen, Georgs hannoveranischen Ministern. Er übersah geflissentlich, daß Norris vor Ende Mai in See stach – mehr als einen Monat vor dem niederländischen Geschwader –, und war für die Invasion in Schonen, als deutlich wurde, daß Karl XII. nicht kapitulieren würde. Sein eigentliches Anliegen war jedoch die Wiederherstellung des Friedens und des Kräftegleichgewichts. Es war seine Wunschvorstellung, daß mit Hilfe der britisch-niederländischen Geschwader ein Friedensschluß erzwungen wurde, aus dem Rußland nicht allzu mächtig hervorging. Der Zar hatte sämtliche schwedische Ostseeprovinzen und damit auch Narva, Reval und Riga in seiner Gewalt – Häfen, die für den britischen Handel wichtig waren. Er hatte sich zu Willkürhandlungen gegenüber der Freien Stadt Danzig hinreißen lassen, deren Unabhängigkeit auf der Liste der britischen Prioritäten weit oben stand. Er kontrollierte Kurland mehr oder minder direkt* und das polnisch-litauische Reich so stark, daß August von Sachsen-Polen nur noch eine Marionette war. Im April 1716 hatte er seine Nichte Katharina Iwanowna mit Herzog Karl Leopold von Mecklenburg-Schwerin vermählt und dem Herzog für dessen schon lange andauernden Kampf mit dem mecklenburgischen Adel russische Truppen zur Verfügung gestellt.

Es war darum nicht ohne eine gewisse Ironie, daß Georgs Argwohn gegen Townshend daher rührte, daß der Staatssekretär sich nicht ebenso über Rußland empörte wie Georg und seine hannoveranischen Minister, als der Zar am 19. September aus dem Invasionsplan ausstieg und – offiziell in der Erwartung, daß das Projekt 1717 durchgeführt wurde – den Vorschlag machte, sein Heer solle im Herzogtum Mecklenburg überwintern. Das war zu unbehaglich nahe bei Hannover. Es ist viel Aufhebens davon gemacht worden, daß Bernstorff und andere Adlige in kurfürstlichen Diensten Güter in Mecklenburg besaßen, die, während sich die für Schonen bestimmten Invasionsstreitkräfte sammelten, durch die Einquartierung russischer Soldaten übel mitgenommen wurden. Doch Zar Peter hatte versprochen, daß auf diesen Gütern im Winter 1716/1717 keine Soldaten einquartiert werden sollten. Zweifellos war die Militärhilfe, die Rußland Herzog Karl Leopold von Mecklenburg gab, ein Stein des Anstoßes, aber es stand Wichtigeres auf dem Spiel. Der Zar wollte aus Mecklenburg einen Vasallenstaat machen und hatte vor, den Sund mit einem von der Ostsee zur Nordsee führenden Kanal zu umgehen, der Rußland den direkten Handel mit Westeuropa ermöglichen sollte. Solche Pläne vertrugen sich nicht mit dem hannoveranischen Vorhaben, Bremen und Verden auszubauen. Außerdem befürchtete man, der Zar werde seine große militärische Macht womöglich dazu verwenden, dauerhaft Fuß im Reich zu fassen. Allein schon seine Weigerung, den Angriff auf Schonen durchzuführen, weckte Argwohn. Vom Standpunkt des Zaren aus betrachtet, war eine Verschiebung der Invasion durchaus sinnvoll. Der Umstand, daß Karl XII. so lange in Norwegen blieb, hatte dazu geführt, daß ein nicht unerheblicher Teil der dänischen Flotte unabkömmlich war und erst am 8. August zur Flotte der Verbündeten stieß, bei der sich auch Norris' Geschwader befand**. Es war relativ spät

---

* Im Jahre 1710 hatte seine Nichte Anna Iwanowna den Herzog von Kurland geheiratet; Anfang 1711 wurde sie Witwe, und von da an regierte offiziell sie, inoffiziell aber Peter.
** Norris blieb bei der Flotte, bis es Zeit zum Überwintern wurde, kommandierte allerdings einige britische Kriegsschiffe ab, damit sie dem niederländischen Befehlshaber halfen, die vereinigte britisch-niederländische Handelsflotte zu den russischen Ostseehäfen und wieder zurück zu eskortieren.

im Jahr, und Zar Peter hatte überdies die gut befestigte schwedische Küste rekognoszieren lassen und war zu der Überzeugung gelangt, daß die Vorteile auf Karls XII. Seite lagen. Norris, der von Hannover aus instruiert wurde, bemühte sich sehr, die Invasion in Gang zu bringen. Als sich das als unmöglich erwies, spielten Georg und seine hannoveranischen Minister mit dem Gedanken, Norris den Winter über in der Ostsee bleiben zu lassen und den Zaren (mit dänischer Hilfe) mehr oder weniger dazu zu zwingen, daß er seine Truppen »jenseits der Weichsel« einquartierte. Stanhope und Sunderland versuchten anscheinend nicht, Georg von diesem gewagten Unternehmen abzuraten, das sich dann zerschlug, weil die Dänen – in der Hoffnung auf weitere Zusammenarbeit mit Rußland im Jahre 1717 – beschlossen, nicht mit dem Zaren zu brechen. Stanhope begnügte sich damit, Townshend mitzuteilen, das Hauptmotiv von Georgs Außenpolitik sei sein Wunsch, »den Zaren von Unternehmungen abzubringen, die ganz Deutschland unverzüglich in Zorn entbrennen ließen«. Es blieb Townshend und Robert Walpole überlassen zu protestieren. Am 4. Oktober (NS) schrieb Townshend an Stanhope:

Meine Absicht ist es vor allem, Sie zu bitten, nicht zu billigen, daß Sir John Norris länger als bis zum 1. November in der Ostsee bleibt, und auch nicht, daß der König sich offen auf die Affäre mit dem Zaren einläßt. Dieser Nordische Krieg ist so töricht gehandhabt worden, daß er unser Ruin sein wird... und deshalb wäre es richtig, wenn der König sich unverzüglich Gedanken machte, wie zu einem Frieden mit Schweden zu gelangen ist, selbst wenn er genötigt sein sollte, zu diesem Ende einige Opfer zu bringen.

Das war der wunde Punkt. Ob Stanhope diesen Brief dem König zeigte oder ob er oder Sunderland ihm nur im großen und ganzen mitteilten, was Townshend meinte – Georg nahm jedenfalls Anstoß daran, daß sein britischer Staatssekretär ihm riet zu opfern, was Hannover 1715 gewonnen hatte.

Hannovers Zerwürfnis mit Zar Peter machte für Georg den Abschluß des Vertrags mit Frankreich dringlicher: Nun, da die russischen Garantieerklärungen für Bremen und Verden zweifelhaft geworden waren, brauchte er Frankreichs Garantie. Wieder arbeiteten die Umstände – oder vielmehr die Verkettung der Umstände – gegen Townshend. Er war mit der Entscheidung einverstanden gewesen, daß die Niederländer an der Festsetzung der Bedingungen für den Vertrag mit Frankreich nicht beteiligt sein sollten. Er hatte Horatio Walpole sogar vorgebliche Anweisungen geschickt (sie standen im Widerspruch zu den richtigen), die dieser »im Vertrauen« niederländischen Politikern zeigen sollte, um die genannte Entscheidung zu verschleiern. Er war über die Verhandlungen zwischen Stanhope und Dubois in Den Haag (Ende Juli) auf dem laufenden gehalten worden und hatte sie gebilligt. Und er hatte auch recht mit seiner Behauptung, daß an den technischen Problemen, zu denen es im Oktober und im November kam, eher Dubois schuld war als Whitehall. Nachdem Stanhope am 6. Oktober das Dokument unterzeichnet hatte, lag es in Dubois' Interesse, die Unterschriftsleistung der Republik abzuwarten* und somit Frankreich den Vorwurf zu ersparen, es habe die Niederländer verraten. Inzwischen hatte jedoch Stanhope Einfluß auf die Verhandlungen zwischen Britannien und Frankreich gewonnen und sich überdies Georgs Dankbarkeit erworben. Der Staatssekretär für den Süden war weniger reizbar als Townshend, interessierte sich mehr für Politik im gesamteuropäischen Rahmen, verhielt sich bei Verhandlungen äußerst geschickt und fand leicht Mittel und Wege, die zu lohnenden Kompromissen führten. Er hatte Freude an den Wortgeplänkeln mit dem gerissenen Dubois. Der Franzose wußte, daß Stanhope (mit dem er bekannt war) Georg nach Hannover begleiten würde, und ließ sich eine Geschichte einfallen, um zu erklären, warum er zur selben Zeit in Den Haag war wie Stanhope und Bernstorff: Sein Arzt habe ihm gesagt, er solle eine Kur in Valenciennes machen; er habe sich aber von einer bedeutenden Buchauktion nach Leiden locken lassen. Und es würde ihm eine Freude sein, bei Stanhope vorzusprechen. Nachdem sie ihr Gespräch für den 29. Juli um acht Uhr morgens anberaumt hatten, gönnte sich Stanhope das Vergnügen, gleich offen zur Sache zu kommen: »Vous et mois ferions plus en une heur qu'il ne s'en ferait en six mois dans des conferences«. Es mußten Vorteile sowohl für Großbritannien als auch für Hannover herausspringen. Dubois verlieh seiner Überzeugung Ausdruck, daß der Prätendent und Mardyk leicht zu lösende Probleme seien, und gab recht unverblümt zu verstehen, es ließe sich einrichten, daß Frankreich Garantieerklärungen für Bremen und Verden leistete. Man kam überein, daß Dubois, nachdem er sich in Paris mit dem Regenten beraten hatte, nach Hannover reisen sollte, und zwar heimlich, damit Georg daraus keine Schwierigkeiten mit dem Kaiser erwuchsen. Am 19. August bezog Dubois dann in Stanhopes Gemächern in Hannover Quartier.

Beide Männer haben Berichte über die Verhandlungen hinterlassen, die sie miteinander führten (der vollständigere stammt von Dubois). Beide rühmen sich schlauer Tricks. Stanhope schreibt, er habe Dubois betrunken und redselig gemacht. Dubois berichtet, er habe eine plötzliche Erkrankung vorgetäuscht, um vom Bett in einem Nachbarzimmer

---

* Dank einigen kleinen Zugeständnissen an die Republik konnte Dubois es erreichen, daß die Niederländer am 4. Januar 1717 einer Tripelallianz beitraten. Nachdem der Vertrag unterzeichnet war, verbrannten Dubois, Châteauneuf und Cadogan den britisch-französischen Vertrag vom 28. November, den sie hatten geheimhalten können.

aus durch eine angelehnte Tür Stanhopes Gespräche mit Georgs hannoveranischen Ministern belauschen zu können. Wenn man die zwei Berichte miteinander vergleicht, stellt sich heraus, daß keiner auf den anderen hereinfiel und daß beide stets ihre fünf Sinne beisammen hatten. Insgesamt konnte Stanhope das bessere Ergebnis erzielen. Der Prätendent würde sich an einem Ort »jenseits der Alpen« begeben müssen*; was Mardyk betraf, so würde man sich über die Einzelheiten in London einigen (dies auf Dubois' Versicherung hin, daß von Frankreichs Seite alles einfach gemacht werden sollte); auf das Bündnis mit Schweden, das Ludwig XIV. im April 1715 geschlossen hatte, würde man verzichten; und die französische Garantie für die protestantische Thronfolge würde so formuliert werden, daß Georgs kurfürstliche Besitzungen samt Bremen und Verden mit einbezogen waren. Die französische Gegenforderung, daß für sämtliche in Utrecht unterzeichneten Friedensverträge eine vollständige Garantie geleistet werden sollte, konnte nicht erfüllt werden, weil sie auch die Bestimmung enthielt, daß Sizilien in den Besitz von Victor Amadeus von Savoyen überging. Und Georg und die Hannoveraner wollten sich die Hintertür zu einer Neuregelung der italienischen Probleme offen lassen, die sie 1716 mit der Wendung *Honor, dignitas et iura* im Vertrag mit dem Kaiser geschaffen hatten. Garantie wurde nur für die Klauseln in den Verträgen von Utrecht geleistet, in denen es um die Besitzungen der Seemächte und Frankreichs sowie um die französische und britische Thronfolge ging. Der Weg zu Änderungen in Italien blieb also offen, und gleichzeitig erreichte der Regent von Frankreich sein wichtigstes persönliches Ziel: Die Zusage von Militärhilfe, falls Philipp V. von Spanien den Verzicht auf sein Recht, die französische Krone zu erben, rückgängig machte. Philipp von Orléans war ein gewissenhafter und loyaler Regent, der seinen Neffen Ludwig XV. liebte; aber er hegte auch genügend Ehrgeiz für seinen eigenen Zweig der königlichen Familie, um sich und seinen Nachkommen – für den Fall, daß Ludwig XV. keine leiblichen Erben hinterließ – den Platz in der französischen Thronfolge zu sichern, der ihm und seinen Nachkommen durch den Frieden von Utrecht zugewiesen wurde.

Am 24. August um Mitternacht unterzeichneten Dubois und Stanhope die Präliminarien zum Vertrag, die sofort per Eilboten nach Whitehall geschickt wurden. Damit war die Frage an die Minister in England und besonders an Townshend verbunden, ob es nicht besser sei, die formelle Unterzeichnung des Vertrags ohne die Niederländer vorzunehmen, um nicht Gefahr zu laufen, daß es Diskussionen über heikle Probleme gab, die zu Verzögerungen führen konnten – wodurch möglicherweise das Zustandekommen der britisch-französischen Über-

---

* Im Jahre 1717 verließ er Avignon, die päpstliche Enklave in Frankreich, und ging nach Rom.

einkunft verhindert wurde. Townshend verneinte das; teils, weil er keine Notwendigkeit zur Eile sah, teils, weil er eine eigene Politik für den Norden hatte, die er fördern wollte. Er gab Horatio Walpole die Vollmacht, die Niederländer allgemein über die geplanten Vertragsbedingungen zu informieren. Aber Walpole ging – auf eigene Verantwortung und ohne Instruktionen – weiter und stellte die Bedingungen als »von niederländischer Zustimmung abhängig« dar. Die darauf folgenden Mißverständnisse und die Wahrscheinlichkeit weiterer Verzögerungen führten in Hannover zu erheblichem Unmut. Townshend war – in Georgs Sicht – offenbar nicht auf dem laufenden. Und als die Meldung einlief, daß sich Iberville, der französische Diplomat in London, – verblüffend schnell, wie man meinte – mit Maßnahmen einverstanden erklärt hatte, die nach Ansicht britischer Experten gewährleisteten, daß Mardyk nicht als Hafen für Kriegs- und Kaperschiffe dienen konnte, schritt Georg zur Tat. Am 9. Oktober befahl er Stanhope, sich mit Dubois zusammenzusetzen und den Vertrag zu unterzeichnen. Die Entlassung Townshends aus dem Amt des Staatssekretärs für den Norden war eine ausgemachte Sache.

Die Ministerkrise

Weder die »Affäre mit den Niederländern« noch das Bündnis mit Frankreich (das auch Townshend wollte) brachten Georg zu diesem Entschluß, der eine Ministerkrise zur Folge hatte. Auslöser waren vielmehr die unterschiedlichen Auffassungen über das Kräftegleichgewicht im Norden, die erst in den entscheidenden Monaten des Jahres 1716, im August und im September, klar zutage traten. Im Frühling und im Frühsommer hatte Townshend seiner Besorgnis Ausdruck verliehen, daß eine erfolgreiche Invasion in Schonen das Kräftegleichgewicht durcheinander bringen könnte. Die Behauptung der Hannoveraner, das russische Übergewicht werde nicht von Dauer sein, war ihm kein großer Trost; man erinnerte ihn daran, daß der Zarewitsch »ein Moskowiter« sei und daß sich Rußland, wenn er an die Regierung käme, von Europa abwenden werde. Townshend wollte jedoch – und das schien auch machbar, nachdem der Zar 1716 aus dem Invasionsprojekt ausgestiegen war –, daß die Seemächte und der Kaiser sich auf Friedensbedingungen einigten, die zur Wiederherstellung des Gleichgewichts zwischen Schweden und Rußland führten, und daß sie dann alle am Nordischen Krieg beteiligten Staaten zwangen, diese Bedingungen zu akzeptieren. Noch am 16. Oktober (AS) 1716 behauptete er, das Parlament werde willens sein, die damit für Britannien verbundenen Kosten zu tragen. Für Georg waren zu dieser Zeit ein solcher Ratschlag und Townshends Herumreiten auf dem Ruhm, der ihm als König von Großbritannien durch die Vermittlung eines Friedens imNorden erwachsen würde, irrelevant und unrealistisch. Der Kaiser lag im Krieg mit den Türken; die Niederländische Republik wollte keinerlei Risiko auf sich nehmen; für das Kurfürstentum Hannover standen Bremen und Verden auf dem Spiel und ein russischer Überfall von Mecklenburg aus war durchaus möglich, wenn Georg nicht zu einer verbindlichen Übereinkunft mit Frankreich gelangte. Townshends und des Königs unterschiedliche Auffassungen, die Georg zu dem Entschluß brachten, ihn aus dem Amt des Staatssekretärs für den Norden zu entlassen*, (in dem er wohl oder übel mit außerpolitischen Problemen befaßt war), führten zu einem Konflikt, der politisch und sogar verfassungsrechtlich brisant war: zum Kampf des Königs um sein Recht, die Ministerposten so zu besetzen, wie er es für gut hielt.

Der Kampf war nicht unwichtig und basierte auch nicht nur – wie oft angenommen wird – auf rein persönlichen Rivalitäten. Natürlich fühlten sich Townshend und Robert Walpole verraten von hannoveranischen Feinden, von Stanhope und Sunderland, die mit diesen Feinden zusammenarbeiteten, und von Mißgünstigen in England, die behaupteten, sie leckten dem Prince of Wales die Stiefel und verhielten sich »treulos« dem abwesenden König gegenüber. Es ist leicht zu erklären, warum manche Historiker den persönlichen Aspekt so sehr betont haben. Townshends und Walpoles veröffentlichte Briefe, in denen beide den Stein des Anstoßes herauszufinden suchen, sind voll von persönlichen Mutmaßungen und Erklärungen für kleinere Dinge, die zwischen ihnen und dem König verkehrt gelaufen sind, zum Beispiel die Verzögerung der Bezahlung für die deutschen Truppen (aus Sachsen-Gotha und aus Münster), die man vor der Niederschlagung des jakobitischen Aufstandes angefordert hatte; ihr Rat, daß Georg lieber nicht versuchen sollte, privaten Profit aus den Landverkäufen auf St. Kitts zu schlagen; und ihr angebliches Werben um den Prince of Wales in Abwesenheit seines Vaters. Doch für denjenigen, der auch mit den unveröffentlichten Dokumenten aus der damaligen Zeit vertraut ist, gibt es selbst in diesen Briefen wichtige Hinweise auf die eigentlichen Probleme. Außerdem können wir dank der Korrespondenz Schulenburgs mit Görtz ab dem 12. Februar (NS) 1717 nachverfolgen, wie sich der Konflikt nach Georgs Rückkehr nach London entwickelte und immer mehr ausweitete. Diese Korrespondenz läßt den Konflikt in einem anderen Licht erscheinen.

Georg schätzte und achtete Townshend und war sich – wie viele seiner hannoveranischen Minister und Höflinge – des großen Werts von Robert Walpole bewußt. Walpole genoß bereits einen glänzenden Ruf als »Manager« des Unterhauses, Stanhope dagegen wußte, so Schulenburg,

---

* Das geschah am 12. Dezember (AS) 1716; Stanhope wurde an seiner Stelle Staatssekretär für den Norden.

daß dies nicht seine Stärke war. Überdies hatte Walpole sich seit Oktober 1715 als fähiger Schatzkanzler und als tüchtiger erster Schatzlord erwiesen. Es lag im Interesse des Königs, alle drei in seiner Regierung zu behalten. Stanhope hatte sich als Staatssekretär nach Georgs Geschmack bewährt: Er äußerte sich freimütig und selbstsicher, hatte aber Verständnis für Georgs doppelte Verantwortung als Kurfürst und König. Er arbeitete, angeregt durch seine Gespräche mit Dubois, bereits an einem Friedensplan für den Süden, der die Aussöhnung zwischen dem Kaiser und Spanien zum Ziel hatte. Und seine Gespräche mit Georgs hannoveranischen Ministern, Görtz eingeschlossen, wiesen schon in eine Zukunft, in der ein Friedensplan für den Norden entworfen werden konnte.

Nachdem die dringlichsten Probleme durch den Vertrag zwischen Britannien und Frankreich gelöst waren, bemühten sich alle – Sunderland vielleicht ausgenommen – um die Erhaltung des Ministeriums. Georg, der seinem Wesen nach gerecht und fair war, akzeptierte die Ausführungen, die Horatio Walpole Ende Oktober bei seinem Besuch in Hannover vorbrachte und mit denen er die Mißverständnisse im Zusammenhang mit dem Vertrag mit Frankreich und den diversen innenpolitischen Problemen erklären wollte. Georg entschuldigte sich auch, falls er Townshend gegenüber ungerechtfertigterweise mißtrauisch gewesen sei. Doch eine gewisse Rivalität zwischen Stanhope und Sunderland einerseits und Townshend und Robert Walpole andererseits war offensichtlich. Sunderland hatte es den Schwagern* nicht verziehen, daß er auf den Posten des Vizekönigs von Irland abgeschoben worden war, und der Vorschlag, daß eben dieser Posten das Richtige für Townshend sei – er bliebe im Kabinett, hätte aber nicht das Recht, in die Außenpolitik einzugreifen –, kann durchaus von ihm gekommen sein. Stanhope gefiel natürlich die zunehmende Unabhängigkeit von Townshend; er hatte von den Pflichten eines Ministers seinem König gegenüber jedoch eine andere Auffassung. Es gibt keinen eigentlichen Beweis dafür, daß die Ursache dafür in Stanhopes militärischer Vergangenheit liegt oder auch nur durch sie beeinflußt wurde, aber ich halte es für wahrscheinlich. Und gewiß machte es ihm diese Vergangenheit leichter, Georgs Probleme im Nordischen Krieg zu verstehen. Es ist aber auch verständlich, daß sich die beiden Minister verraten fühlten, weil Stanhope nicht völlig hinter ihnen stand. Der würdevolle und bewegende Brief, den Robert Walpole an Stanhope schrieb, als der Vorschlag gemacht wurde, Townshend sollte Vizekönig von Irland werden, die Bitte an seinen alten Freund, die Dinge wieder in Ordnung zu bringen und seinen Kollegen in Britannien gegenüber gerecht zu sein – das spricht einen auch heute noch unmittel-

---

* Townshend hatte 1713 Dorothy Walpole geheiratet.

bar an und gewinnt die Sympathie des Lesers. Stanhopes Rechtfertigungen nehmen sich daneben lahm aus. Aber er legte Gewicht darauf – was damals durchaus stichhaltig war – , daß sich Minister, nachdem sie ihren Rat gegeben hätten, nicht über den König setzen sollten. Wenn Townshend den Posten in Irland nicht annähme, so Stanhope, dann sei dies gleichbedeutend mit der Forderung, »Vizekönig über Vater, Sohn und ihre drei Königreiche« zu sein. Und was die Freundespflichten anging, so schrieb Stanhope: »Ich glaube, daß man jemandem nicht abverlangen kann, daß er für seinen Freund mehr tue als für sich selbst: Ich kann dem König nicht sagen, daß ich ihm nicht diene, wenn er nicht...«

Georg reiste mit dem festen Willen nach England zurück, auf Versöhnung und Harmonie innerhalb des Geheimen Staatsrats und des Ministeriums hinzuarbeiten. Er ließ diesbezügliche Botschaften durch Horatio Walpole übermitteln, als er ihm gestattete, die Republik zu verlassen und nach London zurückzukehren, damit er nicht wortbrüchig zu werden brauchte, indem er den Vertrag mit Frankreich ohne die Generalstaaten unterzeichnete. Niederländische Politiker, die von Townshend über die Krise informiert worden waren, nahmen beim kurzen Aufenthalt des Königs in der Republik die Gelegenheit wahr, um zu betonen, daß es für ganz Europa wichtig sei, daß sich die Gemüter in Britannien wieder beruhigten. Und von Den Haag aus ließ Georg am 16. Januar (NS) Robert Walpole über Stanhope wissen, daß der König, wenn Townshend ihm »das Zeichen des Respekts und des Gehorsams« erwiese, das Amt des Vizekönigs für ein halbes Jahr oder länger zu bekleiden, ihm nach Ablauf dieser Zeit einen Posten geben werde, der seinen Wünschen eher entspräche. Kurz nach der Ankunft in St. James's rief der König Townshend und Stanhope in sein Arbeitszimmer und redete eineinhalb Stunden lang *fortement* mit ihnen. Townshend küßte Georg die Hand, nachdem er die ausdrückliche Zusicherung erhalten hatte, daß er während seiner Zeit als Vizekönig nicht nach Irland zu gehen brauchte. Es spricht für die Stärke der Freundschaft, die die beiden Sekretäre nach wie vor verband, und auch für Georgs Überredungskünste, daß Townshend sich zwang, seinen Stolz zu unterdrücken und zu akzeptieren, daß Stanhope seine Stelle als ranghöherer Staatssekretär einnahm. Schwieriger war es, Townshend und Walpole dazu zu bringen, daß sie Sunderland verziehen, und Georgs nur mit Bitten und Drohungen erzielter Erfolg war mehr Schein als Wirklichkeit, wie sich später herausstellte. Er ließ Stanhope die Drohung in ihrer härtesten Form aussprechen. Cadogan war als Zeuge anwesend, als Townshend und Walpole mitgeteilt bekamen, daß wenn sie sich nicht binnen dreier Tage mit dem Lordsiegelbewahrer verständigten, Sunderland zum Staatssekretär für den Norden ernannt und Stanhope das Schatzamt übernehmen würde. Genauso hart in der Sache, aber sanfter im Ton war Georg im direkten Gespräch mit Townshend.

Überdies gab er an alle Minister seine »ordre du Roy« aus, ohne Animosität und Kabalen zusammenzuarbeiten. Bernstorff und Bothmer taten ihr bestes, um die Aussöhnung zu fördern. Bernstorff verwendete sich für Townshend; Bothmer lud zur Feier des Versprechens von Townshend und Walpole, mit Sunderland zu kooperieren, zu einem Diner ein. Doch dem Hofklatsch zufolge war Gefahr im Anzug. Schulenburg teilte Görtz mit, Sunderland sei den beiden Schwagern »verhaßt«, und obwohl sie sich zur Zusammenarbeit mit ihm bereiterklärt hätten, wollten sie ihr Mißtrauen gegen ihn demonstrieren, indem sie ihn weder besuchten noch Besuche von ihm empfingen. Daß Sunderland eine Ausrede erfand, um nicht an dem Diner teilzunehmen, daß Stanhope seinerseits Ende Februar zur Feier der wiederhergestellten Harmonie gab, wurde ebenfalls als schlechtes Omen betrachtet. Am 2./13. März spaltete sich der Ministerrat in zwei «partis assez echauffés« auf, die gegeneinander opponierten und sich nicht über den Entwurf zur Rede des Königs anläßlich der Parlamentseröffnung einigen konnten. Sie zankten sich nicht nur bei dieser, sondern auch bei den folgenden Sitzungen. »Was die einen Minister vorschlagen, lehnen die anderen ab« wurde zur Methode. Es ist jedoch bezeichnend, daß Sunderland und nicht Stanhope als Anführer der Gruppe betrachtet wurde, die Front gegen Townshend und Walpole machte. Bei Hofe spekulierte man darüber, welche *parti* den Kampf um das Vertrauen des Königs gewinnen würde. Georg wiederum, der nach wie vor hoffte, beide in einer »Königspartei« vereinigt erhalten zu können, versuchte den ganzen März über und bis in den April hinein, den Sturm durch Beratungen mit den einzelnen Ministern in seinem Arbeitszimmer abzuwenden. Überdies vermied er es, außerhalb des Arbeitszimmers Kommentare abzugeben, die die eine oder die andere Gruppe zu favorisieren schienen. Bei Tisch sprach er von belanglosen Dingen, von Geschichten vom französischen Hof etwa, die Liselotte der Princess of Wales brieflich mitgeteilt hatte, und ansonsten trug er weiterhin die »meilleure humeur du monde« zur Schau. Schulenburg konnte daher nur unwichtigen Hofklatsch berichten: Wir erfahren vom Mißgeschick einer armen Hofdame, die zu dem Kreis um die Princess of Wales bei einem Empfang im Audienzzimmer gehörte; durch die Etikette war sie genötigt, an ihrem Platz zu bleiben, konnte aber ihr Wasser nicht mehr halten – eine Pfütze »von der Größe eines Tisches, an dem zehn Platz haben«, drohte die Schuhe der Princess of Wales zu netzen und ließ die anwesenden Höflinge zu Salzsäulen erstarren.

Schulenburg, der auch die kleinsten Kleinigkeiten interpretierte (etwa, wieviel Zeit die einzelnen Minister in Georgs Arbeitszimmer verbrachten), erwartete, daß Townshend und Walpole gewinnen würden. Er wußte mit Sicherheit, daß Townshend wieder das volle Vertrauen des Königs genoß und sagte voraus, daß er, wenn er nur »un peu de menagement« für Sunderlands Partei an den Tag legte, seine Position als Georgs einflußreichster britischer Minister zurückgewinnen würde. Doch wenn Townshend zu fordernd auftrat, wenn er – wie gerüchteweise verlautete – Sunderland zwingen wollte, aus dem Ministerium auszuscheiden, dann würde er nach Schulenburgs fester Überzeugung verlieren: Der König ließ sich keine Vorschriften machen. Schulenburg scheint Townshend nicht gut gekannt zu haben, aber er traf Walpole in dieser Zeit (bei einem von General Hammerstein gegebenen Diner) und verfolgte aufmerksam die Vorgänge im Parlament. Er bewunderte sehr, wie Robert Walpole mit dem Unterhaus zurechtkam, aber er wußte genau, daß der Name der Firma »Townshend und Walpole« lautete: Wenn Townshend ging oder entlassen wurde, würde Walpole zurücktreten.

In dieser heiklen Phase in der letzten März- und in der ersten Aprilwoche (NS) komplizierte sich die Lage noch dadurch, daß der Prince of Wales, unabhängig von seinem Vater und teilweise in offener Opposition gegen ihn, in die Politik eingriff. Vor der Abreise seines Vaters nach Hannover war er etwas aufsässig geworden. Er wußte von den Gesprächen, die zwischen Georg I. und seinen britischen Ministern stattgefunden hatten und bei denen es um die Regierungsführung während der Abwesenheit des Königs gegangen war, und fühlte sich gedemütigt, weil sein Vater ihn nicht mit der vollen Macht betraute. Es wäre freilich seltsam gewesen, wenn Georg dies getan hätte. Der König stellte sich ein Arrangement vor, das auch für Hannover galt, wenn er in England war: Unwichtige Angelegenheiten sollten in London geregelt werden, in allen anderen Fragen war er zu konsultieren. Der Prince of Wales sollte den Vorsitz bei Sitzungen des Kabinetts führen, wichtige Ernennungen standen ihm jedoch nicht zu, und er konnte auch niemanden in den höheren Adelsstand erheben. Die vermeintliche Abneigung des Königs gegen seinen Sohn, die meistens in diese Regelung hineininterpretiert wird, hält einer Überprüfung nicht stand: Georgs Brief mit den Weisungen an den Prince of Wales ist herzlich im Ton und vernünftig in der Sache. Er gebrauchte das Wort »*Regent*« (der offizielle Titel des Prince of Wales war das uralte »guardian and lieutenant of the realm«, »Hüter und Statthalter des Königreiches«); *jede erdenkliche Berücksichtigung* seiner Empfehlungen für Ämter und Posten und seines Rats im allgemeinen wird ihm versprochen; es wird ihm versichert, daß der König *vollständig überzeugt* ist, daß er *ohne das geringste Risiko* seinem Sohn die *volle und ganze Ausübung* der Machtbefugnisse, die der König sich vorbehält, anvertrauen könnte, daß es aber um der Präzedenz willen nötig ist, ein Beispiel zu setzen, damit nicht *unserer Nachkommenschaft große Unannehmlichkeiten* erwachsen*. Der König war sich der Notwendigkeit,

---

* Die Hervorhebungen sind Zitate aus dem französisch geschriebenen Brief des Königs an seinen »liebsten Sohn«, der vom 5. Juli (AS) 1716 datiert und in St. James's abgefaßt wurde.

Georg August auf sein künftiges Amt vorzubereiten, durchaus bewußt: Er konnte von Gesprächen mit Townshend und Walpole und von der Leitung von Sitzungen des Kabinetts nur profitieren. Georg August erhielt das Recht der Ernennung von Armeeoffizieren bis zu einem gewissen Dienstgrad. Er war befugt, sämtliche Offiziere und Kommandanten von Städten, befestigten Plätzen und Festungen in Großbritannien, Irland und in den Kolonien bei Beschwerden über ihre Führung zu suspendieren. Er konnte in allen Fällen Begnadigungen aussprechen, nur bei Hochverrat nicht, aber er hatte bei Hochverrat immerhin das Recht, Strafaufschub zu gewähren. Er durfte auch Bezahlungen für den Geheimdienst anordnen, Geldspenden austeilen und, falls es für nötig erachtet wurde, die Sitzungsperiode des Parlaments eröffnen, obwohl es ihm verwehrt war, ohne Billigung und ausdrückliche Zustimmung des Königs Gesetze zu unterzeichnen. Alles in allem eine vernünftige Regelung, die an Georgs Einführung in die Staatsgeschäfte erinnert, als er etwa im selben Alter war wie sein Sohn.

In einer Hinsicht hatte der Prince of Wales jedoch Anlaß zum Groll: Kurz vor seiner Abreise nach Hannover erzwang Georg die Entlassung Argylls als Oberkammerherr seines Sohnes. Argyll hatte sich mit seiner Verzögerungspolitik beim Feldzug in Schottland die Gunst des Ministeriums verscherzt. So war es natürlich, daß Cadogan und nicht Argyll zum Oberbefehlshaber (allerdings ohne den entsprechenden Titel) gemacht wurde, als Marlboroughs erster Schlaganfall im November 1716 sich als so schlimm erwies, daß er seine Pflichten nicht mehr versehen konnte. Argyll nahm sein Übergangenwerden so übel, daß Georgs I. Minister beunruhigt waren. Es wäre ihnen ohnehin lieber gewesen, wenn der König im Sommer und Herbst des Jahres 1716 in England geblieben wäre, und sie hatten ihn auch lange und eindringlich gebeten, er möge seinen Besuch in Hannover »vorläufig« verschieben. Doch sie hatten sich die Möglichkeit, ihn zum Bleiben zu zwingen, selber verbaut. Die Klausel in der Thronfolgeakte, die den Herrscher von der Erlaubnis des Parlaments abhängig machte, wenn er sein Königreich verlassen wollte, war in der emotionsgeladenen Atmosphäre des jakobitischen Aufstands außer Kraft gesetzt worden, weil man Georg gefällig sein und ihm die Dankbarkeit der Nation für seinen Anteil am raschen Sieg über die Jakobiten demonstrieren wollte. Wenn Argyll nicht entlassen würde – so argumentierten Townshend und Walpole – , werde er womöglich mit Rückendeckung vom Prince of Wales gegen sie intrigieren, sobald der König in seinem Kurfürstentum sei. Darum mußte Georg die Verantwortung für Argylls Entlassung übernehmen. Um den Protest seines Sohnes gegen den Verlust eines Dieners, den er sehr schätzte, zum Schweigen zu bringen, nahm der König – über Bernstorff – Zuflucht zu Drohungen: Dem Prince of Wales wurde mitgeteilt, daß die Entlassung nicht rückgängig gemacht werden könne; wenn er sich nicht füge, werde der König Ernst August nach England holen und als »Hüter des Königreiches« fungieren lassen. Diese Drohung wirkte. Georg August erklärte, er sei »entschlossen, alles zu opfern, um dem König zu gefallen und sich gut mit ihm zu stellen.«

Oberflächlich betrachtet, ging während Georgs Abwesenheit alles besser, als es Townshend und Walpole erwartet hatten. Sie erfuhren eine »höfliche Aufnahme« von seiten des Prince of Wales, der sich sehr interessiert daran zeigte, mit ihnen über die Staatsgeschäfte zu sprechen. Sie wiederum bemühten sich, höflich zu Argyll und dessen Bruder Islay zu sein. Argyll blieb trotz seiner Entlassung den ganzen Sommer in Hampton Court. Doch Sunderlands Verdacht, daß die vier einen Pakt geschlossen hätten, war ungerechtfertigt*. Townshend und Walpole blieben vielmehr wachsam und berichteten nach Hannover von Zeichen, die auf den Plan hindeuteten (hinter dem sie Argyll vermuteten), daß der Prince of Wales »im Parlament Eigeninteressen, unabhängig von denen des Königs, verfolgen« wolle. Sie hofften jedoch, daß es ihnen möglich wäre, »den Prince of Wales zu anderen und besseren Maßnahmen zu bewegen«.

Als Georg zurückkehrte, war es dann leider zu spät. Der Prince of Wales und seine Frau gingen ihren Weg, und nichts konnte sie dazu bringen, auch nur einen Fingerbreit davon abzuweichen. Bis Dezember 1717 wurde der Bruch innerhalb der königlichen Familie aufgeschoben, weil Georg I. sich mit all seinen Kräften bemühte, dem jungen Paar klarzumachen, wie bedenklich sich Uneinigkeit auf die Öffentlichkeit auswirken würde. Er versuchte es mit Bitten und Beschwichtigungen, versuchte Zeit zu gewinnen und vermied Drohungen. Für Georg standen wichtige politische Fragen auf dem Spiel. Im Herbst 1714 hatte er dem Geheimen Staatsrat und einer großen Deputation freikirchlicher Geistlicher versprochen, zwei Gesetze aus der Regierungszeit Königin Annas aufzuheben: Ein Tory-Gesetz, die Konformitäts-Akte von 1711, die Dissenter dazu zwang, öfter als einmal im Jahr das Abendmahl nach dem Ritus der englischen Staatskirche zu nehmen, wenn sie ihr Amt oder ihre Offizierssstelle bei der Armee oder bei der Flotte behalten wollten; und die Schisma-Akte von 1714, die sie theoretisch, wenn auch nicht praktisch, in ihrer Freiheit beschnitt, an Schulen sowie an von der Staatskirche abweichenden Hochschulen zu lehren. Da die »Fünfzehn« die Energien der Regierung restlos in Anspruch genommen hatten, waren Entscheidungen über diese beiden Gesetze bis zur Rückkehr des Königs aus

---

* Sunderland soll viel Wesens von diesem angeblichen Pakt gemacht haben, als er im September 1716 in Hannover eintraf. Doch selbst wenn dem so gewesen wäre, bin ich überzeugt davon, daß dies auf Georg keinen großen Eindruck machte. Sicher ist hingegen, daß Sunderlands Verdacht – den er in einem Brief an Townshend vom 11. November 1716 durchblicken ließ – das Verhältnis zwischen ihm und dem Staatssekretär für den Norden trübte.

Hannover verschoben worden. Es wurde jedoch bald bekannt, daß der Prince of Wales sich den Bischöfen anschließen würde, die die Einschränkungen für die Dissenter nicht aufheben wollten, um sich, so nahm man an, mit den Anglikanern gutzustellen. Der Prince of Wales versuchte erneut zu demonstrieren, daß er britischer empfand als sein Vater, als im Januar 1717 der schwedische Gesandte Gyllenborg festgenommen wurde, seine Papiere beschlagnahmt und Auszüge aus seiner Korrespondenz publiziert wurden, um seine Kontakte zu den Jakobiten aufzuzeigen – und die Kontakte von Georg Heinrich Freiherr von Görtz (einem Verwandten von Georgs hannoveranischem Minister Friedrich Wilhelm von Görtz), der Karl XII. in finanziellen und diplomatischen Angelegenheiten beriet. Georg hoffte durchaus, Kapital aus dem »Gyllenborg-Komplott« schlagen zu können: Das Parlament sollte um eine hohe Geldforderung und um ein völliges Verbot des britischen Handels mit Schweden ersucht werden. Georg August dagegen, von dem Wunsch beseelt, »sich beim Volke beliebt zu machen«, ließ verlauten, er »halte wenig von Bremen und Verden«.

Zunächst opponierte der Prince of Wales heimlich gegen seinen Vater. Er absentierte sich von den Sitzungen des Parlaments und ermutigte gleichzeitig seine Anhänger in beiden Kammern zur Opposition. Seine Abwesenheit wurde jedoch allgemein als Zeichen der Entzweiung zwischen Vater und Sohn interpretiert. Am nachteiligsten war es, daß er den Sitzungen des Kabinetts fernblieb, denn das führte zu Zwistigkeiten innerhalb der Kerngruppe der Regierung. Es war bekannt, daß die Princess of Wales Townshend nicht mochte, und das war vermutlich auch der Grund dafür, daß Georg I. Ende Februar 1717 Stanhope als Emissär zu ihr schickte. Stanhope bat sie im Namen des Königs, ihren Einfluß auf Georg August dahingehend geltend zu machen, daß er wieder zu den Sitzungen und ins Parlament zurückkehrte. Im Laufe des Gesprächs geriet Stanhope in Wut. Er erinnerte die Princess of Wales daran, daß ihr Mann ein Untertan Georgs I. sei – »ebenso wie ich«. Und er meinte, daß er – obwohl er zu denen gehört hatte, die sich dafür verwendet hatten, dem Prince of Wales auf direktem Wege 100 000 Pfund im Jahr zukommen zu lassen – nicht zögern würde, auf ein Gesetz hinzuarbeiten, das dieses Einkommen von der Gnade des Königs abhängig machte. Die Princess of Wales blieb gelassen und hänselte Stanhope auch noch: Ob er vielleicht den großen Diamanten seines Schwiegervaters* als Dreingabe hinzufügen würde, um dem Prince of Wales das neue Gesetz schmackhaft zu machen?

Stanhopes aufbrausendes Temperament trat auch bei den entscheidenden Parlamentsdebatten am 8. und 9. April 1717 klar zutage: Das

---

* Thomas Pitt, bekannt als »Diamanten-Pitt«, hatte aus Ostindien einen fabelhaften Diamanten mitgebracht, der schließlich seinen Weg in die Sammlung des Regenten von Frankreich fand.

Parlament war ersucht, Gelder zu bewilligen, damit Georg I. gemeinsam mit anderen Fürsten und Staaten Maßnahmen zur Verhinderung künftiger schwedischer Anschläge auf Britannien treffen konnte. Townshend arbeitete jetzt im Oberhaus unverhohlen gegen den König; Walpole stimmte zwar für den Hof, machte aber im Unterhaus nicht seinen ganzen Einfluß geltend. Man weiß nicht genau, ob die beiden Schwager das taten, weil Townshend beschlossen hatte, Georg I. zu zeigen, welche Macht sie ausüben konnten; es ist jedoch wahrscheinlich. Ihr Verhalten kostete den König viel Nerven, zumal die Anhänger des Prince of Wales im Oberhaus und im Unterhaus den Hof nicht unterstützten. Am ersten Tag der Debatte ließ sich Stanhope im Eifer des Gefechts zu Wendungen hinreißen, die die Abgeordneten des Unterhauses als Drohung empfanden. Er entschuldigte sich, bekam aber von den Abgeordneten aus den Grafschaften – die in Schulenburgs Briefen als *Gentilhommes Campagnards* bezeichnet werden – gesagt, daß sein Versuch, sie zur Bewilligung von Geldern zu zwingen, sinnlos sei: Wenn er sich solcher Methoden bediene, zeige er damit, daß er gar kein Parlament brauche, und dann könnten sie ebenso gut zu Hause bleiben. Während der Debatte wurden Georgs hannoveranische Minister der Arglist bezichtigt, weil sie den Krieg gegen Schweden, um sich Bremen und Verden zu erhalten, die für Britannien ohne jede Bedeutung seien, mit britischem Geld finanzieren würden. Der Hof war froh, als Stanhope am 8. April eine Mehrheit von fünfzehn Stimmen zusammenbekam – einschließlich der Robert Walpoles –, aber man war sich im klaren darüber, daß Walpole seinen Anhängern heimlich zugeredet hatte, der Krone die Stirn zu bieten, und daß der Prince of Wales ein gleiches getan hatte. Die Tories, berichtete Schulenburg, frohlockten wie über eine siegreiche Schlacht, weil dreiundfünfzig Whigs mit ihnen gegen den Hof gestimmt hätten. Georg schickte Bernstorff sofort zu seinem Sohn, um ihm sein Befremden über das Verhalten seiner *Gens* mitteilen zu lassen. Georg August machte Ausflüchte. Er sagte Bernstorff, er habe Anweisung gegeben, daß sein Haushalt und seine Gefolgschaft entweder für den Hof stimmen oder das Ober- beziehungsweise Unterhaus für die Dauer der Abstimmung verlassen sollten. Deshalb hätte er auch nicht »gegen den König gehandelt«.

Streit in der königlichen Familie

Am Tag darauf, dem 9. April, verschlechterte sich die Lage. Die Anhänger des Prince of Wales enthielten sich geschlossen der Stimme. Townshend und Walpole gaben sich offenbar keine Mühe, denn obwohl Walpole für Georgs I. Regierung stimmte, schmolz die Mehrheit der »Königspartei« an einem einzigen Tag von fünfzehn auf vier Stimmen zusammen. Dies ist oft Stanhope zur Last gelegt worden, doch eine Indiskretion von ihm hatte, wenn auch vielfach publiziert, eher im Ausland Auswirkungen als im Inland. Er versuchte darzustellen, wie sehr man Georgs Freundschaft in Europa zu schätzen wisse, und hob in seiner Rede hervor, der Regent von Frankreich habe sich sogar »seinem Kronrat und der [französischen] Nation« widersetzt, um ein Bündnis mit Großbritannien zu schließen – eine Bemerkung, die wohl kaum nach dem Geschmack von Philipp von Orléans war, weil sie seinen Gegnern die Chance gab, ihn und seinen Ratgeber Dubois zu kritisieren. Doch die innenpolitische Lage war besorgniserregend, zumal Bernstorff mit seinem Besuch beim Prince of Wales nicht das angestrebte Ziel erreicht hatte. »Voilà une rupture ouverte entre Père et le Fils, et une grande division parmy les Whigs du Parlement«, kommentierte Schulenburg. Townshend würde gehen müssen, kein Zweifel. Daß er gegen die Vorlage zum Militärstrafgesetz gestimmt hatte – die Grundlage für die dem König alljährlich erteilte Genehmigung, ein stehendes Heer zu unterhalten –, war unverzeihlich. Doch Schulenburg hoffte immer noch, daß Walpole bleiben würde und daß Georg, dem sehr an einer Amnestie für die am Aufstand beteiligten Jakobiten gelegen war, mit diesem Vorhaben durchdringen, die Sitzungsperiode heil überstehen und dann »bis zum nächsten Winter abwarten« würde. Schulenburg schrieb an seinem langen Bericht an Görtz über die Ereignisse der letzten beiden Tage, als er erfuhr, daß Townshend noch am selben Abend als Vizekönig entlassen werden sollte. Bevor er seinen Brief abschloß, teilte man ihm dann mit, am Tag darauf werde Walpole zurücktreten: »Voilà ce Parlement perdu pour le Roy.«

Das war zwar allzu schwarz gesehen, aber die Monate, bis das Parlament sich am 15. Juli vertagte, erwiesen sich als schwierig und unerfreulich. Der König tat sein Bestes, um Townshend und Walpole nicht unnötig gegen sich aufzubringen. Er dankte Townshend schriftlich und mündlich für seine Dienste. Und er teilte Walpole bei einer Unterredung in seinem Arbeitszimmer mit, daß er ihn gern im Amt behalten würde, solange er ihm gut diente. Walpole entgegnete, wie erwartet, er könne nicht mit *ceux qui etoient en place* arbeiten, und erklärte seinen Rücktritt. Ihren Rücktritt erklärten außerdem Orford von der Admiralität; Methuen, Stanhopes Nachfolger als Staatssekretär für den Süden; Pulte-

221

ney, Kriegssekretär seit Georgs Thronbesteigung; und – als er nach London zurückkehrte – der Oberhofmeister, der Herzog von Devonshire, der nun nomineller Führer einer Gruppe wurde, die spätere Historiker als nicht regierungskonforme oder Walpole-Whigs bezeichnet haben. Die Mitglieder dieser Gruppe taten sich oft mit den Tories gegen die Regierung zusammen; doch die gefährlichste Unterstützung der Rebellen bestand in der Sicht des Hofes darin, daß diese Gruppe mit dem Prince of Wales zusammenarbeitete. Die Namen der oben erwähnten Mitglieder (Pulteney ausgenommen) finden sich in der rechten Spalte einer Liste, die Schulenburg zu Görtz' Orientierung aufstellte. Diese Spalte ist mit *Le Prince* überschrieben. In der linken, mit *Le Roi* betitelten, sind die Herzöge Kingston (der 1718 Lordsiegelbewahrer wurde), Kent (Oberhofmeister von 1717 bis 1719) und Roxburghe (seit Dezember 1716 Staatssekretär für Schottland) aufgeführt, außerdem Sunderland, der als Staatssekretär für den Norden nominiert war und gleichzeitig Präsident des Geheimen Staatsrats blieb, Marlborough und Stanhope, der jetzt Erster Schatzlord und Schatzkanzler war. Jeder aus dieser Gruppe, Stanhope ausgenommen, hatte einen gewissen Einfluß auf die Abstimmungen im Unterhaus, und es ist bezeichnend, daß der Herzog von Newcastle, Boltons Nachfolger als Haushofmeister, weitgehende Befugnisse hatte, Ämter zu besetzen, und das geschickt zu benutzen verstand. Trotzdem hatte die »Königspartei« im Unterhaus keinen großen Anhang. Und dem Ministerium mangelte es an tüchtigen Männern. Der wichtige Posten des Staatssekretärs für den Süden wurde mit Joseph Addison besetzt, einem begabten Schriftsteller, der jedoch keine Erfahrungen in hohen Ämtern hatte.

Um Konflikte zu vermeiden, akzeptierte die Regierung Streichungen bei der Armee und erklärte sich einverstanden, daß die Abstimmung über die Gesetzesvorlagen, die den Dissentern soziale Gerechtigkeit bringen, den Katholiken und Juden eine gewisse Tolerierung bescheren und eine Reform der Universitäten bewirken sollten, aufgeschoben wurde, bis die Zeiten weniger schwierig waren. Trotzdem mußte sich Georg harte Worte anhören, die ihm aus dem Unterhaus zugetragen wurden. Heneage Finch, ein Abgeordneter aus Surrey, hatte geschrieen, es sei eine Schande, daß Britannien von »einem mecklenburgischen Landjunker« regiert werde; Pulteney – der sich später bei Georg dafür entschuldigte, daß er sich im Eifer des Gefechts hatte hinreißen lassen – tat den Ausspruch, dieser König werde Britannien nie lieben. Walpole wollte, wie uns ein Biograph J. H. Plumb gezeigt hat, sowohl seinen konstruktiven als auch seinen destruktiven Einfluß demonstrieren und ließ nur die Gesetzesvorlagen durchgehen, die er für wichtig hielt. Der Amnestieerlaß wurde verabschiedet; die Konsolidierung der Staatsverschuldung und die Schaffung des Tilgungsfonds, die Walpole im Sommer 1717 selbst geplant hatte, wurden gebilligt, als Stanhope den entsprechenden Antrag einbrachte; das Ausgabenbudget wurde zur großen Erleichterung des Hofes bewilligt – man hatte befürchtet, Walpole werde es Georg unmöglich machen, seine außenpolitischen Ziele zu verwirklichen. Doch ansonsten war Walpole aus schierem Oppositionsgeist selbst gegen die Maßnahmen, hinter denen er voll und ganz gestanden hatte, als er noch im Amt gewesen war: Die *Septennial Bill** wurde kritisiert, der Prozeß gegen Oxford – auf den Walpole so erpicht gewesen war wie niemand sonst – wurde ausgesetzt. Bald hagelte es erbitterte Anklagen gegen diejenigen, die in Amt und Würden waren. Man bezichtigte sie der Veruntreuung von Geldern, der Korruption und alles Möglichen und Unmöglichen. Vorgebracht wurde dies sehr geschickt von Männern mit Insider-Kenntnissen. Auch der König wurde nicht verschont. Pulteney deutete an, er könne etliche Beispiele dafür anführen, daß deutsche Ziele vorrangig behandelt und deutsche Minister angehört würden, wo eigentlich britische das Wort führen sollten. Stanhope hatte während dieser Sitzungsperiode die Hauptlast zu tragen und fand es unerträglich. Er wußte selbst, daß er mit dem Unterhaus nicht gut zurechtkam und sagte dem König (wie wir jetzt aus Schulenburgs Briefen wissen), bevor sich das Parlament vertagte, er müsse entweder ins Oberhaus überwechseln dürfen oder zurücktreten. Georg und Sunderland bemühten sich nach Kräften, ihn noch für eine Sitzungsperiode zum Aushalten zu bewegen, doch als er aus gesundheitlichen Gründen um *cette Grace* bat, gab der König nach und erhob ihn zum Viscount Mahon und später zum Earl Stanhope.

Und damit stellte sich die Frage, wer sich in der nächsten Sitzungsperiode um das Unterhaus kümmern würde. Hugh Boscawen, der Revisor des königlichen Haushalts, mit dem Georg gut auskam – er hatte 1716 beim Besuch des Königs in Hannover zu dessen Gefolge gehört –, konnte eine langjährige Erfahrung als Parlamentsabgeordneter aufweisen. An ihn trat man heran und bot ihm ein Jahresgeld von 4000 Pfund dafür an, daß er die Regierung im Unterhaus vertrat. Doch er lehnte mit der Begründung ab, daß mit dem Angebot kein Ministerposten verbunden sei, der ihm den nötigen Einfluß und die nötige Bedeutung verliehe, um gegen Walpole kämpfen zu können. Vertraulich teilte er Schulenburg mit, die Lage im Unterhaus sei schlimmer, als es die Minister den König hätten wissen lassen: Er hatte offensichtlich keine Lust zu der Aufgabe, die er nach Georgs Willen übernehmen sollte.

Unter diesen Umständen sahen sich König und Ministerium gezwungen, wenigstens mit einigen ihrer Gegner zu einer Einigung zu gelangen. Als das fehlschlug, beschlossen sie, ihren Gegnern, so gut es ging, das

---

* Sie hatte die Verlängerung der bisher dreijährigen Parlamentsperiode auf sieben Jahre zum Ziel.

Wasser abzugraben. Man nahm Verbindung mit Bolingbroke in Frankreich auf, um etwaigen Versuchen Walpoles zuvorzukommen, diesen brillanten Tory für seine Gruppe zu gewinnen. Emsig widmete man sich den Politikern und Höflingen, die sich bis jetzt noch nicht festgelegt hatten. Am besten wäre es natürlich gewesen, den Prince of Wales wieder auf die Seite des Königs zu ziehen. Ende März hatte Stanhope mit der Princess of Wales Tee getrunken in der Hoffnung, sie als Vermittlerin gewinnen zu können. Und ab April fanden regelrechte Verhandlungen statt, die über Bernstorff und Bothmer geführt wurden: Gegebenenfalls riefen Georg August und Caroline sie zu sich, dann wieder schickte Georg sie zu dem jungen Paar. Das Problem war, daß Georg sehr wenig anzubieten hatte. Als der Prince of Wales sich über die »empörenden Dinge« beschwerte, die Sunderland über ihn gesagt hatte, erbot sich der Staatssekretär, ihm einen unterwürfigen Brief zu schreiben – mit einer Entschuldigung für den Fall, daß er Georg August beleidigt hatte. Aber als *un honnête homme*, so Sunderland, könne er sich nicht der Lüge zeihen, wo er wisse, daß er einer solchen nicht schuldig sei. Georg bestärkte ihn in seiner Meinung. Umgekehrt betrachtete Georg August jedes Ansinnen, daß er auf »einige seiner Freunde« verzichten sollte, als Kapitulation vor dem König, die er kurzerhand ablehnte. Melusine sah sich außerstande, auf irgendeine Weise zu helfen. Die Princess of Wales war wie immer huldvoll und freundlich zu ihr, weigerte sich aber, ihren Mann im Sinne Georgs zu beeinflussen. Und Georg August hielt sich zu dieser Zeit von der Schulenburgin fern, obwohl er anscheinend auf recht gutem Fuß mit ihr stand und ihr auch nach dem Tod seines Vaters »jeglichen Respekt« erwies.

Da er keine rasche Verständigung mit dem Prince of Wales erreichen konnte, mußte Georg auf seinen Plan verzichten, den Sommer und den Herbst in Hannover zu verbringen. Abgesehen von der persönlichen Enttäuschung des Königs, bedeutete dies, daß gesamteuropäische Verhandlungen – insbesondere die im Zusammenhang mit dem Nordischen Krieg – , die man auf dem Kontinent leichter hätte durchführen können, über Emissäre abgewickelt werden mußten, die sowohl offiziell wie geheim nach Britannien kamen. Und nun entschied man sich, den Sommeraufenthalt des Königs in Hampton Court so prächtig zu gestalten wie noch nie. So konnte er demonstrieren, daß er hinter seinem Ministerium stand, und zeigen, daß er entschlossen war zu regieren. Er hoffte überdies, Zauderer zur »Königspartei« bekehren zu können. In den mehr als drei Monaten in Hampton Court war regelmäßig einmal pro Woche »Kabinett-Tag«, am Donnerstag, und dieser war, wie der Sonntag, ein »öffentlicher Tag«, an dem der König Gäste zu Tisch bat, denen er schmeicheln und die er beeinflussen wollte – meistens zwölf bis zwanzig, manchmal auch dreißig, vierzig und sogar fünfzig Personen. Der

König war mit seiner Zeit ebenso freigiebig wie mit seinem Geld. Obwohl er mit Verhandlungen befaßt war, die er teilweise allein durchführte (und nicht einmal Bernstorffs Hilfe in Anspruch nahm), speiste er jeden Tag mit seinen britischen Kammerherren, ging mit ihnen und mit den Gästen in den Gärten spazieren, veranstaltete Morgenempfänge und spezielle »Damentage«, mischte sich bei den Abendempfängen unter seine Gäste und plauderte zwanglos mit ihnen. Kurz, er trat – zum Entzücken seiner Untertanen – königlich auf. Es gab musikalische Darbietungen und Theatervorstellungen; man spielte Billard und Karten. Die Festlichkeiten am 2. August, dem Jahrestag seines Regierungsantritts, bildeten den Höhepunkt der Lustbarkeiten. Nach dem Gottesdienst fand im Bildersaal mit den Kartons von Raffael ein Empfang mit ungeheurem Andrang statt, und am Abend führte der König die Princess of Wales zum Pavillon am Ende der Terrasse, wo getanzt wurde und wo die Kartenspieltische standen. An den normalen Tagen konnte Georg wie gewohnt arbeiten und gemeinsam mit Melusine und seinen hannoveranischen Höflingen das Nachtmahl einnehmen. Alexander Pope beobachtete den König einmal im Garten von Hampton Court, nur von seinem stellvertretenden Großkämmerer begleitet – und die einzige Musik war der abendliche Gesang der Vögel.

Die Whig-Gruppe um Devonshire blieb Hampton Court fern. Man hatte bei Hofe sehr befürchtet, daß der Prince und die Princess of Wales ein gleiches tun würden, und war dementsprechend erleichtert, als sie doch eintrafen.

Caroline leistete dem König häufiger Gesellschaft als Georg August. Sie ging mit Georg im Garten spazieren, während der Prince of Wales seinen Vater eher mied. Georg August nahm auch nicht an der Jagd teil, die Georg Ende August veranstaltete, sondern ritt mit seinen eigenen Leuten aus. Man erkannte, daß er nicht mehr an eine Versöhnung dachte, weil seine Freunde ihm schmeichlerisch eingeredet hatten, seine Partei könne Georgs Ministerium stürzen, wenn das Parlament im November wieder zusammentrat. Zumindest glaubte man das in Hof- und Regierungskreisen; und Georgs britische Ratgeber empfahlen jetzt härtere Maßnahmen, da »la voye de douceur«, an die der König sich bisher gehalten hatte, nicht die erwünchten Ergebnisse zeitigte. Vor allem Sunderland war dafür, es mit Drohungen zu versuchen, und man erörterte die Idee, den Prince of Wales der königlichen Paläste zu verweisen. Doch der König wollte eine Konfrontation so lange wie möglich vermeiden. Die Princess of Wales erwartete im Spätherbst ein Kind, und die ganze königliche Familie hoffte nach der Enttäuschung über den totgeborenen Sohn im November 1716 auf einen Jungen. Man beobachtete jedoch, daß der König sich Georg August gegenüber auf eine Weise verhielt, die seine Ungehaltenheit erkennen ließ – eine Halbherzigkeit, die vielleicht erklärt, warum Georg II., als er König war, seinen Vater als schwachen Menschen bezeichnete.

Anfang September bangten Georgs hannoveranische Höflinge um den König; den britischen Ministern wurde das allerdings verheimlicht. Georg war den ganzen Sommer über sehr aktiv, geschäftig und munter gewesen. Er hatte eine Trinkkur mit auf Flaschen gezogenem Mineralwasser (aus Richmond) gemacht, weil er sich ja nicht in einem deutschen Kurort behandeln lassen konnte, und gescherzt, wenn die britischen Minister nur seinem Beispiel folgten, würden sie die gegenwärtige Krise optimistischer betrachten. Doch er litt, ohne sich andern anzuvertrauen, von Zeit zu Zeit an Hämorrhoiden (wie Georg II. im höheren Lebensalter), und Ende August traten Symptome auf, die auf eine Fistel im Analbereich hinzudeuten schienen. Auch Ludwig XIV. hatte eine solche Fistel gehabt und sich 1686 einer Operation unterzogen, an die man sich noch erinnerte und deren Gefahren man sich bewußt war. Georg war argwöhnisch gegen Ärzte. Und obwohl Schulenburg an Görtz von der *grand peur* der wenigen Eingeweihten schrieb, und von ihren Gebeten, daß Gott den König beschützen möge, war einiges an Vorarbeiten und Listen nötig, ehe sich die hannoveranischen Höflinge aufrafften und Mehemet beauftragten, eine ärztliche Untersuchung zu empfehlen. Bei der Untersuchung stellte sich dann glücklicherweise heraus, daß es keine Fistel war*; Georg nahm seine Aktivitäten wieder auf, verzichtete allerdings eine Weile aufs Jagen. Die ihm aufgezwungene Ruhezeit nutzte er zu Besuchen auf Landsitzen, die nicht allzu weit von Hampton Court entfernt lagen; er bewunderte zum Beispiel die herrliche Einrichtung von Lord Orkneys Haus in der Nähe von Windsor und dinierte bei Newcastle in Claremont. Im Oktober besuchte er – nach der Rückkehr der Princess of Wales nach London – die Rennen in Newmarket und war dort auch ein äußerst großzügiger Gastgeber. Er bemühte sich, leutselig gegenüber den vielen Politikern und Höflingen zu sein, die sich in Newmarket einfanden, übersah allerdings Townshend und Robert Walpole. Das gehörte zu seiner wohldurchdachten Strategie: Er wollte ihnen zu verstehen geben, daß er ihre Politik mißbilligte und daß sie zu seinen Lebzeiten nur dann wieder auf einen Ministerposten hoffen konnten, wenn sie sich ihm fügten.

Der Streit, der in der königlichen Familie ausbrach, nachdem dem Prince und der Princess of Wales am 20. Oktober ein – scheinbar – gesunder

---

* Der Befund war *un morceau de chair en emponge qui s'etoit formé en dehors autour des hemeroides et faisoit couler tant de matière;* sie wurde durch Purgieren beseitigt, wobei man feststellte, daß keine Fistel vorhanden war.

Sohn* geboren worden war, hatte also bis zu einem gewissen Grad schon in der Luft gelegen. Teilweise provozierten König und Ministerium ihn sogar, weil sie entschlossen waren, die Verbindung zwischen dem Prince of Wales und den wahren Führern der Opposition im Parlament, Townshend und Walpole, zu trennen. Es hieß bei Hofe, die beiden hätten prahlerisch behauptet, sie könnten den König daran hindern, nächstes Jahr eine Flotte in die Ostsee zu schicken. Daß die Opposition sich um den Thronerben scharte, war ganz natürlich. Aber wenn man nicht mehr duldete, daß dieser Erbe politische Maßnahmen koordinierte, die Georgs I. Interessen zuwiderliefen – wenn man ihn beispielsweise aus den königlichen Palästen wies und damit deutlich zeigte, daß er in Ungnade gefallen war –, würden sich dann Walpole und möglicherweise auch Townshend nicht vielleicht genötigt sehen, ihren Standpunkt noch einmal zu überdenken? Dem Ministerium war mehr daran gelegen als Georg, einen Vorwand zu finden, den Streit offenkundig werden zu lassen. Als es um den Namen seines Enkels ging, unterwarf sich Georg, ohne seine britischen Minister zu konsultieren, dem Wunsch seiner Schwiegertochter, daß das Kind Wilhelm und nicht Georg heißen sollte. Georgs britische Minister bestanden aber darauf, daß das Kind, da der König einer der Paten sei, Georg heißen müsse. Der König entschied sich für einen Kompromiß: das Kind sollte den Namen Georg Wilhelm tragen. Diese Entscheidung ließ er durch seinen Großkämmerer, den Herzog von Newcastle, übermitteln. Der Herzog war auch in die nächste Phase des Streits verwickelt, der darüber entbrannte, ob er einer der Paten des Kindes sein sollte. Der Prince und die Princess of Wales wollten den Großonkel des Kindes, den 1716 zum Herzog von York ernannten Ernst August, als Paten haben: Er war Junggeselle, würde möglicherweise Interesse an dem Knaben gewinnen und ihn vielleicht zu seinem Erben machen. Die britischen Minister betonten, es sei in England üblich, daß der Großkämmerer einer der Paten sei. Carolines Vorschlag, Newcastle solle bei der Taufe als Ernst Augusts Stellvertreter fungieren, fand keinen Anklang. Nun bat sie um eine Verschiebung der Taufe – vermutlich in der Hoffnung, einen Ausweg zu finden. Doch in Georgs Umgebung war nun niemand mehr bereit zu einer friedlichen Lösung. Die hannoveranischen Minister waren alle der Meinung, daß man nun durchgreifen müsse bei einem Prince of Wales, *qui ne garde plus aucune mesure de respect pour le Roy.* Und die hannoveranischen Höflinge, seit der Geschichte mit der Fistel um Georgs Gesundheit besorgt, drangen auf eine rasche Entscheidung sowie auf eine kurze Sitzungsperiode des Parlaments, damit der König im Frühling 1718 nach Hannover reisen und eine Kur machen konnte.

---

* Die Autopsie im Februar 1718 zeigte, daß er mit der Wucherung im Herzen, an der er starb (einem Polyp), bereits geboren worden war.

Deshalb ist es auch ziemlich klar, daß politische Erwägungen die dritte und letzte Ereignisphase auslösten und daß man sich den Zwischenfall mit Newcastle bei der Taufe absichtlich zunutze machte*. Schulenburgs Briefe vertiefen unser Wissen über diese dritte Phase. Nach der Taufe, die am Abend des 28. November stattfand, geleitete der Prince of Wales, gemäß der Etikette, seinen Vater aus dem Raum. Als er zurückkam, nahm er den Großkämmerer beiseite und warf ihm vor, sich in Sachen Taufe als *malhonnête homme* betragen zu haben. Er brauchte auch noch andere »Kraftausdrücke und Beleidigungen«, und es kann gut sein, daß in diesem Zusammenhang jenes »I'll find you« fiel, das als »I'll fight you« wiedergegeben wurde. Am nächsten Morgen schickte Georg I. eine Deputation an seinen Sohn, die in Erfahrung bringen sollte, ob er Newcastle verunglimpft und in seiner Ehre verletzt hatte und ob er sich mit dem Großkämmerer zu duellieren gedachte. Die Deputation bestand aus den Herzögen von Roxburghe, Kent und Kingston. Der Prinz gab zu, daß er die beanstandeten Worte gesprochen hatte, bestritt jedoch, daß er Newcastle zum Duell fordern wollte: Der Rangunterschied zwischen ihm und dem Herzog mache das undenkbar. Aus dem Bericht der Deputation in den Chevening-Manuskripten und aus einer weiteren Unterredung, die Cowper, Kingston und Kent im Namen des Königs mit dem Prince of Wales führten (und über die Schulenburg berichtet), geht deutlich hervor, daß Georg August erzürnt war, weil der König ihm nicht die Freiheit gelassen hatte, sich die Paten seines Sohnes selbst auszusuchen. Er hielt es für notwendig, den Herzog von Newcastle, der nur ein Untertan sei, daran zu erinnern, daß er es am schuldigen Respekt ihm gegenüber habe fehlen lassen; er habe sich einverstanden erklärt, gegen seinen, Georg Augusts, Willen Pate zu stehen, dabei hätte er dies durchaus mit irgendeiner Ausrede umgehen können. Der Prince of Wales gab seiner Hochachtung vor seinem Vater Ausdruck und war offensichtlich überrascht über die Eskalation der Streits. Als der König ihm am 2. Dezember sagte, er möge St. James's verlassen, wollte er nicht eher gehorchen, als bis Georg es ihm schriftlich befohlen hatte. Der König hatte erwartet, daß die Princess of Wales zumindest vorläufig bleiben würde, weil er Georg August befohlen hatte, die Kinder in königlicher Obhut zu belassen, und war unangenehm überrascht, als man ihm mitteilte, Caroline sei mit ihrem Gatten ausgezogen. Sie erhielt Zugang zu den drei Prinzessinnen und dem kleinen Prinzen, die alle der Obhut der Gräfin zu Schaumburg-Lippe anvertraut wurden. Doch der König nahm Anstoß daran, daß der Prince of Wales einmal seine Kinder besuchte, ohne ihn um Erlaubnis zu bitten oder bei ihm vorzusprechen. Für die Zukunft untersagte Georg ihm das, es sei denn, er gebe vorher in

---

* In den Standarddarstellungen wird die Krise darauf zurückgeführt, daß Newcastle gereizt reagierte, als er vom Prince of Wales verbal attackiert wurde.

der gebührenden Form Bescheid. Georg August versuchte, seine Kinder auf dem Rechtsweg zurückzubekommen, aber die Entscheidung erging gegen ihn: Die königlichen Enkel gehörten laut englischem Gesetz der Krone; daher werde er ihre Erziehung Georg I. überlassen müssen.

Der Prince und die Princess of Wales fanden vorübergehend Zuflucht in einem gemieteten Haus am Leicester Square. Später kauften sie dort Leicester House, das bis zu Georgs I. Tod ihr ständiger Wohnsitz war. Die Ausstoßung machte Caroline viel Kummer und schuf Probleme für die hannoveranischen und britischen Familien, die sich dem König und dem jungen Paar gegenüber loyal verhalten wollten. Georg hatte deutlich gemacht, daß er diejenigen, die am Hofe seines Sohnes verkehrten, nicht zu empfangen wünschte. Besonders hart traf das Carolines Hofdamen, Lady Cowper und Mrs. Clayton, die sich um der Karriere ihrer Männer willen offiziell an die Entscheidung des Königs halten mußten. Doch man bediente sich einiger Listen, um in Kontakt zu bleiben, schrieb sich beispielsweise Briefe, die von verläßlichen Personen überbracht wurden, oder traf sich auf Maskenbällen. Ganz London hatte Mitleid mit dem Prince und der Princess of Wales, besonders weil sie ihre Kinder in St. James's hatten zurücklassen müssen. Kaum jemand wußte, daß der König seiner Schwiegertochter heimlich Zugang zu ihnen gewährt hatte. William Cowper trat 1718 angeblich wegen der Affäre mit den Kindern vom Amt des Lordkanzlers zurück; doch nach den Papieren von Cowper und seiner Frau zu urteilen, waren es wohl eher Privatangelegenheiten und seine Abneigung gegen Georgs und Stanhopes Politik der religiösen Toleranz, die ihn zum Rücktritt bewogen. Georg, der Cowper sehr schätzte, versuchte in einem langen Gespräch im Arbeitszimmer, ihn umzustimmen. Als das nichts fruchtete, belohnte ihn der König für seine geleisteten Dienste mit der Ernennung zum Earl. Und Bernstorff, Bothmer, Stanhope, Sunderland und Cadagon gaben Cowper zu Ehren ein Diner, um zu zeigen, daß sie ihm nicht grollten.

Der Streit in der Familie nahm Georg sichtlich mit. Sein Gesundheitszustand gab jetzt zu ernstlicher Sorge Anlaß. Ihn belasteten nicht nur die Schande und der Kummer, die mit dem Streit einhergingen, sondern ihn betrübte auch die Trauer seiner Halbschwester um ihren Gatten, der im November 1717 gestorben war. Seine normalen Amtsgeschäfte und die wichtigen außenpolitischen Verhandlungen wurden ihm jedoch nicht zur Last, sie interessierten, ja fesselten ihn. Aber die »Ansuchen« - das Geschrei nach Ämtern – von seiten seiner Minister, Ansuchen im eigenen Namen oder für ihre Verwandten und Gefolgsleute, störten ihn zu dieser Zeit sehr. Er fühlte sich nicht körperlich krank oder ließ zumindest nie etwas von einem Symptom verlauten, das den Höflingen einen Hinweis darauf gegeben hätte, was mit ihm nicht stimmte; doch sie behaupteten, die »abondance des affaires fâcheuses« habe seine Gesundheit derart geschwächt, daß 1718 unbedingt ein Besuch in Hannover erforderlich sei – je früher, desto besser. Schulenburg kam der König »völlig verändert« vor, und es gibt aus dieser Zeit ein Porträt Georgs von Kneller, das ihn mit ergreifend leidendem und unglücklichem Gesichtsausdruck zeigt.

Politisch stärkte die Katharsis vom November/Dezember 1717 die »Königspartei«, und der König hatte dadurch das Ministerium fester in der Hand. Der Prince of Wales stimmte nicht, wie man allgemein erwartete, gegen das Militärstrafgesetz, sondern verließ das Oberhaus vor der Abstimmung. Das brachte ihm einen Sympathieverlust bei den Tories ein, die in Erwägung gezogen hatten, ihn nun, da Georgs I. Amnestie sie mit dem Haus Hannover versöhnt hatte, zu ihrem Führer zu machen. Nach Townshends und Walpoles Ausscheiden aus dem Ministerium hatten die Tories gehofft, Georg I. werde sich an sie wenden, doch als es dann bei einem reinen Whig-Ministerium unter Stanhope und Sunderland blieb, hatten sie ihre Hoffnungen auf den Prince of Wales gesetzt. Der Hof hingegen betrachtete die Zurückhaltung Georg Augusts als gutes Omen. Außerdem nahm man an, Townshend und Walpole seien durch die Auseinandersetzung zwischen Vater und Sohn *plus sage* geworden. Und darum plante man, zumindest einige der nicht-konformen Whigs und/oder der Anhänger des Prince of Wales wieder in die »Königspartei« zu holen. Man sondierte im Geheimen bei Walpole, Argyll, Devonshire und anderen. Ergebnisse erzielte man erst 1719 und 1720; aber das Ministerium hatte schon im Frühling 1718 den Eindruck, daß die Ausweisung aus St. James's die Position des Prince of Wales geschwächt hatte, weil sie ihn gezwungen hatte, Farbe zu bekennen. Und in diesem Punkt hatten die Minister recht. Georg Augusts Hof machte einen traurigen und trübseligen Eindruck und konnte in keiner Weise mit Georgs Hofhaltung konkurrieren – sei es in St. James's, Kensington oder Hampton Court. Erst nach der Versöhnung der Familie 1720 begann Leicester House zu glänzen und auch der König war froh, weniger Unkosten zu haben und der Belastung, ständig repräsentieren zu müssen, entronnen zu sein.

Im März/April 1718 fühlte sich Georg I. dann stark genug, um bei der Umbildung des Ministeriums seinen Willen durchzusetzen. Er wollte, daß Stanhope wieder Staatssekretär für den Norden und ein erfahrenerer Mann als Addison Staatssekretär für den Süden wurde. Es ließ sich leicht einrichten, daß James Craggs, seit 1717 Kriegssekretär, Addisons Amt übernahm. Stanhope gab das Schatzamt zwar mit Vergnügen ab, um sich wieder seinem eigentlichen Metier, der Außenpolitik, zu widmen; aber Sunderland wollte etwas dafür haben, daß er seinen Posten als Staatssekretär räumte. Er wollte unbedingt Oberkammerherr des Königs werden. Davon wollte Georg nichts wissen, und schließlich konnte Sunderland, wenn auch »avec bien de la peine«, dazu überredet werden, eines der Ämter zu übernehmen, die Stanhope abgab*, das des Ersten Schatzlords. Etwa zur selben Zeit munkelte man, Sunderland beabsichtige, eine Nichte der Schulenburgin zu heiraten, aber das zerschlug sich.

Sunderland, im Rang höher als Stanhope, war zwar ohne Zweifel der Anführer der Gruppe innerhalb des Kabinetts, die 1717 gegen Townshend und Walpole Front machte, aber es wäre falsch, sich der allgemeinen Meinung anzuschließen, er sei *der* Kopf des neuen Ministeriums gewesen. Er war zwar intelligent und geistreich, genoß aber bei Georg keine besondere Gunst. Und er hatte auch nicht den vollen Respekt des Königs, weil er, wie Bothmer es formulierte, »in der Außenpolitik nicht hervorragend« war. Rein innenpolitisch betrachtet, war Sunderland wichtiger als Stanhope. Er galt mehr im Parlament, hatte bei der Ämtervergabe (obwohl dies noch von Georgs Zustimmung abhängig war) mehr zu sagen und hatte auch die größeren politischen Ambitionen: Die *Peerage bill* zum Beispiel ist undenkbar ohne Sunderlands Bestreben, sich gegen die mögliche Rache des Prince of Wales abzusichern. Für den König jedoch war zweifellos Stanhope vom April 1717 (oder, was strittig ist, vom Oktober 1716) bis zu seinem Tod im Februar 1721 der wichtigste und einflußreichste Minister. Und in den Jahren des »Stanhope-Ministeriums« beeinflußte die Zusammenarbeit zwischen dem König und seinem Minister die politische Szene so stark, daß diese Zeit eine Wende in der britischen wie in der europäischen Geschichte bedeutet.

---

* Das andere, das des Schatzkanzlers, erhielt Aislabie, denn eines von diesen beiden Ämtern mußte mit einem Mitglied des Unterhauses besetzt werden.

Die Wende 1718–21

Zu Herzen genommene Lehren

Die drei Krisen von 1715–1718 hatten insgesamt positive, wenn auch manchmal unerwartete Auswirkungen auf Britannien und bewirkten letztlich jene Stabilität, die es Georg I. und Stanhope nach 1718 ermöglichte, eine so einflußreiche Rolle in der europäischen Politik zu spielen. Die jakobitische Rebellion zeigte, daß das Haus Hannover sich durchgesetzt hatte, auch wenn es nicht allgemein beliebt war. Man gab ihm den Vorzug vor der Unruhe und Anarchie, die mit Jakob Eduard Stuarts Anspruch auf den Thron verbunden war. Georgs I. Amnestie, die rückwirkend bis zu seinem Regierungsantritt galt und nur wenige ausnahm, trug dazu bei, die Tories mit dem Haus Hannover zu versöhnen. Sie ermöglichte eine Differenzierung zwischen den immer noch zahlreichen Tories und den relativ wenigen standhaften Jakobiten. Insgesamt hatten Georg und seine Ministerien Anlaß, den sechzehn schottischen Lords im Oberhaus und den fünfundvierzig schottischen Abgeordneten im Unterhaus dankbar zu sein. Und die Milde des Königs den schottischen Jakobiten gegenüber, die die Waffen ergriffen hatten, befriedete die Schotten – im Verein mit ihrer Desillusionierung über die Mittel Jakobs III. – drei Jahrzehnte lang. In einer Hinsicht war das Haus Hannover für die Vereinigung Schottlands mit England nützlich: Von einer beiden Ländern fremden Dynastie, auch wenn sie nicht beliebt war, konnte man eher eine faire und ausgeglichene Politik erwarten.

Die Nachwirkungen der jakobitischen Rebellion hatten eine wichtige Verfassungsänderung zur Folge, die Septenniums-Akte. Ihre Verabschiedung kam einem Ministerium gelegen, das kein Risiko für die 1718 fälligen Wahlen eingehen wollte: Man meinte, es gäre zu sehr im Land, als daß die Whigs eine Mehrheit erhalten könnten. Aber auch die Behauptung des Ministeriums, daß sich die dreijährigen Parlamentsperioden der Jahre nach 1694 als brisant und kostspielig erwiesen hatten, war richtig. Man erkannte sofort den Vorteil, die Wahlen mitsamt der zeitraubenden, aber unerläßlichen Klärung angefochtener Wahlergebnisse in längeren Abständen abzuhalten. Und heute sind sich Historiker, die über die Verfassung gearbeitet haben, darüber einig, daß die Septenniums-Akte zu größerer politischer Stabilität und zu einem stärkeren Einfluß des Unterhauses beitrug; denn dank der längeren Parlamentsperiode konnten die Abgeordneten des Unterhauses, die die Abgeordneten des Oberhauses an Zahl weit übertrafen, mehr Erfahrungen sammeln und mehr Selbstsicherheit entwickeln. Rückblickend hat man auch die Entscheidung Townshends und Walpoles, in die Opposition zu gehen, für einen Segen gehalten. Zwischen 1717 und 1720 – so sieht man es heute – trugen die nicht regierungskonformen Whigs dazu bei, das Konzept von der »loyalen Opposition Seiner Majestät« zu festigen. Die Tories waren dazu nicht imstande, denn ihnen haftete trotz der Amnestie der Makel des potentiellen Jakobitismus an. Dagegen konnte man die Walpole-Whigs nicht der grundsätzlichen Illoyalität dem Haus Hannover gegenüber verdächtigen. Georg I. betrachtete die nicht konformen Whigs natürlich in einem anderen Licht, obwohl er sich ihrer Bindung an das Haus Hannover bewußt war. Da die oppositonelle Haltung seines Sohnes politisch erst ins Gewicht gefallen war, als die Walpole-Whigs begonnen hatten, mit dem Prince of Wales zusammenzuarbeiten, hielt Georg sie für illoyal ihm und seinem Ministerium gegenüber. Der Prince of Wales hatte im Oberhaus und im Unterhaus zu wenig Anhänger, um die Politik der Regierung ernstlich beeinträchtigen zu können. Doch als erfahrene Politiker vom Schlage Townshends und Walpoles zu seiner Partei stießen, erwies sich der Thronerbe als Mittelpunkt, den die Opposition benötigte und gebrauchte, solange es für ihre Zwecke dienlich war.

Das war nichts Neues. Hier wurde keine Tradition begründet, sondern hier wurde eine Tradition wirksam, die immer dann zur Geltung kam, wenn es einen erwachsenen Thronerben gab, der im Lande wohnte. Die Gegner Wilhelms III. und seiner Politik hatten sich um Prinzessin Anna geschart. Und als Georg II. seinem Vater als König nachfolgte, war auch er mit dem heiklen Problem konfrontiert, daß sich die Opposition seines Sohnes Friedrich bediente und daß auch dieser Prince of Wales versuchte, sich die Opposition zunutze zu machen. Die alternative Regierung, die im modernen Konzept der loyalen Opposition Seiner Majestät enthalten ist, gab es jedoch zur Regierungszeit Georgs I. nicht. Robert Walpole opponierte gegen den König und dessen Ministerium, um seine Macht im Unterhaus zu demonstrieren und um Georg zu zwingen, ihn wieder in ein Amt einzusetzen und zum inneren Kabinett zuzulassen. Für den Fall, daß ihm das gelang, war er durchaus willens, den Prince of Wales zur – zumindest äußerlichen – Versöhnung mit seinem Vater zu drängen. Das tat er denn auch im April 1720, aber er trat nicht mit einer alternativen »Oppositionsregierung« an, sondern war damit zufrieden, daß er und ein paar andere sich mit Georgs zukünftigem Ministerium die Macht teilen würden. Walpole war sich über seinen Weg immer im klaren. Townshend und Georg I. dagegen nahmen sich zwischen 1717 und 1720 wichtige Lehren zu Herzen. Townshend war öffentlichen Ämtern gegenüber gleichgültiger als Walpole und weitaus stolzer als dieser*. Wir haben bereits gesehen, daß er 1717 der eigentliche Saboteur der Regierung war – fest entschlossen, nicht mit Sunderland zusammenzuarbeiten, dem er nicht mehr vertraute. Seine freimütige Verteidigung des britischen Standpunktes hinsichtlich der Politik im Ostseeraum ist sehr reizvoll. Man sollte jedoch nicht vergessen, daß er nicht wegen außenpolitischer Fragen zurücktreten mußte, sondern daß es für ihn um eine Machtprobe um die Zusammensetzung von Georgs Ministerium ging. Die Zeit in der Opposition lehrte ihn, daß er erstens lieber im Amt war, als er geglaubt hatte, und daß er zweitens Georgs Vorurteile und Prinzipien berücksichtigen mußte. Als er wieder dem Ministerium angehörte, erst als Präsident des Geheimen Staatsrates und dann (nach Stanhopes Tod) als Staatssekretär für den Norden, war er schlauer als zuvor, wenn auch immer noch weniger flexibel und weniger europäisch gesinnt als Stanhope.

Georg I. lernte von Townshend und Walpole und änderte dementsprechend seine Haltung. Townshends Definition eines spezifisch britischen Standpunkts trug dazu bei, daß der König die britischen Empfindlichkeiten besser verstand und mehr Rücksicht auf sie nahm. Und Walpole lehrte Georg mit der Demonstration seiner Macht im Unterhaus, daß er im Parlament nicht so sehr »Manager« (wie zur Regierungszeit von Wilhelm III. und Königin Anna) brauchte, als vielmehr einen »Vermittler« zwischen Krone und Unterhaus in Gestalt eines Ministers, der das Vertrauen des Unterhauses und das des Königs genoß.

Georgs Verhalten während der Krisen 1715–1718 sollte ausgewogener beurteilt werden, als dies üblicherweise der Fall ist. Von 1715 bis 1716 steuerte er einen klugen, gemäßigten Kurs und verschaffte sich nicht nur im Inland, sondern auch im Ausland eine stabilere Position: Nachdem er die Rebellion überstanden hatte, war er ein Verbündeter, den man in Europa zu schätzen wußte. Im Frühherbst 1716 geriet er in Hannover kurz in Panik, aber dann bemühte er sich in Zusammenarbeit mit Stanhope und seinen hannoveranischen Ratgebern sehr darum, Männern, die er mochte und respektierte, klarzumachen, daß sie nicht aus Stolz und persönlichem Gekränktsein zurücktreten sollten. Er gab einige Fehler durchaus zu und bewies Reife und Vernunft mit seiner Bereitschaft, sich bei Townshend für ungerechtfertigte Verdächtigungen zu entschuldigen. Als ihm nicht gelang, was er wollte, mußte er zu härteren Maßnahmen greifen, und als diese ihre Wirkung getan hatten, trat an

---

* Im Jahre 1730, als er mit Robert Walpole in Konflikt geriet, trat er zurück und bekleidete nie wieder ein öffentliches Amt.

ihre Stelle eine echte Zusammenarbeit, die für den Rest seines Lebens andauerte. Im Jahre 1720 mußten Townshend und Walpole zu den Bedingungen des Königs ins Ministerium kommen, doch nach der Aussöhnung (die Georg, entgegen den üblichen Darstellungen, mit Hilfe seiner britischen und seiner hannoveranischen Ratgeber zustandebrachte) vergaß der König die alten Differenzen und pflegte mit beiden eine außergewöhnlich harmonische Arbeitsbeziehung. Als der Streit mit seinem Sohn öffentlich wurde – hauptsächlich wegen der Verflechtung von politischen und Familienproblemen –, zeigte der König soviel Mäßigung und Wohlwollen, wie es die Situation erlaubte. Als die Princess of Wales sofort und unerwartet ihre Kinder verließ, um ihrem Mann zu folgen, erklärte Georg sich damit einverstanden, daß die Gräfin zu Schaumburg-Lippe (die der »Verwirrung« in der königlichen Familie ein Ende machen wollte) Caroline allabendlich in deren neuem Zuhause besuchte und ihr über ihre drei Töchter und ihren kleinen Sohn Bericht erstattete. Als der kleine Junge erkrankte, wurde er unter der Obhut der Gräfin in den Kensington-Palast geschickt, der sozusagen neutrales Gebiet war und wo beide Eltern ihn sehen konnten. Die Gräfin, die sich vier Wochen lang Tag und Nacht um das Kind kümmerte, vermerkt, daß der Prince und die Princess of Wales sehr unter der Krankheit und dem Tod ihres Sohnes litten und daß der König »herzlich betrübt« war. Lange vor der offiziellen Versöhnung durfte Caroline jeden Abend nach St. James's kommen und ihre Töchter besuchen. Georg, der sich sehr für seine Enkelinnen interessierte und große Freude an ihnen hatte, ließ sich in der Zeit diskreterweise nicht blicken.

Der König war gegen die rachsüchtigen Pläne von Männern wie Sunderland, der vorschlug, der Prince of Wales sollte zur Strafe dafür, daß er sich gegen seinen Vater empört hatte, von einem britischen Kriegsschiff nach einer der Kolonien in Übersee gebracht werden. Briefe mit dieser Empfehlung fanden Georg II. und Königin Caroline 1727, als sie den Nachlaß des verstorbenen Königs durchgingen. Im Jahre 1735 zeigte Caroline Lord Hervey zwei von den Briefen oder las ihm Auszüge vor[*]; jedenfalls haben wir dank seinen Memoiren Kenntnis davon. Man kann nur vermuten, warum Georg I. diese Briefe aufbewahrte. Vielleicht wollte er sich posthum seinem Sohn gegenüber rechtfertigen, dem einzigen Menschen, der das Recht hatte, nach dem Tod des Königs die Papiere im Arbeitszimmer durchzugehen. (Ich halte das aufgrund der Schwierigkeiten, die Georg 1720 hatte, als er zu einer echten Versöh-

---

[*] Die von ihm wiedergegebenen Auszüge lauten folgendermaßen: (1) »Es ist wahr, daß er [der Prince of Wales] Euer Sohn ist, aber es wurde ja auch Gottes Sohn zum Wohle der Menschen dahingegeben.« (2) »Er [der Prince of Wales] muß fortgeschafft werden, und mein Lord Berkeley wird ihn an Bord nehmen und ihn, ganz wie Eure Majestät es befiehlt, nach jedwedem Weltteil bringen, von wo man dann nie wieder von ihm hören wird.« Hervey ist ein oftmals unzuverlässiger Informant, aber in diesem Fall wird durch Schulenburg bestätigt, daß Sunderland für strenge Maßnahmen plädierte.

nung mit seinem Sohn gelangen wollte, für wahrscheinlich.) Nach 1720 verbesserte sich die Beziehung allmählich wieder. Die Freude des Hofes des jungen Paares über die wiedererlangte Einigkeit verfehlte nicht ihre Wirkung auf den Prince und die Princess of Wales. Der König freute sich mit ihnen, als ihnen 1721 wieder ein Sohn geboren wurde, den man auf den Namen Wilhelm taufte – an sich schon ein Zeichen der Versöhnung, wenn wir uns den Wirbel um die Namensgebung im Falle Georg Wilhelms erinnern. Die drei älteren Töchter blieben zwar in der Obhut des Königs in St. James's, aber der König nahm dem den Stachel, indem er seinem Sohn und seiner Schwiegertochter erlaubte, Wilhelm, Maria und Luisa (geboren 1723 und 1724) in Leicester House und Richmond Lodge aufzuziehen. Der Prince und die Princess of Wales wiederum waren bei der Taufe von Trudchens erstem Sohn zugegen und gestatteten es, daß er als zweiten Vornamen den Namen August führen durfte. Die schwere Krankheit der Herzogin von Kendal 1724 und der Prinzessin Amalie 1726 sowie Trudchens Tod* im selben Jahr trugen zur erneuten Festigung der Familienbande bei. Es gibt Beweise dafür, daß Georg 1725 und 1727 sehr bewegt war, als er sich vor der Abreise nach Hannover vom Prince und der Princess of Wales und deren Kindern verabschiedete.

Aber 1720 war es nicht so einfach gewesen. Die Auflehnung seines Sohnes hatte in Georg bittere Erinnerungen an den hannoveranischen Prinzenstreit wachgerufen, bei dem er machtloser Zuschauer gewesen war. Es ist seltsam, daß die Worte, die er an Georg August richtete – »C'est le Monde renversé quand le Fils veut prescrire au Père quel Pouvoir il doit luy donner« –, so sehr an die Worte gemahnen, die sein Vater 1685 in einem Brief an Friedrich August geschrieben hatte. Daß die Auffassungen über die Verantwortlichkeit des Herrschers für sein Haus ähnlich waren, mag eine hinreichende Erklärung sein. Es ist aber auch möglich, daß Georg den Brief seines Vaters im Entwurf oder in einer Abschrift gelesen oder das Original gesehen hatte, als Gustchens Habe nach Hannover zurückgeschickt wurde. Jedenfalls fügte Georg einen Satz hinzu, der sich auf in England gemachte Erfahrungen bezog: »Je voudrais scavoir quel Droit vous aviez de faire des Messages à la Chambre contre mon Intention**.« Georg scheint sich zur Zeit der Versöhnung nach einem Wort der Zuneigung gesehnt zu haben, das die Schwierigkeiten der Vergangenheit aus der Welt schaffte, die er – wie wir gesehen haben – so gering wie möglich zu halten versucht hatte. Doch obwohl Georg August sich insgeheim darüber freute, nicht mehr in Ungnade zu stehen, war er entschlossen, sich korrekt, aber distanziert zu verhalten,

---

* Sie hatte seit 1723 an Tuberkulose gelitten und war – ohne Erfolg – von dem berühmten Dr. Brunner behandelt worden.

** Ebenso bezeichnend ist Georg Augusts Bemerkung den Emissären seines Vaters gegenüber: Es sei das Recht »eines jeden Untertanen in England zu wählen, wer die Paten seiner Kinder sein sollen.«

als er am 23. April ins Arbeitszimmer kam, um sich seinem Vater zu unterwerfen. Wir wissen über dieses Gespräch unter vier Augen nur das, was der Prince of Wales seiner Frau erzählte. Es ist klar, daß der König bewegt war und nur gebrochen sprechen konnte. Die einzige Wendung, die Georg August verstand (oder verstehen wollte), war das anklagende und mehrfach wiederholte *Votre conduite, votre conduite*. Zu einem wirklichen Kontakt kam es nicht, und am nächsten Tag – dem Tag der offiziellen Aussöhnung zwischen dem König und den nicht regierungskonformen Whigs – beobachtete man, daß Georg und sein Sohn es vermieden, in der Öffentlichkeit miteinander zu reden. Georg gelangte zu der Überzeugung, daß sein Sohn sich nur widerwillig, nur auf Townshends und Walpoles Drängen hin, nach St. James's begeben habe, und das wurmte ihn. Er konnte es sich nicht versagen, seiner Tochter, der Königin von Preußen, zu schreiben, wieviel rühmlicher es gewesen wäre, wenn Georg August die Versöhnung aus freien Stücken angestrebt hätte.

Die Spur von Selbstgerechtigkeit in diesem Brief – es ist der einzige von seinen Briefen an Sophie Dorothea, in dem sich dieser Charakterzug findet – ist nicht atypisch für den Georg, der jahrelang Zeit gehabt hatte, über das nachzusinnen, was er für ein ihm zugefügtes Unrecht hielt, ein Unrecht, das ihn viel Energie gekostet hatte, die er anderswo hätte brauchen können. Wir begegnen ihr auch in der verdrießlichen privaten Bemerkung, die er 1720 über Townshend und Walpole machte. Als die beiden gemeinsam mit den anderen nicht konformen Whigs, die einmal dem Kabinett angehört hatten, dem König am 24. April ihre Aufwartung machten, begrüßte Georg sie in Erwiderung der Ansprache ihres nominellen Führers Devonshire mit einer kurzen, aber herzlichen Rede, in der er seiner Freude über die Wiederherstellung der Harmonie Ausdruck verlieh. Doch zu Mary Gräfin Cowper, die ihn zur Verbesserung der Lage beglückwünschte, sagte er murrend: »Warum sind sie gegangen? Es war ihre eigene Schuld.«

Europäische Friedenspläne

Die Jahre zwischen 1717 und 1720 waren für Georg eine Zeit der großen Anstrengungen und der großen Erfolge auf dem Gebiet der europäischen Politik, die den Herrschern und den Ministern der frühen Neuzeit am meisten am Herzen lag. Beeindruckend an dem, was erreicht wurde, ist der Weitblick des Friedensplans für den Süden und des Friedensplans für den Norden. Nur der erste wurde nach den Richtlinien, die Georg I. und seine Berater in Zusammenarbeit mit Philipp von Orléans und dessen wichtigstem Minister, Dubois, festgelegt hatten, vollständig verwirklicht. Obwohl der Friedensplan für den Norden nur teilweise realisiert werden konnte (was vor allem an der zeitweisen Handlungsunfähigkeit der britischen und der französischen Regierung während des Südsee- und des Mississippi-Schwindels lag), ist er von einer europäischen Perspektive geprägt, die rein deutschen Ambitionen erfolgreich entgegenwirkte. Auf der Grundlage der bisher verfügbaren Quellen war es schwierig, wenn nicht sogar unmöglich, Georgs Anteil an diesen großen Leistungen zu beurteilen. Englands Beitrag zu dem wichtigen Versuch, die europäischen Probleme durch ein System miteinander verzahnter Garantien zu lösen, zu denen wechselseitige Zugewinne ebenso gehörten wie wechselseitige Zugeständnisse, wird meist (auch von Historikern) ausschließlich Stanhope und in keiner Weise Georg zugeschrieben. Und was die Politik Hannovers angeht, meint man, Bernstorff habe Georg »gelenkt« und nicht umgekehrt.

Zum Glück ist dank der Einsichtnahme ins Bernstorffsche Archiv und ins Gräflich Görtzische Depositum im Hessischen Staatsarchiv Darmstadt neues Material ans Licht gekommen, das eine Beurteilung der Rolle Georgs I. bei der Festlegung der britischen und hannoveranischen Außenpolitik in den entscheidenden Jahren 1717 bis 1720 ermöglicht. Daraus ist ersichtlich, daß der König in dieser Zeit Mittelpunkt der außenpolitischen Entscheidungsprozesse war und wichtige Verhandlungen manchmal buchstäblich allein führte. Die dokumentarischen Belege für diese Jahre sind so detailliert, daß es unwahrscheinlich ist, daß er in anderen Phasen seiner Regierungszeit eine minder wichtige Rolle auf dem Gebiet der Außenpolitik spielte. Paradoxerweise verdanken wir den größten Teil jener Dokumente dem Umstand, daß Georg im Sommer und Herbst der Jahre 1717 und 1718 England nicht verlassen konnte. Wenn er in diesen Jahren auf dem Kontinent gewesen wäre, hätte er in Konferenzen und Besprechungen Außenpolitik gemacht, und wir hätten wenig oder gar keine Beweise für sein persönliches Eingreifen und für seine Steuerung der Dinge. Hannovers geographische Lage war günstig; man konnte leicht und verhältnismäßig schnell miteinander kommunizieren. Emissäre konnten unbemerkter kommen und gehen als in England, und die Männer – seien es Hannoveraner oder Briten – , mit denen der König Probleme besprechen wollte, waren an Ort und Stelle.

Wie bei allem historischen Material, das die Zeiten überdauert hat, hat auch hier der Zufall mitgespielt. Wenn Bernstorffs Briefwechsel mit dem sächsischen Feldmarschall und Minister Jakob Heinrich Graf von Flemming nicht vollständiger erhalten wäre als jede andere Korrespondenz nach 1705 im Bernstorffschen Archiv, wüßten wir sehr viel weniger von Georgs Verhandlungsmethoden in der Außenpolitik. Da Georg und Bernstorff 1717 in England waren, mußte Flemming – der im Namen seines Herrn August von Sachsen-Polen handelte – am 27. September

(NS) schriftlich darum ersuchen, ein hannoveranischer Emissär möge zu vertraulichen Gesprächen nach Dresden geschickt werden, da es unmöglich sei, die Gedanken seines Herrn dem englischen Residenten in Sachsen zu offenbaren – dieser sei »purement anglois«. Wenn Georg und Bernstorff 1717 in Hannover gewesen wären, hätte Flemming ohne weiteres einen verschwiegenen Menschen dorthin senden können. Es wäre auch nicht nötig gewesen, die Korrespondenz bis 1718 fortzuführen, wenn der König einen Teil dieses Jahres in seinem Kurfürstentum hätte zubringen können. Auch bei Schulenburgs Korrespondenz mit Friedrich Wilhelm von Görtz verdanken wir einiges dem Zufall: Görtz bewahrte die Briefe, die er erhielt, sorgfältig auf, und sein Nachlaß entging der Zerstörung. Wenn Georg nicht 1717 und 1718 das ganze Jahr in England geblieben wäre, hätte Schulenburg nicht von der Ankunft von Emissären wie Fabrice und Dubois und von den Gesprächen, die während ihrer Besuche stattfanden, zu berichten brauchen: Die Verhandlungen wären in Hannover geführt worden und Görtz hätte daran teilgenommen. Schulenburgs Korrespondenz bestätigt und ergänzt das, was Fabrice in seinen Memoiren über Georgs Nordpolitik in den Jahren 1717 und 1718 schrieb. Fabrice schrieb das Seine zu einem späteren Zeitpunkt und oft ohne genaue Datumsangabe (obwohl er sich dabei auf Tagebücher, Briefe und Aufzeichnungen stützte); Schulenburg schrieb seine Briefe zur Zeit von Fabrices beiden Besuchen bei Georg I. zwischen August 1717 und Februar 1718. Überdies berichtete er von Reaktionen und Intentionen des Königs, über die Fabrice nicht vollständig informiert wurde. Und er hielt Görtz auch auf dem laufenden über Georgs Meinung über den Nordischen Krieg, als Fabrice von Februar bis Juni 1718 auf einer Mission in Schweden weilte*. Ähnlich bestätigt und ergänzt Schulenburg hinsichtlich Georgs Auffassungen und Entscheidungen das, was wir aus Dubois' Berichten an den Regenten und aus anderer Quelle über seine beiden Aufenthalte in England (1717 und 1717/18) wissen.

Georgs Verhandlungen über Probleme des Südens und des Nordens waren miteinander verflochten, nachdem er im Oktober 1716 das britische Bündnis mit Frankreich geschlossen hatte. Hin und wieder trat durch eine Krise in einem Gebiet das andere zeitweise in den Hintergrund; doch solange der Regent lebte (bis 1723), war die Zusammenarbeit mit Frankreich ein wesentlicher Bestandteil von Georgs Politik, und auch danach blieb das Bündnis wichtig. Natürlich war die Zusammenarbeit mit einigen Schwierigkeiten verbunden, besonders in der Anfangsphase. Mehrere der Berater des Regenten waren gegen das Bündnis mit Britannien, und mit dem Friedensplan für den Süden ging es aufgrund

---

* Nach seiner Rückkehr blieb er in England. Vor Ende des Jahres trat er als hannoveranischer Kammerherr in Georgs I. Dienste und wich nicht mehr von seiner Seite.

von Stanhopes Fauxpas am 8. April 1717 im Unterhaus monatelang kaum weiter. Georg wiederum betrachtete argwöhnisch die französischen Bemühungen, Preußen in die Tripelallianz zwischen den Seemächten und Frankreich mit einzubeziehen: Friedrich Wilhelm hatte in der gespannten Situation, die nach der Aufgabe des Invasionsplans von 1716 entstanden war, eher Rußlands als Hannovers Partei ergriffen. Doch in den ersten sechs Monaten des Jahres 1717 erhielt Georg I. mehrere Beweise für die Bereitschaft des Regenten, ihm in Angelegenheiten der Nordpolitik behilflich zu sein. Und in der zweiten Jahreshälfte wurden durch unvorhergesehene Ereignisse (besonders durch Philipps V. Invasion in Sardinien) die Probleme erleichtert, die sich ihm und dem Regenten bei der Entwicklung des Friedensplans für den Süden stellten.

Es nimmt nicht wunder, daß die Nordpolitik Georg I. und seinen Ministern in der ersten Hälfte des Jahres 1717 mehr als alles andere am Herzen lag. Der größte Teil der russischen Truppen lag nach wie vor in Mecklenburg, und der ausgedehnte Aufenthalt des Zaren im Westen – erst in Amsterdam von Dezember 1716 bis März 1717, dann in Frankreich von Mai bis Juli 1717, dann wieder in der Niederländischen Republik – schuf Unbehagen: Was hatte er vor? Der Versuch Georgs und seines Ministeriums, das Gyllenborg-Komplott für sich auszuschlachten, war mehr oder weniger fehlgeschlagen. Die Niederländer wollten im Gegensatz zum britischen Parlament kein Verbot des Handels mit Schweden aussprechen und vereitelten alle britischen Versuche, an die Papiere von Karls XII. Berater, Georg Heinrich von Görtz, heranzukommen, die – wie Whitehall hoffte – klarer als Gyllenborgs Unterlagen beweisen würden, daß Schweden die Jakobiten unterstützte. Görtz und sein Sekretär wurden von den Niederländern »um der Freundschaft und der Verträge der Republik mit Georg I. willen« vorläufig in Gewahrsam genommen, aber ihre Papiere tastete man nicht an. Überdies wurde Görtz so nachlässig bewacht, daß er schon vor seiner Haftentlassung am 2. August 1717 (die ohne Rücksprache mit Britannien erfolgte) seine Verhandlungen mit russischen, sächsischen und preußischen Politikern und Diplomaten fortführen konnte. Und obwohl die Republik aus Angst vor einem Krieg zwischen Britannien und Schweden beschloß, 1717 keinen Geleitschutz in die Ostsee zu entsenden, wurde schwedisches Eisen, das niederländische Handelsschiffe transportiert oder niederländische Agenten in Königsberg angekauft hatten, mit Gewinn an britische Hersteller verkauft, die ohne dieses Rohmaterial nicht auskamen.

Schweden wurde 1717 also nicht, wie Georg gehofft hatte, in die Knie gezwungen, weil Britannien und die Niederlande wirtschaftlichen Druck ausübten. Karl XII. nahm auch nicht die erwartete aggressiv antibritische Haltung ein, und im Parlament wurde die Kritik an Georg und seinem Ministerium eher lauter, als daß sie sich legte. Der schwedische König steuerte einen Kurs der Vernunft, denn er wollte keinen Krieg mit Britannien. Er protestierte nicht öffentlich, wie es das diplomatische Corps in London vorhergesagt hatte, erklärte nicht, daß Gyllenborgs Verhaftung ein Verstoß gegen das internationale Recht sei, sondern rückte von Gyllenborg und Görtz ab – wobei ihm der Regent von Frankreich gute Dienste erwies. Gleichzeitig versuchte er, mit möglichst vielen Mitgliedern der antischwedischen Koalition in Friedensverhandlungen einzutreten. Schon während der Jahre in der Türkei hatte Karl XII. in großen Zügen eine Politik der gleichzeitigen Verhandlungen mit seinen Feinden entworfen, mit deren Hilfe er feststellen wollte, wen von seinen Feinden er um den Preis der zeitweiligen Aufgabe schwedischen Territoriums kaufen konnte. Er war sogar bereit, Gebiete völlig aufzugeben, wenn Schweden dafür zuverlässig Militär- und Finanzhilfe für den Kampf gegen den Rest der Koalition erhielt. Nicht nur Georg Heinrich von Görtz, sondern eine ganze Reihe schwedischer, polnischer und deutscher Beamter und Offiziere war seit Karls Rückkehr nach Schweden in dieser Angelegenheit tätig. Die Spannungen und die Zwietracht, die nach der Aufgabe des Invasionsprojekts von 1716 zwischen seinen Feinden herrschten, erleichterten der schwedischen Diplomatie natürlich die Arbeit.

Die Friedensbemühungen betrafen auch Georg I. als Kurfürst. Er wurde – wegen der Flotte und der Finanzen, über die er als König verfügte – für Karl XII. sogar genauso wichtig wie Zar Peter von Rußland: Dänemark-Norwegen, Preußen und Sachsen-Polen waren jetzt weitaus weniger mächtig als die beiden Giganten der Koalition. Um Kontakt mit Georg aufzunehmen, bediente sich Karl zweier Wege. Der erste lief über Georg Heinrichs Verwandten Friedrich Wilhelm von Görtz, der mit dem ehemaligen schwedischen Gouverneur von Bremen und Verden, dem Grafen Mauritz Vellingk, befreundet war und in Kontakt stand mit Conrad Ranck, einem schwedischen Offizier in hessischen Diensten, der als Vermittler bei Friedrich von Hessens erfolgreichen Verhandlungen um die Hand von Karls XII. Schwester Ulrike Eleonore zu Einfluß gelangt war. Der zweite Weg, der aufgrund von Georgs Befürchtung, Ranck werde vielleicht Informationen an den Zaren weiterleiten, wichtiger wurde, bahnte sich über die Verbindungen des älteren Fabrice zu Mauritz Vellingk an. Hier war der junge Friedrich Ernst von Fabrice der wichtigste Kurier und später auch Unterhändler. Er war *persona grata* bei Karl XII., denn er hatte in der Türkei ab Juni 1710 in seiner Eigenschaft als holstein-gottorpischer Diplomat zur Umgebung des Königs gehört. Und in dieser Eigenschaft hatte er auch Zugang zu Georg Heinrich von Görtz und war somit Georg I. beim Kampf um den Frieden im Norden doppelt nützlich.

Fabrices erster Besuch bei Georg I. fand Ende August in Hampton Court statt. Aus Schulenburgs Briefen zu schließen, traf er wahrscheinlich am 23. oder 24. August dort ein. Nach einem kurzen Gespräch mit Bernstorff und Bothmer am späten Nachmittag wurde seine Audienz beim König auf 23 Uhr anberaumt, und zwar »in der kleinen Galerie«, damit sie allein und ungestört waren. Dort gingen die beiden dann zwei Stunden lang auf und ab. Fabrice unterrichtete Georg vom schwedischen Friedensangebot, und Georg gab ihm Weisungen, wie er dieses Angebot genauer unter die Lupe nehmen sollte. Fabrice brachte es fertig, die Neugier von Sophie Charlotte von Kielmannsegg, die er zufällig traf, als er auf die Audienz bei Georg I. wartete, von sich abzulenken; aber er bestand darauf – was Bernstorff peinlich war, der hoffte, die Spannungen innerhalb der königlichen Familie verschleiern zu können –, am nächsten Morgen den Prince of Wales aufzusuchen, um ihn vom Zweck seines Besuchs in Kenntnis zu setzen. Er gestattete sich noch ein, zwei Tage in London, besichtigte, mit einer schwarzen Perücke verkleidet, die Sehenswürdigkeiten (einschließlich St. James's) und hatte ein, zwei amouröse Abenteuer. Dann eilte er nach Hannover zurück. In den darauffolgenden sechs Wochen pendelten Kuriere zwischen Deutschland, Schweden und England hin und her: Karl XII. sollte mehr bieten als die zeitweise (und auf höchstens fünfundzwanzig Jahre befristete) Abtretung von Bremen und Verden, für die er militärische Unterstützung – am liebsten von seiten der Flotte – und Finanzhilfe für den Kampf gegen seine Feinde haben wollte.

Diese Bedingungen (die Fabrice bei seinem Besuch im August übermittelt hatte) waren aus verschiedenen Gründen unannehmbar für Georg. Er hatte einen etwas leichteren Stand, seit Zar Peter im Juli damit begonnen hatte, seine Truppen aus Mecklenburg abzuziehen, was hauptsächlich Frankreich zu verdanken war, das diplomatischen Druck auf ihn ausübte. Dies war der zweite Dienst, den Philipp von Orléans Georg erwies[*]: Er versprach dem Zaren, den Subsidienvertrag von 1715 mit Schweden, der im April 1718 auslief, nicht zu erneuern. Die Kündigung des Vertrags war zwar schon in der Übereinkunft von 1716 zwischen Stanhope und Dubois enthalten, aber der Regent setzte sie beim Besuch des Zaren in Paris geschickt ein und bekam auch Rußlands Zustimmung dazu, daß Frankreich im Nordischen Krieg vermitteln sollte. Das war ein Schlag für Karl XII., den der Regent aber gleichzeitig (ohne Georgs und Peters Wissen) milderte, indem er dem schwedischen König rückständige Subsidien zahlte und versprach, Schweden bei der Erhaltung seines Platzes im Reich zu unterstützen.

[*] Der erste war die erfolgreiche Vermittlung des Regenten in der Gyllenborg-Görtz-Affäre, dank der Georg in einem schwierigen Moment das Gesicht wahren konnte.

Da nun ein russischer Überfall auf Hannover von Mecklenburg aus nicht mehr so sehr zu befürchten war, machte sich Georg auch nicht allzu viel daraus, daß sein Versuch, zu einer Versöhnung mit dem Zaren zu gelangen, gescheitert war. Er hatte Admiral Norris, den Peter gern mochte, losgeschickt, um mit dem Zaren nach dessen Rückkehr aus Frankreich in die Niederländische Republik zu verhandeln. Es stellte sich bald heraus, daß der Preis für die Wiedererlangung der Freundschaft Rußlands unerschwinglich war: Man konnte dem Zaren nicht die britische Flotte für eine Invasion Schwedens von Finnland aus zur Verfügung stellen. Der jakobitische Einfluß in Peters Umgebung machte sich allmählich bemerkbar. Bis zum Tod Karls XII. gegen Ende des Jahres 1718 bestand immer die Gefahr, daß der Separatfriede zwischen Rußland und Schweden, auf den die Jakobiten hinarbeiteten, gemeinsame Aktionen beider Länder gegen Georg in seiner Eigenschaft als Kurfürst und als König nach sich ziehen würde. Georg mußte vorsichtig sein. Konnte er das Risiko auf sich nehmen, daß Rußland den Kampf um den Frieden mit Schweden gewann? Fabrice konnte nach seiner Rückkehr nach England im Oktober 1717 mit der Aussicht auf die permanente Abtretung eines Teils von Bremen und Verden aufwarten – wie es auch die Korrespondenz zwischen Fabrice und Georg Heinrich von Görtz während Fabrices zweitem und längerem Aufenthalt in England bestätigt. Bernstorff war nie so sehr auf den Friedensschluß mit Schweden erpicht wie Friedrich Wilhelm von Görtz und der ältere und der jüngere Fabrice – er hielt ihn für voreilig. Georg entschied sich nach langen Einzelgesprächen mit Fabrice dafür, den Mittelweg einzuschlagen. Dies tat er, weil er sich mit diplomatischen Verhandlungen auskannte und weil er die gegenwärtige Lage genau studiert hatte. Angesichts dessen, daß Karl XII. den protestantischen Standpunkt vertrat und sich von Gyllenborgs und Görtz' Handel mit den Jakobiten im Jahre 1716 distanziert hatte*, glaubte Georg nicht, daß der schwedische König den Prätendenten offen unterstützen würde. Er hielt es auch angesichts der harten Bedingungen, die Karl Hannover stellte, für unwahrscheinlich, daß Schweden sich im Ostseeraum zu Gebietsabtretungen bereitfand, die den Zaren zufriedenstellten. Und deshalb schenkte er den Gerüchten nur wenig Glauben, die von einem baldigen Frieden zwischen Rußland und Frankreich und der damit verbundenen Gefahr einer Invasion Jakob Eduard Stuarts, die besser organisiert war als die von 1715/16, wissen wollten. Er war jedoch bereit, Friedrich Ernst von Fabrice Anfang 1718 nach Schweden zu schicken, damit er die Friedensverhandlungen Hannovers weiterführte. Dabei handelte es sich um eine inoffizielle Mission: Wenn Fabrice Erfolg hatte,

---

* Abgesehen von der Distanzierung hatte Karl XII. auch noch das Geld zurückerstattet, das Görtz von den Jakobiten erhalten hatte: Er hatte sich dazu entschlossen, es als kurzfristiges Darlehen zu betrachten.

konnte er ordnungsgemäß akkreditiert werden; wenn die Schweden mit ihrer Verschleppungstaktik fortfuhren, konnte sein Besuch als rein privat hingestellt werden.

Georg vernachlässigte keine Möglichkeit, die dazu beitragen konnte, den russischen Initiativen entgegenzuwirken. Er reagierte sofort auf eine Anregung von Augusts II. sächsischem Minister Flemming, der in einem Brief vom 27. September (NS) 1717 an Bernstorff durchblicken ließ, daß seinem Herrn sehr daran gelegen sei, mit Georg I. Maßnahmen zur Herbeiführung des Friedens im Norden abzusprechen, und daß er es gerne sehen würde, wenn ein hannoveranischer Diplomat zu vertraulichen Gesprächen nach Dresden käme. Die anschließenden Verhandlungen blieben zwar unergiebig, bis Georg I. seinen Vertrag mit Schweden in der Tasche hatte, sind aber der genauen Untersuchung wert. Erstens zeigen sie, in welch starkem Maße Georg Kontrolle über außenpolitische Entscheidungen ausübte. Bernstorff hielt sich nicht an Flemmings Vorschlag, daß er (Bernstorff) einen Emissär seiner Wahl schicken sollte, sondern gab Flemmings Brief an Georg weiter, der beschloß, einen seiner »braunschweigischen Sekretäre« heimlich nach Dresden zu schikken. Und dieser Sekretär sollte Flemming zusichern, daß alles, was er ihm sagte oder diktierte, nur Georg I. zur Kenntnis käme. Zweitens zeigen die Verhandlungen Bernstorffs großes diplomatisches Geschick: Ihm war es zu verdanken, daß sie auch noch weitergeführt wurden, als der sächsische Minister durch seinen Geheimdienst von Georgs direkten und geheimgehaltenen Verhandlungen mit Schweden erfahren hatte. Bernstorffs Briefe sind Meisterwerke des Takts und der subtilen Beschwichtigung. Und drittens zeigen die Verhandlungen die außergewöhnliche Geschicklichkeit, mit der König und Minister unter Berufung auf Britannien Ausreden gebrauchten, um die Hannoverpolitik Georgs zu fördern: Das sächsische Ersuchen, daß nicht nur ein protestantischer, sondern auch ein katholischer Herrscher Kreishauptmann des Niedersächsischen Kreises werden konnte, wurde mit der Begründung abgelehnt, daß ein *directoire interevangelicos* Georg allen Protestanten verdächtig und *odieux* machen würde, »pour ne point parler des interpretations sinistres qu'on donneroit en Angleterre à une pareille conduite«. Man hatte es sich eine Lehre sein lassen, daß das Haus Hannover 1701 des mangelnden Interesses für die protestantische Sache bezichtigt worden war. Aber jetzt war es nützlich, dem Kurprinzen von Sachsen – der in der Hoffnung, seinem Vater auf den polnischen Thron nachzufolgen, zum Katholizismus übergetreten war – die Einflußnahme auf norddeutsche Angelegenheiten zu verwehren.

Des Risikos in Georgs Nordpolitik war man sich durchaus bewußt. Wenn der König falsch kalkuliert hatte und der Zar doch Frieden mit Schweden schloß, würde der Hof, so sinnierte Schulenburg, »bien embarrasés« sein. Aber Georgs Vermutung, daß bei den Verhandlungen zwischen Rußland und Schweden zeitraubende Schwierigkeiten auftreten würden, erwies sich als richtig. Und seine militärische Erfahrung hatte ihn zutreffend folgern lassen, daß Karl XII. seine – ernstgemeinten – diplomatischen Verhandlungen auch führte, damit Schweden Zeit gewann und sich militärisch so weit regenerieren konnte, daß es von einer Position der Stärke aus zu verhandeln vermochte. Die Verhandlungen im Norden gerieten darum ins Stocken. Nun traten für eine ganze Weile die Verhandlungen im Süden in den Vordergrund.

Georg I., Stanhope und die hannoveranischen Minister hatten den interessierten Parteien die Grundzüge des Friedensplans für den Süden, der im Spätsommer und Frühherbst 1716 in Hannover entwickelt worden war, außergewöhnlich schnell mitgeteilt. Er war, wie wir gesehen haben, während Dubois' Besuch erörtert worden. Ihm zugrunde lag eine Andeutung, die Victor Amadeus von Savoyen im Februar 1716 Stanhope gegenüber gemacht hatte: Er sei eventuell bereit – im Interesse des Friedens und um sich die Freundschaft Karls VI. zu erwerben –, Sizilien gegen Sardinien zu tauschen. Der König von Sizilien (so lautete nach dem Vertrag von Utrecht Victor Amadeus' Titel) konnte sich weder des Besitzes dieser Insel noch seines Königstitels gewiß sein, bevor der Kaiser – der nach den Friedensschlüssen von 1713/1714 zu großer Macht gelangt war – ihm nicht beides garantierte. Da aber Karl VI. dem spanischen Konzept vom Königreich beider Sizilien (Neapel und Sizilien) anhing, war das unwahrscheinlich. Karl VI., der keine Kriegsmarine hatte, konnte Victor Amadeus nicht auf Sizilien angreifen, aber er konnte mit seiner Armee in den Stammlanden des Königs von Sizilien einfallen, in Savoyen-Piemont in Norditalien, und ihn somit zwingen, die Insel aufzugeben. Daher war Victor Amadeus daran interessiert, Sizilien gegen das weniger ergiebige Sardinien zu tauschen – vorausgesetzt, daß er den prestigeträchtigen Königstitel behielt, Österreich ihm für seine sämtlichen Besitzungen Garantie leistete und er vielleicht noch einen Teil des Herzogtums Mailand bekam.

Stanhopes Genialität, aus dieser Bereinigung eines Teilproblems einen Plan zur Bereinigung dessen zu machen, was bei den Friedensschlüssen von 1713/1714 unerledigt geblieben war, nämlich der Friede zwischen Karl VI. und Philipp V. von Spanien (die sich theoretisch immer noch im Kriegszustand befanden), ist unbestritten. Die Erfahrungen, die Stanhope auf der Iberischen Halbinsel gesammelt hatte, und seine Bekanntschaft mit Karl VI. (als dieser Karl III. von Spanien gewesen war) waren von unschätzbarem Wert. Die hannoveranische Tradition der Befriedung durch Austausch und Gegenwerte und Georgs Wunsch, um der Reichsidee und um der Ziele Hannovers willen mit dem Kaiser zu kooperieren, bildeten den zweiten wichtigen Faktor. Es ist bezeichnend, daß der Kaiser über Dubois' Besuch in Hannover 1716 von Georgs I. deutschen Beratern informiert worden war, obwohl dieser geheimgehalten werden sollte. Außerdem hatte man ihn gebeten, er möge während der Zeit, zu der sich der Franzose im Kurfürstentum aufhielt, einen Diplomaten seines Vertrauens nach Hannover schicken. Es ist typisch für die Langsamkeit, mit der die Hofburg operierte, daß der Kaiser erst Ende November, nachdem einiges über die britisch-französische Übereinkunft vom 6. Oktober durchgesickert und Dubois längst wieder in Frankreich war, Christoph Freiherr von Pentenriedter in geheimer Mission nach Hannover schickte. Die Berater Karls VI. griffen den Vertrag zwischen Britannien und Frankreich heftig an, der ihrer Behauptung nach Karls VI. Anrecht auf die spanische Krone Abbruch tat, »was Georg I. auch sagen mag«. Und Bernstorff und Bothmer wurde vorgeworfen, daß sie dies nicht verhindert hatten. Doch Pentenriedters Besuch ermöglichte es Stanhope, wegen eines großen Friedensplans für den Süden vorzufühlen, der auf wechselseitigen Vorteilen und Zugeständnissen basierte. Für Karl VI. wäre es ein Gewinn, wenn Philipp V. auf die Gebiete in Italien verzichtete, die er 1713 de facto verloren hatte; Philipp wiederum, so wurde weiter argumentiert, würde sich sicherer fühlen, wenn Karl VI. den Anspruch auf die spanische Krone aufgab; man war sich freilich darüber im klaren, daß hier noch ein Anreiz erforderlich war, nämlich eine britisch-französische Unterstützung der Erbansprüche, die Don Carlos, Philipps Sohn von seiner zweiten Frau Elisabeth Farnese, von mütterlicher Seite her auf Parma, Piacenza und auf die Toskana hatte. Der Regent von Frankreich würde von einem erneuten Verzicht Philipps V. auf die französische Krone profitieren. Georg I. würde in seiner Eigenschaft als Kurfürst – zumindest erwartete man das – mit dem Wohlwollen des Kaisers rechnen können, was die Investitur in Bremen und Verden (und vielleicht sogar Land Hadeln) erleichtern würde. Und Britannien würde eine europaweite Garantie für die Erwerbungen erhalten, die es während des Spanischen Erbfolgekriegs im Mittelmeerraum gemacht hatte.

Der Plan war von Pufendorfs Ideen über die internationalen Beziehungen beeinflußt: Der Friede und nicht der Krieg ist der Naturzustand des Menschen, und wenn man sich der Vernunft bedient, kann man Pläne zur Beilegung von Problemen entwickeln, ohne seine Zuflucht zum Krieg zu nehmen. Sein Konzept – es findet sich nicht nur in Pufendorfs philosophischen Werken, sondern auch in seiner viel gelesenen *Einführung in die Geschichte der vornehmsten Königreiche und Staaten Europas** –, daß die Staatskunst darin bestände, die verschiedenen Inter-

---

* 1682 geschrieben, 1693 auf deutsch veröffentlicht, 1699 ins Englische und 1703 ins Französische übersetzt.

essen der europäischen Staaten zu analysieren, anzuerkennen und miteinander in Einklang zu bringen, hatte großen Einfluß auf eine Generation, die der vielen und langen Konflikte der Zeit Ludwigs XIV. müde war. Wir haben bereits festgestellt, daß man sich von pfälzischer Seite für Pufendorfs Werk interessierte (1661 war er nach Heidelberg berufen worden, auf den Lehrstuhl für internationales Recht, den ersten in Europa) und daß die deutsche Übersetzung eines seiner Werke Georg gewidmet war. Stanhope hatte in seiner Bibliothek in Chevening die *Einführung in die Geschichte* stehen. Wir wissen nicht, wann er dieses Buch erwarb. Einer erhalten gebliebenen Liste von Neuerwerbungen ist jedoch zu entnehmen, daß er 1718 Robinsons *Account of Sweden* und Molesworths *Account of Denmark* kaufte.

Noch interessanter ist es, daß Georg und Stanhope im weiteren Verlauf der Diskussion über den Friedensplan für den Süden die Aufgabe von Gibraltar ins Auge faßten – damit sollte Spaniens Stolz Genüge getan werden. Ihrer Meinung nach reichte Menorca mit seinem vorzüglichen Hafen Port Mahon zur Wahrung der britischen Interessen im Mittelmeer aus. Stanhopes Ortskenntnisse – er hatte Port Mahon erobert und den Vertrag mit »Karl III.« ausgearbeitet, durch den Menorca für Britannien gesichert wurde – verliehen dieser Entscheidung Gewicht. Die Rückgabe Gibraltars schien bei unvoreingenommener Betrachtungsweise der damaligen Lage in Europa akzeptabel. Im weiteren Verlauf machte die Opposition des britischen Parlaments die Erfüllung der Versprechen unmöglich, die Stanhope und der Regent 1718 und 1719 im Namen Georgs abgegeben hatten. Die Verbissenheit, mit der das Parlament an den britischen Erwerbungen festhielt, überraschte Stanhope und Georg, denn die Interpretation der Gibraltar-Klausel im britisch-spanischen Vertrag von 1713 hatte zu ermüdenden Schwierigkeiten geführt, und überdies hielt man die Kosten für die Garnison für unangemessen hoch, wenn man den Nutzen Gibraltars (im Vergleich zu Menorca) in Betracht zog. Der König und sein wichtigster britischer Minister wurden der Verpflichtung, sich an das zu halten, was einem festen mündlichen Versprechen gleichkam, nur dadurch enthoben, daß während der Verhandlungen ein kurzer Krieg zwischen Spanien und Britannien ausbrach. Damit wurden die Verbindlichkeiten aus Friedenszeiten hinfällig, und man konnte sich nach dem Krieg, als die Gespräche 1720 wieder aufgenommen wurden, hinter dem Parlament verschanzen (nach dem Tenor: »Vorausgesetzt, das Parlament ist damit einverstanden«). Trotzdem scheint es, daß Georg und Stanhope die Hoffnung nicht aufgaben, das Parlament zur Rückgabe Gibraltars an Spanien bewegen zu können. Der Vertragsentwurf, den Stanhope im Juli 1720 von Hannover aus an Whitehall schickte und den Georg und Sunderland bestätigt hatten, enthielt den Vorschlag, Stadt und Festung Gibraltar nach der Erneuerung aller früheren Verträge zwischen Spanien und Britannien ohne besondere Gegenleistung zurückzugeben. Und das schriftliche Versprechen Georgs I. gegenüber Philipp V. vom 12. Juni 1721 – Philipp verwahrte es an seinem Bett in einem Kästchen, zu dem nur er den Schlüssel hatte – war definitiv, wenn es auch die Absicherung enthielt, auf der der Rest des inneren Kabinetts bestanden hatte:

Ich zögere nicht mehr, Eure Majestät meiner Bereitschaft zu versichern, Euch hinsichtlich Eures Verlangens in Anbetreff der Zurückerstattung von Gibraltar zufriedenzustellen, und verspreche Euch, die erste sich bietende günstige Gelegenheit wahrzunehmen, um diese Sache mit der Genehmigung meines Parlamentes zu regeln.

Darum war Townshend, gelinde gesagt, nicht ganz aufrichtig, als er 1725 an William Stanhope, Georgs Botschafter in Madrid, schrieb, der verstorbene Stanhope habe die Angebote bezüglich Gibraltars »durchaus ohne Order des Königs« gemacht. Seine Korrespondenz mit Newcastle zeigt, daß er von dem oben zitierten schriftlichen Versprechen wußte und eine Suche danach anordnete, damit zur Auffrischung von Georgs Gedächtnis eine Abschrift davon angefertigt werden konnte. Seinem Kollegen Newcastle gegenüber war er jedenfalls offener. Nachdem Philipp V. auf das Drängen seiner Gemahlin 1725 einen Bündnisvertrag mit dem Kaiser unterzeichnet hatte, ohne Britannien von seinem Vorhaben zu unterrichten, schrieb er ihm:

Wir müssen diese Gelegenheit (die sie uns mit ihrer Narrheit und Indiskretion selber gegeben haben) beim Schopf packen, und diese Affaire [das Gibraltar-Problem] *vom Halse schaffen und ihnen* [Philipp und seiner Gemahlin]*, ihren Erben und Nachfolgern, was diese Landspitze anbelangt, ein für allemal das Maul stopfen.*

Eine Lösung gemäß den Vorstellungen Stanhopes und Georgs hätte vielleicht die Beziehungen zwischen Britannien und Spanien im 18. Jahrhundert nicht so verschlechtert, wie es der Fall war. Diese Hypothese läßt sich nicht beweisen, aber es ist nicht zu bestreiten, daß Britannien 1715 und 1716 gute Handelsverträge mit Spanien erhalten hatte, die Versäumnisse ausglichen und Unklarheiten beseitigten, die im Vertrag von 1713 enthalten waren, und daß Britannien in der Frühphase der Verhandlungen über die Quadrupelallianz – wie der Friedensplan für den Süden in der zeitgenössischen Diplomatie oft genannt wurde* – weitere Konzessionen eingeräumt wurden.

Bei Stanhopes und Sunderlands Aufenthalt in Den Haag im Dezember 1716 war Dubois wegen aktueller Einzelheiten des Friedensplans

---

* Man bezeichnete ihn außerdem noch als »Friedensplan«, *accomodement* oder einfach als »den Plan«.

konsultiert worden, während *Raadpensionaris* Heinsius und der spanische Botschafter, Beretti Landi, ganz allgemein informiert wurden, daß Georg sehr daran gelegen sei, eine Versöhnung zwischen Spanien und Österreich herbeizuführen, indem er Philipp V. und Karl VI. zu gegenseitigen Zugeständnissen bewegte. Die maßgeblichen niederländischen Politiker waren hocherfreut – nichts konnte zuverlässiger das Schreckgespenst des Krieges in Europa bannen. Die spanische Reaktion war im Prinzip positiv. Philipp V. erklärte zwar, er sei »gänzlich gleichgültig, was die Verständigung mit dem Kaiser angeht, der ihn nicht in Spanien angreifen kann und hinsichtlich seiner Seestreitkräfte weit unterlegen ist«, verlieh aber der Bereitschaft Ausdruck, seine Differenzen mit Karl VI. durch den Schiedsspruch Georgs I. und der Republik beilegen zu lassen, »vorausgesetzt, daß dadurch ein gerechtes Gleichgewicht hergestellt wird«.

Dieser Ausdruck wurde von den Staatsmännern der damaligen Zeit – Georg, Stanhope und Bernstorff eingeschlossen – häufig gebraucht. Es war ein Konzept, das sie alle vertraten und zu verwirklichen suchten, ob sie nun vom »gerechten Gleichgewicht« oder vom »europäischen Gleichgewicht« sprachen. Doch die Auffassung von diesem Gleichgewicht war je nach dem Standpunkt des Betrachters verschieden. Von Madrid aus betrachtet, war der Kaiser zu mächtig in Italien – eine Meinung, die viele italienische Fürsten und Politiker teilten, auch Giulio Alberoni, der aus Parma stammende Berater Philipps V., der nach Philipps Heirat mit Elisabeth Farnese in Spanien Einfluß erlangt hatte. Die oben zitierte Antwort Spaniens erreichte Georg erst Ende Mai 1717. Daß zwischen Anfrage und Reaktion fünf Monate verstrichen, war zu einem guten Teil darauf zurückzuführen, daß Philipp aus einer Position der Stärke verhandeln wollte, die er sich erst schaffen mußte. Er betrachtete den Verlust von Spaniens italienischen Besitzungen als schwere Beeinträchtigung seiner *gloire* und war, nachdem der Kaiser sich in einen Krieg mit der Türkei verwickelt hatte*, fest entschlossen, das Gleichgewicht im Mittelmeerraum mit Hilfe seiner Seestreitkräfte zu verändern, die er nach 1713 so schnell aufgebaut hatte. Obwohl Alberoni mäßigend auf seinen Herrn einwirkte, hoffte er auf Britanniens stillschweigende Duldung eines Angriffs auf Sardinien (das bei zukünftigen Verhandlungen als Faustpfand dienen sollte) und hatte darum – nach dem Prinzip »Eine Hand wäscht die andere« – für Britannien Handelszugeständnisse erwirkt. Da sich Philipp V. und Karl VI. nach wie vor im Kriegszustand befanden, konnte man theoretisch behaupten, daß Spanien nicht der Aggressor sei, wenn die spanische Flotte eines der Territorien angriff, die Österreich in Italien und im Mittelmeer in Besitz hielt. Wenn Philipp

---

* Im Jahre 1716 griff Karl VI. in den Krieg ein, der 1714 zwischen der Türkei und der Republik Venedig ausgebrochen war.

jedoch zur Tat schritt, ohne dazu provoziert worden zu sein, konnte man Spanien eines Verstoßes gegen die Neutralität Italiens beschuldigen, für die mehrere Mächte einschließlich Britanniens Garantie geleistet hatten. Der spanische König mußte darum auf eine günstige Gelegenheit warten. Als die Österreicher so gefällig waren, den neuen spanischen Großinquisitor Molinez auf dem Weg von Rom nach Spanien ungerechtfertigterweise in Mailand zu verhaften, gab Alberoni seinem Herrn grünes Licht. Nun konnte er Karl VI. eines Verstoßes gegen die Neutralität Italiens beschuldigen und die spanische Aktion als gerechte Vergeltungsmaßnahme hinstellen. In Barcelona sammelte sich eine starke spanische Flotte, und sobald Alberoni den Kardinalshut hatte, den er schon seit langem begehrte, machte sie sich daran, Sardinien zu erobern.

Daß Spanien plötzlich gewalttätig gegen Österreich wurde, überraschte Europa. Die britische Diplomatie war von Alberonis wohlwollenden und scheinbar friedlichen Intentionen eingenommen gewesen, und als Georg – heimlich, um dem Kaiser nicht zu nahe zu treten, indem er zuviel Wesens von dem Zwischenfall machte – Philipp V. anbot, in Sachen Molinez zu vermitteln, rechnete er nicht mit Kriegshandlungen. Es herrschte ein gewisses Unbehagen über die Flottenkonzentration in Barcelona. Auf Nachfragen erhielt man jedoch nur die Antwort, daß diese Flotte gegen die Ungläubigen operieren sollte, was angesichts des Kampfes Österreichs und Venedigs mit den Osmanen eine einleuchtende Erklärung war. Dieser Krieg interessierte Georg, seit Karl VI. auf der Seite der Republik Venedig in ihn eingetreten war. Der König besprach angeregt bei Tisch die Neuigkeiten »aus Ungarn« mit hannoveranischen Offizieren und Höflingen; ein Plan von Belgrad und das Tagebuch, das einer der Söhne von Friedrich Wilhelm von Görtz während der Belagerung von Belgrad geführt hatte, wurden genau studiert. Die erfolgreiche Landung der Spanier auf Sizilien im Spätsommer 1717 (am 22. August NS) kam wie ein Blitz aus heiterem Himmel: Was würde der Kaiser machen, der an seiner Ostgrenze ja anderweitig beschäftigt war?

Schulenburg sprach einmal von Georgs »Glücksstern« – an den er glaubte. Und der Glücksstern strahlte auch jetzt, denn unmittelbar auf die Nachricht von der spanischen Aggression erreichte am 3. September NS die Nachricht vom Fall Belgrads Hampton Court. Dieser glorreiche Erfolg, so schrieb Schulenburg an Görtz, werde ihrem Herrn »überall« helfen. Man nahm an, daß er Philipp V. Verhandlungen gegenüber aufgeschlossener machen würde. Und man vermutete, die spanische Attacke würde dem Kaiser deutlich machen, daß er im Mittelmeer der Unterstützung durch die britische Flotte bedurfte, wodurch er zugänglicher werden würde für eine Mischung aus Druck und Versprechungen. Frankreich, Österreich und Spanien wurden sofort zu Gesprächen über Einzelheiten des Friedensplans für den Süden nach England eingeladen.

Philipps Weigerung, einen Repräsentanten zu schicken, erwies sich letztlich als Segen. Denn zum einen vermied man eine spanisch-österreichische Konfrontation unter Georgs Auspizien und zum andern hatten Georg und Stanhope mehr Spielraum, um Kompromisse zwischen Dubois, dem Vertreter des Regenten, und Pentenriedter, dem Vertreter Karl VI., auszuhandeln. Man wollte Spanien jedoch nicht von den Verhandlungen ausschließen; daher wurde Stanhopes Cousin William Stanhope nach Madrid geschickt, um engen Kontakt zu Alberoni zu halten. Dubois traf umgehend – vor Ende September (NS) – in England ein, aber es dauerte noch über einen Monat, bis Pentenriedter kam. Aber um das zu erreichen, mußte Georg Karl VI. »bestechen«, indem er auf noch vom Spanischen Erbfolgekrieg her bestehende Subsidienforderungen Österreichs einging.

Während man auf Pentenriedters Eintreffen wartete, hatte Dubois Gelegenheit, in engeren Kontakt mit Georg I. zu gelangen, denn er wurde erst in Hampton Court und dann in einem Haus in Newmarket direkt neben dem untergebracht, in dem der König während des Rennens wohnte. Stanhope litt einen guten Teil dieser Zeit an »einem Fieber« (dieser verschwommene Begriff des 17. und 18. Jahrhunderts konnte – von der Virusinfektion bis zum nervösen Erschöpfungszustand – alles Mögliche bezeichnen; jedenfalls war Stanhopes »Fieber«, wie wir jetzt wissen, eine Folge der Strapazen während der letzten Sitzungsperiode im Unterhaus), und der Kreis, in dem Dubois sich bewegte, wurde erweitert. Dubois tischte kulinarische Köstlichkeiten auf und amüsierte Georg mit Anekdoten vom Frankreichaufenthalt des Zaren. Doch er nahm auch die Gelegenheit wahr, dem König, Melusine und Schulenburg gegenüber zu betonen, daß der Friedensplan nicht zu sehr zu des Kaisers Gunsten ausfallen durfte, weil dies den Regenten in eine ziemlich schwierige Lage bringen würde: Trotz etwaiger Spannungen zwischen Philipp V. und Philipp von Orléans, werde die öffentliche Meinung in Frankreich den spanischen Bourbonen stets den Vorzug vor den österreichischen Habsburgern geben. Vielleicht wurde damals zum ersten Mal die Idee erörtert, Gibraltar aufzugeben, als Ausgleich dafür, daß Philipp V. auf alle ehemals spanischen Gebiete in Italien verzichten mußte – obwohl Gerüchte über eine solche Abtretung nicht vor Januar 1718 laut wurden und das Angebot erst zwischen dem 12. und 26. August gemacht wurde, als sich Earl Stanhope auf einer Mission in Madrid befand. Daß die Idee von französischer Seite stammte, ist sehr wahrscheinlich, denn der Regent griff dieses Thema immer wieder auf, auch dann noch, als Georg schon längst dazu gezwungen worden war, das Angebot von einer Gegenleistung abhängig zu machen, wobei Spanisch-Florida als »besonders geeignet« im Gespräch war.

Nachdem Pentenriedter eingetroffen und Stanhope genesen war, fingen die Verhandlungen über »den Plan« erst richtig an. Das Ziel, »eine gerechte Grundlage für einen immerwährenden Frieden zwischen Seiner Kaiserlichen Majestät und Seiner Katholischen Majestät und zwischen Seiner Kaiserlichen Majestät und dem König von Sizilien zu finden«, war klar genug, aber der Weg dorthin war schwer. Die Kluft zwischen den Forderungen des Kaisers und denen Frankreichs war tief, und die britischen Minister mußten vermitteln und einzeln mit den beiden Emissären verhandeln, bis eine ausreichende gemeinsame Basis geschaffen war. Die verstiegeneren Forderungen Karls VI. – die britische Flotte solle Mallorca für Österreich erobern oder er solle für seinen Verzicht auf die spanische Krone Mexiko und andere spanische Besitzungen in Übersee bekommen – waren rasch und ziemlich mühelos vom Tisch. Doch seine Einwilligung in den »immerwährenden Verzicht« auf die spanische Krone konnte nur teuer erkauft werden: Die Herzogtümer Parma, Piacenza und Toskana, die Don Carlos erben sollte, würden kaiserliche Lehen werden; Philipps V. (von Dubois vorgebrachter) Forderung, daß mit Unterzeichnung des Friedensplans spanische Garnisonen in den Herzogtümern Quartier beziehen sollten, wurde nicht stattgegeben: Man wollte nur neutrale Garnisonen dulden und sich dabei auf keinen bestimmten Zeitpunkt festlegen. Man war sich völlig im klaren darüber, daß diese Konzessionen Spanien fast an die Substanz gingen. Stanhope schrieb am 17. Februar (AS) 1718 an Stair (der Georg I. in Paris vertrat), Karl VI. gewinne, »ohne einen Finger zu rühren«, drei Lehen, »von denen eines fraglos ein Lehen der spanischen Krone und als solches dieser Krone von uns in einem Geheimartikel des Vertrages von Utrecht garantiert ist; und das andere ist ebenso zweifellos ein Lehen des Apostolischen Stuhls«. Spanien nahm natürlich großen Anstoß daran, daß Don Carlos dereinst dem Kaiser Lehenstreue schwören sollte, und daraus sowie aus der ungenauen Formulierung der Garnisonsklausel entstanden Probleme, die auch nach der Unterzeichnung des Friedensplans durch alle Parteien bestehen blieben. Die Konzessionen waren jedoch kein Beweis für die exzessive britische oder hannoveranische Unterwürfigkeit dem Kaiser gegenüber, wie Dubois zeitweise argwöhnte, sondern zeugten von britischem Pragmatismus. Stanhope meinte, solange die Grundprinzipien des Plans gewahrt blieben, könne man kleinere Korrekturen daran vornehmen; das werde sich im Laufe der Zeit – und wenn sich die Gemüter beruhigt hätten – ergeben. Und dem Regenten wurde zugesichert, falls »der Kaiser versuchen sollte, über seine Grenzen hinauszugehen, werde er Britannien und die Fürsten von Norddeutschland bereit finden, ihm in Verbindung mit Frankreich Widerstand zu leisten«.

Die Flotte war Georgs und Stanhopes Trumpf bei ihren Bemühungen, Karls VI. Zustimmung zum Friedensplan zu erhalten. Beide erkannten, daß der Kaiser nicht unterzeichnen würde, wenn ihm nicht für 1718 die

Präsenz der britischen Flotte im Mittelmeer zugesichert wurde – als Schutz gegen weitere spanische Attacken; schließlich hatten Philipps V. Truppen ganz Sardinien in der Hand. Aber beide waren entschlossen, Karl VI. diese Hilfe erst zu leisten, wenn er den Plan unterschrieben hatte, der jetzt in allen Einzelheiten ausgearbeitet war. Seine wichtigsten Punkte waren:

1. Sardinien sollte gegen das weitaus wichtigere Sizilien getauscht werden.
2. Karl sollte unwiderruflich auf die spanische Krone verzichten.
3. Philipp sollte auf die Rückeroberung von Spaniens vormaligen Besitzungen in Italien verzichten.
4. Don Carlos' Rechte auf das Farnese-Erbe (Parma und Piacenza) und auf das Medici-Erbe (Toskana) sollten – unter der Maßgabe, daß diese Herzogtümer als kaiserliche Lehen betrachtet wurden – anerkannt und von neutralen Garnisonen (man dachte an schweizerische oder britische) gesichert werden.
5. Die im Friedensplan enthaltenen Garantieerklärungen sollten dergestalt formuliert werden, daß Philipp bei seinem Verzicht auf die französische Krone blieb und Georg in seiner Eigenschaft als Kurfürst der Besitz von Bremen und Verden gewährleistet wurde.
6. Mit Problemen, die aus dieser Übereinkunft erwuchsen, sollten sich nur zu deren Lösung einberufene Kongresse befassen.

Man stellte sich den Friedensplan zunächst als Quadrupelallianz vor: Wenn der Kaiser ihn akzeptiert hatte, sollte ihm auch die Niederländische Republik beitreten. Und ursprünglich war der Geheimartikel, der die Signatarmächte verpflichtete, nötigenfalls Gewalt anzuwenden, um Philipp zur Annahme des Plans zu zwingen, ein wichtiger Bestandteil. Im weiteren Verlauf unterzeichneten die Niederländer dann nicht, oder, genauer gesagt: Als sie sich zur Unterzeichnung bereitfanden, waren Georg und Stanhope nicht mehr bereit, den Preis zu zahlen, den die Niederlande für den Beitritt zum Vertrag forderten. Die Bezeichnung »Quadrupelallianz« stimmte jedoch, als im November 1718 – der Kaiser hatte bereits im August unterzeichnet – Victor Amadeus dazukam. Ein kurzer begrenzter Krieg mit Spanien, den die britische Flotte und die französische Armee ausfochten, ließ sich nicht vermeiden, und im Februar 1720 trat dann Philipp V. der Quadrupelallianz bei. Damit war der Friedensplan für den Süden verwirklicht.

Erfolg im Süden

Es hatte gewaltige Arbeit geleistet werden müssen – sowohl von den Ministern und Diplomaten Georgs I. als auch von denen des Regenten von Frankreich. Stanhope hatte die Hauptlast beim Entwurf des Vertrags zu tragen; da halfen ihm zwei jüngere Männer, Craggs und Carteret, die in hohem Maße davon profitierten, mit äußerst komplizierten und wichtigen Problemen konfrontiert zu werden. Obwohl Sunderland theoretisch einer der beiden Außenpolitischen Abteilungen vorstand, überließ er die Dinge weitgehend Stanhope. Die deutschen Minister Bernstorff und Bothmer (und, zumindest zeitweise, auch Robethon) nahmen an allen wichtigen Sitzungen teil. Lukas Schaub, ein aus der Schweiz gebürtiger Diplomat in britischen Diensten, nahm laut Stanhope an sämtlichen Sitzungen teil, um sich mit jeder Einzelheit vertraut zu machen und die Fragen der Hofburg beantworten zu können, wenn er mit dem Entwurf des Friedensplans in Wien eintraf.

Daß Georg Kontrolle ausübte, alle Aspekte des Plans prüfte und die tägliche Entwicklung verfolgte, geht aus einer Reihe von erhalten gebliebenen zeitgenössischen Quellen hervor: aus der Korrespondenz mit seinem *Frère et Cousin* Philipp von Orléans, die sich jetzt bei den Chevening-Manuskripten befindet, aus den Memoiren Bothmers für das Jahr 1718 und – am deutlichsten – aus den vielen Briefen Schulenburgs. Georg wartete ungeduldig auf die Rückkehr Dubois' von seinem Aufenthalt in Frankreich im November/Dezember 1717, der dazu dienen sollte, den Regenten zur Annahme des Kompromisses mit den kaiserlichen Lehen und den neutralen Garnisonen zu bewegen; er erwartete mit Sorge das Ergebnis der Parlamentsdebatten über das Budget für das Geschwader, das 1718 im Mittelmeer präsent sein sollte. Außerdem setzte er keinen Termin für einen Besuch in Hannover fest: Wenn Stanhope nicht mit zufriedenstellenden Ergebnissen von seinen Missionen in Frankreich und Spanien (Ende Juni bis Ende September) heimkehrte, würde Georg in London auf dem Posten bleiben müssen.

Bis dahin war alles gut gegangen. Das Unterhaus bewilligte zur großen Erleichterung des Hofes das erforderliche Budget, obwohl Walpole warnte, die Entsendung eines Geschwaders ins Mittelmeer könne zum Krieg mit Spanien führen. Die Regierung schlachtete die spanische Aggression in Europa im Jahre 1717 für sich aus, ebenso die Empörung über Philipps V. Versuche zu verhindern, daß Britannien das spanische Handelsmonopol mit Neuspanien aufbrach. Georg und Stanhope wollten das Geschwader jedoch nicht offensiv einsetzen – es sei denn, es wäre unumgänglich. Der Staatssekretär zählte Britanniens vorteilhafte Handelsverträge mit Spanien von 1715 und 1716 zu seinen größten Leistungen. Der König neigte seinem Wesen und seinen Erfahrungen nach dazu, seine Ziele mit möglichst wenig Waffengewalt zu erreichen. Prinz Eugen hatte nicht unrecht mit seiner spöttischen Bemerkung, Georg versuche, Bremen und Verden »wohlfeil« zu bekommen. Die diplomatischen und die das Mittelmeergeschwader betreffenden Maßnahmen, die König und Minister planten, tragen den Stempel von Georgs Taktik im Ostseeraum in den Jahren 1715 und 1716. Byng, der im Juni mit einer kleinen Flotte erstklassiger Schiffe in See stach, hatte Order, Neapel und die anderen italienischen Besitzungen des Kaisers sowie Victor Amadeus' Sizilien zu schützen – mit der offiziellen Begründung, daß ein etwaiger Versuch der Spanier, »das Königreich Sizilien in ihren Besitz zu bringen, mit der Absicht erfolge, ins Königreich Neapel einzufallen«. Über diese Order vom 26. Mai (AS) 1718 wurde Karl VI. nicht informiert. Um ihn, der im April seine prinzipielle Billigung des Friedensplans kundgetan hatte, zur verbindlichen Unterschriftsleistung zu veranlassen, machte Georg den Kaiser und dessen Diplomaten sogar glauben, daß die Order, die österreichischen Besitzungen in Italien zu schützen, erst dann an das Geschwader ergehen würde, wenn die Hofburg formell der Quadrupelallianz beigetreten sei. Nachdem Karl VI. sich gefügt und Pentenriedter in seinem Namen am 7. August in London unterzeichnet hatte, erhielt Byng erneut die Order (über die Wien diesmal informiert wurde), Österreichs Besitzungen in Italien gegen Spanien zu verteidigen: ein gelungener diplomatischer Schachzug um einer guten Sache willen.

Die Mischung von Versprechungen und Drohungen (in Gestalt von Andeutungen, daß Georgs I. Mittelmeergeschwader sich womöglich auf Spaniens Seite schlüge, wenn Karl VI. nicht bald zu einem Entschluß gelangte) verfehlte nicht ihre Wirkung auf den kaiserlichen Hof, hatte jedoch in Spanien keinen Erfolg. Byng hatte Anweisung, sobald er einen spanischen Hafen anlief, eine Abschrift seiner Befehle vom Mai an William Stanhope zu senden, der sie an Philipp V. weiterleiten sollte. Man hoffte, daß Spanien nach Kenntnisnahme dieser Befehle von weiteren aggressiven Aktionen Abstand nehmen würde. Als der spanische Hof jedoch von ihnen erfuhr, waren die Würfel bereits gefallen. Und es ist unwahrscheinlich, daß sie – auch wenn Philipp schon früher von Georgs Absichten gewußt hätte – eine Wirkung gezeigt hätten. Die Nachricht von der Bereitstellung eines britischen Geschwaders hatte die Spanier veranlaßt, ihre Marinevorbereitungen beschleunigt voranzutreiben. Am 18. Juni lief eine stattliche Flotte aus Barcelona aus, von der Philipp hoffte, daß sie ebenso erfolgreich operieren würde wie die von 1717. Am liebsten hätte der spanische König Neapel angegriffen. Alberoni konnte ihn jedoch davon überzeugen, daß ein Angriff auf Sizilien vernünftiger sei: Es bestände die Chance, daß Britannien daran weniger Anstoß nähme als an einem Angriff auf Neapel. Außerdem meinte Alberoni, mit dem Besitz Siziliens könne man – im Verein mit dem Sardiniens – möglicherweise eine Modifizierung des Friedensplans zu Gunsten Spaniens erreichen. Was darin für Don Carlos verfügt sei, gereiche zwar der königlichen Familie zum privaten Vorteil, nicht aber Philipp V. in seiner Eigenschaft als Herrscher Spaniens, und es komme in erster Linie auf seine und seines Reiches Geltung an. Darum war die Antwort, die William Stanhope erhielt, kurz und kompromißlos: *Le Chevalier Byng peut executer les ordres qu'il a du Roy son Maitre.* Earl Stanhopes Besuch in Madrid im August machte wenig oder gar keinen Eindruck. Sein Argument, Spanien solle dankbar dafür sein, daß man Don Carlos' Herzogtümer als kaiserliche und nicht als österreichisch-habsburgische Lehen betrachten wolle, stieß auf taube Ohren: Die damit implizierte gesetzliche Absicherung gegen eine österreichische Einmischung in die Angelegenheiten der Herzogtümer schien gering zu sein verglichen mit der Demütigung, daß ein Sohn des spanischen Herrschers dem Kaiser Lehenstreue zu schwören hatte. Das Angebot der Rückgabe Gibraltars, das er in Georgs Namen machte, war für den Hof, der über die erfolgreiche Invasion in Sizilien frohlockte, nicht ausreichend. Man nähme Gibraltar schon, aber es müsse auch noch etwas in Italien für Spanien abfallen: Wie wäre es mit Sizilien?

Ohne daß Stanhope und Alberoni es wußten, war diese Frage bereits entschieden, bevor der britische Staatssekretär – immer noch zuversichtlich, daß Alberoni die Macht und den Wunsch hatte, Philipp V. zur Vernunft zu bringen und zur Unterzeichnung des Friedensplans zu bewegen – aus Madrid abreiste. Am 11. August (NS) hatte sich Byngs Geschwader bei Kap Passaro eine Schlacht mit der spanischen Flotte geliefert, die damit endete, daß dieses Symbol für Spaniens Überwindung seiner militärischen Schwäche im späten 17. Jahrhundert fast vernichtet wurde. Die neue Flotte hatte vorzügliche Schiffe, aber ihre Offiziere waren unerfahrener als die britischen, und überdies hatten Wind und Position den Angreifer begünstigt. Als Stanhope diese Nachricht auf dem Rückweg nach Paris erhielt, dürfte er kaum überrascht gewesen sein: Schließlich war er an der Ausarbeitung von Byngs Befehlen beteiligt gewesen. Seine nächste Aufgabe war nun, Dubois bei der Beruhigung des Regenten zu helfen und die britischen und französischen Maßnahmen zu koordinieren, falls Philipp Georg I. den Krieg erklärte oder weitere Aktionen nötig waren, bevor Philipp sich zur Annahme des Friedensplans bewegen ließ.

Die Diskussion, die sich darüber entspann, ob die Schlacht bei Kap Passaro gerechtfertigt war oder nicht*, soll uns hier nicht interessieren,

---

* Byng behauptete der Form halber, die Spanier hätten mit den Kampfhandlungen begonnen. Die Spanier beklagten sich bitterlich: Britannien habe mit dem Angriff auf ihre Flotte zu einer Zeit, da zwischen den beiden Ländern Friede herrschte, ein »barbarisches Verhalten« an den Tag gelegt.

ebensowenig die detaillierte – und oft erzählte – Geschichte, wie Philipp dazu gebracht wurde, Alberoni im Dezember 1719 zu entlassen und im Januar 1720 der Quadrupelallianz beizutreten. Natürlich spielte dabei der Krieg eine Rolle, den Britannien und Frankreich am 28. Dezember 1718 Spanien erklärten: Die Briten besetzten Vigo und belegten Sardinien und Sizilien mit einer Blockade; die Franzosen marschierten im April 1719 in Nordwestspanien und im Oktober 1719 in Katalonien ein und kamen gut voran, weil diese Gebiete nicht auf einen Angriff vorbereitet waren. Doch der Krieg wurde nicht allzu energisch betrieben, da dies dem Grundgedanken des Friedensplans widersprochen hätte. Die wirksamste Waffe war eine diplomatische Drohung: Die verbindliche britisch-französische Übereinkunft mit Karl VI. vom Oktober 1719 darüber, daß Don Carlos seine Ansprüche in Italien verwirken würde und die Signatarmächte für Parma, Piacenza und die Toskana andere Fürsten als Erben benennen würden, wenn Philipp V. nicht binnen drei Monaten der Quadrupelallianz beitrat.

Auf einige allgemeine Punkte soll jedoch hingewiesen werden. Erstens auf die Härte, die in der Behandlung Spaniens deutlich wird und auch – freilich ohne die Zuhilfenahme von Waffengewalt – in der Behandlung von Victor Amadeus von Savoyen und in der Behandlung der Niederländischen Republik. Der König von Sizilien hatte sich Georg und Stanhope gegenüber danebenbenommen, weil er sein Angebot, Sizilien Karl VI. zu überlassen, zurückgezogen und in der Hoffnung, weitere Gewinne für sich verbuchen zu können, die eine Seite gegen die andere ausgespielt hatte. Er hatte sich derart lästig gemacht, daß man ihn an Georgs Hof als *Arche-Machiavall de la Siècle* bezeichnete. Als er im November 1718 der Quadrupelallianz beitrat, erhielt er außer einer Garantieerklärung für seine Territorien nichts dafür, daß er Sizilien abgab und gegen das weniger wertvolle Sardinien tauschte. Die Niederländer fühlten sich ebenfalls schlecht behandelt. Georg und Stanhope wünschten ihren Beitritt zur Quadrupelallianz einerseits, weil sie gesamteuropäischen moralischen Druck auf Philipp V. ausüben wollten, und andererseits, weil man nach einem Grundsatz in der britischen Außenpolitik keine Verwicklung in einen Krieg riskierte, es sei denn, die größte Handelskonkurrenz, die Niederländische Republik, hätte ähnliche Verbindlichkeiten. Doch da es schwierig war, in den Vereinigten Provinzen etwas geheimzuhalten, betrachtete man es als das beste, die Verhandlungen mit den niederländischen Politikern über Einzelheiten der Quadrupelallianz zu verschieben, bis sich die drei wichtigeren Signatarmächte einig geworden waren. Die Geheimartikel des Vertrags wurden den Niederländern denn auch nur durch eine Indiskretion bekannt. Das Ergebnis war Mißtrauen zwischen Britannien und den Niederlanden. Es wurden verschiedene Zugeständnisse und Versprechungen gemacht, um die Niederländer für den Beitritt zu gewinnen, aber die Republik – sehr bedacht darauf, nicht in einen Krieg verwickelt zu werden – ging so krumme Wege, daß man sie der Gaunerei bezichtigte. Robethons erbostes »Das Verhalten der Niederländer gegen Seine Majestät ist perfid und abscheulich« war nicht ganz unberechtigt. Die niederländischen Politiker ihrerseits hielten es für unfair, ja heimtückisch, daß Georg ihnen den Beitritt verweigerte, als sie sich im Dezember 1719 dazu bereit erklärten, den Vertrag samt seinen Geheimartikeln zu unterzeichnen. Doch Georg wollte die Einhaltung eines früheren Versprechens bezüglich des Handels mit Schweden umgehen.

Zweitens sollte vermerkt werden, daß Georgs Bereitschaft zur Härte ebenso zum Gelingen des Friedensplans für den Süden beitrug wie das Vertrauensverhältnis zwischen der britischen und der französischen Regierung, das er hergestellt hatte. Ein früherer Versuch, ein europäisches Problem (das der spanischen Erbfolge) ohne einen großen Krieg zu lösen – die sogenannten Teilungsverträge, denen Ludwig XIV. und die Seemächte 1698 beziehungsweise 1700 beitraten –, war gescheitert, weil es am Vertrauen fehlte und weil Wilhelm III. nicht hart mit dem Kaiser umspringen wollte. Ohnehin war die Härte Spanien gegenüber mehr eine scheinbare als eine wirkliche, wenn man von der Notwendigkeit ausgeht, einen Frieden zwischen Karl VI. und Philipp V. herbeizuführen, ohne daß das Kräftegleichgewicht, das die Friedensschlüsse von 1713/14 geschafft hatten, durcheinandergebracht wurde. Von Philipps Standpunkt aus betrachtet, hatte der Kaiser den Löwenanteil bekommen, und der durch den britischen Angriff bedingte Rückschlag war für die spanische Flotte äußerst ärgerlich. Doch man muß zugeben, daß die Befriedung des Mittelmeerraums schwieriger, oder vielleicht sogar unmöglich gewesen wäre, wenn man Philipp die Rückeroberung von Spaniens vormaligen italienischen Besitzungen gestattet hätte.

Und schließlich hatten die Politiker und Herrscher der damaligen Zeit aus den Fehlern der Vergangenheit und der lebhaften Diskussion über Krieg und Frieden seit den letzten Jahren des Spanischen Erbfolgekriegs etwas gelernt. Man verwendete die größte Sorgfalt darauf, den Friedensplan narrensicher zu machen und es trotzdem zu ermöglichen, daß er modifiziert werden konnte, solange die Grundprinzipien unangetastet blieben. Deshalb hatte er Bestand. Was nach 1720 an Korrekturen vorgenommen werden mußte, blieb im Rahmen der Bedingung, daß italienische Gebiete, die von Söhnen aus Philipps V. zweiter Ehe regiert wurden, niemals mit Spanien vereinigt werden sollten: Die Herzogtümer würden Sekundogenituren bleiben, selbst wenn es das Schicksal wollte (wie 1759), daß einer der Söhne Philipps aus seiner zweiten Ehe mit Elisabeth Farnese die spanische Krone erbte. Die Bestimmung im Vertrag der Quadrupelallianz, daß aus dem Friedensplan entstehende Probleme durch Kongresse der Vertragsparteien geregelt werden sollten, stellte ebenfalls einen Fortschritt gegenüber früheren Projekten dar: Was nie mehr als eine fromme Phrase gewesen war, wurde jetzt den gegenwärtigen und zukünftigen Signatarmächten zur Pflicht gemacht. Es sollte sich für den Rest von Georgs I. Regierungszeit positiv auf die europäische Diplomatie auswirken, und es blieb auch nicht ohne Einfluß auf die Theorie der internationalen Beziehungen. Georgs Anteil an dieser entscheidenden und geglückten Innovation wird nicht nur durch das bereits erwähnte Quellenmaterial bewiesen, sondern auch dadurch, daß der König, als Stanhope 1718 drei Monate lang in Sachen Friedensplan im Ausland war, zu Hause blieb, in der Kommandozentrale, und mit Craggs in Hampton Court zusammenarbeitete, um die Befehle zu erteilen – die an Stanhope eingeschlossen. Während Stanhopes Abwesenheit wurden wichtige Briefe an Craggs – diejenigen, die als geheim gekennzeichnet waren – auf französisch geschrieben, was zeigt, daß sie zu Georgs Information gedacht waren. Und darum ist es mehr als platte Schmeichelei, wenn Schulenburg schreibt, daß die Herstellung der *Tranquilité du cote de Midy*, an der man schier verzweifelt war, bevor Stanhope und Georg ans Werk gingen, *un grand Lustre à la Gloire du Roy notre Maitre* sei.

Teilerfolg im Norden

Auch für den Norden waren die Jahre 1718 und 1719 von entscheidender Bedeutung*. Der Flotteneinsatz 1718 im Süden verringerte die Zahl der für die Ostsee verfügbaren Schiffe. Bereits im April war abzusehen, daß für den Norden höchstens zehn Schiffe blieben. Damit Norris mit den Dänen zusammenarbeiten konnte, traf man mit den Niederländern eine Abmachung, kraft der sie sich bereit erklärten, nicht nur ihren, sondern auch den britischen Handelsschiffen in der Ostsee Geleitschutz zu geben. Dafür wurde ihnen versprochen, an den Vorteilen zu partizipieren, die Georg beim Friedensschluß für den britischen Handel mit Schweden zu erwirken hoffte. Dieses Versprechen wurde – was angesichts der Handelskonkurrenz zwischen den beiden Seemächten nicht wunder nimmt – ungern gegeben und – was ebensowenig wunder nimmt – hoch geschätzt. Die Niederländer bezogen das Versprechen in ihre Bedingungen für den Beitritt zur Quadrupelallianz mit ein, und obwohl dies zu einer Zeit, da der Beitritt der Niederländer äußerst erwünscht war, Zu-

---

* Georg hatte hier weniger Handlungsfreiheit als im Süden, weil Zar Peter in einem persönlichen Brief vom 5. Januar 1718 den Vorschlag des Königs, einen Kongreß zur Lösung der Probleme im Norden abzuhalten, kategorisch ablehnte: Der Zar wollte in keinerlei Verhandlungen »dans un Congrès Publique« eintreten.

stimmung fand, zogen Georg und Stanhope es später vor (weil die verbindliche Einverständniserklärung der Republik zu spät kam), die Frage der niederländischen Partizipation einfach fallenzulassen, statt das Versprechen einzulösen. Die niederländischen Politiker und die Kaufherren-Oligarchie der Republik waren wütend: Schließlich hatten sie sich an die für 1718 getroffene Abmachung gehalten. Doch das britische Gegenargument, daß Georg in der Zwischenzeit nicht nur den Krieg mit Spanien, sondern 1719 auch die Ausrüstung einer Flotte für den Norden hatte finanzieren müssen – in diesem Jahr schickten die Niederländer kein einziges Kriegsschiff in die Ostsee –, war nicht von der Hand zu weisen. Und es traf auch zu, daß Georg in seiner Eigenschaft als Kurfürst Frieden mit Schweden geschlossen hatte (der Friedensvertrag umfaßte Handelsvorteile für seine britischen Untertanen), bevor die Republik sich zum Beitritt zur Quadrupelallianz bereitgefunden hatte.

Viel war geschehen, bevor 1719 der Friede von Stockholm, der erste Hauptpunkt des Friedensplans für den Norden, zustandekam. Bereits im Februar 1718 war Fabrice, wie es Georg Heinrich von Görtz vorgeschlagen hatte, nach Schweden geschickt worden: Die Gespräche in Lund – Karls XII. damaligem Hauptquartier – sollten ein Gegengewicht zu denen in Lövö auf den Åland-Inseln bilden, auf die man sich mit den Russen geeinigt hatte. Fabrice wurde freundlich empfangen und nahm an dem Familientreffen des schwedischen Königs und dessen näherer Verwandtschaft teil, das zwischen dem 21. März und dem 3. April in Kristinehamn stattfand. Nachdem Karl XII. nach Lund zurückgekehrt war, stieß zu Fabrice ein akkreditierter hannoveranischer Diplomat namens Schrader – für den Fall, daß man zu einer Verständigung gelangte. Doch es stellte sich bald heraus, daß sich Karl XII. weder Georg noch Zar Peter gegenüber festlegen wollte, bevor er den für den Spätsommer 1718 geplanten Feldzug geführt hatte. Im Laufe dieses Feldzugs sollte zunächst Norwegen angegriffen werden, dann Dänemark. Von dort aus sollte ein Vorstoß nach Deutschland erfolgen, der in erster Linie gegen Hannover gerichtet war. Wenn der Feldzug auch nur ein Teilerfolg wurde, hoffte der schwedische König, daß Rußland sich mit Ingrien und Hannover sich mit einem kleinen Teil von Bremen und Verden begnügen würde.

Unterdessen setzte Karl XII. die – durchaus ernstgemeinten – Verhandlungen mit Georg und mit Peter fort. Er wollte sehen, von welcher Seite sich Schweden die größeren Vorteile erwarten konnte. Doch Georg war mißtrauisch genug, um Fabrice im Juni 1718 abzuberufen; er war auch selbstsicher genug, um Karl XII. mitzuteilen, daß er die Gespräche in Lund nicht wiederaufnehmen würde, »solange Herr von Görtz* mit

---

* Die russischen Emissäre waren im Januar 1718 in Lövö eingetroffen, aber die Verhandlungen begannen erst, nachdem Georg Heinrich von Görtz im Mai zu ihnen gestoßen war.

seinen Åland-Konferenzen fortführe«; und er war klug genug, um Schrader in Schweden bleiben zu lassen.

Die allgemeine Entwicklung war Georg günstig. Die Quadrupelallianz galt schon als Realität, als Karls VI. prinzipielles Einverständnis dazu in Europa bekannt wurde; und der von Britannien vermittelte Friede von Passarowitz vom 21. Juli (NS) 1718 zwischen dem Kaiser und den Türken – der für Karl sehr vorteilhaft ausfiel – stärkte die Position des Königs noch zusätzlich. Zar Peter war jetzt immerhin so besorgt, daß er sich bei Georg I. rückversicherte, indem er – zumindest zeitweise – seine Kontakte zu den Jakobiten abbrach und bei seinen Verhandlungen mit Alberoni über eine für 1719 geplante Invasion in Britannien zur Unterstützung von Jakob Eduard Stuarts Sache eine größere Vorsicht an den Tag legte. Georg reagierte rasch auf die russischen Annäherungsversuche: Er kündigte die Entsendung von Norris und James Jefferyes zum Zaren an, setzte allerdings seine Verhandlungen mit August II. von Sachsen-Polen und dem Kaiser fort, damit Rußland Paroli geboten werden konnte, falls es 1719 zu der befürchteten russisch-schwedischen Zusammenarbeit kam.

Nicht nur Georg warf seine Netze weit aus. 1718 trafen in Schweden Emissäre aus Preußen, Sachsen und dem polnisch-litauischen Reich ein, auch Emissäre von Jakob Sobieski, der August den polnischen Thron streitig machte. Das stimmte Karl XII. weiterhin zuversichtlich: Er glaubte nämlich, wenn es ihm gelänge, Frieden mit einem seiner Hauptfeinde zu schließen, würden die übrigen nachziehen – eine Art Schneeballsystem, wie es zwischen 1711 und 1714 nach Ludwigs XIV. Separatfrieden mit England wirksam gewesen war. Da die Schweden zunächst nach Westen vorstießen, nach Norwegen, und Anfang September 1718 starke Truppenkontingente in die Gegend von Trondheim geschickt wurden, befand sich Georg in einer prekären Lage. Von Trondheim aus konnte Schottland bedroht werden, und wenn das Gros von Karls XII. Armee (das Ende Oktober in Südnorwegen einzumarschieren begann) im Frühling 1719 nach Dänemark übergesetzt wurde und sich dort halten konnte, würde Hannover in Reichweite der Schweden sein.

Doch das Glück blieb Georg treu. Der Tod Karls XII. machte den großen Plänen ein Ende. Die schwedischen Streitkräfte traten den Rückzug aus Trondheim an. Ironischerweise hatte Karl mit der Belagerung der Festung Frederiksten (in der Nähe von Frederikshald) eigentlich gar nichts zu tun. In der Nacht des 11. Dezember (NS), als er die Soldaten seiner neuen Armee in den Gräben inspizierte, wurde er von einer Kugel getroffen und war auf der Stelle tot. Er hatte lediglich seine Offensive jenseits des Glommen-Flusses um ein paar Tage verschoben, weil er darauf wartete, daß Georg Heinrich von Görtz mit den neuesten Angeboten der Russen eintraf. Karls XII. Nachfolgerin, seine Schwester Ulrike

Eleonore, setzte die Verhandlungen zwar fort, war aber geneigt – teils von sich aus, teils, weil ihr Mann, Friedrich von Hessen, sie dazu überredet hatte – , mit Georg I. Frieden zu schließen. Georgs Macht war bekannt*, und mit seiner Hilfe konnten die Russen vielleicht dazu gezwungen werden, wenigstens einen Teil ihrer Eroberungen wieder herzugeben. Friedrich, der älteste Sohn des Landgrafen von Hessen (und somit Erbe der Landgrafschaft), dachte deutsch genug, um sich aus den schwedischen Verlusten im Reich nichts zu machen; und wegen der Rivalität um die schwedische Thronfolge zwischen seiner Frau und deren Neffen, dem jungen Herzog von Holstein-Gottorp, war er eher darauf erpicht als abgeneigt, auf Kosten des Herzogs Frieden mit Dänemark-Norwegen zu schließen.

Und damit bot sich Georg und Stanhope eine günstige Gelegenheit. Als Ulrike Eleonore im Frühling 1719 zum ersten Mal andeutete, daß Georgs Vermittlung willkommen sei, wurde Charles Whitworth, der als Diplomat auf Missionen in Rußland und Preußen Erfahrungen gesammelt hatte, nach Berlin geschickt, um Friedrich Wilhelm I. von seinem Bündnis mit dem Zaren abzubringen; der junge Carteret – er sprach Deutsch und kannte sich mit kontinentaleuropäischen Angelegenheiten, besonders denen des Reichs, gut aus – ging nach Stockholm. Von Friedrich IV. von Dänemark-Norwegen erwartete man sich keine Schwierigkeiten: Er und Georg hatten gut zusammengearbeitet, und der dänische König hatte die Kooperation mit Rußland mehr oder weniger aufgegeben. Georgs Besuch in Hannover im Sommer und Herbst 1719 erleichterte die Friedensverhandlungen wesentlich. Das erste Ziel waren Verträge Hannovers, Dänemark-Norwegens und Preußens mit Schweden, die Rußland isolieren würden. In der zweiten Phase sollten Verhandlungen mit dem Kaiser, August von Sachsen-Polen und möglichst vielen Mächten einschließlich Frankreichs geführt werden, damit Rußland einen Frieden mit Schweden akzeptierte, dank dem Schweden einiges an Besitz im Baltikum und möglichst die Kontrolle über Riga und Reval behielt. Dies gründete sich zum Teil auf die gegen Rußland und gegen Preußen gerichteten Verhandlungen Hannovers, in die Bernstorff im Sommer 1718 mit August und Karl VI. eingetreten war und die im Januar 1719 in einem Bündnis Hannovers mit diesen beiden Herrschern ihren Abschluß fanden.

---

* Im Jahre 1717 hatte es Byng, der die britischen Handelsschiffe allein nach den ostbaltischen Häfen eskortierte (es war in diesem Jahr kein niederländisches Geschwader in der Ostsee), immerhin fertiggebracht, durch seine bloße Anwesenheit die schwedischen Freibeuter – die vor seiner Ankunft und nach seinem Weggang sehr aktiv waren – in ihre Häfen zu scheuchen. Und im Jahre 1718, als Norris' Geschwader sich ganz auf die Zusammenarbeit mit den Dänen konzentrieren konnte, weil die Niederländer auch den britischen Handelsschiffen Geleitschutz gaben, mußte Karl XII. seine Invasion in Südnorwegen für eine Zeit planen, zu der die britische Flotte voraussichtlich die nordischen Gewässer verlassen hatte.

Außer in Schweden wollte man Zar Peter nicht aus dem Ostseeraum vertreiben. Der Plan sah vielmehr Teilungen vor, von denen man sich ein Kräftegleichgewicht im Norden versprach: Schweden sollte Finnland, Livland und soviel wie möglich von Estland zurückbekommen; Rußland sollte Karelien, Ingrien und einen Teil von Estland behalten. Auf diese Weise würde Schweden sein Handelsmonopol mit den ostbaltischen Häfen verlieren, während Rußland hinreichend eingeschränkt sein würde, um keine Gefahr für Polen, Preußen und das Reich darzustellen.

Die erste Phase des Friedensplans für den Norden ließ sich gut an. Carteret erhielt die Vollmacht, Ulrike Eleonore britische Flottenhilfe gegen den Zaren zu versprechen. Und da die russische Galeerenflotte bereits Verheerungen an der schwedischen Küste anzurichten begann, erhielt er rasch die Zustimmung zur Abtretung Verdens und Bremens an Hannover, für die eine Ausgleichszahlung erfolgte. Außerdem sollte Schwedens Vertrag mit Britannien aus dem Jahre 1700 »im Lichte der gegenwärtigen Bedingungen« erneuert werden – eine Formulierung, die auf die erwünschten Zugeständnisse beim Handel hindeutete. Einige einflußreiche Schweden wollten Bremen und Verden nicht aufgeben. Andere wollten in der Tradition Karls XII. eine detaillierte Auflistung »jeder möglichen« britischen Hilfe gegen Rußland. Carteret konnte jedoch die Weisung einhalten, sich in dieser Phase noch nicht festzulegen, weil Landungen der Russen in der Nähe von Stockholm fast zu einer Panik in der schwedischen Hauptstadt führten. Und deshalb wurden schon vor Ende Juli zu Carterets Bedingungen Abkommen mit Hannover und Britannien unterzeichnet und ratifiziert. Carteret war zu intelligent, um sich nicht im klaren darüber zu sein, warum er so schnelle Fortschritte gemacht hatte. »Unser Erfolg«, berichtete er, »ist vor allem dem Zaren zu verdanken; daß er fast vor den Toren Stockholms stand, war das überzeugendste Argument zu unseren Gunsten.« Man wollte Schweden zwar nicht um die versprochene Hilfe betrügen, aber die Mittel Britanniens waren, was die Flotte anging, im Jahre 1719 ziemlich erschöpft: zum einen durch die Blockaden im Mittelmeer, zum anderen durch die Entsendung von Schiffen nach Westindien und schließlich noch durch die Notwendigkeit, auch in heimischen Gewässern einige Schiffe zu haben, falls Alberoni nach dem Fiasko der Invasion vom März 1719* erneut eine Landung in Britannien organisieren wollte.

---

* Jakob Eduard Stuart war von Rom nach Spanien übergesiedelt; am 28. März 1719 stach ein spanisches Geschwader unter Ormondes Kommando in See, um Georgs I. Herrschaftsgebiete zu überfallen, wurde aber von einem gewaltigen Sturm im Golf von Biscaya zerstreut. Die Schiffe, die nicht verlorengegangen waren, kehrten nach Spanien zurück – bis auf zwei Fregatten mit dreihundert Spaniern an Bord, die dem britischen Geschwader entkamen, das auf die Invasionsflotte wartete, und auf der Insel Lewis landeten. Auch ein Schiff mit Jakobiten aus Frankreich traf in Schottland ein. Nach der Niederlage bei Glenshiel ergaben sich die Spanier, und die tausend Hochländer, die sich ihnen angeschlossen hatten, »verliefen sich«.

Betrogen wurden die Schweden jedoch bei den Landgewinnen Preußens auf Schwedens Kosten. Das ist teilweise damit zu erklären, daß Georg so große Schwierigkeiten hatte, Friedrich Wilhelm von seinem Bündnis mit Rußland abzubringen. Vom preußischen Standpunkt aus betrachtet, war Rußland nahe und mächtig; und Georgs Winkelzüge von 1715 waren nicht vergessen. Die Unschlüssigkeit des preußischen Königs und sein Beharren darauf, daß August von Sachsen-Polen nicht in den Friedensplan für den Norden eingebracht werden dürfe, bevor er nicht seinen Anspruch auf die polnische Landeshoheit über Ostpreußen aufgegeben hatte, verzögerten die Verhandlungen mehr als Bernstorffs Widerstand gegen die Allianz mit Preußen. Freilich betonten, ja übertrieben Stanhope, der mit Georg in Hannover war, und Craggs, sein Vertrauter in Whitehall, nicht ohne Grund Bernstorffs Halsstarrigkeit und egoistische Besorgtheit seiner »drei Dörfer« wegen. Trotzdem ist nicht daran zu rütteln, daß Bernstorffs Mißtrauen gegen Preußen echt war. Preußen war Hannover im Osten wie im Westen so unmittelbar benachbart, daß Bernstorff voraussagte – geradezu prophetisch, wenn es auch erst einige Zeit später in Erfüllung ging – , dieser Staat werde sich eines Tages ganz Norddeutschlands bemächtigen.

Deshalb sah er es auch mit Unmut, daß die Preußen sich tiefer nach Pommern hineinbewegten*, selbst wenn sie jenseits der Peene blieben. Er und Wien waren sich darin einig, daß Friedrich Wilhelm, falls Preußen Pommern erhielt, die Territorien im Westen aufgeben sollte – nämlich Magdeburg, Halberstadt und Minden – , die es 1648 als Ausgleich dafür erhalten hatte, daß Pommern Schweden zugesprochen wurde. Doch Georg mußte sich über Bernstorff und diejenigen Hannoveraner, die seine Partei ergriffen, hinwegsetzen, weil der Friedensplan für den Norden nur dann gelingen konnte, wenn Rußland möglichst vollständig isoliert wurde. Da Britannien und Frankreich sich erneut dafür verwendeten, daß Friedrich Wilhelm Pommern bis zur Peene bekam (einschließlich Stettins), ließen sich andere Dinge leicht regeln. Der preußische König zeigte seine Dankbarkeit, indem er den Anspruch auf Oberhoheit über die »Bernstorffschen Dörfer« aufgab.

Es bestand jedoch immer noch das Problem, wie man Schweden dazu brachte, den Verzicht auf Stettin und den Teil Pommerns zu akzeptieren, der Friedrich Wilhelm durch zwei am 12. August 1719 unterzeichnete Verträge – zwischen Preußen und Hannover sowie zwischen Hannover und Britannien – garantiert wurde. Stanhope verfiel auf die Lösung, die Verträge auf den 4. August zurückzudatieren. So konnte man in Stockholm behaupten, Georg I. habe sich in seiner Eigenschaft als König wie als Kurfürst schon festgelegt, bevor Carterets Nachricht von

---

* Beim Frieden von Fontainebleau (1679) hatte Brandenburg als Gewinn aus dem Niederländischen Krieg ein Stück von Schwedisch-Pommern bekommen.

den Abkommen mit Schweden eingetroffen sei. Diese »Gaunerei« (um die Formulierung von Stanhopes Biographen zu gebrauchen) war an sich nicht nachteilig für die Schweden; aber die Drohung, ihnen keine Flottenhilfe gegen Rußland zu gewähren, ehe sie sich mit den Gebietsabtretungen an Preußen einverstanden erklärt hatten, zeigt, wie total sie von Britannien abhängig waren und wie zielstrebig und rücksichtslos Georg und Stanhope vorgingen. Am 29. August wurde ein neues Abkommen zwischen Schweden und Britannien unterzeichnet, kraft dessen Schweden den Verlust von Bremen, Verden und Pommern östlich der Peene (samt Stettin) akzeptierte. Britannien sagte dafür Waffenhilfe und Subsidien für Schwedens Kampf mit seinen noch verbleibenden Feinden zu. Außerdem machte es sich Georg I. zur Pflicht, Schweden bei den endgültigen Friedensverhandlungen gute Dienste zu erweisen. Durch seinen Botschafter in Schweden schloß sich der Regent von Frankreich der Abmachung an. Dank den Subsidien, die Frankreich Schweden zur Verfügung stellte, und dank der Präsenz von Admiral Norris in schwedischen Gewässern war die russische Gefahr einstweilen gebannt. Nun wurden die Verträge in allen Einzelheiten ausgearbeitet. Der zwischen Schweden und Hannover wurde am 20. November 1719 unterzeichnet, der zwischen Britannien und Schweden sowie zwischen Preußen und Schweden Anfang 1720. Zur selben Zeit wurde ein Abkommen zwischen Schweden und August von Sachsen-Polen geschlossen, das den Kriegszustand beendete.

Die französische Diplomatie hatte Schweden dazu verholfen, daß es nicht ganz aus Norddeutschland verdrängt wurde. Bernstorff hatte der totale Rückzug Schwedens aus dem Reich vorgeschwebt, und Georg und Stanhope hatten nichts dagegen einzuwenden gehabt, weil der Friedensplan für den Norden vorsah, daß Schweden den größten Teil seiner ostbaltischen Provinzen zurückbekam. Beide beugten sich jedoch dem Druck Frankreichs; und als der Friede zwischen Schweden und Dänemark ausgehandelt wurde (unterzeichnet wurde er am 3. Juli 1720), gab Friedrich IV. Pommern westlich der Peene samt Wismar, Rügen und Stralsund an die Schweden zurück; dafür erhielt er eine britisch-französische Garantieerklärung für die holsteinisch-gottorpischen Territorien, die er in Schleswig besetzt hatte. Ulrike Eleonore zahlte dem dänischen König eine aus britisch-französischen Subsidien finanzierte Entschädigung, und als weitere Gegenleistung für die Wiedereinsetzung in seine verlorenen Besitzungen verzichtete Schweden auf die Befreiung von den Passagegebühren für den dänischen Sund.

Es erwies sich jedoch als unmöglich, Rußland zur Annahme des Friedensplans zu zwingen. Im Jahre 1719 war Norris' Geschwader zu klein gewesen, als daß er in Verbindung mit den Schweden hätte angreifen können. Und 1720, als er bereits im April in die Ostsee entsandt wurde, ließ der Zar es klugerweise nicht zu einer Seeschlacht kommen. Erkundungsfahrten zu den stark befestigten ostbaltischen Häfen überzeugten den britischen Admiral und seinen schwedischen Kollegen davon, daß man ohne die Unterstützung von Landstreitkräften besser keinen Angriff vom Meer aus riskierte. An Georgs Hof wurde darüber diskutiert, von Livland und Finnland aus anzugreifen, um Zar Peter zum Verhandeln zu zwingen. Diese Pläne wurden aber nicht realisiert. Das lag zum Teil an Konflikten innerhalb des Reichs; zwischen Karl VI. und den protestantischen Fürsten Deutschlands hatte es lange Dispute über religiöse Angelegenheiten gegeben, und die enge Zusammenarbeit zwischen Hannover und Preußen weckte Unbehagen in Wien. Eine wichtigere Rolle spielte freilich die vorübergehende Schwächung von Georgs und Stanhopes Position durch den Südseeschwindel, der im Spätsommer 1720 aufflog, als der Hof sich in Deutschland aufhielt. Bernstorffs Korrespondenz zeigt, wie genau man in Hannover die Schwankungen auf dem Börsenmarkt verfolgte. Als London dann von Panik ergriffen wurde, wurde die Forderung nach Georgs Rückkehr so laut, daß man eine Revolution nicht ausschließen konnte.

Gleichzeitig wurde Frankreich durch die Unruhe gelähmt, die im Zusammenhang mit dem Kollaps von Laws System – dem Mississippi-Schwindel – und dem Ausbrechen der Pest in Marseille entstand. Das Gros der französischen Armee mußte als *cordon sanitaire* eingesetzt werden, um zu verhindern, daß die Pest Paris und den Norden erreichte. Es war wahrhaftig nicht die Zeit, an kriegerische Maßnahmen gegen Rußland zu denken, und im Oktober 1720 wurde Schweden mitgeteilt, es müsse die bestmöglichen Friedensbedingungen mit Rußland selber aushandeln. Der Zar hatte Georgs I. Vermittlungsangebote ignoriert, und Britannien war im Augenblick nicht in der Lage, Druck auf ihn auszuüben.

Somit hinderten eher die Umstände als böser Wille Georg und Stanhope daran, den Friedensplan für den Norden vollständig zu verwirklichen. Man hatte – in Anbetracht von Schwedens Misere – nicht genügend Zeit, um alles Erhoffte zu erreichen. Zwei so gewaltige und fast gleichzeitige Projekte wie der Friedensplan für den Süden und der Friedensplan für den Norden hätten selbst die Mittel Britanniens und des Georg-Stanhope-Teams überstiegen, wenn die Umstände nicht weitaus günstiger gewesen wären, als sie es im ereignisreichen und wirren Jahr 1720/21 waren. Der Friedensplan für den Süden hatte zu seiner Verwirklichung drei Jahre intensiver Verhandlungstätigkeit und die Entsendung von zwei Geschwadern ins Mittelmeer erfordert. Beim Friedensplan für den Norden konnte sich die zweite Phase – Rußland zu Zugeständnissen zu zwingen, wie auch Spanien gezwungen worden war – gar nicht entwickeln. Man mag versucht sein, diesen Fehlschlag mit Georgs I. Vorsicht zu erklären, die sich in Norris' mangelndem Schneid in der Ostsee in den Jahren 1719 und 1720 widerspiegelt. Aber Georg war immer vorsichtig gewesen; er hatte stets erst dann gehandelt, wenn der Erfolg einigermaßen sicher war. Er war Realist, und im Herbst 1720 fand er sich mit der Tatsache ab, daß die zweite Phase nicht verwirklicht werden konnte und daß man auf sie verzichten mußte.

Georgs Zeitgenossen – abgesehen von den Schweden, die beim Frieden von Nystad (August 1721) Kexholm, Karelien und all ihre vormaligen Ostseeprovinzen an Zar Peter abtreten mußten – begrüßten den Erfolg der ersten Phase mit starkem Beifall. Daß die zweite Phase nicht abgeschlossen wurde, fiel nicht so sehr ins Gewicht. Man jubelte Georg als dem Mann zu, der den langen Nordischen Krieg zum Abschluß gebracht hatte; und das zu Bedingungen, die für Hannover und Britannien günstig waren* und dem Prinzip des Kräftegleichgewichts insofern entsprachen, als Schweden seinen Platz im Reich behielt, während Dänemark sich mit sehr viel weniger bescheiden mußte, als es erwartet hatte, als Friedrich IV. die antischwedische Koalition von 1699/1700 schuf. Die Befriedung des Nordens als solche wurde, auch wenn sie nicht ohne Verluste für Schweden abging, überall mit Erleichterung begrüßt, selbst in Schweden: Nun konnten sich die Länder friedlichen Geschäften zuwenden, nun würde die Ostsee dem Handel sämtlicher Nationen offenstehen. Nach einundzwanzig Jahren Krieg war das eine wirkliche Wende. Aus historischer Perspektive muß man allerdings sagen, daß das, was Georg für Hannover wollte, und seine mehr oder weniger zufällige Erlangung der britischen Krone 1714 in hohem Maße zur Stärkung der russischen Position beigetragen hatte, die die Verwirklichung der zweiten Phase des Friedensplans für den Norden unmöglich machte.

Schwerpunktverlagerungen

Die Arbeit am Friedensplan für den Norden führte zu einer Veränderung von Georgs Beziehung zu seinen britischen und hannoveranischen Ministern, die sich auf die zweite Hälfte seiner Regierungszeit entscheidend auswirkte. Bereits im Frühling 1718 hatte Schulenburg beobachtet, daß die englischen Minister dazu neigten, Bernstorff und Bothmer »geheime Angelegenheiten« vorzuenthalten. Die deutschen Minister zahlten es ihnen bis zu einem gewissen Grade heim, indem sie bei Melusine »Zuflucht suchten« und sich in Reichsangelegenheiten nicht in die Karten schauen ließen. So kam es, daß Stanhope nicht vollständig über das

---

* Die einzige Konzession, die Schweden zugestanden wurde, war die Rückgabe Finnlands und das Recht, jährlich eine bestimmte Menge Getreide aus Livland, seiner vormaligen Kornkammer, einführen zu dürfen.

antipreußische und antirussische Element des Vertrags informiert war, den Georg in seiner Eigenschaft als Kurfürst am 5. Januar (NS) 1719 mit Karl VI. und August von Sachsen-Polen schloß. Der Vertrag hatte insofern heilsame Auswirkungen, als er Friedrich Wilhelms Bindung an Zar Peter lockerte und seine Abhängigkeit von ihm minderte, was wiederum die Zurücknahme der russischen Truppen aus Mecklenburg leichter machte; aber er stimmte Whitehall mißtrauisch gegen Bernstorffs Selbständigkeit. Man sollte die Differenzen allerdings nicht übertreiben; wie wir gesehen haben, arbeiteten die britischen und die hannoveranischen Minister beim Friedensplan für den Süden zusammen und verständigten sich über den Friedensplan für den Norden. Doch Georg entwickelte in wachsendem Maße eine umfassendere Sicht in europäischen Angelegenheiten als Bernstorff. Es war ganz normal, daß Stanhope und Sunderland – die beide 1719 Georg I. nach Hannover begleiteten – ihren Sieg über Bernstorff übertrieben darstellten; aber zweifellos wurde zwischen 1718 und 1720 eine Veränderung in Georgs Überlegungen spürbar. Der Kaiser und die Investitur in Bremen und Verden schienen jetzt weniger wichtig zu sein: »Wir werden diese Herzogtümer in unserem Besitz behalten können«, schrieb der König und Kurfürst, »ob der Kaiser die Investitur gewährt oder nicht.« Das Bündnis mit Frankreich war ein Grundstein in Georgs Süd- und Nordpolitik geworden; und der Kaiser – so argumentierten Georgs britische Minister – bedurfte der Hilfe Britanniens, damit er lernen würde, mit diesem Umstand zu leben. Auch wenn Bernstorff nicht so sehr »in Ungnade fiel«, wie es meistens behauptet wird, gibt es doch Beweise dafür, daß die deutschen Minister nach 1719 den Eindruck hatten, ihr Rat sei weniger gefragt als früher. Bothmer beklagt sich 1724 in einem Brief an Bernstorff darüber, daß er und seine Kollegen in London vom König nicht einmal in deutschen (d. h. Reichs-)Angelegenheiten konsultiert werden. Die Erklärung liegt darin, daß Georg allmählich die rein deutsche Sicht als zu eng empfand. Er hatte sich vom Kurfürsten von Hannover zu einem König von Großbritannien gewandelt, der zwar nach wie vor die größte Freude in der heimatlichen Umgebung seines Kurfürstentums fand, aber die europäischen Angelegenheiten nur vom großbritannischen Standpunkt aus betrachten konnte und wollte. Diese Veränderung war unverkennbar für diejenigen in seiner Umgebung, die immer noch mehr deutsch als britisch empfanden.

Der große Erfolg der Friedenspläne hatte auch bedeutende Auswirkungen in britischen Kreisen. Bevor Georg 1719 wieder nach Hannover aufbrach, hatte der Prince of Wales – wie Schulenburgs Briefe andeuten – gewisse Maßnahmen getroffen, um die Regentschaft zu erlangen, war aber enttäuscht worden, weil der König sich dafür entschied, auf das System der Übergangsphase zwischen Annas Tod und seiner Ankunft in

England zurückzugreifen, das des *lord justices*. Zweifellos war das eine heilsame Lehre. Sie schloß sich unmittelbar an den Erfolg des Ministeriums Stanhope an, während der Sitzungsperiode 1718/19 zumindest einige Rechtsunfähigkeiten der Dissenter zu beseitigen. Durchgesetzt wurde dies gegen den Widerstand des Prince of Wales, Townshends und Walpoles. Argyll und sein Bruder, die allein schon wegen ihrer schottischen Abstammung für die Aufhebung der *Occasional-Conformity-* und der *Schism-Act* waren, hatten der Regierung geholfen und wurden belohnt: Argyll wurde im Februar 1719 zum Oberhofmeister des Königs ernannt, und daß er die Ernennung annahm, gab dem Prince of Wales und den Walpole-Whigs Anlaß zum Nachdenken. Sunderlands so lang ersehnte Berufung zum Oberkammerherrn des Königs war ein weiterer Hinweis auf den wachsenden Einfluß der britischen Minister und zeigte überdies an, welche Ehren die Getreuen erwarten konnten.

Einigermaßen quitt war man dann wieder im Dezember 1719, als Walpole mit der brillantesten Rede seiner Laufbahn die *Peerage bill*, die von der Regierung Stanhope-Sunderland vorgelegt worden war, zu Fall brachte. Diese Vorlage zielte darauf ab, den englischen Hochadel auf die gegenwärtige Zahl von Familien zu beschränken: Sobald sechs neue zusätzliche Peers ernannt worden waren, sollte ein neuer Titel nur noch dann verliehen werden können, wenn durch das Erlöschen eines Titels eine Vakanz auftrat. Gleichzeitig sollten an die Stelle der sechzehn Peers, die Schottland vertraten, fünfundzwanzig Peers aus dem erblichen Adelsstand treten. Die *Peerage bill* – die 1718 schon einmal eingebracht, aber dann zurückgezogen worden war, bevor sie dem Unterhaus vorlag – war eine Art Rückversicherung dagegen, daß die Regierung ihre Macht verlor, wenn Georg I. starb. Der schlechte Gesundheitszustand des Königs, dessentwegen sich die hannoveranischen Höflinge 1718 so sehr gesorgt hatten, scheint auch seinen britischen Ministern nicht entgangen zu sein; besonders Sunderland hoffte, Georg August für den Fall, daß er seinem Vater in nächster Zukunft auf den Thron nachfolgte, die Flügel stutzen zu können. Wenn der neue König seine Anhänger nicht belohnen konnte, würde er sich vielleicht genötigt sehen, die Minister seines Vaters im Amt zu behalten; zumindest würde er nicht imstande sein, eine Menge neu ernannter Peers zu dem Zweck ins Oberhaus einziehen zu lassen, um öffentliche Anklagen gegen Sunderland und dessen Kollegen durchzubringen. In der englischen Geschichtsschreibung wird es so dargestellt, als sei Georg voll und ganz für die *Peerage bill* gewesen, weil er sich entweder an seinem Sohn rächen oder den Adelsstand exklusiver machen wollte. In Wirklichkeit scheint er die Vorlage nur ungern akzeptiert zu haben – als Preis dafür, daß seine Minister zufriedengestellt und die Vorschläge der Whigs zur religiösen Toleranz und zur Universitätsreform unterstützt wurden: Diese Vorschläge sollten das Unterhaus zur

Annahme der *Peerage bill* bewegen. Schulenburg hielt sich gewiß für kühn und Georg für nachsichtig, als der König keinen Anstoß an seinem Geständnis nahm, daß er, wenn er dem englischen Adel angehören würde, für die Vorlage gestimmt hätte, um einen Ausverkauf der aristokratischen Privilegien durch allzu weite Verbreitung zu verhindern. Georgs hannoveranische Minister in London waren gegen die *Peerage bill*, weil sie erkannten, daß sie den König in seiner Macht beschneiden würde; und Bernstorff und Bothmer wurden von Sunderland und dessen Anhängern bezichtigt, insgeheim gegen die Vorlage gearbeitet zu haben. Die Vorlage versetzte den Prince und die Princess of Wales zunächst fast in Panik. Aber dann beschlossen sie schnell, alles in ihrer Macht Stehende zu tun, um sie zu Fall zu bringen. Daß die Vorlage in der Sitzungsperiode 1719/20 erneut eingebracht wurde, interpretierte man in weiten Kreisen als antideutsche Maßnahme, da die »geschlossenen Reihen« die Regierung nicht nur vom Prince of Wales, sondern auch von Georgs I. deutschen Beratern und möglicherweise – wie man munkelte – vom König selbst unabhängig machen würden: Ein in sich geschlossener Adelsstand konnte dem König und seinem Sohn Gesetze vorschreiben und »ihn [den König] sogar absetzen, wenn man es für richtig hält«.

Die Niederlage der Regierung stärkte natürlich Walpoles Ansehen bei Hofe; doch wenn Townshend und Walpole nicht hinreichend von den Friedensschlüssen anno 1719/20 beeindruckt gewesen wären, hätte man sie vielleicht nicht zur Rückkehr in das Ministerium bewegen können. Schließlich war Georg 1718 zweimal insgeheim an Walpole herangetreten; das erste Mal durch einen Vertrauten Melusines, das zweitemal durch einen (in unserer Informationsquelle namentlich nicht genannten) General, bei dem es sich gewiß um Generalmajor von Hammerstein handelte; denn kein anderer General genoß in so hohem Maße Georgs Vertrauen, und wir wissen überdies aus Schulenburgs Briefen, daß Hammerstein und Walpole gut miteinander bekannt waren. Wir vermissen Schulenburgs Bericht über die Aussöhnung 1720 sehr – er war im Januar dieses Jahres plötzlich und unerwartet gestorben. Aus Bothmers und Bernstorffs Korrespondenz geht hervor, daß man sie zur Mithilfe bei der Überbrückung der Kluft in den Reihen der Whigs beglückwünscht, doch da ihre Briefpartner Deutsche sind, liegt der Hauptakzent natürlich eher auf ihrem Beitrag zur Wiederherstellung der Einigkeit in der königlichen Familie. Professor Plumbs Theorie, daß Walpole und Townshend einen Brief an den kaiserlichen Vizekanzler veröffentlichten, der angeblich von Bernstorff stammte, und damit Sunderland und Stanhope derart schrecken konnten, daß diese willens waren, die Macht mit ihnen zu teilen, ist faszinierend und plausibel: Es wird ausgeführt, Walpole und Townshend hätten ihrer Bereitschaft Ausdruck gegeben, Sunderland und Stanhope durch die Einwirkung hoher Summen beim Parlament zu überbieten. Diese Gelder sollten es Georg ermöglichen, Territorien in Deutschland zu kaufen, »dank denen er das Kräftegleichgewicht zwischen den Mächten im Norden würde besser aufrechterhalten können als durch die alljährliche Entsendung einer Flotte in die Ostsee, an der das Volk Anstoß nimmt«. Der Brief liest sich nicht so, als sei er von Bernstorff geschrieben, aber es ist durchaus möglich, daß Bernstorff – besonders in Anbetracht seiner Freundschaft mit den Cowpers – in jede List einwilligte, die zur Aussöhnung zwischen dem König und dem Prince of Wales führen konnte. Eine andere Hypothese – die Aussöhnung sei vom gemeinsamen Interesse der beiden Höfe und der »abgespaltenen« Whigs am Südseeschwindel diktiert worden – ist weniger überzeugend: Es wird kein stichhaltiger Grund dafür angegeben, warum die an der Macht befindlichen Minister bereit gewesen sein sollten, Walpole und Townshend zu einer Zeit wieder in die Regierung eintreten zu lassen, da man sich große finanzielle Vorteile erwartete; und es wird auch nicht deutlich, warum Walpole und Townshend sich genötigt fühlten, Georg August – Präsident der Südseegesellschaft bis zur Wahl von 1718 (danach trat der König an seine Stelle) – mit seinem Vater zu versöhnen. Meines Erachtens förderte der Umstand, daß Anfang 1720 zwischen den Whigs, die im Amt waren, und denen, die aus dem Amt ausgeschieden waren, ein relatives Kräftegleichgewicht herrschte, die Aussöhnung der zwei Höfe, die inzwischen von beiden gewünscht wurde. Walpole hatte gezeigt, daß er die Maßnahme, an der Sunderland am meisten gelegen war, vereiteln konnte; Stanhope hatte bewiesen, daß seine außenpolitischen Lösungen funktionierten. Gewiß war bei den Verhandlungen, die zum Wiedereintritt von Walpole und Townshend in die Regierung führten, auch von Geld die Rede. Es galt als abgemacht, daß sie beide zur Tilgung der Schulden der Zivilliste, die inzwischen bei 600000 Pfund standen, beitragen würden.

Georg war vorsichtig wie eh und je. Zuerst kamen die dem König zu leistenden Dienste, dann die Belohnungen. Am 23. April unterwarf sich ihm der Prince of Wales. Und am Tag darauf taten die Walpole-Whigs ein gleiches. Am 4. Mai wurde in einer geschickt formulierten Rede in Georgs Namen vorgeschlagen, daß die Schulden der Zivillisten auch ohne Belastung des britischen Volkes mit »neuen Geldhilfen und Ausgabebudgets« beglichen werden könnten, wenn das Unterhaus Georg erlaubte, zwei Versicherungsgesellschaften Patenturkunden zu verleihen, die bereit seien, eine stattliche Summe für das Privileg zu zahlen, Schiffe und Handelsgüter versichern zu dürfen. Es wurde wohlüberlegt hinzugefügt, daß der König viele Petitionen von Handelsherren erhalten habe, in denen die Vorteile hervorgehoben seien, die sie durch diese Versicherungsgesellschaften haben würden. Walpole setzte geschickt durch, daß die Vorlage zur Tilgung der Schulden der Zivilliste gemäß dem obigen Vorschlag verabschiedet wurde. Am 11. Juni wurde er zum Generalzahlmeister ernannt, außerdem wurde ihm bei der nächsten sich bietenden Gelegenheit das Schatzamt versprochen. Townshend wurde zum Präsidenten des Geheimen Staatsrats ernannt – anstelle des Herzogs von Kingston, der wie Argyll geopfert wurde, um dem Wunsch des Prince of Wales nach Rache an denen, die ihn im Stich gelassen oder kritisiert hatten, zu genügen.

Die »Harmonie und Einigkeit« von Georgs I. Ministerium von 1720 mag mehr scheinbar als real gewesen sein; doch alle Regierungsmitglieder wußten inzwischen, daß eine »Königspartei« – so, wie Georg sie verstand – nötig war, um sich das Vertrauen des Königs zu erhalten. Gleichzeitig hatte Georg eine wichtige Entwicklung abgeschlossen: Seine britischen Minister – sowohl die, die zwischen 1718 und 1720 im Amt waren, als auch die, die sich ihm 1720 fügten, hatten ihm bewußtgemacht, daß sie bei Angelegenheiten, die britische Interessen betrafen, Hannoveraner als Berater des Königs nicht mehr dulden würden. Nachdem im Norden wieder Friede herrschte und die hannoveranischen Ziele somit gesichert waren, war es ganz natürlich, daß Georgs Rolle als König von Großbritannien wichtiger wurde als seine Position als Kurfürst von Hannover. Die zweite Phase seiner Regierung hatte begonnen, die Phase, in der es ihm selbstverständlich wurde, auf englisch abgefaßte Denkschriften zu lesen und sie sogar mit Bemerkungen in der Sprache seines Königreiches zu versehen.

Probleme und Errungenschaften des Friedens

Der Südseeschwindel

Das Interesse für die wirtschaftlichen Aussichten Britanniens in der Thronrede des Königs von 1720 war nicht geheuchelt. Nicht anders verhielt es sich mit dem Interesse an dem wirtschaftlichen Wohlergehen und der Prosperität des Landes, das, wenn auch recht bombastisch formuliert, aus der Rede zur Eröffnung der Parlamentsperiode von 1719 spricht: »Ich bitte Sie nur darum, ein großes und blühendes Volk sein zu wollen, denn das ist die einzige Weise, auf die ich ein glücklicher König zu werden wünsche.« Damals wie heute schrieb das Ministerium die Thronreden, und bisher hatte man angenommen, daß Georg sich nicht für Handel, Industrie und dergleichen interessierte. Darum liest man höchst erstaunt, daß Townshend im Jahre 1723 Robert Walpole in einem privaten Brief dazu aufforderte, »einen guten Plan für die nächste Sitzungsperiode zu ersinnen, auf neue Mittel zum Behagen der Nation und zum Besten des Handels und der Bonität zu verfallen, welche Punkte Seiner Majestät so sehr am Herzen liegen, daß uns ein Gelingen derselben unfehlbar seine Wertschätzung eintragen wird«.

Es wäre falsch, daraus abzuleiten, daß Georg I. der Initiator von Plänen zum Wirtschaftswachstum und zur Finanzreform gewesen sei, aber er suchte zweifellos nach Maßnahmen in dieser Richtung und förderte sie. Er war mit der Wirtschafts- und Finanzverwaltung von Hannover her vertraut und war sich mehr als die meisten seiner deutschen Untertanen der Möglichkeiten bewußt, die sich aus der Erwerbung von Bremen und Verden ergaben. Der Hafen von Harburg, den er von seinem Onkel, dem Herzog von Celle, geerbt hatte, konnte jetzt ohne Angst vor stärkeren Konkurrenten ausgebaut werden; und mit Hilfe britischer Mitarbeiter trug Georg zur Gründung von Gesellschaften bei, die den Hafen ausbaggern und verbessern und Kanäle anlegen sollten, die die Stadt mit ihrem Hinterland verbanden, damit ihr Handel einen Aufschwung nahm.

Georg interessierte sich lebhaft für den Plan, den Walpole im Frühling und Sommer 1716 nach niederländischen und venezianischen Vorbildern ausgearbeitet hatte und der den Anteil der Staatseinkünfte, die zur Tilgung der Staatsverschuldung diente, reduzieren sollte. Als Georg den Thron bestieg, betrug die Staatsverschuldung 40 357 011 Pfund, während sie 1688 eine Million Pfund betragen hatte. Und da die meisten Schulden während des Spanischen Erbfolgekriegs aufgenommen worden waren, als die Zinssätze bei 7 und sogar bei 9 Prozent gelegen hatten, verschlang ihre Tilgung jährlich 3 Millionen Pfund – und das bei einem Staatshaushalt von etwa 10 Millionen. Walpole setzte sich, auch nachdem er aus dem Ministerium ausgeschieden war, für einen Tilgungsplan ein, den er zum großen Teil selbst ausgearbeitet hatte. 1717 wurde die Reform durch drei Parlamentsakten bewirkt: Eine neue Anleihe zum Einheitszinssatz von 5 Prozent wurde aufgenommen, alte Staatspapiere wurden auf Anordnung der Regierung ausgelost, und aus den sich daraus ergebenden Ersparnissen wurde ein Tilgungsfonds zur Abzahlung der Staatsverschuldung angelegt. Daß die neue Anleihe schnell überzeichnet war, zeugt vom Vertrauen der begüterten Klassen in die Herrschaft des Hauses Hannover, nachdem es die jakobitische Rebellion überstanden hatte; und während Georgs ganzer Regierungszeit blieb das Geld billig. Eine weitere Änderung, die Senkung des Zinssatzes von 5 auf 4 Prozent ab 1727, sah die Südseeakte vom 1. Februar 1720 vor; aber dies geschah unter Umständen und Bedingungen, die zu Spekulationen und binnen eines halben Jahres zu einem spektakulären Zusammenbruch führten. Danach herrschten unsichere Verhältnisse, die zwischen Herbst 1720 und Frühjahr 1722 die Initiativen der Regierung beeinträchtigten – besonders die auf dem Gebiet der Außenpolitik. Doch der Wohlstand wurde dadurch, wie moderne Kommentatoren ausgeführt haben, nicht vernichtet, sondern umverteilt.

Der Südseeschwindel ließe sich nur schwer erklären, wenn man den britischen Hang zu Glücksspielen und zum Wetten nicht berücksichtigte. Die Neigung der Briten zu Glücksspielen war so ausgeprägt, daß ihre Zeitgenossen auf dem Kontinent erstaunt waren – sie ließen es im allgemeinen beim Kartenspielen bewenden. Gewettet wurde in Britannien auf Pferderennen, auf Hahnenkämpfe, auf das Datum, an dem eine belagerte Stadt sich ergeben würde, auf Ereignisse im Privatleben und auf Staatsangelegenheiten.

Die englische Glücksspiel-Manie wurde verstärkt durch die Spekulation, die 1718 in Frankreich mit den Aktien von Laws Mississippi-Gesellschaft einsetzte. Engländer, Schotten und Niederländer strömten nach Paris, um Aktien zu kaufen, oder beauftragten Mittelmänner. Es floß soviel Kapital außer Landes, daß Georgs I. Regierung die Initiative der Südseegesellschaft wohlwollend betrachtete. Dieses westeuropäische Spekulationsfieber zwischen 1718 und 1720 muß vor dem Hintergrund eines fast mythischen Glaubens an die unerschöpflichen Reichtümer Spanisch-Amerikas gesehen werden. Seit Kolumbus' Entdeckungsfahrten waren Perlen, Gold und Silber Synonyme für Spaniens Kolonialbesitz geworden. Und dieser Mythos brachte im späten 16. und frühen 17. Jahrhundert die Seeräuberei und im späten 17. und frühen 18. Jahrhundert den Konkurrenzkampf um den Einstieg in den Südseehandel in Schwung: Indirekt über spanische Mittelsmänner in Sevilla, direkt durch Zugeständnisse, etwa die Verträge über den Import von Sklaven; illegal durch den Schmuggelhandel, der mit dem stillschweigenden Einverständnis der spanischen Untertanen in Übersee betrieben wurde – sie zogen die sich für sie daraus ergebenden Vorteile dem Monopol des Mutterlandes vor und blockierten darum die Bemühungen der spanischen Obrigkeit, ihn zu unterdrücken.

Allein schon der Name »Südseegesellschaft« erwies sich als unwiderstehlich für diejenigen, die nicht gut informiert waren; auch für erfahrene Männer schienen die Umstände 1720 verheißungsvoll zu sein. Die Goldminen Brasiliens waren gerade erst in den Anfangsjahren des 18. Jahrhunderts entdeckt und ausgebeutet worden. Ein Drittel der geförderten Menge war während des Spanischen Erbfolgekriegs nach Britannien geflossen. Philipp V. hatte Britannien 1715 und 1716 Handelszugeständnisse gemacht, und es nimmt nicht wunder, daß nach seinem Beitritt zur Quadrupelallianz Anfang 1720 Gerüchte wissen wollten, daß er demnächst Gebiete mit reichhaltigen Gold- und Silbervorkommen an die Südseegesellschaft abtreten werde. Schließlich war diese Gesellschaft 1711 in Erwartung des *asiento* gegründet worden, der in den geheimen britisch-französischen Friedensbedingungen dieses Jahres für Britannien ausbedungen worden war.

Die Gewinne aus dem Sklavenhandel hatten den hochgeschraubten Erwartungen nicht entsprochen; auch dann nicht, wenn man den halblegalen Schmuggelhandel mit in Britannien produzierten Gütern einrechnete, der sich unter dem Deckmantel der »einen Schiffsladung pro Jahr« und der Sklavenschiffe entwickelt hatte. Doch wenn es um die Südsee ging, grünte die Hoffnung üppig. Hatte Britannien nicht soeben einen Krieg mit Spanien gewonnen? Hatte es nicht die Kosten für die Entsendung zweier Geschwader ins Mittelmeer zu tragen gehabt? Und mußte nicht aufgrund des Sieges von Kap Passaro 1718 und dafür, daß Byng nach der Unterzeichnung des Friedensplans durch Spanien das 1719 eroberte Vigo geräumt hatte, ein gerechter Lohn folgen?

Man darf nicht vergessen – viele der weniger informierten Spekulanten vergaßen es –, daß die Südseegesellschaft von ihrer Gründung im Jahre 1711 an eine Finanzierungsgesellschaft war. Sie war ein geistiges Kind von Lord Oxford, der, um ein Gegengewicht zur von den Whigs beherrschten Bank von England zu schaffen, Gläubiger der schwebenden Staatsschuld – die sich damals auf 9 Millionen Pfund belief – dazu gebracht hatte, ihre Staatspapiere *al pari* gegen Aktien der Südseegesellschaft zu tauschen. Als Georg den Thron bestieg, war die Südseegesellschaft bereits fest als eine der drei Säulen des britischen Kreditwesens etabliert (die beiden anderen waren die Bank von England und die Ostindische Gesellschaft). Die Gesellschaft stieß sich jedoch daran, daß die Bank von England nach wie vor das Übergewicht hatte, und einige ihrer Direktoren gerieten in Versuchung, sich auf erhebliche Risiken einzulassen, um dem Erfolg der französischen Mississippi-Gesellschaft nachzueifern. Sie erbot sich, den Teil der Staatsschuld zu übernehmen (etwa 31 Millionen Pfund), den ihre Schwesterinstitutionen nicht schon übernommen hatten, und sicherte sich nach erbittertem Ringen mit der Bank von England zwischen November 1719 und Februar 1720 die volle Unterstützung des Ministeriums für ihre Pläne.

Die Regierung sah mehrere Vorteile. Erstens würde die Konvertierung in Aktien der Südseegesellschaft freiwillig sein und somit keine Kritik herausfordern: Kein Inhaber von Obligationen oder Rentenpapieren würde zur Konvertierung gezwungen werden. Zweitens würde die Aktienausgabe profitable Investitionen im eigenen Land ermöglichen und – so hoffte man – den Abfluß von Geld nach Frankreich beenden. Drittens würde Britannien Nutzen aus der Bereitschaft der Südseegesellschaft ziehen, einen gleichbleibenden Zinssatz von 5 Prozent zu akzeptieren, der ohnehin niedriger lag als bisher und überdies ab 1727 auf 4 Prozent gesenkt werden sollte. Und schließlich hatte die Südseegesellschaft im Laufe ihrer Bemühungen, die Bank von England zu überbieten, ihr Zahlungsangebot für die Privilegien, die sie haben wollte, von 3,5 auf 7,5 Millionen Pfund erhöht. Optimismus machte sich breit. Aislabie, der Schatzkanzler, versicherte dem Unterhaus, das sei ein so rentabler Handel, daß Britannien seine Staatsschuld binnen fünfundzwanzig Jahren werde abbezahlen können.

Doch diese Rechnung enthielt einige Fehler. Die Südseegesellschaft war ermächtigt worden, für jede Million Pfund Schulden, die sie übernahm, neue Aktien im Wert von einer Million Pfund auszugeben; man hatte jedoch allgemein erwartet, daß vor der Konvertierung keine neuen Aktien ausgegeben würden. Doch die Südseegesellschaft hatte (im Gegensatz zur Bank von England bei ihrem abgelehnten Angebot) nicht das Verhältnis angegeben, in dem Obligationen und Rentenpapiere bei der Konvertierung in Aktien umgerechnet werden sollten. Dieses Hintertürchen hatte man sich absichtlich offengehalten, und das muß mit der stillschweigenden Duldung zumindest einiger von Georgs I. Ministern erfolgt sein, gewiß aber mit der Aislabies. Man machte sich das rasch zunutze, ebenso die Mehrdeutigkeit des Erlasses vom 1. Februar, der es der Südseegesellschaft erlaubte, Aktien zur Zeichnung aufzulegen, wann sie es für richtig hielt. Die – wiederum mit ministerieller Unterstützung – an die Südseegesellschaft ausgegebenen verzinslichen Schatzanweisungen über eine Million Pfund wurden ebenfalls gut genutzt. Man ließ sich verschiedene verkaufsfördernde Techniken einfallen: Ratenzahlung für die neuen Aktien, die ab dem 14. April 1720 gezeichnet werden konnten; aus den Schatzanweisungen finanzierte Darlehen für Zeichner der Aktien; großzügige Konvertierungsbedingungen, die Stück für Stück zurückgenommen wurden, als die Nachfrage nach den neuen Aktien stieg. Zufallsereignisse, besonders Laws großer Termineinkauf von Südseeaktien an der Amsterdamer Börse Anfang April, hatten den Kurs der alten Aktien in die Höhe getrieben. Geschickte Spekulanten zogen daraus hohe Gewinne – wie der durch das nach ihm benannte Londoner Krankenhaus berühmte Thomas Guy (der mit diesen Gewinnen die Stiftung finanzierte) und Robert Walpole, der Land damit erwarb. Es half der Südseegesellschaft auch, daß solche hohen Gewinne den Appetit der Öffentlichkeit auf die neuen Aktien anregten: Die Inhaber von Obligationen und Rentenpapieren – die, als der Kurs bei 400 stand, 375 angeboten bekamen – waren zufrieden, weniger Interimsaktien entgegenzunehmen, als ihnen eigentlich zustanden. Auf diese Weise gewann die Südseegesellschaft einen Überschuß für den Verkauf auf dem freien Markt. Wichtiger war jedoch ihr – abermals absichtliches – heimliches Überziehen der vereinbarten Ausgabe von Aktien im Wert von 2 Millionen Pfund um 250 000 Pfund.

Bei der ersten Zeichnung waren die Aktien sofort vergeben. Selbst ein vorsichtiger Mensch wie Sir John Evelyn ließ sich dazu hinreißen, Grund und Boden zu verkaufen, um Aktien zu erwerben. Er verschaffte sich ein Privatdarlehen, damit er im Südseehaus bar zahlen konnte. Und er saß wie auf Kohlen, bis er das Geld erhielt, das ihm die Veräußerung seines Grundstücks in Deptford eingebracht hatte. Ende Juni standen die Südseeaktien bei 1050, und die Leute schrieen immer noch nach Aktien für die dritte und vierte Zeichnung und machten all ihren Einfluß geltend, um auf die Liste für die neuen Zeichnungen gesetzt zu werden. Viele, die sich von den ersten Aktienausgaben ferngehalten hatten, gerieten in wachsendem Maße in Versuchung, in die späteren zu investieren.

Aus den nachfolgenden Ermittlungen eines Ausschusses des Unterhauses und aus der Überprüfung privater Unterlagen durch Historiker geht klar hervor, daß Minister und Parlamentsabgeordnete durch neue Aktien bestochen wurden, die sie nicht zu bezahlen brauchten; sie hatten aber das Recht, ihre Aktien jederzeit an die Südseegesellschaft zurückzuverkaufen und damit mühelos »Profite« einzustreichen. Viele taten das, doch die meisten behielten ihre Aktien und waren am Ende sozusagen Verlierer. Von Georgs Ministern erhielt Sunderland Aktien, die theoretisch 50 000 Pfund wert waren und es ihm ermöglichten, für jeden Punkt, den der Kurs über 175 stieg, 500 Pfund zu erzielen; Craggs, der

Generalpostmeister, erhielt 30000 Pfund und konnte für jeden Punkt über 175 300 Pfund erwarten; Aislabie sicherte sich 20000 Pfund und das Recht auf 200 Pfund für jeden Punkt über 130. Charles Stanhope, Sekretär des Schatzamts, erhielt noch mehr: Aktien im Wert von 50000 Pfund, wobei er 500 Pfund für jeden Punkt über 250 und weitere 100 Pfund für jeden Punkt über 270 haben sollte, und dann bekam er noch einmal Aktien im Wert von 10000 Pfund.

In Georgs Familie bekam die Herzogin von Kendal 15000 Pfund mit dem Recht auf 120 Pfund für jeden Punkt über 154, ihre beiden jüngeren »Nichten« erhielten je 5000 Pfund, und die Gräfin von Darlington bekam denselben Betrag und dieselben Bedingungen wie die Herzogin von Kendal. Es ist behauptet, aber nicht bewiesen worden, daß der Prince und die Princess of Wales mit einem großen Aktienpaket bestochen wurden, damit sie sich mit Georg aussöhnten. Die Vermutung, daß Georg I., der im Februar 1718 als Nachfolger seines Sohnes vom Direktorium gewählte Präsident der Südseegesellschaft, von der Gesellschaft bestochen wurde, kann jetzt widerlegt werden. Im Königlichen Archiv in Windsor finden sich Quittungen für alle Geschäfte, die er tätigte, einschließlich der Anzahlung von 20000 Pfund »im Namen Joseph Saffords zu Unserer Verwendung«, nachdem der König über Craggs und Aislabie arrangiert hatte, Aktien im Wert von 100000 Pfund zu zeichnen. Die allgemeine Überzeugung, daß Georg I. einen Spekulationserfolg erzielte, als er Mitte Juni seine Aktien für 106400 Pfund auf dem freien Markt verkaufte, ist falsch. Aus den Unterlagen geht hervor, daß er zwar zum genannten Betrag verkaufte, dies aber tat, um Bargeld zur Finanzierung späterer Teilzahlungen zu beschaffen. Man brachte ihn mit einiger Mühe davon ab, die ganze Summe in alte Südseeaktien und neue Aktienzeichnungen zu investieren. Aislabie, der den Verkauf arrangierte, warnte den König und meinte, daß der Kurs, »durch die Narrheit der Leute in exorbitante Höhen getrieben«, unweigerlich wieder sinken werde. Er riet dem König, in Grundsteuerkupons zu investieren. Georg, so erinnerte sich Aislabie später, »geruhte, mir zu sagen, ich sei ein Hasenfuß«. Er war optimistisch genug zu glauben, daß die Aktien durchaus auf 1500 steigen könnten – wie die der Mississippi-Gesellschaft. Schließlich erklärte sich der König mit einem Kompromiß zwischen Kupons, dritter Aktienzeichnung und alten Südseeaktien einverstanden: Nach Georgs Abreise nach Hannover kaufte der Schatzkanzler für 35950 Pfund Kupons, gab für die dritte Aktienzeichnung 25000 Pfund aus und steckte 45450 in alte Aktien – ein Arrangement, das sein Herr gebilligt hatte.

Georg und die Herzogin von Kendal gingen jedoch davon aus, sie hätten mit Aislabie vereinbart, daß er ihre Südseeaktien bei der ersten sich bietenden günstigen Gelegenheit verkaufen sollte. Georg machte Aislabie nie einen direkten Vorwurf, aber die Herzogin – für sich und den

König sprechend – äußerte sich recht freimütig und deutlich. Warum, so wollte sie vom Schatzkanzler in einem englisch geschriebenen Brief aus Herrenhausen vom 27. September (NS) wissen, habe er in seinem Brief an sie vom 18. August (AS) um weitere Anweisungen gebeten? Dies sei völlig unnötig, da sie und »die Person, deren Geld Ihnen anvertraut ist«, es ihm überlassen hätten, »zu verkaufen oder zu kaufen, wie Sie es für am einträglichsten und bequemsten halten«. Angesichts der Entfernung zwischen Hannover und London und der Veränderungen, die jeden Moment auf dem Markt eintreten könnten, teilte sie ihm im Namen des Königs folgendes mit: »Wenn auch die beste Gelegenheit verpaßt ist, so wollen Sie doch so gütig sein, diejenigen, welche sich in Zukunft bieten, wahrzunehmen, ohne neue Anweisungen zu erwarten.« Und dann fuhr sie in ihrem eigenen Namen fort:

Ich und meine beiden Nichten danken Ihnen vielmals für das, was Sie beliebt haben, bei der dritten Zeichnung auf unsere Rechnung zu zeichnen und zu zahlen. Wenn wir in England gewesen wären, hätten wir sie unfehlbar verkauft, als der Kurs so günstig war, und ich wollte, Sie wären so freundlich gewesen, dies für uns zu tun, zumal Sie meinten und es kommen sahen, daß der Kurs nicht steigen, sondern fallen würde, wie es denn auch geschehen ist. Ich bedauere, daß wir durch unsere Abwesenheit diese gute Gelegenheit versäumt haben; und ich hoffe, Sie werden die Güte haben, sich ein wenig um unseren Vorteil zu kümmern, wenn es Ihnen in Ihren anderen Affairen kein allzu großer Schade ist.

Als dieser Brief in England eintraf – laut Aislabies Aufzeichnung am 29. September (AS) –, war der Kurs auf 300 gefallen. Aislabie fand die Verwirrung so groß, hielt die Lage für derart schwierig und unsicher und meinte, »aller Augen« seien so sehr auf ihn gerichtet, daß er zu dem Schluß gelangte, die Aktien nicht verkaufen zu können, »ohne das Geschrei der Öffentlichkeit wider mich zu vermehren oder des Königs Angelegenheiten ungünstig zu beeinflussen«. Deshalb veräußerte er Georgs Aktien ebensowenig wie die Melusines und die ihrer »Nichten«. Als er gegen Ende seines Lebens die oben erwähnte Aufzeichnung schrieb, versuchte er, glaubhaft zu machen, daß der König einen Gewinn von 45 304 Pfund gehabt hätte. Aislabie hatte kurz nach Georgs I. Rückkehr den »Ertrag der Grundsteuerkupons« eingelöst, und hier war ein kleiner Verlust zu verzeichnen (392 Pfund, um genau zu sein). Wesentlich größer war der Verlust bei den für 45 450 Pfund angekauften Südseeaktien: Als sie im Februar 1722 »samt allen Dividenden« verkauft wurden, erbrachten sie nur noch 9746 Pfund. Was die in die dritte Zeichnung investierten 25 000 Pfund betraf, so glaubte er, sie seien »in [neuen] Aktien für den Gebrauch des Königs« angelegt worden, und wagte die Vermutung, »wenn sie noch vorhanden sind« – das heißt, im Jahre 1742 –, seien sie, mit den Dividenden seit 1720, 39000 Pfund wert. So brachte er es fertig, »einen Gewinn von 45304 Pfund aus der ganzen Transaktion« nachzuweisen. Das ist jedoch, gelinde gesagt, irreführend. Von Georgs Standpunkt im Jahre 1722 aus betrachtet, hatte er (wie Aislabie klar erkannte) einen Verlust von 35704 Pfund gehabt. Doch Georg bewahrte die Fassung: Schließlich stand Britanniens Kredit in einer Phase europäischer Spekulationen auf dem Spiel. Er blieb Präsident der Südseegesellschaft und unterstützte die Aktion zu ihrer Rettung. Desgleichen tat Melusine. Als Verwandte sie ihrer Verluste wegen bedauerten, ließ sie sie wissen, daß sie und ihre »Nichten« leidliche Gewinne gemacht hätten und »durchaus zufrieden« seien, wenn sie auch zeitweise befürchtet hätten, »alles zu verlieren«.

Ob Georgs hannoveranische Minister von der Südseegesellschaft ähnlich bestochen wurden wie einige britische Minister und Abgeordnete, läßt sich nicht mit Sicherheit feststellen. Man glaubte es damals allgemein, es gibt aber keine Beweise dafür. Insgesamt scheint es auch unwahrscheinlich. Sie waren bei Sunderland nicht gut angeschrieben und hatten keinen Einfluß im Parlament. In seinem Testament gab Robethon seine Verluste beim Südseeschwindel als Grund dafür an, daß er seinen Verwandten weniger hinterlassen konnte, als er erwartet hatte. Bernstorffs anno 1720 von Hannover aus geführter Briefwechsel mit seinem Londoner Bankier, Paul de la Tour, mit Bothmer und mit dem im Exil lebenden Mecklenburger von Plessen zeigt, daß er bei der ersten Zeichnung Aktien erworben hatte, noch mehr zu erwerben wünschte und die Ereignisse auf dem Markt mit Interesse verfolgte. Da Bernstorff den Hof in Hannover auf dem laufenden hielt, soll festgehalten werden, daß de la Tour noch optimistisch blieb, als der Kurs seinen Höchststand vom Juni schon längst überschritten hatte. Die Kursschwankungen im August (zwischen 940 und 900 Punkten) hielt man selbst dann noch für eine vorübergehende Erscheinung, als man aus Paris von der dortigen Panik und von Laws mißlicher Lage erfahren hatte – wenn er zu Hause war, wurden ihm die Fensterscheiben eingeworfen, und wenn er sich auf die Straße wagte, wurde seine Kutsche mit Steinen bombardiert. De la Tour rühmte sich, Bernstorffs Position als »Premier Ministre d'Estat de Sa Majesté à Hanovre« genutzt zu haben, um bei der dritten und vierten Zeichnung Aktien im Wert von 1000 Pfund zu erwerben, obwohl die Südseegesellschaft verfügt hatte, 200 Pfund seien die höchste Zuteilung »a ce qui se soit«. Eine (auf französisch) geschriebene Zeitung aus London vom 9./20. September berichtete von einer Generalversammlung der Südseegesellschaft, bei der die Direktoren mit Beifall und Dankadressen für ihre »sage administration« begrüßt worden waren.

Doch vom nächsten Tag an waren alle Korrespondenten niedergeschlagen und beunruhigt. Das Gerücht, Georg habe verkauft, als der

Kurs seinen Höchststand erreicht hatte, wurde von den »Übelwollenden« in Britannien benutzt, um anzudeuten, der König habe kein Vertrauen zur Südseegesellschaft (was, wie wir gesehen haben, nicht zutraf). Agitation und Intrigen waren an der Tagesordnung. Heilloses Durcheinander herrschte nach dem Bankrott der – eng mit der Südseegesellschaft verbundenen – Sword Blade Company. Am 29. September (AS) war der Kurs der Südseeaktien auf 190 gesunken, und de la Tour, der sich bisher »peinlich genau« an Bernstorffs Weisungen gehalten hatte, bekam es mit der Angst zu tun und versuchte nach eigenem Ermessen zu retten, was zu retten war. Am 4./15. Oktober schlug Bothmer Alarm. Er berichtete vom »äußerst ungeduldigen Verlangen« der britischen Minister nach der Rückkehr des Königs: Nur das werde »ihnen den Mut geben« weiterzumachen; jede Verzögerung werde »Verzweiflung bewirken«. Und für sein Teil fügte Bothmer die folgende Warnung hinzu: »Nous ne serons pas loin d'une révolte. Croyez moy que je n'exagère rien, on parle deja son [des Königs] absence avec une extreme liberté.«

Die in London umgehende panische Angst vor einer Revolution ließ Georg und Stanhope nicht unbeeindruckt, obwohl sie beide von wichtigen außenpolitischen Problemen völlig in Anspruch genommen waren. «Laßt uns noch eine Woche Zeit, damit wir die wichtigsten Dinge regeln können«, war der Tenor ihrer Appelle nach London. Im weiteren Verlauf der Ereignisse hielten widrige Winde sie in den Niederlanden fest, aber sie trafen Mitte November in London ein: wesentlich früher, als es Georgs Gewohnheit war, wenn er Hannover besuchte. Bernstorff wollte sechs Monate später folgen. Das hatte wahrscheinlich etwas mit seiner Enttäuschung darüber zu tun, daß Georg Stanhopes Rat, eine britisch-hannoveranisch-preußische Allianz sei vonnöten, gefolgt war; an Gräfin Cowper schrieb er jedoch, er habe nicht den Mut, nach London zurückzukehren, wo jedermann des Südseeschwindels wegen bedrückt sei. Vielleicht fürchtete er sich auch, obwohl er nichts zu verbergen hatte, vor einer etwaigen Hetze gegen Georgs hannoveranische Minister. Plessen berichtet ihm in einem Brief vom 17./28. März 1721 von einer Debatte im Oberhaus, bei der »Bernstorff und Bothmer« sowie die Damen von Georgs Hof bezichtigt worden waren, Bestechungsgeschenke von der Südseegesellschaft entgegengenommen zu haben. Die Damen waren von Lord Guilford verteidigt worden. Er machte geltend, daß sie stets »avoient este en droit de recevoir de pareilles faveurs«. Doch er hatte – als Warnung an die Adresse von Georgs deutschen Beratern – hinzugefügt: »Mais qu'il s'agis de savoir, si les Ministres, Monsieur Bernstorff et Monsieur Bothmer, y avoient.«

Georg und Robert Walpole überstanden den Sturm. Sie hatten beide nicht vorhergesehen, wie gefährlich die Pläne und Verfahrensweisen der Südseegesellschaft waren, aber sie blieben gelassen und waren auf fast skrupellose Weise entschlossen, zu retten, was zu retten war. Ein Sonderausschuß, der dem Ministerium äußerst kritisch gegenüberstand, untersuchte das Geschäftsgebaren der Südseegesellschaft, um festzustellen, in welchem Maße deren Direktoren und Georgs Minister schuldig waren. Doch Georg sorgte dafür, daß dem Ausschuß der Zeuge vorenthalten blieb, den dieser am liebsten ins Kreuzverhör genommen hätte. Robert Knight, der Kassenverwalter der Südseegesellschaft, war aus Britannien geflohen – erst in die österreichischen Niederlande und dann nach Paris. Über diplomatische Kanäle ließ der König Prinz Eugen wissen, daß er ihm zu Dank verpflichtet wäre, wenn er dafür sorgte, daß die Privilegien der Provinz Brabant wirksam blieben und Knight somit nicht ausgeliefert würde; und durch die Herzogin von Kendal ließ Georg dem Regenten seinen »persönlichen Wunsch« übermitteln, daß dieser das Ersuchen des britischen Botschafters um Knights Zwangsrückführung nach London ignorieren möge.

Doch es waren traurige Tage für Georg. Im Februar starben seine beiden bedeutendsten Experten auf dem Gebiet der Außenpolitik: James Stanhope am 5. Februar, der jüngere Craggs am 16. Februar. Craggs starb an Pocken, James Stanhope an einer Hirnblutung, die – wie man glaubte – durch eine besonders anstrengende Sitzung des Oberhauses in der Zeit der Untersuchung der Verbindungen zwischen der Südseegesellschaft und den Ministern ausgelöst wurde. Gegen Ende der Debatte geriet Stanhope über einen Seitenhieb Whartons außer sich, zahlte es ihm mit gleicher Münze heim und sank ohnmächtig zu Boden*. Er selbst hatte eine weiße Weste, aber er machte sich Sorgen um seinen Lieblingscousin Charles Stanhope. Daß der Südseeschwindel sich ungünstig auf Britanniens Position als Friedensstifter Europas ausgewirkt hatte, belastete ihn ebenfalls. Er hatte alle Vorbereitungen für die Teilnahme am Kongreß von Cambrai getroffen, bei dem, wie er zuversichtlich hoffte, der Friedensvertrag zwischen Karl VI. und Philipp V. unterzeichnet werden würde, und ärgerte sich über diese Krise in Britannien, die eine Verschiebung des Kongresses notwendig machte. Noch schlimmer war, daß der Friedensplan für den Norden gefährdet werden konnte, wenn die Krise andauerte.

Georgs Kummer über Stanhopes Tod ist gut dokumentiert. Der König konnte weder schlafen noch essen. Er besuchte Lady Stanhope und »versicherte ihr, daß er nach ihr der Mensch sei, der den größten Verlust erlitten habe, weil er eines guten Dieners und Freundes beraubt worden sei, und daß es nichts gäbe, was sie nicht von ihm erbitten könnte und

---

* Wharton verglich Stanhope mit Sejanus, womit er auf hinterhältige Weise sagen wollte, daß der Außenminister am Streit in der königlichen Familie schuld sei. Stanhopes Erwiderung war direkter: Wenn Whartons Vater noch am Leben wäre, würde dieser sich – wie Brutus – genötigt sehen, einen so unwürdigen Sohn zu töten.

was er nicht für sie und ihre Kinder tun würde«. Es wurde ihr sofort ein Jahresgeld von 3000 Pfund ausgesetzt. Wahrscheinlich setzte sich Georg aus emotionellen Gründen aktiv dafür ein, daß Charles Stanhope entlastet wurde. Er bat mehrere Unterhausabgeordnete, ihm den Gefallen zu tun, sich bei der Abstimmung darüber, ob James Stanhopes Cousin schuldig sei oder nicht, der Stimme zu enthalten – ich bin auf keinen anderen Anlaß gestoßen, bei dem Georg zu einer so drastischen Maßnahme gegriffen hätte. Charles Stanhope wurde denn auch bei der Abstimmung im Unterhaus nicht für schuldig befunden. Daß er jedoch schuldig war, war so bekannt, daß sein Ausscheiden aus dem Schatzamt unumgänglich wurde. Die Rettung Sunderlands war wichtig für das stark angeschlagene Ministerium. Er war im Oberhaus wie im Unterhaus heftig angegriffen worden. Plessen schrieb an Bernstorff, er getraue sich nicht, ihm in allen Einzelheiten von den im Oberhaus erhobenen Anschuldigungen zu berichten, er wolle nur soviel sagen, daß Sunderland als »promoteur et encourageur« der späteren Zeichnungen der Südseeaktien betrachtet werde. Mit Robert Walpoles Hilfe wurde Sunderland entlastet. Er blieb Oberkammerherr, trat aber als Erster Schatzlord zurück. Aislabie wurde »der notorischsten, infamsten und gefährlichsten Korruption« für schuldig befunden und – wie mehrere Unterhausabgeordnete, die von der Südseegesellschaft Aktien ohne Bezahlung entgegengenommen hatten – aus dem Parlament ausgestoßen. Der ältere Craggs beging Selbstmord, als er sich darüber klar wurde, daß man ihn ebenfalls für schuldig befinden würde.

Ende März war das Schlimmste ausgestanden. Walpoles Antrag (er ging auf eine Anregung seines Bankiers Robert Jacombe zurück), das Kapital der Südseegesellschaft aufzuteilen und an die Bank von England und die Ostindische Gesellschaft gehen zu lassen, wurde vom Unterhaus nicht angenommen. Doch im August 1721 hatte die Südseegesellschaft dann wieder an Renommee gewonnen: Ihre Aktien standen bei 400. Und obwohl Investoren den Schwindel noch lange verfluchten, ihre Verluste beklagten und ihren Kindern darlegten (wie Sir John Evelyn), daß diese Firma »so fatal für die Nation« sei, hatte sich vor dem Ablauf von Georgs Regierungszeit die Geschäftslage der Gesellschaft verbessert – das galt für den Walfang in nördlichen Gewässern ebenso wie für den Handel in südlichen Gewässern –, und das Südseehaus wurde als eines der schönsten Gebäude Londons bewundert.

Georg, ein Gefangener seiner Minister?*

Sunderlands plötzlicher Tod im April 1722 schwächte das Gleichgewicht im Ministerium und ließ die Gruppe um Townshend und Walpole in den Vordergrund treten. In der Innenpolitik hieß die Firma jetzt dank Walpoles erfolgreicher Rettungsaktion nach dem Südseeschwindel im Jahre 1721 eher Walpole und Townshend als Townshend und Walpole. Der Chef der Firma griff sogar – aufgrund seiner Überwachung jakobitischer Machenschaften – in die Außenpolitik ein. Er war die treibende Kraft bei der Aufdeckung des Atterbury-Komplotts von 1722, das Jakob Eduard Stuart an die Macht bringen sollte, und beim Kampf darum, den populären und sehr gerissenen Bischof von Rochester seiner geistlichen Ämter verlustig zu erklären und seine Verbannung herbeizuführen. Es war schwierig zu beweisen, daß verräterische Absichten vorlagen, aber die Grundzüge des Plans zur Machtübernahme im Namen Jakobs III. konnte man sich aus einer Reihe von Unterlagen zusammenreimen (aus Informationen, die Dubois schickte, aus Andeutungen in Berichten von Diplomaten, aus einem anonymen Brief an die Herzogin von Kendal): Georg I., der geplant hatte, nach Hannover zu reisen, sollte auf dem Weg dorthin ermordet werden; die britischen Minister sollten verhaftet und im Tower festgehalten werden, während die Jakobiten die Bank von England und die Londoner Börse in ihre Gewalt brachten. Es ist leicht, Walpoles fixe Idee von der jakobitischen Bedrohung lächerlich zu machen. Wir wissen, daß er sich nicht scheute, sie auszuspielen, wenn es der Regierung ins Konzept paßte. Doch was das Atterbury-Komplott angeht, haben die inzwischen verfügbaren Stuart-Papiere gezeigt, daß er mit all seinen Vermutungen recht hatte – eine ausgenommen: Das Komplott wurde nicht von den Spaniern unterstützt. Es ist möglich, daß Walpole überreagierte. Es war vernünftig, Georg zur Verschiebung seines Hannover-Besuchs auf das nächste Jahr zu überreden, und eine kluge Vorsichtsmaßnahme, die Garderegimenter nach London zu holen und sie im Hyde Park lagern zu lassen. Doch als im Oktober 1722 die Sitzungsperiode des Parlaments begann, ließ Walpole auch noch für ein ganzes Jahr die Habeas-Corpus-Akte außer Kraft setzen und belegte die Katholiken mit einer gesalzenen Geldstrafe (10 000 Pfund). Als die katholischen Mächte gegen diese strenge Maßnahme protestierten, erklärte er, das Geld sei der Ausgleich für die hohen Kosten, die daraus erwachsen seien, daß die Katholiken (heimlich oder offen oder auch bloß mutmaßlich) Jakob Eduard Stuart unterstützt

---

* Die Vorstellung, Georg sei ein Gefangener seiner Minister gewesen, stammt aus einer Bemerkung des kaiserlichen Diplomaten Palm, der am 17. Dezember 1726 schrieb, der König werde »von seinen englischen Ministern wie ein Gefangener gehalten und bedrängt«. Etliche Historiker haben jedoch das Element der Selbstrechtfertigung in Palms Berichten, die aus einer Zeit der gespannten Beziehungen zwischen der Hofburg und Whitehall stammen, nicht berücksichtigt.

hätten. Schließlich wurde nur ein Verschwörer hingerichtet (Christopher Layer), zwei wurden zu lebenslänglicher Haft verurteilt. Und Walpoles Bespitzelung von Atterbury im Exil scheint, obwohl man sie für übertrieben hielt, gerechtfertigt angesichts dessen, was wir heute aus Charles Caesars Korrespondenz über die jakobitischen Komplotte zwischen 1725 und 1727 wissen. Es ist jedoch unbestreitbar, daß sich Walpole diese Komplotte zunutze machte, um seine ehrgeizigen Bestrebungen zu fördern. Er achtete sehr darauf, daß nur er dem König »Erkenntnisse über die Jakobiten« vorlegte – was ihm den Anschein eines begeisterten Anhängers des Hauses Hannover gab –, und versuchte gleichzeitig, Georg zu isolieren, indem er die restlichen Mitglieder der Gruppe um Stanhope und Sunderland aus dem Amt entfernte. Er schleuste geschickt Leute seiner Wahl in vakante Stellen ein, und er wollte insofern hoch hinaus, als er darauf hinarbeitete, daß Carteret, Townshends Kollege als Staatssekretär, entlassen wurde. Towsnhend verfolgte die gleichen Absichten wie Walpole, riet allerdings zu subtilem Vorgehen, zur Geduld und zur Verhehlung der Freude über die Erfolge auf dem Weg zum gemeinsamen Ziel. Beide waren entzückt, als gewisse außenpolitische Ärgernisse im Zusammenhang mit der »de-Vrillière-Affäre« ihnen in die Hände spielten und Carteret deshalb seinen Posten als Staatssekretär räumen mußte, um Vizekönig von Irland zu werden: Im Herbst 1724 fühlten sie sich dann vor allen britischen und hannoveranischen Rivalen sicher.

Doch mehr als Walpoles Bespitzelungssysteme und Intrigen schätzte Georg die Arbeit des Ministers für den britischen Wohlstand und die nötigen Reformen, die er zwischen 1721 und 1725 plante und durchführte. Die heimische Industrie wurde vor der ausländischen Konkurrenz geschützt. Für eine Reihe von Exportartikeln – etwa für Getreide und Spirituosen, Segeltuch und Feinzucker – wurden Ausfuhrprämien gezahlt. Das komplizierte Zolltarifsystem wurde modernisiert und die Ausfuhrzölle wurden aufgehoben, außerdem die Einfuhrzölle für Rohmaterialien, die die britischen Manufakturen benötigten, etwa für Rohseide, unversponnenen Flachs und Färbeflüssigkeiten. Die Grundsteuer wurde von 15 auf 10 Prozent gesenkt und die Steuerlast gerechter verteilt; dies geschah durch eine Schwerpunktverlagerung auf die indirekten Steuern, was dank dem Zollspeichersystem kein Hindernis für die britische Wiederausfuhr von Gütern war, die aus Übersee nach Britannien kamen: Der britische Verbrauch von Tee, Kaffee, Kakao und Schokolade wurde besteuert, die genannten Artikel wurden dagegen nicht besteuert, wenn sie nach Kontinentaleuropa wiederausgeführt wurden. Damit der britische Export konkurrenzfähig wurde, wurden die Löhne von lokalen Friedensrichtern festgesetzt, und den Arbeitern wurde untersagt, sich zur Vorenthaltung ihrer Arbeitsleistung »zusammenzuschließen«, um höhere Löhne zu erzielen. Die Absicherung gegen Konkurrenz erstreckte sich nicht nur auf die Konkurrenz aus dem Ausland, sondern auch auf die aus den Kolonien (ein bekanntes Beispiel ist das Verbot der Herstellung von Biberhüten in Nordamerika) und aus Irland. Die Rolle der Kolonien wurde dahingehend definiert, daß sie Rohmaterialien zu liefern hatten, etwa Ingwer und Tabak, Masten und anderen Schiffsbedarf. Die Regierung hoffte, sich beim Schiffsbedarf aus der allzu starken Abhängigkeit vom Ostseeraum lösen zu können.

All diese Maßnahmen waren nichts besonders Neues. Was Georg bewunderte, war das vernünftige, systematische und rationale Vorgehen Walpoles. Es beeindruckte ihn auch, wie gut Walpole das Unterhaus in der Hand hatte. Zweifellos wurde Walpoles Aufgabe durch die Friedensbedingungen erleichtert, wie sie nach 1721 herrschten. Möglicherweise würde das Parlament untersuchen wollen, was die zwischen 1715 und 1721 in die Ostsee entsandten Geschwader Britannien gekostet hatten, doch nach dem Frieden von Nystad zwischen Schweden und Rußland war dies gewissermaßen ein abgeschlossenes Kapitel, und als Norris 1727 in die Ostsee geschickt wurde, um ein Auge auf Zar Peters Nachfolgerin, Katharina I., zu haben, billigte das die Mehrheit des Unterhauses. Es gab eine Reihe europäischer Probleme, die Georg I. und die beiden Staatssekretäre in Anspruch nahmen, aber keines von ihnen spielte für die Beziehung zwischen Georg und Walpole eine wichtige Rolle. Das trug zu einer friedlichen und fruchtbaren Zusammenarbeit bei, fernab von der Spannung und Krisenstimmung, die so oft das Los des Königs und seiner Berater auf dem Gebiet der Außenpolitik war. Der König betraute Walpole gern mit dem »Management« des Unterhauses, auch mit dem Recht, einige Ämter zu vergeben, verfolgte jedoch aufmerksam selbst das, was mit minder wichtigen Posten geschah. Weil in den Jahren nach 1722 für Walpoles Landsleute die Innenpolitik den breitesten Raum einnahm, hielt man ihn für den Premierminister. Und in den letzten Jahren von Georgs Regierungszeit bedachte man ihn mit dem Spitznamen »Der große Mann«, der von Freund und Feind gleichermaßen gebraucht wurde, wenn auch mit unterschiedlicher Betonung.

Das Element speziell personenbezogener Satire – nicht nur in *Gullivers Reisen*, sondern auch in John Gays *Bettleroper* – kann leicht überbetont werden. Als Swift 1726 nach London kam, um sein Buch in Druck zu geben, gehörte er (zusammen mit Gay und Arbuthnot) zu der Sommergesellschaft in Bolingbrokes Haus in Dawley, die eine neue Zeitschrift plante *(The Craftsman)*, die Walpole angreifen sollte. Als Swifts Buch dann veröffentlicht wurde, versicherten ihm seine Freunde, die Politiker seien »einhellig« der Meinung, daß es »frei von speziellen Anwürfen« sei: »Keine wichtige Person sei aufgebracht«. Wenn der Historiker *Gullivers Reisen* auf Bemerkungen über Walpole oder Georg hin durchliest, kommt er zu dem Schluß, daß dies Buch ein allgemeiner Kommentar über das Leben in den Staaten und Gesellschaften der damaligen Zeit ist und daß spätere kommentierte Ausgaben mehr Bezüge zu zeitgenössischen Persönlichkeiten hineininterpretiert haben, als in Wirklichkeit vorhanden waren. Gays *Bettleroper,* die erst im Januar 1728 aufgeführt wurde, ist ebenfalls ein allgemeiner, wenn auch ätzenderer Kommentar zur Gesellschaft; und hier erkannte das Publikum einige der Spitzen sicherlich als gegen Walpole gerichtet. Als dieser in seiner Loge aufstand, applaudierte und um eine Wiederholung des Lieds bat, das nach allgemeiner Ansicht das für ihn vernichtendste war, erntete er widerwillige Bewunderung. Aber das ist bereits der Walpole der Regierungszeit Georgs II., in der er eher der wahre Premierminister war als in den letzten fünf Jahren der Regierungszeit Georgs I. Auch *The Craftsman,* die gegen Walpole gerichtete Zeitschrift, spielte ihre eigentliche Rolle erst während der Regierungszeit Georgs II., obwohl es bezeichnend ist, daß ihre Anfänge in die Regierungszeit Georgs I. fallen. Bolingbroke hatte im Juni 1723 nach England zurückkehren dürfen, wobei die Herzogin von Kendal vermittelte und Townshend und Walpole aktiv mitarbeiteten, auch wenn sie später der Aufschrei alarmierte, den seine Rückkehr bei den Whigs verursachte. Bolingbroke erhielt seine Besitzungen zurück, durfte aber nicht ins Oberhaus einziehen – eine Beschränkung seiner Aktivitäten, die er Walpole zur Last legte. Die Schmähungen im *Craftsman* sind ein Beweis für die Intensität seines Hasses und Neides, wenngleich sich kaum Kritik an Georg findet. Das heißt jedoch nicht, daß Georg innerhalb und außerhalb des Parlaments nicht kritisiert worden wäre. Aber man begann allmählich in beiden Häusern, Schmähungen gegen den König für ungehörig und überdies für taktisch unklug zu halten: Es war klüger, die Minister mit Dreck zu bewerfen als den Monarchen, die Quelle der Macht. Kritik am König in gedruckter Form war aus Angst vor Bestrafung selten, doch es zirkulierten – besonders in jakobitischen und hochkirchlichen Kreisen – mit der Hand geschriebene Gedichte, die den König lächerlich machten. Hie und da erfahren wir von populären Versen, die aufgezeichnet wurden und in denen darauf angespielt wird, daß Georg von Königsmarck zum Hahnrei gemacht wurde, wie etwa im folgenden Beispiel:

Potatoes is a dainty dish and turnips is a-springing
And when that Jemmy comes over, we'll set the bells aringing
We'll take that cuckold by the horns and lead him unto Dover
And put him in a leather boat and send him to Hanover[*].

---

[*] Etwa: Kartoffeln sind ein feiner Schmaus und weiße Rüben wachsen stark / Und wenn Jemmy (Jakob III.) rüberkommt, dann läuten wir die Glocken / Wir nehmen den Hahnrei bei den Hörnern und führen ihn nach Dover / Und setzen ihn in ein Lederboot und schicken ihn nach Hannover.

Wenn Walpole in Georgs letzten Jahren auch nicht Premierminister war, so war er doch für die Innenpolitik die Hauptstütze der Regierung. Darüber war sich der König völlig im klaren. Er vertraute Walpole, ehrte ihn – 1725 mit dem Bath-Orden, 1726 mit dem Hosenbandorden – und schätzte ihn. Georg fühlte sich wie zu Hause, wenn er ihn und seine Geliebte Maria (Molly) Skerret (die er nach dem Tod seiner Frau heiratete) in Richmond Park besuchte. Aber zu vielen großen Aufgabenbereichen des Königs hatte Walpole nicht den geringsten Zugang.

Der Minister war nie aus England herausgekommen und verstand recht wenig von europäischen Angelegenheiten, obwohl er 1723, als Townshend und Carteret in Hannover waren, als Staatssekretär fungierte und von allen wichtigen Depeschen Abschriften erhielt. Wenn er fachmännischen Rat brauchte, fragte er seinen Bruder Horatio. Doch das wurde erst zu Georgs II. Regierungszeit wichtiger für ihn. Zur Regierungszeit Georgs I. war die Außenpolitik Townshends Sache, denn er hatte – wenn auch geographisch begrenzte – Spezialkenntnisse. Es wäre für beide ein Gewinn gewesen, wenn sie zugegeben hätten, daß sie Carteret brauchten, und sich die Macht mit diesem Mann geteilt hätten, der viel von der spanischen Sprache und Kultur verstand *, von Stanhope in der Politik des Mittelmeerraums unterwiesen worden und Experte für die Angelegenheiten Österreichs und der nördlichen Länder war.

Georg als Förderer der Künste

Die friedlichen Jahre nach 1721 gaben Walpole und Georg gleichermaßen Gelegenheit zu bauen, umzugestalten und mehr Zeit an ihre Liebhabereien zu wenden. Georg befaßte sich zwar weiterhin regelmäßig mit der Außenpolitik, aber Druck und Gefahr waren nicht mehr so groß wie in den Jahren von 1714 bis 1721, und auch die Probleme waren einfacher.

Es ist schwer zu sagen, welchen Einfluß Georg auf die zwei wichtigen Aufträge nahm, die James Thornhill im Oktober 1714 und ein Jahr später erhielt: die Ausschmückung der *Great Hall* in Greenwich mit Bildern zum Gedächtnis der protestantischen Thronfolge beziehungsweise die Ausmalung der Kuppel der St. Pauls-Kathedrale. Man hatte erwartet, daß die beiden Meister, bei denen Thornhill gelernt hatte – der Italiener Antonio Verrio und der Franzose Louis Laguerre – die Aufträge erhalten würden: Verrio, der bereits in Hampton Court etliche Arbeiten durchgeführt hatte, den ersten und Laguerre den zweiten. Wir wissen, daß sich Thornhills Befürworter mit dem Argument durchsetzen konn-

---

* Carteret gab während seiner »Verbannung« nach Irland (wo er seine Pflichten übrigens ernst nahm und mit beachtlichem Erfolg wirkte) eine illustrierte Übersetzung des *Don Quixote* in Auftrag.

ten, daß ein Engländer und Protestant für diese Aufträge besonders geeignet sei. Halifax sorgte dafür, daß der Auftrag in Greenwich an Thornhill ging, indem er die Zusage des Schatzamts zur Übernahme der Kosten verweigerte, wenn nicht Thornhill mit den Arbeiten betraut wurde. Tenison, der Erzbischof von Canterbury, ging bei dem Auftrag für die St. Pauls-Kathedrale subtiler vor. Georg hätte keine religiösen Bedenken gehabt, die Malereien von Katholiken ausführen zu lassen. Anscheinend hat er die Vergabe der Aufträge an Thornhill befürwortet, weil er erkannte, welcher Gefühls- und Propagandawert damit verbunden war, wenn man einen Engländer und Protestanten beauftragte. Nach Verrios Tod (1715) ließ Georg die Dekorationsmalereien in Hampton Court von Thornhill vollenden – die Decke im Schlafgemach der Königin (das der Prince und die Princess of Wales im Sommer 1716 benutzten) ist sein Werk. Sie muß Georg gefallen haben, denn von nun an legte er ein besonderes Interesse für Thornhills Arbeit an den Tag, ernannte ihn 1718 zum Königlichen Historienmaler, nahm ihn 1719 mit nach Hannover und schlug ihn im Mai 1720 zum Ritter – es war das erste Mal in der Geschichte der englischen Monarchie, daß ein aus England gebürtiger Maler auf diese Weise geehrt wurde. Thornhill wiederum zeigte sich erkenntlich für die Auszeichnungen, die ihm zuteil geworden waren. Er, der als Geizhals verschrieen war, schenkte Georg eine frei gestaltete Kopie der Episoden aus dem Leben des Apostels Paulus, mit denen er die Kuppel der St. Pauls-Kathedrale ausgemalt hatte; und als er genügend Geld verdient hatte, um den Landsitz seiner Familie zurückzukaufen, errichtete er dort einen Obelisken zum Ruhme Georgs I.

Vom Historischen wie vom Biographischen her betrachtet, lohnt es sich, Thornhills Darstellung von Georg und dessen Familie in Greenwich genau anzusehen. Der Maler hatte sich lange mit dem Problem auseinandergesetzt, wie er (in der *Upper Hall*) Georgs I. Landung in England gestalten sollte. Schließlich entschied er sich für eine allegorische Lösung. Der König ist in einem Wagen sitzend dargestellt, dessen Rückwand von einer Muschel gebildet wird – es erinnert an das große Gemälde von der kurfürstlichen Familie, auf dem Sophie in einem ebensolchen Wagen sitzt. Thornhill dürfte es wohl gesehen haben, als er 1719 bei seinem Aufenthalt in Hannover Skizzen von Georgs I. Enkel Friedrich machte. In der *Painted Hall* stellte Thornhill Georg und dessen Familie in zeitgenössischer Kleidung dar, Georg und Georg August allerdings mit der herkömmlichen Rüstung. Friedrich steht zwischen seinem Großvater und seinem Vater: Er sieht recht zart aus, so, als habe er sich noch nicht ganz von der Krankheit erholt, an der er kurz vor Georgs I. Besuch gelitten hatte. In einer Gruppe links vom König finden wir die übrigen Kinder des Prince und der Princess of Wales. Es ist erfreulich, sie alle zusammen zu sehen; man bewundert auch gern, wie schön die

Princess of Wales als junge Frau war; den Historiker stört nur etwas, daß der Altersunterschied zwischen Friedrich (skizziert 1719) und dessen jüngsten Schwestern (geboren 1724 und 1725) nivelliert ist. Eine bemerkenswerte Besonderheit ist das Sachsenroß, das Thornhill mit ins Bild gebracht hat: auf der Säule in der rechten Ecke, dicht bei seinem Selbstporträt. Leider sind die Farben nicht mehr so schön, wie sie es einmal waren. Die klaren Blautöne und das satte Rosa, das kühle Braun und Flaschengrün, das prachtvolle Karminrot und die fein abgestuften Weißtöne, die die Zeitgenossen so sehr bewunderten, haben durch Retuschen des 19. Jahrhunderts an Brillanz verloren.

Georg war kein großer Kunstkenner*, aber er hatte sich von Jugend an für Familienporträts und Historienmalerei interessiert und ließ sich alle Dekorationsmodelle und -entwürfe zur Genehmigung vorlegen. Daß er nicht unzugänglich für Stiländerungen war, zeigt sich daran, daß er zwischen 1722 und 1725 die neuen Prunkzimmer und das große Treppenhaus von William Kent statt von Thornhill ausschmücken ließ. Kent war ihm von Burlington empfohlen worden, den Georg 1714 vor seiner Thronbesteigung in Hannover kennengelernt hatte (der junge Earl, unterwegs zu seinem ersten Italienbesuch, machte damals Zwischenstation im Kurfürstentum) und der Kent 1719, nach seinem zweiten Italienbesuch, von Italien nach London holte. Kent wird als Maler meist sehr viel weniger geschätzt als Thornhill, aber seine dekorativen Malereien passen zu den Räumen, und die Porträts im Treppenhaus geben uns eine gute Vorstellung von Personen, die wir sonst nur aus schriftlichen Quellen kennen: Da ist der Zwerg aus Fabrices Memoiren, der nach dem Nachtmahl des Königs hin und wieder die Tischgesellschaft unterhielt; man sieht den wild aufgewachsenen Jungen, der in den Wäldern des Kurfürstentums Hannover aufgegriffen, 1725 nach England gebracht und der Princess of Wales zum Geschenk gemacht wurde; und da sind auch Mehemet und Mustafa. Einige Personen lassen sich nicht identifizieren: Mehrere *Yeomen of the Guard* (die wahrscheinlich seinerzeit bei Hofe wohlbekannt waren) und ein Quäker, der wohl Georgs I. Mitgefühl mit den Nonkonformisten symbolisiert oder dargestellt ist, um die Erleichterungen zu rühmen, die der König ihnen verschaffte.

Das alte Nottingham House, der Kern, um den herum Wilhelm und Maria den Kensington-Palast (oder *Kensington House,* wie es damals genannt wurde) hatten bauen lassen, war ziemlich heruntergekommen, als Georg I. den Thorn bestieg. Darum hatte der König einen Umbau angeordnet, der Wrens Gebäude ein neues Zentrum geben sollte, eine Flucht von Prunkzimmern. Vanbrughs Vorstellungen erwiesen sich als

---

* Das Wort, daß er »alle Dichter und Maler« hasse, wird oft irrtümlicherweise Georg I. zugeschrieben. Es stammt aber von Georg II. und ist auch so nicht korrekt zitiert und überdies aus dem Zusammenhang gerissen.

zu aufwendig; sie paßten dem König weder ins Konzept noch in die Finanzplanung. Allerdings haben Vanbrughs Entwürfe wahrscheinlich den Architekten beeinflußt, der dann mit dem Auftrag betraut wurde: Colin Campbell. Er arbeitete unter William Benson, dem Generalinspektor, der bei der Neuorganisierung des Bauamts Wrens Nachfolger geworden war. Georg hatte Benson in seiner Eigenschaft als Kurfürst in seine Dienste genommen. Im Jahre 1716 war Benson mit dem König in Hannover, und aus dem Jahre 1718 ist eine Anweisung an Görtz erhalten, daß Bensons Pumpanlage für die große Fontäne in Herrenhausen gekauft werden muß, »wieviel sie auch kosten mag«. Er scheint ein besserer Ingenieur als Baumeister gewesen zu sein und blieb als Generalinspektor nicht lange im Amt. Ein irreführender Bericht über den baulichen Zustand des Westminster-Palasts hatte seine Entlassung zur Folge; und die neuen Prunkzimmer – das Empfangszimmer des Königs, der Kuppelsaal und das Kabinett – waren kurz nach ihrer Fertigstellung 1722 bereits reparaturbedürftig. Doch die Proportionen sind herrlich, und Kents Ausstattung der Räume paßt gut zu den Neuanstrichen und besonders zu den vielen neuen Decken, die er auch in anderen Teilen des Palasts gestaltete, was zu größerer Einheitlichkeit beitrug. Man mußte sparsam sein, also verwendete man Königin Marias Vorhänge und Wandbehänge wieder. Sie wurden lediglich – ursprünglich waren sie blau – grün umgefärbt. Und als das Ganze dann fertig war, fanden Höflinge und Besucher es harmonisch und wohlgelungen. Die Kuppeldecke mit ihrer raffinierten Perspektive (beeinflußt von Thornhills Gestaltung der Kuppel der St. Pauls-Kathedrale) wurde sehr bewundert. Man lobte den römischen Stil des Saals. Kents Decke in dem Kabinett, das zum Empfangszimmer führte, stellte eine Neuigkeit dar: Es war die erste in England, die im etruskischen Stil gehalten war. Die große Galerie, die schon seit langem die »herrlichen Bilder« beherbergte, »welche diesen sich weit hinziehenden Raum in seiner ganzen Länge schmücken«, und die mehrere Holbeins enthielt – Erasmus, den Baseler Drukker Froben und ein Porträt von Heinrich VIII. »in der Blüte seiner Jahre« – wurde unter Georg I. »neu vollendigt und ausgestattet«. Selbst ein so kritischer Kunstkenner wie Sir John Evelyn äußerte sich anerkennend darüber. Ihm gefielen der rote Damast an den Wänden und die Vergoldungen an der Decke und an den Simsen. Er fand, die großen Bilder höben sich gut davon ab. In seinem Tagebuch vermerkte er einen Tintoretto, einen Bassano und ein Gemälde von Karl I. zu Pferd (auf einem Schimmel). Der König hatte ganz offensichtlich eine Vorliebe für Reiterbilder; eins von Olivares findet sich ebenfalls unter den Gemälden, die Evelyn aufführte.

Zur gleichen Zeit waren unter der Ägide des neuen Generalinspektors Hewett nördlich von Wrens Uhrenhof zwei bezaubernde neue Arkadenhöfe entstanden. Ausgeführt hatte sie der Hofbaumeister Joynes. Der eine war für die Enkelinnen bestimmt, die sich nach wie vor in Georgs Obhut befanden (er wurde »der Prinzessinnenhof« genannt); der andere (später als »der Prince-of-Wales-Hof« bekannt, weil Friedrich dort in den Anfangsjahren der Regierung Georgs II. wohnte) war für die Herzogin von Kendal. Kent besorgte auch die Ausstattung ihrer Gemächer; besonders schön ist der Kaminschmuck, den er für sie entwarf. Die Tatsache, daß es zwischen Melusines Gemächern und denen der Prinzessinnen eine (vom Architekten ursprünglich nicht vorgesehene) Verbindung gab, weist darauf hin, daß zwischen den beiden Wohnbereichen ein reges Kommen und Gehen herrschte und daß Melusine Georgs Interesse am Wohlergehen seiner Enkelinnen teilte, wenn auch mit der eigentlichen Erziehung die Gräfin von Portland betraut war, die Georg 1718 zur Gouvernante der Prinzessinnen ernannt hatte.

Die Gärten lagen Georg sehr am Herzen. Das Parkgelände, das Wilhelm III. von Nottingham gekauft hatte, war weitläufig. Hier arbeitete der König gemeinsam mit dem Königlichen Gärtner Henry Wise, dessen Assistenten Charles Bridgman (der nach Georgs Tod Wises Nachfolger wurde) und Kent an einer Neugestaltung. Eins ihrer Ziele war, einen prachtvollen Ausblick vom neuen Empfangszimmer des Königs aus zu schaffen. Der Runde Teich, damals »das Bassin« genannt, wurde ausgehoben und mit Wasser gefüllt, strahlenförmig ausgehende Wege entstanden, und die »Große Promenade«, über fünfundzwanzig Meter breit und fast einen Kilometer lang, wurde »auf Anweisung Seiner Majestät« angelegt und mit Bäumen bepflanzt, was beinahe 4000 Pfund kostete. Das *Serpentine*-Projekt, mit dem man erst im Sommer 1727 begann, wurde vollständig durchgeplant. Königin Caroline, der man oft irrtümlich die ganze Umgestaltung des Parkgeländes des Kensington-Palasts zuschreibt, teilte das Interesse ihres Schwiegervaters und vollendete nach 1727 seine Pläne. Wer gerne spazierenging, mußte mit, wenn Georg zur Entspannung und körperlichen Ertüchtigung die Anlagen inspizierte. Melusines Bruder, Feldmarschall Johann Matthias von der Schulenburg, der seine Schwester 1726 besuchte, war erschöpft von den Abendspaziergängen mit Georg I. – sie dauerten bis zu drei Stunden.

Georgs I. Enkelinnen und seine beiden jüngsten Töchter von Melusine hatte denselben Musiklehrer: Georg Friedrich Händel, zweifellos der Künstler, der Georg die meiste und beständigste Freude bereitete. Händel hatte 1703 einen kurzen Besuch in Hannover gemacht und wurde im Juni 1710 zum Kapellmeister Georgs ernannt. Diese Ernennung beendete seine vier Studienjahre in Italien. Musikhistoriker und Händel-Biographen – auch diejenigen, die erkannt haben, daß der Kurfürst und sein Kapellmeister nie Streit hatten – haben sich darüber verwundert, daß Georg zwischen 1710 und 1714 so viele Auslandsaufenthalte Händels duldete: ein paar Kurzbesuche an anderen deutschen Höfen und Zentren des Musiklebens und zwei lange Englandaufenthalte von August 1710 bis Ende Juni 1711 und vom Herbst 1712 bis zu Georgs Ankunft als König von Großbritannien. Der erste Aufenthalt kann, zumindest teilweise, damit erklärt werden, daß Händel dem Earl of Manchester (Königin Annas Repräsentanten in Venedig) versprochen hatte, London zu besuchen. Beim zweiten Aufenthalt haben die oben erwähnten Wissenschaftler aufgrund von mangelndem dokumentarischem Material ihre Zuflucht zu Vermutungen genommen. Für den politischen Historiker gibt es hier kein Geheimnis: Der Spanische Erbfolgekrieg hatte Einsparungen nötig gemacht, und darum war der Kurfürst gezwungen, sein Opernensemble aufzulösen. Während seines einjährigen Aufenthalts in Hannover 1712 komponierte und dirigierte Händel kammermusikalische Werke und schrieb außerdem Kantaten und Duette für Caroline, die Kurprinzessin. Doch solange das Reich keinen Frieden hatte (er kam erst 1714), würde es an Georgs Hof auch keine Aufgaben geben, die Händels Fähigkeiten und seinen in Italien gesammelten Erfahrungen entsprachen. Deshalb lag es im Interesse beider, daß der Kapellmeister, der weiterhin sein Gehalt von 1000 Talern bezog, nach London zurückkehrte, wo sich ihm die größeren Möglichkeiten boten: Händels erste in England komponierte Oper *Rinaldo* hatte 1711 einen solchen Erfolg gehabt, daß man ihn bat, bis zum November 1712 eine neue zu schreiben.

Sobald Georg 1714 in England eintraf, gehörte Händel zu dessen höfischer Umgebung. Händel kannte die königliche Familie noch aus Hannover und er war besonders beliebt bei den Kielmannseggs. Er hatte den Freiherrn, Steffani und Prinz Ernst August in Italien kennengelernt; seine Anstellung in Hannover verdankte er zum Teil ihrer Empfehlung. Durch Händel wurden Georg und der Hof mühelos – und freundlich begrüßt – ins Londoner Musikleben eingeführt; er kannte Impresarios wie den unermüdlichen Heidegger, andere Komponisten wie etwa Johann Christoph Pepusch, Instrumentalisten und Sänger. Händel wiederum profitierte von der Gönnerschaft des Königs. Georg I. ersuchte darum, daß *Rinaldo* als Teil der Krönungsfeierlichkeiten im Oktober 1714 wiederaufgeführt wurde, und als im Mai 1715 Händels nächste Oper *Amadigi* Premiere hatte, besuchten der König und seine Familie mehrere Aufführungen. Da bekannt war, daß er in Georgs Gunst stand, fanden sich rasch auch andere Gönner. Burlington beherbergte und bewirtete ihn und manch anderen Künstler zwischen 1713 und 1718 oft über längere Zeit hinweg in Burlington House; dort komponierte Händel *Amadigi*. Chandos lud ihn, als Burlington zu seiner zweiten Italienreise aufbrach, nach Canons ein und ernannte ihn – als Nachfolger von

Pepusch – zu seinem Kapellmeister. In Canons fand Händel, als die italienische Oper Ende 1717 in finanzielle Schwierigkeiten geriet, ein neues musikalisches Betätigungsfeld. Hier komponierte er die Chandos-Anthems, und hier wurde 1720 sein Maskenspiel *Haman and Mordecai* – dem Racines *Esther* zugrunde liegt – aufgeführt.

Entscheidend blieb jedoch die Gönnerschaft des Königs und des Hofes. Händel erhielt von Georg ein Jahresgeld von 200 Pfund (zusätzlich zu den 200 Pfund, die ihm Königin Anna auf Lebenszeit als Belohnung für seine Geburtstagsode von 1713 und sein Tedeum auf den Frieden von Utrecht ausgesetzt hatte) und wurde für seine Lehrtätigkeit bei Hofe noch extra bezahlt. In den Jahren 1716 und 1719 gehörte Händel zu der Reisegesellschaft, die den König nach Hannover begleitete. Bei beiden Gelegenheiten betätigte er sich bei Hofe; seine Hauptaufgabe war es jedoch, in den Zentren des deutschen Musiklebens nach schönen italienischen Stimmen zu suchen. Seine *Wassermusik* verdanken wir dem Freiherrn von Kielmannsegg, der sie für eine Flußpartie zu Ehren Georgs (am 17. Juli 1717) in Auftrag gab. Dem König gefiel sie so gut, daß er sie dreimal spielen ließ: auf der Fahrt zum Essen, während des Essens in Chelsea und auf der Rückfahrt. Georgs I. Unterstützung ermöglichte 1719/20 die Gründung der *Royal Academy of Music*. Der König zeichnete für sie einen jährlichen Betrag von 1000 Pfund. Auch der Prince of Wales gab eine stattliche Summe. Burlington und eine Reihe von weniger bedeutenden Gönnern – Briten und Hannoveraner – verpflichteten sich, das Unternehmen mit einem oder mehr »Anteilscheinen« zu je 100 Pfund zu finanzieren: Schließlich konnte die Akademie für einen Zeitraum von zehn Jahren über ein Kapital von 50 000 Pfund verfügen. Ihr Ziel war neben der allgemeinen Förderung der Musik die Wiederbelebung der Oper im *King's Theatre* am Haymarket unter der musikalischen Leitung Händels. Die Anteilseigner machten keinen Profit und erwarteten dies auch nicht.

Händels regelmäßiges Gehalt (das ihm den Kauf eines Hauses in der Brook Street ermöglichte) war nicht exorbitant, aber Sängerinnen und Sänger des Formats, das das Londoner Publikum erwartete, waren teuer; der Kastrat Senesino, die Tenöre Baldassari und Bereselli, die Sopranistinnen Margherita Durastanti und Francesca Cuzzoni (häßlich, aber mit einem »Nachtigallennest im Leibe«) und die Mezzosopranistin Faustina Bordoni kosteten bis zu 2000 Pfund pro Saison, die von Oktober/November bis März/April dauerte und normalerweise zwei neue Opern zur Aufführung brachte. Die Akademie zog gute englische, italienische und deutsche Instrumentalisten an. Bei einem Londonbesuch anno 1726/1727 lobte Quantz, der spätere Flöten- und Kompositionslehrer von Georgs I. preußischem Enkel Friedrich, ganz besonders den bekannten Geigenvirtuosen Geminiani und dessen englischen Schüler

Dubourg, die Gebrüder Castucci und Mauro d'Alaia (ebenfalls Violinisten) und die Flötisten Weidemann und Festing (letzterer auch Geminiani-Schüler und überdies ein guter Violinist). Als Komponisten wirkten neben Händel auch Buononcini und Ariosti. Sie und die Sänger wurden die Idole verschiedener – oft politisch orientierter – Gruppen innerhalb des Publikums. Doch der Umstand, daß die 20 Direktoren der Akademie (besonders aktiv waren der Herzog von Newcastle und Fabrice) trotz ihrer unterschiedlichen politischen Auffassungen gut zusammenarbeiteten, ist wahrscheinlich wichtiger als irgendwelcher Klatsch über Mißfallens- und Beifallskundgebungen, die der jeweiligen politischen Richtung entsprechend erfolgten.

Das Publikum der italienischen Oper war wohl oder übel auf die gebildeten Schichten beschränkt, und normalerweise fanden während der Saison nur zwei Opernabende pro Woche statt. An den übrigen Abenden diente das *King's Theatre* anderen Lustbarkeiten, hauptsächlich von Heidegger organisierten Maskenfesten*, die sehr populär waren, was Schulenburg höchlich verwunderte; in seiner Korrespondenz mit Görtz betrachtete er die allgemeine Begeisterung für diese Maskeraden als Beweis für die Unbeständigkeit, die man auf dem Kontinent für typisch englisch hielt. Die Maskeraden, an denen manchmal auch der König und andere Mitglieder der königlichen Familie teilnahmen, wurden von einigen Moralisten heftig kritisiert: Maskiert zu sein, mache die Frauen leichtfertig, behaupteten sie, und das Ergebnis sei letzten Endes, daß den Männern Hörner aufgesetzt würden. Auf einem seiner frühesten satirischen Blätter, einem zugegebenermaßen etwas überladenen Kupferstich von 1724 mit dem Titel »Der schlechte Geschmack der Stadt«, bringt Hogarth es fertig, seiner Abneigung gegen Maskeraden, gegen die architektonischen und künstlerischen Prinzipien Burlingtons und gegen die italienische Oper Ausdruck zu verleihen.

Es gab natürlich Bereiche von Händels Leben in England, zu denen Georg I. keinen Zugang hatte; an der Freundschaft des Komponisten mit Gay und Pope (die beide als Librettisten für Händel arbeiteten) und anderen Schriftstellern hatte der König keinen Anteil, weil er des Englischen nicht genügend mächtig war. Doch Georgs Freude an Musik und Gesang und sein Mäzenatentum wirkten sich als wichtiger Beitrag zu den Künsten in England aus. Die *Royal Academy of Music* mußte kurz nach Georgs I. Tod aufgelöst werden, weil sie ihr Kapital verbraucht und durch das Ableben ihres Schirmherrn eine ihrer Stützen verloren hatte; doch das aus seiner Regierungszeit überkommene Erbe ging nicht verloren. Händel war inzwischen etabliert genug, um eine weniger am-

---

* Ähnliche Feste wurden, wie wir aus Fabrices Memoiren ersehen können, hin und wieder auch in Privathäusern (einschließlich seines eigenen) veranstaltet. Die Bediensteten konnten sich dabei ein Zubrot verdienen, indem sie Speisen und Getränke bereitstellten und verkauften.

bitiöse Akademie zu gründen und – wenn auch in bescheidenerem Rahmen – an Opern und Oratorien weiterzuarbeiten.

Unvollendete Arbeit

Bei den Friedensschlüssen von 1719/1720 waren einige Probleme unerledigt geblieben, die Georg noch in Angriff nehmen wollte. Das erste waren die nicht zufriedenstellenden Beziehungen zwischen Britannien und der Niederländischen Republik. Wir wissen bereits, daß Georg so hart war, die Niederländer von den ihnen versprochenen Vorteilen in Schweden auszuschließen, als sie der Quadrupelallianz so spät beitraten, daß es praktisch sinnlos war. Doch ansonsten beabsichtigte er keine Politik gegen die Niederländische Republik, die einzige Verteidigerin der protestantischen Erbfolge, deren Bereitschaft zu handeln 1715 und 1719 auf die Probe gestellt worden war. Georg und seine Minister – die britischen wie die hannoveranischen – bedauerten die Trägheit der Vereinigten Provinzen. Sie schrieben sie nicht divergierenden Interessen der beiden Seemächte zu, sondern dem Umstand, daß die Republik seit 1702 ohne Statthalter und Generalkapitän war und daß Heinsius – den man während des Spanischen Erbfolgekriegs als Mitglied der maßgeblichen Räte der Großen Allianz sehr geschätzt hatte – bald achtzig wurde und keine Kraft mehr hatte. Was würde nach seinem Tod geschehen? Prinz Wilhelm von Oranien-Nassau, geboren 1711 von Maria Luise, der Witwe von Wilhelms III. Neffen Jan Willem Friso, war bei seiner Geburt zum Nachfolger seines Vaters als Statthalter und Generalkapitän der Provinz Friesland gewählt worden; doch solange er noch nicht volljährig war, bestand keine Aussicht darauf, daß man ihn zum Statthalter aller sieben Provinzen machen würde. Trotzdem beschlossen Georg und seine Minister, für die Zukunft zu arbeiten.

Es ist möglich, daß ein niederländischer Vorschlag von 1716, den Georg zurückwies – daß er für das Amt des Statthalters kandidieren und die Republik »wiederbeleben« sollte – , den König auf die Idee brachte, den jungen Prinzen zu unterstützen. Schon im Jahre 1717 hatte Bernstorff den niederländischen Agenten und Korrespondenten in London, de l'Hermitage, gebeten, bei einem seiner Besuche in der Republik zu sondieren, wie es um Prinz Wilhelms Aussichten bestellt sei. De l'Hermitages Bericht fiel pessimistisch aus: Die maßgeblichen Kreise in den Niederlanden seien insgesamt gegen einen Statthalter, da sie meinten, dieses Amt behindere die freie Ausübung oligarchischer Macht. Nach 1717 gewonnene Erfahrungen und die 1720 nach Heinsius' Tod erfolgte Ernennung des neuen *Raadpensionaris* Hoornbeck, den man für antibritisch hielt, ließen Georgs Entschluß reifen, Maßnahmen zur Verbesserung der Lage – im britischen Sinne – zu treffen. Ein Statthalter schien jetzt unerläßlich, um Schluß zu machen mit den »falschen und verderblichen Maximen« der Amsterdamer Regenten, »de ne prendre point de part aux Affaires Etrangères, de tacher de subsister sans Alliances ou Engagements«. Zwischen September und Mitte November 1721 weilte Cadogan (der schon immer abgesandt worden war, wenn es darum ging, dem jungen Prinzen und dessen Mutter einen Dienst zu erweisen) auf einer Mission in der Republik, um sich mit denen zu beraten, die der zweiten statthalterlosen Zeit ein Ende zu setzen wünschten*. Um Prinz Wilhelm »aufzuwerten«, wurde Cadogan bevollmächtigt, eine Vermählung mit einer von Georgs I. Enkelinnen anzubieten, sobald Wilhelm volljährig war. Bei einer Audienz beim König am 10. Dezember berichtete Cadogan – der mit einer Niederländerin verheiratet war und viele Bekannte in der Republik hatte – von seiner Reise und erstattete seine »Relation de l'Etat des Affaires en Hollande«, wobei er die verschiedenen Maßnahmen erläuterte, durch die die für einen Statthalter plädierende Partei ihr Ziel zu erreichen hoffte. Die Planungen zahlten sich aus, wenn auch erst nach Georgs Tod: 1734 fand die Vermählung von Wilhelm und Anna statt, der ältesten Tochter Georgs II., 1747 wurde Wilhelm IV. zum Statthalter der Vereinigten Provinzen gewählt.

Ein Problem, das die Niederländer, dank der geographischen Nähe ihrer Barriereplätze in den Südlichen Niederlanden früher erkannten als die Briten, war die Bedrohung, die Karls VI. Ostende-Gesellschaft für den Handel der Seemächte darstellte. Die Südniederländer hatten lange auf eine Beteiligung am europäischen Überseehandel hingearbeitet, waren aber zwischen 1609 und 1715 durch das spanische Handelsmonopol mit dem spanischen Kolonialreich und die Sperrung der Schelde für den Seehandel kraft internationaler Verträge, die die Holländer durchgesetzt hatten, gehandicapt gewesen. Unter spanischer Herrschaft hatten sie sich auf den Handel mit dem Osten konzentriert, da sie auf diese Weise nicht mit dem spanischen Monopol ins Gehege gerieten; und als die Südlichen Niederlande an das österreichische Haus Habsburg fielen, machten die Südniederländer auch weiterhin Propaganda für eine eigene Handelsgesellschaft. Ostende war – im Gegensatz zu Antwerpen und anderen Häfen an der Schelde – nicht für den Seehandel gesperrt; in den Jahren 1715 und 1716 wurden Schiffe nach Ostindien gesandt, um Karl VI. zu beweisen, daß dieser Handel einträglich war. Die aktiven Befürworter von Handelsgesellschaften für den Osten waren damals – in Wien wie in anderen europäischen Hauptstädten (zum Beispiel Stockholm und Kopenhagen) – oft englische und schottische »Abenteurer«, die die

---

* Die erste statthalterlose Zeit dauerte von 1650 bis 1672. Wilhelm III., nach dem Tod seines Vaters, Wilhelms II. von Prinzessin Maria von Oranien (der Tochter Karls I. von England) geboren, wurde nach dem Angriff der Franzosen auf die Republik im Jahre 1672 zum Statthalter gemacht.

nötigen Kontakte hatten und die britisch-niederländische Vorherrschaft im Osthandel aufbrechen wollten. Im Dezember 1722 hatte eine Gruppe von Befürwortern Karl VI. zur Gründung einer privilegierten Ostende-Gesellschaft überredet, die für ihre bevorrechtigte Stellung einen bestimmten Prozentsatz ihrer Gewinne an die österreichische Staatskasse abführen würde. Die Ostende-Gesellschaft wurde in Britannien als mögliche Konkurrenz betrachtet; doch da die Britisch-Ostindische Gesellschaft so gut etabliert war, hielt man es nicht für notwendig, sich mit dem Problem zu befassen, bis bekannt wurde, daß Spanien kraft des Vertrages von Wien vom April 1725 Karl VI. Zugeständnisse gemacht hatte, die es der Ostende-Gesellschaft erlaubte, mit Spanisch-Westindien Handel zu treiben.

Dieser Vertrag zwischen Österreich und Spanien rief bei den britischen Ministern ziemliches Unbehagen hervor. Man munkelte, daß die beiden katholischen Monarchen in geheimen Zusatzartikeln vereinbart hätten, Jakob Eduard Stuart an Georgs Stelle zu setzen, und daß Karl VI. sich – als Gegenleistung für die spanische Unterstützung der Pragmatischen Sanktion von 1713 (die Karls Töchtern vor den Töchtern des verstorbenen Kaisers Joseph I., die einen direkteren Erbanspruch hatten, die Einsetzung in die österreichisch-habsburgischen Besitzungen sichern sollte*) – verpflichtet hatte, Philipp V. bei der Rückereroberung von Gibraltar und Menorca zu helfen.

Gleichzeitig trafen beunruhigende Nachrichten aus dem Norden ein. Die Informationen, die der britische Diplomat Whitworth in den letzten Jahren von Zar Peters Regierungszeit direkt aus Rußland übermittelt hatte, waren ermutigend gewesen. Der kranke Zar war mit Expansionsplänen im Südosten beschäftigt gewesen und hatte nicht die Absicht gehabt, sich in mecklenburgische oder holsteinische Angelegenheiten einzumischen, wenngleich er sich damit einverstanden erklärt hatte, seine Tochter mit dem Herzog von Holstein-Gottorp zu vermählen. Doch nach Peters Tod im Jahre 1725 begann seine Witwe, Katharina I. (die er zu seiner Nachfolgerin bestimmt hatte), Verhandlungen über ein Bündnis mit Karl VI. Man argwöhnte, daß sie womöglich dem Vertrag von Wien beitreten würde. Die Jahre, in denen der verstorbene Zar – wiewohl theoretisch ein Verbündeter – der mehr oder weniger unverhohlene Feind Georgs I. in seiner Eigenschaft als Kurfürst wie als König gewesen war, schienen sich zu wiederholen. Der Vorschlag der Zarin, ihr Schwiegersohn Karl Friedrich von Holstein-Gottorp solle mit Bremen und Verden abgefunden werden, wenn seine Besitzungen in Schleswig ihm nicht zurückerstattet würden und wenn die Dänen sich nicht aus seinen Besitzungen in Holstein zurückzögen, gefährdete die Vereinba-

---

* Weder Joseph I. noch Karl VI. hatten Söhne, die das Kindesalter überlebten.

rungen für den Norden von 1719/20. Georg hatte nicht die Absicht, Bremen und Verden aufzugeben, und Britannien hatte – ebenso wie Frankreich – Friedrich IV. von Dänemark-Norwegen den Besitz der ehemals herzoglichen Ländereien in Schleswig garantiert. Der Herzog von Holstein-Gottorp war in Georgs und Stanhopes Friedensplan für den Norden jedoch nicht vernachlässigt worden. König und Minister hatten gehofft, daß der Herzog – da die Ehe von Ulrike Eleonore und Friedrich von Hessen wahrscheinlich kinderlos bleiben würde – als Ausgleich für seine Verluste in Schleswig zum schwedischen Thronfolger bestimmt werden könnte. Diese Lösung wurde von einer proholsteinischen Gruppe in Schweden favorisiert, aber es würde Zeit brauchen, sie durchzusetzen.

Daß die Zarin sich in einem solchen Maße hinter den Herzog stellte, änderte die Lage. Karl Friedrich wurde jetzt, so Townshend, Georgs »ärgster Feind«: Ein künftiger König von Schweden, der als Marionette Rußlands agieren würde. Falls Karl VI. sich entschloß, so vorzugehen, wie Katharina es empfahl – was er in seiner Eigenschaft als Gebieter des Herzogs von Holstein-Gottorp, eines Reichsfürsten, ja konnte –, geriet womöglich die ganze Friedensregelung für den Norden in Gefahr und war insbesondere Georgs Besitz von Bremen und Verden bedroht. Karl VI. hatte Georg die kaiserliche Investitur für Bremen und Verden, die dieser schon so lange anstrebte, verweigert. Seit 1719 waren Verhandlungen über diese Investitur und über die für Land Hadeln im Gange. Doch der Kaiser hatte seinen Preis immer mehr in die Höhe getrieben: Georg sollte sich in der Unterstützung der protestantischen Sache im Reich mäßigen. Er sollte sich außerdem beim Kongreß von Cambrai, dessen Zweck es war, zwischen Karl VI. und Philipp V. zu vermitteln, für den Kaiser stark machen, obwohl dieser Kongreß anno 1722 einberufen worden war, um Karl zu zwingen, sich an die im Vertrag über die Quadrupelallianz eingegangene Verpflichtung zu halten, die Belegung von Don Carlos' Exspektativen mit neutralen Garnisonen zuzulassen. Der Kaiser ging Diskussionen über diesen Punkt aus dem Weg. Er wollte, daß Georg in seiner Eigenschaft als König von Großbritannien dem Kongreß empfahl, ihm (Karl) zu gestatten, dem Herzog der Toskana Siena zu Lehen zu geben – genau das Lehen, das Britannien, wie Stanhope klar erkannt hatte, als spanisches Lehen respektieren mußte, das an Don Carlos ging. Außerdem wollte der Kaiser den Kongreß benutzen, um Vorteile für Österreich zu erhalten, die nichts mit der Bereinigung der italienischen Probleme zu tun hatten, zu der der Kongreß eigentlich einberufen worden war. Wenn Georg die Investitur haben wolle, so teilte man seinen britischen und hannoveranischen Ministern 1724 mit, müsse er in seiner Eigenschaft als König die Pragmatische Sanktion garantieren, die die österreichische Erbfolge regelte. Er habe außerdem hinter die Angelegenheiten mit Ostende einen Schlußpunkt zu setzen, was bedeutete, daß er die Ostende-Gesellschaft als Konkurrenz Britanniens im Überseehandel akzeptieren mußte.

Diese Forderungen brachten zwar Aufschluß über Österreichs Ziele, was für künftige Verhandlungen von Nutzen war, sie waren jedoch zu diesem Zeitpunkt völlig unannehmbar. Bothmer, Townshend und Georg selbst teilten dem österreichischen Unterhändler in London, dem Grafen Starhemberg, mit, daß sich Georg zwar gut mit dem Kaiser stellen und auch die Investitur haben wolle, aber nicht auf Kosten der protestantischen Interessen in Deutschland. Er würde auch nicht zu Lasten der Handelsinteressen seiner britischen Untertanen verhandeln. Verärgert über Karls VI. Bedingungen, ließ Georg dem Kaiser die Botschaft übermitteln, daß der König von Großbritannien überzeugt davon sei, daß er, nachdem er Bremen und Verden bis jetzt habe verteidigen können, dies auch in Zukunft vermögen werde, komme, was da wolle.

Bothmer war über die feste Haltung des Königs offenbar weitaus weniger glücklich als Townshend. Bei seinen Zusammenkünften mit Starhemberg versprach er, für die österreichische Sache einzutreten, »sofern er könne«, und rechtfertigte Georgs Handlungsweise: Der König und Kurfürst wolle nicht, daß man dächte, er betreibe um Bremens und Verdens willen den Ausverkauf der protestantischen Interessen; und was die Ostende-Gesellschaft betreffe, so könne er nicht viel machen, weil seine britischen Untertanen dann womöglich meinten, er nähme keine Rücksicht auf ihre Belange, bloß damit Hannover seine Investitur erhielte. In dieser Zeit spürten Bothmer und Bernstorff den Druck von Georgs britischer Orientierung. Sie wären gern zu einer Einigung mit dem Kaiser gelangt, um Hannover den völlig legalen Besitz von Hadeln, Bremen und Verden zu sichern. In einem Brief an Bernstorff vom 14./25. April 1724 kritisiert Bothmer sowohl die englische Regierung, die deutsche Angelegenheiten »an sich reißt«, als auch den König, der dies »stillschweigend duldet«, indem er seine britischen Minister nicht dazu auffordert, sich mit den Hannoveranern zu beraten.

Die Ängste, die der Vertrag von Wien bei den britischen Ministern – besonders bei Townshend – weckte, gründeten sich auf unzureichende und sogar falsche Informationen. Philipps V. aus den Niederlanden gebürtiger Vertrauter Ripperda hatte unter großer Geheimhaltung eine Allianz ausgehandelt, mit der man überhaupt nicht gerechnet hatte. Drei Dokumente waren unterzeichnet worden; und erfahrene britische Diplomaten, die in Wien wie in Madrid gleichermaßen überrascht wurden, berichteten nach Britannien von bloßen Gerüchten über den Inhalt von geheimen Zusatzklauseln, stellten diese Gerüchte jedoch als Gewißheit hin. Der Prätendent wurde in den Dokumenten, die im April und Mai 1725 unterzeichnet wurden, nicht einmal erwähnt; Karl VI. hatte Spanien nur seine »Vermittlungsdienste« versprochen, wenn es sich um die Rückgabe von Gibraltar und Menorca bemühte; bei den Privilegien, die Philipp V. der Ostende-Gesellschaft gewährt hatte, wurde der Handel mit Spanisch-Westindien nicht besonders erwähnt; die zukünftigen dynastischen Bande zwischen Spanien und Österreich wurden mit Absicht nicht näher definiert, und von der Vermählung Maria Theresias, der älteren Tochter des Kaisers, mit dem Prinzen von Asturien, dem Erben Philipps V., war ebensowenig die Rede wie von der der jüngeren Tochter mit Don Carlos.

Das Gerücht von diesen Verbindungen hatte den britischen Hof besonders beunruhigt; in jener Zeit fanden politische Bündnisse oft ihren Ausdruck in Doppelhochzeiten, die als Beweis und Rückversicherung für die politischen Bande zwischen zwei Ländern arrangiert wurden. Georgs I. Bündnis von 1719 mit Preußen wurde 1723 durch den Vertrag von Charlottenburg bestätigt, und man einigte sich inoffiziell auf eine Doppelhochzeit zwischen Friedrich Wilhelms Erben Friedrich (dem späteren Friedrich dem Großen, der 1740 König wurde) und der ältesten Enkelin Georgs I. sowie zwischen dem ältesten Sohn des Prince of Wales, Friedrich – in direkter Linie Anwärter auf den Thron von Großbritannien – und der preußischen Prinzessin Wilhelmine. Wir haben bereits erfahren, daß sich Georgs I. Tochter, Sophie Dorothea, diese beiden Verbindungen zwischen Cousins und Cousinen ersten Grades schon seit langem wünschte; aber die Verbindungen waren auch das sichtbare Zeichen einer politischen Allianz, die Townshend sehr schätzte. An Walpole schrieb er begeistert von dem Machtzuwachs, der für Britannien mit dem Vertrag von Charlottenburg verbunden war. Britannien hatte die größte Flotte, und dazu würden nun, wenn es der Militärhilfe bedurfte, Preußens bedeutende Landstreitkräfte kommen. Es war üblich, nach der Unterzeichnung von Verträgen denjenigen Geschenke zu machen, die sie ausgehandelt beziehungsweise die Vertragsentwürfe erstellt hatten; die Geschenke, die bei dieser Gelegenheit – auf Kosten der hannoveranischen sowie der britischen Staatskasse – verteilt wurden, fielen besonders üppig aus. »Der König«, schrieb Townshend am 7./18. Oktober, »machte, als er Charlottenburg verließ, große Geschenke aus seiner deutschen Kasse, und da wir einen so nützlichen Vertrag geschlossen hatten, war es sehr angebracht, daß auch England bei diesem Anlaß hervortrat, und daher ordnete seine Majestät an, daß 4500 Pfund verteilt würden.«[*] Der Staatssekretär billigte das voll und ganz: »Das Geld hätte zu keinem besseren Behufe verwendet werden können als zu diesem«.

---

[*] Nach Unterzeichnung des Vertrags über die Quadrupelallianz waren Georgs Geschenke nicht so üppig gewesen: Pecquet, *premier commis* im französischen Außenministerium, erhielt einen Ring (der einmal Königin Anna gehört hatte), dessen Wert auf 1000 Pfund geschätzt wurde, von Georg I. jedoch für 680 Pfund erworben worden war; Stanhope bekam Tafelgeschirr im Wert von 2000 Pfund.

Heiratspläne wie die genannten wurden jedoch auch vertagt oder fielen unter den Tisch, wenn sich die politische Lage änderte. Das trat auch bei den in Charlottenburg geplanten Verbindungen ein, freilich aus Gründen, auf die Georg I. keinen Einfluß hatte. Daß im Februar 1724 der französische Plan zu einer Doppelhochzeit zwischen Angehörigen des spanischen und des französischen Königshauses abrupt und auf dramatische Weise fallengelassen wurde, hatte erheblichen Einfluß auf Philipps V. Entschluß, direkt und nicht über den Kongreß von Cambrai zu einer Verständigung mit Karl VI. zu gelangen. Die Einberufung eines solchen Kongresses hatte beim Beitritt Spaniens zur Quadrupelallianz zu den ungeschriebenen Punkten des Vertrags gehört. Durch die Unruhe und die Probleme im Zusammenhang mit dem Südseeschwindel in England und dem Mississippi-Schwindel in Frankreich verzögerte sich die Ankunft der Delegierten. Die Spanier und die Savoyarden trafen als erste ein, dann die Franzosen und die Briten und schließlich – im April 1722 – die Vertreter Karls VI. Die Gespräche wurden gleich aufgenommen, obwohl der eigentliche Kongreß erst 1724 begann. Zeitgenossen schrieben höhnisch, dieser Kongreß dauere »so ewig lange wie die Kriege des 17. Jahrhunderts«. Daß man hier ein Forum zur Diskussion von Problemen hatte, erwies sich jedoch insofern als nützlich, als dadurch mit Waffengewalt erzwungene Veränderungen weniger wahrscheinlich wurden. Solange die Verhandlungen im Gange waren, war die Versuchung, Zuflucht zum Krieg zu nehmen, nicht so stark. Daß es Verstimmungen gab – vor allem von seiten der beiden Monarchen, die das Gefühl hatten, zum Beitritt zur Quadrupelallianz genötigt worden zu sein – , versteht sich von selbst. Philipp V. hoffte, den Teil des Friedensplans ändern zu können, kraft dessen Don Carlos' Exspektativen zu kaiserlichen Lehen erklärt wurden; Karl VI. wollte Don Carlos um mindestens eines, wenn nicht gar um alle italienischen Territorien bringen, auf die dieser laut dem Vertrag über die Quadrupalallianz die Anwartschaft hatte. Die Franzosen und die Briten lavierten behutsam zwischen den beiden gegnerischen Lagern. Wie es Vermittler zu allen Zeiten getan haben, wechselten sie zwischen Zurückhaltung und Zuspruch. Wegen des Vertrags, den Frankreich und Britannien einerseits und Spanien andererseits im Juni 1721 geschlossen hatten (um nach dem kurzen Krieg die diplomatischen Beziehungen wiederaufzunehmen), wollten die beiden erstgenannten Signatarmächte Philipp V. nicht allzusehr entmutigen; schließlich hatte er die im Vertrag von Utrecht festgelegte französische Thronfolge garantiert und die normalen Handelsbeziehungen zu Britannien wiederhergestellt. Ein etwas ausweichendes Verhalten war unvermeidlich. Der Regent und Georg I. versprachen, beim Kongreß über die Rahmenbedingungen der Quadrupelallianz hinaus für Spaniens Wünsche einzutreten, wenn Philipp sich die Zustimmung der anderen

Kongreßteilnehmer sichern konnte. Als Karl VI. sich weigerte, die Belegung der Exspektativen mit neutralen Garnisonen zuzulassen, solange Philipp nicht akzeptierte, daß sie (wie im Vertrag über die Quadrupelallianz vereinbart) kaiserliche Lehen sein sollten, enthielten sich die Franzosen und die Briten, ängstlich darum besorgt, weder Spanien noch den Kaiser zu düpieren, jeglicher Initiative. Allerdings tendierte Britannien mehr zum Kaiser und Frankreich mehr zu Spanien, wie es schon bei den Verhandlungen über die Quadrupelallianz der Fall gewesen war.

Frankreich hatte nach den kurzen Feindseligkeiten von 1719/1720 intensiv um Spanien geworben. Dies hatte 1722 seinen Ausdruck in einem typischen Doppelhochzeitsprojekt gefunden: Ludwig XV. wurde mit Philipps V. kleiner Tochter aus dessen zweiter Ehe verlobt, der Infantin Maria Anna Victoria; sie wurde im Alter von sechs Jahren nach Frankreich geschickt, um französisch erzogen zu werden. Gleichzeitig wurde die Tochter des Herzogs von Orléans, Louise Elisabeth, mit dem Prinzen Luis von Asturien, dem spanischen Thronfolger, verlobt und siedelte nach Spanien über, um am spanischen Hof aufzuwachsen. Die Heirat fand 1723 statt; Luis starb 1724, und das andere Arrangement wurde im Februar 1724 umgestoßen. Dubois war im August 1723 gestorben. Der Herzog von Orléans überlebte ihn nur um vier Monate. Nach seinem Tod wurde der Herzog von Bourbon Ludwigs XV. wichtigster Berater. Er war der nächste Verwandte, und Ludwig war inzwischen in dem Alter, in dem er keinen regelrechten Regenten mehr brauchte. Dem Herzog und den meisten maßgeblichen Männern in der französischen Politik wurde klar, daß es nicht ratsam war, Ludwigs XV. Vermählung aufzuschieben, bis die spanische Infantin gebären konnte; eine kurze, aber schwere Erkrankung des Königs gab zu der Befürchtung Anlaß, er werde womöglich sterben, ohne einen leiblichen Erben zu hinterlassen. Die spanische Infantin wurde recht form- und taktlos nach Madrid zurückgeschickt. Sie heiratete 1732 König Joseph von Portugal, und Ludwig wurde mit Maria Leszczyńska, der Tochter des ehemaligen polnischen Königs Stanislaus Leszczyński, vermählt. Dadurch wurden die französisch-spanischen Beziehungen bis zum äußersten belastet, und Philipp V. entschied sich nun auf Empfehlung seiner Ratgeber dafür, direkt an Karl VI. heranzutreten.

Bündnisse und Gegenbündnisse

Townshend und Georg fanden es einfacher als erwartet, ein Gegenbündnis zum Vertrag von Wien zwischen Spanien und Österreich zu schaffen. Ab Juni 1725 liefen in England die Planungen, und am 3. September wurde in Hannover ein Vertrag zwischen Britannien, Preußen und Frankreich unterzeichnet. Im Jahre 1727 traten Schweden und Dänemark der sogenannten hannoverschen Allianz bei, ebenso die Niederlande, allerdings ohne die Geheimartikel des Vertrags zu unterzeichnen. Die Verhandlungen mit Friedrich Wilhelm, der Ende Juli nach Hannover kam, um dort seinen Schwiegervater zu besuchen, gingen zügig voran. Anfang August einigte man sich über die Bedingungen. Der preußische König war zu dieser Zeit ziemlich verärgert über den Kaiser. Seit mehreren Jahren nahm im Reich der Groll gegen die antiprotestantische Haltung Karls VI. zu. Besondere Erbitterung hatte nach dem sogenannten Blutbad von Thorn geherrscht. Im Juni 1724 hatte ein Streit zwischen den protestantischen Bürgern von Thorn und einem Jesuitenkolleg zu einem Angriff auf das Kolleg und dessen Entweihung geführt. Im Dezember wurden zehn Protestanten, die an diesen Ausschreitungen beteiligt gewesen waren, hingerichtet. Zur Strafe wurden außerdem die protestantischen Kirchen und Schulen geschlossen. Alle deutschen Protestanten glaubten, daß August II. von Sachsen-Polen seine protestantischen Untertanen nicht so hart bestraft hätte, wenn er dazu nicht ermutigt oder gar genötigt worden wäre, um sich bei Karl VI. einzuschmeicheln. Friedrich Wilhelm hatte sich ausbedungen, daß die Signatarmächte des Gegenbündnisses die Sache der polnischen Protestanten und die Erhaltung der Religionsfreiheit im Reich unterstützen sollten; außerdem sollten sie ihm seinen Anspruch auf Jülich und Berg (im Rheinland) garantieren. Die letztgenannte Forderung, die in einem Geheimartikel enthalten war, erwies sich für die Niederländer als Stein des Anstoßes; sie lagen nämlich mit Friedrich Wilhelm im Streit über Wilhelms III. Erbe. Doch die Unterstützung des Protestantismus wurde in England und bei den zukünftigen Signatarmächten sehr hervorgehoben.

Für die britische Regierung – insbesondere für Townshend – war das Gegenbündnis weniger aus religiösen Gründen oder wegen der Klagen im Zusammenhang mit der Ostende-Gesellschaft nötig als wegen der Gefährdung des Kräftegleichgewichts. Allein der Umstand, daß Philipp V. ein Separatabkommen mit Karl VI. geschlossen hatte, während der Kongreß von Cambrai noch tagte, drohte das kollektive Sicherheitssystem zu zerstören, das in der Quadrupelallianz vereinbart war. Im Parlament hatten die Minister hervorgehoben, wie gefährlich für Britannien die Konzessionen seien, die Spanien der Ostende-Gesellschaft gemacht habe. Und sie hatten, bevor der König nach Hannover abreiste, erwirkt, daß er bevollmächtigt wurde, drastische Gegenmaßnahmen zu treffen – dies mit der Begründung, der Vertrag von Wien sei »zur gänzlichen Vernichtung des britischen Handels gedacht«. Doch in der Korrespondenz zwischen Whitehall und britischen Diplomaten im Ausland und in der zwischen Townshend und Walpole, als sie getrennt waren, wird die Gefahr stärker betont, die Britannien und Europa von einer österreichisch-spanischen Hegemonie drohen würde, wie sie schon einmal bestanden hatte, als das Haus Habsburg sowohl über Spanien als auch über Österreich herrschte.

Zu Townshends Erleichterung teilten der Herzog von Bourbon und dessen Ratgeber diese Auffassung und waren willens, ja erpicht darauf, dem Gegenbündnis beizutreten. Die Beziehungen zwischen Britannien und Frankreich waren durch den Tod Dubois' und den Tod des Regenten im Jahre 1723 etwas beeinträchtigt worden. Überdies war Georg I. sehr in Verlegenheit geraten, als man ihn darauf hinwies, daß die Bemühungen Lukas Schaubs und Carterets (erst beim Herzog von Orléans und dann beim Herzog von Bourbon) um die Erhebung der Familie de Vrillière in den Rang der *duc et pair* auf die Ausübung von Druck hinausgelaufen seien und Ärgernis erregt hätten. Carterets Rivalen, Townshend und die Gebrüder Walpole, machten unverhältnismäßig viel Wirbel um die Sache, um Carteret mitsamt seinem Einfluß auf Georg I. auszuschalten. Doch wenn Georg die mißliche Lage, in die er hineinmanövriert worden war, nicht lästig gewesen wäre, hätten sie die Abberufung Schaubs und Carterets Wechsel vom Staatssekretär für den Süden zum Vizekönig von Irland im April 1724 wohl kaum erreichen können. Die ständigen Hinweise in Horatio Walpoles langen Berichten, daß der Herzog von Bourbon und alle französischen *ducs et pairs* erbost seien über die »ausländische Einmischung« in eine Prärogative des französischen Königs, verfehlten ihr Ziel nicht: die Sorge des Königs um seinen guten Ruf. Doch gänzlich schuldlos an alledem war Georg nicht. Er hatte sich zumindest implizit damit einverstanden erklärt, dem Wunsch der Gräfin Platen, den zukünftigen Gatten ihrer Tochter in den Hochadel aufgenommen zu sehen, durch Sondierungen am französischen Hof Genüge zu tun; und dadurch hatte er sich, wie indirekt auch immer, in den Parteienstreit innerhalb seines Ministeriums verwickeln lassen.

Townshend und Walpole nutzten diese Gelegenheit, um durchgreifende Veränderungen vorzunehmen. Newcastle wurde an Carterets Stelle Staatssekretär. Der Herzog kam gut mit den Schwagern zurecht. Er arbeitete gern mit Walpole zusammen in Fragen der parlamentarischen Taktik und war unermüdlich in seiner amtlichen und privaten Korrespondenz mit den Diplomaten seiner Abteilung und mit Townshend, wenn er und sein Sekretärskollege getrennt waren. Newcastles jüngerer Bruder, Henry Pelham, wurde zum Kriegssekretär ernannt. Argyll löste Cadogan als Oberbefehlshaber ab. Nach der Abberufung Schaubs hielt Robert Walpoles Bruder Horatio in Paris allein den Posten. Er achtete sehr darauf, gute Beziehungen zu sämtlichen einflußreichen Männern am französischen Hof zu pflegen (Schaub war in dieser Hinsicht einseitig gewesen, was gegen ihn sprach), und wurde mit einer guten Arbeitsbeziehung mit dem alten Abbé Fleury belohnt, Ludwigs

XV. ehemaligen Erzieher, der im Juni 1726 den Herzog von Bourbon als »Premierminister« ablöste. Daß Horatio außenpolitisch so bewandert war, war für die Regierung zu Hause von größter Wichtigkeit; Townshend und Newcastle saßen beide im Oberhaus und Robert Walpole fühlte sich nicht sicher genug, um über die Feinheiten der Außenpolitik der Regierung zu sprechen. Darum wurde Horatio 1726 und 1727 für kurze Zeit in Frankreich beurlaubt: Er sollte die Sache der Regierung im Unterhaus vertreten. Das tat er denn auch auf allgemeinverständliche und vernünftige – freilich etwas langatmige – Weise.

Die Übereinstimmung zwischen den Ministern, die dank Townshends und Walpoles Coup von 1724 erreicht worden war, brachte einige Vorteile: Der Parteienstreit entfiel, und somit konnte die Regierung relativ mühelos ihren Geschäften nachgehen. Doch all das hatte auch seine negativen Seiten. Georg trennte sich ungern von Cadogan und noch unwilliger von Carteret. Aufgrund der Veränderungen hatte er jetzt keine britischen Berater mehr, die voneinander unabhängig waren. Vorbei waren die Zeiten, da Sunderland, Stanhope und Craggs – die sich abgesprochen hatten, geschlossen ins Arbeitszimmer des Königs einzutreten* – durchaus damit rechnen mußten, daß Cadogan sie unterbrach, der es für selbstverständlich hielt, daß er zu ihnen ins Arbeitszimmer kommen konnte, mochten sie daran auch noch so sehr Anstoß nehmen. Carteret gehörte zwar dem Kabinett an und hatte somit Zugang zum Arbeitszimmer, wenn er sich in London aufhielt, war aber die meiste Zeit in Irland, wo er sein neues Amt mit großem Erfolg versah. Doch der Umstand, daß der König die Außenpolitik unter Kontrolle behielt und nach wie vor ein wachsames Auge auf die Ämtervergabe hatte, bewahrte ihn in den zwei letzten Jahren seines Lebens davor, beherrscht zu werden, statt zu herrschen. Als er 1725 in Hannover war, studierte er die Protokolle der Sitzungen der *lords justices* so gründlich wie immer und sprach sich, wenn er es für nötig hielt, gegen Empfehlungen von Gnadenakten und Beförderungen aus. Er las alle einlaufenden Depeschen, öffnete sie selbst, wenn kein britischer Sekretär zugegen war, überprüfte Entwürfe für Instruktionen und initiierte Verhandlungen mit Diplomaten und Herrschern, die zu Besuch kamen.

Auch ohne Carteret hatte Georg I. einen gewissen Bewegungsspielraum bei den sich anbahnenden Reibereien zwischen Townshend und Walpole. Walpole traute es sich zwar nicht zu, über die Feinheiten der Außenpolitik zu sprechen, war aber entschlossen, über die Auswirkungen der Außenpolitik auf das Parlament und das Schatzamt ein Wörtchen mitzureden. Ein gutes Beispiel dafür ist die Unstimmigkeit, die während der Planungsphase für die Thronrede des Königs im Januar

---

* Oder, genauer gesagt: Jeder betrat kurz vor der vereinbarten Zeit das Arbeitszimmer, ohne im Vorzimmer auf die anderen zu warten.

1726 zwischen den beiden Schwagern entstand. Walpole hielt Townshend für übereilig und dreist und meinte, er schalte und walte zu frei mit britischem Geld für Subsidien und Truppensold, selbst wenn diese Truppen eher für Machtdemonstrationen in Dienst genommen wurden als in Erwartung eines Krieges oder gar aus Kriegstreiberei.

Das Wechselspiel zwischen hannoveranischen und britischen Ratgebern blieb ebenfalls wichtig, weil Georg sich beide Seiten anhörte und dann seine Entscheidung traf. Es soll hier betont werden, daß Bothmer sich 1724 darüber beschwerte, daß der König seinen britischen Ministern nicht mehr befahl, die deutschen Minister zu konsultieren, nicht aber darüber, daß der König seine hannoveranischen Minister nicht mehr konsultiere. Und Bernstorff war, obwohl die britischen Minister dachten, er sei in Ungnade – dies besonders nach 1721, als er England endgültig verlassen hatte –, ständig in Georgs Nähe, als der König 1723 Hannover besuchte. Es hieß, er hätte mit Georg nach London zurückkehren können, wenn er darum gebeten hätte; doch er beschloß, sich nach Gartow zurückzuziehen. Er war sich seines hohen Alters bewußt und leitete ein langes und wichtiges Memorandum über politische Fragen für den König mit der Feststellung ein, dies sei vielleicht die letzte Gelegenheit, dem Herrn, dem er so lange gedient habe, seine Gedanken darzulegen.

Krieg oder Frieden?

Bernstorff riet – was vorauszusehen war –, nicht zu vergessen, wie wichtig das Wohlwollen des Kaisers für Hannover war. Georg und Townshend waren sich dessen wohl bewußt, und die neuere Forschung über die Hannoversche Allianz hat nicht deren kriegerische Aspekte betont, sondern vielmehr den ihr innewohnenden diplomatischen Druck, der Karl VI. davon abhalten sollte, sich allzu sehr auf Spaniens Seite zu schlagen. Doch für diejenigen, die nicht Bescheid wußten, ja selbst für diejenigen, die Regierungsverantwortung trugen, sah es 1726 zeitweise so aus, als stände Krieg bevor, zumindest ein Krieg zwischen Großbritannien und Spanien. Die Hannoversche Allianz hatte Anlaß zu einem neuen österreichisch-spanischen Vertrag gegeben, der im November 1725 unterzeichnet wurde und wieder von Ripperda ausgehandelt worden war; und dieser Vertrag, der wesentlich präziser war als die früheren, ermutigte Philipp V. dazu, Britannien gegenüber energisch aufzutreten. Er forderte die Erfüllung von Georgs Versprechen, Gibraltar an Spanien zurückzugeben, und versuchte, den König in Verlegenheit zu bringen; er schickte Angehörigen der Parlamentsopposition Abschriften von Dokumenten, die zu beweisen schienen, daß der König im Mai 1721 eine Garantieerklärung dafür geleistet hatte.

Die Regierung entsandte – teilweise, um der Kritik an Georg Einhalt zu gebieten – Versorgungsmaterial und Verstärkung nach Gibraltar. Außerdem schickte sie aufgrund im Parlament vorgebrachter Beschwerden über spanische Angriffe auf britische Handelsschiffe eine Flotte in die Karibik. Es schadete Georgs Sache, daß Friedrich Wilhelm von Preußen sich die Hannoversche Allianz noch einmal überlegte. Er war wankelmütig wie eh und je, und nach dem Besuch bei seinem Schwiegervater 1725 begann er sich zu fragen, ob es klug gewesen sei, eine so antiösterreichische Haltung einzunehmen, zumal Karl VI. jetzt offenbar willens war, ihm die Nachfolge in Jülich und Berg zu versprechen – ein scheinbar sichererer Weg zum Erfolg als die Unterstützung von seiten Hannovers. Schließlich hatte Georg bis jetzt weder die Investitur in Bremen und Verden für sich noch die Investitur in die Teile von Schwedisch-Pommern, die Ulrike Eleonore 1719 abgetreten hatte, für Preußen erwirken können. Karl VI. hatte in Wirklichkeit nicht die Absicht, Jülich und Berg an Friedrich Wilhelm und dessen Nachfolger kommen zu lassen (was 1740 mit zum Ausbruch des Österreichischen Erbfolgekrieges beitrug). Doch Townshend wurde durch Preußens unbeständige Haltung im Jahre 1726 dazu gezwungen, für den Fall, daß die Dinge in Europa außer Kontrolle gerieten, für teures Geld hessische Truppen zu dingen; außerdem legte er – in der Hoffnung, den preußischen König zur Räson zu bringen – das Projekt mit der Doppelhochzeit auf Eis. Angriffe auf Georg im Parlament, die jedoch nicht so gut abgesprochen und massiv waren wie zur Zeit der Townshend-Walpole-Opposition, ließen sich nicht vermeiden. Pulteney, enttäuscht darüber, daß Walpole ihm kein hohes Amt gegeben hatte, tat sich hier besonders vernehmlich hervor; und Bolingbroke, der erbittert darüber war, daß ihm sein Platz im Oberhaus verwehrt blieb, spitzte im Hintergrund seine Pfeile, die freilich eher Walpole als dem König zugedacht waren.

Im Unterhaus wie im Oberhaus wurde der »Hannover-Vertrag« heftig kritisiert: Er werde mit vollem Recht so genannt, denn er sei einzig und allein im Interesse der deutschen Besitzungen des Königs geschlossen worden. Die Minister hatten jedoch keine Schwierigkeiten, diese Argumente zu entkräften. Im Unterhaus legte Robert Walpole erfolgreich dar, daß Hannover unter den gegenwärtigen Umständen Gefahr laufe, wegen den britischen Handelsinteressen in einen Krieg hineingezogen zu werden: Widerstand gegen die Ostende-Gesellschaft – die mit Hannover nichts zu tun habe – könne einen Angriff auf des Königs Kurfürstentum nach sich ziehen, falls Karl VI. sich dazu entschlösse, seinem spanischen Verbündeten treu zur Seite zu stehen. Beide Häuser billigten in ihren Erwiderungen auf die Thronrede die Hannoversche Allianz und verpflichteten sich zur Hilfe für den Fall, daß Georgs deutsche Besitzungen ihretwegen angegriffen würden. Hannover war tatsächlich gefährdet. Zu Georgs Regierungszeit konnte die Gefahr zwar durch geschickte Diplomatie abgewendet werden, aber in den 40er und 50er Jahren des 18. Jahrhunderts wurde Hannover in europäischen Kriegen, die hauptsächlich aufgrund von britisch-französischen Rivalitäten wegen der Kolonien ausgebrochen waren, von Frankreich angegriffen. Britannien war jedoch nie in einen Krieg »um Hannovers willen« verwickelt. Doch bei der Debatte von 1726 im Unterhaus führte Henry Pelham ein interessantes Argument zu der Frage an, ob Britannien Hannover verteidigen müsse, wenn es angegriffen werde. Die Einschränkungsklausel in der Thronfolgeakte von 1701, so der Kriegssekretär, sei nie dazu gedacht gewesen, dem König jegliche britische Hilfe zu versagen, wenn seine nichtbritischen Besitzungen angegriffen würden; sie solle vielmehr sicherstellen, daß er das Parlament um die Bewilligung dieser Hilfe ersuche. Das sollte festgehalten werden, da sämtliche Standarddarstellungen der Thronfolgeakte davon ausgehen, daß Georg I. unter keinen Umständen britische Truppen zur Verteidigung Hannovers einsetzen durfte.

Die wirkliche oder vermeintliche Gefahr eines Krieges mit Spanien schwand im Frühling 1727, als Philipp V. – der bereits Gräben für die Belagerung von Gibraltar hatte ausheben lassen – erkannte, daß er von Karl VI. keinerlei Hilfe erwarten konnte. Er entließ Ripperda und ließ ihn festnehmen. Auch der Kaiser hatte genug vom Bündnis mit Spanien. Philipp V. hatte ihm Subsidien versprochen – er erwartete Schatzschiffe aus Übersee –, und Karl hatte aufgrund dieses Versprechens Subsidienverträge mit mehreren deutschen Verbündeten geschlossen, die den Vertrag von Wien unterzeichnet hatten. Britische Geschwader hinderten die spanischen Galeonenflotten am Auslaufen, indem sie in der Nähe der spanischen Küste und in der Karibik patrouillierten. Dadurch geriet Karl VI. in arge Verlegenheit: Er wußte nicht, wie er seine Verbündeten bezahlen sollte. Fleury, ängstlich darum besorgt, das gute Einvernehmen wiederherzustellen, das zwischen 1720 und 1725 – zu Dubois' Zeiten – zwischen Frankreich und Spanien geherrscht hatte, war sofort bereit, zwischen Wien und London zu vermitteln. Er tat dies ebenso energisch wie subtil, und dank den sogenannten Präliminarien von Paris vom 31. Mai 1727 löste sich die Krise in Wohlgefallen auf. Philipp zog von Gibraltar ab; Karl VI. erklärte sich einverstanden, die Ostende-Gesellschaft für sieben Jahre zu suspendieren, wobei stillschweigend vereinbart war, daß es »für immer« dabei bleiben würde, sobald Britannien ein Abkommen unterzeichnet hatte, das gerade ausgearbeitet wurde: Wenn Britannien die Pragmatische Sanktion garantierte, sollte die Ostende-Gesellschaft aufgelöst werden, Hannover die Investitur in Bremen und Verden erhalten und Don Carlos' Anwartschaft auf Parma, Piacenza und die Toskana derart unterstützt werden, daß sogar die Belegung mit spanischen Garnisonen gestattet wurde. Und da der Vertrag von Wien dem Kongreß von Cambrai praktisch das Wasser abgegraben hatte, vereinbarte man die Einberufung eines neuen Kongresses (der zunächst in Aachen stattfinden sollte; später einigte man sich auf Soissons), damit die britisch-französische Vermittlung zwischen Spanien und Österreich wiederaufgenommen und das kollektive Sicherheitssystem wiederhergestellt werden konnte.

Der Tod Georgs I.

Georgs letzte Reise

Es ist wichtig, Georgs letzte Reise bis ins Detail nachzuverfolgen, weil es zum einen keine neuere Biographie über ihn gibt und weil man zum anderen in der britischen Geschichtsschreibung bis heute zeitgenössische Geschichten im Zusammenhang mit seinem Tod unkritisch übernommen hat. So wurde berichtet, Georg habe vor seiner Abreise aus England eine Vorahnung von seinem Tod gehabt, und der Schlaganfall, dem er erlag, sei durch einen Schreck über einen Brief seiner geschiedenen und verstorbenen Frau* ausgelöst worden, in dem sie ihm prophezeit habe, daß er binnen eines Jahres nach ihrem Tod sterben werde.

Aus verläßlichen Quellen können wir Georgs letzte Reise von dem Moment an nachverfolgen, seit er am 3./14. Juni 1727 den St. James's-Palast verließ – hier sind vor allem Fabrices Briefe und Memoiren zu nennen. Wir wissen, daß der König guter Laune war, wenn auch Trudchens Tod im Jahr davor sein Privatleben überschattet hatte. Es gab vieles, auf das er sich freuen konnte. In Osnabrück würde er mit Ernst August zusammentreffen, dem letzten Verwandten aus seiner eigenen Generation: Seine Halbschwester Sophie Charlotte war 1725 gestorben und Maximilian, der alle Verbindungen zur Familie abgebrochen hatte, starb 1726. Der Fürstbischof würde sich dem König und Melusine für die Dauer des ganzen Besuchs anschließen. In Herrenhausen würde Georg (Anna) Luise, seine und Melusines älteste Tochter, wiedersehen, die dort im Delitzschen Palais wohnte. Und vor allem würde seine legitime Tochter Sophie Dorothea, die Königin von Preußen, aus Berlin zu Besuch nach Herrenhausen kommen, wo man den Plan für die Doppelhochzeit vollenden wollte. Nun, da die Kriegsgefahr gebannt war, hatte Georg ihr mitgeteilt, sei es an der Zeit, den Plan der Öffentlichkeit bekannt zu machen. Nichts stände ihm entgegen und Friedrich Wilhelms »Überlaufen« zum Kaiser sei vergessen und vergeben. Georg wußte, daß die beabsichtigten Verbindungen bei seinem Enkel Gefallen finden wür-

---

* Sophie Dorothea war am 3. November 1726 (NS) in Ahlden gestorben.

den, denn Friedrich, der sich immer auf die Besuche seines Großvaters freute (und Georgs sein Leben lang ehrend als eines »guten und großen Königs« gedachte), fand ebenso wie seine Tante Gefallen an der Idee, Wilhelmine zu heiraten – ein lebhaftes, intelligentes Mädchen, das sein Interesse für die schönen Künste teilte. Und Wilhelmine war, wie wir aus ihren Memoiren wissen, ebenfalls sehr für diese Verbindung. Es war für beide eine große Enttäuschung, als Georg II. und Wilhelmines Vater Georgs I. Pläne umstießen und die vorgesehenen Verbindungen unmöglich machten, weil sie sich weder über die Bedingungen noch über den Zeitpunkt der Eheschließungen einigen konnten.

Abgesehen von den Zusammenkünften mit Verwandten, freute sich Georg darauf zu sehen, wie weit sein neuestes Projekt in Herrenhausen gediehen war. Er hatte 1725 die Anpflanzung von Linden angeordnet, die eine lange Doppelallee zwischen der Sommerresidenz und der Stadt Hannover bilden sollten.

Am 3./14. Juni erreichte man nach einer Stunde Greenwich. Der König ging an Bord seines Schiffs, Höflinge und Offiziere, die ihn nicht nach Hannover begleiteten, verabschiedeten sich, Essen wurde aufgetragen und die Segel wurden gesetzt. Man ließ sich mit der Strömung bis Gravesend treiben. Aufgrund von widrigen Winden konnte man erst am 16. Juni die Überfahrt nach den Niederlanden antreten, aber dann war der Wind so günstig, daß man schon am nächsten Morgen um acht Uhr die Küste der Republik sichtete. Nachdem er die Stadt Moerdijk passiert hatte, stieg Georg in ein niederländisches Schiff um, das die Generalstaaten ihm zu Ehren geschickt hatten. Am frühen Abend des 18. Juni – man hatte die Gewässer des Kil durchsteuert – ging er in Schoonhoven an Land. Dort stand seine Kutsche bereit, und dort erwartete ihn auch eine Eskorte niederländischer Kavallerie, die für seine Sicherheit sorgte, solange er sich auf dem Boden der Republik befand. Das Gepäck, einschließlich des Bettes des Königs, war vorausgeschickt worden. In der Kutsche des Königs saßen außer ihm nur Hardenberg, sein Hofmarschall, und Fabrice, sein hannoveranischer Kammerherr. Seine Kammerdiener folgten in einer der nächsten Kutschen. Die Damen der Reisegesellschaft, die britischen Minister und die britischen und hannoveranischen Beamten machten sich mit ihren eigenen oder gemieteten Kutschen auf den Weg, nachdem ihre Schiffe angelegt hatten, einige vor dem König, die meisten nach ihm. Georg fuhr am 18. Juni sofort weiter. Um 22 Uhr machte er in dem kleinen Ort Varth Station, anderthalb Stunden von Utrecht entfernt.

Er aß einen Karpfen (ein karges Mahl für einen König, wie Fabrice fand) und war am nächsten Morgen um fünf Uhr auf und begierig darauf, die Reise fortzusetzen. Entgegen seiner Gewohnheit – »zum ersten Mal auf allen seinen Reisen«, behauptete Fabrice – unterbrach er die

Fahrt auf der halben für diesen Tag geplanten Strecke, um in Appeldorn zu Mittag zu essen; das lag vermutlich daran, daß das Nachtmahl am Vortag zu karg ausgefallen war. Um 20 Uhr traf er in Delden ein, wo ihm – nach der Überlieferung – der schicksalhafte Brief übergeben wurde. Dort aß er zu Abend und übernachtete. Seine Umgebung fand ihn »völlig gesund« und bei guter Laune. Er gab fünf oder sechs niederländischen Damen, die ihn sehen wollten, »eine Art von Audienz« und plauderte etwa bis Mitternacht auf niederländisch mit ihnen.

Am nächsten Tag, dem 20. Juni, machten sich Georg, Hardenberg und Fabrice, begleitet von ihrer niederländischen Eskorte, um sieben Uhr morgens auf den Weg. Eine dreiviertel Stunde lang redete man über dies und das. Dann verriet der König, daß er eine böse Nacht hinter sich habe. Er habe nicht schlafen können, Magenschmerzen – die er darauf zurückführte, daß er beim Nachtmahl zuviel Erdbeeren und Orangen gegessen hatte – hätten ihn wachgehalten*. Die beiden Höflinge bedauerten, daß der König sich nicht die Zeit genommen habe, sich in Delden zu erholen, sondern beschlossen habe, die Reise fortzusetzen, aber Georg versicherte ihnen, daß er sich besser fühle. Eine halbe Stunde später ließ er die Kutsche anhalten, um sich zu erleichtern. Als er zurückkam, bemerkte Hardenberg, daß das Gesicht des Königs seltsam verzerrt war und daß er anscheinend die rechte Hand nicht richtig gebrauchen konnte. Fabrice (der sich vor kurzem den Knöchel verrenkt hatte) fragte gerade, ob der König sich die Hand verrenkt habe und ob er sie wieder einrenken solle, als Georg erbleichte und ohnmächtig wurde. Zufällig – und entgegen den sonstigen Gepflogenheiten – fuhr die Kutsche mit den Kammerdienern dicht hinter der des Königs, und in ihr saß ein Wundarzt, worum Hardenberg und Fabrice im Hinblick auf ihr Bedürfnis nach eventueller ärztlicher Hilfe gebeten hatten: Fabrices Knöchel war immer noch geschwollen und Hardenberg fühlte sich nicht gut. Nie zuvor war auf Georgs Reisen ein Mediziner so rasch greifbar gewesen. Hardenberg ließ die Kutsche des Königs anhalten, um den Wundarzt zu holen. Fabrice nahm Riechsalz (auf dem Kontinent als »englisches Salz« bekannt) aus seiner Tasche und hielt es dem König unter die Nase, um ihn wieder zu Bewußtsein zu bringen. Der Wundarzt diagnostizierte einen Schlaganfall und ordnete an, den König aus der Kutsche zu heben und auf den Boden zu betten: Er wollte ihn zur Ader lassen. Man schätzte, daß zwischen dem Schlaganfall und dem Aderlaß kaum zwei Minuten vergangen waren. Als man den König in die Kutsche zurückhob, er-

---

* Es scheint, daß er sich durch das Obst eine Magenverstimmung zugezogen hatte. Denn ganz davon abgesehen, daß wir von Fabrice erfahren, der König habe nach nur anderthalb Stunden Fahrt die Kutsche verlassen müssen, um sich zu erleichtern, teilte Mustafa in der Nacht vom 20. auf den 21. Juni denjenigen mit, die dem König ein Abführmittel geben wollten, daß dies nicht nötig sei: Sein Herr habe in der vergangenen Nacht mehrmals das Bett verlassen.

langte er das Bewußtsein wieder und zeigte mit einer Bewegung der linken Hand an, daß er die Fortsetzung der Reise wünschte. Er beantwortete Fragen nach seinem Befinden klar und deutlich, wenn auch nur mit kurzen Worten. Nach einer weiteren halben Stunde sank er in einen Schlaf, der wegen des seltsamen Schnarchens einen unnatürlichen Eindruck machte. Der Wundarzt, Hardenberg und Fabrice, die wechselseitig den König stützten, begannen das Schlimmste zu fürchten. Der König schien in »Schlafsucht« zu verfallen. Einer der niederländischen Offiziere wurde vorausgeschickt, um den Wagen mit dem Gepäck und dem Bett des Königs ausfindig zu machen und anzuhalten. Das geschah dann in Nordhorn. Hattorf, der vor der Kutsche des Königs gefahren war, schickte seinen Sekretär zu Pferd los, um Steigerdahl, den Leibarzt Georgs, der weit hinten in der Kavalkade nachkam, zu benachrichtigen. Inzwischen versuchte man es auf dem offenen Feld bei Nordhorn mit allerlei Heilmitteln. Aber weder Zugpflaster, auf Hand (vermutlich die rechte) und Nacken aufgelegt, noch Branntwein zeitigten irgendeine Wirkung. Was tun? Hattorf fuhr eiligst nach Lingen, um einen von Friedrich Wilhelms beiden Ärzten zu holen, die dort wohnten. Aber sie waren beide fort – der eine in Osnabrück, der andere in Amsterdam. Als dies bekannt wurde, waren einige (darunter auch Fabrice und Hattorf) dafür, Georg nach Lingen zu bringen und ihn dort zu Bett zu legen. Doch Hardenberg beschloß die Weiterfahrt nach Osnabrück. Alle waren damit einverstanden, nachdem der Wundarzt ihnen versichert hatte, durch das Schaukeln und Holpern der Kutsche werde sich der Zustand des Königs nicht verschlechtern; er sei derart empfindungslos, daß »die Bewegung der Kutsche so behaglich sein werde wie das weichste Bett«. Hattorf und Fabrice fuhren voraus, um Ernst August zu benachrichtigen und um die Höflinge aus Hannover wegzuschicken, die sich bereits versammelt hatten, um Georg I. zu begrüßen. Der König sollte ohne öffentliches Aufsehen über die »Geheimtreppe« in seine Gemächer getragen werden. Bei der Ankunft in Osnabrück – irgendwann zwischen 22 und 23 Uhr – erlangte Georg das Bewußtsein soweit wieder, daß er erkannte, wo er war. Mit der linken Hand zog er grüßend den Hut und setzte ihn dann wieder auf. Aber nachdem man ihn zu Bett gebracht hatte, sank er erneut in Bewußtlosigkeit. In der Nacht vom 20. auf den 21. Juni wurde er zur Ader gelassen. Doch es half nichts. In der folgenden Nacht – zwischen null Uhr dreißig und ein Uhr – starb Georg. Die einzige Bewegung, die Fabrice vor seinem Ableben noch bemerkte, waren die Todeszuckungen. Des Königs letzte bewußte oder halbbewußte Bewegung war die Entbietung des Grußes an Osnabrück, die Stadt seiner Kindheit, gewesen.
Melusine und die junge Melusine trafen am Sonntagmorgen, dem 22. Juni, in Osnabrück ein. Townshend kam einen Tag später und kehrte

am Mittwoch nach England zurück. Fabrice hatte Bothmer zweimal geschrieben, am Abend des 20. Juni und am Morgen des 21. Juni, und die Briefe per Postreiter beziehungsweise durch einen Kurier befördern lassen, um den Prince of Wales auf die Nachricht von der Erkrankung des Königs vorzubereiten. Am 22. Juni um vier Uhr morgens schrieb Fabrice – nach Rücksprache mit Ernst August und Hattorf – an Georg II., um ihm formell den Tod Georgs I. anzuzeigen. Fabrice, der seit seinem vierzehnten oder fünfzehnten Lebensjahr in Hannover recht oft mit Georg August zusammengekommen war und mit ihm korrespondiert hatte, als er selbst sich in der Türkei aufhielt, hatte sich dem Nachfolger nach 1718, als er dessen Vater gedient hatte, natürlich etwas entfremdet. Er wäre gern selbst in aller Eile mit der Benachrichtigung losgeritten – in der Hoffnung, sich seinen Posten erhalten und auch seinem älteren Bruder Johann Ludwig, der in hannoveranischen Diensten stand, die Position sichern zu können, aber sein geschwollener Knöchel hinderte ihn daran. Unterdessen hielt er es für seine Pflicht, bei dem verstorbenen König auszuharren, bis Anweisungen von Georg II. eintrafen.

Sobald die Mediziner Georgs I. Tod festgestellt hatten, ließen Fabrice und Hattorf die Stadttore von Osnabrück schließen: Nur ihre eigenen Kuriere sollten mit der Todesnachricht passieren können; womöglich würde Georgs Nachfolger Anstoß nehmen, wenn er nicht der erste in England war, der davon erfuhr. Eine Stunde nachdem die Kuriere nach London aufgebrochen waren, schickte Fabrice einen weiteren Kurier mit Briefen an Georgs I. Enkel Friedrich und an die Regentschaftsregierung in Hannover auf den Weg: Diese Schreiben bestätigten die bösen Ahnungen, die man bereits am Vortag übermittelt hatte. Ein anderer Kurier ritt Townshend entgegen, um ihn auf die Situation in Osnabrück vorzubereiten. Georgs I. Gemächer in Osnabrück wurden abgeschlossen und mit dem Siegel Ernst Augusts versiegelt: Die Gewänder und Papiere des verstorbenen Königs sowie seine sonstige, in Truhen verwahrte Habe – von der eine Liste erstellt wurde – sollten unberührt bleiben. Ein von Fabrice abgefaßter Bericht über die Geschehnisse der letzten Tage wurde am 23. Juni um sechs Uhr morgens nach England geschickt. Der Überbringer war ein Kammerjunker von Ernst August. Die Herzogin von Kendal und Lady Walsingham brachen am 23. Juni nach Hannover auf, ebenso das übrige Gefolge des verstorbenen Königs mit Ausnahme von Fabrice, der darauf brannte zu erfahren, was Georg II. befahl; er reiste mit der Postkutsche zur niederländischen Grenze, um den Kurier des Königs abzufangen. Natürlich hatte niemand die Verantwortung für Vorkehrungen im Zusammenhang mit der Beisetzung des verstorbenen Königs übernehmen wollen, die eventuell den Wünschen Georgs II. zuwiderliefen. Und Georg I. selbst hatte lediglich verfügt, daß sein Leichnam nicht geöffnet und nicht einbalsamiert werden sollte.

315

Georg II. beschloß, daß sein Vater in Hannover beigesetzt werden sollte – in der Kirche des Leineschlosses*, neben der Kurfürstin Sophie. Er bat Hattorf und die beiden Reiches, Vater und Sohn, Beamte der Deutschen Kanzlei, unverzüglich nach London zurückzukommen, da er ihre Dienste benötigte. Fabrice fuhr nach der Beisetzung für kurze Zeit nach England, um die Juwelen und Wertsachen zu übergeben, die der verstorbene König mit auf die Reise genommen und um die Georg II. gebeten hatte. Georg II. behielt Fabrice nicht als ständigen Diener bei sich, was Fabrice auch kaum erwartet haben dürfte; aber er hoffte – und schließlich gelang es ihm auch – , einen lukrativeren Posten zu bekommen als den eines Kammerherrn des Königs bei dessen Besuchen in Hannover. Der König ist tot, es lebe der König! Sich die Gunst Georgs II. zu erhalten oder zu erwerben, war jetzt natürlich das Vordringlichste für alle die, die Macht und Einfluß hatten oder auch nur ihr Brot in der Verwaltung oder bei Hofe verdienten, sei es im Königreich oder im Kurfürstentum.

Viele von Georgs Ministern, Freunden und Dienern waren schon vor ihm gestorben: 1721 Stanhope, 1722 Robethon, 1725 Sophie Charlotte, 1726 Bernstorff, Cadogan und Mehemet. Und von denen, die noch lebten, wissen wir von Fabrice, daß Hardenberg nach dem Tod des Königs so gebrochen war, daß er alle praktische Arbeit, die im Juni 1727 getan werden mußte, Hattorf und Fabrice überließ. Die Gräfin zu Schaumburg-Lippe schrieb, ihre Familie habe »einen Vater verloren, nie würde es wieder so sein wie zu seinen Lebzeiten«. Friedrich trauerte um seinen Großvater, der ihm nach 1714 als einziger väterliche Zuneigung und Fürsorge hatte zuteil werden lassen, und erzählte lange danach seinen eigenen Kindern von ihm. Den tiefsten Kummer empfand Melusine. Sie kehrte nach England zurück und kaufte 1728 ein Haus in Twickenham, dicht bei dem von Johanne Sophie zu Schaumburg-Lippe**. Von diesen Jahren wird erzählt, daß sie glaubte, Georg I. sei in Gestalt eines Vogels, dessen sie sich annahm und den sie zähmte, zu ihr zurückgekommen. Als Grund für diesen Glauben wird eine – vermutlich zu Georgs Lebzeiten zufällig gehörte – Bemerkung angegeben: Er hatte gesagt, er werde »aus dem Jenseits« zu ihr zurückkehren, wenn er vor ihr stürbe, und zwar, wie es ursprünglich hieß, als »ein großer Vogel«. Das wurde jedoch bald »verbessert« – aus dem großen Vogel wurde »ein großer Rabe«. Es ist gut belegt, daß Melusine eine Vorliebe für Singvögel hatte,

---

* Das Leineschloß wurde mitsamt der Schloßkirche im Zweiten Weltkrieg durch Bomben schwer beschädigt. Beim Wiederaufbau beschloß man, Georgs Sarkophag und den seiner Mutter in das aus dem 19. Jahrhundert stammende Mausoleum im Park von Herrenhausen zu verbringen.

** Die Gräfin, die sich für Trudchens mutterlose Söhne verantwortlich fühlte, verließ England, als ihr Sohn die Herrschaft über die Grafschaft Schaumburg-Lippe antrat, blieb aber in regem Briefkontakt zu Freundinnen und Freunden in England. Sie suchte auch die Kenntnis der englischen Sprache in Deutschland zu fördern.

und das kann durchaus die einzige Grundlage dieser Geschichte sein. Falls sie doch einen wahren Kern hat, möchte man eher glauben, daß es sich bei dem Vogel um eine Taube handelte – als Erinnerung an Händels wunderbare *Colomba*-Arie, der Georg und Melusine oft gelauscht hatten. Die Version mit dem Raben läßt sich vielleicht – unter der Voraussetzung, daß die Geschichte nicht völlig apokryph ist – darauf zurückführen, daß der Rabe nach altem europäischen Volksglauben (der sich als irrig erwiesen hat) sein Leben lang einem Partner treu bleibt und immer wieder zum Nest zurückkehrt, aber nur einmal im Jahr, um zu singen. Melusine war zwar gefühlvoll, aber nicht abergläubisch.

Die Bilanz

Georg I. war knapp dreizehn Jahre König von Großbritannien, vom 2./13. August 1714 bis zum 11./22. Juni 1727. Kurfürst von Hannover war er neunundzwanzig Jahre.

Nachdem wir sein Leben und seine Laufbahn verfolgt haben, wundern wir uns vielleicht über den Beinamen »glücklicher Georg«, den seine hannoveranischen Höflinge ihm gaben. Glücklich? Angesichts der traumatischen Erfahrungen im Zusammenhang mit dem Prinzenstreit, der Königsmarck-Affäre, der Scheidung von Sophie Dorothea und ihrer Gefangenschaft? »Glücklich« weniger in persönlichen Dingen als bei den ernsten Problemen, die aus der Personalunion zwischen Hannover und Großbritannien erwuchsen: Jakobitische Überfälle auf das Königreich und zunehmendes Unbehagen im Kurfürstentum darüber, daß es womöglich auf einen so abhängigen Status wie Irland reduziert wurde?

Das »Glück«, das die Höflinge meinten, war zweifellos die Mehrung seiner *gloire*, die Georg durch die Wechselfälle der Geschichte geradezu in den Schoß gefallen war: Aus einem Kurfürsten von Hannover hatte sie den König eines so wohlhabenden und mächtigen Staates wie Großbritannien gemacht. »Glück« sahen sie wohl auch darin, wie es Georg gelang, seine Ziele zu erreichen. Hannover wurde um Bremen und Verden erweitert; Britanniens Einfluß auf die europäische Politik nahm zu; was von außen betrachtet so aussah wie diplomatisches Glücksspiel, zahlte sich aus; und immer wieder brachte Georg es fertig, sich aus scheinbar ausweglosen Situationen zu befreien – wie im jakobitischen Jahr 1715, beim Südseeschwindel oder während der Kriegsgefahr zwischen 1725 und 1727.

Dank dem Material, das Auskunft über die Entscheidungsprozesse Georgs und seiner Berater gibt, kann der Historiker sich auf die Entschlossenheit und Härte konzentrieren, mit der Georg sich ihm bietende Chancen nutzte und die für ihn als Herrscher so typisch sind; und er kann sein Augenmerk auf die lange Erfahrung richten, dank der er eine so erfolgreiche Persönlichkeit auf der europäischen Bühne wurde.

In mancher Hinsicht kann auch der Historiker meinen, daß Georg »Glück« hatte. Er hatte Glück, weil er nicht wie sein Sohn, sein Enkel und sein Ururenkel dazu verurteilt war zu warten, bis er an die Macht kam. Friedrich, nach 1727 Prince of Wales, wartete vergebens; und Georg II. und Georg IV. kamen so spät an die Macht, daß ihr Charakter bis zu einem gewissen Grad verformt war durch die langen Jahre, in denen sie das Amt, das ihnen kraft ihrer Geburt bestimmt war, nicht ausüben konnten. Es nimmt nicht wunder, daß sich alle drei für längere oder kürzere Zeit der politischen Opposition gegen den jeweiligen König anschlossen, obwohl es für die königliche Familie mit Schwierigkeiten, ja Tragödien verbunden war. Nur Georg III. blieb dieses Schicksal erspart. Er wurde jedoch, wie es scheint, wiederum dadurch ungünstig beeinflußt, daß er seinen Vater (Friedrich) so früh verlor; wie viele andere Fürsten in seiner Lage war er geradezu besessen von seinen Pflichten und von dem Bedürfnis, mit gutem Beispiel voranzugehen.

Die Persönlichkeit Georgs I. nahm zwar Schaden durch den Prinzenstreit und durch das Scheitern seiner Ehe mit Sophie Dorothea, aber er hatte das Glück, in seinen frühen Mannesjahren einen echten Beruf zu haben, den des Soldaten. Seit Vollendung seines fünfzehnten Lebensjahres hatte er in Kriegen gegen Frankreich und gegen die Türken gekämpft. Er wurde ein geachteter und erfahrener Offizier, er hatte eine von seinem Vater unabhängige *raison d'être* – auch nach Ernst Augusts Entschluß, in Hannover die Primogenitur einzuführen. Er hatte Glück insofern, als er viele Brüder hatte. Darum konnte man es bei ihm, obwohl er der Erstgeborene war, »darauf ankommen lassen«, ohne daß dem regierenden Haus heilloser Schaden erwuchs. Die militärische Laufbahn von Georgs einzigem legitimen Sohn war dagegen kurz. Das lag teils daran, daß ihr Beginn verschoben werden mußte, bis Georg August einen Erben gezeugt hatte, und teils daran, daß Europa nach dem Spanischen Erbfolgekrieg in eine lange Friedensphase eintrat. Es spricht sehr für das Verständnis, das Georg I. für das Bedürfnis seines Sohnes hatte, im Kampf seinen Mann zu stehen, daß er ihn nach Friedrichs Geburt im Jahre 1707 unter Marlborough dienen ließ. Georgs Enkel, Urenkel und Ururenkel litten unter Georgs II. beziehungsweise Georgs III. Weigerung, sie in den Krieg ziehen zu lassen. Sie fühlten sich aufgrund dessen – selbst Friedrich mit seinen künstlerischen Neigungen – weniger als vollwertige Männer, denn sie waren in der Tradition aufgewachsen, daß die Bewährung im Kriegshandwerk zum Beruf des Königs gehörte.

Georg hatte auch insofern Glück, als er von der Familienkrankheit der Stuarts, der Porphyrie, die durch Sophie dem Haus Hannover vererbt wurde, verschont blieb – im Gegensatz zu Georg III. und Georg IV. Er erfreute sich guter Gesundheit. Die Sache mit der Fistel, die bedrohlich zu sein schien, erwies sich als falscher Alarm. Die Kuren in Pyrmont, die langen Spaziergänge dort und in den Parks des Kensington-Palasts und in Hampton Court sowie Reiten und Jagen hielten Georg in Form. Von der Jagdsaison in Göhrde 1723 gibt es ein heiteres und stimmungsvolles Bild. Es zeigt Georg I., seinen preußischen Schwiegersohn Friedrich Wilhelm, Ernst August, Townshend und dessen Frau und viele der hannoveranischen Höflinge und Amtspersonen beim frühmorgendlichen Ausritt.

Der Umstand, daß Georg August nach 1714 an den Deutschlandbesuchen des Königs nicht teilnehmen konnte, mag die Bande zwischen Vater und Sohn geschwächt haben. Aber es ging nicht anders. Ebenso wie Friedrich allein in Hannover bleiben mußte, während sein Vater und sein Großvater in England wohnten, mußte Georg August in Britannien bleiben – gewissermaßen als Symbol der Loyalität des Hauses Hannover der protestantischen Thronfolge gegenüber.

Daß Georg I. nach 1716 nicht das Beste aus seiner Beziehung zu Georg August machte, läßt sich nicht bestreiten. In Anbetracht des politischen Lebens in Britannien nach 1688 sowie der Ambitionen Georg Augusts nimmt das nicht wunder. Doch Georg I. versuchte zweifellos, den offenen Konflikt mit seinem Sohn so lange wie möglich zu vermeiden. Bei alledem beeinflußten den König nicht nur Erinnerungen an den Prinzenstreit, sondern auch Erinnerungen an die frühen Mannesjahre seines Sohnes. Der Kurfürst und seine Mutter Sophie waren ernstlich besorgt gewesen über Georg Augusts Unzuverlässigkeit und seinen Hang, sich impulsiv und ohne richtig nachzudenken über Staatsangelegenheiten zu äußern. Sie waren sehr erleichtert und erfreut, als sie dann feststellten, daß er durch den Kriegsdienst gereift war und sich charakterlich gebessert hatte. Doch das alte Unbehagen, das lange in Georg geschlummert hatte, wurde wieder geweckt, als Georg August als Prince of Wales der väterlichen Autorität trotzte: Er weigerte sich, an den Kabinettssitzungen teilzunehmen, und baute sich in beiden Kammern des Parlaments eine eigene Partei auf. Wie manch anderer Vater vor und nach ihm konnte Georg das nicht mehr rational bewältigen. Und wieder hatte er Glück, weil durch verschiedene Umstände – nicht zuletzt dank Robert Walpoles und Townshends Bestreben, wieder Amt und Würden zu erlangen – die Aussöhnung von 1720 zustande kam und ein harmonisches Familienleben in den verbleibenden Jahren von Georgs I. Regierung ermöglichte.

Auf der rationalen Ebene, auf der gute Absichten nicht durch familiäre Spannungen beeinträchtigt wurden, war Georg als Kurfürst wie als König bekannt für sein Mitgefühl und für sein Bemühen um Gerechtigkeit und Unparteilichkeit. Seine Mutter betonte, er sei »jedweder Ungerechtigkeit Feind«. Dieser Charakterzug in seinen verschiedenen Ausdrucksformen wird von 1698 bis 1727 auch von anderen Kommentatoren hervorgehoben, von denen man annehmen kann, daß sie unvoreingenommener waren als Sophie. Georg hielt sich in seinen eigenen Angelegenheiten strikt an die Gesetze. Er akzeptierte beispielsweise als König die Meinung von Rechtsexperten, daß es ihm (nach dem Streit in der königlichen Familie) nicht zustände, das britische Einkommen seines Sohnes mit den Ausgaben für die Erziehung seiner Enkelinnen zu belasten: Das Urteil lautete, da der König sie nach englischem Recht in seiner Obhut behalten dürfe, müsse er auch die Kosten tragen. Und als 1726, nach dem Tod seiner geschiedenen Frau Sophie Dorothea, seine Frage an die zuständigen Justizbehörden in Hannover, ob er, bis ihr Testament gefunden sei, ein Recht auf die Einkünfte aus ihrem Gut habe, verneint wurde, stellte er jeden weiteren Versuch ein, von der Situation zu profitieren. Wenn es um die Rechte anderer ging, war er besonders empfindlich. Er leistete Schadenersatz, wenn jemand aus politischen Gründen sein Amt bei Hof oder in der Administration aufgeben mußte; und wenn er der Ansicht war, daß jemandem durch einen Rechtsspruch moralische Ungerechtigkeit widerfahren sei – zum Beispiel, als Macclesfield in Schanden für ein Delikt entlassen wurde, das Georg für eine rein formaljuristische Sache hielt – setzte er ihm eine Pension aus. Theoretisch hatten all seine Untertanen, Hannoveraner wie Briten, das Recht, um eine Audienz bei ihm zu ersuchen. Es war freilich nicht immer ganz einfach für Bittsteller, durch den Schutzschirm von Höflingen und Beamten zu ihm vorzudringen. Sämtliche Petitionen mußten ihm vorgelegt werden, weil er sichergehen wollte, daß auch Fälle, die seine hannoveranischen oder britischen Berater möglicherweise für unwichtig hielten, von ihm überprüft und entschieden wurden: Ein gutes Beispiel dafür ist die Bittschrift, die 1724 von dem alten *gentilhomme de la chambre* der verstorbenen Herzogin von Celle (Georgs Schwiegermutter, mit der er nie auf besonders gutem Fuß gestanden hatte) eingereicht wurde und aufgrund derer ihm seine 100 *écus* zugesichert wurden. Daß Georg mit seinem Privateinkommen aus Hannover und mit den Mitteln aus der Zivilliste geizig war, ist größtenteils freie Erfindung. Er bezahlte die Schulden, die ein gewisser Leutnant von Weyhe bei seinem Tod hinterließ – vermutlich aus emotionellen Gründen, denn dieser Leutnant war ein Verwandter (möglicherweise ein Sohn aus der zweiten Ehe) jener Mlle. von Meysenbug, die in Georgs jungen Jahren seine Gefährtin gewesen war. Aus den Schatullrechnungen, die Mehemet nach 1714 führte – Ausgaben, die Georg aus seiner eigenen Tasche bestritt – können wir ersehen, wie großzügig er Karten erwarb, wenn es um Benefizvorstellungen für Sängerinnen und Sänger, Schauspielerinnen und Schauspieler ging, und wie üppig er seine Familie beschenkte. Ganz abgesehen von geldlichen Zuwendungen, zeigte er Teilnahme für die Gefühle anderer. Er sorgte nicht nur dafür, daß Stanhopes Witwe eine Pension bekam, sondern suchte sie auch kurz nach dem Tod ihres Mannes auf, um seiner Dankbarkeit für dessen Dienste Ausdruck zu verleihen; und die tröstenden Worte, die er sprach, zeugen von seiner noblen Gesinnung. Als sein hannoveranischer Minister Görtz besorgt darüber war, ob Georg ihm seine Versuche übelnehmen würde, das Leben seines Verwandten Georg Heinrich von Görtz zu retten, der nach dem Tod Karls XII. in Stockholm angeklagt wurde, »die Liebe des Königs seinen Untertanen abspenstig gemacht« zu haben, konnte sich Georg durchaus an die Stelle seines Ministers versetzen. Hannover und Schweden lagen miteinander im Krieg, und Georg Heinrich von Görtz war am Gyllenborg-Komplott beteiligt gewesen; doch der Herrscher versicherte seinem Minister, er fände dessen Bemühungen »zugunsten eines so nah verwandten Mitglieds seiner Familie natürlich«; sie würden seine Wertschätzung von Görtz' verdienstvoller Arbeit in Hannover in keiner Weise beeinträchtigen*.

Georgs Streben nach Gerechtigkeit wird auch – allgemeiner betrachtet – an seinen Versuchen deutlich, seinen Untertanen religiöse Toleranz zu sichern. In Hannover gab es sie bereits, als er Kurfürst wurde; doch bei seinen späteren Bemühungen, die lutherische Geistlichkeit in Hannover zur Wiedervereinigung mit Calvinisten und Lutheranern zu bewegen, hatte er nicht den Erfolg, den er sich wohl wünschte. Was Britannien betraf, war Georg unzufrieden mit dem Kompromiß von 1718, kraft dessen die Dissenter in ihren Positionen und Ämtern verbleiben durften, solange sie in den ersten sechs Monaten nach ihrer Ernennung nicht von Außenstehenden dafür angezeigt wurden, daß sie nicht zum Abendmahl – nach dem Ritus der anglikanischen Kirche – gegangen waren. Georg hatte gehofft, ihnen die freie Religionsausübung ohne Listen und ohne Ungewißheit ermöglichen zu können.

Dabei ging es Georg, der kein religiöser Mensch war, in hohem Maße um die Gedankenfreiheit. Die Korrespondenz zwischen den britischen Ministern zur Zeit der *Peerage bill* zeigt, daß für die meisten von ihnen – Stanhope ausgenommen – weniger das Gewissen eine Rolle spielte als vielmehr der Handel, den sie mit dem Unterhaus zu machen hofften: Wenn das Unterhaus die *Peerage bill* verabschiedete, waren die Minister bereit, den Dissentern Freiheit zu gewähren und grünes Licht für die Reform zu geben, die sicherstellen würde, daß die Universitäten (besonders Oxford) nicht mehr – wie bislang – Bastionen der Hochkirche waren.

Die Ablehnung der *Peerage bill*, der Südseeschwindel, Stanhopes Tod

---

* Görtz hatte keinen Erfolg mit seinen Bemühungen. Angesichts der starken antiabsolutistischen Stimmung, die damals in Schweden herrschte, war Georg Heinrichs Hinrichtung im Februar 1719 unvermeidlich, obwohl sie ungerecht war.

und Walpoles Widerwille gegen die Einführung von strittigen Maßnahmen – all das trug zur Vereitelung von Georgs Hoffnungen bei. Als Walpole – in der Opposition* – mit Erfolg Georgs und Stanhopes Versuche abblockte, den Katholiken eine gewisse Religionsfreiheit zu geben, machte das für lange Zeit die Hoffnung auf Erleichterungen zunichte. Versuche, den Juden in Britannien einen leichteren Stand zu verschaffen, stießen ebenfalls auf soviel Widerstand, daß sie nur ein Minimum an Konzessionen erhielten: Einzelne Juden durften um Naturalisierung ersuchen, indem sie dem Parlament einen Privatantrag vorlegten. Das war ein langes und kostspieliges Verfahren und kam somit für die breite Mehrheit nicht in Frage.

Man braucht nicht lange nach dem Grund dafür zu suchen, daß sich religiöse Toleranz in Großbritannien nur mit einiger Mühe durchsetzen ließ. Hinsichtlich des Glaubens und der religiösen Doktrin waren Loyalität und Überzeugungen der Parteien stark ausgeprägt. Der Kampf um die Macht im Parlament, zwischen fähigen Persönlichkeiten, brachte es mit sich, daß bei aller persönlichen Toleranz oder auch Gleichgültigkeit religiösen Fragen gegenüber solche Glaubensrichtungen und Doktrinen berücksichtigt werden mußten. Die Reform wurde jedoch langsam dadurch vorbereitet, daß man, wann immer ein Bischofssitz vakant wurde, tolerante whiggistische Bischöfe ernannte, und auch dadurch, daß nach der Hoadley-Kontroverse von 1717 die hochkirchlichen Provinzialsynoden von York und Canterbury nicht wieder einberufen, sondern aufgeschoben wurden. Man versuchte überdies – freilich vergeblich –, der Regierung Kontrolle über die Ernennung von *heads* und *fellows* der Colleges von Oxford und Cambridge zu verschaffen. Das hatte zwei Gründe: zum einen Sorge um die Sicherheit der Dynastie (der Jakobitismus sollte im Keim erstickt werden), zum anderen den Wunsch, die neuen Studentengenerationen vom Dogma des Vorrangs der Kirche gegenüber dem Staat abzubringen. Selbst Bischöfe, denen man whiggistische Neigungen zuschrieb, waren meist insofern gegen die Dissenter, als sie sehr an der Macht der anglikanischen Kirche hingen; man tat sich auf ähnliche Weise zusammen, wie es seinerzeit im Frankreich Ludwigs XIV. die Katholiken sämtlicher Glaubensrichtungen getan hatten, als es gegen die Hugenotten gegangen war.

Eine von Georgs Reformen ließ sich allerdings an den Universitäten Oxford und Cambridge durchsetzen: die Bestallung von durch königliches Patent ernannten Professoren für Geschichte, die das Studium der »Staatsinteressen« im Sinne Pufendorfs fördern sollten. Diese Betonung »moderner« Lehrziele, der Geschichte und der lebenden Sprachen, die zur Ausbildung künftiger Diplomaten und Politiker gedacht waren, war

---

* Walpole gab damals zu verstehen, Georg tendiere zum Katholizismus, und meinte, es sei nur gut für die Kirche von England, daß Georg August nicht in die Fußstapfen seines Vaters treten werde.

der erste Schritt dazu, die Universitäten zur Annahme weiterer Unterrichtsthemen zu bewegen, die an den nonkonformistischen Hochschulen und den *Inns of Court*, den Rechtsschulen in London, bereits gelehrt wurde. Man hielt es für wünschenswert, die Universitäten nicht nur auf die Lehre der Theologie und klassischen Philologie zu beschränken. Auch hier gibt es eine Parallele zu kontinentaleuropäischen Experimenten: Die augenfälligste ist Ludwigs XIV. *Académie politique* von 1712, die allerdings nach dem Tod des französischen Königs ihre Pforten schloß, während es die Regius-Professuren heute noch gibt.

Wir haben in diesem Buch behauptet, daß Georg im Einklang mit den Gedanken der frühen Aufklärung stand. Dies könnte durch eine Fülle weiteren Materials belegt werden*. Seine Verwaltungs- und Finanzreform der Stadt Hannover war durchgreifend und nützlich; der Staat übernahm nach und nach in den einzelnen Landesteilen des Kurfürstentums die Fürsorge für die Armen und Bedürftigen; die Universität Helmstedt (die als Hochschule für Hannover und Wolfenbüttel fungierte) gewann an Bedeutung; ebenso das Göttinger Gymnasium, das zu Georgs II. Regierungszeit Universität wurde. Das Oberappellationsgericht in Celle stand in höchstem Ansehen und wurde vielfach angerufen, auch von fremden Höfen, und die hannoveranischen Rechtsgelehrten waren berühmt. Etliche deutsche Historiker, die sich mit den Reformen Georgs in Hannover befaßt haben, sind einstimmig der Meinung, daß sein Wahlspruch
»Verlasse nie einen Freund
Strebe, jedem Gerechtigkeit zu erweisen
Fürchte niemand«
besonders gut zu dem paßt, was er für sein Kurfürstentum geleistet hat. Er erreichte auch kleinere Veränderungen zum Vorteil seiner Untertanen: So wurden zum Beispiel die Gärten von Herrenhausen und der Park des Kensington-Palasts unter gewissen Auflagen der Öffentlichkeit zugänglich gemacht: Die Besucher durften z. B. keine Vögel aufscheuchen, Bäume und sonstige Pflanzen nicht beschädigen und waren angehalten, den Weisungen der Aufseher zu folgen. Wichtiger war, daß man Georg in Europa als den Beschützer fortschrittlicher Auffassungen ansah. Das lag nicht nur daran, daß er im Prinzip die »gemischte Regierung« des englischen Systems akzeptiert hatte, sondern auch daran, daß er offen die Meinungsfreiheit vertrat, die nach allgemeiner Auffassung

---

* Zwei Beispiele mögen genügen. Erstens Georgs reges Interesse (das er mit anderen teilte, die von den in der Türkei gemachten Erfahrungen wußten) an der Förderung der Pockenimpfung: Er ließ seine Enkelinnen impfen und war erfreut, als Friedrich sich entschloß, seinem Beispiel zu folgen. Zweitens Georgs Beharren darauf, daß ein dem irischen Parlament vorliegender Gesetzentwurf, der die Entmannung von katholischen Priestern vorsah, die man beim Proselytenmachen ertappt hatte, zurückgezogen wurde: Dieses Gesetz werde Anstoß bei den katholischen Verbündeten Britanniens erregen, argumentierte der König, und überdies sei es sowieso lächerlich.

unverzichtbar zu diesem System gehörte. In Britannien hält man Georg weder für einen Literaturkenner noch für einen Literaturfreund. Das ist insofern berechtigt, als die Bücher, die er erwarb (typische Beispiele sind *Relation des Indes Orientales, Voyage d'Espagne et de Portugal, Histoire de Louis XIV, Relation d'un Voyage de Dannemarck*) eher Sachbücher sind oder mit seinem Beruf zu tun hatten, wie etwa die Vertragssammlungen und Berichte von diplomatischen Verhandlungen. Doch in den Ruf eines »modernen« Herrschers brachte ihn seine Lektüre der französischen Autoren und Dramatiker und sein Interesse am philosophischen Gedankenaustausch. Es ist kein Zufall, daß Voltaire, der seine *Henriade* Georg I. widmete, 1726, als er in Schwierigkeiten mit den französischen Behörden geriet, Zuflucht in England suchte und gewährt bekam und daß er vom König und von der Princess of Wales ermutigt und finanziell unterstützt wurde. Georgs Vorurteilslosigkeit ist bemerkenswert. Selbst seinen Stuart-Verwandten stand er unvoreingenommen gegenüber. Seine Äußerungen über den Prätendenten waren so milde, daß die Briten sich darüber wunderten. Und Lord Percival staunte 1716 in einem Brief darüber, daß der König sich weigerte, an einem Dankgottesdienst für die Niederschlagung der jakobitischen Rebellion teilzunehmen: Er berichtete, Georg habe gesagt, er halte es nicht für richtig, Gott dafür zu danken, daß er seine Untertanen zerschmettert habe. Es gab keine strenge Pressezensur. Die britischen Minister schlugen allerdings in Publikationen und mit Propagandamitteln zurück, wenn sie angegriffen wurden. Populäre Liedchen (denen bekannte Melodien unterlegt wurden und deren Text oft nur ein wenig abgewandelt war), die den König und seine Familie verspotteten, wurden geduldet. Der Streit zwischen Georg und dem Prince of Wales war natürlich ein dankbares Thema für solche Verse, aber verglichen mit denen, die zur Regierungszeit Georgs II. in Umlauf waren, kann man sie nur zahm nennen. Das bekannteste Gedicht über Georg I. – über die Statue des Königs auf der Turmspitze der Georgskirche in Bloomsbury –, ist späteren Datums*; in der zeitgenössischen Version machte man sich vor allem darüber lustig, daß der Stifter der Figur ein Brauer war.

Die Männer und Frauen, mit denen Georg zusammentraf, entstammen natürlich einer kleinen sozialen Schicht. Daß er inkognito Kaffeehäuser aufgesucht haben soll, um zu hören, was die Leute über ihn sagten, ist eine recht fragwürdige Anekdote, wenngleich seine Anwesenheit bei öffentlichen Theater- und Opernvorstellungen, Konzerten und

---

* When Henry the Eigth left the Pope in the lurch / The Protestants made him head of the Church; / But George's good subjects the Bloomsbury people / Instead of the Church, made him head of the steeple. (Als Heinrich der Achte den Papst im Stich ließ / machten ihn die Protestanten zum Kirchenoberhaupt; / aber Georgs brave Untertanen, die Leute von Bloomsbury, / machten ihn statt zum Kirchen- zum Kirchturmoberhaupt.)

Maskenfesten dazu beigetragen haben dürfte, das Bild von einem König entstehen zu lassen, der sich wie ein normaler Sterblicher benahm. Georg legte durchaus Wert auf Etikette: Er hielt es für nötig, sich beim Erzbischof von Canterbury dafür zu entschuldigen, daß der Oberst Charles Churchill bei einem Maskenfest, an dem auch der König teilnahm, im Bischofsgewand erschienen war – der König werde dafür sorgen, daß das nicht wieder vorkäme. Wenn man ein bißchen Schneid hatte, einigermaßen gut angezogen war und sich auch zu benehmen wußte, war es nicht schwierig, Zugang zu den Empfängen des Königs zu finden. Ein junger Student, der weder Beziehungen hatte noch reich war, konnte sich ohne weiteres in St. James's unter die Gäste anläßlich von Georgs Geburtstagsfeier mischen, nachdem er den Pförtner geschmiert hatte; und auch in Hampton Court gab es ungeladene Gäste bei Theatervorstellungen und sonstigen Lustbarkeiten. Das hieß jedoch nicht, daß diese Eindringlinge in persönlichen Kontakt mit dem König kamen. Vagabunden und Bettler wurden, wie überall in Europa, von den Wegen ferngehalten, die der König nahm; doch Georg, der in London lebte, war sich der wahren Lage seiner Untertanen wohl mehr bewußt als Ludwig XIV., der mitsamt seinem Hof nach Versailles übergesiedelt war. In Georgs Schatullrechnungsbelegen sind gelegentlich Summen für »Arme auf der Straße«, »arme Studenten« und »arme Gefangene« ausgewiesen.

Die Jahre von Georgs Regierung waren trotz der jakobitischen Bedrohung und des Südseeschwindels insgesamt eine Zeit des Wohlstands und der Verbesserung des Lebensstandards für alle gesellschaftlichen Schichten. Die Steuern waren niedrig (obwohl die europäische Krise von 1726/1727 die Grundsteuer auf 20 Prozent hochtrieb), und es gab reichlich zu essen, wenn es auch für die breite Bevölkerung in Stadt und Land keine abwechslungsreiche Kost war. Wie wir gesehen haben, förderte der König wirtschaftliche Initiativen in Hannover wie in Britannien. Besonders war ihm daran gelegen, starke Handelsbeziehungen zwischen dem Königreich und dem Kurfürstentum zu schaffen. Seine Unterstützung für eine Gesellschaft, deren Ziel es war, die Freien Reichsstädte Bremen (das nicht im Besitz Hannovers war) und Hamburg zu umgehen, indem sie durch ein Netz von Kanälen die nicht in unmittelbarer Küstennähe gelegenen Landesteile Hannovers von Britannien aus leicht erreichbar machte, ist detailliert untersucht worden. Für den Bau dieser Kanäle stellte Georg bei der kurfürstlichen Armee ausgebildete Fachleute zur Verfügung. Außerdem half er mit Geldgeschenken und Darlehen aus. Man entdeckte später, daß einer der britischen Direktoren dieser Gesellschaft ein Betrüger war, durch den die Gesellschaft in ernstliche Schwierigkeiten geriet: ein Umstand, der zu der Vermutung Anlaß gibt (wenn wir auch den Südseeschwindel berücksichtigen), daß Georg bei der Wahl seiner Unternehmer vertrauensseliger und weniger erfolgreich war als bei der Wahl seiner Minister. Finanzgaunereien waren nur eine Form des Lasters und des Verbrechens im Britannien Georgs I. Die Strafen waren nicht immer so brutal wie das Gesetz es vorsah; doch Diebstahl, Straßenraub und Wildern (auch in den königlichen Wäldern) wurden zum Schutz des Eigentums hart bestraft; und Damen aus »übel beleumundeten Häusern« mußten ins Gefängnis, wenn sie allzu offensichtlich auf die Anstandsregeln der relativen Diskretion pfiffen.

Unter Georgs Regierung nahm London eine Gestalt an, die man heute noch erkennen kann. Vor dem Tod von Königin Anna war Geld für den Bau von Kirchen außerhalb der Stadtgrenzen zurückgelegt worden: London wurde immer größer, und die Bevölkerung sollte nicht darben, was das geistliche Leben anging. Die mit diesem Programm betraute Kommission mußte bei Georgs I. Thronbesteigung aus politischen Gründen einer neuen weichen, aber das Programm selbst wurde zügig durchgeführt. Die Aufträge gingen an Wren, Hawksmoor, Gibbs und andere erfahrene Architekten, und die Kirchen, die sie bauten, sind (wenn auch einige im Zweiten Weltkrieg zerstört wurden) ein ruhmreiches Erbe: St. Martin-in-the-Fields, St. Anne, Limehouse, St. George's am Hanover Square und St. George's in Bloomsbury – ein Dutzend insgesamt.

Viele der schönen Plätze Londons wurden zwischen 1714 und 1727 angelegt, darunter der St. James's Square, der Grosvenor Square und der Hanover Square, obwohl die meisten von ihnen leider auf alten Stichen schöner anzusehen sind als in ihrem heutigen veränderten oder gar verschandelten Zustand. Das Regelmaß der georgianischen Häuser, der Platz mit seinen Bäumen und meistens einem Standbild in der Mitte – das alles vermittelt uns einen Eindruck von der Ordnung und Harmonie, die dem damaligen Schönheitsideal entsprachen. Die Anlage dieser Plätze wurde natürlich nicht direkt von Georg angeregt, aber er trug indirekt dazu bei, da seine Höflinge und Minister Häuser an diesen Plätzen bauten oder kauften – von dort aus hatten sie es nicht weit zum St. James's Palast. Und Melusine besaß zeitweise nicht nur ein Haus in der Portugal Row, sondern auch eines am Grosvenor Square, die Nr. 43.

Georgs persönlicher Initiative verdanken wir jedoch die Erweiterung des Kensington-Palasts und die Gestaltung des Parks. Die Möbel aus seiner Zeit sind fast alle verschwunden, aber die Ausschmückung der Räume ist erhalten geblieben oder originalgetreu restauriert worden und vermittelt uns die Atmosphäre von Georgs Lieblingsresidenz, gewiß einer der freundlichsten und gemütlichsten Paläste. Dank der Förderung durch Georg erhielt William Kent auch noch andere Aufträge, deren bedeutendster Robert Walpoles herrliche Houghton Hall in Norfolk war: Sie ist eine weitere architektonische Kostbarkeit Englands.

Auch die britische Musik hat Georg viel zu verdanken. Das lag zum Teil an der hannoveranischen Thronfolge, da Georgs deutsche Umgebung und sein gesamter Hof die Verbindungen vertieften, die in der Kirchenmusik und in der profanen Musik bereits zwischen England und Deutschland bestanden: Deutsche Kapellmeister und Instrumentalisten hatte es in England schon vor Georgs I. Regierungszeit gegeben. Starken und unverwechselbar persönlichen Einfluß übte der König jedoch durch die Förderung der Oper im allgemeinen und Händels im besonderen aus.

Auf politischem Gebiet erwies Georg Britannien zwei große Dienste. Zum einen söhnte er es mit Europa aus. Der Separatfrieden der Tories mit Frankreich hatte die Niederländische Republik und das habsburgische Österreich dem »perfiden Albion« entfremdet. Unmut wurde auch bei den Staaten des Reiches laut, die im Spanischen Erbfolgekrieg eigene Ziele verfolgt und nicht erreicht hatten. Georg war für diese Aussöhnung besonders gut geeignet: Er hatte öffentlich gegen den britischen Separatfrieden mit Ludwig XIV. protestiert, auch gegen die Absprache der Tories mit Frankreich hinsichtlich der »Zurückhaltungsorder«, die die britische Armee auf eine Weise aus dem Gefecht nahm, die von den Alliierten als verräterisch betrachtet wurde. Nach seiner Thronbesteigung ging Georg daran, die Beziehungen zu den niederländischen Politikern und zu Kaiser Karl VI. zu verbessern. Er konnte dabei beachtliche Erfolge verbuchen. Doch seine Initiativen und die Initiativen der britischen Minister, denen er in der Außenpolitik am meisten vertraute, insbesondere die Stanhopes, waren nicht nur auf die alten Waffengefährten des Spanischen Erbfolgekriegs beschränkt, sondern bezogen auch Frankreich, den Feind dieses Krieges, mit ein. Dabei half ihm seine verwandtschaftliche Beziehung zu Philipp von Orléans. Die Ideen, die den Friedensplan für den Norden und den Friedensplan für den Süden mit Leben erfüllten – beides Abkommen, die durch wechselseitige Verzichte und durch wechselseitige Erlangung von Vorteilen zustande kamen –, müssen als bedeutend bezeichnet werden. Georg, Stanhope und ihr wichtigster französischer Partner, Dubois, brauchten viel Geduld, Einfallsreichtum und eine gute Portion fast skrupelloser Entschlossenheit für dieses Experiment des frühen 18. Jahrhunderts, akute Probleme zwischen europäischen Staaten ohne Kriege zu lösen. Man gab sich nicht der Illusion hin, daß Kriege leicht zu vermeiden seien; doch das ausdrückliche Ziel, den Frieden »so lange wie menschenmöglich« zu erhalten, war ehrlich gemeint. Der Realitätssinn und die Ausdauer der drei Hauptschöpfer der beiden Friedenspläne sind bemerkenswert, und die Tradition der Kongresse, zu deren Entstehung sie beitrugen, hat nicht nur für das frühe 18. Jahrhundert Bedeutung. Georg hatte in den ersten Jahren seiner Regierung als König aufgrund seiner Situation als Kurfürst weniger Weitblick in Angelegenheiten des Nordens als Townshend – das ist eine Tatsache, die sich nicht leugnen läßt. Hannovers Interesse an der Erwerbung von Bremen und Verden brachte Britannien um die Chance, zwischen 1715 und 1719 im Norden den starken Vermittler zu spielen. Andererseits konnte Georg in den Jahren 1725–1727 Townshend im Zaum halten, der damals weitaus aggressivere Neigungen hatte als sein König: Selbst wenn Townshend in dieser Zeit keinen Krieg plante, waren seine Vorkehrungen für den Eventualfall auf diplomatischem Gebiet so offenkundig, daß Europa jeden Moment mit dem Ausbruch eines Krieges zwischen den Großmächten rechnete. Der König mußte sein ganzes Können einsetzen, um das britische Staatsschiff – mit französischer Hilfe – zum Kongreß von Soissons zu steuern.

Die Debatte darüber, ob britische Interessen unter Georgs ehrgeizigen Bestrebungen für Hannover litten, sollte nun langsam verstummen. Gewiß spielte Georg die britische Flotte als Trumpf für seine Ziele als Kurfürst aus, aber er erreichte es meistens, diese Absichten vor der Mehrheit seiner britischen Minister und Untertanen zu verbergen oder ihnen zumindest keinen Beweis dafür in die Hände zu spielen. Der Schutz des Ostseehandels diente auch britischen Interessen, und bei den Friedensschlüssen im Norden wurden Handelsvorteile für Britannien erreicht. Die Interessen des Kurfürstentums und die Interessen des Königreichs überschnitten sich größtenteils. Verallgemeinernd kann man sagen, daß zwischen 1715 und 1718 vorwiegend hannoveranische Interessen Georgs Nordpolitik bestimmten und daß von Ende 1718 bis zu Georgs Tod auch hier – wie schon immer in der Südpolitik – britische und europäische Interessen den Ton angaben. Georgs Inanspruchnahme durch den Nordischen Krieg ließ ihn für eine starke britische Flotte plädieren; und auch hier verschmolzen kurfürstliche und königliche Politik miteinander: Die Flotte vergrößerte sich während Georgs Regierungszeit.

Wie wir gesehen haben, wurde Georgs Blickrichtung in zunehmendem Maße britisch. Die Auflösung der Personalunion zwischen Hannover und Großbritannien sollte so erfolgen, daß seine Hauptlinie weiterhin die Könige und (wenn es das Schicksal so wollte) Königinnen von Britannien stellte: Hannover würde nach dem europäischen Modell, das im Erbstreit zwischen Spanien und Österreich für die italienischen Staaten ausgearbeitet worden war, Sekundogenitur werden. Daß die Lösung, die Georg vorschwebte, dann nicht zustande kam, macht sein Testament von 1716 mit dem Kodizill von 1720 nicht weniger interessant. Es ist im Gegenteil ein äußerst überzeugendes Beispiel für seinen Wirklichkeitssinn und seinen Rationalismus. Auch in weniger wichtigen Dingen zeigt sich Georgs wachsendes Interesse an seinem Königreich. Wir haben bereits festgestellt, daß sich seine Englischkenntnisse im Lauf der Zeit verbesserten; und es ist zum Beispiel auch bemerkenswert, daß er, als er die Erziehung seiner Enkelinnen übernahm, die Gräfin von Portland als Gouvernante auswählte, eine hochintelligente und hochgebildete Engländerin. Sie war die Nichte von William Temple und hatte nach dem Tod ihres Mannes eine große Familie aufgezogen – sowohl ihre eigenen Kinder als auch die Kinder ihres Mannes aus erster Ehe.

Der zweite bedeutende Dienst, den Georg Großbritannien erwies, war sein Beitrag zur politischen Stabilität des Königreichs. Dank seiner militärischen Erfahrung und seiner Unerschütterlichkeit wurde die Wucht der jakobitischen Invasionen und Komplotte abgeschwächt. Und seine Milde (die ausgeprägter war als die seiner Minister) besänftigte die Tories nach dem Fehlschlag von 1715 in ihrem Groll. Es gelang ihm nicht, eine »gemischte« Regierung zu bilden – in dem Sinne, daß Whig- und Tory-Minister mit ihm in einer »Königspartei« zusammenarbeiteten. Aber er fand sich mit den Realitäten ab und versuchte, ein gewisses Gleichgewicht zwischen seinen Whig-Ministern herzustellen, damit er im inneren Kabinett, bei dessen Sitzungen er während seiner Regierungszeit selbst den Vorsitz führte, Einfluß auf Entscheidungen nehmen konnte. Nach dem Abgang Carterets als Staatssekretär im Jahre 1724 kann man Georg eher für einen »Gefangenen« der verbleibenden maßgeblichen Minister Townshend und Walpole halten als zu Stanhopes und Sunderlands Zeiten; doch das Quellenmaterial, das uns vorliegt, deutet darauf hin, daß Georg in der Außenpolitik Townshend kontrollierte und in der Innenpolitik reibungslos mit Robert Walpole zusammenarbeitete. Wenn Georg je ein Gefangener seiner Minister war, dann während der Krise im Zusammenhang mit der *Peerage bill*.

Das Arbeitszimmer war der Ort, an dem Georg mit seinen Ministern zusammentraf und zusammenarbeitete, und somit auch notwendig und wichtig. Es wäre jedoch meiner Meinung nach verfehlt, Georgs I. Herrschaft einfach als »Kabinettsregierung« (closet government) zu bezeichnen. Die Regierung des Königs bestand aus dem König und aus dem gesamten inneren Ministerrat, und die Präsenz der zu diesem Rat gehörenden Minister in beiden Kammern des Parlaments sowie die Notwendigkeit, daß sie Anträge im Unterhaus und im Oberhaus durchbringen mußten, trug zu einer leichteren Verwirklichung der »gemischten« Verfassungsprinzipien Englands bei – leichter, als dies in den Jahren zwischen 1640 und 1714 der Fall gewesen war.

Georgs Ruf – im Sinn der *gloire* – war zu seinen Lebzeiten bedeutend. Seine Macht galt in Britannien wie in Europa viel. Es lag in der Natur der Dinge, daß seine Aussöhnung Britanniens mit Europa und sein System der Kongresse zur Lösung europäischer Probleme Veränderungen unterworfen waren; besonders als Britannien mit Hilfe seiner Flotte, die zu

Georgs Regierungszeit verstärkt worden war, sich auf die Ausweitung des Überseehandels zu konzentrieren begann. Im Lauf der Zeit hörte die Zusammenarbeit mit Frankreich auf; Britannien wurde in den Österreichischen Erbfolgekrieg von 1740, in den Siebenjährigen Krieg von 1756 und in den Amerikanischen Unabhängigkeitskrieg verwickelt: In dieser Phase betrachtete man Britannien als »maßlosen« Staat, der seine Seemacht dazu mißbrauchte, anderen Nationen Vorschriften zu machen. Georg konnte auch nicht voraussehen, daß Hannover während der genannten Kriege so wichtig werden würde: für Britannien als Zentrum des geheimen Nachrichtendienstes und für Europa als Brennpunkt britischer Ideen.

Georgs Beitrag zur britischen und zur europäischen Geschichte geriet im weiteren Verlauf des 18. Jahrhunderts in Vergessenheit. Und so konnte das stereotype Bild entstehen, das die vorliegende Arbeit zu modifizieren versucht hat, indem auf zeitgenössisches Material über Georg zurückgegriffen wurde, das über das Pro oder Contra der Memoirenliteratur und der Propagandaschriften hinausgeht. Die meisten Statuen von Georg sind verschwunden. Von den drei bestdokumentierten Reiterstandbildern wurde dasjenige, das nach dem Verkauf von Canons auf dem Leicester Square aufgestellt wurde, vorübergehend entfernt, um Raum für eine Ausstellung zu schaffen. Es geriet dann jahrelang in Vergessenheit, und als man sich wieder seiner erinnerte, entdeckte man, daß es zu beschädigt war, um wieder aufgestellt zu werden. Das in Dublin errichtete Reiterstandbild wurde (man weiß nicht, wann) entfernt und in unserem Jahrhundert auf einem Schrottplatz wiedergefunden[*].

Das zweite noch existierende Reiterstandbild befindet sich auf dem Gelände der Stowe-Schule. Es ist das einzige, das einen passenden, gewissermaßen georgianischen Rahmen hat: Es wird von schönen Gebäuden und von Bäumen umgeben und hat genügend Platz, um zur Geltung zu kommen. Wer Georgs Gesicht genauer betrachten will, kann sich die römisch gewandete Statue von ihm ansehen, die 1954 wiedergefunden wurde und am Eingang zum Museum des Public Record Office steht. Diese beiden, die Statue und das Reiterstandbild, sowie einige der Gemälde nach dem Leben vermitteln uns eine Vorstellung vom offiziellen und privaten Kurfürsten und König.

Dieses Buch ist keine Apologie für Georg I., sondern eine klärende Darstellung – unter Zuhilfenahme allen vorliegenden Materials – eines schwer faßbaren Königs; schwer faßbar insofern, als ein großer Teil des Materials nur schwer zugänglich war. Zusammenfassend stellt sich heraus, daß Georg der wohl sympathischste der hannoveranischen Könige

---

[*] Es steht jetzt vor dem Barber Institute of Fine Arts in Birmingham, nicht zu hoch – man kann Georgs wohlgeformte Hände genau betrachten. Leider hat es bei den Studentendemonstrationen der späten 60er Jahre Schaden genommen.

in Britannien war, zumindest aber der kompetenteste und politisch einfallsreichste.

Von den Charakterisierungen in der einschlägigen Literatur kann die Darstellung eines niederländischen Diplomaten, der beträchtliche Zeit an Georgs kurfürstlichem Hof gelebt hatte, vom Historiker im wesentlichen bestätigt werden: »Es ist ihm sehr an seinem Ruf gelegen, aber er ist nicht im Übermaß ehrgeizig; er hat ein besonderes Talent zu den Staatsgeschäften, geht haushälterisch mit dem Seinen um; hat gesunden Menschenverstand und ein ebensolches Urteilsvermögen; er vergeudet seine Zeit nicht mit Nichtigkeiten; er hält gute Disziplin bei seinen Truppen und gute Ordnung in seinen Finanzen; er ist nicht aufbrausend, sondern von ruhigem Wesen; es ist ihm allezeit um die Gerechtigkeit zu tun, und obendrein ist er gutherzig.«

*Brief Georgs an seine Mutter
aus dem Lager bei Rheinböllen, 1689*

Im Lager bey Reinspellen den 1 July

Durchläuchtigste Fürstin
Hochgeehrte Frau Mutter

Es erfreuet mich sehr daß Eg. von meiner
sentiment anlangend der engelischen succession sind und gelaube ich daß sie sich jetzo
gar zu mehr daß in confirmiren werde

man ist hier noch nicht recht resolviret, ob
man entrepreniren will, weilen der
Hertzog von Lotheringen das nicht will
fortnehmen [crossed out], und sich nicht an kleinen
baissains atachiren, also sind fleißig deliberiret an solchen orten auf das auch
die sache am besten können fortgenommen
werden, ob sind soll auf Mantz oder
Monrojal gehen, welche örter aber vielleicht
mit folck und artillerie auch munision wohl
fersehen sind, ob es einmal nicht sach, das die hofnung

sehr incommodiret sey, welches wenigstens hierdurch gegen den Franzosen wird können mit grosser vigeur agiret
werden, weilen das Haupt trouppen jetzun-
der gegen ihnen können employiret werden.
Mons. Waegnerbart wird Eu. mündlich berichten
können, wie es hier zustehet und ich verbleibe
allezeit Eu.

Unterthänigster
Sohn und Diener
Georg Ludwig.

Ich bitte Eu. wollen nicht vergessen
das so schmutzig schreibe ich habe die zeit nicht
das es copiere.

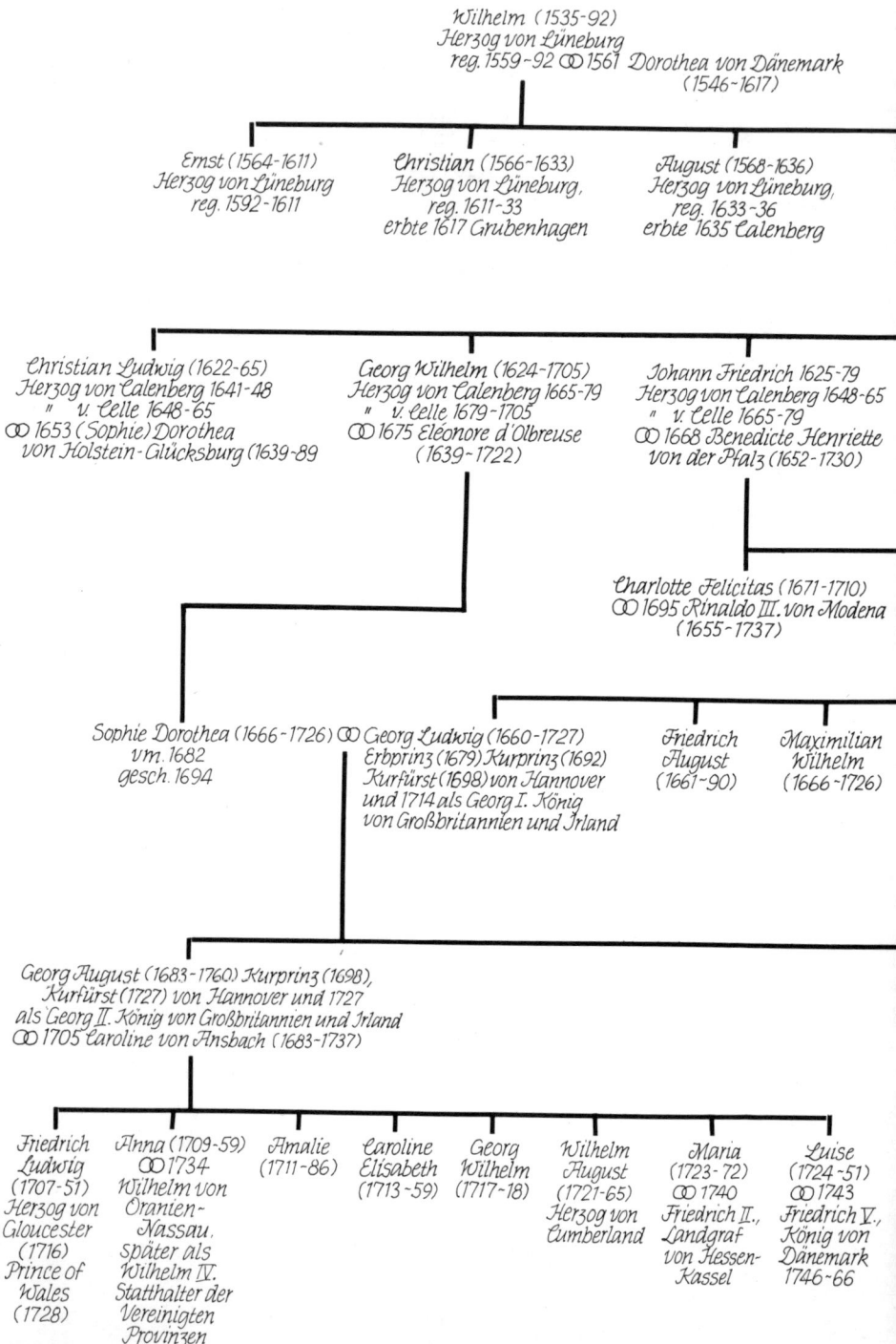

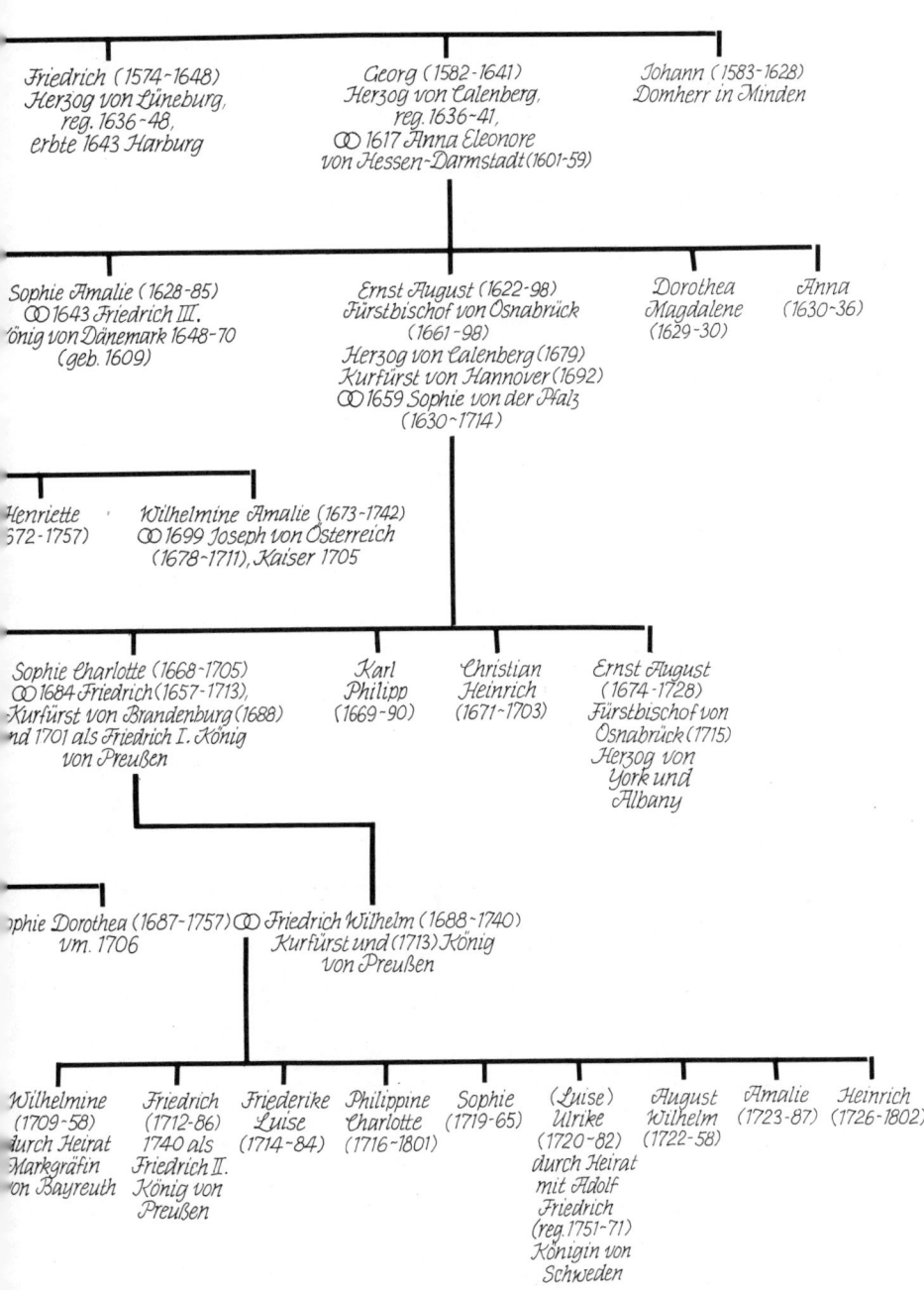

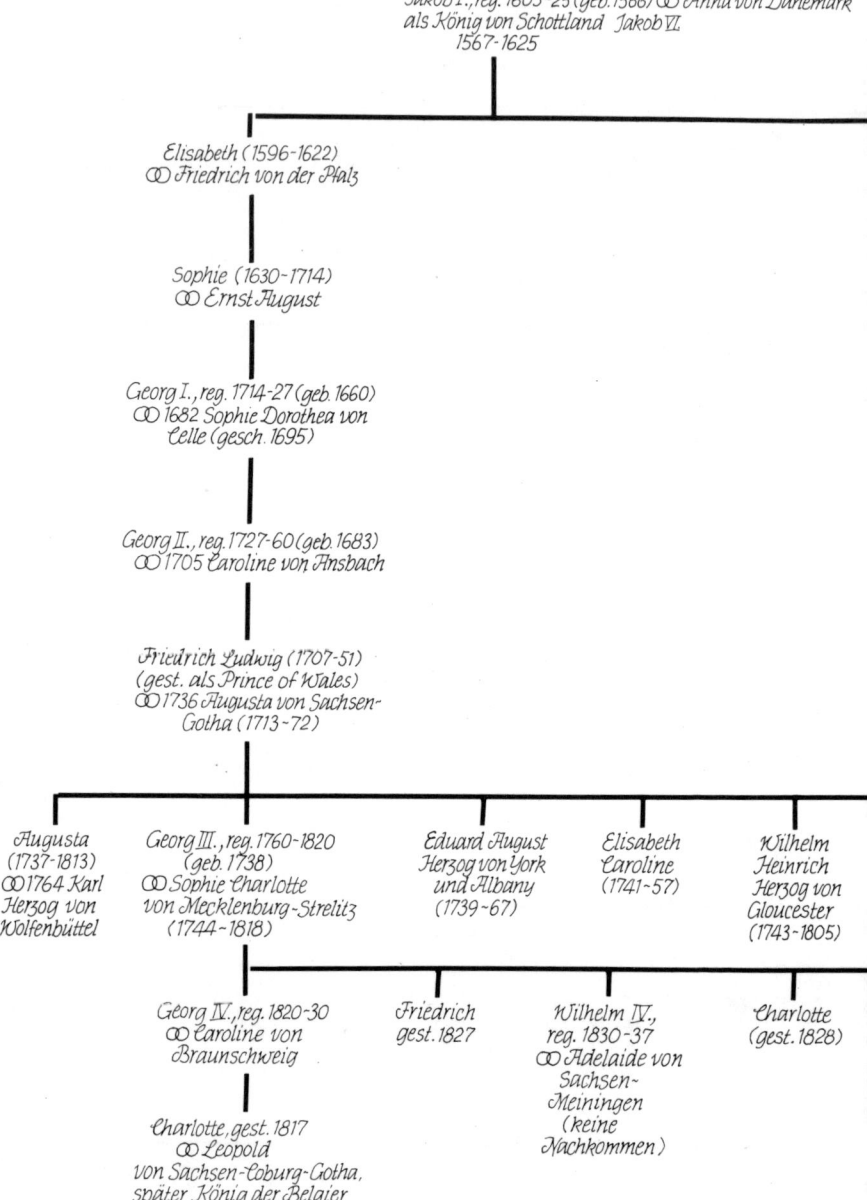

Die protestantische Thronfolge

Jakob I., reg. 1603-25 (geb. 1566) ⚭ Anna von Dänemark
als König von Schottland Jakob VI.
1567-1625

Elisabeth (1596-1622)
⚭ Friedrich von der Pfalz

Sophie (1630-1714)
⚭ Ernst August

Georg I., reg. 1714-27 (geb. 1660)
⚭ 1682 Sophie Dorothea von
Celle (gesch. 1695)

Georg II., reg. 1727-60 (geb. 1683)
⚭ 1705 Caroline von Ansbach

Friedrich Ludwig (1707-51)
(gest. als Prince of Wales)
⚭ 1736 Augusta von Sachsen-
Gotha (1713-72)

Augusta (1737-1813) ⚭ 1764 Karl Herzog von Wolfenbüttel

Georg III., reg. 1760-1820 (geb. 1738) ⚭ Sophie Charlotte von Mecklenburg-Strelitz (1744-1818)

Eduard August Herzog von York und Albany (1739-67)

Elisabeth Caroline (1741-57)

Wilhelm Heinrich Herzog von Gloucester (1743-1805)

Georg IV., reg. 1820-30 ⚭ Caroline von Braunschweig

Friedrich gest. 1827

Wilhelm IV., reg. 1830-37 ⚭ Adelaide von Sachsen-Meiningen (keine Nachkommen)

Charlotte (gest. 1828)

Charlotte, gest. 1817
⚭ Leopold
von Sachsen-Coburg-Gotha,
später König der Belgier

...und das Haus Hannover

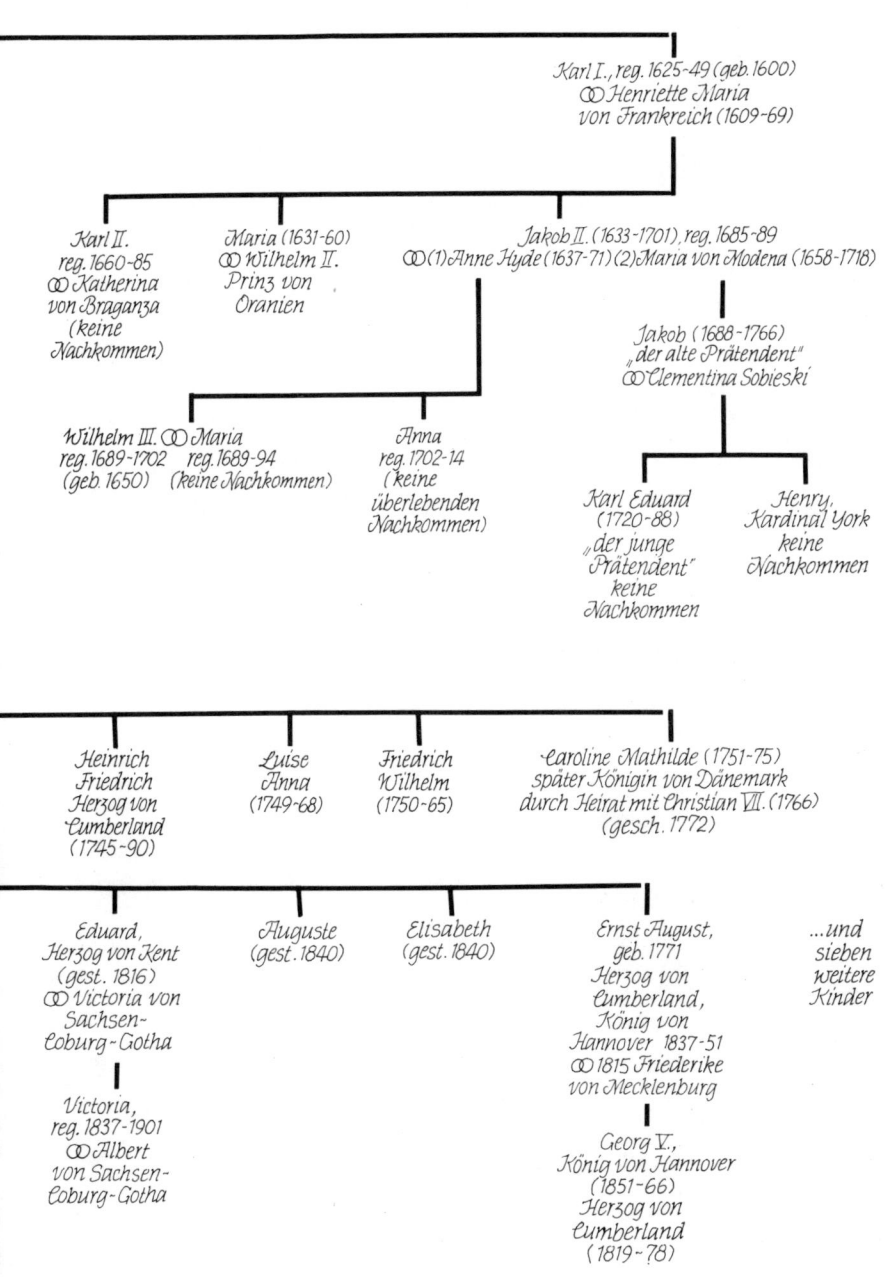

Personenregister

Abingdon, Montague Bertie (gest. 1743), Zweiter Earl of, Lordrichter 129

Addison, Joseph (1672–1719), Whig, Dichter und Essayist, PA, Staatssekretär für den Süden 222 230

Adolf Johann (1629–89), Regent von Zweibrücken 17

Aislabie, John (1670–1742), PA, Schatzkanzler 51 231 276 276 ff 283

Alaia, Mauro, d', Violinist 295

Albemarle, Arnold Jost von Keppel (1669–1718), Erster Earl of 164

Alberoni, Giulio (1664–1752), italienischer Diplomat und Staatsmann in spanischen Diensten, Kardinal 249 ff 255 ff 261 263

Alexej (1690–1718), Zarewitsch, ⚭ Charlotte Christine (1694–1725), Tochter von Ludwig Rudolf von Braunschweig-Wolfenbüttel 211

Amalie Elisabeth (1663–1709), »Ameliese«, Raugräfin 23 25

Amalie Sophia Eleonore (1711–86), Enkelin Georgs I. 138 146 f 228 f 235 323 329

Anglesey, Arthur Annesley (gest. 1737), Fünfter Earl of, Tory, Mitglied des Regentschaftsrats 129

Anna, Königin von England, Irland und Schottland 1702–14 (geb. 1665), ⚭ Georg, Prinz von Dänemark (1653–1708) 38 f 63 73 78 ff 94 99 111 ff 124 f 127 ff 133 ff 139 ff 154 f 157 160 168 179 188 190 196 f 218 234 269 294 f 301 306

Anna (1709–59), Enkelin Georgs I. ⚭ Wilhelm IV. von Oranien-Nassau 138 146 f 175 228 f 235 f 297 f 207 323 329

Anna Henriette (1648–1709), Tochter von Eduard von der Pfalz und Anna Gonzaga 77

Anna Iwanowna (1693–1740), Nichte Peters des Großen, ⚭ Friedrich Wilhelm, Herzog von Kurland 207

Anna Petrowna (1708–28), Tochter Peters des Großen, ⚭ Karl Friedrich von Holstein-Gottorp 298

Anton Ulrich, Herzog von Braunschweig-Wolfenbüttel (1633–1714) 31 43 f 59 ff 68 ff 84 93 ff 183

Arbuthnot, Dr. John (1667–1735), Leibarzt von Königin Anna, Schriftsteller 286

Argyll (Argyle), John Campbell (1678–1743), Zweiter Herzog von, Herzog von Greenwich, Offizier, Hofmann, königlicher Oberhofmeister; Bruder s. Islay 116 129 134 151 154 193 f 217 f 230 269 272 305

Ariosti, Attilio (1660– ca. 1740), italienischer Komponist 295

Atterbury, Francis (1662–1733), Bischof von Rochester 284 f

August II. (Friedrich August) (1670–1733), Kurfürst von Sachsen und König von Polen 53 58 62 91 f 202 207 238 244 264 ff 304

August Wilhelm, Herzog von Braunschweig-Wolfenbüttel, zweiter Sohn Anton Ulrichs, reg. 1714–31 (geb. 1662) 183

Baldassari, Benedetto, Tenor 294

Bar, (Nikolaus Johann) Christian, Graf (1654–1721), in Sophie Dorotheas Diensten 64

Benedikta Henriette (1652–1730), Tochter von Eduard von der Pfalz und Anna Gonzaga, ⚭ Johann Friedrich von Braunschweig-Lüneburg 77

Benson, William (1682–1754), Ingenieur, Leiter des königlichen Schloßbauamts 291

Berens (auch Behrens)-Cohen, Elieser Lefmann (1634–1714), Finanzier und Bankier 99

Bereselli, Matteo, Tenor 294

Beretti Landi, Lorenzo, Marchese di Casteletto-Stazzoso, Cónte di Cereto, spanischer Diplomat 259

Berkeley, James (1680–1736), Dritter Earl of, Erster Lord der Admiralität 235

Bernstorff, Andreas Gottlieb von (1649–1726), Reichsfreiherr, Kanzler in Celle, Minister in Kurhannover, ⚭ Jeanette Lucie Sinold von Schütz 72 f 85 89 f 100 ff 131 f 159 ff 168 f 172.177 ff 180 200 f 207 209 215 218 220 f 224 f 228 238 f 242 ff 246 249 254 262 ff 267 f 270 f 280 f 283 296 300 307 316

Bernstorff, Sophie Charlotte von, ⚭ Joachim Freiherr Engelche von Bernstorff 168

Berwick, James Fitzjames (1670–1734), Herzog von, Halbbruder Jakob Eduard Stuart, Neffe Marlboroughs, Offizier in französischen Diensten 190

Beyrie, Guillaume, Hugenotte, Agent und Resident für Celle und Hannover 46 f 76

Bolingbroke, Henry St. John (1678–1751), Erster Viscount, Minister unter Königin Anna 112 ff 118 128 130 ff 134 ff 166 169 189 ff 224 286 f 308

Bolton, Charles Powlet, Zweiter Herzog von, Großkämmerer, Vizekönig von Irland 116 129 152 222

Bordoni, Faustina (1693–1781), italienische Mezzosopranistin 294

Boscawen, Hugh (ca. 1680–1734), Erster Viscount Falmouth, PA, Haushofmeister, Neffe Godolphins 155, 223

Bothmer, Hans (Johann) Kaspar von (1656–1732), Reichsgraf, hannoveranischer Höfling und Diplomat 48 102 114 116 128 131 142 160 ff 172 178 200 215 224 229 231 242 246 254 267 f 270 280 f 300 307 315

Bourbon, Ludwig IV., Herzog von (1692–1740), Prince de Condé 303 305 f
Brandenburg-Bayreuth, Christian Ernst, Markgraf von (1644–1712), Reichsfeldmarschall 108
Brett, Anne Maria, angebliche Geliebte Georgs I. 146
Bridgewater, Scroop Egerton, Vierter Earl of, Herzog, Kammerherr 152
Bridgman, Charles, Hofgärtner 292
Bromley, William (1664–1732), PA, Sprecher des Unterhauses, Staatssekretär 136 f
Brunner, Johann Konrad (1653–1727), Professor der Medizin in Heidelberg 336
Brydges, James, Achter Lord von Chandos, Erster Earl von Carnarvon, Vater von Nachfolgendem 160
Brydges, James (1673–1744), Zweiter Earl of Carnarvon, Erster Herzog von Chandos, Lord Lieutenant von Herefordshire und Radnorshire 155 159 ff 165 f 168 f 293
Buccolini (Bucco), Louis (Lucas von Buccow), Oberstallmeister in Celle, Sohn Georg Wilhelms mit Zenobia Buccolini 57
Buckingham, John Sheffield (1648–1721), Erster Herzog von, Präsident des Geheimen Staatsrats 116 131
Buononcini (Bononcini), Giovanni Battista (1672–1750), italienischer Komponist 295
Burlington, Richard Boyle (1695–1753), Dritter Earl of, Mäzen und Politiker 289 293 295
Burnet, Thomas (1694–1753), Pamphletist und Schriftsteller, Sohn von Gilbert Burnet (1643–1715), Bischof von Salisbury 161
Bussche, Albrecht Philipp von dem (1639–98), Erzieher von Ernst Augusts jüngeren Söhnen, Minister 45, 86
Bussche, Johann von dem (1642–93), Präzeptor Georgs 33
Byng, George (1663–1733), Baronet, Viscount Torrington, Konteradmiral, Großadmiral, PA 193 255 ff 262 275

Cadogan, Sir William (1675–1726), Baron, Erster Earl of, Offizier, PA, Garderobenintendant, Mitglied des Geheimen Staatsrats, ⚭ Margaretta Cecilia Munter 134 151 154 194 f 199 209 214 217 229 297 305 f 316
Caesar, Charles (1673–1741), PA, Tory 285
Cambridge, Adolph (1774–1850), Herzog von, siebter Sohn Georgs III. 62
Campbell, Colin (gest. 1729), Architekt 291
Canterbury, Erzbischof von s. Tenison, Thomas; Wake, William
Carlisle, Charles Howard (1674–1738), Dritter Earl of, einer der Regenten nach Königin Annas Tod 129
Carlos, Don (1716–88), Sohn Philipps V. von Spanien aus zweiter Ehe mit Elisabeth Farnese, Herzog von Parma, König von Neapel und Sizilien, König von Spanien (Karl III.) 246 252 f 257 f 299 f 302 309
Carnarvon s. Brydges
Carnwath, Robert Dalzell (1684–1737), Sechster Earl of, Jakobit 193 195
Caroline, Raugräfin (1659–96), Tochter Karl Ludwigs von der Pfalz mit Luise von Degenfeld, ⚭ Meinhard von Schomberg 23 25 77
Caroline (Elisabeth) (1713–59), Enkelin Georgs I. 138 146 228 235 f 323 329
Caroline (Wilhelmine Caroline) von Ansbach-Bayreuth (1683–1737), ⚭ Georg August, Kurprinzessin von Hannover, Princess of Wales, Königin von Großbritannien 51 65 97 105 114 138 f 142 ff 145 ff 157 171 182 215 218 f 224 ff 235 ff 270 278 289 ff 324
Carpenter, George (1657–1732), Baron, PA, Offizier, Oberbefehlshaber in Schottland 194
Carteret, John (1690–1763), Baron, Earl Granville, Staatssekretär, Vizekönig von Irland 140 152 163 170 f 175 254 262 ff 285 288 305 ff 329
Cartucci, Violinisten 295
Chandos, Herzog von, s. Brydges
Charbonnier, Ernst August, Landschaftsgärtner in Celle und Hannover 47
Charbonnier, Martin (gest. 1720), Vater des obigen, Landschaftsgärtner, Gartenmeister in Herrenhausen 47
Charlotte (1627–86), Tochter des Landgrafen Wilhelm von Hessen-Kassel, ⚭ Karl Ludwig, Kurfürst von der Pfalz 16, 23
Charlotte Felicitas (1671–1710), Tochter von Johann Friedrich von Braunschweig-Lüneburg, ⚭ Rinaldo (Rainaldo) III., Herzog von Modena 18
Châteauneuf, Pierre Antoine de Castagnéry (1647–1728), Marquis de, französischer Diplomat 209
Chesterfield, Philip Dormer Stanhope (1694–1773), Vierter Earl of, ⚭ (Petronella) Melusine von der Schulenburg 148 f 167
Christian V., König von Dänemark-Norwegen 1670–99 (geb. 1646) 83 f 91 f
Christian Albrecht, Herzog von Holstein-Gottorp 1659–94 (geb. 1641) 85 f
Christian Heinrich von Braunschweig-Lüneburg (1671–1703), Georgs Bruder, fünfter Sohn von Ernst August und Sophie 23 25 ff 45 74 f 78
Christian Ludwig von Braunschweig-Lüneburg (1622–65), reg. Hannover 1641–48, Celle 1648–65 18 f 29
Churchill, Charles, Oberst 325
Clayton, Charlotte, Lady Sundon, Hofdame von Caroline, Princess of Wales, ⚭ William Clayton (1671–1752), Baron Sundon, PA, Zahlmeister von Georgs Privatpensionen, Schatzlord 229
Cowper, Lady Mary (1685–1723), Gräfin, ⚭ William Cowper 132 140 145 188 229 237 271 281
Cowper, William (gest. 1723), Baron, Erster Earl, Mitglied des Regentschaftsrats, Lordkanzler 129 131 f 136 139 f 228 f 271
Craggs, James (1657–1721), der Ältere, Generalpostmeister 277 283
Craggs, James (1686–1721), der Jüngere, Sekretär von James Stanhope, PA, Geldverwalter des Prince of Wales, Kriegssekretär, Staatssekretär für den Süden 161 ff 234 254 258 264 282 306

Craven, William (1608–97), Baron, Earl, Offizier, Mäzen des pfälzischen Hofs im Exil 15
Cresset, James, Repräsentant Wilhelms III. in Hannover und Celle, ⚭ Louise Marie de la Motte 71 ff
Cuzzoni, Francesca, Sopranistin 294

Darlington, Gräfin von, s. Sophie Charlotte von Kielmannsegg
Dartmouth, William Legge (1672–1750), Erster Earl of, Lordsiegelbewahrer 116 131
Degenfeld, Luise von (1634–77), morganatische Gattin von Karl Ludwig, Kurfürst von der Pfalz, Raugräfin 17 21 ff 54
Delitz, Gräfin von, s. Schulenburg, (Anna) Luise von der
Delvaux, Laurent (1697–1778), flämischer Bildhauer 185
Derwentwater, James Radcliffe (1689–1732), Dritter Earl of, Jakobit 193 195
Devonshire, William Cavendish (1672–1730), Zweiter Herzog von, Oberhofmeister, Präsident des Geheimen Staatsrats 129 154 222 230 237
Dorset, Lionel Cransfield Sackville (1688–1765), Zehnter Earl of, Erster Herzog von, Kammerherr, Oberhofmeister 154
Drummond, John (1676–1742), Kaufherr und Bankier 119
Dubois, Guillaume (1656–1723), französischer Diplomat und Staatsmann, Erzbischof von Cambrai, Kardinal 150 172 199 209 ff 213 221 237 ff 242 245 f 248 251 f 256 284 303 305 309 327
Dubourg, Matthew (1703–67), Violinist 294
Durastanti, Margherita, Sopranistin 294
Duyvenvoorde, Arent Baron van Wassenaer, Sieur de, niederländischer Regent, Schwiegersohn von Portland 132 198

Eduard (1625–63), Sohn von Friedrich V., Kurfürst von der Pfalz, ⚭ Anna Gonzaga, Prinzessin von Mantua-Nevers 15 19 77
Eléonore Desmiers d'Olbreuse (1639–1722), »Mme. de Harbourg«, ⚭ Georg Wilhelm von Celle, Reichsgräfin 29 ff 35 41 50 53 57 ff 62 ff 69 71 ff 103 325 f
Elisabeth (1596–1662), Tochter Jakobs I. von England, ⚭ Friedrich V., Kurfürst von der Pfalz, »Winterkönigin«, Großmutter Georgs 12 ff 22 f
Elisabeth (1618–80), Tochter Friedrichs V. von der Pfalz, Georgs Tante, Koadjutorin, Fürstäbtissin von Herford 14 ff 27
Elisabeth Charlotte, »Liselotte« von der Pfalz (1652–1722), Tochter von Karl Ludwig, Kurfürst von der Pfalz, ⚭ Philipp I., Herzog von Orléans, Bruder Ludwigs XIV. 16 21 ff 35 f 74 77 145 150 173 196 215
Elisabeth Christine von Braunschweig-Wolfenbüttel (1691–1750), Enkelin von Anton Ulrich, ⚭ Erzherzog Karl von Österreich, dem späteren Karl VI. 65 135
Elisabeth Farnese (Elisabetta del Parma) (1692–1766), ⚭ Philipp V. von Spanien 246 249 f 258
Eltz, Philipp Adam (1665–1728), Freiherr von, hannoveranischer Höfling, Hofmeister Georg Augusts, Diplomat, Minister 61 73 75
Emilie (auch Amelia) von Hessen-Kassel (1626–93), ⚭ Henri Charles de la Tremoille, Prinz von Tarent 29
Empthusen, Pieter van, niederländischer Bildhauer 47
Ernst August von Braunschweig-Lüneburg (1629–98), Fürstbischof von Osnabrück, Herzog von Hannover, Kurfürst von Hannover, ⚭ Sophie von der Pfalz (s. d.), Georgs Vater 11 f 17 ff 54 59 ff 67 f 70 82 ff 98 ff 103 f 111 139 146 159 185 236 318 f
Ernst August (1674–1728), sechster Sohn von Ernst August und Sophie, Fürstbischof von Osnabrück, Herzog von York und Albany, Earl of Ulster 23 26 f 51 ff 75 95 105 138 148 168 173 218 227 293 311 314 f
Espinay, Marquis d' 15
Eugen, Prinz von Savoyen-Carignan (1663–1736), österreichischer Feldmarschall 106 ff 135 189 255 282
Evelyn, Sir John, Generalpostmeister, Zollkommissar 116 136 161 277 283 291

Fabrice, Friedrich Ernst von (1683–1750), hannoveranischer Diplomat und Höfling, Kammerherr, später Oberkammerherr Georgs I. 102 105 141 143 150 163 174 f 239 241 ff 260 290 295 311 ff
Fabrice, Johann Ludwig von (1666–1718), älterer Bruder des obigen, in Diensten Celles und Hannovers, Legationsrat, Landdrost 315
Fabrice (Fabricius), Weipart Ludwig von (1640–1724), in Diensten Celles und Hannovers, Direktor der Justizkanzlei, Präsident des Oberappellationsgerichts, Vater v. Friedrich Ernst von F. 100 105 132 241 f
Ferdinand II. von Habsburg, Herrscher Österreichs und Kaiser von 1619–37 12 f
Festing, Violinist und Flötist 295
Figuelotte, Spitzname von Georgs Schwester Sophie Charlotte (s. d)
Finch, Heneage (ca. 1683–1787), PA 222
Flemming, Jakob Heinrich Graf von (1667–1728), sächsischer Minister 238 f 244
Fleury, André-Hercule de, Abbé, Kardinal, französischer Premierminister 305 309
Forster, Thomas (ca. 1675–1738), PA, Jakobit 193 195
Fosse, Rémy de la (1666–1726), Hugenotte, hannoveranischer Hof- und Premier-Architekt 103
Friedrich IV., König von Dänemark-Norwegen 1699–1730 91 f 202 ff 262 267 299
Friedrich IV., Herzog von Holstein-Gottorp 1694–1702 (geb. 1671), Schwager von Karl XII. von Schweden 85 f 91
Friedrich V. (1596–1632), Kurfürst von der Pfalz, »Winterkönig«, Großvater Georgs 12 f 15 23
Friedrich I., König von Preußen, als Friedrich III. Kurfürst von Brandenburg, (1657–1713), ⚭ Georgs Schwester Sophie Charlotte 21 42 46 59 98 101
Friedrich II., der Große (1712–86), Georgs Enkel, König von Preußen 55 150 171 175 294 301
Friedrich August I., Kurfürst von Sachsen, s. August II.
Friedrich I. (1676–1751), König von Schweden 1720–51, ursprünglich Erbprinz von Hessen-Kassel, ⚭ Ulrike

Eleonore (s. d.), Königin von Schweden 1718–20 173 245 262 299
Friedrich August (oft auch August Friedrich) von Braunschweig-Wolfenbüttel (1657–76), ältester Sohn von Anton Ulrich 31 34
Friedrich August, »Gustchen« (1661–90), Bruder Georgs, zweiter Sohn von Ernst August und Sophie 23 ff 41 ff 66 236
Friedrich August (1696–1763), Kurprinz von Sachsen, später Kurfürst von Sachsen und König von Polen (August III.) 244
Friedrich Heinrich (1584–1647), Prinz von Oranien 15
Friedrich Ludwig (1707–51), Georgs Enkel, Herzog von Gloucester, Herzog von Edinburgh, Marquess of Ely, Earl of Eltham, Viscount Launceston und Baron Snowdon, Prince of Wales 97 138 146 169 ff 173 175 178 f 179 f 182 f 233 289 292 301 312 315 f 318 f 323
Friedrich Wilhelm I., König von Preußen 1713-40 (geb. 1688), Neffe und Schwiegersohn Georgs 21 44 69 77 172 f 175 202 205 240 264 ff 268 304 308 312 ff 314 319
Friso, Jan Wilhelm (1687–1711), Prinz von Oranien, Neffe Wilhelms III., Statthalter von Friesland, ⚭ Maria Luise von Hessen-Kassel 296

Gay, John (1688–1732), Dichter, Verfasser von *The Beggar's Opera* 286 f 295
Geminiani, Francesco (1687–1762), italienischer Geigenvirtuose und Komponist 294 f
Georg, Herzog von Braunschweig-Lüneburg 1636–41 (geb. 1582), Vater von Ernst August, Großvater von Georg 17 29 43 f 47
Georg, Prinz von Dänemark (1653–1708) ⚭ Anna, Königin von England 76
Georg II., König von Großbritannien 1727–60 s. Georg August
Georg III. (Georg Wilhelm Friedrich), König von Großbritannien 1760–1820 (geb. 1738), Kurfürst und König von Hannover 180 318 f
Georg IV. (Georg August Friedrich), König von Großbritannien und Hannover 1820–30 (geb. 1762) 318 f
Georg August (1683–1760), Sohn Georgs I., Kurprinz, Herzog von Cambridge, Prince of Wales, als König von Großbritannien Georg II. 43 45 49 56 61 ff 65 73 75 79 f 97 105 114 f 138 ff 142 144 146 151 ff 156 f 161 167 171 173 175 179 182 ff 193 196 212 216 ff 233 235 ff 242 268 ff 278 289 292 ff 303 312 315 f 317 ff 328
Georg Wilhelm (1717–18), Georgs Enkel 182 227 ff 235 f
Georg Wilhelm von Braunschweig-Lüneburg (1624–1705), Herzog von Calenberg-Göttingen (Hannover) 1665–79, Herzog von Celle 1679–1705, ⚭ Eléonore Desmiers d'Olbreuse (s. d.), Georgs Onkel und Schwiegervater 17 ff 22 ff 27 29 ff 33 ff 40 ff 45 f 57 ff 62 f 66 71 ff 82 ff 88 ff 101 ff 106 159 273
Gibbs, James (1682–1754), Architekt 326
Giusti, Tommaso (1644–1729), Theaterarchitekt, Maler 103
Gloucester, William (1689–1700), Herzog von, Sohn von Prinzessin (später Königin) Anna 73 76 ff

Godolphin, Francis (1678–1766), Zweiter Earl of, Sohn von Sidney, Schwiegersohn von Marlborough, Geldverwalter des königlichen Haushalts, Kammerherr Georgs, Oberkammerherr 151
Godolphin, Sidney (1645–1712), Erster Earl of, Staatsmann zur Regierungszeit von Königin Anna 111 f 151
Görtz, Friedrich Wilhelm von Schlitz, genannt von (1647–1728), Reichsfreiherr, Reichsgraf, in hannoveranischen Diensten, Minister, Oberhofmarschall, Diplomat und Finanzexperte, Kammerpräsident, ⚭ Anna Dorothea von Haxthausen 72 f 86 f 102 132 141 159 162 ff 177 f 201 212 f 215 221 f 226 239 241 243 250 291 295 321
Görtz, Georg Heinrich von Schlitz, genannt von (1668–1719), Cousin des obigen, holsteinischer Minister, Finanzexperte und Unterhändler in Diensten Karls XII. von Schweden 219 240 ff 260 ff 326
Gonzaga, Anna (1616–84), Prinzessin von Mantua-Nevers, ⚭ Eduard von der Pfalz 15 77
Grafton, Charles Fitzroy (1683–1757), Zweiter Herzog von, Lordrichter von Irland, Vizekönig von Irland, Großkämmerer 152
Grote, Otto (1636–93), Reichsfreiherr zu Schauen, hannoveranischer Diplomat und Minister (Kammerpräsident) 37 43 45 f 71 86 f 102 159
Grote, Thomas (1674–1713), Reichsfreiherr, Sohn des obigen, hannoveranischer Minister 102
Guilford, Francis North (1685–1729), Zweiter Baron, regierungskonformer Tory 281
Gustav Adolf von der Pfalz (1632–41), Bruder Sophies 14
Gustav Adolf, König von Schweden 1611–32 (geb. 1594) 13
Gustchen, Spitzname von Georgs Bruder Friedrich August (s. d.)
Guy, Thomas (1645–1725), Drucker, Buchhändler und Philanthrop 277
Gwynne, Sir Rowland, ehemaliger PA, Whig 81
Gyllenborg, Karl (1679–1746), Graf, schwedischer Diplomat 219 240 ff 321

Händel, Georg Friedrich (1685–1759), Komponist, kurfürstlicher Kapellmeister Georgs 103 144 153 292 ff 317 327
Halifax, Charles Montagu (1661–1715), Erster Earl of, Erster Kommissar des Schatzamts 82 129 136 289
Hamilton, David, Leibarzt von Königin Anna 116
Hammerstein, Alexander von (1660–1720), hannoveranischer Offizier 150 216 270
Hammerstein, Georg Christoph von (1625–87), Kammerjunker von Ernst August, Geh. Rat (Celle) 19
Hanmer, Sir Thomas (1677–1746), PA, Sprecher des Unterhauses, Tory 136 f
Harcourt, Simon (1661–1727), Erster Viscount, Lordkanzler, Mitglied des Geheimen Staatsrats, einer der lords justices 116 131 136
Hardenberg, Christian Ulrich von (1663–1735), Legationsrat, Georgs kurfürstlicher Hofmarschall, Minister 150 174 178 312 ff 316

Hardy, Sir Thomas (1666–1732), Vizeadmiral, Kammerherr 152

Harley, Robert (1661–1724), englischer Staatsmann, s. Oxford

Harling, (Christian) Friedrich von (1632–1724), Oberhofmeister in Osnabrück, Oberstallmeister in Hannover 24

Harling, Katharine von (1624–1702), Gattin des obigen (geb. Offeln), mit Erziehungsaufgaben betraut, später Sophies Oberhofmeisterin 21 f 24 f 45

Hattorf, Johann von (1638–1715), Kabinett-Sekretär von Ernst August und Georg, Geh. Kammer- und Kriegssekretär, Wirkl. Geh. Kriegsrat 87 102

Hattorf, Johann Philipp von (1682–1737), Sohn und Helfer des obigen, kurfürstlicher Kabinett-Sekretär Georgs 102 314 ff

Hawksmoor, Nicholas (1661–1736), Architekt 326

Heidegger, Johann Jakob (ca. 1659–1749), Impresario 144, 293 f

Heinrich der Löwe (1129–95), Stammvater des Hauses Braunschweig-Lüneburg 19 46 82

Heinsius, Antonie (1647–1720), *Raadpensionaris* der Provinz Holland, höchster Beamter der Vereinigten Provinzen 90 92 132 f 135 197 249 295 f

Henrietta (1644–70), Prinzessin von England, Tochter Karls I. von England, ⚭ Philipp I., Herzog von Orléans 77

Henrietta (1626–51), Tochter von Kurfürst Friedrich V. von der Pfalz und Schwester von Sophie, ⚭ Sigismund Rákóczi, Fürst von Transsylvanien (Siebenbürgen) 14 15

Hermitage ›de l‹, niederländischer Agent in London 296

Hervey, John (1696–1743), M. P. Memoirenschreiber 65 146 148 167 235

Hewett, Generalinspektor des königlichen Schloßbauamtes 291

Hoadley, Benjamin, 1676–1761, Bischof von Bangor 327

Hoffmann, Johann Philipp von (gest. 1724), kaiserlicher Diplomat 200

Hogarth, William (1697–1764), Maler, Kupferstecher, Satiriker 295

Holderness, Robert, Dritter Earl of (gest. 1722), Kammerherr 152

Holstein-Gottorp s. Christian Albrecht Friedrich IV. Karl Friedrich

Hoornbeek, Isaac van, *Raadpensionaris*, Nachfolger von Heinsius 296

Hopson, Kapitän 205

Howe, Emanuel Scrope (gest. 1709), englischer Offizier, Whig, Diplomat, ⚭ Ruperta, Tochter von Rupert, Prinz von der Pfalz und Margaret Hughes 79

Howe, Scrope, Zweiter Viscount (gest. 1735), Neffe des obigen, ⚭ Sophie Charlotte von Kielmannsegg 170

Hughes, Margaret, Schauspielerin, Geliebte von Prinz Rupert, irrtümlich für dessen Frau gehalten 39 77 79

Hugo, Ludolf (1630–1704), Vizekanzler in Hannover, Minister 86

Hyde, Anne (1637–71), erste Gattin von Jakob I. (damals Herzog von York), Mutter von Prinzessin Maria und Prinzessin Anna 35

Iberville, Charles François de la Bonde d' (1653–1723), französischer Diplomat 198 211

Ilten, Jobst Hermann von (1649–1730), hannoveranischer Beamter und Diplomat, Minister, Schwager von Otto Grote durch Vermählung mit Hedwig Lucie Grote 102 188

Ilten, Thomas Eberhard von (1685–1758), Sohn des obigen, Kriegsrat 102 174

Islay, Archibald Campbell (1682–1761), Earl of, Bruder von Argyll 218 269

Jacombe, Robert, Bankier 283

Jakob I. (geb. 1566), König von England und Irland 1603–25, als Jakob VI. König von Schottland 1567–1625, Georgs Urgroßvater 12

Jakob II. (1633–1701), König von England und Irland sowie als Jakob VII. von Schottland 1685–88 76 ff 118 125 127 138 170 196

Jakob Eduard Stuart (1688–1766), »Jakob III.«, »der (alte) Prätendent« 76 ff 91 111 ff 118 125 130 135 ff 171 f 189 ff 196 204 206 209 f 232 243 f 261 263 284 ff 298 300 324

Jefferyes, James (1679–1739), englischer Diplomat 261

Johann Friedrich, Herzog von Braunschweig-Lüneburg (geb. 1625), »Der dicke Herzog«, reg. Hannover 1648–65, Celle 1665–79, Bruder von Ernst August, ⚭ Benedikta Henriette von der Pfalz (s. d.) 18 f 24 29 f 32 35 ff 41 45 47 87 98 103 135

Jorry, Christian Ulrich, Hofzwerg 150 f 290

Joseph I. in Habsburg, Herrscher von Österreich, Kaiser 1705–11 (geb. 1678), ⚭ Wilhelmine Amalie von Braunschweig-Lüneburg (s. d.) 107 ff 298 f

Joseph, König von Portugal 303

Joseph Clemens, Bruder von Maximilian Emanuel von Bayern, Fürsterzbischof von Köln 1688–1723 108 114

Joseph Ferdinand (1692–99), Kurprinz von Bayern, Sohn von Maximilian Emanuel von Bayern 90

Joynes, Hofbaumeister 292

Karl I., König von England, Irland und Schottland 1625–49 (geb. 1600) 14 f 297

Karl II., König von England, Irland und Schottland 1660–85 (geb. 1630) 14 39 188 196

Karl VI. von Österreich-Habsburg (geb. 1685), Kaiser des Hl. Römischen Reiches 1711–1740, »Karl III.« von Spanien, ⚭ Elisabeth Christine von Braunschweig-Wolfenbüttel 65 90 105 115 121f 134 f 149 171 181ff 192 197ff 212 ff 245 f 249 ff 258 f 261f 266 268 282 f 298 ff 308 ff 327

Karl, Kurfürst von der Pfalz 1680–85 (geb. 1651), Cousin von Georg, ⚭ Wilhelmine Ernestine von Dänemark 16 25 40

Karl XI., König von Schweden 1660–97 (geb. 1655) 84 f

Karl X., König von Schweden 1654–60 (geb. 1622) 17 85

Karl II. (geb. 1661), König von Spanien 1665–1700 36 90

Karl XII., König von Schweden 1697–1718 (geb. 1682) 63 92 f 127 172 f 190 201 ff 219 214 ff 260 ff 263 321

Karl Eduard Stuart (1720–88), »der junge Prätendent«, Sohn von Jakob Eduard Stuart 197

Karl Friedrich (1700–39), Sohn von Karl XII. Schwester Hedwig Sophie und Friedrich IV., Herzog von Holstein-Gottorp, ∞ Zar Peters Tochter Anna Petrowna 203 262 298 f

Karl Leopold, Herzog von Mecklenburg-Schwerin 1713–1728 (gest. 1747), ∞ Katharina Iwanowna 207

Karl Ludwig, Kurfürst von der Pfalz 1648–80 (geb. 1617), ∞ Charlotte von Hessen-Kassel (s. d.) und zur linken Hand mit Luise von Degenfeld (s. d.) 12 15 ff 21 ff 27 34 77

Karl Ludwig (Carllutz) (1658–88), Raugraf 23 25 53

Karl Moritz (1670–1702), Raugraf 23 95 f

Karl Philipp von Braunschweig-Lüneburg (1669–90), vierter Sohn von Ernst August und Sophie 23 26 f 41 44

Katharina I. von Rußland (geb. 1683), ∞ Peter dem Großen, reg. 1725–27 286 298

Katharina Iwanowna (1692–1733), Tochter von Zar Iwan, Nichte von Zar Peter, ∞ Karl Leopold von Mecklenburg 207

Keith, James Francis Edward (1696–1758), Bruder des Earl of Mar, Jakobit 194

Kendal, Herzogin von, siehe Schulenburg, (Ehrengard) Melusine von der

Kenmuir, William Gordon, Sechster Viscount, Jakobit 193 195

Kent, Henry Grey (1664–1740), Elfter Earl of, Erster Herzog, Kammerherr, Oberhofmeister, Lordsiegelbewahrer 129 152 154 166 168 222 228

Kent, William (1684–1748), Architekt, Dekorationsmaler 290 ff 326

Kielmannsegg, Caroline Wilhelmine von, Tochter von Johann Adolf und Sophie Charlotte von Kielmannsegg, ∞ Friedrich von Spörcken 170

Kielmannsegg, Georg Ludwig Graf von, Sohn von Johann Adolf und Sophie Charlotte von Kielmannsegg 164

Kielmannsegg, Johann Adolf (1668–1717), Freiherr von, Diplomat und Höfling, Hofkavalier, Kammerjunker, Kammerherr, Vizeoberstallmeister Georgs, ∞ Sophie Charlotte (s. d.) 105 138 145 150 f 164 f 170 229 293 f

Kielmannsegg, Sophie Charlotte s. Sophie Charlotte

Kielmannsegg, Sophie Charlotte Marie von, Tochter von Johann Adolf und Sophie Charlotte von K., ∞ Emanuel Scrope, Viscount Howe 170

Kingston, Evelyn, Herzog von, Lordsiegelbewahrer, Präsident des Geheimen Staatsrats 222 228 272

Klencke, Wilken von (1678–97), Oberkammerjunker, später Oberkammerherr von Ernst August 21 60

Kneller, Godfrey (1646–1723), deutsch-englischer Bildnismaler, Baronet 185 f 230

Knesebeck, Eleonore von dem (ca. 1655–1717?), Kammerfräulein von Sophie Dorothea 48 56 ff 60 ff 64 67 ff

Knight, Robert (1675–1744), Kassenverwalter der Südseegesellschaft 282

Königsmarck, Amalie Wilhelmine (1663–1740), ∞ Graf Karl Gustav Lewenhaupt 50 55 ff

Königsmarck, (Maria) Aurora von (1662–1728), Gräfin, Mätresse von August von Sachsen, Mutter von Moritz von Sachsen 49 53 ff 62

Königsmarck, Philipp Christoph von (1665–94), Graf, Offizier in hannoveranischen Diensten 41 49 53 ff 66 ff 287 317

Kreienberg, Christoph Friedrich, hannoveranischer Resident in London 160

Kurland, Friedrich Wilhelm, Herzog von (1698–1711), ∞ Anna Iwanowna 207

Labadie, Jean de (1610–72), Pietist 27

Lafontaine (auch La Fontaine), Georg Wilhelm (1680–1745), Maler und Hofmaler 47 147 186 f

Laguerre, Louis (1663–1721), französischer Maler und Dekorationskünstler 288

La Vallière, Louise de la Baume de Blanc (1644–1716), Herzogin von, Mätresse Ludwigs XIV 53

Law, John (1671–1729), schottischer Finanzier 266 274 277 280

Layer, Christopher, Sekretär von Francis Atterburg 285

Leibniz, Gottfried Wilhelm von (1646–1716), Philosoph und Historiker, in hannoveranischen Diensten im Rang eines Justizrats 21, 46 f 78 f 81 f 95 114 123 199

Leopold I. von Habsburg, Herrscher von Österreich und Kaiser 1658–1705 (geb. 1640) 11 28 31 37 41 f 45 f 83 f 88 ff 93 f 106 ff

Leszczyńska, Maria (1703–68), Tochter von Stanislaus Leszczyński (1677–1766), König von Polen 1704–69 Königin von Frankreich durch Vermählung mit Ludwig XV. 303

Lewenhaupt, Karl Gustav, schwedischer Graf in hannoveranischen, dann sächsischen Diensten, ∞ Amalie Wilhelmine von Königsmarck 50 55 ff

L'Hermitage, René de Sauniers (1653–1729), Sieur de, niederländischer Agent und Journalist 296

Lincoln, Henry Clinton (1684–1728), Earl of, Kammerherr 152

Lindsay, Peregrine Bertie, Marquess of, Kammerherr 152

Liselotte von der Pfalz, s. Elisabeth Charlotte von der Pfalz

Lothringen, Leopold Joseph Herzog von (1679–1729) 197

Ludwig XIV., König von Frankreich 1643–1715 (geb. 1638), ∞ Maria Theresia, Infantin von Spanien 30 32 34 ff 45 53 63 65 78 83 f 88 ff 103 107 109 f 112 ff 118 121 f 125 ff 133 159 f 169 189 ff 196 ff 210 226 323 f 258 261 325 327

Ludwig XV., König von Frankreich 1715–74 (geb. 1710), ∞ Maria Leszczyńska 36 196 f 210 302 f 305 f

Ludwig, Dauphin von Frankreich (1661–1711), ∞ Maria Anna Christine von Bayern (1660–90) 36

Ludwig Wilhelm, Markgraf von Baden (1655–1707), Reichsfeldmarschall 107 f

Luis, Prinz von Asturien (geb. 1707), später König von Spanien, Sohn Philipps V. aus erster Ehe 301 303

Luisa (1724–51), Georgs Enkelin, ⚭ Friedrich V. von Dänemark-Norwegen 289 148 236 292 323 329

Luise (1661–1733), Raugräfin 23 25 70

Luise Hollandine (1622–1709), Tochter von Kurfürst Friedrich V. von der Pfalz, Äbtissin von Maubuisson 14 ff 35

Luise Ulrike (1700–82), Schwester von Friedrich dem Großen, durch Heirat Königin von Schweden 55

Macclesfield, Gerald Charles (1659–1701), Leiter einer Gesandtschaft nach Hannover 78

Macclesfield, Thomas Parker (1666–1732), Oberrichter am Oberhofgericht, Erster Earl of, Lordkanzler 131 181 320

Maintenon, Françoise d'Aubigné (1635–1719), Marquise de, zweite (morganatische) Gattin Ludwigs XIV. 65

Manchester, Charles Montague (1660–1722), Vierter Earl of, Erster Herzog von, Diplomat, Kammerherr 152 293

Mar, John (1675–1714), Sechster Earl of, Jakobit 191 ff 196

Maria (1670–1739), Tochter von Kurfürst Friedrich III. von Brandenburg, ⚭ Karl, Erbprinz von Mecklenburg-Strelitz 39

Maria, Prinzessin, später Königin von England (1662–94), Tochter von Jakob II. und Anne Hyde, ⚭ Wilhelm III. von Oranien, reg. (gemeinsam mit Wilhelm III.) 1689–94 35 77 f 138 290

Maria (1723–72), Georgs Enkelin, ⚭ Friedrich II., Landgraf von Hessen-Kassel 147 f 236 292 323 329

Maria Anna, jüngere Tochter Kaiser Karls VI. 301

Maria von Modena (1658–1718), Königin von England durch Heirat mit Jakob II. 193

Maria, Prinzessin von Oranien, Tochter Karls I. von England, Mutter von Wilhelm III. 297

Maria Anna Viktoria (1718–81), spanische Infantin 303 f

Maria Theresia, ältere Tochter Kaiser Karls VI. 301

Maria Theresia (1638–83), Königin von Frankreich durch Heirat mit Ludwig XIV. 35

Maria Luise von Hessen-Kassel (1688–1765), ⚭ Jan Wilhelm Frisco, Prinz von Oranien 296

Marie Luise von Orléans (1662–89), Tochter Philipps I. von Orléans, ⚭ Karl II. von Spanien 36

Marlborough, John Churchill (1650–1722), Erster Herzog von, Fürst von Mindelheim (Bayern), englischer Kommandeur, Diplomat und Staatsmann 32 81 94 106 ff 111 ff 118 130 f 135 151 189 192 200 217 222 318

Marlborough, Sarah (1660–1744), Gattin des obigen 114 130 154 160 169

Mathilde (1156–89), Prinzessin von England, ⚭ Heinrich dem Löwen 19 46 78

Mauro, Hortensio (gest. 1725), Hofdichter und Sekretär in Hannover 46 f

Maximilian, Herzog von Bayern 1623–51 (geb. 1573), Kurfürst von Bayern (1623) 13

Maximilian Emanuel II. (Max Emanuel), Kurfürst von Bayern 1679–1726 (geb. 1666) 114

Maximilian Wilhelm von Braunschweig-Lüneburg (1666–1726), Georgs Bruder, dritter Sohn von Ernst August und Sophie 23 26 f 41 43 ff 57 66 f 74 f 78 f 311

Mehemet (gest. 1726), Georgs türkischer Diener, Rechnungsführer von Georgs Privatschatulle, 1716 geadelt als Ludwig Maximilian von Königstreu 98 105 f 141 143 150 154 290 316 320

Mencken, Otto (gest. 1703), dänischer Gesandter 60 f 69

Mercy, Claudius Florimund Graf (1666–1734), General, später Feldmarschall 110 189

Methuen, Paul (1672–1757), Diplomat und Höfling, Staatssekretär für den Süden 221

Meysenbug, Klara Elisabeth von, s. Platen

Meysenbug, Maria Katharine von (1655–1723), ⚭ (1) Johann von dem Bussche (gest. 1693) und (2) Christian Ludwig von Weyhe, Offizier 34 320

Molanus, Gerhard Wolter (1677–1722), Rektor des säkularisierten Klosters Loccum, Direktor des hannoveranischen Konsistoriums für Kirche und Erziehung 46

Molinez, José (1645–1719), spanischer Verwaltungsmann, Generalinquisitor 250

Moltke, Joachim von, Offizier, Adjutant von Maximilian Wilhelm 44 67

Moltke, Otto Friedrich von (gest. 1692), Oberjägermeister von Ernst August 44 67

Montagu, Lady Mary Wortley (1689–1762), Gattin des Diplomaten Montagu, Briefschreiberin und Reisende 164 187 f

Montalban (Montalbano) Nicolò (gest. 1695), Italiener in Ernst Augusts Diensten 60 f 69

Montespan (Françoise) Athenaïs de Rochechouart (1641–1717), Marquise de, Mätresse Ludwigs XIV. 53

Montpensier, Louise Elisabeth d' Orléans (1709–42), Tochter von Philipp II. von Orléans, Verlobte des Prinzen Luis von Asturien 303

Montrose, James Graham (gest. 1742), Erster Herzog von, Mitglied des Regentschaftsrats 129

Moritz Graf von Sachsen (1696–1750), natürlicher Sohn Augusts II. mit Aurora von Königsmarck, Offizier 53

Moritz von der Pfalz (1621–52), Sohn von Kurfürst Friedrich V. von der Pfalz 15 17

Motte, Louise Marie de la ⚭ James Cresset 29

Mustafa de Mistra, Georgs Kammerdiener 105 f 143 150 290 313

Nairne, William (1684–1724), Zweiter Lord, Jakobit 195

Newcastle, Thomas Pelham-Hollis (1693–1768), Zweiter Herzog von, Höfling und Staatssekretär, Großkämmerer, Staatssekretär für den Süden 141 152 166 168 f 178 222 226 ff 248 295 305

Nithsdale, William Maxwell (1655–1727), Fünfter Earl of, Jakobit 193 195

Norris, John (1666–1749), Admiral, M. P. 204 ff 243 261 ff 265 f 286

Nottingham, Daniel Finch (1647–1730), Zweiter Earl of, englischer Staatsmann unter Königin Anna, Präsident des Geheimen Staatsrats 129 ff 136 195 292

Oeynhausen, Rabe Christoph von, Oberjägermeister und Kammerherr in Celle, Reichsgraf, ⊕ Sophie Juliane von der Schulenburg (1688–1755), »Eltern« von (Margarethe) Gertrud Schaumburg-Lippe 52 f 166
Offeln, Katharine von, s. Harling, Katherine von
Onslow, Richard (1654–1717), Erster Baron, Sprecher des Unterhauses 150
Orford, Edward Russell (1653–1727), Erster Earl of, Erster Lord der Admiralität 129 ff 221
Orkney, Lord 226
Orléans, Philipp I., Herzog von (1640–1701), Bruder Ludwigs XIV., ⊕ (1) Henrietta, Prinzessin von England (s. d.) und (2) Elisabeth Charlotte (s. d.) 35
Orléans, Philipp II., Herzog von (1674–1723), Regent von Frankreich 36 196 ff 210 221 237 ff 242 246 f 251 f 254 256 265 282 303 ff 327
Ormonde, James Butler (1665–1745), Zweiter Herzog von, Kommandeur 112, 130 137 161 189 ff 191 ff 196 263
Orrery, Charles Boyle (1676–1731), Vierter Earl of, englischer Diplomat 152
Oxford, Robert Harley (1661–1724), Erster Earl of, englischer Staatsmann 111 ff 118 f 128 ff 135 ff 140 189 192 195 223 275

Palm, Karl Joseph von, kaiserlicher Resident in London 284
Parker, Thomas, s. Macclesfield
Pecquet, Pierre, *premier commis* im französischen Außenministerium 301
Pelham, Hon. Henry (1686–1754), Kriegssekretär 305 309
Pembroke, Thomas Herbert (1656–1723), Achter Earl of, Mitglied des Regentschaftsrats 129
Pentenriedter, Johann Christoph Freiherr von (1678–1728), kaiserlicher Diplomat 246 251 f 255
Pepusch, Johann Christoph (1667–1752), deutsch-englischer Komponist und Musiker 293 f
Percival, John (1683–1748), Baron, Viscount, Erster Earl of Egmont, Tagebuchschreiber 324
Percy, Elizabeth, Hofdame von Königin Anna, ⊕ Charles Seymour Somerset 116
Peter der Große, Zar von Rußland 1689–1725 (geb. 1672) 71 91 101 127 173 202 f 206 ff 241 ff 259 ff 266 ff 286 298
Philipp V., König von Spanien 1700–46 (geb. 1683), Enkel Ludwigs XIV., Herzog von Anjou, ⊕ (1) Maria Luise von Savoyen und (2) Elisabeth Farnese 90 108 120 122 125 134 190 210 240 245 f 249 ff 258 275 282 298 ff 307 309
Philipp (1627–50), Sohn von Kurfürst Friedrich V. von der Pfalz 15
Pitt, Thomas (»Diamanten-Pitt«) (1653–1726), Schwiegervater von James Stanhope 219

Platen, Ernst August, Graf von (1674–1726), hannoveranischer Höfling, Oberkammerherr, ⊕ Sophie Karoline von Platen (s. d.) 20, 146, 170
Platen, Franz Ernst, Graf von (1631–1709), Hofmarschall in Osnabrück und Hannover, Minister 20 33 60 86 f 100 159
Platen, Klara Elisabeth von (1648–1700), geb. von Meysenbug, ⊕ Franz Ernst von Platen, Geliebte von Ernst August 20 f 23 34 49 67 ff 164
Platen, Sophie Charlotte von, Georgs Halbschwester, s. Sophie Charlotte
Platen, Sophie Karoline von (1669–1726), geb. von Offeln, Nichte von Katharine von Harling, ⊕ Ernst August von Platen 145 170 305
Plessen, Friedrich Wilhelm von, mecklenburgischer Minister 280 f 283
Podewils, Heinrich von (gest. 1696), hannoveranischer Feldmarschall 57
Pombal, Sebastião José (1699–1782), Marquis de, portugiesischer Minister und Staatsmann 147
Pope, Alexander (1688–1744), englischer Schriftsteller 225, 295
Portland, Hans Willem Bentinck (1649–1709), Erster Earl of, Berater von Wilhelm III. 73 90 132 162 329
Portland, Jane Martha (1672–1751), Gräfin von, Gattin des obigen, Gouvernante von Georgs Enkelinnen 146 292 329
Pufendorf, Samuel (1632–94), Freiherr von, deutscher Jurist und Historiker in Heidelberg, Schweden und Preußen 178 246 f 322
Pulteney, William (1684–1764), PA, Kriegssekretär, Geldverwalter des königlichen Haushalts 221 ff 308

Quantz, Johann Joachim (1697–1773), Flötist und Komponist 294
Queensbery, Charles Douglas (1698–1778), Dritter Herzog von, Kammerherr Georgs 152
Quirini, Giacomo, italienischer Architekt, Hofbaumeister von Ernst August und Georg 47 103
Quirini, Giacomo, venezianischer Diplomat 103

Ranck, Conrad, schwedischer Offizier in Diensten von Hessen-Kassel 241
Reck, Johann von der, Geh. Rat, Hofmeister Georgs 76
Reiche, (Gerhard) Andreas von, Georgs hannoveranischer Geheimsekretär in London 102 302
Reiche, Jobst Christoph von (1656–1740), Vater des obigen, Hofrat, Geh. Justizrat, Mitglied der Deutschen Kanzlei in London 102 302
Richmond, Charles Lennox (1672–1723), Erster Herzog von, Kammerherr Georgs 152
Ripperda, Jan Willem (1690–1737), niederländischer Diplomat in Diensten Philipps V. von Spanien 300 307 309
Robethon, Jean de (ca. 1660–1737), in Diensten Georg Wilhelms von Celle, Wilhelms III. von England und Georgs, Legationsrat, Mitglied der Deutschen Kanzlei, ⊕ Claudine de Maxuel 90 131 160 ff 177 f 254 258 280 316

348

Rousseau de Chamoy, französischer Diplomat 99
Roxburghe (auch Roxborough), John Ker, Erster Herzog von (gest. 1741), Sekretär für Schottland 129 222 228
Rudolf August von Braunschweig-Wolfenbüttel (1627–1704), reg. ab 1671 84 93 f
Rupert (auch Rupprecht, Robert), Prinz von der Pfalz (1619–82), Georgs Onkel 15 f 38 f 77
Ruperta, illegitime Tochter v. Prinz Rupert v. d. Pfalz, ⚭ Emanuel Scrope Howe 79

Scarborough, Richard Lumley (gest. 1721), Erster Earl of, Offizier, Mitglied des Regentschaftsrats 130
Schaub, Sir Luke (Lukas) (gest. 1758), aus der Schweiz gebürtiger Diplomat in Georgs Diensten 254 305
Schaumburg-Lippe, Albrecht Wolfgang Graf zu (1692–1748), älterer Sohn von Johanne Sophie, reg. ab 1728, ⚭ (Margarethe) Gertrud zu Schaumburg-Lippe (s. d.) 53 147 f 170 174
Schaumburg-Lippe, Friedrich Christian Graf zu (1655–1728), reg. ab 1681, ⚭ (1) Johanne Sophie und (2) Maria Anna Victoria von Gall 170
Schaumburg-Lippe, (Friedrich Ernst) Wilhelm Graf zu (1724–77), reg. ab 1748, jüngerer Sohn der »schönen Gertrud« 53 65 147 f 186 316
Schaumburg-Lippe, Georg August (Wilhelm) Graf zu (1722–42), älterer Sohn der »schönen Gertrud« 52 65 147 186 236 316
Schaumburg-Lippe, Johanne Sophie Gräfin zu (geb. Gräfin von Hohenlohe-Langenburg) (1673–1743), oft auch »Gräfin von Bückeburg« genannt 51 53 115 142 144 147 149 228 235 316
Schaumburg-Lippe, (Margarethe) Gertrud Gräfin zu (1701–26), geb. Freiin von der Schulenburg, jüngste Tochter von (Ehrengard) Melusine von der Schulenburg und Georg, ⚭ Albrecht Wolfgang Schaumburg-Lippe, die »schöne Gertrud«, auch Trudchen genannt 51 ff 65 138 146 ff 166 170 172 174 f 236 278 ff 292 311 316
Schomberg, Meinhard von (1641–1719), Dritter Herzog von, Erster Herzog von Leinster, Offizier, ⚭ Raugräfin Caroline 77
Schrader, Ludwig von, hannoveranischer Rat auf diplomatischer Mission in Schweden 260
Schütz, Georg Wilhelm Sinold, genannt von, Sohn des Salentin, hannoveranischer Diplomat 102 114 f 162
Schütz, Jeanette Luci Sinold von, ⚭ Andreas Gottlieb von Bernstorff 102
Schütz, Johann Helwig Sinold, genannt von, Freiherr (1623–77), Kanzler von Celle 102
Schütz, Ludwig Justus Sinold, genannt von (1693–1710), hannoveranischer Diplomat, Sohn des obigen 76 82 90 102 132
Schütz, Salentin Justus Sinold, genannt von, hannoveranischer Diplomat, Vater von Georg S. 102
Schulenburg, (Anna) Luise Sophie von der (1692–1773), natürliche Tochter von Georg und (Ehrengard) Melusine von der Schulenburg, nominelle Eltern Friedrich

Achaz von der Schulenburg und dessen Gattin Margarethe Gertrud, ⚭ Ernst August Philipp von dem Bussche-Ippenberg (gesch.), Reichsgräfin von Delitz aus eigenem Recht 51 ff 65 138 144 146 ff 150 167 f 170 172 311
Schulenburg, Daniel Bodo von der (1662–1733), Offizier 101 166
Schulenburg, (Ehrengard) Melusine von der (1667–1743), Gräfin, Herzogin von Munster, Herzogin von Kendal, Fürstin von Eberstein 23 34 49 ff 64 ff 101 104 f 138 140 f 143 ff 157 ff 165 ff 172 175 ff 224 f 236 251 267 270 278 ff 284 287 292 f 311 314 ff 326
Schulenburg, Friedrich Achaz von der (1647–1701), Wolfenbütteler Geh. Rat, Gesandter in Wien, ⚭ Margarethe Gertrud, Schwester von (Ehrengard) Melusine 52 f 166
Schulenburg, Friedrich Wilhelm von der (1680–1720), Freiherr, Halbbruder von (Ehrengard) Melusine, Kammerjunker, dann Kammerherr Georgs 101 f 105 128 135 139 ff 143 150 f 155 161 177 f 188 212 215 f 221 ff 226 228 ff 235 239 244 250 f 254 259 267 f 270 295
Schulenburg, Johann Matthias von der (1661–1747), Graf, Offizier, erst in sächsischen, dann in venezianischen Diensten (als Feldmarschall), Bruder von (Ehrengard) Melusine 49 f 53 65 101 166 292
Schulenburg, Margarethe Gertrud von der (1659–97), Schwester von (Ehrengard) Melusine 52 66
Schulenburg, (Petronella) Melusine von der (1693–1778), natürliche Tochter von Georg und (Ehrengard) Melusine, nominelle Eltern Friedrich Achaz von der Schulenburg, und dessen Gattin Margarethe Gertrud, Gräfin von Walsingham, ⚭ Philip Dormer Stanhope Vierter Lord Chesterfield 51 ff 66 138 144 ff 148 166 ff 170 172 174 278 ff 292 314 f
Schulenburg, Sophie Juliane von der (1668–1755), Schwester von (Ehrengard) Melusine, s. Oeynhausen
Scott, James, britischer Diplomat 111
Selkirk, Charles Hamilton Douglas, Sechster Earl of, Kammerherr Georgs 152
Selz, Louis von Rothenschild, Freiherr von (ca. 1644–60), illegitimer Sohn von Kurfürst Karl Ludwig von der Pfalz 16
Senesimo, Kastrat 294
Shrewsbury, Charles Talbot (1660–1718), Erster Herzog von, einer von Georgs Regenten 116 f 129 ff 152 163 192 195
Sigismund Rákóczi, Prinz von Transsylvanien (Siebenbürgen) ⚭ Henrietta, Tochter von Kurfürst Friedrich V. von der Pfalz 15
Skerret, Maria (Molly), Geliebte, später Gemahlin von Robert Walpole 288
Slingelandt, Simon van (1664–1736), niederländischer Staatsmann 132
Sobieski, Jakob (1667–1737), Rivale von August II. um die polnische Krone 261
Somerset, Charles Seymour (1662–1748), Sechster Herzog von, einer von Georgs Regenten, Oberstallmeister, ⚭ Elizabeth Percy, Hofdame von Königin Anna 116 130

349

Sophie von der Pfalz (1630–1714), Enkelin von Jakob I. von England, ⚭ Ernst August von Braunschweig-Lüneburg, Kurfürstin von Hannover, Georgs Mutter 11 ff 34 38 ff 42 ff 57 59 f 62 71 ff 95 f 104 107 111, 113, 141 145 186 ff 289 316 318 f

Sophie Charlotte (1668–1705), Sophies und Ernst Augusts einzige Tochter, ⚭ Friedrich III. von Brandenburg-Preußen (später Friedrich I., König von Preußen) 21 23 ff 33 ff 39 41 f 44 46 f 48 f 51 57 59 76 78 96

Sophie Charlotte (1675–1725), Freiin von Kielmannsegg durch Heirat mit Johann Adolf von Kielmannsegg (s. d.), Halbschwester Georgs, eingetragen als Tochter von Franz von Platen und dessen Gattin, Gräfin von Leinster, Gräfin von Darlington 20 f 50 68 105 138 140 f 144 f 148 f 151 157 ff 164 ff 168 170 172 175 f 186 229 242 278 311 316

Sophie Dorothea (1687–1757) von Hannover, Tochter der obigen und Georgs, ⚭ Friedrich Wilhelm von Brandenburg-Preußen, Königin von Preußen 21 48 51 55 62 64 f 75 97 118 171 173 175 178 237 301 311 f

Sophie Dorothea (1666–1726) von Celle, ⚭ Georg (gesch.) 30 f 34 f 39 ff 44 48 ff 54 ff 72 112 186 311 317 320

Spanheim, Ezechiel (1629–1710), Baron von, Gelehrter und Diplomat 46

Stair, John Dalrymple (1673–1747), Zweiter Earl of, Offizier, englischer Gesandter in Paris 152 174 191 252

Stanhope, Charles (1673–1760), Cousin von James Stanhope, M. P. 278 282 f

Stanhope, James (1673–1721), Viscount Stanhope of Mahon, Earl, englischer Offizier und Staatsmann 85 135 141 161 f 172 ff 178 f 194 199 f 204 208 ff 228 ff 238 242 245 247 ff 251 ff 265 ff 262 264 ff 281 ff 285 288 299 301 306 316 321 f 327 329

Stanhope Lady, ⚭ James Stanhope 282, 321

Stanhope, William (1690–1756), später Earl of Harrington, englischer Diplomat 248 251

Starhemberg, Konrad Sigismund, kaiserlicher Diplomat 300

Steffani, Agostino (1653–1728), italienischer Kapellmeister in Hannover, Bischof von Spiga, Apostolischer Vikar für Norddeutschland 46 f 103 293

Stepney, George, britischer Repräsentant in Den Haag 76 f

Strafford, Thomas Wentworth (1672–1739), Baron Raby, Dritter Earl of, britischer Diplomat, Erster Lord der Admiralität 131 137 161 189

Stubenvol, Johann Christoph von, hannoveranischer Hofjunker, dann Kammerjunker, ⚭ Laura di Montecalvo (i. e. Calenberg), der illegitimen Tochter von Ernst August 60

Sunderland, Charles Spencer (1674–1722), Dritter Earl of, englischer Staatsmann 130 f 136 151 161 173 ff 198 208 213 ff 218 222 ff 229 ff 234 f 247 f 254 268 ff 277 280 283 ff 306 329

Swift, Jonathan (1667–1745), anglikanischer Priester, Pamphletist und Schriftsteller 199 286

Tenison, Thomas, Erzbischof von Canterbury 1694–1715 79 128 131 289

Thornhill, Sir James (1675–1734), englischer Hofmaler, Baronet 288 ff

Thüngen, Hans Karl (1648–1709), Freiherr von, General 108

Tilson, Georg (gest. 1739), Unterstaatssekretär (1711–34) 103

Torcy, Jean Baptiste Colbert (1665–1746), Marquis de, französischer Staatssekretär für Auswärtige Angelegenheiten 113 134

Torstenson, Lennart (1603–51), schwedischer General 85

Tour, Paul de la, Bankier 280 f

Turenne, Henry de la Tour d'Auvergne (1611–75), Vicomte de, französischer Feldmarschall 38

Townshend, Charles (1674–1738), Zweiter Viscount, englischer Staatsmann, ⚭ Dorothy Walpole 111 130 133 ff 139 ff 148 161 ff 170 f 173 ff 178 f 198 ff 204 207 ff 226 230 f 233 ff 237 248 269 ff 284 f 207 f 299 ff 303 ff 314 f 319 328 f

Ulrike Eleonore (gest. 1741), Königin von Schweden 1718–20 173 190 241 261 ff 265 299 308

Vanbrugh, Sir John (1664–1726), englischer Dramatiker und Architekt 159 290 f

Vellingk, Mauritz (1651–1727), Graf, schwedischer Offizier, Generalgouverneur von Bremen und Verden 241

Verrio, Antonio (1630–1707), italienischer Maler, in England tätig 288 f

Victor Amadeus II., Herzog von Savoyen 1675–1732 (geb. 1666), König von Sizilien 1713–20, König von Sardinien 1720–32, ⚭ Anna Maria von Orléans (1669–1728) 90 134 210 245 252 255 257

Villars, Claude Louis Hector (1653–1734), Herzog von, französischer Feldmarschall 108 112

Volkra, Otto Christian von, Graf, Sonderbotschafter Karls VI. in London 200

Voltaire (eigentlich: François-Marie Arouet) (1694–1778), französischer Schriftsteller 324

Vrillière, Henry Philippeau, Herzog von, ⚭ Amalie v. Platen 148 285 315

Wachter, Johann Friedrich 104

Wake, William (1657–1737), seit 1716 Erzbischof von Canterbury 131 181 183 325

Walpole, Dorothy, ⚭ Charles Townshend 213 319

Walpole, Horace (1717–97), jüngster Sohn von Robert Walpole, Memoirenschreiber 146

Walpole, Horatio (1678–1757), Erster Baron Wolperton, Bruder von Robert Walpole, M. P., britischer Diplomat 134 141 199 208 211 214 288 305

Walpole, Robert (1676–1745), Ritter, später Erster Earl of Orford, PA, englischer Staatsmann 51 65 134 136 f 140 150 161 ff 166 ff 175 f 176 178 191 194 199 ff 212 ff 220 ff 230 f 230 f 233 ff 237 254 269 ff 277 281 283 301 304 ff 319 322 326 329

Walsingham, Gräfin von, s. Schulenburg, (Petronella) Melusine von der
Wartenberg, Franz Wilhelm (1593–1661), Graf, Fürstbischof von Osnabrück 37
Warwick, Earl of, Kammerherr Georgs 152
Weidemann, Flötist 295
Wentworth, Peter, Bruder des Grafen von Strafford 161
Weyhes, von, Leutnant 320
Wharton, Philip (1698–1731), Sohn von Thomas, Erster Herzog 282
Wharton, Thomas (1648–1715), Erster Marquess 131 136
Whitworth, Charles (1675–1725), Baron, britischer Diplomat 262 298
Widdrington, William (1678–1743), Vierter Lord, Jakobit 193 195
Wilhelm, Prinz von Hessen-Kassel, Bruder von Frederik I., König von Schweden 173
Wilhelm III. (1650–1702), Prinz von Oranien, Statthalter und Generalkapitän der Niederländischen Republik ab 1672, König von England, Irland und Schottland 1689–1702 30 35 38 45 63 71 ff 75 ff 82 86 90 ff 99 107 118 f 123 ff 131 138 f 152 162 178 234 258 290 ff 297 304

Wilhelm, Herzog von Lüneburg, reg. 1559–92, Gründer des Gesamthauses 18
Wilhelm II. von Oranien (gest. 1650), Statthalter der Niederländischen Republik 297
Wilhelm IV. von Oranien-Nassau (1711–51), Sohn von Jan Wilhelm Friso, Statthalter, ⚭ Anna, der Enkelin Georgs 296 f
Wilhelm August (1721–65), Herzog von Cumberland, Georgs Enkel 179 182 f 236
Wilhelmine, Georgs Enkelin (1709–58), Markgräfin von Bayreuth 50 f 65 145 148 171 175 301 312
Wilhelmine Amalie (1673–1742), Tochter von Johann Friedrich von Braunschweig-Lüneburg, ⚭ Kaiser Joseph I. 18 135
Wills, Charles (1666–1741), Ritter, Offizier 194
Wintoun (auch Winton), George Seton, Fünfter Earl of (gest. 1749), Jakobit 193 195
Wise, Henry (1653–1738), Hofgärtner in Diensten Wilhelms III., Annas und Georgs 292
Wood, William (1671–1730), Unternehmer 166
Wratislaw, Johann Wenzel (1669–1712), Graf von Mitrowitz, habsburgischer Diplomat 106
Wren, Sir Christopher (1632–1723), englischer Architekt, Leiter des königlichen Schloßbauamts 290 f 326

Wir danken dem Verlag Thames & Hudson für das Bildmaterial. Die genauen Verweise sind der englischen Ausgabe zu entnehmen. Die Bildauswahl der englischen Ausgabe wurde vom Societäts-Verlag um einige Vorlagen ergänzt. Hier danken wir besonders Sr. K. H. dem Prinzen von Hannover, Graf Carl von Kielmannsegg, Philipp-Ernst Fürst zu Schaumburg-Lippe und Prof. G. Schnath; dem Niedersächsischen Hauptstaatsarchiv, der Landeshauptstadt Hannover (Garten- und Friedhofsamt Herrenhäuser Gärten) und dem Historischen Museum, alle Hannover.

CIP-Kurztitelaufnahme der Deutschen Bibliothek

Hatton, Ragnhild:
[Georg der Erste]
Georg I. : e. dt. Kurfürst auf Englands Thron /
Ragnhild Hatton. Aus d. Engl. von Götz Pommer.
– Frankfurt [Main] : Societäts-Verlag, 1982.
    Einheitssacht.: George the First 〈dt.〉
    ISBN 3-7973-0398-X